PMO

Project Management Office

프로젝트 라이프사이클 관리

이 동 길

유원북스

머 리 말

프로젝트가 걸어온 길

프로젝트의 일반적 속성은 유일성과 제약성을 가지고 있습니다. 정해진 시작과 종료 일정에 맞추어 유일한 과업으로 진행되며, 한정된 자원으로 실행해야 하기 때문입니다. 인류가 도구를 사용하기 시작하면서부터 석기시대의 돌을 깨서 만든 타제(打製)석기, 청동기와 철기시대의 각종 무기개발도 넓게는 하나의 프로젝트로 설명할 수 있습니다.

오늘날 인류문명의 최고 발명품인 언어와 문자도 위대한 프로젝트의 결과물입니다. 미국 퓨처리스트와 콘웨이 데이터 연구소 발표에 의하면, 지구에서 가장 많은 사람의 삶의 질을 바꿔놓은 10대 프로젝트로 핵무기 생산시설 제거작업, 인터넷, 미국의 달 착륙, 인텔의 컴퓨터 칩 생산, 고속철 TGV 프로그램 등을 선정하였습니다.

현재에도 국가, 기업, 단체에서는 다양한 프로젝트를 진행하여 문제를 해결하고 창의적 결과를 만들어 내고 있습니다.

프로젝트에 대한 과제

유일성과 제약성을 갖는 프로젝트는 설정된 목표를 달성하여, 문제를 해결하고 경쟁력을 확보하는 계기를 마련하지만, 실패에 따른 부담도 큽니다. 따라서 프로젝트 창출, 계획, 실행, 통제, 종결단계의 라이프사이클(Life cycle, 생애주기) 과정을 통해, 체계적인 프로젝트 관리를 수행하여, 원하는 목적과 목표를 달성해야 합니다. 그리고 프로젝트를 통해 부가가치를 창출하여 창의적 성과를 만들고, 성공적 모범사례를 공유함으로써 차기 또는 유사 프로젝트의 지식자산으로 활용될 수 있어야 합니다.

또한 현대 기술의 급격한 발전과 지식의 축적으로, 프로젝트 규모는 점차 커지고 수행 빈도도 많아짐에 따라, 단순한 프로젝트 관리로는 해결이 어려운 상황이 발생하고 있습니다. 그래서 다양한 형태의 프로젝트를 전개하는 경우에는 체계적인 프로젝트 관리를 위해, PMO와 같은 전문조직을 운영하여 프로젝트, 프로그램, 포트폴리오에 대한 통합관리 이행이 필요합니다.

본서의 구성과 특징

본서는 저자의 산업분야 업무 및 컨설팅, IT 프로젝트 수행 및 감리 경험을 바탕으로, 프로젝트 창출부터 종결까지 전체 라이프사이클을 체계적으로 관리할 수 있는 PMO관점의 필요 지식과 사례를 담고자 하였습니다.

이에 따라 프로젝트 개시부터 종료까지의 과정을 PMO관점에서 정의하고, PMO가 관장하는 여러 프로젝트의 라이프사이클을 "창출, 계획, 실행, 통제, 종결"의 5단계로 분류하여, 단계별로 필요한 지식영역을 PMI의 PMBOK 가이드에 준하여 분류하고 프로젝트에서 수행해야 할 일을 정리하였습니다.

특히, 본서 내용에서는 프로젝트 이해관계자 및 참여자의 이해를 높이기 위해 핵심내용, 프로젝트 사례, 경험, 예시사항을 박스 형태로 강조하여 정리하였습니다. 또한 단계별 프로젝트 이행사항을 방법론에 준하여 정리하고자 노력하였습니다.

맺 음 말

본서를 통해 프로젝트 경영자, 관리자, 담당자를 포함하여 모든 프로젝트 이해관계자가 체계적으로 프로젝트를 수행할 수 있는 계기가 될 수 있기를 기대합니다. 그리고 프로젝트 관리를 체계적으로 공부하고 실천하고자 하는 사람에게도 도움이 되기를 희망합니다.

2013년 3월

이 동 길

차 례

제 1 장 프로젝트와 포트폴리오

1. 프로젝트 개요 ···· 2
   1.1 프로젝트의 발전 · 2
   1.2 프로젝트의 정의 · 4
   1.3 프로젝트의 필요성 · 6
2. 프로젝트 특수성 ···· 8
   2.1 불확실성의 원추 · 9
   2.2 프로젝트의 공통적 특성 · 10
3. 프로젝트 관리와 포트폴리오 ···· 15
   3.1 프로젝트 관리 · 15
   3.2 프로젝트 공학 · 17
   3.3 프로젝트 포트폴리오 · 19
4. 프로젝트 조직 ···· 21
   4.1 역할분담 방식 프로젝트 조직 · 22
   4.2 의사결정 방식 프로젝트 조직 · 26
5. 프로젝트 관리자 ···· 29
   5.1 프로젝트 관리자 역량 · 29
   5.2 프로젝트 관리자 역할 · 30
   5.3 프로젝트 관리자 자격요건 · 31

제 2 장 프로젝트 관리조직

1. PMO 개념 ···· 36
   1.1 PMO 정의 · 36
   1.2 PMO 역할 · 39
   1.3 PMO 유형 · 42

2. PMO 발전과 성숙 45
2.1 PMO 발전단계 • 45
2.2 PMO 성숙도 관리 • 47
2.3 포트폴리오 관리 주안점 • 50
3. PMO조직과 이해관계자 53
3.1 PMO조직 구성 • 53
3.2 이해관계자 • 55
4. 프로젝트 유의사항 59
4.1 범위추가(Scope creep)와 금도금(Gold plating) • 59
4.2 피그말리온 효과(Pygmalion effect) • 61
4.3 연착륙과 경착륙 • 62
4.4 하드워크(Hard Work)와 스마트워크(Smart Work) • 64
4.5 제도와 문화 • 65
5. 프로젝트 숙지사항 66
5.1 프로젝트 성공요인 • 66
5.2 프로젝트 실패요인 • 69
5.3 프로젝트 교훈 • 72
6. PMO 프로젝트 라이프사이클 관리 74
6.1 프로젝트 라이프사이클과 단계 • 74
6.2 프로세스와 지식영역 • 77
6.3 PMO관점의 프로젝트 라이프사이클 관리 • 80
6.4 라이프사이클 단계별 지식영역 업무 • 82

제 3 장 프로젝트 창출

1. 개 요 94
2. 프로젝트 기획 96
2.1 창의적 기획 및 선정 • 96
2.2 프로젝트 기획서 작성 • 102
3. 제안요청 107
3.1 프로젝트 공모 및 제안요청 • 108
3.2 요구사항 상세화 및 기술적용 • 113
3.3 프로젝트 입찰 • 118

4. 프로젝트 제안 ········ 120
4.1 프로젝트의 제안 • 120
4.2 프로젝트 사전심사 • 129
5. 프레젠테이션 ········ 132
5.1 프레젠테이션 개요 • 133
5.2 프레젠테이션 실시 • 135
6. 심 사 ········ 141
6.1 평가방식과 항목 결정 • 142
6.2 프로젝트의 심사 • 146
7. 계 약 ········ 148
7.1 공급자 선정 • 149
7.2 프로젝트 계약 • 151
8. 착 수 ········ 154
8.1 현장 개발 및 착수 • 154

제 4 장 프로젝트 계획수립

1. 개 요 ········ 160
2. 통합계획 수립 ········ 162
2.1 프로젝트 관리계획 수립 • 163
3. 요구정의 및 범위계획 수립 ········ 167
3.1 요구사항 정의 • 168
3.2 범위의 정의 • 179
3.3 WBS 작업 • 182
4. 일정계획 수립 ········ 194
4.1 활동 및 소요자원 정의 • 195
4.2 순서결정 및 소요시간 산출 • 199
4.3 일정계획 수립 및 분석 • 205
5. 원가산출 및 예산결정 ········ 217
5.1 프로젝트 원가산출 • 218
5.2 프로젝트 예산결정 • 232
6. 품질 및 감리계획 수립 ········ 239
6.1 프로젝트 품질계획 • 240

6.2 프로젝트 감리계획 · 270
7. 인적자원계획 수립 282
7.1 인적자원관리 이론 · 283
7.2 인적자원 소요계획 · 299
7.3 인적자원계획 개발 · 302
8. 의사소통계획 수립 306
8.1 의사소통관리 이론 · 307
8.2 이해관계자 식별 · 320
8.3 의사소통계획 수립 · 322
9. 리스크 및 이슈 관리계획 수립 327
9.1 프로젝트 리스크 · 327
9.2 리스크 분석기법 · 330
9.3 프로젝트 리스크관리 · 340
9.4 리스크 관리계획 수립 · 346
9.5 프로젝트 이슈관리 · 351
9.6 이슈 관리계획 수립 · 352
10. 조달관리계획 수립 356
10.1 조달관리 개요 · 356
10.2 조달관리 발전과 기법 · 359
10.3 조달관리 핵심용어 · 363
10.4 프로젝트 계약관리 · 364
10.5 외주관리 · 373
10.6 프로젝트의 조달 프로세스 · 374
10.7 조달계획 수립 · 376

제 5 장 프로젝트 실행

1. 개 요 384
2. 프로젝트 이행 386
2.1 방법론 이행 · 387
2.2 실행지시 및 관리 · 389
3. 요구확정 및 변경관리 392
3.1 요구사항의 확정 · 393
3.2 요구이행 및 변경관리 · 396

4. **품질보증 및 단계감리** 397
   4.1 품질보증활동 수행 • 398
   4.2 단계별 감리수행 • 403
5. **프로젝트 팀 실행관리** 407
   5.1 프로젝트 팀 확보 • 408
   5.2 프로젝트 팀 개발 • 411
   5.3 프로젝트 팀 관리 • 415
6. **프로젝트 의사소통** 416
   6.1 정보의 배포 • 417
   6.2 이해관계자 기대사항 관리 • 419
7. **리스크 및 이슈관리** 420
   7.1 리스크 식별 • 421
   7.2 리스크 정량적 · 정성적 분석 • 425
   7.3 리스크 대응 • 433
   7.4 이슈관리 • 437
8. **조달수행** 440
   8.1 조달의 수행 • 440

제 6 장 프로젝트 통제

1. **개 요** 452
2. **작업감시 및 변경통제** 454
   2.1 프로젝트 작업감시 및 통제 • 455
   2.2 통합 변경관리 및 통제 • 458
3. **요구추적 및 이행판정** 463
   3.1 요구사항 추적관리 • 464
   3.2 요구사항의 이행판정 • 467
4. **일정통제** 471
   4.1 일정의 통제 • 472
5. **예산통제** 474
   5.1 획득가치관리 • 475
   5.2 예산의 통제 • 482
6. **품질통제 및 감리 사후관리** 484

6.1 품질통제 수행 • 485
6.2 감리의 통제 • 491
7. 인적자원 통제 497
7.1 인적자원의 통제 • 497
8. 성과보고 498
8.1 성과의 보고 • 499
9. 리스크 감시 및 통제 502
9.1 리스크의 감시 및 통제 • 503
10. 조달운영 506
10.1 조달의 운영 • 506

제 7 장 프로젝트 종결

1. 개 요 514
2. 조달종결 516
2.1 조달 및 계약종결 • 516
3. 운영 및 유지보수 520
3.1 운영 및 유지보수 전략수립과 계약 • 521
3.2 운영 및 유지보수 체계적 이행 • 523
4. 종결보고 및 인계 526
4.1 고객 인수시험 • 527
4.2 종료보고 • 530
4.3 인수인계 및 검수요청 • 533
5. 평가 및 보상 533
5.1 프로젝트 성과평가 • 534
5.2 프로젝트 성과보상 • 539
6. 지식정보화 540
6.1 프로젝트 지식의 정보화 • 540

◇ 색 인 547

제 1 장

프로젝트와 포트폴리오

1 프로젝트 개요

1.1 프로젝트의 발전

프로젝트(Project)의 어원은 라틴어 동사 'proicere'로부터 유래한 'projectum'에서 시작되었다. '앞'을 의미하는 'pro-'와 '던지다'라는 의미를 가지는 'iacere'의 결합어로 '어떤 것을 앞으로 던지다(to throw something forwards)'는 의미를 갖는다. 그래서 프로젝트(Project)의 원래 의미는 '어떤 일이 발생하기 전에 나타나는 것(Something that comes before anything else happens)'을 말한다. 따라서 프로젝트(Project)라는 단어를 사용하는 초기에는 실행하는 것이 아닌 계획의 의미로 사용하였고, 실행의 의미로는 'Object' 단어를 별도로 사용하였다. 그러나 프로젝트 관리에 대해 여러 기술이 적용된 1950년대 들어서면서, **프로젝트**의 의미는 계획의 프로젝트(Project)와 실행의 오브젝트(Object)를 포함하여 사용하게 되었다.

일상 속의 프로젝트는 우리가 모르는 사이에도 수없이 생겨나고 소멸된다. 일정한 수명을 가진 프로젝트는 정해진 시간과 자원 내에서 진행되고 완결되며, 프로젝트의 산출물로 위대한 공적을 남기기도 하고 실패로 끝나기도 한다. 우리가 일반적으로 언급하는 프로젝트는 일정한 속성을 갖춘 것을 말한다. 프로젝트의 일반적 속성은 **유일성**(唯一性, Unique & One Time)과 **제약성**(制約性, Restriction)으로 설명할 수 있다. 유일성이란 대부분의 프로젝트가 시작점과 종료점이 있는 일회성의 유일한 과업으로 진행됨을 의미한다. 그리고 제약성이란 프로젝트 수행을 위해, 정해진 범위에서 한정된 자원(시간, 예산, 인력)으로 실행하는 것이다.

근세에 들어 프로젝트를 성공적으로 관리할 수 있도록 지원하는 도구의 출현은 프로젝트를 더욱 활성화시키는 계기가 되었다. 이러한 프로젝트 관리 지원 도구로는 1900년대 초 테일러(F. W. Taylor)에 의해 표준시간 설정 등의

CASE STUDY

역사적 프로젝트

- 인류가 도구를 사용하기 시작하면서부터 석기시대의 돌을 깨서 만든 타제석기(打製石器), 청동기와 철기시대의 각종 무기 개발도 넓게는 하나의 프로젝트로 설명할 수 있다.
- 오늘날 인류문명의 최고 발명품으로 평가할 수 있는 언어와 문자도 위대한 프로젝트의 결과물이다.
- 현존하는 대장경 중에서도 가장 오랜 역사와 내용의 완벽함으로 세계적 명성을 지니고 있는 팔만대장경 프로젝트도 고려시대에 12년(1237~1248)에 걸쳐 완성된 명품 프로젝트이다.
- 기원전 전국시대 때 제나라에 의해 처음 착공된 후, 명나라 시기(1368~ 1644)에 완성된 총연장 2,700km의 만리장성 프로젝트도 인류 역사상 최대 규모의 토목공사로, 모두 유네스코의 세계문화유산에 등재된 훌륭한 프로젝트 업적이다.
- 근대에 잘 알려진 프로젝트로는 경기부양 및 경제제도 개혁을 위한 뉴딜(New Deal) 정책, 원자폭탄 개발을 목적으로 한 맨해튼 프로젝트가 있다.
- 미국의 퓨처리스트와 콘웨이 데이터 연구소 발표에 의하면, 지구에서 가장 많은 사람의 삶의 질을 바꿔놓은 **10대 프로젝트**로 미국과 러시아의 핵무기 생산시설 제거 작업, 인터넷, 세계 100개국을 육로로 연결하는 '그레이트 글로벌 하이웨이' 프로젝트, 홍콩의 컨테이너항 건설 사업, 미국의 달 착륙, 중국의 현대화 작업, 인텔사의 컴퓨터 칩 생산 공장, 사우디아라비아의 바닷물 염분 제거 플랜트, 프랑스의 고속철 TGV 프로그램, 캐나다의 제임스 베이 에너지 프로젝트를 선정했다.

과학적 관리가 제창된 이후, 1919년 헨리 간트(Henry Gantt)가 『엔지니어링 매거진』(*The Engineering Magazine*)에서 "작업, 임금 그리고 이윤(Work, Wages and Profit)"이라는 제목으로 발표하여 프로젝트 일정관리에 혁신적 기법으로 활용하게 된 간트도표(Gantt Chart)를 꼽을 수 있다.

미 해군에서 시작하여 1956년에 폴라리스 잠수함 건조를 위한 기법으로 적용한 PERT(Program Evaluation & Review Technique), 듀퐁사가 1956년부터 투자의 효율적 통제를 목적으로 프로그램 엔지니어링기법으로 적용한 CPM(Critical Path Method), 양자를 결합하여 사용하는 PERT/CPM기법은 다양한 산업군의 프로젝트 관리에 적용되고 있다. 최근 들어서는 컴퓨터 활용이 확산되면서 모든 프로젝트의 지원도구로 다양하게 사용되고 있다.

1.2 프로젝트의 정의

국가나 기업, 단체에서는 각자의 특수한 목적을 달성하기 위해 다양한 프로젝트를 만들어 수행한다. 당면한 과제를 해결하거나 혁신과 창조의 목적으로 프로젝트팀을 구성하여 추진하는 것이다. 이처럼 프로젝트를 통해 새로운 해결책을 찾거나, 한 단계 도약의 계기로 삼는 것은 기존의 조직과 운영방식으로는 해결할 수 없는 과제를 프로젝트를 통해 해결할 수 있는 프로젝트의 효용성 때문이다.

프로젝트 **효용성**(效用性)이란 새로운 지식과 경험이 필요한 조직에서 내부와 외부의 경험자와 전문가로 구성된 프로젝트팀을 통해, 지금까지 해결하지 못한 숙제를 풀어갈 수 있는 계기를 마련할 수 있고, 또한 자체적으로 프로젝트를 수행하는 데 소요되는 시간과 비용을 절감하는 효과를 가지는 것을 말한다. 프로젝트의 효용성으로 인해, 국가간의 협력을 통한 글로벌(Global) 프로젝트가 추진되고, 국가사업, 공공 및 대형사업을 위한 대규모 프로젝트가 구성되기도 한다. 기업이나 단위 조직에서는 혁신 프로그램을 프로젝트로 수행하여 체질과 경쟁력을 강화시키기도 하고, 소규모 프로젝트를 구성하여 다양한 문제를 해결해 나가기도 한다.

이와 같은 프로젝트의 다양성으로 인해, 프로젝트가 가지는 의미도 다양하다. 사전에서는 단순히 연구나 사업 또는 그 계획을 의미하지만, 일반적으로는 일정한 단위 기간 동안 주어진 목표를 수행키 위한 작업들의 모임을 의미하기도 한다. 또는 프로젝트를 '한시성(限時性)과 특수성(特殊性)'을 가지는 과제로 해석하기도 한다. '**한시성**(限時性)'이란 '고유의 재화와 용역을 창출하기 위해 수행되는 노력으로 시작과 끝이 존재한다'는 의미를 내포하고 있으며, '**특수성**(特殊性)'이란 '프로젝트의 제약된 환경요인 및 불확실성'을 의미한다.

이처럼 효용성, 한시성, 특수성을 갖는 **프로젝트**의 다양한 의미와 정의를 살펴보면 다음과 같다.

프로젝트의 의미와 정의

- **사전적 의미**: 프로젝트란 어떤 목표를 달성하기 위한 계획이며, 프로젝트에서 목표란 개인적 또는 단기간의 목표보다는 비교적 오랜 기간에 걸친 조직적인 목표를 의미한다. 또한 프로젝트는 계획을 실현하기 위한 일의 진행 과정까지를 포함한다.
- **산업분야**: 프로젝트란 어떠한 특정의 목적을 달성하기 위해 실시되는 프로그램 설계나 개발, 플랜트 구축, 건설 공사 등 한 번에 그치는 성격을 갖는 일이나 사업이다.
- **R&D 분야**: 프로젝트란 연구나 새로운 사업의 개발을 위한 유기적이고 조직적인 계획을 의미한다.
- **교육분야**: 프로젝트란 특정한 목표, 계획을 위한 학습적 활동이나 실천 계획이다.
- ISO 1006, International Organization for Standardization: 프로젝트란 시작과 종료 일자가 있는 조정과 통제된 활동의 집합체로, 특정 요구사항에 부합하는 목표를 달성하기 위해 시간, 원가, 자원의 제약요소가 포함된 유일한 프로세스이다. (A project is a unique process, consisting of a set of coordinated and controlled activities with start and finish dates, undertaken to achieve an objective conforming to specific requirements, including the constraints of time, cost, and resources.)
- PMI, Project Management Institute: 프로젝트는 고유한 제품, 서비스 또는 결과물을 창출하기 위해, 한시적으로 투입하는 노력이다. (A project is a temporary endeavor undertaken to create a unique product, service or result.)

프로젝트라는 의미는 활용 목적이나 추진 분야에 따라 다양하게 정의될 수 있다. 이러한 의미를 종합하여 요약하면, 프로젝트란 "일정한 기간 동안 한정된 자원을 사용하여, 고유의 성과를 창출하는 일련의 활동"으로 정의할 수 있다.

모든 프로젝트는 고유한 제품, 서비스 또는 결과물을 창출한다. 과거의 프로젝트 경험이나 관련 프로젝트의 벤치마킹을 통해, 유사한 일부 산출물을 활용하기도 하지만, 신규 프로젝트의 고유성은 변화되지 않는다. 건설분야나 IT분야의 프로젝트들은 반복성은 있지만 최종 결과물은 다르다.

정부, 기업, 단체에서 추진하는 프로젝트는 각자가 원하는 목적에 따라 진행된다. 국가 경쟁력 확보에 도움이 되는 기초연구개발 사업, 대규모 사회기반 구축 사업 등의 형태로 프로젝트를 진행하고, 국가간의 상호 이해관계에 따라 글로벌 프로젝트로 진행하기도 한다. 기업에서는 새로운 제품이나 서비스의 개발, 기업의 제도나 조직과 프로세스 혁신, 정보시스템 개발, 빌딩이나 플랜트 건설 등을 프로젝트로 추진한다.

1.3 프로젝트의 필요성

우리 주변에는 현재에도 수많은 프로젝트가 진행되고 있으며, 앞으로도 새로운 프로젝트는 계속 만들어질 것이다. 이처럼 많은 프로젝트가 만들어지고 없어지는 이유는 프로젝트를 통해 일을 추진하는 것이 제한된 자원으로 조직목표를 달성하기에 가장 적합하기 때문일 것이다.

기업, 단체, 정부 등 특정 조직에서 프로젝트가 활성화되어 추진되고 있는 또 다른 이유에는 일상적으로 발생하는 문제점을 해결하기 위한 대안으로 활용할 수도 있으며, 새로운 아이디어를 도출하고 실천하기 위한 방편으로 이용할 수도 있기 때문이다. 이와 같이 다양한 사유로 진행하는 프로젝트의 필요성을 정리하면 다음과 같은 내용이 포함된다.

프로젝트의 필요성

① 협업을 통해 시너지 효과를 극대화한다.
② 고질적 문제를 체계적으로 분석하고 해결한다.
③ 핵심 경쟁력을 확보할 수 있는 기회를 마련한다.
④ 제한된 역량을 보강한다.

① 협업을 통해 시너지 효과를 극대화한다

대형의 난이도가 높은 연구개발, 우주항공, 인프라 구축 프로젝트는 다양한 분야의 기술이 필요하고, 막대한 자금이 투자된다. 이러한 경우 여러 분야의 인력, 기술, 자금이 동원되기 위해서는 하나의 조직이나 단체만으로는 프로젝트를 수행할 능력이 부족하게 된다. 따라서 다양한 분야의 기술과 인력을 모아, 협력에 의해 프로젝트를 수행하는 것이 필수적이다. 기업에서도 신규 개발이나 혁신 프로젝트를 수행하기 위해 각 기능 전문가로 조직을 구성하는 것은 협업에 의한 시너지 효과를 극대화할 수 있기 때문이다.

② 고질적 문제를 체계적으로 분석하고 해결한다

조직에는 많은 문제가 내재되어 있다. 이러한 문제는 성격에 따라 쉽게 해결되기도 하지만, 쉽게 해결할 수 없는 고질적인 문제가 있기도 하다. 고질적 문제는 한두 사람의 힘만으로는 해결하기 어려운 경우가 많아, 근원적으로 문제 해결을 위해 프로젝트 팀을 결성할 필요가 있다.

③ 핵심 경쟁력을 확보할 수 있는 기회를 마련한다

치열한 경쟁에서 이기기 위해서는 기존 기술이나 상품을 버리는 혁신적인 발상과 추진이 필요하다. 첨단산업 분야에서 신기술·신제품 개발을 위해, 막대한 자금을 투자하여 신규 프로젝트를 추진하는 것은 기업이 경쟁에서 뒤처지지 않고, 지속 가능한 경영을 하기 위한 생존전략이다.

④ 제한된 역량을 보강한다

기업에서 혁신적으로 추진하는 프로젝트는 새로운 기술과 경험을 필요로 한다. 혁신적 과제는 회사에서 보유한 현재의 인력과 기술만으로는 해결할 수 없는 한계가 있다. 따라서 제한된 보유자원을 보충하기 위해 외부의 전문가를 활용하기도 하며, 긴급하거나 자체 역량이 미흡한 경우는 프로젝트의 일부 또는 전부를 외부를 활용하여 진행할 수 있다. 기업은 외부의 자원 활용을 통해 제한된 역량을 보충하고, 원하는 프로젝트를 성공적으로 수행할 수 있게 된다.

2 프로젝트 특수성

프로젝트는 우리가 일상적으로 수행하는 일이나 업무와는 다른 성격을 가지고 있다. 지금까지 해결하지 못한 난제가 프로젝트로 진행되기도 하고, 과거 사례가 없었던 혁신적 방안이 프로젝트에 적용되어야 하는 어려움이 있기 때문이다. 이로 인해 프로젝트를 수행한다는 것은 '한정된 기간 내에 정해진 과업을 완수해야 한다'는 목표달성에 대한 책임감을 가지게 되고, 프로젝트에 참여하는 사람 입장에서는 일반 업무와는 다른 심적 부담감을 가지게 된다. 그래서 프로젝트에 대한 책임이 큰 만큼 프로젝트 참여자에 대한 권한 부여도 많아야 한다.

지금부터는 프로젝트의 불확실성을 설명해 주는 '불확실성의 원추' 이론과 프로젝트에 나타나는 공통된 특성을 통해 프로젝트의 특수성을 설명하고자 한다.

2.1 불확실성의 원추

프로젝트는 추진 과정에서 발생하는 불확실성의 원인에 의해, 초기단계에 불확실했던 사항이 종료단계로 가면서 가시화되고 구체화(Progressive elaboration)되는 특성을 가진다. '**불확실성의 원추**(the cone of uncertainty)' 이론은 이러한 특성을 잘 설명해 주는 표현이다.

불확실성의 원추(the cone of uncertainty)

- 프로젝트 범위나 노력은 초기 예측보다 1/4에서 4배까지 변화될 수 있다.
- 프로젝트가 끝으로 갈수록 애매한 것이 명확해진다는 의미도 있다.
- 1981년 배리 보엠(Barry Boehm)은 프로젝트 불확실성에 대한 그래프를 그렸으며, 이후 스티브 맥코널(Steve McConnell)에 의해 '불확실성의 원추(cone of uncertainty)'라는 이름이 붙여졌다.

그림 1-1 불확실성의 원추(the cone of uncertainty by Steve McConnell)

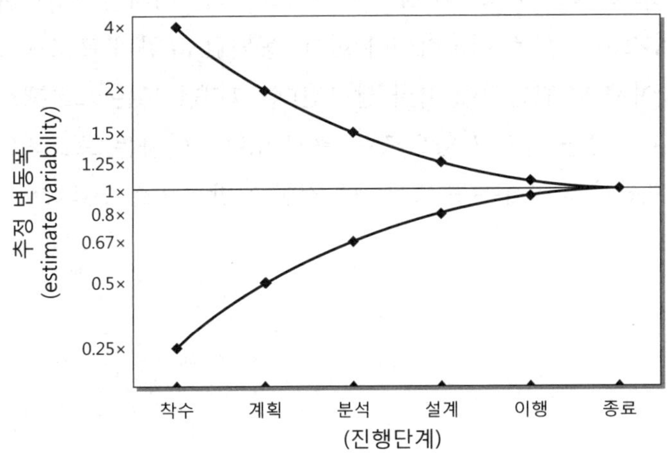

불확실성의 원추 시사점

- 프로젝트는 초반에는 다양성이 많지만, 종료시점으로 갈수록 제약조건이나 의사결정을 해야 할 사항이 많아진다.
- 프로젝트 오너(Owner)는 마케팅, 제품출시, 사내교육, 예산편성 등을 이유로 초기단계부터 정확한 계획을 요구하지만, 이러한 계획은 환경변화에 따라 변동 가능성이 크다.
- 소프트웨어 개발시에 적용하는 폭포수 모델(Waterfall)은 순차적인 개발 방법(Sequential development process)을 쓸 경우, 초기 프로젝트의 계획과 일정에 대한 오차가 최대 4배까지 벌어질 수 있다.
- 프로젝트를 성공적으로 수행하기 위해서는 불확실성을 줄이기 위해, 초기단계부터 체계적 · 합리적인 프로젝트 관리가 필요하게 된다.

2.2 프로젝트의 공통적 특성

프로젝트를 성공적으로 수행하여 목표로 하는 성과를 얻기 위해서는 프로젝트가 가지는 특성을 이해하여야 한다. 동일한 유형의 프로젝트도 수행하는 방법, 참여자, 주변환경에 따라 달라진다. 그러나 모든 프로젝트는 다음과 같은 공통된 특성을 가지고 있으므로, 프로젝트 참여자는 프로젝트의 특성을 이해하고, 자신이 참여하는 프로젝트에 적합한 방식으로 수행해야 한다.

프로젝트 특성

① 목적과 달성할 목표가 명확히 정해져 있다.
② 정해진 기간 내에 프로젝트를 완성해야 한다.
③ 제한된 자원을 활용하여 프로젝트를 진행한다.
④ 프로젝트 이해관계자의 요구를 최대한 수용해야 한다.
⑤ 독립된 전담조직을 구성하여 추진한다.
⑥ 독특한 유일(Unique) 프로그램으로 진행된다.

1) 목적과 달성할 목표가 명확히 정해져 있다

프로젝트는 우리가 일상적으로 수행하는 업무와는 다른 분명한 목적과 목표를 갖는다. 따라서 일반적인 접근방식과는 달리 우수한 자원을 할당하여 달성할 목표를 명확히 하여 진행하게 된다. 목적은 프로젝트를 진행하는 이유

CASE STUDY

머큐리 프로젝트

- **머큐리 프로젝트**(Mercury Project)는 1958년부터 1963년까지 미국 항공우주국에 의해 이루어진 미국 최초의 유인 우주비행 탐사 프로젝트이다.
- 머큐리 프로젝트의 목적은 소련의 유인 우주비행을 앞지르기 위한 것이다. 그리고 머큐리 프로제트는 다음과 같은 명확한 목표를 가지고 있었다.
  (1) 유인 우주선을 지구 주회궤도(周回軌道)에 올린다.
  (2) 우주 환경에서의 인간 활동능력 및 임무 수행능력을 연구한다.
  (3) 조종사와 우주선을 무사히 귀환시킨다.
- 존 F. 케네디 대통령은 머큐리 프로젝트의 성공 직후인 1961년에 "60년대가 가기 전에 달에 유인 비행을 실시한다"라는 2단계 우주비행 탐사 프로젝트의 목표를 선언해, 머큐리 프로젝트의 성과는 다음으로 제미니 프로젝트와 아폴로 프로젝트로 이어졌다.

이며 방향성이다. 프로젝트 목적에는 새로운 기회창출, 부가가치 도출, 조직 역량강화, 경쟁력 확보의 다양한 목적을 가진다. 그러나 프로젝트 목표는 목적을 달성하기 위해 구체적인 수준에서 달성하고자 하는 것을 설정하는 것이다. 목표는 프로젝트 목적을 객관적으로 관찰, 측정 및 평가가 가능하도록 정량화하여 정하는 것이 중요하다.

2) 정해진 기간 내에 프로젝트를 완성해야 한다

모든 프로젝트는 달성 목표가 분명한 만큼, 정해진 시간 내에 성공적으로 완료해야 한다. 프로젝트를 일정 기간 내에 완료할 수 있는가에 따라, 승자가 되거나 패자가 되기도 한다.

CASE STUDY

맨해튼 프로젝트

- 1939년 7월 유태인 물리학자 레오 질러드는 친구 아인슈타인에게 한 통의 편지를 전달했다. 루스벨트 대통령에게 독일의 핵 위협을 알리고, 미국의 핵폭탄 개발을 촉구하는 것이었다.
- '아인슈타인-질러드 편지'는 루스벨트 대통령에게 전해져, 우라늄위원회 구성과 맨해튼 프로젝트를 시작하게 하였다.
- 미국 육군 과학개발연구청 지휘로 수행된 맨해튼 프로젝트는 3년 5개월이 지난 1942년 12월에 시카고대학 스쿼시 연습장에 세워진 실험실에서 프로젝트의 성공 보고를 했다.

3) 제한된 자원을 활용하여 프로젝트를 진행한다

프로젝트를 수행한다는 것은 책정한 인력, 예산, 시설 등 제한된 자원으로 성과를 창출하는 것을 말한다. 성공한 프로젝트는 무제한 자원을 사용하는 것이 아니라, 계획된 제한적 자원을 활용하여, 정해진 기간 내에 원하는 목적을 달성하는 것을 말한다.

국가적으로 진행되는 공공 프로젝트나 기업이 추진하는 민간 프로젝트도 모두 제한된 자원을 활용하여 프로젝트의 목표를 달성해야 한다. 공공 프로젝트의 경우, 정해진 일정과 자원으로 프로젝트를 종료하지 못하면, 지체상금에 해당하는 벌금을 물어야 한다. 민간기업의 경우도 문제 해결, 경쟁력 강화를 위해, 제한된 자원으로 많은 프로젝트를 수행할 필요가 있다. 그리고 자원의 한계에도 불구하고, 원하는 기간 내에 성공적으로 프로젝트는 완수해야 한다. 그러나 납기 내에 완성한 두 개의 프로젝트일지라도 질적 차이가 있다. 계획된 인력, 시간, 예산 내에서 완료한 프로젝트와 1.5배의 인력, 30% 예산을 초과하여 납기 내에 완성한 프로젝트와는 질적으로 다르기 때문이다.

프로젝트를 올바로 수행하기 위해서는 프로젝트의 추진 범위, 업무별 목표 일정과 납기, 프로젝트에 책정된 예산을 명확히 인식하고 진행해야 한다. 이 세 가지 요인은 프로젝트 라이프사이클에 걸쳐, 프로젝트 성공과 실패에 중요한 영향을 미치기 때문에 **범위(Scope), 시간(Time), 원가(Cost)를 프로젝트의 3대 제약요인**이라고 부른다.

4) 프로젝트 이해관계자의 요구를 최대한 수용해야 한다

프로젝트에는 다양한 이해관계자가 존재한다. 프로젝트에 참여하는 프로젝트 인력뿐 아니라, 프로젝트를 발주하는 고객, 프로젝트 오너(Owner), 사용자, 후원조직 등 다양한 이해관계의 사람이나 조직이 존재한다. 프로젝트 수행 인력은 이러한 이해관계자의 다양한 요구를 최대한 수용해야 한다.

프로젝트는 목적과 목표를 명확히 하고 시작하는 것이 기본이지만, 많은 경우 프로젝트 초기단계부터 고객은 무엇을 만들 것인지에 대한 명확한 제시를 하지 못하고, 개략적인 요청사항만을 전달해 주는 경우가 있다. 프로젝트 팀은 이러한 고객의 요구사항을 기반으로 이해관계자의 요구를 수용하여, 최적의 결과를 만들어 내야 한다.

모바일 시대의 혁신제품으로 평가받는 스마트폰은 애플의 아이폰을 시작으로 확산되었다. 아이폰의 탄생은 프로젝트의 이해관계자 중 하나인 애플 CEO 스티브 잡스의 요청에 의해 시작되었다. 화면상에서 손가락 두 개를 가지고, 주소록이나 노래를 조작하도록 하자는 주문이었다. 잡스의 요구를 수용하여, 기존의 버튼에 의한 휴대폰 입력방식을 손가락으로 입력하는 멀티터치 디스플레이 방식으로 제작하게 되었고, 그 결과 한 차원 높은 모바일 시대를 열게 되었다.

5) 독립된 전담조직을 구성하여 추진한다

프로젝트는 일상적인 업무처리 형태로는 수행할 수 없는 인적자원과 전문지식을 필요로 하는 경우가 많다. 국가의 중대한 프로젝트, 기업의 생존전략 프로젝트에는 차별화된 인력과 기술이 필요하므로, 우수한 자원을 할당하여 독립된 프로젝트 조직을 구성하여 진행한다.

프로젝트의 성공을 보장하기 위해, 독립적인 전담조직(Task Force Team: TFT)으로 구성하여 자율적 권한을 대폭 부여하는 만큼, 실패에 대한 책임도 큰 것이다. 따라서 중대한 프로젝트의 추진 조직은 겸직, 부분참여 형태보다는 전문성을 갖는 전담(Full-time)인력과 조직으로 구성하는 것이 필요하다.

6) 독특한 유일(Unique) 프로그램으로 진행된다

모든 프로젝트는 동일한 것이 없다. 진행하는 시간과 일정이 다르고, 참여자도 다르며, 자원 활용도 차이가 있고, 프로젝트 결과의 성과물도 구체적으로 다르다. 지금까지 과거에 하지 않았던 무엇인가를 만들기 위해 프로젝트는 시작되며, 일부분 과거에 수행한 내용을 반복할 수는 있지만, 똑같을 수는 없기 때문에 모든 프로젝트는 독특한 유일성(Uniqueness)을 갖는 것이다.

그래서 모든 프로젝트는 새롭고 특별한 고유의 결과를 만들어 내야 한다. 따라서 차별화된 프로젝트의 추진이 필요해진다. 차별화된 프로젝트란 기존에 없었던 기술로 특별한 결과물을 완성해야 함을 의미한다. 이러한 현상은 혁신과 창조적 프로젝트에 더욱 중요하다.

CASE STUDY

10대 건설 프로젝트

- 영국의 건설 전문 주간지는 세계의 10대 건설 프로젝트를 발표하였다.
- 새롭고 특별한 고유의 결과를 만들어 낸 10대 프로젝트에는 인천대교, 아랍에미리트의 버즈 두바이, 그랜드 캐니언 유리교량 스카이워크, 호주 태양열 발전 솔라타워(Solar Tower), 베이징 올림픽 주경기장 등이 선정되었다.

3 프로젝트 관리와 포트폴리오

3.1 프로젝트 관리

기업에서는 프로젝트 수행과 관련하여 사람, 설비, 자금, 기술 등 여러 자원이 필요하게 된다. 기업의 자원은 필요성에 맞추어 제한적으로 보유하고 있기 때문에, 조직에서 발생하는 다양한 프로젝트를 성공적으로 수행하기 위해서는 제한된 자원을 효율적으로 활용하여 추진해야 한다. 프로젝트 관리란 프로젝트와 관련한 이해관계자들의 요구사항을 해결하기 위해, 제한된 자원을 합리적으로 할당하고 리더십을 발휘하여, 맡은 바 임무를 완수하도록 하는 것이다.

프로젝트 관리에 대한 국제적 가이드를 제시하는 PMI(Project Management Institute)에서는 PMBOK 가이드에서 "**프로젝트 관리**(Project Management)란 프로젝트 요구사항을 충족시키는 데 필요한 지식(knowledge), 기량(skills), 도구

(tools) 및 기법(techniques) 등을 프로젝트 활동에 적용하는 것"이라고 하였다. 그리고 프로젝트를 관리한다는 것은 일반적으로 다음과 같은 업무를 포함한다고 정의하였다.

- 요구사항의 식별
- 프로젝트가 계획 · 실행됨에 따라 발생하는 이해관계자의 다양한 요구사항, 관심사항, 기대사항의 처리 및 해결
- 범위, 품질, 일정, 예산, 자원, 리스크 등의 다양한 프로젝트 제약사항에 대한 균형유지

PMI에서는 프로젝트의 관리를 위해 5개의 **프로세스그룹**(Process Groups)과 9개의 **지식분야**(Knowledge Areas)로 구분하였다. 5개의 프로세스그룹은 프로젝트의 '**착수, 기획, 실행, 감시 및 통제, 종료**'의 5단계로 구분하였고, 9개의 지식분야는 '**통합관리, 범위관리, 일정관리, 원가관리, 품질관리, 인적자원관리, 의사소통관리, 리스크관리, 조달관리**'로 나누었다. 그리고 5개 프로세스그룹과 9개 지식분야를 42가지의 **프로젝트 관리 프로세스**(Project management

〈표 1-1〉 PMBOK의 5개 프로세스그룹과 9개 지식분야

구 분	구성요소
5개 프로세스그룹 (Process Groups)	• 착수 프로세스그룹(Initiating process group) • 기획 프로세스그룹(Planning process group) • 실행 프로세스그룹(Executing process group) • 감시 및 통제 프로세스그룹(Monitoring & Controlling process group) • 종료 프로세스그룹(Closing process group)
9개 지식분야 (Knowledge Areas)	• 프로젝트 통합관리(Project Integration Management) • 프로젝트 범위관리(Project Scope Management) • 프로젝트 일정관리(Project Time Management) • 프로젝트 원가관리(Project Cost Management) • 프로젝트 품질관리(Project Quality Management) • 프로젝트 인적자원관리(Project Human Resource Management) • 프로젝트 의사소통관리(Project Communications Management) • 프로젝트 리스크관리(Project Risk Management) • 프로젝트 조달관리(Project Procurement Management)

그림 1-2 PMBOK의 42개 프로젝트 관리 프로세스(Project Management Processes)

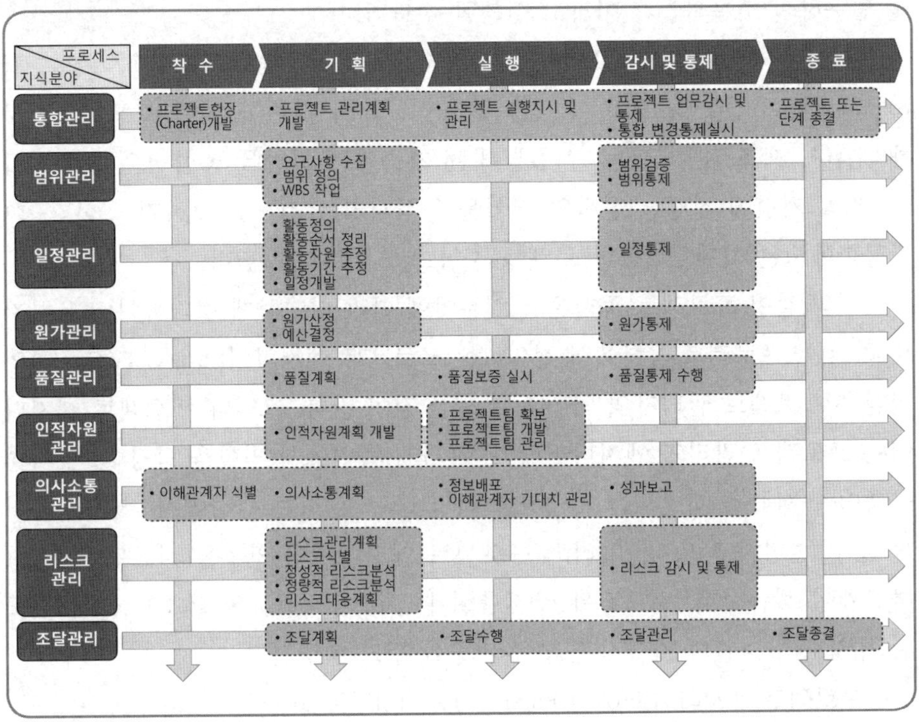

process)로 구분하여 정의하고, 프로젝트 관리에 적절히 활용하여 수행하도록 권고하였다.

3.2 프로젝트 공학

PMI에서 사용하는 프로젝트 관리에 대한 정의는 범용적으로 쓰이는 용어지만, 특정 산업분야에서는 프로젝트 공학(Project engineering)이라는 용어를 사용하기도 한다. **프로젝트 공학**(Project engineering)이란 일반적으로 제품을 생산하거나, 특정한 문제를 공학적 관점에서 해결하기 위한 기술로 설명할 수 있다. 제조 시설을 건설하는 경우 공학적 설계, 감독, 조정의 역할을 수행하는 기술이라 할 수 있다. 그리고 프로젝트 공학을 다르게 표현하면, 특정

제조시설을 건설할 경우에 기술적·경제적으로 검토된 제조공정과 필요 기술을 연구하여 접목하는 것이라고 설명할 수도 있다.

건설분야에서는 프로젝트 공학을 프로젝트 완료를 위한 계획수립(planning), 조정(coordinating), 감독(overseeing)과 관련한 일련의 프로세스로 해석한다. 제조분야에서는 설비에 대한 기술활동 전반을 총합적으로 조정하여, 최적 기간에 적정한 설비의 건설을 완성시키는 기능을 말하기도 한다. 화학공학에서는 설계공학을 프로젝트 공학으로 부르기도 한다.

이와 같이 프로젝트 공학은 산업분야에 따라 다양하게 정의하여 사용하기도 하지만, 프로젝트 공학에서 정의하는 프로젝트 엔지니어(Project Engineer)의 역할은 프로젝트 관리자의 역할과 유사한 점이 많다. 그러나 프로젝트 엔지니어는 프로젝트 관리와 엔지니어링의 두 가지 측면에서 역할을 담당하고, 시설 구축이나 제품을 개발하는 기술자를 리딩(Leading)하는 관점에서 약간의 차이를 두고 설명하고 있다. 그리고 프로젝트 엔지니어의 활동을 시스템 디자인, 하드웨어 제품설계, 소프트웨어 제품설계, 시스템 통합 및 테스트, 제품인도 및 유지보수 지원의 기술적 업무에 비중을 두고 설명한다.

프로젝트 엔지니어(Project Engineer)는 'P.E.'로 표기하지 않는다. 'P.E.'는 자격증을 보유한 전문 기술자(Professional Engineer)로 사용하기 때문이다. 다음은 프로젝트 엔지니어의 임무, 역할, 책임을 기술한 것이다.

- 프로젝트 엔지니어의 임무
  - 프로젝트에 배정된 비용, 일정, 기술, 고객만족의 목표를 달성
- 프로젝트 엔지니어의 역할
  - 효과적으로 팀을 리딩(Leading)하고 구축
  - 일에 대한 열정과 헌신
  - 논리적 사고와 기획
  - 일(Daily) 단위 업무지시 및 관리
  - 결과 지향적
  - 구체적 전개
  - 강한 의사소통 능력

• 프로젝트 엔지니어의 책임
  - 프로그램의 시작과 마무리
  - 비용, 일정, 성과 관점의 엔지니어링 업무 완수
  - 엔지니어링 활동의 관리
  - 프로젝트 리스크 예방 및 대응
  - 프로젝트 성과 창출
  - 프로젝트 상황의 정확한 보고

3.3 프로젝트 포트폴리오

기업이 다양한 형태의 프로젝트를 전개하는 경우에는 조직적인 프로젝트 관리가 필요하다. PMO(Project Management Office, 프로젝트 관리 오피스)와 같은 전문조직을 운영하여 프로젝트, 프로그램, 포트폴리오를 통합한 체계적 관리가 되어야 한다. 프로젝트의 통합관리 측면에서 사용하는 프로젝트, 프로그램, 포트폴리오의 의미는 다음과 같다.

1) 프로젝트(Project)

조직의 비전 및 전략 달성, 또는 특정 목적 및 목표를 효과적으로 달성하기 위해 수행하는 단위 과업을 말한다. 조직은 전략, 고객 요구, 비즈니스, 기술, 법률적 과제를 해결하기 위해 프로젝트팀을 형성하고 해당 프로젝트를 해결한다.

2) 프로그램(Program)

프로그램(Program)은 개별적인 프로젝트 관리로 인한 비효율을 방지하기 위해, 프로젝트를 통합하여 관리하도록, 단위 프로젝트를 그룹으로 합하여 관리하는 것이다. 프로젝트의 통합관리를 통해, 자원의 효율적 배분 및 관리가 가능하게 된다. 프로그램 관리가 효율적으로 이루어지기 위해서는

PMO의 운영이 필요하며, 프로그램에 포함된 프로젝트들은 PMO에서 제정한 표준 프로세스나 산출물을 활용하여 프로젝트를 효과적으로 관리할 수 있게 된다.

조직에서는 프로그램 관리를 통해, 단위 프로젝트의 자원 제약 및 이슈를 해결하고, 조직의 방향과 목표에 부합하는 조직적이고 전략적인 프로그램 운영이 가능하게 된다. 국가 및 대기업이 대규모 복합형 프로젝트를 수행할 경우에는 프로그램 관리 방식으로 운영하는 것이 효과적이다.

3) 포트폴리오(Portfolio)

포트폴리오(Portfolio)란 서류가방, 자료 수집철, 자료 묶음을 의미하는 단어이지만, 프로젝트 포트폴리오란 프로젝트, 프로그램, 하위 포트폴리오를 포함한 다양한 프로젝트의 묶음을 의미한다. 포트폴리오 관리란 특정한 전략적 사업목표를 달성하기 위해, 하나 이상의 포트폴리오를 중앙에서 관리하는 것을 의미한다. 포트폴리오 관리를 위해 프로젝트, 프로그램 및 기타 관련 작업의 식별, 우선순위 지정, 승인, 관리 및 통제를 수행한다.

프로젝트 관리에서 사용하는 포트폴리오란 전략적 사업목표를 달성하기 위해, 작업을 효율적으로 관리해야 하는 프로젝트, 프로그램, 기타 관련 작업 모음을 의미한다. 프로젝트 포트폴리오를 구성하는 프로그램이나 프로젝트 등 하위 구성요소들은 조직의 전략적 목표달성에 부합하는 연계관계를 형성하는 것이 필요하다.

PMO조직을 통한 포트폴리오 관리는 포트폴리오가 기업의 전략과 일치하여 일관성을 유지하도록, 하위의 프로그램과 프로젝트를 관리하고, 자원 할당의 우선순위를 결정하는 업무를 관장한다. PMO를 활용한 전사적 포트폴리오 관리를 통해, 단위 프로젝트의 고객, 공급자, 필요 기술 및 자원을 전체 과제와 연계하여, 효과적으로 활용할 수 있도록 공유함으로써 조직 전체의 경쟁력 강화에 기여할 수 있게 된다.

그러나 자원의 효과적 배분 및 사용 관점에서, 포트폴리오에 속한 프로젝트가 상호 의존적이나 연계로 인해 비효율적인 경우가 발생하면, 반드시 연계하여 관리할 필요는 없다. 기업이나 단체의 프로젝트 성격에 따라, 차

그림 1-3 프로젝트 포트폴리오 구성도(PMBOK 참조)

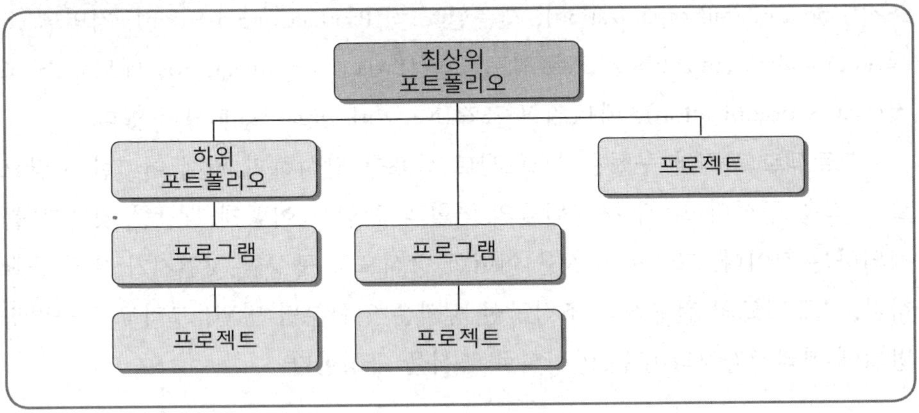

별화된 별도의 프로젝트로 구성할 수도 있고, 필요에 따라 부분적으로 프로젝트나 프로그램을 묶어 전략적 프로그램으로 추진할 수도 있는 것이다. 프로젝트 포트폴리오의 구성요소에 대한 상호관계를 나타내면 [그림 1-3]과 같다.

4 프로젝트 조직

프로젝트 목표를 달성하기 위해서는 프로젝트를 수행할 조직과 인력이 필요하다. 이러한 프로젝트 수행 조직이나 인력은 프로젝트의 성격, 규모, 기간에 따라 다르게 구성된다. 건설, IT, 제조 등 산업별 특성을 고려하고, 프로젝트 수행 규모, 그리고 단기 또는 중장기 진행 일정, 프로젝트 전제조건이나 요구조건에 따라 조직과 인력구성은 달라진다.

프로젝트 조직을 구성하기 위해서는 전통적인 조직구조의 특성을 이해하고, 프로젝트의 특성에 적합한 조직을 구성하는 것이 중요하다. 조직유형에는 직계조직(Line organization), 기능조직(Functional organization), 직계참모 조직(Line and Staff organization), 제품별 조직(Product organization), 지역별 조직(Regional organization), 프로젝트 조직(Project organization), 매트릭스 조직(Matrix organization), 네트워크 조직(Network organization)이 있다.

프로젝트 조직의 구성은 "프로젝트 목표를 달성하기 위해 어떠한 사람으로 조직을 구성하고, 각 구성원들의 역할과 책임은 어떻게 할당할 것인가"를 정의하는 것이다. 그래서 조직을 어떠한 방식으로 구성할 것인지가 우선 중요하다. 프로젝트의 전형적인 조직구성 방식은 역할분담 방법, 그리고 의사결정 방법에 따라 2가지의 다른 방식으로 조직을 구성한다.

4.1 역할분담 방식 프로젝트 조직

역할분담에 의한 프로젝트의 조직구성 방식은 기능조직(Functional organization), 프로젝트화 조직(Projectized organization), 매트릭스 조직(Matrix organization)으로 분류된다.

1) 기능조직

회사의 조직은 전통적으로 업무기능 분류에 따라 연구개발팀, 마케팅팀, 생산팀, 구매팀 등으로 구성한다. 기능조직(Functional organization)은 WBS(Work Breakdown Structure, 업무분류체계)에 의하여 프로젝트의 수행업무 기능을 분류하고, 분할된 기능에 따라 조직을 구성하는 것을 말한다. 프로젝트에는 각 기능팀에서 선정된 인력이 참여한다. 기능조직에서는 프로젝트 진행과정에 따라 분석팀, 설계팀, 개발팀, 시험팀 등 단계별 업무기능으로 분류하여 진행할 수도 있고, 또는 기능조직의 각 부서는 다른 부서와 독립적으로 프로젝트를 수행할 수도 있다. 기능조직도 구성방안은 [그림 1-4]와 같다.

그림 1-4 기능조직도

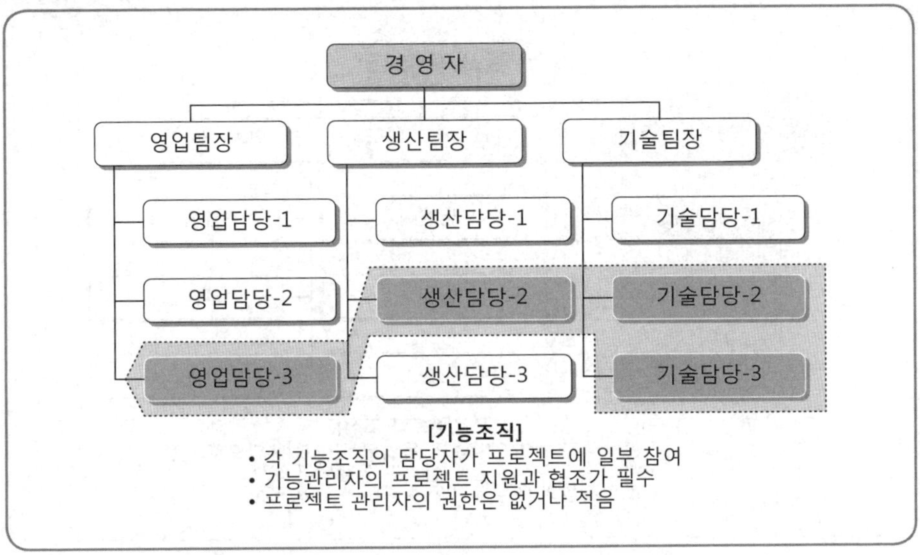

2) 프로젝트화 조직

프로젝트화 조직(Projectized organization)은 조직의 자원이 프로젝트 중심으로 구성되어, 프로젝트의 시작부터 종료단계까지 한 팀이 전담으로 운영하는 조직이다. 프로젝트 관리자는 독립적으로 권한과 책임을 행사한다. 프로젝트화 조직에서는 역할과 책임이 명확한 반면, 프로젝트 구성인력의 자질에 따라 프로젝트 결과의 품질이 다르게 된다. 프로젝트 단위의 사업 수주가 많은 IT기업 등에는 프로젝트화 조직구성이 유용하다. 프로젝트화 조직도 구성 방안은 [그림 1-5]와 같다.

3) 매트릭스 조직

매트릭스 조직(Matrix organization)은 기능조직과 프로젝트화 조직의 특성을 혼합하여, 장점을 극대화하고 단점을 줄이기 위한 형태의 프로젝트 조직이다. 프로젝트를 위주로 사업하는 기업에서 활용하는 조직형태이다. 프로젝트 팀원은 원래의 기능부서에도 속하여 있고, 프로젝트팀에도 속하여 일을 진행한다. 따라서 기능부서와 프로젝트 팀간의 정보공유가 매우 중요하다.

그림 1-5 프로젝트화 조직도

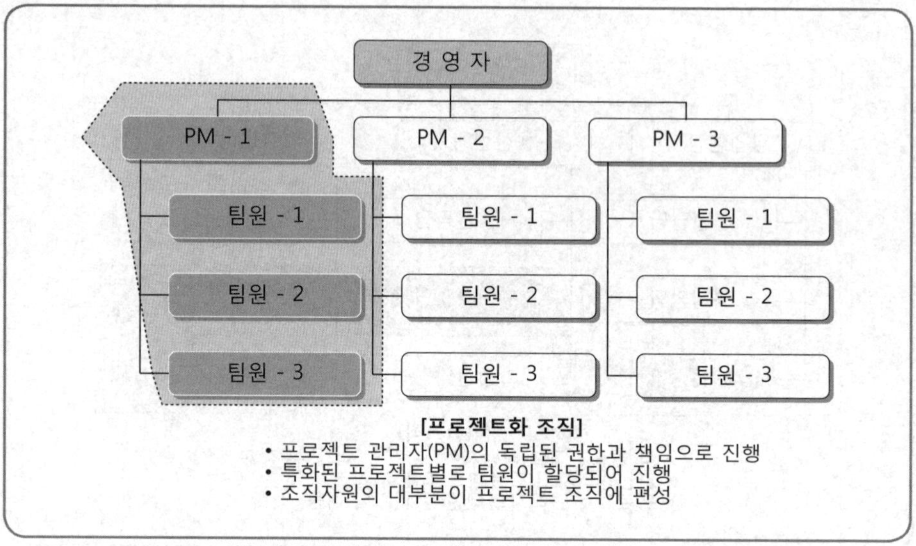

매트릭스 조직에서 프로젝트 관리자는 기능부서 책임자와의 긴밀한 협조로, 기업조직의 자원을 최대한 활용할 수 있는 장점이 있으나, 협조 관계가 제대로 이루어지지 않으면, 리더십 딜레마에 빠지게 된다. 또한 프로젝트 팀원도 프로젝트 관리자와 기능부서 책임자에게 이중으로 보고해야 하는 어려움이 있다. 프로젝트가 많은 기업에서는 PMO조직에 프로젝트 전담 관리자를 두고, 각 기능별 담당자를 선정하여 프로젝트를 진행하는 것이 효과적이다.

매트릭스 조직은 기능조직, 프로젝트화 조직의 2가지 조직형태에서, 어디에 근접하는가에 따라 약한/중간/강한 매트릭스 조직으로 분류한다. 즉, 기능조직의 특성을 많이 가지면 **약한 매트릭스 조직**(Weak matrix organization)이라 하고, 프로젝트화 조직에 가까우면 **강한 매트릭스 조직**(Strong matrix organization)이라 하며, 중간적 형태는 **균형 매트릭스 조직**(Balanced matrix organization)이라고 한다.

매트릭스 조직은 프로젝트에 필요한 전문인력을 분산배치해서, 일상 업무와 프로젝트 업무를 병행하기 위해서 구성한다. 그리고 지역조직과 제품조직의 혼합, 또는 기능조직과 프로젝트 조직의 행렬식 매트릭스를 구성해서, 자원을 효율적으로 활용하기 위해 사용하기도 한다. 매트릭스 조직에서는 항상 현업과 프로젝트 업무를 동시에 수행하므로, 업무의 가중에 따른 부담을 고려해야 한다. 매트릭스 조직구성 방안은 [그림 1-6]과 같다.

그림 1-6 매트릭스 조직도

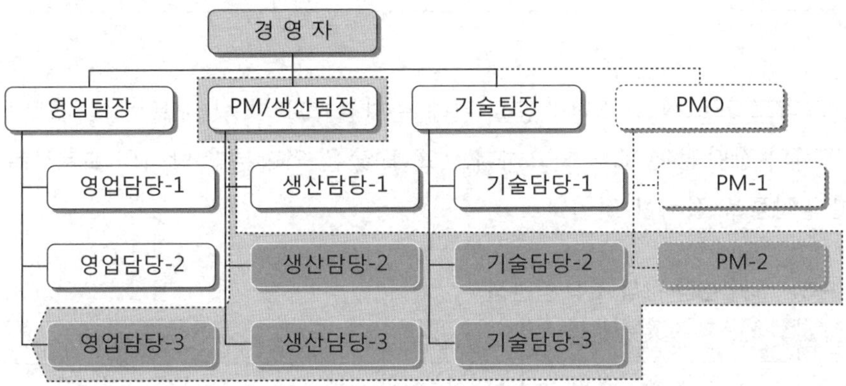

[매트릭스 조직 – 강, 약, 균형 조직]

- 기능조직과 프로젝트화 조직의 특성을 혼합하여 장점을 극대화하고 단점을 줄이기 위한 형태의 프로젝트 조직
- 프로젝트 팀원은 원래의 기능부서에도 속하여 있고, 프로젝트 팀에도 속하여 일을 진행
- 프로젝트 관리자는 통합이나 조정의 역할을 수행하나, 역할에 따라 강한, 약한, 균형 매트릭스 조직으로 구분
- 강한 매트릭스 조직에서는 별도의 PMO조직에 프로젝트 관리자를 선정하기도 함

이상과 같이 역할분담 방식에 따라 프로젝트를 기능, 프로젝트화, 매트릭스 조직으로 분류할 수 있으나, 기업이 실제 프로젝트 조직을 구성하기 위해서는 조직별 특성과 장단점을 고려해야 한다. 조직별 특성이란 **프로젝트 관리자**(Project Manager: PMR)의 권한, 자원활용, 예산통제, 역할, 행정지원에 대한 프로젝트 조직의 특성을 말한다. 〈표 1-2〉는 **프로젝트 조직별 특성**을 정리한 것이다.

〈표 1-2〉 프로젝트 조직별 특성

구 분	기능조직	매트릭스 조직			프로젝트화 조직
		약한	균형	강한	
PM 권한	없거나 적음	제한적	낮음~중간	중간~높음	최고
자원활용	없거나 적음	제한적	낮음~중간	중간~높음	최고
예산통제	기능관리자	기능관리자	혼합	PM	PM
PM 역할	부분참여	부분참여	전체참여	전체참여	전체참여
행정지원	부분참여	부분참여	부분참여	전체참여	전체참여

Source: PMBOK.

그리고 프로젝트 조직구성을 위해 추가적으로 기능, 매트릭스, 프로젝트화 조직의 장단점 검토도 필요하다. 〈표 1-3〉은 역할분담 방식의 **프로젝트 조직별 장단점**을 정리한 것이다.

〈표 1-3〉 역할분담 방식 조직 장단점

구 분	기능조직	프로젝트화 조직	매트릭스 조직
장 점	• 전문역량 활용 용이 • WBS에 의한 합리적 역할분담 • 보고라인 일원화	• 일사불란한 진행 • 프로젝트 집중도가 높음 • 효과적 조직구조	• 효과적 자원관리 • 다양한 분야 전문가 수용 • 효율적 조직구조
단 점	• 고객대응 분산 • 자원 부족시 혼란	• 전문성 부족 • 인력관리 어려움	• 관리 복잡성 • 고객대응 혼선

4.2 의사결정 방식 프로젝트 조직

프로젝트 조직구조는 프로젝트 의사소통에 중요한 영향을 끼친다. 조직구조에 따라 의사소통 경로가 다양해질 수도 있고 제한적일 수도 있다. 일반적으로 조직에서의 **의사소통 경로수**는 참여 인력수에 따라 다음과 같이 기하급수적으로 늘어난다.

의사소통 경로수 = $N * (N-1)/2$ [N = 프로젝트 참여 인력수]

조직의 다양한 의사소통 경로수는 프로젝트 관리자나 팀원들의 노력에 따라, 프로젝트에 기여하는 좋은 수단이 될 수도 있고, 팀워크에 저해되는 요인으로 작용하기도 한다. 프로젝트 관리자나 PMO는 이러한 다양한 프로젝트 의사소통 경로를 건설적으로 활용해야 한다. 프로젝트 조직구성은 프로젝트 수행기간, 작업의 특성, 팀구성원 사이의 의사교류 횟수에 의해 팀구성 방법이 달라질 수 있다. 의사소통 및 의사결정 방식에 따라 프로젝트 조직은 중앙집중형 조직(Centralized organization), 분산형 조직(Distributed organization), 혼합형 조직(Mixed organization)으로 구성할 수 있다. 각 조직별 특징은 다음과 같다.

1) 중앙집중형 조직

중앙집중형 조직(Centralized organization)에서는 프로젝트 관리자가 모든 권한과 책임을 가지고 프로젝트를 통제한다. 프로젝트에 참여하는 인력은 담당 업무만 책임지고 수행하며, 모든 의사결정의 주도적 역할은 프로젝트 관리자가 수행한다. 의사소통과 결정이 빨라 소규모 프로젝트에 적합하나, 프로젝트 관리자의 능력에 따라 프로젝트가 좌우된다.

2) 분산형 조직

분산형 조직(Distributed organization)은 프로젝트 구성원 모두가 의사결정에 참여하는 자율적 민주주주 방식의 조직이다. 전원이 의사결정에 참여하여 업무만족도를 향상시키고, 프로젝트 탈퇴를 방지한다. 책임과 권한이 구성원에게 대폭 인계되어, 장기적이고 난이도 높은 프로젝트에 적합하다.

3) 혼합형 조직

혼합형 조직(Mixed organization)은 분산형과 중앙집중형 조직구성을 혼합한 방식이다. 계층형 조직으로 부르기도 하며, 프로젝트 관리자는 프로젝트를 구성하는 단위 업무의 책임과 역할을 부여받은 프로젝트 리더(Project Leader: PL)만을 관리한다. PL은 담당 부분을 책임지고 운영하며, 단위 조직의 구성원은 프로젝트 리더에게만 계층적 의사소통을 수행한다. 혼합형 조직에서는 다

그림 1-7 프로젝트 조직별 의사소통 경로

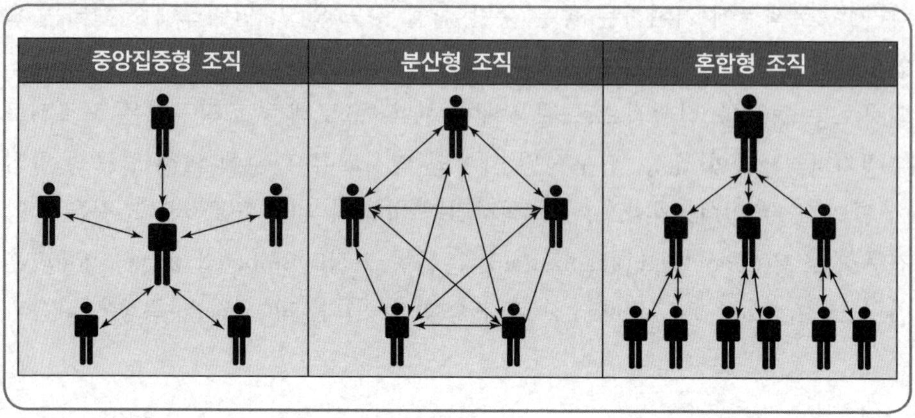

단계의 계층구조를 가질 수 있다.

프로젝트 조직이 갖는 의사결정 방식에 따라, 중앙집중형 조직, 분산형 조직, 혼합형 조직의 의사소통 경로를 비교하면 [그림 1-7]과 같다. 그리고 의사결정 방식에 따른 중앙집중형, 분산형, 혼합형 조직구성의 장단점을 비교하면 〈표 1-4〉와 같다.

〈표 1-4〉 의사결정 방식의 조직 장단점

구 분	중앙집중형 조직	분산형 조직	혼합형 조직
장 점	• 신속한 의사결정 • 의사교환경로 단축 • 프로젝트 구성원의 담당업무 집중도 향상	• 자율적 추진으로 각자 역량 최대 발휘 • 동료검토 방식 도입으로 상호협조 • 프로젝트 관리자 부담 축소	• 프로젝트 관리자는 리더만 관리 • 리더의 담당분야 관리로 기술역량 최대 발휘 • 초급자에게 경험자 역량 전수 용이
단 점	• 프로젝트 관리자의 역량에 따라 성공과 실패 좌우 • 독선적 의사결정 우려	• 의사결정 도출 및 시간 지연 • 책임감 결여 및 업무 생산성 저하	• 리더 관리 역량 미흡시 팀워크 저해 우려 • 다단계 계층구조로 의사소통 애로

5 프로젝트 관리자

5.1 프로젝트 관리자 역량

프로젝트의 수행 조직에는 다양한 역할을 수행하는 사람이 참여한다. 프로젝트 성격이나 규모에 따라 참여 인원이나 기능이 조정될 수는 있지만, **프로젝트 관리자**(Project Manager: PMR)는 항상 필요하다. 기업에는 비전과 경영 목표달성을 위한 기능별 조직과 관리자가 존재한다. 기획, 영업, 기술, 생산, 구매 등 기업 프로세스의 단위 기능을 관리하는 기능 관리자는 상시적으로 존재한다. 그러나 프로젝트 관리자는 이러한 기능 관리자와는 달리 기업의 새로운 프로젝트가 생기면서 임명이 되어 프로젝트 진행의 책임을 맡는 관리자가 된다.

프로젝트 관리자는 프로젝트 관리분야에 전문가이다. 프로젝트 관리자는 전형적으로 제조, 건설, 연구개발, 정보기술 산업분야에서 담당 프로젝트의 계획, 실행, 종결의 역할과 책임을 수행한다. PMBOK 가이드에서 프로젝트 관리자(PMR)는 "프로젝트 목표를 달성하기 위해 수행조직에서 선임하는 책임자"라고 정의하고 있다. PMR은 프로젝트가 수행되는 해당 산업분야를 이해하고, 관련 지식과 경험을 확보하고 있어야 하며, 또한 프로젝트 관리와 관련한 역량도 확보하고 있어야 한다. 특히 프로젝트에 참여하는 팀원과의 인간관계, 리더십 역량이 있어야 한다.

프로젝트 관리자에게 요구되는 다양한 역량을 축약하면, "**산업분야 역량, 프로젝트 관리 역량, 성과창출 역량, 인간관계 역량**"이며, 이상의 4가지는 **프로젝트 관리자의 핵심역량**이라고 할 수 있다.

프로젝트 관리자 4대 핵심역량

① **산업분야 역량**: 프로젝트가 수행되는 관련 산업에 대한 지식과 경험 보유

② **프로젝트 관리 역량**: 프로젝트 라이프사이클의 단계별 관련 지식으로, 프로젝트 통합관리, 범위관리, 시간관리, 원가관리, 품질관리, 인적자원관리, 의사소통관리, 리스크관리, 조달관리 관련 지식과 경험 보유

③ **성과창출 역량**: 목표달성을 위한 논리적 문제분석 및 해결능력과 도전적·창의적 능력의 보유

④ **인간관계 역량**: 열정을 기본으로 리더십, 자제력, 커뮤니케이션 능력의 보유

5.2 프로젝트 관리자 역할

프로젝트 관리자는 프로젝트의 모든 것을 총괄하고, 프로젝트 성공과 실패의 열쇠를 쥐고 있는 핵심 인력이다. 프로젝트 관리조직의 구성에 따라, 프로젝트 관리자의 역할이 축소되거나 제한적이 되기도 하지만, 담당 프로젝트의 시작과 종결까지 주요 사안에 대한 의사결정을 수행하고, 결과까지 책임을 지는 기본적 역할에는 변함이 없다.

프로젝트 관리자의 역할과 책임(Role & Responsibility: R&R)은 산업분야, 회사규모, 회사의 성숙도, 기업문화에 따라 다양하게 정의될 수 있다. 그러나 프로젝트 관리자가 공통적으로 수행할 기본적인 책임과 역할은 같다. 다음은 프로젝트 관리자(PMR)가 공통적으로 수행하는 기본적 역할을 정리한 것이다.

PMR 기본 역할

- 프로젝트 수행 계획의 작성
- 프로젝트 이해관계자(Project Stakeholders)의 관리
- 프로젝트 목표달성 및 요구사항 이행관리
- 프로젝트 팀원의 관리
- 프로젝트에 대한 리스크 요인 관리

- 프로젝트 추진 일정의 관리
- 프로젝트 원가 및 예산관리
- 프로젝트 갈등관리(Conflict management)

특성이 다양한 여러 프로젝트를 진행하는 조직에서는 프로젝트 관리 오피스(Project Management Office: PMO) 기능을 운영한다. 이 경우 PMR은 PMO와의 협조, 지원, 견제를 통해 맡은바 임무를 수행해야 한다. 경우에 따라 PMO로부터 협조와 지원을 받을 수 있으나, 상황에 따라 비용통제를 당하거나 타 프로젝트와의 협력을 이유로 통제되기도 한다. 그러나 PMR과 PMO는 조직의 비전 달성과 전략과제 해결이라는 동일한 목표를 가지고 협력적으로 각자의 역할을 수행해야 한다. 다음의 〈표 1-5〉는 PMR과 PMO의 차별화된 역할을 정리한 것이다.

〈표 1-5〉 PMR과 PMO의 역할 구분

구분 / 관점	프로젝트 관리자 (PMR)	프로젝트 관리 오피스 (PMO)
프로젝트 범위관리	담당 프로젝트의 목표달성	• 전사의 비전과 경영목표 달성을 위해 포트폴리오에 속한 프로젝트의 범위 변경관리
프로젝트 자원관리	담당 프로젝트 투입자원의 효율적 관리	• 기업 전체 프로젝트에 투입 또는 투입예정인 자원의 균형적 관리
프로젝트 지식영역별 관리	담당 프로젝트의 9개 지식분야 관리(통합, 범위, 일정, 원가, 품질, 인적자원, 의사소통, 리스크, 조달)	• 전사 프로젝트 통합 관점의 일정, 인적자원, 원가, 조달관리가 중심 • 전사적 차원의 프로젝트 방법론, 표준화, 기회 및 리스크 관리

5.3 프로젝트 관리자 자격요건

프로젝트 관리자는 프로젝트를 창출하는 초기단계부터 종결단계까지 여러 상황에 직면하게 되고, 각 경우마다 최적의 의사결정을 수행해야 한다. 프로젝트의 규모가 크고 유사한 참고 사례가 없는 독창적인 프로젝트 일수록 프로젝트 관리자는 더욱 어려운 상황을 많이 경험한다. 그러나 어떠한 상황에서도 프로젝트 관리자로 선정이 되면, 프로젝트 관리자(PMR)의 역량으로 모든 어려움을 극복하고 반드시 준수해야 할 사항이 있다. 우수한 PMR로서의 자격요건을 갖추기 위해, 프로젝트 진행과정을 통해 PMR이 준수해야 할 사항은 다음과 같다.

프로젝트 관리자의 필수 준수사항

① 고객 요구사항의 해결
② 이해관계자의 신뢰확보
③ 프로젝트 목표달성
④ 프로젝트 납기, 예산조건 준수
⑤ 리스크 및 이슈 발굴과 해결
⑥ 프로젝트 팀원의 고민해결

우리는 특정 전문분야에서 뛰어나고 권위를 인정받는 사람을 대가(大家)라고 부른다. 음악의 대가는 마에스트로(Maestro), 악기의 대가는 비르투오소(Virtuoso)로 표현하여, 특정 분야의 권위자(Authority)에 대한 존경의 의미로 사용한다. 영어식 표현에는 대가를 구루(Guru)라고 부른다. 구루(Guru)란 특정 종교에서 일컫는 '스승'이라는 의미로, 자아를 터득한 신성한 교육자를 지칭하나, 현재는 한 분야의 최고 권위자를 표현하는 말로 '경영 구루', '마케팅 구루', '패션 구루' 등으로 사용하기도 한다.

프로젝트 관리자는 프로젝트를 총괄 조정하는 지휘자이고, 프로젝트를 선행적으로 관리하는 리더이며, 프로젝트 팀원의 역할을 대신하기도 한다. 기업의 전반적 운영책임을 최고 책임자인 CEO가 수행하는 것과 같이, 프로젝트 관리자는 프로젝트의 전반적인 경영에 책임을 지는 프로젝트 경영자이기도 하다. 이처럼 다양한 역할을 수행해야 하는 프로젝트 관리자는 프로젝트 수행에 필요한 역량 보유와 통찰력을 지닌 프로젝트 지휘 전문가로 평가를 받을 수 있는 '**프로젝트 구루(Guru)**'로 발전하여야 한다.

CASE STUDY

프로젝트 구루(Guru)

- 프로젝트 구루는 프로젝트 관리자의 4대 핵심역량인 "산업분야 역량, 프로젝트 관리 역량, 성과창출 역량, 인간관계 역량"이 필요하다.
- 다양한 현장경험과 성공사례를 보유하고, 본인이 아닌 주변이나 외부의 평가에 의해 임명되어야 한다.
- 프로젝트가 많은 기업에서는 프로젝트 관리의 최고 전문가로서 '프로젝트 구루 임명제도'를 도입하고, 포트폴리오나 프로그램을 관장하는 프로젝트 오피스 조직의 책임자로 프로젝트 구루를 활용하는 것이 바람직하다.

제2장

프로젝트 관리조직

1 PMO 개념

기업이나 조직에서는 사업의 특성에 따라 여러 개의 복수 프로젝트를 동시에 추진하는 경우가 많이 발생한다. 이러한 경우 프로젝트를 전체적 입장에서 통합적으로 관리하지 못하고, 개별 프로젝트 팀의 능력에 맡겨 진행하게 되면 프로젝트 참여 인력의 역량에 따라 잘하는 프로젝트가 있기도 하고, 이슈와 문제를 안고 있는 위험한 프로젝트도 생기게 된다.

이처럼 다수의 프로젝트를 동시에 진행하는 조직에서는 통합적 관점에서 모든 프로젝트가 성공적으로 진행되도록 관리 및 지원기능을 갖추어야 한다. 조직의 한정된 자원으로 다수의 프로젝트에서 필요한 비용과 시간을 절감할 수 있도록, 전문적이고 독립적인 통합 프로젝트 관리기능이 필요하게 된다. PMO(Project Management Office: 프로젝트 관리 오피스) 조직은 이러한 관점에서 조직의 다양한 프로젝트를 관리하고 통제하는 통합적 프로젝트 관리 기능을 수행한다.

1.1 PMO 정의

조직에서는 전략적 목표달성, 사업능력 향상을 위해 다양한 프로젝트를 수행한다. 성공적인 프로젝트 수행을 통해 전략적 과제를 해결하고, 경쟁력 강화에 기여하고자 하는 것이다. 그러나 다양한 프로젝트가 진행함에 따라 실패하는 프로젝트도 종종 발생한다. 이러한 실패는 프로젝트 관리가 조직적·체계적으로 진행되지 않아 나타나는 현상이다. 프로젝트 실패는 역량 차이, 자원의 불균형 배치, 표준화 및 문서화 미흡, 잘못된 관리와 사후 대처활동, 예산과 일정계획의 미흡, 경영진이나 회사 차원의 지원부족 등 다양한 요인이 있다.

이처럼 다양한 프로젝트 실패 원인의 해결을 위해, 회사 차원의 프로젝트 관리조직이 필요하다. 프로젝트의 통합적 관리를 통해, 올바른 프로젝트 관리 프로세스를 정의하고 적용토록 하며, 예산목표와 일정계획에 맞추기 위해 필요한 지식, 통계, 모범사례(Best Practice)를 적절하게 활용하도록 해 주어야 한다. 이러한 역할을 담당할 전사적 차원의 프로젝트 통합관리 조직이 바로 PMO(Project Management Office, 프로젝트 관리 오피스)이다. PMO는 **프로젝트 지원 오피스**(Project Support Office: PSO), **프로젝트 오피스**(Project Office: PO), **프로젝트 우수센터**(Center of Excellence: COE), **프로젝트 관리 조직** 등 다양하게 표현되고 있다.

PMO는 용어의 다양성만큼 정의도 다양하다. 프로젝트 관리의 가이드를 제시하는 국제단체 PMI에서는 PMO 정의에 대해 "프로젝트 관리 오피스(PMO)란 관할 영역에 있는 모든 프로젝트들을 중앙 통제·조정하는 책임을 부여받은 조직부서나 주체이다"라고 하였다. 이에 따라 PMO는 프로젝트 관리지원 기능부터, 프로젝트를 직접 관리할 수 있는 책임까지 수행한다. 아래에서는 다양하게 정의되고 있는 PMO에 대해 정리한다.

PMO 정의

- PMO는 기업의 프로젝트 관리능력을 향상시키고, 실제적인 프로젝트 관리 가이드를 제시하여 주는 프로젝트 기반의 조직이다.
- PMO는 경영관리와 프로젝트 관리 사이에 있는 공식화된 중앙집중 계층이다(David Andrés).
- PMO는 조직 내의 프로젝트 관리업무를 통합하기 위해 설계된 공유 역량이다(Gartner).
- PMO는 전사적으로 리스크 및 이슈관리, 모니터링, 프로젝트 지원을 효율적으로 수행하기 위한 프로젝트 관리 전담조직으로, 방법론을 제정하고 모범사례(Best Practice)나 템플릿을 제공하여, 회사 전체 관점에서 프로젝트를 통합관리한다.
- PMO는 조직 내에서 프로젝트를 관리하기 위해 필요한 표준을 정의하고, 유지관리하는 역할을 수행하는 회사의 부서 또는 팀을 말한다.

- PMO는 반복적으로 진행되는 프로젝트에 표준을 적용하여, 경제적 이득을 확보하기 위해 운영하는 중앙 집중화된 조직이나 기업이다.
- PMO는 대규모 조직에서 조직 전체의 프로젝트 관리능력과 품질을 향상하고, 개별 프로젝트가 원활하게 진행되도록 지원하는 것을 목적으로 설치되는 전문부서이며, "프로젝트 사무실," "프로젝트 지원 부문" 등으로도 부른다(일본 IT 분야).
- PMO는 기업에서 개별 프로젝트의 관리지원을 전담하는 부서이다.
- PMO는 정보시스템의 기획·구축 등 사업관리 전문조직을 말한다. PMO는 프로젝트 관리능력을 향상시키고 발전시키기 위해, 실질적인 사항을 제시해 주는 프로젝트 근간의 조직이다(정보시스템 프로젝트 관점).
- PMO는 프로젝트 사전·진행·사후단계에서 끊임없이 감리·조정업무를 담당하고, 조율자 역할을 수행하는 조직이다(전사 PMO 관점).
- PMO는 해당 프로젝트에 직접 투입되어 프로젝트의 관리·지원·통제 역할을 수행한다(프로젝트 PMO관점).

이상과 같이 PMO에 대한 여러 정의를 종합하여 보면, 광의적으로는 PMO란 "프로젝트 포트폴리오를 중앙에서 통합하여 관리·지원하는 조직단위"로 설명할 수 있으나, 협의적 의미로는 "단위 프로젝트에 참여하여 프로젝트 전체 과정에 걸쳐 지원 및 관리를 수행하는 독립적 개체"로도 설명할 수 있다.

추가적으로 중장기 관점에서 회사의 프로젝트 포트폴리오를 관리하는 조직은 EPMO(Enterprise Program Management Office)라고도 한다. EPMO는 프로젝트와 프로그램의 포트폴리오를 관리하고, 타당성 및 성과평가, 예산관리 및 통제 등의 업무를 담당한다. 결국 PMO에 대한 정의는 다양하지만, PMO를 통해 제한된 자원으로 프로젝트를 효과적·성공적으로 수행하고자 하는 목적은 같다.

1.2 PMO 역할

PMO는 역할에 따라 프로젝트를 중앙통제 방식으로 지원하거나, 직접 관리하기도 한다. 프로젝트 전문 기업에서는 PMO를 대규모 프로그램의 전문적인 관리를 위한 조직 또는 서비스로 정의하고, 프로젝트 간의 이해관계 조정 및 통합관리를 수행하도록 한다. 그리고 PMO에서 프로젝트의 공통 표준 설정, 가이드 제시, 실행여부 점검, 일정 · 범위 · 이슈 통합관리, 구축 이후 운영계획 수립, 통합 테스트 및 이행준비 등을 담당하도록 한다.

회사로부터 권한을 위임받은 PMO는 프로젝트 라이프사이클에 걸쳐, 이해관계자나 의사결정자의 역할을 수행하게 된다. 또한 프로젝트를 중단시키거나, 프로젝트를 성공적으로 진행하기 위한 권고안을 제시할 수도 있다. 그리고 전체 프로젝트 관점에서 관련 인력이나 자원을 배치하거나 공유토록 하여 일을 효과적으로 진행시키는 역할도 수행한다.

조직에서 수행하고 있는 여러 개의 프로젝트는 조직의 비전과 전략에 부합되도록 진행하여야 한다. 조직의 전략적 요구사항에 부합되는 프로젝트를 수행하기 위해서는 PMO가 조직 전체 관점에서 프로젝트 관리자(Project Manager: PM)의 역할과는 다른 차별적인 일을 수행해야 한다. 마크 멀래리

〈표 2-1〉 멀래리 PMO 역할 구분

구 분	주요 역할
득점 기록원 (The Scorekeeper)	• 프로젝트의 진행 모니터링 • 프로젝트 상황 보고 • 프로젝트 간 정보 수집, 통합, 공유
조 력 자 (The Facilitator)	• 프로젝트 개선 유도 • 우수사례(Best Practice) 모집 및 공유
쿼 터 백 (The Quarterback)	• 프로젝트 일정 및 결과물 관리 역량 강화 • PM을 통한 프로젝트 보고 접수 • 모든 프로젝트의 중심점 역할 수행
완전주의자 (The Perfectionist)	• 개선을 위한 모든 통제권 집중화 • 프로젝트 총괄 의사결정, 변화관리 수행

(Mark Mullaly)는 PMO의 역할에 대해 〈표 2-1〉과 같이 득점 기록원(The Scorekeeper), 조력자(The Facilitator), 쿼터백(The Quarterback), 완전주의자(The Perfectionist)의 4가지로 구분하였다.

PMO의 역할은 개별 프로젝트보다는 조직 전체적 프로젝트 관점에서 효율적으로 비전과 목표를 달성하기 위해, 회사 자원의 공동활용, 단위 프로젝트의 범위 관리와 통제, 이슈 및 리스크 요인 통합적 관리, 진행방법 및 산출물의 표준화 관점에서 수행해야 한다. 특히 연구개발, 정보시스템, 소규모 건설 등 비슷한 유형의 다양한 프로젝트를 수행하는 조직에서 PMO의 역할은 더욱 중요하다. 그러나 다양한 여러 개의 프로젝트를 수행하고 있는 조직에서는 다계층의 PMO기능을 구성하여 효율적으로 관리할 수 있는 방법의 검토가 필요하다.

PMO의 역할은 프로젝트 유형에 따라 다르다. 적은 프로젝트가 독립적으로 진행되는 조직에서는 PMO기능은 자원의 효율적 활용 및 배분, 표준화 지원에 초점을 맞출 필요가 있다. 그러나 단위 프로젝트에 속해 있는 PMO기능을 운영하면, 품질통제 기능과 더불어 프로젝트 가이드에 초점이 맞추어져야 한다.

PMO 역할에서 항상 염두에 두어야 할 사항은 프로젝트에 대한 지원과 코칭(Coaching) 역할이다. 프로젝트 팀이나 프로젝트 관리자는 프로젝트 최종 성과에 직접 관여하지만, PMO는 프로젝트 관리, 코칭, 지원을 통해 프로젝트의 생산성 향상을 높이는 간접적 역할을 수행하기 때문이다. 이상과 같은 PMO의 역할을 정리하면 다음과 같은 범위의 업무를 수행하게 된다.

PMO의 역할 범위

- 전사 비전 및 전략 연계(Alignment) 관리
- 프로젝트 포트폴리오 관리
- 프로젝트들의 목적과 목표달성 관리 및 지원
- 프로젝트 전반적으로 필요한 자원의 공유와 조정

- 프로젝트 일정과 예산 감시
- 프로젝트 리스크 및 이슈 수집과 관리
- 프로젝트 팀 간의 의사소통 및 정보교류 관리
- 프로젝트 표준 및 방법론(정책, 절차, 산출물, 템플릿, WBS, 공유문서) 보급과 이행여부 감시
- 프로젝트 베이스라인 관리 및 통제
- 프로젝트 관리 소프트웨어 도구 보급 및 유지 · 보수
- 모범사례(Best Practices)의 발굴 및 공유
- 프로젝트 관리자 · 전문가의 육성 및 공급
- 프로젝트 코칭(Coaching) 또는 감독
- 프로젝트 관리자 및 팀원에 대한 멘토링
- 프로젝트팀 교육 · 훈련

정부, 공공단체, 기업 등 자체적으로 프로젝트를 수행할 전문지식과 역량이 부족한 경우에는 일반적으로 외부 전문기관에 의뢰하여 프로젝트를 수행하게 된다. 특히 전문성이 요구되는 연구개발 과제, 정보화 과제의 경우에 발주자의 입장에서 프로젝트 수행자에게 모든 것을 맡기게 되면, 프로젝트 진행관리와 결과관리가 제대로 되지 못하는 경우가 발생하고, 이로 인해 프로젝트의 리스크 요인은 커지게 된다.

따라서 발주자의 입장에 서서 프로젝트 사업자의 범위, 일정, 품질 등에 대한 이행 여부를 감독하고, 문제를 사전에 예방하기 위한 차원에서, PMO 역량을 보유한 외부 전문가나 업체를 활용하는 방안이 고려되어야 한다. 이러한 경우 PMO의 주된 역할은 프로젝트 수행자의 사업관리 적정성 여부에 맞추어야 하며, 발주기관에 대하여는 부족한 지식과 경험을 제공하는 코칭 역할을 수행하게 된다. 그래서 발주기관은 PMO 활용을 통해, 기술 및 사업관리에 대한 프로젝트 부족 역량을 보충할 수 있고, 프로젝트 사업자의 올바른 관리감독을 통해, 프로젝트 실패 위험을 방지할 수 있게 된다. 다음은 전문 PMO 기능 활용에 따른 일반적 기대효과를 정리한 것이다.

전문 PMO 기능 활용에 따른 기대효과

- 발주기관 경영자 및 프로젝트 주관자의 의사결정 지원
- 발주자 요구사항 도출, 정의, 추적, 이행 판정 지원
- 효율적 사업관리 체계 마련
- 발주자 입장에서의 프로젝트 관리 · 감독
- 프로젝트 중간 및 최종 산출물 품질보증
- 리스크 요인 사전 예방 및 제거
- 프로젝트 예산의 효율적 집행 및 관리 감독
- 프로젝트 실패비용 제거
- 발주자 조직의 프로젝트 전문가 육성지원
- 교육 및 기술지원

1.3 PMO 유형

조직이나 프로젝트의 필요성에 따라 PMO는 다양한 기능을 수행한다. 소수의 전문인력으로 다수 프로젝트의 진행 현황을 관리하는 지원수준의 PMO로부터, 강력한 권한과 역량으로 전체 프로젝트를 통괄하는 관제탑의 기능을 수행하기도 한다. 이와 같이 프로젝트에 대한 역할과 책임, 성숙도, 관장 범위에 따라 PMO 유형을 분류할 수 있다.

첫째로, PMO를 프로젝트에 관여하는 역할과 책임에 따라 분류하는 것이다. PMO의 역할과 책임에 의한 분류는 다음과 같이 전략 PMO, 리더 PMO, 중재 PMO, 전문 PMO, 품질보증 PMO로 구분할 수 있다.

프로젝트 역할과 책임에 따른 PMO 구분

① **전략 PMO**: 조직 비전 및 전략과 연계하여 전사 프로젝트 포트폴리오를 관리한다.

② **리더 PMO**: 프로젝트 성공을 위한 방향 및 가이드를 제시하고, 프로젝트 관리자를 조언하고 리딩(Leading)한다.

③ **중재 PMO**: 발주자 및 수주자 사이에서 이슈를 해소하고, 상호 Win-Win전략을 지원한다.

④ **전문 PMO**: 전문분야의 기술과 경험을 바탕으로 프로젝트 지식을 제공하는 컨설팅 역할을 담당한다.

⑤ **품질보증 PMO**: 프로젝트 품질에 초점을 맞추어 품질보증 역할을 수행한다.

둘째로, 제라드 힐(Gerard M. Hill)의 PMO 운영 성숙도 모델에 의해 분류한 내용이다. 힐은 PMO의 성숙도에 따라 1단계부터 5단계까지로 구분하고, 단계별 PMO를 PO(Project Office, 프로젝트 오피스), 기본 PMO(Basic PMO), 표준 PMO(Standard PMO), 선진 PMO(Advanced PMO), 최우수 PMO(Center of Excellence PMO or COE PMO)로 분류하여 정의하였다. 다음은 힐의 PMO 성숙도를 기준으로 분류한 것이다.

성숙도에 따른 PMO 구분

① **프로젝트 오피스(Project Office: PO)**: 프로젝트를 감시하는 수준의 단계로, 비용, 일정, 자원에 맞추어 프로젝트 결과물과 목표를 관리한다. 프로젝트 환경은 한 명의 프로젝트 관리자와 한 개 또는 복수의 프로젝트가 진행된다.

② **기본 PMO(Basic PMO)**: 프로세스를 통제하는 수준의 단계로, 모든 프로젝트에 대해 프로젝트 표준과 반복 사용이 가능한 방법론을 제공한다. 프로젝트 환경은 복수 프로젝트 진행, 복수의 프로젝트 관리자가 있으며, 프로그램 관리자를 활용하고 파트타임의 PMO 지원인력을 활용한다.

③ **표준 PMO(Standard PMO)**: 프로세스 지원 수준의 단계로, 프로젝트를 밀착 지원하고 관리하기 위한 역량 및 기반이 조성된 상태이다. 프로젝트 환경은 다수 프로젝트 수행, 다수 프로젝트 관리자 보유, 다수 프로그램 관리자 보유, 임원 또는 간부급 프로그램 관리자 임명, 전담 또는 파트타임의 PMO 지원인력을 활용한다.

④ **선진 PMO(Advanced PMO)**: 비즈니스 성숙 수준의 단계로, 비즈니스 목적을 달성하기 위한 포괄적 통합 프로젝트 관리역량을 제공한다. 프로젝트 환경은

다수 프로젝트 수행, 다수 프로젝트 관리자 보유, 다스 프로그램 관리자 보유, 임원급 프로그램 관리자 임명, 전담의 PMO 기술인력과 지원인력을 활용한다.

⑤ 최우수 센터(Center Of Excellence: COE): 전략적 일치 단계로, 전략적 비즈니스 목표달성을 위해 조직 전체의 협력과 지속적 개선을 수행한다. 프로젝트 환경은 다수 프로그램 수행, 부사장 또는 임원급의 프로젝트 관리, 전담의 PMO 기술인력 활용, 전사 차원의 지원인력을 활용한다.

셋째로, PMO가 프로젝트를 관장하는 범위에 따른 분류이다. 이것은 PMO조직이 회사의 프로젝트에 얼마나 관여하는지에 대한, 프로젝트 관할범위에 따른 분류에 해당된다. 프로젝트 관장범위에 따른 PMO는 〈표 2-2〉와 같이 전사 PMO, 프로젝트 PMO, 컨설팅 PMO로 구분할 수 있다.

〈표 2-2〉 프로젝트 관장범위에 따른 PMO 분류

단계별 분류	프로젝트 관장범위	업무역할
전사 PMO	• 전사 프로젝트 • 프로그램 및 포트폴리오	• 조직 비전과 전략 연계 • 프로젝트 포트폴리오 구성 및 관리(포트폴리오 PMO) • 혁신과 자원 효율화 관점의 프로젝트 통합관리(프로그램 PMO)
프로젝트 PMO	• 단일 프로젝트	• 담당 프로젝트 목표관리 • 9가지 프로젝트 지식분야 관리
컨설팅 PMO	• 단일 프로젝트 전문분야 • 전사 프로젝트 전문분야	• 전문 기술분야 지원(R&D, IT, 특화기술) • 9가지 프로젝트 지식분야 관리

2 PMO 발전과 성숙

2.1 PMO 발전단계

조직의 프로젝트가 효율적·효과적으로 관리되려면, PMO 기능도 프로젝트관리 요구수준에 맞추어 단계적으로 발전되어야 한다. 날로 복잡·다양해지는 조직의 프로젝트, 프로그램, 포트폴리오의 관리를 위해, 조직의 제한된 인력 및 자원 수준에 맞추어 단계적 PMO 발전전략을 수립해야 하는 것이다. 이처럼 PMO의 발전과정은 프로젝트 관리 요구수준과 보유자원 역량에 맞추어 합리적으로 추진되는 것으로, **PMO의 발전단계**는 다음과 같이 전개된다.

PMO 일반적 발전단계

① **시작단계 PMO:** 표준화 단계로, 공통의 프로세스를 개발 또는 도입하고 이행여부를 모니터링하는 수준이다.

② **확장단계 PMO:** 측정 가능한 단계로, 프로세스 표준과 특성에 따른 성과를 측정하는 수준이다.

③ **성숙단계 PMO:** 통제가 가능한 단계로, 안정적으로 프로세스 통제를 유지할 수 있도록 개발·이행·감독기능을 수행하는 수준이다.

④ **안정단계 PMO:** 지속적 개선 단계로, 프로세스의 문제점을 확인하여 지속적인 개선을 수행하는 수준이다.

제럴드 힐(Gerard M. Hill)은 앞 절에서와 같이 발전단계별 PMO 모델을 프로젝트 오피스(PO), 기본 PMO, 표준 PMO, 선진 PMO, 최우수 센터(COE)로 정의하였다. 이러한 5단계 정의에 따라 PMO조직은 단순히 프로젝트를 감시하는 단계부터 시작하여, 프로세스 통제, 프로세스 지원역할을 거쳐, 비즈

그림 2-1 PMO 발전단계(Gerard M. Hill)

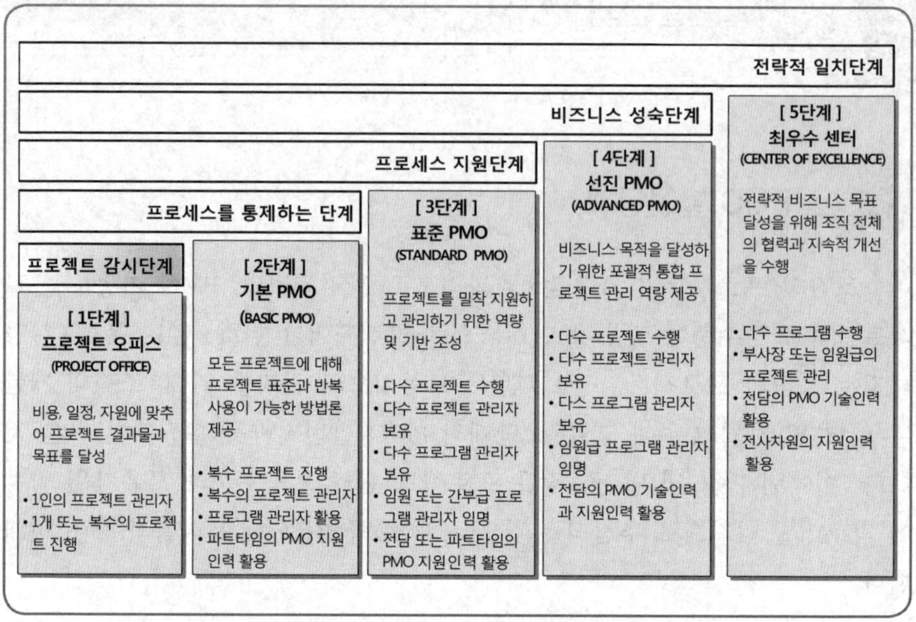

니스 목적을 달성하는 성숙단계로 접어들고, 궁극적으로는 기업의 전략을 이행하는 최우수 센터로 역할을 수행한다고 하였다. [그림 2-1]은 제럴드 힐이 제시한 PMO의 분류를 발전단계별로 정리한 것이다.

PMO를 필요로 하는 기업이나 단위 조직에서는 논리적인 계획수립과 체계적인 이행이 필요하다. 기업에서 PMO를 도입하기 위해 먼저 도입계획을 합리적으로 수립할 필요가 있다. 그리고 PMO 착수 및 운영을 거쳐, 최적화된 PMO를 안정적으로 운영해야 한다. 〈표 2-3〉은 조직에서 PMO의 도입, 착수, 운영, 안정화 단계별로 수행하는 업무활동 및 주요 산출물을 정리한 것이다.

〈표 2-3〉 PMO 전개 단계별 업무활동

전개 단계	업무활동	주요 산출물
(1) PMO 도입	• 비전/목표/전략 정의 • 관리자 및 팀원 구성 • 성과평가 정의 • 경영층의 승인과 조직 공감대 형성	• PMO 추진계획서
(2) PMO 착수	• PMO의 조직구성 • R&R 명확화 • 절차, 프로세스, 표준 산출물 개발 • 관리 S/W 개발 또는 도입 • CSF/KPI 도출 • 지식관리 기반 구축	• PMO 조직도 • PMO 방법론, 홍보물 • 관리도구(S/W)
(3) PMO 운영	• 프로젝트/프로그램 관리 • 자원통제 및 조정 • PMO 운영 자동화 • 성과추적/평가/인센티브 • 프로젝트 지식/경험 축적	• PMO 관리도구 • 성과보고서 • 프로젝트 지식저장소 (Project Repository)
(4) PMO 안정화	• 포트폴리오 예측 및 개선 • 성과 및 가치평가 • 전략 일체화 관리 • 모범사례(BP) 축적 및 적용	• PMO 현황판 (Dashboard)

2.2 PMO 성숙도 관리

PMO는 조직의 요구에 맞추어 다수의 프로젝트가 효과적으로 진행될 수 있도록 프로젝트 관리체계를 확립하고 통합적 관리를 수행한다. 이러한 상황에서 기업이 수행하는 프로젝트의 규모나 복잡성이 점차 증가하면, PMO역할에 대한 중요성도 더욱 커져, 안정적이고 성숙된 PMO가 필요하게 된다. **PMO 성숙도**란 기업이 수행하고 있는 모든 프로젝트에 대해 조직, 인력, 프로세스, 관리 및 통제, 도구활용 등에 대한 전반적 수준을 확인하는 지표이다. 그리고 PMO 성숙도 점검은 PMO조직이 회사에서 얼마나 안정적으로 잘 운영되고 있는지를 객관적 관점에서 점검하는 것이다.

PMO 성숙도 점검결과는 현재 조직의 PMO역량을 파악하고, 향후 발전을 위한 단계별 목표를 제시한다. 그리고 성숙도 결과는 기업수준에 적합한 PMO기능을 도입하거나 개선을 유도하도록 이정표 역할을 한다. 일반적인 성숙도 모델은 지식영역(knowledge area)별 관리수준에 따라 성숙도를 점검하게 된다. 지식영역별 질문에 대해 해당 조직의 성숙수준을 정리하는 것이다.

PMO에 대한 관리수준의 성숙도는 산업분야 및 모델에 따라 다르나, 일반적으로는 3~5단계로 분류한다. 소프트웨어 품질을 보증하기 위한 표준으로 활용되는 성숙도 모델(Capability Maturity Model: CMM)인 CMMI(CMM Integration)는 카네기멜론 대학에서 개발하여 보급한 소프트웨어 프로젝트 관리에 대한 성숙도 모델의 한 예이다. CMMI의 프로세스 성숙도에서는 5단계 레벨로 나누어, 레벨-1은 이행(Performed)단계, 레벨-2는 관리(Managed)단계, 레벨-3은 정의(Defined)단계, 레벨-4는 정량적 관리(Quantitatively Managed)단계, 그리고 레벨-5는 최적화(Optimizing)단계로 구분하였다.

PMO의 성숙도는 **프로젝트관리 성숙도 모델**이라 부르는 PMMM(Project Management Maturity Model)에 의해 측정이 가능하다. PMMM은 회사 또는 단위 조직의 프로젝트관리 성숙도 점검을 통해, 경쟁사 또는 모범적 사례와 대비하여 자신의 프로젝트의 관리수준을 비교하는 것이다. 이를 통해 조직에서는 PMO의 벤치마킹을 수행할 수 있는 체계적인 수단을 제공받고, 프로젝트 관리체계를 개선하여 PMO 개선 및 발전에 상당한 가치를 얻게 된다.

PMO의 성숙도는 다양한 관점의 점검을 통해 측정이 가능하다. 예로서, 프로젝트에 투입되는 비용과 ROI(Return on Investment, 투자수익률) 측면에서도 확인이 가능하다. 프로젝트 관리비용과 ROI는 관리수준에 따라, 초기단계 수준의 PMO에서는 저비용과 낮은 ROI 효과를 갖지만, 성숙도가 높아지면서 다음 [그림 2-2]와 [그림 2-3]에서 보여주 듯 저비용과 높은 효과로 전개된다.

그림 2-2 PMO 성숙단계별 비용과 ROI

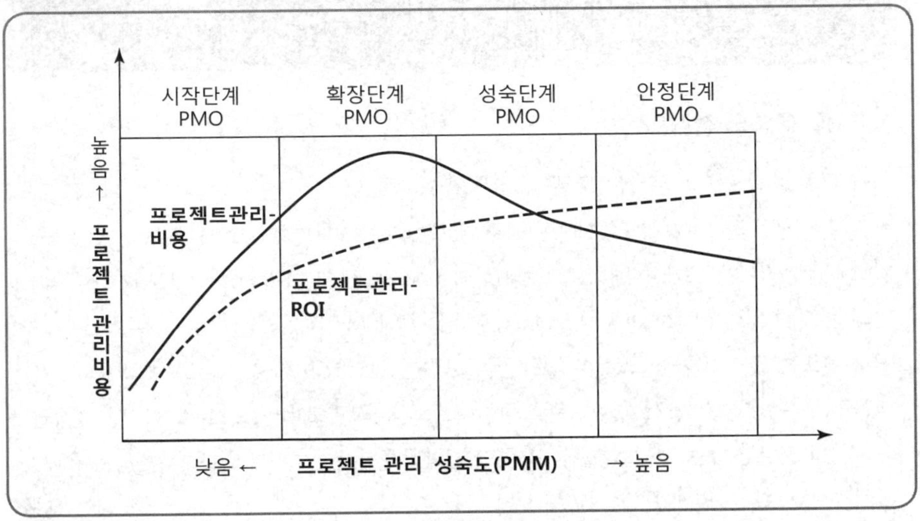

그림 2-3 PMO 성숙도 수준별 비용과 ROI 비교

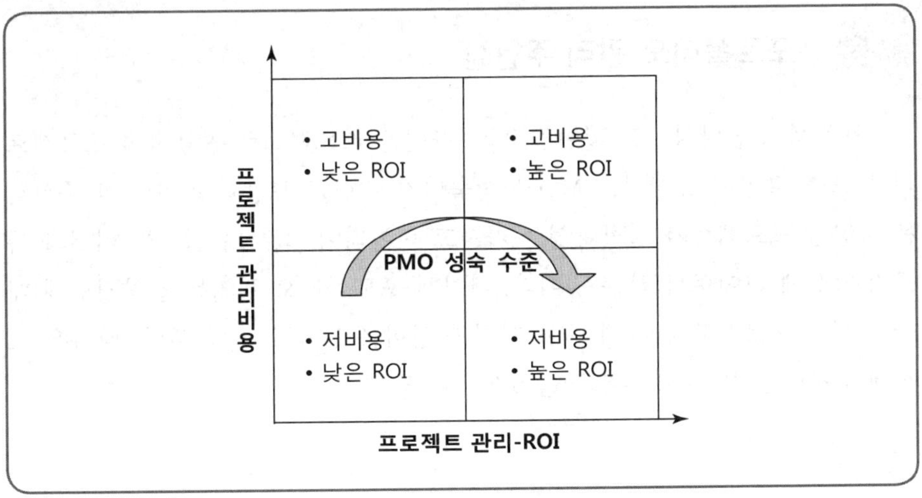

CASE STUDY

PMO 성숙도 점검 모델

- PMO의 성숙도를 점검하는 모델은 다양하다.
- 주요 모델로는 Project FRAMEWORK™, Project Maturity Model(PM2), PRINCE2 Maturity Model(P2MM), Unified Project Management® Methodology(UPMM) 및 여러 개의 Project Management Maturity Model(PMMM)이 있다.
- 회사 또는 조직 자체적으로 성숙도 점검 모델을 개발하여 활용할 수도 있다.
- 정기 또는 비정기적으로 성숙도를 점검하고, 점검결과를 바탕으로 조직의 문제점을 보완하고 개선하는 과정을 통해, 비전과 전략목표를 달성할 수 있는 역량 높은 PMO로 발전시킬 수 있게 된다.

2.3 포트폴리오 관리 주안점

프로젝트가 다양하고 많아질수록, 자원을 효율적으로 활용하여 프로젝트의 목표를 달성해야 한다. PMO가 성숙되기 위한 포트폴리오 관리의 주안점은 다양한 프로젝트가 일방향성을 가지고 진행되어, 회사가 설정한 비전과 목표의 달성에 기여토록 하는 것이다. 따라서 포트폴리오 관리는 전략경영에 대한 이해와 프로젝트 관리에 대한 지식과 경험을 필요로 하게 된다. 다음은 조직에서 **포트폴리오 관리 주안점**을 5가지로 정리한다.

포트폴리오 관리 주안점

① 비전 · 전략과 일치하는 프로젝트를 선정한다.
② 유사한 과제를 그룹화하여 프로그램과 포트폴리오를 구성한다.
③ 연간 · 중장기 경영계획과 연동하여 포트폴리오를 관리한다.
④ 우수한 PMO 조직을 구성한다.
⑤ 성과 가치의 명확한 평가기준 설정 및 공유가 필요하다.

1) 비전 · 전략과 일치하는 프로젝트를 선정한다

조직은 자신의 미션 완수를 위해 비전과 전략을 설정하고 실행한다. 조직의 비전이나 전략목표를 달성하기 위해서는 자발적이고 지속적인 전략적 과제의 발굴과 해결이 필요하다. 그래서 추진하거나 예정인 전략적 과제는 조직의 비전 및 전략과 일치(Alignment)하는 과제가 되어야 하는 것이다. 전략적 일치를 통해 회사의 경영목표를 달성할 수 있기 때문이다. 회사의 다양한 프로젝트를 포트폴리오로 구성하는 데 있어, 조직의 전략과 일치하는 과제는 경영의 성과를 더욱 높일 수 있는 가치를 제공한다.

2) 유사한 과제를 그룹화하여 프로그램과 포트폴리오를 구성한다

조직에서는 정책 또는 자원의 제약에 따라, 프로젝트를 여러 개 소단위로 분할하여 운영하기도 한다. 혁신활동, 신제품 개발, 제도나 프로세스 개선, 인력과 조직력 강화를 위해 다양한 프로젝트가 동시에 진행된다. 경우에 따라 하나의 단위 조직이나 인력이 복수의 프로젝트에 참여하기도 한다. 이러한 경우 전사적 차원에서 프로젝트 포트폴리오를 제대로 관리하지 못하면, 프로젝트가 형식적으로 이루어지거나 원하는 결과를 만들어 내지 못한다. 따라서 성격이 유사한 프로젝트를 프로그램 또는 포트폴리오로 구성하고, 프로젝트 간의 상호 지식 및 자원활용, 공정한 경쟁을 유발하여 효과적으로 관리되도록 할 필요가 있다.

3) 연간 · 중장기 경영계획과 연동하여 포트폴리오를 관리한다

회사의 경영목표를 달성하기 위해 선정한 과제는 대부분 단순한 성격의 해결과제가 아니라, 회사차원에서 조직적인 해결과 지원이 필요한 프로젝트 성격의 과제가 많다. 이러한 성격의 전략적 프로젝트는 체계적인 관리로 성공적으로 실행되어야 회사의 성과와 가치창출에 기여한다. 따라서 다양한 전략 프로젝트를 프로그램 또는 포트폴리오로 구성하고, 회사의 연간 경영계획과 중장기 경영계획에 포함하여 PMO에 의한 체계적 전개가 필요하다.

4) 우수한 PMO조직을 구성한다

다양한 프로젝트로 구성된 조직의 포트폴리오 관리를 위해서는 우수한 인력으로 구성된 PMO가 필요하다. PMO에 우수한 전문가 및 경력자가 포함되어, 회사의 여러 프로젝트가 전략과제의 해결 및 목표를 달성하는 데 도움을 줄 수 있도록 프로젝트 통합관리, 후원, 교육을 수행해야 하기 때문이다. 우수한 중앙집중형 PMO는 프로젝트 지식, 경험, 성공사례를 단위 프로젝트에 전수하고, 다시 프로젝트 수행결과 얻어진 교훈, 성과, 사례를 지식으로 축적하여 활용함으로써 회사의 전반적 프로젝트 역량을 지속적으로 강화시킨다.

5) 성과가치의 명확한 평가기준 설정 및 공유가 필요하다

포트폴리오에 포함된 여러 프로젝트가 성공적으로 이행되어 회사의 전략목표를 달성할 수 있도록 하기 위해, 프로젝트의 성과에 대한 가치를 평가하는 기준을 사전에 명확히 정의하고 공유할 필요가 있다. 따라서 PMO조직은 모든 프로젝트가 전략, 실행, 종결과정에서 성과가치의 평가기준을 적용하도록 가이드를 제시해야 한다.

포트폴리오 성과가치 평가를 위해 먼저, 전략관리 측면에서 구성 프로젝트가 회사 전략과 얼마나 일치(Alignment)하는지에 대한 전략 일치율, 프로젝트 투자비용에 대한 ROI 비율의 기준설정이 필요하다. 둘째로, 실행관리 측면에서는 일정 준수율, 요구사항 이행률, 자원 활용률, 프로젝트 중도 포기, 변경관리에 대한 기준설정이 필요하다. 셋째로, 종결관리를 위해 성공 및 실패 관리, 예산 준수 및 절감률 관리, 고객 및 사용자 만족도 관리, 그리고 프로젝트 결과에 따른 성과 및 효과관리의 기준설정이 필요하다.

3 PMO조직과 이해관계자

3.1 PMO조직 구성

PMO 도입은 조직의 프로젝트 수행을 더욱 일관성 있고 효율적으로 운영하기 위함이다. PMO 도입을 통하여 프로젝트에 필요한 원칙을 수립하고, 관리 프로세스를 구현하여 프로젝트 관리수준을 향상시키고자 하는 것이다. PMO가 올바로 도입되어 구성되기 위해서는 PMO조직의 구성이 필요하다. PMO조직은 회사에서의 미션과 설치 목적을 이해하고, 단계적 발전방향에 따라 필요 인력을 확보하여 구성하여야 한다.

PMO조직 구성을 위해 조직에서 필요로 하는 PMO의 미션과 설치 목적은 다음과 같이 분류할 수 있다.

PMO의 미션과 설치 목적에 따른 조직분류

① 실행형 PMO조직

- 프로젝트에 참여하여 프로젝트 관리지원 기능인 범위, 일정, 원가, 품질보증, 리스크관리 업무를 담당한다.
- 프로젝트 관리자 산하의 조직으로 구성하여 프로젝트에 직접 참여한다.
- 프로젝트의 목표달성과 품질보증에 주력한다.
- 프로젝트에 맞도록 방법론을 커스터마이징(Customizing)한다.
- 프로젝트에 적합한 템플릿(Template)을 제정 · 배포 · 검수한다.

② 관리형 PMO조직

- PMI 가이드에 따른 프로젝트 관리기법을 도입하고, 조직에 정착시킨다.
- 프로젝트, 프로그램, 포트폴리오에 대한 관리 · 통제 · 조정역할을 수행한다.
- 회사의 전체 프로젝트를 관리하는 사무국 조직으로 구성한다.
- 프로젝트 리스크관리, 보고 및 의사소통관리, 자원 조정관리 임무를 수행한다.
- 프로젝트 이력관리, 지식축적, 모범사례, 교훈을 수집하여 조직 내에 확산한다.
- 프로젝트 정책을 수립하고, 방법론을 확보 또는 개발한다.
- 관리도구를 도입하고 적용토록 한다.

③ 자문형 PMO조직

- 전사 프로젝트 포트폴리오 관리에 필요한 기술적 · 관리적 자문역할을 수행한다.
- 경영자를 위한 프로젝트 의사결정을 지원한다.
- 단위 프로젝트에 대하여는 프로젝트 관리자의 매니저 역할을 수행한다.
- 프로젝트 팀원에게는 코칭(Coaching)을 통한 멘토(Mentor) 역할을 담당한다.
- 프로젝트 진행 방법론을 교육하고 단계별로 지도한다.
- 관련 분야의 전문지식을 제공한다.

PMO가 필요한 기업에서는 PMO 미션과 설치 목적에 맞추어 조직을 구성해야 한다. PMO조직은 회사의 프로젝트, 프로그램, 포트폴리오 진행 현황이나 향후 계획을 고려하여 구성한다. 전사적 PMO는 포트폴리오 전체를 관리 · 통제하는 포트폴리오 PMO와 프로그램 PMO조직 구성이 가능하며, 단위 프로젝트에 대하여는 프로젝트 PMO조직으로 구성한다.

회사 전체의 프로젝트 포트폴리오 관점에서 PMO조직을 구성하는 방안은 앞에서 설명한 PMO의 미션과 설치 목적에 따라 다르다. 회사 전체 및 프로젝트 관점에서 PMO에 거는 기대나 요구에 따라 책임과 권한의 부여 정도, 역할이 다르기 때문이다. [그림 2-4]는 PMO의 미션과 설치 목적에 따른 조직 구성방안을 제시한 그림이다.

다양한 프로젝트를 진행하는 회사나 조직에서는 PMO의 전략적 역할이 중요하다. PMO의 전략적 역할이란 기업의 경영전략, 비즈니스 전략과의 정렬(alignment)을 의미한다. 진행 또는 추진 예정인 프로젝트들을 기업의 전략에 따라 조정하고, 우선순위를 결정하여 프로젝트 결과를 최적화하는 것이다. PMO

그림 2-4 PMO의 미션과 설치 목적에 따른 조직 구성방안

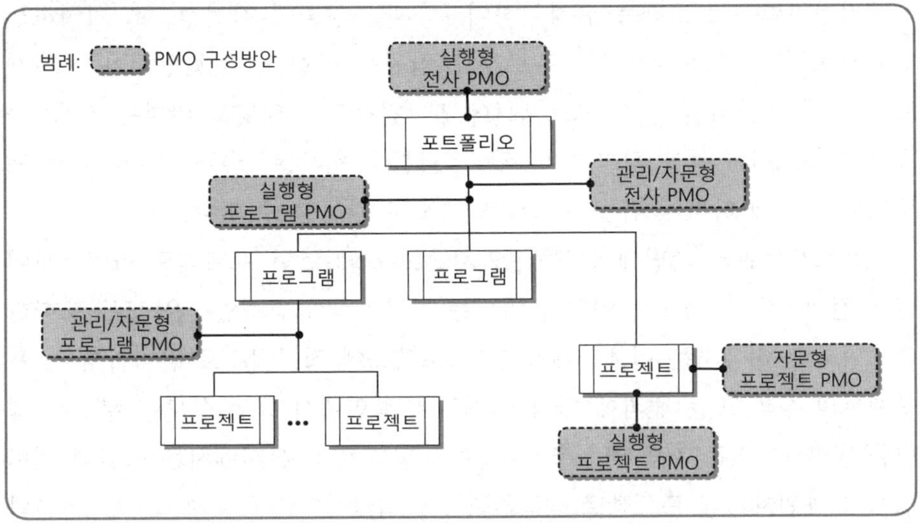

의 전략적 역할 수행을 통해 기업 프로젝트의 수호자 역할을 담당하는 것이다.

전사적 PMO(Enterprise PMO: EPMO)라고도 불리우는 EPMO는 프로젝트의 사전, 진행, 사후단계에서 끊임없이 관리, 지원, 통제의 역할을 수행한다. 해당 프로젝트에 직접 투입되는 PMO와는 달리 조율자 역할을 수행하고, 프로젝트가 본격적으로 착수되면 해당 프로젝트의 PMO와는 유기적으로 협력하게 된다.

3.2 이해관계자

프로젝트에 관여하는 인력은 다양하다. 인력구성은 프로젝트를 성공적으로 진행하는 데 중요한 요인으로 작용한다. 그리고 프로젝트의 목적과 목표를 달성하기 위해서는 프로젝트에 직접 참여하는 인력뿐만 아니라, 사용자, 고객, 경영자, 지원인력 등 프로젝트와 관련한 인력의 간접적 참여와 협력도 매우 중요하다. 포트폴리오 관점에서 프로젝트에 관련하는 인력에는 프로젝트 팀에 소속되어 참여하는 직접인력과, 프로젝트에 소속되지 않지만, 프로젝트

에 영향을 미치는 PMO 인력 등 간접인력으로 구분할 수 있다.

직접인력은 프로젝트에 참여하여, 성과물 창출에 직접적으로 기여하는 인력으로, 프로젝트 관리자, 프로젝트 팀원을 말한다. 간접인력은 프로젝트 팀원에 포함되지 않고, 프로젝트에 직·간접으로 영향을 미치는 고객, 사용자, PMO 인력 등을 의미한다. 프로젝트를 후원하는 스폰서(Sponsor)는 프로젝트 정의에 따라 직접 또는 간접인력으로 활동할 수 있다.

프로젝트관리 측면에서 **이해관계자(Stakeholders)**란 프로젝트 라이프사이클에 걸쳐, 직·간접으로 영향을 미치는 직접인력과 간접인력을 모두 포함한 용어이다. PMI에서는 이해관계자를 "프로젝트에 적극적으로 참여하거나, 프로젝트의 성과 또는 결과에 따라 이해관계 측면에서 긍정적 또는 부정적 영향을 받을 수 있는 개인이나 조직"으로 표현하였다. 본서에서는 포괄적 의미에서 이해관계자를 **프로젝트 직접인력과 간접인력**으로 구분하여 〈표 2-4〉와 같이 정리하였다.

〈표 2-4〉 이해관계자 구분

구 분	구성인력
프로젝트 직접인력	프로젝트 관리자, 프로젝트 리더(Leader), 프로젝트 팀원, 프로젝트 참여 외주 인력, 컨설턴트
프로젝트 간접인력	스폰서(Sponsor), 고객(Customer), 사용자(User), 의뢰인(Client), 감사/감리인, PMO 관리자 및 팀원, 프로젝트 경영자, 기능관리자(Functional manager), 운영관리자(Operations manager), 사업파트너(단, 고객, 사용자는 프로젝트의 정의에 따라 직접인력으로 활동 가능함.)

1) 프로젝트 직접인력

- **프로젝트 관리자(Project Manager: PMR)**: 프로젝트의 착수부터 종료까지 전체적인 책임과 권한을 부여받은 프로젝트 총괄 책임자이다.
- **프로젝트 리더(Project Leader: PL)**: 프로젝트의 업무분류체계(Work Breakdown Structure: WBS)에 의해 프로젝트 업무를 단위 업무로 분류하여, 담당 영역의 책임과 권한을 부여받은 프로젝트 중간 관리자이다.

- **프로젝트 팀원**: 프로젝트에 참여하여 일을 수행하는 담당 인력이다. 프로젝트 수행조직의 엔지니어가 참여하며, 경우에 따라 사용자나 고객이 프로젝트 팀원에 참여하기도 한다. 프로젝트의 특성에 따라 기획, 설계, 개발, 시험, 생산, 품질보증과 관련한 다양한 인력이 참가한다.
- **외주인력/조직**: 프로젝트의 전문성을 보완하기 위해, 외부조직이나 전문가를 활용하여 진행할 경우 참여 인력이나 조직으로 프로젝트 팀원에 포함한다.
- **컨설턴트**: 프로젝트 이행에 필요한 부족역량을 보충하기 위해 외부 전문가로 참여하는 인력이다.

2) 프로젝트 간접인력

- **스폰서(Sponsor)**: 프로젝트의 자원(현금, 인력, 시설 등)을 제공하는 개인이나 그룹이다. 프로젝트 홍보, 대변인, 중재자 역할을 수행하며, 프로젝트의 주요 이슈에 참여하여 프로젝트 진행 및 중단 여부를 결정하기도 한다. 예를 들면, 개발 프로젝트의 경우 개발부문 경영자가 스폰서를 담당할 수 있다.
- **고객(Customer)**: 프로젝트 수행을 위해 제안을 요청하거나, 프로젝트 결과물을 사용할 개인 또는 조직이다. 프로젝트 형태에 따라 다양한 계층의 고객이 존재한다. 건축 프로젝트의 고객은 입주자 또는 건물주이며, 정보시스템 개발 프로젝트의 고객은 주문자 또는 사용자를 말한다.
- **사용자(User)**: 프로젝트 결과인 제품이나 서비스를 직접 사용하는 개인이나 조직이다. 사용자의 프로젝트 결과물에 대한 만족도 평가는 프로젝트 성공과 실패 판정의 핵심 요인이 된다. 사용자도 넓은 의미의 고객으로 포함한다.
- **의뢰인(Client)**: 프로젝트 수행을 의뢰하는 조직이나 인력이다. 예를 들어 선박을 주문하는 사람을 의뢰인으로 정의하면, 선박의 고객은 탑승객이 될 수 있다. 의뢰인도 넓은 의미에서 고객에 포함하여 사용하기

도 한다.

- **감리인**: 프로젝트가 목적과 목표에 부합되어 올바로 진행되고 있는지를 감사하고 판정하는 인력이나 조직이다. 건설이나 정보시스템 프로젝트의 경우에는 감리를 통해, 프로젝트 목표달성 및 요구사항 이행여부를 확인하는 공식적 절차를 거친다.
- **포트폴리오 관리자**: 회사의 전체 프로젝트를 총괄 관리하는 전사 PMO 조직의 관리자이다. 프로젝트 규모에 따라 프로그램 관리자로 정의하기도 한다. 프로젝트 관리 규모가 크면 PMO조직에 검토위원회를 구성하여 프로젝트 창출, 가치분석, 리스크분석 등을 검토할 수 있다.
- **PMO 구성인력**: PMO 구성인력에는 포트폴리오 또는 프로그램 관리자 이외에도 프로젝트를 직·간접적으로 지원 및 관리하는 기획자, 전문가가 포함된다.
- **프로젝트 경영자**: 하부 조직에 프로젝트 팀을 관리하고 있으며, 단계별 진행상황을 보고받고 결정하는 프로젝트 담당 경영자이다.
- **기능관리자(Functional manager)**: 재무, 회계, 인사, 총무, 영업 등 기능적 업무에 대한 관리자 역할을 수행하는 인력이다. 프로젝트에서 일정한 역할을 할당받은 기능관리자는 관장분야의 전문인력 또는 역량을 프로젝트에 제공한다. 기능관리자는 담당분야에 대한 프로젝트의 단계별 진행 상황을 보고받고 지원과 결정을 수행한다.
- **운영관리자(Operations manager)**: 연구개발, 제조, 물류, 시험, 유지보수 등의 운영업무에서 관리자 역할을 수행한다. 운영관리자는 프로젝트 결과를 인계받고, 정규조직을 구성하여 운영과 유지보수 업무를 관장한다.
- **사업파트너**: 프로젝트 수행에 필요한 제반 자원을 공급하는 외부 회사로 공급자, 계약자 등의 역할을 수행한다. 개발 프로젝트의 경우 결과물을 시장에 판매하는 판매자도 포함될 수 있다.

4 프로젝트 유의사항

프로젝트 생명주기를 통해 프로젝트 진행과정에서는 다양한 상황이 발생하게 된다. PMO조직과 프로젝트 진행자는 프로젝트 진행과정에서 발생하는 여러 상황에 대해, 즉시 대처할 수 있는 준비와 대응체계 확립이 필요하다. 본 절에서는 프로젝트를 추진하는 데 있어 발생할 수 있는 주요 이슈를 정리하여, 프로젝트 상황에 효과적으로 대응할 수 있도록 프로젝트 추진시의 유의해야 할 사항을 정리하였다.

4.1 범위추가(Scope creep)와 금도금(Gold plating)

프로젝트를 진행함에 있어 범위(Scope)는 매우 중요한 의미를 갖는다. 프로젝트를 계약하는 초기단계부터 프로젝트의 발주자와 수주자는 명확히 범위를 정의해야 한다. 프로젝트 범위가 애매하다는 것은 프로젝트 목표가 불명확해지고, 이로 인해 프로젝트에 소요되는 시간, 인력, 자금 등이 당초 계획과는 다르게 되어, 결과적으로 프로젝트 이해관계자 모두에게 위험과 손실을 가져다 주게 된다.

이처럼 범위관리가 프로젝트 관리의 매우 중요한 요소임에도 불구하고, 프로젝트 진행과정에서 발주자와 계약자간에 당초 생각하지 못했던 범위의 추가, 변경, 삭제의 경우가 발생하게 된다. 이러한 경우에 **범위추가**(Scope creep)와 **금도금**(Gold plating) 현상이 발생한다. 범위추가란 프로젝트 발주자가 계약에 포함되지 않은 일을 공식적인 계약변경이 없이, 은근하게 업무에 추가하는 것을 의미한다. 이와는 반대로 프로젝트 수행자가 계약변경 없이, 스스로 발주자에게 추가로 업무를 하여 주는 것을 금도금이라고 표현한다.

범위추가(Scope creep)와 금도금(Gold plating) 현상은 일반적으로 다음과 같은 원인으로 발생한다.

범위추가(Scope creep)의 발생 원인

- 프로젝트 목표달성을 위한 초기단계 요구사항 도출 능력 미흡
- 취약한 변경관리 체계
- 당초 잘못 도출된 요구사항에 대한 공식적 인정 미흡
- 프로젝트 관리자 및 스폰서 역량 미흡
- 프로젝트 이해관계자간의 의사소통 부재
- 고객요구가 무시되고 정량화된 패키지 제품으로 신속하게 프로젝트를 진행

금도금(Gold plating)의 발생 원인

- 초기단계의 발주자 프로젝트 요구사항 제시 부족
- 진행단계에서 프로젝트 수행자의 요구사항에 대한 이해 부족
- 범위를 넘어선 부수적, 장식용 부가기능의 추가
- 과도한 예산편성 또는 예산통제 기능 미흡

범위추가와 금도금은 모두 프로젝트 범위관리에서는 금기해야 할 사항이다. 프로젝트 범위를 명확히 정의하기 위해서는, 계약서에 근거하여 해야 할 일을 정확하게 명문화하는 것이 필요하다. 반면에 계약문화가 정착되지 않고, 상호 신뢰를 바탕으로 프로젝트를 추진하는 프로젝트 환경에서는 범위추가(Scope creep)와 금도금(Gold plating)으로 인해 많은 비용적 · 시간적 손실을 초래하게 된다.

프로젝트 관리측면에서는 프로젝트 이해관계자간의 공식적 계약변경이 없이, 발주자의 유리한 입장에서 당초에 없던 일을 무리하게 추가하거나, 프로젝트 수행자가 요구에 포함되지 않는 내용을 추가로 알아서 해 주는 일 모두가 원칙에 맞지 않으므로, 범위추가와 금도금은 없어야 한다. 범위추가는 발주단계에서 충분한 검토가 없이 명확한 요구범위를 제시하지 못한 발주자로 인해 프로젝트에 많은 시간적 · 비용적 손실을 끼치게 된다. 그리고 금도금은 프로젝트 수행자에게 책정된 사업예산이 과다하다는 것을 간접적으로 나타내 주는 것으로 판단할 오해의 소지가 있을 수 있다.

그러므로 프로젝트 진행과정에서 발생할 수 있는 범위와 관련한 변경사항에 대하여는 프로젝트 발주자와 수행자 양자 간에 협의와 합의를 통해, 계약내용을 변경하고 진행하는 공식적인 **범위 변경관리 이행 절차**를 따르는 것이 중요하다.

CASE STUDY

■ 공식적 범위 변경관리 이행 절차

[I] 범위에 대한 변경사항 발생시 처리 절차

범위 변경요인 발생 → 계약자 · 수주자 협의 → 상호 합의 → 변경된 범위에 대한 계약내용 수정 → 범위변경 내용 실행

[II] 범위변경에 대한 합의가 실패할 경우의 처리 절차

범위변경 실패요인 검토 → 추가 소요자원(시간, 비용, 인력)에 대한 분석 → 추가자원 조정 협의 → 상호 합의점 도달 → 변경된 범위에 대한 계약내용 수정 → 범위변경 내용 실행

[III] 범위변경에 대한 최종합의가 실패할 경우의 처리 절차

프로젝트 범위변경 최종합의 실패 → 당초 계약범위로 프로젝트 수행

4.2 피그말리온 효과(Pygmalion effect)

피그말리온 효과(Pygmalion effect)란 타인의 기대나 관심으로 인해, 능률이 오르거나 결과가 좋아지는 현상을 말한다. 무엇인가 그것을 수행하는 사람에 대한 믿음, 기대, 예측이 실제적으로 일어나는 경향을 말한다. 교육 심리학에서 심리적 행동의 하나로 교사의 기대에 따라, 학습자의 성적이 향상되는 것을 말한다. 피그말리온 효과는 그리스 신화 속의 피그말리온 왕에서 유래한 명칭을 사용하였고, **로젠탈 효과**, **자성적 예언**, **자기충족적 예언**이라고도 한다.

피그말리온 효과는 프로젝트를 진행함에 있어, 이해관계자의 적극적 관심과 지원은 프로젝트 수행자로 하여금 최선을 다하여 목표를 달성하도록 동기를 부여할 수 있다는 것을 의미한다. 프로젝트에서 피그말리온 효과가 발휘되기 위해서는, 우선 프로젝트 관리자 및 팀원이 고객으로부터 신뢰를 받는 것이 중요하며, 프로젝트 외부의 이해관계자들도 프로젝트에 대한 지속적인 관심과 지원도 중요하다.

CASE STUDY

로젠탈과 제이콥슨의 지능검사 실험

- 1968년 로버트 로젠탈(Robert Rosenthal)과 제이콥슨(Lenore Jacobson)은 미국 샌프란시스코의 한 초등학교에서 전교생을 대상으로 지능검사를 실시하였다.
- 검사결과와 무관하게 임의로 20%의 학생을 선발한 후에 교사에게 명단을 주면서, 지적 능력과 성적향상 가능성이 높은 학생들이라고 전달하였다.
- 교사의 관심과 격려를 받은 학생들은 8개월 후에 이전과 같은 지능검사를 다시 받았는데, 다른 학생들보다 평균점수가 높게 나오고 학교성적도 크게 향상되었다.
- 실험결과는 교사가 학생에게 거는 기대가 실제로 학생의 성적향상에 상당한 효과를 준다는 것을 입증한 것이다.
- 타인이 나를 존중하고, 나에게 기대하는 것이 있으면, 기대에 부응하는 쪽으로 변하려고 노력하여 그렇게 된다는 것을 의미한다.

4.3 연착륙과 경착륙

프로젝트의 종료단계가 가까워질수록, 프로젝트 마무리를 위한 준비를 철저히 해야 한다. 비행기에서 **연착륙**(Soft landing)이란, 부드럽게 지면에 닿아서 승객들이 착륙을 했는지조차 알 수 없을 정도로 안정감 있게 내려오는 것을 의미한다. 반대로 비행기가 급격한 하강으로 착륙하여, 그 충격으로 다치거나 사고가 생길 우려가 있는 것을 **경착륙**(Hard landing)이라고 한다. 비행기의 연착륙과 경착륙은 강하각이 중요하다. 항공모함의 함재기 경우, 강하각이 너무 깊으면 항공모함에 충돌하고, 너무 낮으면 항공모함에 도착하기 전에 갑판에 걸리거나 바다로 빠져버린다.

프로젝트의 경우도 종료시점이 다가오면서부터는 프로젝트 연착륙을 위해 치밀한 준비로 마무리에 대비해야 한다. 비행기처럼 강하각 조정으로 연착륙을 위한 프로젝트 마무리가 철저해야 한다. 프로젝트 종결과 관련하여 당초 목표로 정한 것은 달성되었는지, 고객 및 이해관계자는 결과물에 대해 만족하고 있는지, 프로젝트 종료 이후 예상되는 사후관리 및 유지보수 차원의 문제 발생은 없는지에 대해, 항목별 체크리스트를 만들고 점검하여야 한다.

프로젝트 마무리를 위한 항목별 체크리스트에 잔여 항목이 남아있는 데도 불구하고, 일정이나 비용 등의 제약요인으로 종결을 서두르면 프로젝트 경착륙은 불가피하다. 비행기는 사고나 경착륙을 피하기 위해 재착륙을 시도한다. 프로젝트도 종결을 위한 사전 체크리스트에 잔여항목이 많이 남아 있다면, 기간을 연장하든가 프로젝트 투입 자원을 추가 또는 재정비하여야 한다.

경착륙에 의한 프로젝트 사고유형

• 기상악화

폭풍, 측풍, 강우 등이 발생할 경우에 비행기는 연착륙이 어려워 재착륙을 시도한다. 프로젝트에서는 프로젝트 진행 및 마무리 과정에서, 고객이나 이해관계자가 프로젝트 진행과정 및 마무리 결과에 대해 불만족한 사항이 많음에도 불구하고, 추가적 분석과 대응이 없이 비용이나 일정상의 문제로 급하게 종결하려 한다면, 프로젝트 사고가 발생하고 결과적으로는 실패한 프로젝트로 평가된다.

• 고도처리 미흡

비행기는 적정한 높이에서 착륙하지 못하면, 사고가 발생하거나 경착륙하게 된다. 프로젝트에서도 고객 및 사용자의 요구사항을 완결하지 못한 채, 진척관리 미흡으로 일정의 지연이 발생한다. 이러한 상황에서 프로젝트 결과물의 기능이나 품질적 문제가 잠재하고 있음에도 프로젝트 종결을 서두른다면 프로젝트 사고는 발생하게 된다.

• 활주로 식별 잘못 및 중심 도착 실패

정해진 활주로가 아닌 다른 활주로를 통해 비행기가 착륙한다면 사고발생 확률이 높다. 프로젝트에서 도출된 중간 산출물이나 최종 결과물이 고객이 당초 생각했던 것과 다른 결과물로 나타났다면 문제는 더욱 커진다. 또한 프로젝트 결과물에 대한 만족도 조사에서 기능성이나 편리성 측면에서 만족률이 떨어진다면 프로젝트는 경착륙한 것이다.

• 활주로 주변 장애물 발생

착륙을 시도하는 시점에 철새 등 장애물이 나타나면, 장애물이 제거된 상태에서 연착륙할 수 있도록 재착륙을 시도해야 한다. 프로젝트 진행과정을 통해 새롭게 발생한 추가적 요구사항에 대해, 합리적 사유가 없이 요구가 수용되지 못하고 변경관리 활동을 적용하지 못한다면, 고객은 프로젝트 결과물에 만족하지 못하게 되고 결과물의 고객 인수과정에서 혼선이 발생하고 시간이 지연된다.

4.4 하드워크(Hard Work)와 스마트워크(Smart Work)

모든 프로젝트는 제한된 자원을 이용하여 결과물을 만들고, 프로젝트 목표를 달성해야 한다. 특히 프로젝트를 진행하는 데 있어 시간과 인력적 요인은 매우 중요하다. 정해진 목표일정에 따라, 참여인력이 결과물을 창출해야 하기 때문이다. 공공 및 대형 프로젝트 경우에는 일정 지연에 따라 지체상금을 물어야 하는 경우가 많아서, 일정준수는 매우 중요한 요인이 된다. 그래서 프로젝트 현장에서는 목표일정을 준수하기 위해, 많은 기간에 걸쳐 정상 근무시간 이외에 야근 등 비상근무를 수행하게 된다. 그러나 당초부터 너무 높은 목표와 무리한 일정으로 인해 비상근무가 일상화된다면, 바람직하지 못한 프로젝트가 되고 결과적으로 성공을 기대하기도 어렵다.

프로젝트 수행시에 비상근무를 해야 하는 이유는 여러 가지가 있다. 새로운 요구사항이 발생하거나 예상치 못한 일이 발생했을 경우, 또는 정해진 일정 내에 일을 마무리해야 할 경우에는, 모두가 책임감을 가지고 비상근무를 통해 일을 완수하는 것이 필요하다. 그러나 부실한 계획수립, 계획된 업무의 불이행 등 부실한 프로젝트 관리요인 및 태만으로 인해, 비상 또는 초과근무

CASE STUDY

바람직하지 못한 프로젝트 업무수행 사례

- 무리하게 시간을 단축하여 일정계획을 수립한 경우
- 프로젝트 목표를 너무 높게 설정한 경우
- 프로젝트 참여인력의 이행능력이 부족한 경우
- 프로젝트 요구사항이 명확하지 않고, 지속적으로 추가 요구가 발생하는 경우
- 프로젝트 초기단계(분석 및 설계)에 너무 많은 시간을 지체한 경우
- 프로젝트 관리자의 방향 및 전략제시가 미흡한 경우
- 프로젝트 전체 과정을 통해 고객과의 커뮤니케이션이 미흡한 경우
- 미흡한 예산이 배정된 경우
- 이슈 및 리스크 요인에 대한 의사결정과 관리가 미흡한 경우
- 할당된 담당 업무의 결과물 품질이 낮은 경우

를 수행하는 것은 반드시 제거되어야 한다.

4.5 제도와 문화

프로젝트 특성에 따라 법적 제약조건을 반드시 준수해야 하는 경우가 발생한다. 이 경우 충분한 법률적 검토가 없이 프로젝트를 진행하면, 제약조건에 따라 결과물을 사용할 수 없거나 재보완해야 하는 손실이 발생하게 된다, 또한 글로벌 프로젝트 환경이 많아짐에 따라 국가, 지역별로 다른 문화를 수용하는 프로젝트 관리가 필요하다. 문화, 언어, 관습, 국제적 · 지역적 표준, 부정부패, 성희롱 등의 문제가 프로젝트 이슈로 발생하여 프로젝트가 잘못되지 않도록 사전에 충분한 교육 · 훈련과 환경적 요인을 고려해야 한다.

5 프로젝트 숙지사항

프로젝트 이해관계자는 많은 시간과 자원을 투자하여 수행한 프로젝트의 결과가 자신들의 요구에 부합된 성공적 결과물이 되기를 원한다. 그리고 프로젝트 고객은 적정 비용으로 목표시간 내에 프로젝트가 완성되어, 프로젝트 결과물이 자신들의 사업이나 업무에 연계되어 새로운 성과를 창출하기를 바라고 있다. 프로젝트 수행자는 이와 같은 이해관계자나 고객의 기대에 부응하여 프로젝트를 성공적으로 완료해야 한다. 아래에서는 프로젝트 이행과정에서 숙지해야 할 사항을 프로젝트 성공요인, 프로젝트 실패요인, 프로젝트 교훈으로 나누어 정리한다.

5.1 프로젝트 성공요인

모든 프로젝트는 각각 차별화된 여건과 환경요인을 가지고 있다 그럼에도 프로젝트를 성공적으로 수행해야 하는 것은 프로젝트 관리자 및 팀원의 임무이다. 지금부터는 다른 프로젝트 환경여건에서도 성공적으로 프로젝트를 이행하기 위한 **프로젝트 성공요인**을 7가지로 정리한다.

프로젝트 성공요인

① 프로젝트 목표를 명확히 정의하고 공감대를 형성한다.
② 프로젝트 의사결정권자의 신뢰를 확보한다.
③ 이해관계자의 요구사항을 정확히 파악하고 적용한다.
④ 리스크와 이슈를 지속 발굴하고 해결한다.
⑤ 범위관리와 변경관리를 철저히 한다.
⑥ 합리적 일정계획을 수립하고 준수한다.
⑦ 프로젝트 정보를 공개한다.

① 프로젝트 목표를 명확히 정의하고 공감대를 형성한다

프로젝트를 성공하기 위해서는 무엇보다도 프로젝트가 어떠한 목적으로 추진되는지, 그리고 프로젝트 수행을 통해 달성하고자 하는 성과목표가 무엇인지를 분명히 정의하고 이해관계자 모두가 이해하고 공감해야 한다.

목적과 목표가 분명치 않은 프로젝트는 진행과정에서 많은 시행오차를 겪어야 하므로 자원의 손실이 발생한다. 그리고 프로젝트 결과에 대하여도 이해관계자의 만족도가 떨어진다. 또한 프로젝트 목표도 모두가 공감하는 합리적 목표가 되어야 한다. 그래야 목표달성 의지가 높아지고, 자발적이고 창의적인 업무를 유도할 수 있다.

② 프로젝트 의사결정권자의 신뢰를 확보한다

프로젝트의 착수 및 종결과정에서는 의사결정권자의 판단이 중요하다. 의사결정권자는 프로젝트 착수 및 종결과 관련하여, 실질적 의사결정을 수행하는 사람으로 조직의 최고 경영자일 수도 있고 임원이나 간부가 될 수도 있다. 프로젝트관리자는 의사결정권자가 누구인지를 파악하고, 프로젝트 전체과정에서 의사결정권자의 신뢰와 지원을 받을 수 있도록 해야 할 뿐만 아니라, 보고 및 의사소통관리에도 소홀하지 말아야 한다.

③ 이해관계자의 요구사항을 정확히 파악하고 적용한다

프로젝트의 요구사항은 제안요청 단계에서 발주자측에 의해 정의된다. 그러나 프로젝트 착수 이전단계에 정의된 요구사항은 구체성이 부족한 기본적 요구사항으로 정의된 경우가 많다. 이러한 상태에서 초기의 요구사항을 프로젝트에 그대로 반영하기에는 미흡한 점이 많이 발생한다. 프로젝트 현장에서 요구사항의 완전성(Completeness), 정확성(Correctness), 검증 가능성(Verifiability), 추적성(Traceability) 미흡은 프로젝트 진행 및 종결과정에서 많은 시행오차를 발생시킨다. 시간과 비용적 손실을 초래하게 되고, 성공적인 프로젝트 결과물로 인정받을 수가 없게 된다. 따라서 프로젝트의 요구사항은 착수 이전단계부터 명확히 파악하는 것이 원칙이나, 프로젝트 진행과정에서 세부적 요구사항을 재정의해야 할 경우도 많다.

④ 리스크와 이슈를 지속 발굴하고 해결한다

프로젝트에는 많은 리스크 요인이 잠재해 있으며, 프로젝트 수행과정에서는 다양한 이슈가 발생한다. 리스크 요인은 프로젝트를 위기에 빠뜨리거나 실패로 몰아갈 수 있으며, 이슈나 문제점은 프로젝트 결과물의 품질을 떨어뜨린다. 따라서 프로젝트 조기경보 체계를 갖추고, 리스크 요인을 사전에 파악하여 발생을 예방하도록 해야 한다. 그리고 이슈나 문제발생에 대하여도 즉각적으로 대처할 수 있는 모니터링 체계를 갖추도록 한다.

⑤ 범위관리와 변경관리를 철저히 한다

프로젝트의 범위는 투입되는 시간, 인력, 예산에 직접적인 영향을 미친다. 프로젝트 범위가 변경됨에 따라, 관련 자원이 추가되거나 감소되기도 한다. 프로젝트 특수성에 해당하는 불확실성의 원추(the cone of uncertainty) 이론에 따라, 프로젝트는 진행되어 갈수록 당초에 파악하지 못한 이해관계자의 요구사항이 추가로 발생하게 된다. 그리고 이러한 변경사항을 제대로 관리하지 못하면, 프로젝트 결과물의 불만족 원인이 된다. 따라서 성공적인 프로젝트를 위해서는 프로젝트 범위에 대한 명확한 정의와 더불어 이해관계자의 공통된 인식이 필요하며, 프로젝트 진행과정에서 어쩔 수 없이 발생하는 범위의 변화에 대하여는 공식적인 변경관리 절차 수행이 필요하다.

⑥ 합리적 일정계획을 수립하고 준수한다

프로젝트 일정계획표는 WBS(Work Breakdown Structure, 업무분류체계)에 근거하여, 일을 관리할 수 있는 업무단위까지 세분화하고 필요자원을 할당하여 작성돼야 한다. 합리적 일정계획이란 일을 수행하기 위해 필요한 최적의 자원을 할당하여 목표 기간에 완료토록 하는 것이다. 자원이 부족한 상태에서, 제한된 목표일정이나 금액을 맞추어 진행하는 프로젝트는 부실한 결과물을 만들어 내기 쉽다. 그리고 일단 결정된 일정계획은 프로젝트 팀원 모두가 책임의식을 가지고 목표일까지 완료해야 한다. 시간이 없어서, 자원이 부족해서, 이해가 부족해서 발생하는 일정 지연은 일부분의 지연만을 초래하는 것이 아니라, 프로젝트 전체를 지연시키는 나쁜 결과를 낳는다.

⑦ 프로젝트 정보를 공개한다

프로젝트 정보의 실시간 공유 체계는 효과적인 커뮤니케이션 수단을 제공하고, 불합리한 회의나 보고체계를 개선시킨다. 그리고 프로젝트 관련 지침이나 정보를 모두가 공유하여, 각자의 역할을 자발적으로 수행할 수 있게 한다. 대규모 프로젝트일수록 관련 지침이나 정보를 즉시 공유토록 하면 일은 효율적으로 진행된다. 따라서 인터넷이나 정보시스템을 활용한 신속한 커뮤니케이션 수단을 확보하고, 효율적인 회의나 보고제도를 마련하여 자율적 대응과 일에 대한 책임의식을 높이는 계기를 마련하는 것이 중요하다.

5.2 프로젝트 실패요인

프로젝트에서 실패요인을 피해가거나 해결하기만 해도 성공에 가까워진다. 지금까지 수행한 많은 프로젝트 중에는 절반의 성공, 또는 노출되지 않은 실패 프로젝트도 적지 않다. 성공한 프로젝트로 보고되지만, 고객이나 사용자의 요구사항을 충분히 반영하지 못해 프로젝트 결과물을 현장에 적용하거나 사용하는 단계에서 문제가 발생하고, 이로 인해 클레임이 발생하거나 유지보수가 많아져서 적지 않은 추가적 비용을 발생시키는 경우가 많다.

고객이나 프로젝트 의뢰인 입장에서는 절반만 성공한 프로젝트도 추가 비용을 부담해야 하므로, 결국 실패한 프로젝트나 마찬가지이다. 따라서 프로젝트의 실패요인을 정확히 분석하여 자신의 프로젝트에서는 답습하지 말아야 한다.

프로젝트 실패요인

① 프로젝트 구성원의 전문역량이 부족하다.
② 의사결정 역량이 부족하다.
③ 예산계획이 부실하다.
④ 벤치마킹을 활용하지 못한다.
⑤ 고객의 요구 도출 및 정의가 미흡하다.
⑥ 프로젝트 팀워크가 와해된다.
⑦ 유지보수 계획수립 및 실천이 미흡하다.

① 프로젝트 구성원의 전문역량이 부족하다

프로젝트에서는 WBS로 분할된 단위업무에 조직과 인력을 할당하여 부여된 업무목표를 완성해 나간다. 그래서 프로젝트 참여인력은 담당업무를 수행할 관련경험과 기술을 가지고 있어야 한다. 전문역량 부족은 결과물이 가시화되기 시작하는 프로젝트 중반단계 이후부터 문제점이 노출되기 시작하여 점차 심각한 상황을 만들어 간다. PMO의 프로젝트 관리 및 통제 부족, 형식적 품질보증 조직의 운영, 조직의 프로젝트 지원 및 관심 부족은 프로젝트 실패를 방치하는 나쁜 결과를 가져오게 한다.

② 의사결정 역량이 부족하다

프로젝트 추진과정에는 항상 잠재적인 문제가 존재한다. 그래서 프로젝트 진행과정에서 발생하는 여러 문제에 대해, 신속한 원인파악과 유연한 의사결정 능력이 필요하다. 실패하거나 절반만 성공한 많은 프로젝트의 경우, 의사결정권자 또는 프로젝트 관리자의 의사결정 지연으로, 전체 프로젝트에 나쁜 영향을 미치고 불필요한 비용을 발생시키는 요인으로 작용한다.

③ 예산계획이 부실하다

프로젝트 수행을 위해 사람, 기술, 시설, 설비, 자재 등의 자원이 필요하다. 이 모든 자원은 결국 돈으로 연계되어 사용된다. 프로젝트 초기에 수립한

엉성한 예산계획으로 인해 프로젝트에 적합한 인력, 기술, 시설, 설비, 자재를 확보하지 못하면, 프로젝트는 실패할 가능성이 높다. 부실한 예산계획은 실행단계에서 예산 추가, 일정 지연 등의 문제를 야기한다. 적은 예산으로 목표를 달성하려는 노력은 장려할 전략이나, 프로젝트 결과물을 미흡한 예산계획에 맞추려는 시도는 절반의 성공이나 실패확률을 높게 만든다.

④ 벤치마킹을 활용하지 못한다

모든 프로젝트는 유일성의 특성을 갖는다. 그러나 경쟁이 심화되고 새로운 제품이나 기술을 개발해야 하는 경우에는, 과거나 현재의 유사 프로젝트를 통해 배울 점과 고쳐야 할 점을 파악하고, 자신의 프로젝트에 적용할 수 있는 것이 무엇인지에 대해 부단한 노력을 기울여야 한다. 신제품 개발, 정보화 프로젝트의 경우, 기존에 유사한 프로젝트 사례가 많음에도 불구하고, 벤치마킹 미흡으로 프로젝트가 잘못되거나 시행오차를 겪는 경우가 많다.

⑤ 고객의 요구 도출이 미흡하다

고객이 만족하는 프로젝트 결과물이 되기 위해서는 고객의 요구에 부응하는 결과를 만들어야 한다. 고객이나 사용자의 요구사항을 명확히 이해하여 프로젝트에 적용하는 능력이 필요하다. 그러나 많은 프로젝트의 경우, 진행과정에서는 고객이나 사용자의 참여가 이루어지지 않고 있다가, 프로젝트 종료 또는 사후단계에서 새로운 요청사항이 발생하거나 사용상의 불편 문제로 결과물이 제대로 활용되지 못하여, 절반의 성공으로 끝나는 경우가 발생하고 있다. 절반의 성공은 시간이 흐름에 따라 실패로 연결된다.

⑥ 프로젝트 팀워크가 와해된다

프로젝트는 여러 사람이 모여 하나의 합작품을 만들어 내는 과정이다. 따라서 프로젝트에 참여한 모든 사람은 동일한 방향으로 전진해 가야 한다. 이를 위해 프로젝트 팀원간의 협력과 화합은 필수적이다. 실패하거나 절반만 성공한 프로젝트는 프로젝트 관리자의 권위적·독선적 자세, 프로젝트 팀원의 이기주의로 인해 팀워크는 와해되고 결과는 부실해진다.

⑦ 유지보수 계획수립 및 실천이 미흡하다

프로젝트 참여인력의 노력과 이해관계자의 지원은 프로젝트를 성공적으로 만든다. 그러나 성공적으로 완료된 프로젝트 결과물도 활용단계에서는 사용상의 불편, 환경변화에 따라 추가 요구사항이 발생하는 경우가 많다. 따라서 결과물에 대한 사후관리가 필요한 프로젝트에서는 프로젝트 종료 이후에도, 지속적인 유지보수 활동을 통해 결과물을 보완해 나가야 한다. 그리고 프로젝트 종료 이전에 고객과 유지보수에 대한 명확한 이행 계약을 체결하여야 한다. 유지보수 활동의 미흡은 프로젝트 결과물 활용의 부진으로 이어져, 결국 실패한 프로젝트로 평가를 받게 된다.

5.3 프로젝트 교훈

프로젝트는 제한된 시간과 자원으로 목표를 완수해야 하는 일회성 사업으로, 프로젝트 이해관계자 모두에게 매우 중요한 의미를 가진다. 프로젝트 결과에 따라 연관된 사업의 성패를 좌우하기도 하며, 조직 전체의 경쟁력 향상에 영향을 미치기도 한다. 과거부터 다양한 프로젝트가 진행되었고, 앞으로도 많은 과업이 프로젝트로 진행될 것이다. 본 절에서는 성공적 프로젝트 수행을 위해, 다양한 프로젝트에서 나타나는 **프로젝트 교훈**을 요약 · 정리하였다.

프로젝트 교훈

- 훌륭한 프로젝트 관리자는 프로젝트에 관여할 타이밍을 아는 사람이다.
- 팀원이 너무 적으면 문제를 해결하지 못하지만, 팀원이 너무 많으면 해결할 수 있는 것보다 많은 문제를 만든다.
- 범위는 천천히 증가하지 않는다. 아주 빨리 증가한다. (There is no such thing as scope creep, only scope gallop.)
- 프로젝트 시간이 남으면 변경요구가 많아진다.
- 정량적 프로젝트 관리는 미리 원가와 일정 초과를 예측하는 것이다.
- 훌륭한 프로젝트 관리자는 팀원을 챙기지만, 완벽한 프로젝트 관리자는 고객을 챙긴다.
- 구부러지게 태어난 나무는 곧게 펴지지 않는다. (A tree that is born twisted never grows straight.)
- 오래된 습관을 버리기는 어렵다. (It is hard to break old habits.)
- 일방적 납기는 비용만 더 든다.
- 프로젝트는 90% 달성될 때까지는 원만히 진행된다. 그런데 나머지 10%가 문제이다.
- 고객은 당신이 물어 본 것에 대해서만 이야기하지 그 이상은 말하지 않는다.
- 사양을 동결시킬 수는 있지만, 고객이 기대하는 것을 막을 수는 없다.
- 고객은 약속에 첨부된 조건은 잊어도, 약속 그 자체는 잊지 않는다.
- 글로 표현된 것이 아니면 말한 것이 아니다.
- 중요한 것이 급하기보다는, 긴급한 것이 중요하다.
- 제대로 한 일은 알려지지 않는다. 그러나 잘못한 일은 모두가 안다.
- 실천 없는 계획은 무용한 것이고, 계획 없는 실천은 무지한 것이다.
- 과거를 잊는 자는 계속 과거대로 살게 되어 있다. (Those who cannot remember the past are condemned to relive it.)
- 대부분의 프로젝트는 기술이 아니라, 인적자원과 프로젝트 관리의 문제로 실패한다.
- 남은 작업량은 납기가 다가오면 올수록 늘어난다.

- 측정하지 못하면 개선할 수 없다.
- 훌륭한 프로그램을 만들기 위한 가장 좋은 방법은 직접 작성해 보는 것이고, 그 다음은 이미 작성되어 있는 프로그램을 연구하는 것이다.
- 소프트웨어의 완전성은 금의 순도와 같다.
- 복잡한 정보교류는 피부를 맞댄 의사소통이 최상이다.
- 프로젝트 위기를 탈출할 조언자를 알아두어라.
- 프로젝트에는 비평가도 필요하다.
- 찬성파와 반대파를 파악하고 사전전략을 세워라.
- 논쟁을 벌이는 사람과는 인간적 접근이 필요하다.
- 프로세스와 방법론이 만병 통치약은 아니며, 성공적인 결과를 보장하지도 않는다.
- 유연한 사고, 혁신적 사고를 규정에 앞서도록 하라.
- 일정계획 수립은 마술이 아니라, 현재와 미래의 일을 과학적으로 정리하는 작업이다.
- 규모가 클수록 완벽한 일정계획 수립은 불가능해진다.
- 프로젝트의 변경 가능성이 높을수록 중간 마일스톤을 짧게 가져간다.
- 프로젝트 이해관계자와 친해져라.
- 과학적 기업을 적용하여 일정, 자원관리를 수행하라.

6 PMO 프로젝트 라이프사이클 관리

6.1 프로젝트 라이프사이클과 단계

6.1.1 라이프사이클

라이프사이클(Life cycle, 생애주기)이란 사람의 일생을 몇 개의 단계로 나누고 발달단계에 따라서 변화하는 모습을 분석한 것으로, 표준적인 인간의 가정생활에 맞추어 보면 출생, 성장, 결혼, 육아, 노후의 과정을 거치게 된다. 유일성을 갖는 프로젝트도 생명체와 같이 탄생부터 종결까지의 생애(生涯, Life)를 가진다. **프로젝트 라이프사이클**(Project life cycle)은 프로젝트의 탄생부터 종료까지의 일련된 과정을 말한다. 프로젝트 라이프사이클은 프로젝트 **생애주기**(生涯週期)로 표현하기도 한다.

프로젝트 라이프사이클은 제품의 라이프사이클과 비유된다. 모든 제품은 처음 출시부터 사용이 끝나면 폐기되는 단계로 종결된다. 프로젝트도 시작부터 종결까지의 주기가 있다. **제품 라이프사이클**은 기획, 성장, 성숙, 쇠퇴, 폐기의 단계를 거치지만, 모든 프로젝트는 규모와 복잡성에 관계없이 개시, 구성 및 준비, 작업, 종료의 프로젝트 라이프사이클을 가진다(PMI).

모든 프로젝트의 라이프사이클 구조

- 프로젝트 개시
- 구성 및 준비
- 프로젝트 작업수행
- 프로젝트 종료

프로젝트 라이프사이클은 프로젝트 개시, 그리고 구성 및 준비, 작업수행, 종료과정에서 일반적으로 다음과 같은 특성을 갖는다.

프로젝트 라이프사이클의 과정별 특성

- **프로젝트 개시, 구성 및 준비 과정**: 프로젝트 개시단계에서는 인력 및 비용이 적게 소요되나, 작업수행 단계에서 최고점에 이르고, 종료단계에서 급격히 줄어든다.
- **프로젝트 작업수행 과정**: 이해관계자의 영향력, 리스크, 불확실성이 가장 높으나, 프로젝트 라이프사이클 과정을 거치면서 점차 감소한다.
- **프로젝트 종료 과정**: 프로젝트 종료가 가까워지면서 요구사항 및 설계변경과

오류에 대한 정정 비용이 크게 증가한다.

제품과 프로젝트의 라이프사이클을 비교하여 보면, 제품에 대한 시장의 요구 및 개발전략은 다양한 형태의 프로젝트로 분류하여 진행할 수 있다. 예로서, 신제품 개발 프로젝트는 제품 라이프사이클의 기획 및 개발과정에 해당하는 프로젝트가 된다. 또한 제품성능을 개선하는 프로젝트의 경우는 제품 라이프사이클의 성장 또는 성숙과정에 해당하는 프로젝트가 된다. [그림 2-5]는 제품 라이프사이클과 관련하여 프로젝트 라이프사이클을 설명한 것이다.

그림 2-5 제품과 프로젝트 라이프사이클 비교

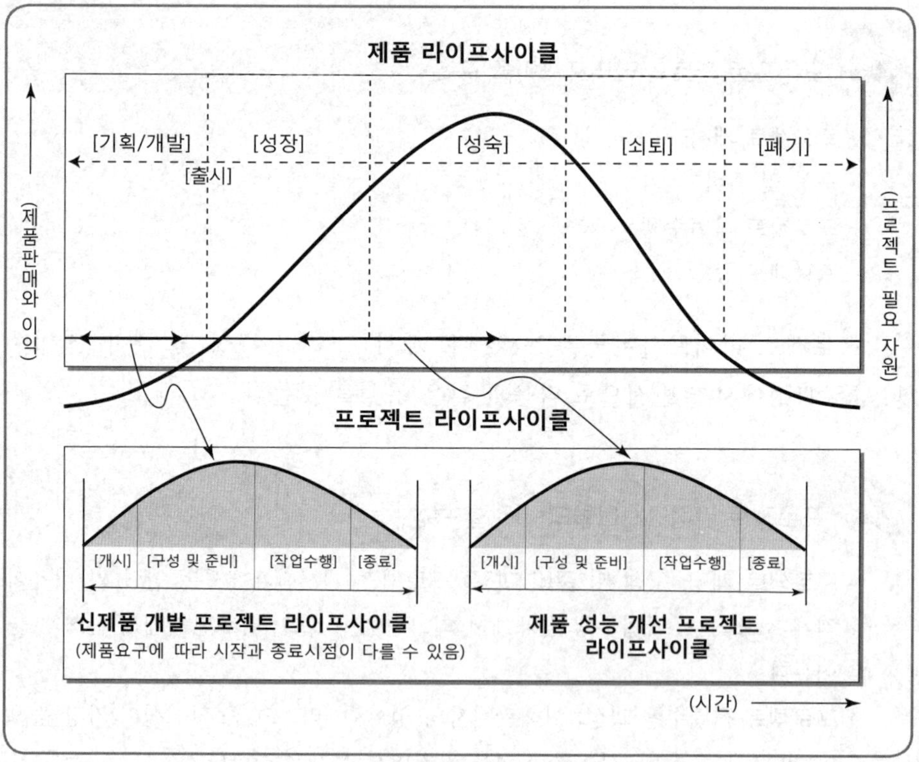

6.1.2 프로젝트 단계

단계(Phase)란 일반적으로 어떤 일의 차례를 따라 나아가는 과정을 말한다. PMI에서 프로젝트 생애주기(Life cycle)는 일반적으로 순차적이면서, 때로는 중첩되기도 하는 프로젝트 단계(Phase)들의 집합으로 정의하고 있다. 그리고 **프로젝트 단계**(Project Phase)는 프로젝트 생애주기의 구성요소로서, 일반적으로 주요 인도물이 최종 완성되기까지 수행되며, 논리적 관계를 갖는 프로젝트 활동들의 집합체라고 하였다.

프로젝트 단계는 프로젝트 규모나 특성에 따라 구성을 달리할 수 있다. 프로젝트마다 유사한 단계 이름들을 가져도, 단계에 포함된 업무 및 절차는 거의 다른 경우가 많다. 그리고 하나의 단계를 갖는 프로젝트가 있는가 하면, 많은 단계들을 가질 수도 있다. 예로서, 전형적인 소프트웨어 프로젝트의 개발 단계는 분석, 설계, 개발, 시험의 과정을 거친다. 그러나 정보화 전략을 수립하는 프로젝트는 분석과 이행방안 수립 단계만을 가질 수도 있다.

프로젝트의 각 단계에서는 일반적으로 단계별 산출물을 생산하고, 검토를 통해 다음 단계를 계속할 것인지를 결정하는 과정으로, **단계 출구**(Phase exit), **단계 게이트**(Phase gate), **스테이지 게이트**(Stage gate) 또는 **종결 지점**(Kill point)이라고도 한다. 그러나 프로젝트 단계별로 검토한 결과나 산출물의 품질이 목표에 미달하거나 리스크가 많다면, 이해관계자의 상호 협의결정으로 다음 단계를 시작하지 않고 종료할 수도 있다. 프로젝트 단계는 일반적으로 순차적으로 진행하나, 프로젝트 상황 및 이해관계자 요구에 따라 프로젝트 수행의 효율성, 시간단축 관점에서 단계를 중첩하여 진행할 수 있다.

6.2 프로세스와 지식영역

프로세스(Process)란 사물이 변화·진행되어 가는 과정이라는 뜻으로서, 제조분야에서는 사람, 장치, 설비 등으로 구성된 일련의 연속된 생산공정을 말한다. 프로젝트의 프로세스는 프로젝트 라이프사이클에서 수행되는 다양한 업무나 작업의 연속 과정을 말하는 것으로, 라이프사이클 전체를 하나의 프로세스로 이해할 수도 있으며, 전체를 목적에 따라 구분하여 단위 프로세스로 정의할 수도 있다.

PMBOK 가이드에서는 프로젝트 관리를 위한 **프로세스 그룹**(Process group)을 착수(Initiating), 기획(Planning), 실행(Executing), 감시 및 통제(Monitoring & Controlling), 종료(Closing)의 5가지로 분류하여 정의하였다. 각 프로세스 그룹의 특징으로 먼저, 기획과 실행 프로세스 그룹은 프로젝트를 수행하는 동안 반복되는 것으로, 항상 기획과 실행을 같이 비교해서 감시해야 한다. 다음에 통제 프로세스 그룹에서는 계획과 실적의 차질 발생에 대해 다양한 노력을 통해 해결해야 한다. 감시 및 통제는 프로젝트의 다양한 변경사항을 관리하여 승인된 변경사항만 처리하는 역할도 포함된다.

PMI에서 정의한 **프로젝트 관리 프로세스 그룹**(Project Management Process Group)은 프로젝트 관리를 위한 투입물(Input), 도구 및 기법(Tools & Techniques), 산출물(Outputs)을 논리적으로 분류한 그룹으로, 앞에서 설명한 프로젝트 단계(Phase)와는 다르다고 설명하고 있다.

프로젝트의 성공적 수행을 위해서는 프로젝트 관리 프로세스 그룹별로 체계적 업무활동을 수행해야 한다. 이를 위해 프로젝트에서는 업무영역을 체계적으로 분류한 **지식영역**(Knowledge Area)을 정의하여 관리한다. 지식영역은 제안자 또는 프로젝트 상황에 따라 다르게 분류하여 사용할 수 있다.

PMI에서는 프로젝트 관리의 지식영역(Project Management Knowledge Area)을 9개로 나누어, 통합관리(Integration Management), 범위관리(Scope Management), 일정관리(Time Management), 원가관리(Cost Management), 품질관리(Quality Management), 인적자원관리(Human Resource Management), 의사소통관리(Communications Management), 리스크관리(Risk Management), 조달관리(Procurement Management)로 구분하였다. 그리고 지식영역별로 구성요소, 프로세스, 실무 사례, 투입물, 산출물, 도구 및 기법 등을 설명하고 있다. 그러나 앞에서 설명한 바와 같이, 프로젝트의 지식영역은 산업분야의 특성이나 프로젝트 형태에 따라 적절한 자체 정의가 가능하다.

CASE STUDY

전문가별 지식영역 구분

- 크로퍼드(Crawford, 2006)는 지식영역을 9개 지식체(Body of Knowledge)로 분류하였으나, 데이비스(Cooke Davies and Arzymanow, 2003)는 10개 영역(Domain)으로 구분하였고, 앤더슨(Andersen and Jessen, 2003)은 태도, 지식, 행동 영역별로 12개 분야로 구분하였다.
- 전문가별로 제안한 지식영역 구분을 요약 · 정리하면 〈표 2-5〉와 같다.

〈표 2–5〉 전문가별 PMO 지식영역 구분

구분	크로퍼드 분류	데이비스 분류	엔더슨 분류	
지식영역 분할 범위	통 합	프로젝트 문화(Culture)	태 도 (Attitude)	리스크와 불안
	범 위	조직적 리더십		권력과 책임 분담
	일 정	비즈니스 문화		Hard와 Soft 가치
	원 가	복수 프로젝트 관리		협 업
	품 질	PM 구조, 방법, 시스템	지 식 (Knowledge)	추정(Suppositions)
	의사소통	권한의 정도		업무방식
	인적자원	정보의 위치		바람직한 결과
	리 스 크	프로젝트 연계팀		전체(Totality)
	조 달	PM 스탭(Staff) 역량	행 동 (Action)	전략적 행동
		프로젝트와 기능관리의 강도		전술적 행동
				관리적 행동
				운용적 행동

6.3 PMO관점의 프로젝트 라이프사이클 관리

프로젝트의 시작부터 종료까지 연결되는 라이프사이클에는 프로젝트 특성, 산업분야 또는 적용기술에 따라 구성단계나 프로세스가 다르지만, 일반적으로 다음과 같은 기본적인 과정을 거친다.

프로젝트 라이프사이클의 기본 과정

- 프로젝트 구상 및 개시(Project conception and initiation)
- 프로젝트 정의 및 계획(Project definition and planning)
- 프로젝트 착수 및 실행(Project launch or execution)
- 프로젝트 수행 및 통제(Project performance and control)
- 프로젝트 종료(Project close)

모든 프로젝트는 프로젝트 라이프사이클 관리를 통해 성공적으로 완성된다. 프로젝트의 라이프사이클 관리는 프로젝트의 목적과 목표를 달성하기 위해, 프로젝트의 이행과정에서 추진하는 일들이 올바른 결과를 창출하고, 다음 과정에서 문제를 야기하지 않는지에 대한 점검과 평가를 수행하는 것이다. 프로젝트 라이프사이클에 대한 올바른 관리를 위해서는, 프로젝트 특성에 적합한 방법론에 따라 단계나 프로세스를 적절하게 정의하여 활용한다. 수행하는 프로젝트의 기획, 실행, 관리, 통제가 쉽도록, 프로젝트 특성에 맞추어 논리적으로 단계를 구분하고 프로세스를 체계화하여 활용하는 것이다.

이처럼 프로젝트의 정형적(定型的) 관리를 위해, 프로젝트 라이프사이클을 논리적 단계와 프로세스로 체계화하고, 프로젝트에 적합한 방법론으로 표준화하여 활용할 수 있다. 따라서 **프로젝트의 방법론**(Methodology)이란 특정 과업의 목표를 달성하기 위한 기법을 체계적으로 정리한 과학적 방법이라 할 수 있다. 과학적 방법론은 프로젝트 수행에 적합하도록 단계, 지식영역, 구성요소를 체계적으로 분류하고, 단계별 절차 및 산출물을 정리한 것이다. 예로서, 소프트웨어 개발을 위해서는 정보공학 방법론, 나선형 개발 방법론, 프로토타입 개발 방법론, RUP(Rational Unified Process) 방법론, CBD(Component Based Development) 방법론, CMM(Capability Maturity Model) 방법론, 애자일(Agile) 방법론, 스크럼 개발 방법론 등 다양한 방법론이 있다.

프로젝트 방법론에서의 단계는 프로젝트 라이프사이클의 구성요소이다. 그러나 프로젝트 단계(Project Phase)는 프로젝트의 성격, 참여하는 조직, 응용 분야에 따라 다르고, 상황에 따라 프로젝트 라이프사이클의 기본 과정을 모두 거치기도 하지만, 일부 단계만 거칠 수도 있다. 예를 들어, 기업의 제품개발 프로젝트는 제품 구상부터 신제품 출시까지 프로젝트 라이프사이클의 모든 단계를 거쳐 진행된다. 그러나 개발성격에 따라 기존 제품의 기능개선 프로젝트일 경우에는 라이프사이클의 창출과정이 생략되거나, 실행 및 통제단계에서 분석, 설계, 개발, 시험, 이행과정 중에서 일부 과정만을 거치는 경우가 있다.

본서에서는 프로젝트 개시부터 종료까지의 과정을 PMO관점에서 정의하여, PMO가 관장하는 여러 프로젝트의 라이프사이클을 "창출, 계획, 실행, 통제, 종결"의 5단계(Phase)로 분류하였다. 그리고 단계별로 수행할 지식영역(Knowledge area)은 PMI 정의에 맞추어 통합관리, 범위관리, 일정관리, 원가관리, 품질관리, 인적자원관리, 의사소통관리, 리스크관리, 조달관리의 9개 영역으로 나누었다. 그리고 5개의 단계와 9개의 지식영역별로 프로젝트에서 수행해야 할 업무를 37개로 분류하였다. 〈표 2-6〉은 본서에서 정의한 PMO관점의 프로젝트 라이프사이클 관리를 표로 정리한 **PMO 프로젝트 라이프사이클 관리표**이다.

〈표 2-6〉 PMO관점의 프로젝트 라이프사이클 관리표

<table>
<tr><th>단계
지식영역</th><th>Ⅰ. 창출단계</th><th>Ⅱ. 계획단계</th><th>Ⅲ. 실행단계</th><th>Ⅳ. 통제단계</th><th>Ⅴ. 종결단계</th></tr>
<tr><td>1. 통합관리</td><td rowspan="9">1) 프로젝트 기획
2) 프로젝트 제안 요청
3) 프로젝트 제안
4) 프레젠테이션
5) 프로젝트 심사
6) 프로젝트 계약
7) 프로젝트 착수</td><td>8) 통합계획 수립</td><td>17) 프로젝트 이행</td><td>24) 종합 통제 관리</td><td>33) 종결보고 및 인계</td></tr>
<tr><td>2. 범위관리</td><td>9) 요구정의 및 범위계획 수립</td><td>18) 요구확정 및 변경 관리</td><td>25) 요구 추적 및 이행 판정</td><td></td></tr>
<tr><td>3. 일정관리</td><td>10) 일정계획 수립</td><td></td><td>26) 일정통제</td><td></td></tr>
<tr><td>4. 원가관리</td><td>11) 원가산출 및 예산계획 수립</td><td></td><td>27) 예산통제</td><td></td></tr>
<tr><td>5. 품질관리</td><td>12) 품질 및 감리계획 수립</td><td>19) 품질보증 및 감리수행</td><td>28) 품질통제 및 감리 사후 관리</td><td>34) 운영 및 유지보수</td></tr>
<tr><td>6. 인적자원 관리</td><td>13) 인적자원 계획 수립</td><td>20) 프로젝트팀 관리</td><td>29) 인적자원 통제</td><td>35) 평가 및 보상</td></tr>
<tr><td>7. 의사소통 관리</td><td>14) 의사소통 계획 수립</td><td>21) 프로젝트 의사소통</td><td>30) 성과보고</td><td>36) 지식정보화</td></tr>
<tr><td>8. 리스크관리</td><td>15) 리스크 및 이슈관리 계획 수립</td><td>22) 리스크 및 이슈통제</td><td>31) 리스크 및 이슈 통제</td><td></td></tr>
<tr><td>9. 조달관리</td><td>16) 조달관리 계획 수립</td><td>23) 조달수행</td><td>32) 조달운용</td><td>37) 조달종결</td></tr>
</table>

6.4 라이프사이클 단계별 지식영역 업무

조직에서는 PMO를 통해 프로젝트 비용과 자원을 절감하지만, 프로젝트 라이프사이클 관리측면에서 PMO를 도입하는 중요한 동기는 일관적이고 효율적으로 전략적 프로젝트들을 수행하고 관리하는 데 있다. 따라서 기업에서는 프로젝트에 대한 적합한 지식과 경험을 보유한 전문가 조직을 구성하여, 프로젝트 라이프사이클에 걸쳐 필요한 원칙 수립과 효과적인 프로세스를 구

현할 수 있어야 한다. 그래서 PMO 도입을 통해 조직의 프로젝트 관리 프로세스 성숙도 수준을 높여야 한다.

기업이나 조직에서 PMO에 거는 역할과 책임은 분명하다. 일반적으로 PMO조직이 담당해야 할 역할과 책임은 다음 내용이 포함된다.

PMO 역할과 책임

- 프로젝트 창출, 종료 지원
- 프로젝트 관리 정책, 표준, 방법론 개발
- 프로젝트 관리자, 팀원 교육훈련
- 프로젝트 단계별 착수 및 마무리 지원
- 산업별 · 지식영역별 프로젝트 전문가 육성, 영입, 공급
- 프로젝트 계획수립 지원
- 프로젝트 관리 자동화 도구 개발 및 지원
- 프로젝트 감리 또는 감사 지원
- 프로젝트 측정 및 분석
- 프로젝트 통합보고서 작성 지원
- 프로젝트 현황판(Dashboard) 관리
- 프로젝트 변경관리 통제
- 변경통제위원회 운영
- 프로젝트 종료지원
- 프로젝트 교훈/우수사례 수집 및 공유

그러나 위에서 설명한 역할과 책임은 PMO의 역량에 따라 효과나 성과의 차이가 발생한다. 따라서 조직에서는 역량 있는 PMO를 구성하여, PMO관점의 프로젝트 라이프사이클 관리표를 통해 PMO가 기획, 실행, 관리, 통제해야 할 필요 업무를 선정하고 적절하게 수행하도록 해야 한다. 본서에서는 앞 절에서 설명한 PMO관점의 프로젝트 라이프사이클 관리표를 기준으로, PMO의 역할과 책임을 충실히 수행할 수 있도록, **PMO 프로젝트 라이프사이클 단계별 지식영역 업무**를 [그림 2-6]과 같이 정리하고, 본서의 제 3 장부터 설명한다.

그림 2-6 프로젝트 라이프사이클 단계별 지식영역의 업무

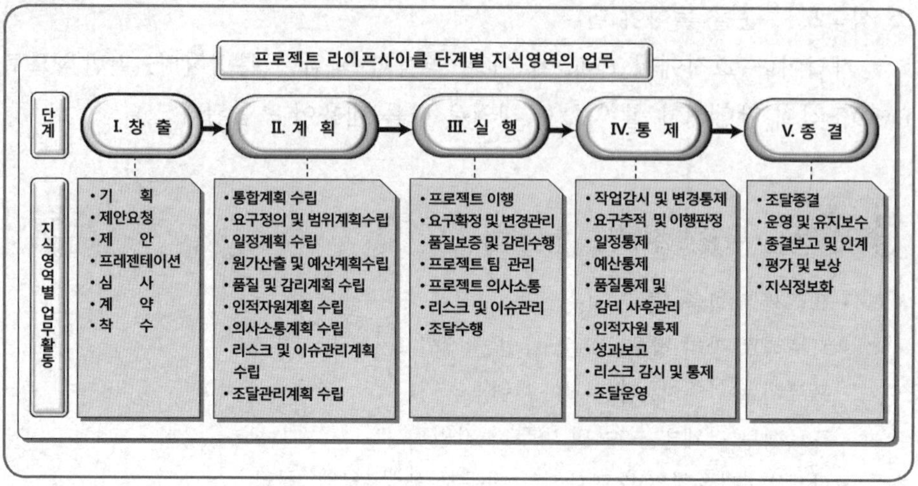

1) 프로젝트 창출단계의 업무 및 활동 구성내용은 다음과 같다

[1] **프로젝트 기획**: 창의적 기획 및 선정 그리고 프로젝트 기획서 작성으로 구성되며, 업무활동 내용은 다음과 같다.

- 창의적 기획 및 선정은 조직의 비전 및 전략목표 달성을 위해, 새로운 아이디어를 포함한 창의성 있는 프로젝트를 선정한다.
- 프로젝트 기획서 작성은 프로젝트화를 위한 배경, 목표, 실행방법에 대해 구체적인 계획을 작성한다.

[2] **제안요청**: 프로젝트 공모 및 제안요청, 요구사항 상세화 및 기술적용, 프로젝트 입찰로 구성되며, 업무활동 내용은 다음과 같다.

- 프로젝트 공모 및 제안요청은 프로젝트의 공개모집 여부를 결정하고, 제안요청서를 작성하여 잠재 공급자의 제안을 요청한다.
- 요구사항 상세화 및 기술적용은 프로젝트의 요구사항을 상세히 작성하고, 프로젝트에 반영해야 할 최신 또는 첨단기술의 적용 방안을 정의한다.
- 프로젝트 입찰은 프로젝트 제안 요청의 입찰방식에 따라 입찰을 수행한다.

[3] **프로젝트 제안**: 프로젝트의 제안이며, 업무활동 내용은 다음과 같다.

- 프로젝트의 제안은 제안요청서의 유의사항에 주의하여, 제안서 구성요소를 정의하여 제안서를 작성한다.

- 제안서의 타당성 여부를 제안 이전에 검토한다.

[4] **프레젠테이션**: 프레젠테이션 실시이며, 업무활동 내용은 다음과 같다.

- 프레젠테이션 실시는 프로젝트 요청 및 상황에 따라, 프로젝트 잠재 수행자가 고객 또는 발주자에게 프로젝트 수행계획을 구체적으로 설명한다.

[5] **심사**: 평가방식과 항목 결정, 프로젝트의 심사로 구성되며, 업무활동별 내용은 다음과 같다.

- 평가방식과 항목결정은 평가 수행주체 및 방법에 대해 결정하고, 평가항목을 구체적으로 정의한다.
- 평가위원회를 구성하여 잠재공급자의 제안서 내용을 심사한다.

[6] **계약**: 공급자 선정, 프로젝트 계약으로 구성된다.

- 공급자 선정은 제안심사 및 낙찰방식에 따라 최적격 공급자를 선정한다.
- 프로젝트 계약은 발주자와 수행자 간에 프로젝트 이행을 위한 목적, 요구사항, 조건 등을 검토하여 계약서를 작성하고 체결한다.

[7] **착수**: 헌장 개발 및 착수이며, 업무활동 내용은 다음과 같다.

- 헌장 개발은 프로젝트를 수행할 경우에 발생할 수 있는 여러 사건에 적용할 기본적인 지침을 개발하는 것이다.
- 헌장에 기초하여 프로젝트가 착수된다.

2) 프로젝트 계획단계의 업무 및 활동 구성내용은 다음과 같다

[1] **통합계획 수립**: 프로젝트 관리계획을 수립하는 업무활동이다.

- 프로젝트 관리계획 수립은 프로젝트의 실행, 통제, 종료를 위한 관리 방법을 정의하는 것이다.
- 프로젝트 단계에 적용할 프로세스와 사용도구 및 기법, 변경관리, 형상관리, 의사소통관리 등과 관련한 기본적인 사항들을 문서화한다.

[2] **요구정의 및 범위계획 수립**: 요구사항 정의, 범위 정의, WBS 작업으로 구성되며, 업무활동 내용은 다음과 같다.

- 요구사항 정의는 제안요청서, 제안서, 협상서, 고객 및 사용자 예비면담을 통해 도출된 모든 프로젝트 요구사항을 체계적으로 정리한다.
- 프로젝트 헌장을 기초로 추진 범위에 대해 구체적으로 정의한다.
- WBS 작업은 업무를 단위 업무로 세분화하여 계층적으로 분류한다.

[3] **일정계획 수립**: 활동 및 소요자원 정의, 순서결정 및 소요시간 산출, 일정계획 수립 및 분석으로 구성되며, 업무활동 내용은 다음과 같다.

- 활동 및 소요자원 정의는 작업패키지에 대한 해당 산출물을 만들어 내기 위한 작업 · 업무활동(Activity)을 도출하고, 소요자원을 정의한다.
- 순서결정 및 소요시간 산출은 작업 · 업무활동의 순서를 결정하고, 활동별 소요시간을 산출한다.
- 일정계획 수립 및 분석은 프로젝트 수행과 관련한 모든 활동의 일정계획을 수립하고, 일정계획의 적정성 확인과 일정변경에 대한 영향을 분석한다.

[4] **원가산출 및 예산결정**: 원가산출, 예산결정으로 구성되며, 업무활동 내용은 다음과 같다.

- 원가산출은 프로젝트 목표를 달성하기 위해 필요한 원가를 산출한다.
- 프로젝트 수행을 위해 필요한 전체 예산계획을 수립하여 확정한다.

[5] **품질 및 감리계획 수립**: 프로젝트 품질계획, 프로젝트 감리계획으로 구성되며, 업무활동 내용은 다음과 같다.

- 프로젝트 품질계획은 프로젝트 수행 과정이나 결과물이 고객이 제시한 품질기준이나 요구사항과 얼마나 일치하는지를 확인하기 위해, 프로젝트 팀에서 수행하는 품질보증 및 통제와 관련한 모든 행위를 계획한다.
- 프로젝트 감리계획은 프로젝트 품질의 보증과 더불어, 목표달성 및 리스크 방지를 위해, 감리유형 및 종류에 적합한 프로젝트 감리계획을 수립한다.

[6] **인적자원 계획 수립**: 인적자원 소요계획, 인적자원 계획 개발로 구성되며, 업무활동 내용은 다음과 같다.

- 인적자원 소요계획은 프로젝트의 성공적 수행을 위해, 필요한 인적자원의 소요량 계획을 합리적이고 정확하게 산출한다.
- 인적자원 계획 개발은 프로젝트에 필요한 사람이 언제부터 투입되고, 철수하는지에 대한 인적자원의 구체적 운영계획을 수립한다.

[7] **의사소통 계획 수립**: 이해관계자 식별, 의사소통 계획의 수립으로 구성되며, 업무활동 내용은 다음과 같다.

- 이해관계자 식별은 프로젝트의 적정한 의사소통 대응책을 마련하기 위해, 프로젝트에 직 · 간접으로 영향을 주고받는 조직이나 사람을 식별한다.
- 의사소통 계획의 수립은 이해관계자들의 정보에 대한 요구사항을 분석하고, 의사소통 내용, 방법, 시기, 대상, 빈도 등을 결정한다.

[8] **리스크 및 이슈 관리계획 수립**: 리스크 관리계획 수립, 이슈관리 계획 수립으로 구성되며, 업무활동 내용은 다음과 같다.

- 리스크 관리계획 수립은 리스크의 식별, 계량화, 대응, 감시 및 통제와 관련한 체계적 수행방법을 계획한다.
- 프로젝트 발생 이슈에 대한 관리를 어떻게 수행할 것인지를 정의한다.

[9] **조달 관리계획 수립**: 조달계획 수립 업무활동은 다음과 같다.

- 조달계획 수립은 프로젝트에 필요한 제품이나 서비스 또는 결과물의 구매 결정사항을 문서화하고, 구매조건을 정하여 적정 공급자를 통해 자원을 확보받을 수 있도록 계획하는 것이다.

3) 프로젝트 실행단계의 업무 및 활동 구성내용은 다음과 같다

[1] **프로젝트 이행**: 방법론 이행, 실행 지시 및 관리로 구성되며, 업무활동 내용은 다음과 같다.

- 프로젝트 수행을 위한 절차 및 내용을 프로젝트에 적용할 수 있는 이행 방법론으로 체계화하고, 절차별 문서 또는 산출물을 만든다.
- 실행 지시 및 관리는 프로젝트 목표를 달성하기 위해, 프로젝트 관리 계획서에 정의된 과업을 프로젝트 자체 방법론의 절차와 방법에 따라 수행하도록 지시하고 관리하는 것을 말한다.

[2] **요구확정 및 변경관리**: 요구사항의 확정, 요구이행 및 변경관리로 구성되며, 업무활동 내용은 다음과 같다.

- 상세 요구분석을 통해 요구사항을 정제 및 세분화하고, 요구사항정의서 및 명세서를 확정한 후, 고객으로부터 요구사항을 승인받는다.
- 요구이행 및 변경관리는 승인된 요구사항정의서 및 명세서를 바탕으로, 요구사항을 이행하고, 변경된 요구사항을 관리한다.

[3] **품질보증 및 단계 감리**: 품질보증 활동 수행, 단계별 감리 수행으로 구성되며, 업무활동 내용은 다음과 같다.

- 품질보증 활동 수행은 프로젝트 진행과정에서 적용하는 절차 및 표준, 그리고 단계별로 창출되는 결과물이 요구되는 품질규격이나 요청사항에 적합하도록 점검 및 검사활동을 수행한다.
- 단계별 감리수행은 단계별 감리계획에 따라, 프로젝트 현장에서 착수회의,

감리수행, 종료회의를 실시하고 감리결과를 보고한다.

[4] **프로젝트 팀 실행관리**: 프로젝트 팀 확보, 프로젝트 팀 개발, 프로젝트 팀 관리로 구성되며, 업무활동 내용은 다음과 같다.

- 프로젝트 팀 확보는 인적자원 관리계획에 따라 필요한 인력을 필요한 시점에 충원하여 프로젝트에 투입한다.
- 프로젝트 팀 개발은 프로젝트의 성과를 향상시킬 목적으로 팀원의 역량향상, 팀원 간 협력체계 구축, 프로젝트 조직문화를 개선하기 위해 수행한다.
- 프로젝트 팀 관리는 프로젝트 수행과정에서 발생하는 팀원들의 애로사항을 파악하고 해결하면서, 팀원들이 높은 성과를 내도록 추적 · 평가한다.

[5] **프로젝트 의사소통**: 정보의 배포, 이해관계자 기대사항 관리로 구성되며, 업무활동 내용은 다음과 같다.

- 정보의 배포는 프로젝트의 계획된 정보, 프로젝트 진행과정에서 추가 또는 변경된 관련 정보를 이해관계자가 사용할 수 있도록 배포한다.
- 이해관계자 기대사항 관리는 프로젝트에서 의사소통 및 협력을 통해, 이해관계자의 요구사항을 충족시키고 이슈를 해결한다.

[6] **리스크 및 이슈관리**: 리스크 식별, 리스크 정량적 · 정성적 분석, 리스크 대응으로 구성되며, 업무활동 내용은 다음과 같다.

- 리스크 식별은 어떠한 리스크가 프로젝트에 영향을 주는가를 확인하여, 잠재적 리스크 요인을 사전에 감지하고 그 특성을 문서화한다.
- 리스크 정량적 · 정성적 분석은 프로젝트 리스크의 발생 가능성, 발생에 따른 영향력 등을 정량적 · 정성적으로 분석한다.
- 리스크 대응은 리스크가 프로젝트에서 문제를 야기시키지 않도록, 미리 대처를 하거나, 리스크가 발생하여도 문제를 해결할 수 있도록 대비한다.

[7] **조달수행**: 조달의 수행이며, 업무활동 내용은 다음과 같다.

- 조달의 수행은 프로젝트에 필요한 자원의 잠재 공급자를 모집하여 조달이행 역량 및 적정성을 평가하고, 최종 공급자를 선정하여 계약을 체결한다.

4) 프로젝트 통제단계의 업무 및 활동 구성내용은 다음과 같다

[1] **작업감시 및 변경통제**: 프로젝트 작업감시 및 통제, 통합 변경관리 및 통제로 구성되며, 업무활동 내용은 다음과 같다.

- 프로젝트 진행과정의 모든 작업에 대한 측정 및 감시를 수행하고, 프로젝트 목표를 달성할 수 있도록 적절한 통제조치를 수행한다.
- 통합 변경관리 및 통제는 프로젝트 수행과정에서 발생하는 환경적 요인 또는 고객의 요구변화에 따른 모든 변경을 공식적으로 관리하여 승인을 받고, 승인된 변경사항을 프로젝트에 반영하고 통제한다.

[2] **요구추적 및 이행판정**: 요구사항 추적관리, 요구사항의 이행판정으로 구성되며, 업무활동 내용은 다음과 같다.

- 요구사항 추적관리는 프로젝트 관련 공정의 중간 산출물 또는 결과물에 요구사항을 적정하게 반영되었는지를 확인한다.
- 이행판정은 확정된 요구사항에 대해 검사 판정기준을 근거로, 요구사항이 적정하게 반영되었음을 확인한다.

[3] **일정통제**: 일정의 통제이며, 업무활동 내용은 다음과 같다.

- 진척현황을 판별하고 일정변경을 유발하는 요인을 발굴하여 적절한 대응책을 수립하여 진행하거나, 마스터 일정을 변경한다.

[4] **예산통제**: 획득가치 관리, 예산의 통제로 구성되며, 업무활동 내용은 다음과 같다.

- 특정 시점에서 미래를 예측하고, 일정이 얼마나 단축 또는 지연될지를 판단하여, 예산이 추가로 얼마만큼 투입될 것인가를 분석 및 통제한다.
- 예산의 통제는 프로젝트의 상태를 감시하면서, 프로젝트에 배정된 예산을 기준으로, 현재까지 지출한 예산을 업데이트 관리하고, 원가 기준선에 대한 변경을 관리하는 업무활동이다.

[5] **품질통제 및 감리 사후관리**: 품질통제 수행, 감리의 통제로 구성되며, 업무활동 내용은 다음과 같다.

- 품질통제 수행은 프로젝트의 성과를 평가하고, 필요한 시정 조치안을 제시하기 위해, 품질활동에 대한 실행결과를 감시하고 기록한다.
- 감리의 통제는 감리수행 결과보고서를 기준으로 프로젝트 수행자가 개선권고사항을 시정조치하고, 감리인이 조치결과를 확인한다.

[6] **인적자원 통제**: 인적자원의 통제이며, 업무활동 내용은 다음과 같다.

- 인적자원의 통제는 프로젝트에 투입한 인력에 대한 변경관리와 변경인력이 적정하게 담당 업무를 수행하는지 통제한다.

[7] **성과보고**: 성과의 보고이며, 업무활동 내용은 다음과 같다.

• 성과의 보고는 프로젝트 진행현황, 성과, 향후 예상에 대한 정보를 수집 및 분석하여 배포한다.

[8] **리스크 감시 및 통제**: 리스크의 감시 및 통제이며, 업무활동 내용은 다음과 같다.

• 리스크의 감시 및 통제는 프로젝트의 리스크 발생을 방지하기 위해, 지속적인 모니터링과 더불어 상황에 따라 새로운 리스크로 발생되는 것을 방지하기 위해 감시와 통제활동을 수행한다.

[9] **조달운영**: 조달의 운영이며, 업무활동 내용은 다음과 같다.

• 조달의 운영은 조달계약 조건에 따라 이행사항을 관리하고, 필요한 사항을 변경 및 수정하는 활동이다.

5) 프로젝트 종결단계의 업무 및 활동 구성내용은 다음과 같다

[1] **조달종결**: 조달 및 계약 종결이며, 업무활동 내용은 다음과 같다.

• 조달 및 계약 종결은 조달계약에 포함된 모든 항목이 계약기간 내에 정상적으로 이행되었을 경우에 구매자와 공급자 간의 계약을 종료시키는 것이다.

[2] **운영 및 유지보수**: 운영 및 유지보수 전략수립과 계약, 운영 및 유지보수 체계적 이행으로 구성되며, 업무활동 내용은 다음과 같다.

• 운영 및 유지보수 전략수립과 계약은 프로젝트 종료 이후 결과물에 대한 운영 및 유지보수 전략을 수립하고, 유지보수 계약을 체결한다.

• 운영 및 유지보수 체계적 이행은 운영 및 유지보수를 위한 범위를 구체적으로 결정하고, 장애나 결함 등 관련 요구사항이 발생했을 때, 신속하고 정확한 처리를 위한 공식적 이해 체계를 구축한다.

[3] **종결보고 및 인계**: 고객 인수시험, 종료보고, 인수인계 및 검수요청으로 구성되며, 업무활동 내용은 다음과 같다.

• 고객 인수시험은 프로젝트 결과물이 고객의 인수조건 및 요구사항을 만족하는지를 검증하기 위해 실제 환경에서 시험하는 것이다.

• 종료보고는 프로젝트의 공식적인 종료를 위해 고객 또는 프로젝트 결정권자에게 프로젝트 종료에 대한 공식적인 보고를 수행한다.

• 인수인계 및 검수요청은 프로젝트 완료 결과물에 대한 고객 인계를 문서로

공식화하고, 비용정산을 위해 고객에게 검수를 요청한다.

[4] **평가 및 보상**: 프로젝트 성과평가, 프로젝트 성과보상으로 구성되며, 업무활동 내용은 다음과 같다.

- 프로젝트 성과평가는 프로젝트 목표달성과 더불어, 고객의 만족도를 높이기 위해, 성과지표를 설정하고 그 결과를 측정하여 프로젝트에 기여한 성과수준을 평가한다.
- 프로젝트 성과보상은 성과평가 결과에 따라, 프로젝트 팀 전체 또는 개인별로 유·무형의 가치를 제공하는 것을 의미한다.

[5] **지식정보화**: 프로젝트 지식의 정보화 업무활동은 다음과 같다.

- 프로젝트 지식의 정보화는 프로젝트 수행과정에서 인적자원들이 축적하고 있는 개별적인 지식과 노하우를 효율적으로 관리하고, 이를 상호 공유하거나 차기 또는 유사 프로젝트에도 재활용할 수 있도록 한다.

제3장

프로젝트 창출

1 개　　요

프로젝트가 탄생되는 계기는 다양하다. 기업에서는 생존과 경쟁력 향상을 위해 필요한 과제를 프로젝트로 해결하고, 국가 및 공공분야에서는 국가 경쟁력 향상, 인프라 구축, 국민 생활수준 향상과 관련한 과제를 국가정책에 따라, 프로젝트로 공모하거나 위탁하여 진행하기도 한다. 기업이나 국가뿐 아니라, 특수 집단에서도 자신의 특정 목적달성을 위해 프로젝트를 만들어 진행할 수도 있다.

창출(創出)이란 이전에 없던 어떠한 물건이나 방안을 처음으로 생각하고 만들어 내는 것을 말한다. **프로젝트 창출**은 가치창조, 경쟁력 향상, 재무구조 개선을 위해, 조직이나 회사에서 필요로 하는 프로젝트를 먼저 생각해 내는 것이다. 프로젝트를 창출하기 위해서는 회사 및 조직에 새로운 가치를 창조하고, 재무구조 개선에 기여하는 과제를 찾아야 한다. 조직의 핵심인력이 참여하여, 기업의 경쟁력 확보, 난제(難題)의 해결, 재무역량 강화를 위한 프로젝트를 기획한다. 그리고 찾아낸 과제의 프로젝트화를 위해, 제안서를 작성하거

그림 3-1　프로젝트 라이프사이클 창출단계의 업무 내역

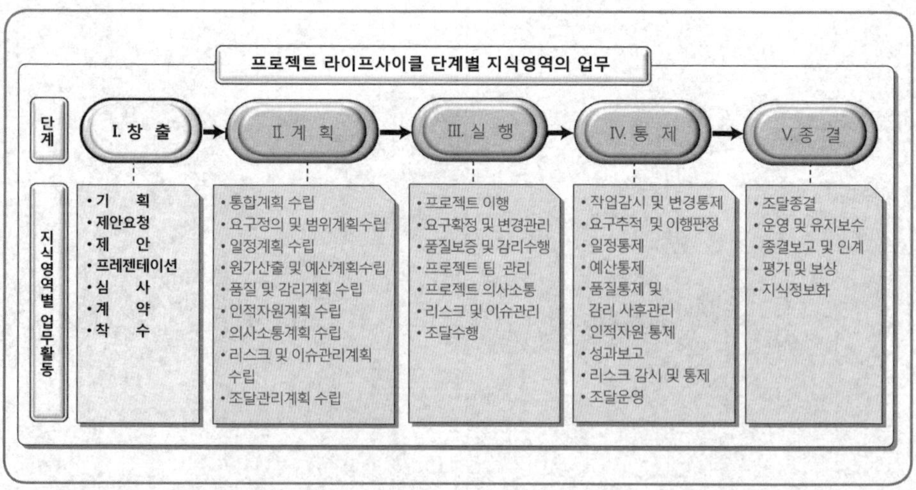

나 결재권자의 승인을 득하여 프로젝트 창출로 연계한다.

본서에서 제시한 프로젝트 라이프사이클의 1단계는 “프로젝트 창출”이다. 창출단계에서의 프로세스에는 기획, 제안요청, 제안, 프레젠테이션, 심사, 계약, 착수 업무로 구성된다. 프로젝트 라이프사이클 단계 ‘I. 창출’에서의 프로젝트 업무 및 내역을 요약 설명하면 [그림 3-1] 및 〈표 3-1〉과 같다.

〈표 3-1〉 프로젝트 창출단계의 업무 설명

업 무	활 동	설 명
[1] 프로젝트 기획	창의적 기획 및 선정	조직의 비전 및 전략목표 달성을 위해, 새로운 아이디어를 포함한 창의성 있는 프로젝트를 선정한다.
	프로젝트 기획서 작성	프로젝트화를 위한 배경, 목표, 실행 방법에 대해 구체적인 계획을 작성한다.
[2] 제안요청	프로젝트 공모 및 제안요청	프로젝트의 공개 모집 여부를 결정하고, 제안요청서를 작성하여 잠재공급자의 제안을 요청한다.
	요구사항 상세화 및 기술적용	프로젝트의 요구사항을 상세히 작성하고, 프로젝트에 반영해야 할 최신 또는 첨단기술의 적용방안을 정의한다.
	프로젝트 입찰	프로젝트 제안 요청의 입찰방식에 따라 입찰을 수행한다.
[3] 프로젝트 제안	프로젝트의 제안	제안요청서의 유의사항에 주의하여, 제안서 구성요소를 정의하여 제안서를 작성하고, 제안서 작성의 적정성을 검토한다.
[4] 프레젠테이션	프레젠테이션 실시	프로젝트 요청 및 상황에 따라, 프로젝트 잠재 수행자가 고객 또는 발주자에게 프로젝트 수행계획을 구체적으로 설명한다.
[5] 심 사	평가방식과 항목 결정	평가 수행주체 및 방법에 대해 결정하고, 평가항목을 구체적으로 정의한다.
	프로젝트의 심사	프로젝트 평가위원회를 구성하여, 평가항목에 따라 잠재공급자의 제안서 내용을 심사한다.
[6] 계 약	공급자 선정	제안심사 및 낙찰방식에 따라 최적격 공급자를 선정한다.
	프로젝트 계약	발주자와 프로젝트 수행자는 프로젝트 이행을 위한 목적, 요구사항, 조건 등을 검토하여 계약서를 작성하고 체결한다.
[7] 착 수	현장 개발 및 착수	프로젝트를 수행할 경우에 발생할 수 있는 여러 사건에 적용할 기본적인 지침을 개발하고, 프로젝트를 본격적으로 착수한다.

2 프로젝트 기획

프로젝트 창출단계의 첫 번째 업무는 기획이다. 프로젝트 기획업무는 창의적 기획 및 선정, 그리고 프로젝트 기획서 작성으로 구성된다. 창의적 기획 및 선정이란 조직의 비전 및 전략목표 달성을 위해, 새로운 아이디어를 포함한 창의성 있는 프로젝트를 선정하는 것이다. 그리고 프로젝트 기획서 작성은 프로젝트화를 위한 배경, 목표, 실행방법에 대해 구체적인 계획을 작성하는 것이다.

본 절에서는 프로젝트 라이프사이클 1단계인 'I. 창출'에서의 첫째 업무로, "창의적 기획 및 선정," "프로젝트 기획서 작성"에 대해 설명한다.

그림 3-2 창출단계의 프로젝트 기획 업무활동 내역

I. 창 출				
	[1] 프로젝트 기획	[2] 제안요청	[3] 제 안	[7] 착 수
	[4] 프레젠테이션	[5] 심 사	[6] 계 약	

업 무	활 동	설 명
[1] 프로젝트 기획	창의적 기획 및 선정	조직의 비전 및 전략목표 달성을 위해, 새로운 아이디어를 포함한 창의성 있는 프로젝트를 선정한다.
	프로젝트 기획서 작성	프로젝트화를 위한 배경, 목표, 실행방법에 대해 구체적인 계획을 작성한다.

2.1 창의적 기획 및 선정

2.1.1 창의적 기획

프로젝트는 기업이나 조직의 필요성에 의해 시작된다. 회사의 비전 및 전략목표 달성을 위해 창의적 프로젝트 기획이 필요하다. 창의적 프로젝트는 회사의 생존전략이나 경쟁력 강화 차원에서 신제품 개발, 공장 건설, 특허 기술개발, 시장확대, 신정보시스템 구축, 경영혁신 등 특별한 목적을 달성하기 위해 만들어진다. 또한 국가 차원에서도 국가 경쟁력 강화 및 국민복지 증진을 위해 다양한 프로젝트가 진행된다. 국가 인프라 시설을 확보하기 위한 교량, 댐, 도로 등 건설 프로젝트는 창의력이 더해진 프로젝트로 진행되어야 할 필요가 있으며, 기술력 향상을 위한 연구개발 및 정보화 프로젝트도 창의성이 필요하다.

이처럼 일상적인 업무와는 달리 프로젝트는 특별한 목적을 달성하기 위해, 사전에 기획하여 조직적으로 추진하거나, 내부의 기술과 역량이 부족한 경우는 필요한 자금을 확보하여 외부에 맡겨 추진하게 된다. 여기서 중요한 점은 프로젝트를 시작할 수 있도록 창의적 사고를 접목하는 일이다. 프로젝트 계기는 기업에서는 최고경영자의 지시에 의해 시작되기도 하지만, 각 기능조직에서 경쟁력 확대를 위해 창의적 프로젝트를 건의하여 자발적으로 시작하기도 한다. 국가 차원의 프로젝트도 정책방향에 맞는 창의적 프로젝트 수행이 필요하며, 이를 위해 전문위원회 등 전문조직을 통해 프로젝트를 기획하고 시작한다.

기업이나 조직에서 새로운 프로젝트를 기획하는 것은 기존의 업무방식과 조직형태로는 진행하기 어려운 새로운 결과물을 창출하기 위해 시작한다. 대부분의 프로젝트는 일상 업무와는 달리, 추가 재원을 투입하여 새로운 프로젝트를 창출하고 실행하는 것이므로 창의적인 프로젝트 기획이 중요하다. **창의적 기획**이란 새로운 아이디어를 포함한 설득력 있는 내용을 담은 계획을 말한다. 창의력 기획을 위해 창의적 요소가 포함되어야 하며, 이해관계자를 설득할 수 있어야 한다.

창의적 프로젝트 기획을 위해서는 시스템적 사고, 분석적 사고, 논리적 사고를 통해 사실에 근거(Fact-Based)한 현상을 명확히 파악해야 한다. 그리고 목표달성을 위해 논리적으로 해결해 나가는 방법을 제시하는 것이 중요하다. 프로젝트를 창의적으로 기획하기 위한 사고방식은 **육하원칙**(5W1H)에 따라 프로젝트를 기획하는 것이 중요하다.

CASE STUDY

프로젝트 기획 육하원칙

1) What(무엇)
- 무엇을 위해 프로젝트를 시작하려 하는가?
- 혁신적 · 창의적 아이디어는 어떤 것인가?
- 프로젝트 달성 목표는 명확한가?

2) Why(왜)
- 프로젝트를 기획하는 배경과 필요성은 무엇인가?
- 기존 조직과 업무로는 추진할 수 없는가?
- 성공사례, 유사사례는 있는가?
- 프로젝트 이해관계자의 요구사항은 파악되었나?
- 프로젝트를 통해 효과는 얻을 수 있는가?

3) How(어떻게)
- 프로젝트 핵심성공요인(CSF)은 파악되었는가?
- 아이디어는 실현 가능한 것인가?
- 논리적인 설득력을 가지고 있는가?
- 전략은 무엇인가?
- 예상되는 위험요인과 이슈는 무엇인가?
- 예산 및 소요 자원은 확보할 수 있는가?
- 진행방법은 어떻게 할 것인가(내부, 외부, 혼합)?

4) Who(누가)
- 프로젝트 결정권자는 누구인가?
- 프로젝트 이해관계자는 모두 파악되었나?
- 프로젝트 관리자는 누구인가?
- 프로젝트 팀원은 어떻게 구성할 것인가?
- 외부의 도움이 필요한가?

5) When(언제)
- 추진 기간은 얼마나 필요한가?
- 언제부터 시작할 것인가?
- 언제까지 끝나야 하는가?

6) Where(어디서)
- 어디에서 수행할 것인가?
- 프로젝트 인프라는 조성되어 있는가?
- 원격근무가 가능한가?

2.1.2 창의적 기획요건

프로젝트를 창의적으로 기획하기 위해서는 창의적 요건이 포함되어 계획되어야 한다. **창의적 기획요건**은 유효성, 실현성, 표현 및 설득력의 3가지 요인에 대한 실천이 중요하다. 첫째로, 기획의 유효성이란 프로젝트를 통해 새로운 가치를 창출할 수 있어야 하고, 독창적이며 구체적인 정보들 담고 있어야 하는 것을 의미한다. 둘째로, 기획의 실현성이란 요구사항의 수용, 과제의 해결, 성과에 대한 측정이 명확히 제시되어야 하는 것을 의미한다. 셋째로, 표현 및 설득력이란 기획된 프로젝트가 실행될 수 있도록 결재권자의 승인을 득할 수 있는 표현력과 설득력을 말한다. 표현력은 명확하고 간결하게 도표나 그림을 이용한 기획서의 작성이 중요하고, 설득력은 호소력과 전달력이 포함되어야 한다.

이상과 같은 창의적 프로젝트 기획 3요건을 요약·정리하면 다음 [그림 3-3]과 같다.

그림 3-3 창의적 프로젝트 기획의 3가지 기본요건

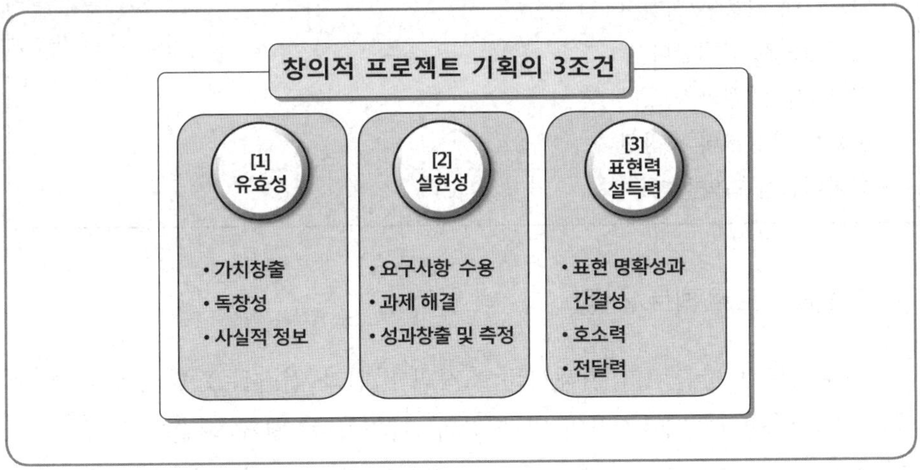

창의(創意, originality)란 새로운 의견을 생각하여 내는 것으로, 고안, 아이디어, 창안, 착상 등의 말과 유사한 의미를 갖는다. 그리고 **창의성**(creativity)은 새로운 생각이 개인, 조직, 사회에 가치를 부여하는 것이 된다. 과학자, 예술가에

의해 만들어지는 창의성은 선천적 자질보다는 경험과 과정을 통해 얻어지는 것이 많다. 프로젝트 차원에서도 이러한 창의성은 필요하다. 프로젝트 창의성이 국가, 기업, 조직의 새로운 가치를 부여하게 된다. 따라서 창의적인 프로젝트 기획을 통해, 가치를 창조하고 향상시키는 것은 모든 조직의 필요과업이다.

창의적 프로젝트 기획 고려사항

- 프로젝트의 핵심을 파악한다.
- 이해관계자의 관심사를 파악한다.
- 6하원칙에 따라 기획한다.
- 창의적 요건이 포함되어야 한다.
- 사실에 근거하여 조사한다.
- 목적은 간략하고 명확히 한다.
- 프로젝트 범위를 넓혀 조사한다.
- 성공 및 실패사례를 벤치마킹한다.
- 양보다는 질을 중시하다.
- 논리적으로 전개한다.
- 결론부터 작성한다.
- 중요한 사실부터 시작한다.
- 핵심내용을 축약한다.

2.1.3 프로젝트 선정

프로젝트가 창출되기 위해서는 조직의 비전과 전략목표 달성을 위한 창의적 발상이 필요하다. 조직의 역량 강화, 가치창출, 난제 해결을 위해, 새로운 발상으로 프로젝트가 선정되어야 한다. 새로운 프로젝트가 선정되는 것은 다양한 계기로 시작될 수도 있지만, 조직의 비전과 목표달성에 기여할 수 있는 가치 있는 프로젝트가 필요하다. 전략적 경영체계에 따라 조직에서 프로젝트를 선정하는 과정을 정리하면 다음과 같다.

전략적 경영체계의 프로젝트 선정 과정

1) **전략적 해결과제 도출**: 전사적 차원의 대형 프로젝트를 도출하기 위한 과정이다. 우선 새로운 비전을 설정하거나 기존의 비전을 확인하여, 조직의 비전을 명확히 이해한다. 그리고 조직의 환경분석을 통해 전략적 해결과제(Critical Success Factor: CSF)를 도출한다. 다음으로 전략적 해결과제별로 목표지표(Key Performance Indicator: KPI)와 목표달성 수준(Target)을 설정하고, 전략적 해결과제의 우선순위를 결정하여 리스트를 작성한다.
2) **실행과제 도출**: 전사 하위조직에서 수행할 중소형 프로젝트를 도출하기 위한 과정이다. 앞에서 선정한 전략적 해결과제에 대해, 하향 전개를 통해 하위조직의 실행과제를 도출한다. 그리고 실행과제별로 목표지표와 목표달성 수준(Target)을 설정하고, 실행과제의 우선순위를 결정하여 리스트를 작성한다.
3) **프로젝트 선정**: 전략적 해결과제 및 실행과제의 리스트를 기반으로, 프로젝트 예상 성과를 검토한 후, 성과나 가치창출이 미흡한 과제는 수정, 대체, 삭제의 보완을 거쳐 프로젝트 풀(Pool)을 구성한다. 조직 차원에서는 프로젝트 풀을 통해, 적정 시점에 프로젝트를 선정하여 진행한다. 이상의 내용을 그림으로 설명하면 [그림 3-4]와 같다.

그림 3-4 전략경영체계의 프로젝트 선정 과정

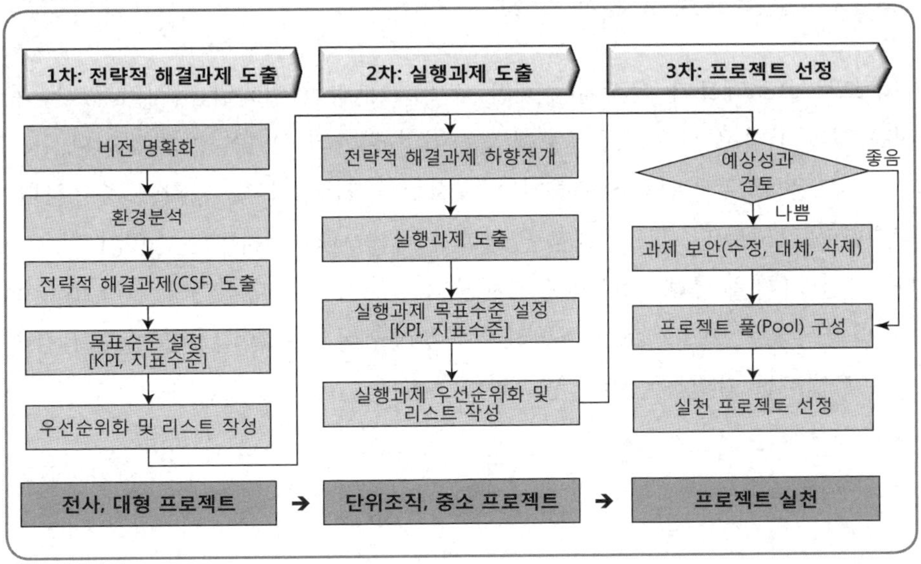

〈표 3-2〉 프로젝트 선정평가 기준(예시)

좋은 프로젝트	부실한 프로젝트
• 조직의 비전 및 전략과 연계됨. • 고객 및 사용자의 요구사항을 해결함. • 목표가 명확함. • 창의적 사고가 포함됨 • 사실에 근거하여 문제를 제시함. • 과제의 범위가 명확함. • 실행 가능한 과제임. • 프로젝트 수행의 공감대가 높음.	• 조직의 가치창출과 연계성이 약함. • 프로젝트 실행과제가 불명확함. • 해결책을 미리 알아 형식적인 프로젝트로 수행할 수 있음. • 요구사항 및 문제해결에 대한 실행방안을 찾기가 어려움. • 프로젝트 범위가 포괄적임. • 고객 및 사용자의 호응이 적음.

프로젝트 창출단계에서 실행 가능한 프로젝트로 선정되기 위해서는 최소한 프로젝트의 제목, 목적과 목표, 필요성과 기대효과, 그리고 프로젝트 수행범위로서 업무, 일정, 예산, 인력에 대한 규모는 명확이 정의되어야 한다. 그리고 중요한 점은 프로젝트가 조직의 가치창출에 기여할 수 있는 과제가 되어야 한다. 다음은 올바른 프로젝트가 선정되었는지 확인하는 데 필요한 평가기준을 예시적으로 제시하는 프로젝트 선정평가 기준표이다.

2.2 프로젝트 기획서 작성

모든 프로젝트가 시작되는 것은 저마다 분명한 이유와 목적이 있다. 목적을 명확히 하고 시작하는 프로젝트는 이미 절반의 성공을 이룬 것이다.

새로운 프로젝트를 창출하기 위해서는 사전 조사 및 기획이 중요하다. 중대한 프로젝트일수록, 목표를 달성하기 위해 사전에 치밀한 준비가 필요하다. 사전 기획을 통해 프로젝트 경제성도 검토하고 타당성을 확인하여야 한다. 타탕성 있는 프로젝트를 기획하는 과정에서는 다음과 같은 사항을 점검하여 프로젝트를 기획하는 것이 필요하다.

CASE STUDY

인간 게놈 프로젝트와 미래형 자동차

- 인간 게놈 프로젝트(Human Genome Project)는 2005년까지 인간 게놈에 있는 약 30억 개의 염기쌍 서열을 밝히는 것을 목적으로 한 프로젝트이다. 2005년까지 인간이 가진 모든 유전자의 위치와 염기서열을 밝혀 유전자 지도를 만들고, 프로젝트 결과물로 질병이나 불치의 병을 치료하기 위해 시작된 것이다.
- 전기, 수소, 알코올 자동차 등 미래형 자동차 개발 프로젝트는 공해 및 환경오염을 방지하고, 한정된 화석연료의 대체 목적을 위해 추진하는 프로젝트이다. 시간이 지나 갈수록 청정 지구환경을 유지하기 위해, 미래형 자동차 개발 프로젝트의 필요성은 점차 커질 것이며, 경제적인 보급형 미래 자동차 개발 프로젝트는 더욱 많아질 것이다.

프로젝트 기획 점검사항

① 프로젝트 벤치마킹

- 과거 또는 현재의 유사·관련 프로젝트를 조사하고, 프로젝트의 성과, 교훈, 성공요인, 실패요인을 확인하여 프로젝트 기획에 반영한다.

② 프로젝트 실행환경

- 프로젝트 창출을 위해 필요한 역량 및 자원은 확보 가능한지 확인한다.
- 부족한 인력, 기술, 재료, 시설, 장비는 필요 시점에 조달이 가능하고, 예산 확보도 가능한지 사전에 점검하는 것이 필요하다.

③ 프로젝트 예상성과

- 한정된 예산, 인력, 시간으로 프로젝트를 통해 원하는 결과를 창출할 수 있는지 점검한다.
- 프로젝트의 목표달성 수준도 사전에 구체적으로 계획한다.

④ **프로젝트 리스크**

- 프로젝트를 진행할 경우 발생할 수 있는 부작용이나 문제점은 무엇이고, 예상되는 위험요소는 무엇인지 확인하며, 예방 또는 해결 가능한지에 대하여도 점검한다.
- 프로젝트 수행시 장애가 되는 법, 제도, 관습, 환경적 문제도 검토한다.

프로젝트 수행을 위한 점검내용이 확인되면, 본격적으로 프로젝트 기획서를 작성하여 결재권자의 승인을 득해야 한다. 프로젝트 기획서에는 프로젝트화를 위한 배경, 목표, 실행방법에 대해 구체적인 내용을 담아야 한다. 프로젝트 기획서는 프로젝트 특수성, 조직 특성, 내외부 환경여건에 따라 작성 내용 및 구체성이 다르나, 일반적으로는 다음과 같은 내용을 포함한다.

프로젝트 기획서 내용

① **프로젝트 개요**: 추진 배경, 필요성 및 목적, 핵심 요구사항, 수행범위 및 대상, 개선 기회 기술
② **현황분석**: 조직의 내부 및 외부 환경여건 분석
③ **목표설정**: 목표지표 선정, 달성수준 결정, 대일정계획 수립
④ **프로젝트 실행방안**: 단계별 실행방안, 차별화 방안, 리스크 및 이슈, 결과물 활용방안 정리
⑤ **운영 및 사후관리**: 홍보 및 마케팅, 운영 및 유지보수 방안 기술
⑥ **프로젝트 자원 확보**: 자원소요계획, 예산계획, 자원확보계획 기술

프로젝트 기획서에 포함되어야 할 내용을 세부적으로 설명하면 다음과 같다.

① **프로젝트 개요**: 추진배경, 필요성 및 목적, 핵심 요구사항, 수행범위 및 대상, 개선 기회에 대해 요약 기술하나, 전체 프로젝트 기획서의

내용을 축약 정리하기도 한다.

- 추진배경: 프로젝트를 추진해야 하는 조직의 내외부 환경적 배경을 설명함.
- 필요성 및 목적: 프로젝트를 추진해야 하는 필요성을 기술하고, 프로젝트를 통해 실현하고자 하는 목적 및 목표달성 수준을 정의함.
- 핵심 요구사항: 프로젝트 이해관계자를 정의하고, 이들의 핵심적 요구사항을 도출하여 정리함.
- 수행범위 및 대상: 프로젝트를 수행하는 범위를 정하고, 구체적 업무 대상을 기술함.
- 개선 기회: 프로젝트 결과를 통해 얻을 수 있는 이익, 효과, 개선효과에 대해 기술함.

② **현황분석**: 프로젝트 수행을 위한 기업이나 조직의 내부 및 외부환경여건을 분석한다.

- 내부 환경분석: 기술, 사람, 정보, 프로세스 관점에서 기업이나 조직의 장단점을 분석하고 프로젝트 추진을 위한 시사점을 도출함.
- 외부 환경분석: 시장, 기술, 경쟁자 관점에서 국내외의 환경적 제약요인, 기회요인을 분석하고 프로젝트 추진을 위한 시사점을 도출함.

③ **목표설정**: 프로젝트 수행을 통해 달성하고자 하는 구체적 목표수준을 지표화하고, 수행일정을 계획한다.

- 목표지표 선정: 프로젝트의 수행결과를 판정할 수 있는 합리적·객관적 목표 지표를 설정함(기능 및 품질지표, 사용자 만족도 등).
- 달성수준 결정: 목표 지표별로 정량화하여 측정할 수 있는 계량적 수준을 결정함.
- 대일정 계획: 프로젝트 착수부터 종료까지의 일정계획을 수립함.

④ **프로젝트 실행방안**: 프로젝트를 어떠한 방식으로 차별화하여 실행할 것이며, 예상되는 리스크와 이슈를 정리하고, 프로젝트 결과물의 활용방안에 대해 정의한다.

- 단계별 실행방안: 프로젝트 진행단계(분석, 설계, 구현, 시험, 개통)별 실천사항 및 중간 산출물에 대해 정의하고, 단계별 추진방안을 정리함.
- 차별화 방안: 기술, 품질, 원가, 납기 측면에서 프로젝트의 차별점이 무엇인지를 도출하고, 차별화에 따른 경쟁요소를 정의함.
- 리스크 및 이슈: 프로젝트 수행시 예상되는 리스크(Risk) 요인은 무엇이고,

이슈(Issue)는 어떤 것이 있는지, 그리고 예방 및 해결방안에 대해 기술함.

- 결과물 활용: 프로젝트 수행 결과물을 어떻게 기업이나 조직에 활용할 것인지에 대해 기술하고, 기대효과를 정리함.

⑤ **운영 및 사후관리**: 프로젝트가 완료되면 결과물을 어떻게 홍보하고 마케팅할 것인지 정리하고, 결과물에 대한 운영 및 유지보수 방안에 대해 정의함.

- 홍보 및 마케팅: 프로젝트 자산의 공유 및 확산을 위한 홍보 방안을 기술하고, 신제품 개발과 같은 경우 마케팅 방안을 수립하여 기업 매출 확대와 연계토록 함.
- 운영 및 유지보수: 프로젝트 결과물의 안정적 운영과 고객 편리성 측면에서, 운영 및 유지보수에 대한 방안을 기술함.

⑥ **프로젝트 자원 확보**: 프로젝트 실행을 위한 자금, 인력, 기술 등 자원계획을 수립하고, 필요 자원은 어떻게 확보할 것인지를 기술함.

- 자원소요계획: 예산, 인력, 기술, 장비 및 설비, 시설, 자재 등의 프로젝트 소요자원에 대한 계획을 구체적으로 정리함.
- 예산계획: 프로젝트 수행에 필요한 자금을 어떻게 확보할 것인지 구체적 확보 및 사용계획을 작성함.
- 자원확보계획: 자원 소요계획에 따라, 필요한 인력, 기술, 시설 등의 자원은 어떻게 확보할 것인지, 아웃소싱을 활용할 것인지, 일괄 외주처리할 것인지에 대해 기술함.

프로젝트 기획자는 기획서의 승인을 받기 위해, 사전에 기획서 초안의 핵심내용을 정리하고, 프로젝트 결재권자, 오너(Owner), 핵심 이해관계자와의 예비적 의사소통을 통해, 추가적으로 요구사항을 수렴하는 것이 중요하다. 기획서가 승인되면 프로젝트는 정식으로 태동된다. 그리고 프로젝트는 특성에 따라 조직에서 자체적으로 진행하는 내부 프로젝트 또는 외부 전문조직이나 인력을 활용한 외주 프로젝트 형태로 구분하여 진행한다. 그러나 기획의 전문성이 요구되거나, 역량이 부족할 경우에는 외부에 공모하여 기획 프로젝트로 추진할 수도 있다.

3 제안요청

프로젝트 창출단계의 둘째 업무는 제안요청(Request for Proposal)이다. 프로젝트 제안요청은 프로젝트 공모 및 제안요청, 요구사항 상세화 및 기술적용, 프로젝트 입찰로 구성된다. 먼저 프로젝트 공모 및 제안요청은 프로젝트의 공개 모집 여부를 결정하고, 제안요청서를 작성하여 잠재공급자의 제안을 요청한다. 다음으로 요구사항 상세화 및 기술적용은 프로젝트의 요구사항을 상세히 작성하고, 프로젝트에 반영해야 할 최신 또는 첨단기술의 적용방안을 정의한다. 끝으로, 프로젝트 입찰은 프로젝트 제안요청의 입찰방식에 따라 입찰을 수행한다.

본 절에서는 프로젝트 라이프사이클 1단계인 'I. 창출'에서의 둘째 업무로, "프로젝트 공모 및 제안요청," "요구사항 상세화 및 기술적용," "프로젝트 입찰"에 대해 설명한다.

그림 3-5 **창출단계의 프로젝트 제안요청 업무활동 내역**

I. 창 출			
[1] 프로젝트 기획	**[2] 제안요청**	[3] 제 안	[7] 착 수
[4] 프레젠테이션	[5] 심 사	[6] 계 약	

업 무	활 동	설 명
[2] 제안요청	프로젝트 공모 및 제안요청	프로젝트의 공개모집 여부를 결정하고, 제안요청서를 작성하여 잠재공급자의 제안을 요청한다.
	요구사항 상세화 및 기술적용	프로젝트의 요구사항을 상세히 작성하고, 프로젝트에 반영해야 할 최신 또는 첨단기술의 적용방안을 정의한다.
	프로젝트 입찰	프로젝트 제안요청의 입찰방식에 따라 입찰을 수행한다.

3.1 프로젝트 공모 및 제안요청

3.1.1 프로젝트 공모

프로젝트를 시작하는 방식은 조직의 특성에 따라, 자체적으로 프로젝트 팀을 구성하여 진행하는 방식과 외부 전문인력이나 공급자를 공개적으로 모집하여 진행하는 방식으로 구분할 수 있다. 이처럼 프로젝트 진행방식에 따라, 전자의 경우는 **자체진행**, 후자의 경우는 **공모진행**에 해당된다.

CASE STUDY

아이디어 관리시스템

- 미국 구글(Google)의 **아이디어 관리시스템**(Idea Management System)은 **"아이디어 마켓"**이라고도 부른다.
- 아이디어 관리시스템에서는 모든 직원이 업무시간의 20%를 창의적 발상에 할애하여 새로운 아이디어를 창출하고, 상품화를 위한 단계별 프로젝트 과정을 거치는 제도이다.
- 구성원은 자신이 배정받은 업무시간의 20%를 창의적 발상에 사용할 수 있다. 20%의 업무시간을 통해 새로운 창의적 아이디어가 떠오르면, 회사의 '아이디어 마켓'에 등록한다.
- 등록한 아이디어에 대해 일정 수 이상의 직원이 좋은 아이디어라고 동의하면 소수의 핵심인력으로 구성된 **'20% 프로젝트'**가 실행된다.
- '20% 프로젝트'의 수행 성과가 가시화되고, 추가적인 자원이 필요하게 되면, 담당 임원의 승인을 거쳐 정식적으로 **'80% 프로젝트'**가 된다.
- '아이디어 마켓', '20% 프로젝트', '80% 프로젝트' 과정을 거쳐 상품이나 기술을 시장에 출시한다.
- 아이디어 관리시스템은 기업이나 조직기능이 스스로 프로젝트를 창출하고, 수행을 통해 새로운 가치를 창출하는 자율적 자체진행 방식의 예이다.

프로젝트 진행방식에 따른 분류

1) **자체진행**: 조직 자체의 조직 및 인력을 선정하여 프로젝트를 진행하는 방식이다.
2) **공모진행**: 제안요청서(RFP)를 작성하여 제안서를 접수받고, 평가를 통해 수행자를 선정하여 진행하는 방식이다.

기업에서 자율적으로 프로젝트를 창출하여 진행하는 자체진행 방식은 구성원의 아이디어 제안과 자발적 노력이 필요하나, 프로젝트에 대한 만족도와 성공률이 높은 방법이다. 그러나 프로젝트를 자체적으로 수행할 역량이 부족할 경우에는 필요한 예산을 확보하고, 공개경쟁을 통해 프로젝트 수행자를 모집하여 진행할 수 있다. 국가 및 공공기관에서는 공익에 기여하는 프로젝트를 공모하고, 수행자는 제안과 적정심사를 거쳐 프로젝트를 수주하고 진행하는 경우도 있다. 이러한 경우 객관적이고 합리적인 프로젝트를 공모하기 위해서는 외부 전문인력이나 기업이 프로젝트 제안에 참여하도록 공식적 요청 과정이 필요하게 된다.

3.1.2 프로젝트의 제안요청

기업이나 조직 내부에서 자율적으로 추진하는 프로젝트의 경우에는 공식적 제안요청 단계를 거치지 않고, 바로 기획서의 내용에 따라 프로젝트를 진행한다. 그러나 프로젝트가 공식적인 경쟁과정을 통해 진행될 경우에는 프로젝트 **제안요청서**(Request For Proposal: RFP)를 작성하여 공모한 후, 프로젝트 전문기관을 통해 제안서를 접수받고, 평가를 하여 최종적으로 프로젝트 수행 조직을 결정한다.

제안요청서(RFP)는 발주자가 프로젝트를 성공적으로 수행하기 위해, 잠재 공급자들에게 발주자의 요구사항을 알리기 위한 공식적인 문서이다. 특히 외부의 수행 전문기관이나 인력을 통해 프로젝트를 진행할 경우에는 제안요청서를 명확히 작성해야 한다. 제안요청서에 프로젝트의 목적과 목표, 요청사항 등을 명확히 제시하여, 잠재 공급자가 프로젝트를 올바로 이해하고 제안할 수 있도록 해야 한다. 제안요청서는 프로젝트의 특성에 따라 내용의 구성이

〈표 3-3〉 제안요청서 작성시 포함 내용

번 호	목 차	내 용
1	프로젝트 개요	• 프로젝트 요약, 배경, 필요성, 대상, 범위, 규모, 기대치
2	현재의 모습	• 발주자 또는 기관 소개 • 발주자의 비전과 전략 공유 • 프로젝트 수행과 관련한 현황(As-Is), 문제점, 개선 필요사항
3	제안요청 내용	• 프로젝트 목적, 목표, 성과, 일정, 업무 범위 • 과업 내용: 업무나 기술적 요구사항 • 프로젝트 관리방안
4	평가 및 선정기준	• 평가항목 및 절차 • 심사 및 선정 방법
5	자격 및 조건	• 제안 자격 요건 • 입찰 및 계약방식 • 사업비 산출, 인력구성 • 계약조건
6	제안 안내	• 제안 준수사항, 유의사항 • 접수/프레젠테이션/선정/계약/착수 일정 • 보안 및 기밀유지 • 제안 유의사항
7	제안서 작성 가이드	• 목차 가이드 • 작성요령 및 지침
8	추가사항	• 법규 · 제도 · 규정 · 지침 등 제약사항 • 특기사항 • 첨부자료 등

달라질 수 있으나, 일반적으로 포함되는 내용은 〈표 3-3〉과 같다.

제안요청서(RFP)는 프로젝트를 착수하기 위한 사전 단계로 중요한 의미를 갖는다. 제안요청 내용이 명확하게 제시되면, 수행자로부터 적합한 제안을 받을 수 있지만, 요청 내용이 불명확하면 제안 내용도 미흡하여 심사 및 선정이 어려울 뿐 아니라, 프로젝트 진행과정에서도 시간을 낭비하게 된다. 발주자 입장에서 프로젝트에 대한 전문지식과 정보가 부족하여 RFP 작성이 어려운 경우, RFP를 명확히 작성하기 위해 사전에 잠재 공급자들로부터 **정보제공요청서**(Request For Information: RFI)를 발송하고, 필요한 정보를 받을 수도 있다. 그러나 특정 공급자에 한정된 정보가 되거나, 공정한 경쟁을 저해하는 요인이 될 수도 있어 주의해야 한다.

제안요청서를 작성할 경우에는 요청 내용을 정확히 설명하고, 관련 경험과 지식이 풍부한 적격자가 참여토록 해야 한다. 제안요청서(RFP)를 작성할 경우에 고려해야 할 내용을 요약하면 다음과 같다.

제안요청서 작성 고려사항

① 명확한 프로젝트 결과물 표현
② 불명확한 요구사항 배제
③ 공정한 심사와 선정기준 제시
④ 제약요건 명시
⑤ 공인된 표준기술 적용

① **명확한 프로젝트 결과물 표현**: 프로젝트 결과물이 어떤 것인지에 대해 정확히 설명하여, 결과물에 대한 발주자 및 공급자의 견해 차이가 없어야 한다.

② **불명확한 요구사항 배제**: 프로젝트 이해관계자 및 고객의 요구사항을 명확히 정의하여 제안요청서에 제시하여야 한다. 프로젝트 특성에 따라 제안요청 단계부터 모든 요구사항을 구체화·세분화하여 정의하기가 어려운 경우도 있으나, 요구사항이 프로젝트의 입력물로 사용되고, 프로젝트 진행과정에서 추가적인 비용과 기간을 발생시키기 때문에 가능하면 처음부터 구체적으로 표현하는 것이 좋다.

③ **공정한 심사와 선정기준 제시**: 경쟁을 통해 역량 있는 프로젝트 수행자를 선정하려면, 공정하고 객관적인 평가와 선정기준이 제시되어야 한다.

④ **제약요건 명시**: 프로젝트에 영향을 미칠 수 있는 법, 제도, 관습, 환경 등의 제약요건은 제안요청서에 명확히 명시하여, 프로젝트 수행자가 이해하고 해결할 수 있는 대안을 제시하도록 한다.

⑤ **공인된 표준기술 적용**: 프로젝트 특수성에 따라 발주자가 지정한 특정 기술을 적용토록 사전에 제시하는 프로젝트를 제외하면, 비표준화된 특정 기술조건을 명시하여 공개적인 제안요청을 해서는 안 된다. 공정경쟁의 장애가 되거나 불공정 거래의 여지를 제공하게 된다.

제안요청서는 프로젝트 상황 및 발주자의 특성에 따라, 내용을 적정한 수준으로 가감하여 작성할 수 있다. 일반 기업에서 발주하는 프로젝트는 제안요청사항을 중심으로 핵심적 내용만으로 작성하는 것이 바람직하다. 그러나 정부나 공공기관의 경우는 공정한 경쟁과 프로젝트 선정의 투명성 확보를 위해, 관련 법규나 제도에 명시된 제안요청서 작성 규정을 적용하여 작성할 필요가 있다. 다음은 정보시스템 구축을 위해 작성한 제안요청서의 표지 및 목차에 대한 예시 내용이다.

CASE STUDY

대학교 정보시스템 구축 제안요청서

A. 표지 내용

제 안 요 청 서

사 업 명	통합정보시스템 구축 사업
발주기관	□ □ 대학교

작성일자: ○○○○년 ○○월

발주자/ 발주기관

B. 목　　차

1. 프로젝트 개요 　1.1 프로젝트 요약 　1.2 프로젝트 추진 배경	5. 제안 자격 및 조건 6. 제안 안내 　6.1 제안 준수사항

1.3 시스템구축 범위: 응용시스템 구축 2. 기관 현황 2.1 발주기관 소개 2.2 정보화 비전과 전략 2.3 정보화 현황 3. 제안요청 내용 3.1 프로젝트 목적과 목표 3.2 과업 내용 1) 공통 요청사항 2) 세부 요청사항 4. 평가 및 선정기준 4.1 평가방식 4.2 평가항목 4.3 사업자 선정 4.4 계약 및 사업자 선정 절차	6.2 제안시 고려사항 6.3 절차 안내 7. 제안서 작성 가이드 7.1 목차 가이드 7.2 작성요령 및 지침 8. 추가 사항 [별첨] 별지서식

3.2 요구사항 상세화 및 기술적용

3.2.1 요구사항 상세화

제안요청 단계에서 프로젝트 요구사항을 명확히 하면, 원가, 소요기간, 필요자원을 정확하게 산정할 수 있는 이점이 있다. 반면에 제안요청서의 요구사항이 불명확하면, 납기지연, 비용상승, 프로젝트 품질저하 등으로 발주자와 사업자 모두가 어려움을 겪는다. 프로젝트에서 요구사항 관리가 중요한 만큼, 제안요청시에는 **요구사항 상세화**가 필요하다.

국가, 공공기관, 기업에서는 자체적으로 전문기술인력을 확보하지 못한 경우가 많아, 외부공모를 통해 프로젝트를 수행하는 사례가 많다. 이에 따라 제안요청 단계에서 요구사항을 명확히 제시하지 못함에 따른 비용적 · 시간적 · 자원적 손실을 방지하기 위해, 국가 차원에서 제안요청 과정부터 요구사항을 명확히 작성하도록 가이드를 제시하고 있다.

CASE STUDY

요구사항 작성 가이드

- 한국정보화진흥원(NIA)에서는 정부나 공공기관에서 소프트웨어를 발주할 경우에 활용할 수 있는 제안요청서(RFP) 작성시의 요구사항 작성 가이드를 제시하였다.
- 프로젝트 발주 과정에서 요구사항의 불명확에 따른 예산 책정의 불합리와 잦은 과업 변경 등의 문제를 해결하기 위해 제안한 것이다.
- RFP의 **요구사항 작성 가이드**에서는 프로젝트 제안요청 단계부터 요구사항의 중요성을 인식하고, 프로젝트의 요구사항과 관련한 8가지 구성요소를 ① 정보시스템 개요 및 기능목록, ② 기능 요구사항, ③ 성능 요구사항, ④ 품질 요구사항, ⑤ 인터페이스 요구사항, ⑥ 데이터 요구사항, ⑦ 운영 요구사항, ⑧ 제약사항으로 분류하였다.
- 그리고 구성요소별로 작성해야 할 세부 요구사항을 정의하고, 프로젝트 특성에 맞추어 구성요소를 필수, 선택, 선택적 필수로 작성토록 하였다.
- RFP에 작성하는 프로젝트 요구사항에 대한 구성요소별 세부 요구사항 및 선택수준을 정리하면 〈표 3-4〉와 같다.

〈표 3-4〉 RFP의 요구사항 구성요소별 세부 내역

구성요소	세부 요구사항	선택수준
① 정보시스템 개요 및 기능목록	시스템 개요, 시스템 범위, 기능목록	필수
	시스템 고려사항	선택
② 기능 요구사항	입력, 조회, 처리, 출력 요구사항	필수
③ 성능 요구사항	처리시간, 처리량, 자원사용량, 기타 요구사항	선택적 필수
④ 품질 요구사항	신뢰성, 사용성, 유지보수성, 이식성, 보안성 요구사항	선택적 필수
⑤ 인터페이스 요구사항	시스템 인터페이스, 사용자 인터페이스, 기타 요구사항	선택
⑥ 데이터 요구사항	데이터 구축, 데이터 관리, 기타 요구사항	선택적 필수
⑦ 운영 요구사항	운영 시스템, 운영기술, 기타 요구사항	선택
⑧ 제약조항	기술, 표준적합, 기타 제약조건	선택

요구사항 상세화의 핵심은 프로젝트 제안요청 단계부터 발주자의 요구사항을 명확히 정의하는 것이다. 구성요소별 세부 요구사항을 가능한 구체적으로 작성하여, 프로젝트 이행과정의 시해오차를 최소화하는 것이다. 따라서 모든 세부 요구사항별로 "① 요구사항 번호, ② 요구사항 이름, ③ 요구사항 내용"을 필수적으로 작성토록 하고 있다. 특히, 기능 요구사항에 대하여는 기능을 하위 기능으로 세분화(예: 3~5 레벨) 분류하여, 세부 요구사항을 작성하도록 하고 있다. 그리고 성능, 품질, 인터페이스, 데이터, 운영 및 제약사항과 관련한 요구사항에는 다른 요구사항 구성요소와의 ④ 연관성을 작성토록 하되, 기능 요구사항에 대하여는 추가로 기능과 관련된 ⑤ 데이터 입출력 정보도 작성토록 하고 있다.

CASE STUDY

▮ 소프트웨어사업 상세 요구사항 분석 · 적용

- 지식경제부의 소프트웨어사업 관리감독에 관한 일반기준(지식경제부 고시 제2012-288호)에서는 소프트웨어사업 상세 요구사항 분석 · 적용기준을 활용하여 발주에 필요한 개념을 정의하고, 요구사항을 상세화하여 발주계획을 수립하도록 하고 있다.
- 소프트웨어사업 발주단계별 상세 요구사항 분석 및 적용 절차에서는 요구사항 상세화를 위한 발주 단계별 수행활동을 제시(세부내용은 '소프트웨어사업 요구분석 · 적용 가이드' 참조)하였다. 발주단계별 주요 수행활동을 정리하면 다음과 같다.

① **사업 추진 준비단계**: 사업수행 내부조직 구성 및 사업 추진체계 수립

② **사업범위 및 방향성 수립단계**: 이해관계자 정의, 범위 및 방향성 수립

③ **업무 및 기술 현황 분석단계**: 내외부 환경 및 현황분석, 시사점/개선방향 도출

④ **제안요청서 요구사항 정의단계**: 요구사항 수집, 분석, 도출, 상세내역 작성

⑤ **사업 발주계획 수립 및 발주단계**: 발주계획, 사업자 선정기준 및 절차 수립, 법제도 요건 반영, 입찰공고, 제안서 평가 및 사업자 선정

⑥ **사업이행 및 관리단계**: 사업수행계획서 승인, 요구사항 관리체계 수립, 사업관리 및 인수전략 수립, 요구사항별 충족여부 확인, 인수 및 사업종료

- 상세 요구사항으로는 시스템 장비 구성 요구사항, 기능 요구사항, 성능 요구사항, 인터페이스 요구사항, 데이터 요구사항, 테스트 요구사항, 보안 요구사항, 품질 요구사항, 제약사항, 프로젝트 관리 요구사항, 프로젝트 지원 요구사항 등 11개로 분류하였다.
- 요구사항별로 작성할 세부내용은 5개의 필수작성 사항으로 요구사항 분류, 요구사항 고유번호, 요구사항 명칭, 요구사항 상세설명, 요구사항 출처를 정의하고, 해당시에만 작성하는 요구사항 세부내용으로 산출정보, 관련 요구사항을 〈표 3-5〉와 같이 제시하였다.

〈표 3-5〉 상세 요구사항 세부내용 작성표

<table>
<tr><th colspan="2">요구사항 분류</th><th>기능 요구사항</th></tr>
<tr><td colspan="2">요구사항 고유번호</td><td>REQ-EC-00012</td></tr>
<tr><td colspan="2">요구사항 명칭</td><td>인력 통계자료 조회화면 개발</td></tr>
<tr><td rowspan="2">요구사항 상세설명</td><td>정 의</td><td></td></tr>
<tr><td>세부내용</td><td></td></tr>
<tr><td colspan="2">산출정보</td><td></td></tr>
<tr><td colspan="2">관련 요구사항</td><td></td></tr>
<tr><td colspan="2">요구사항 출처</td><td></td></tr>
</table>

3.2.2 기술적용 방안

프로젝트 환경이나 특성에 따라 법률, 제도, 지침, 방침, 적용기술은 결과물에 중대한 영향을 미치는 요인이다. 국가 및 공공기관의 프로젝트는 법률적 수용 범위에서 프로젝트를 이행하여야 하며, 대규모 프로젝트는 조직의 방침이나 전략을 수용해야 한다. 또한 프로젝트 결과물에 최신 또는 첨단기술의 적용이 필수적으로 요청되는 경우도 있다. 이러한 프로젝트 영향요소는 프로젝트의 기획 또는 요구사항을 정의하는 과정에서 필수 요구사항으로 분류하여 진행하여야 한다.

국가 및 공공기관에서 수행하는 정보시스템 프로젝트에서는 "정보시스템 구축 운영지침"에서 프로젝트에 적용할 기술과 타 기관 시스템과의 상호 운용성에 대한 평가를 수행하도록 제시하고 있다. 먼저, 프로젝트에 적용할 기술과 관련하여, 프로젝트 창출단계인 사업기획이나 제안요청단계에서 **기술적용계획표**를 작성하여, 제안요청서의 요구사항에 포함하도록 하고 있다. 그리고 프로젝트 종료단계에서 **기술적용결과표**를 작성토록 하고 있다. 기술적용계획표 및 기술적용결과표에는 다음과 같은 항목이 포함된다.

기술적용 계획 및 결과표 포함 항목

- **관련 법률 및 고시(告示) 사항**
- **서비스 접근 및 전달분야**: 기본 지침, 세부 기술지침(외부 접근장치, 서비스 요구사항, 프로토콜)
- **인터페이스 및 통합 분야**: 기본 지침, 세부 기술지침(네트워크, 운영체제, 데이터베이스, 시스템 관리, 방법론)
- **요소기술 분야**: 기본 지침, 세부 기술지침(데이터 표현, 프로그래밍, 데이터 교환)
- **보안분야**: 기본 지침, 세부 기술지침(관리적 보안, 기술적 보안)

다음으로, 시스템의 운용성에 대한 평가를 위해, 구축하려는 시스템이 타 기관의 시스템과 상호 운용관점에서 문제가 없는지에 대해 평가를 수행하도록 하고 있다. 상호 운용성 평가 결과도 제안요청서의 제안내용에 포함할 필요가 있다. **상호운용성** 기술평가표에는 다음과 같은 항목이 포함된다.

상호 운용성 기술평가 항목

- **정보시스템 상호 운용성**: 기술적 요구사항 정의의 적절성, 타 정보시스템과의 연계성, 정보시스템 통합성 검토 여부 및 검토 내용
- **정보의 공동활용**: 공동활용 정보의 식별, 데이터 표준화, 정보 공동활용 체계 구축 및 활용, 데이터의 안전성 및 신뢰성 검토 여부 및 검토 내용
- **정보시스템의 효율성**: 용량산정 및 성능, 운영·유지보수 검토 여부 및 검토

내용

- 정보접근을 위한 기술적 편의성: 접근 다양성, 접근 편의성 검토 여부 및 검토 내용
- 정보시스템 구축·운영기술의 적합성: 정보시스템 구축·운영기술의 적합성 검토 여부 및 검토 내용

3.3 프로젝트 입찰

제안요청 단계에서는 제안을 위한 **프로젝트 입찰방식**을 결정해야 한다. 입찰방식에는 다양한 방법을 적용할 수 있지만, 정부, 공공기관, 대기업에서 주로 사용되는 입찰시스템(Bidding system)을 분류하면, **경쟁입찰**(Competitive bid), **특명입찰**(特命入札, Special appointed bid), **기타 입찰**로 구분할 수 있다. 이러한 입찰제도의 구체적 내용은 다음과 같다.

1) 경쟁입찰(Competitive bid)

다수의 프로젝트 수행 예정자를 대상으로 제안 참여를 요청하고, 접수한 여러 제안서 중에서 가장 경쟁력이 있는 제안서를 선정하는 방식으로, 경쟁입찰은 **공개경쟁입찰**(Open Bid System), **제한경쟁입찰**(Limited Open Bid System), **지명경쟁입찰**(Limited Bid)로 분류한다.

경쟁입찰의 분류

① **공개경쟁입찰**(Open Bid System): 신문 등에 제안요청서를 광고하고, 3개 이상의 제안서를 공개적으로 접수하여, 심사 후 프로젝트 수행에 가장 적합한 사업자를 선정하는 방식이다.

② **제한경쟁입찰**(Limited Open Bid System): 프로젝트의 목적과 특성에 비추어, 사업자의 기술보유 현황, 사업실적, 매출규모, 재무상태 등으로 제안 참여자격을 제한할 필요가 있을 경우, 제한된 조건에 합당한 제안서만을 접수하여, 심사 후 프로젝트 수행에 가장 적합한 사업자를 선정하는 방식이다.

③ **지명경쟁입찰**(Limited Bid): 프로젝트 특성상 특수한 경험과 지식을 보유한 자가 아니면, 프로젝트의 목적을 달성하기 곤란한 경우, 자격조건을 갖춘 특정 다수의 사업자를 지명하여 제안 경쟁에 참여토록 하고, 가장 적합한 사업자를 선정하는 방식이다.

2) 특명입찰(Special appointed bid)

발주자가 사전에 프로젝트 수행자의 경험과 지식을 파악하여, 가장 적합한 수행자를 사전에 결정하고, 제안서를 받아 프로젝트를 진행하는 방식이다. 특명입찰에 의한 특정 사업자와 프로젝트를 계약하는 것을 수의계약이라 한다. 비교견적도 특명입찰의 일종이다.

3) 기타입찰

경쟁입찰, 특명입찰 이외의 입찰방식으로 부대입찰(附帶入札), 대안입찰(代案入札), 사전입찰심사(Prequalification: PQ)제도가 있다. 각 제도별 내용은 다음과 같다.

① **부대입찰**(附帶入札): 제안요청에 응찰할 때, 소규모 협력업체를 보호할 목적으로, 배정할 일정 비율의 하도급 내용을 함께 제안서에 명시토록 하는 제도이다.

② **대안입찰**(代案入札): 프로젝트 수행자가 발주자의 제안 내용에 따라, 보다 개선된 기술, 방법, 자재, 설비 등을 사용하여 사업을 진행할 경우, 프로젝트 목적을 달성하는 데 비용, 일정, 기술적 측면에서 더 효과적이라고 판단되는 경우에 허용되는 입찰제도이다.

③ **사전입찰심사제도**: PQ(Prequalification)제도라고도 하며, 발주자가 제안에 참여하는 프로젝트 수행자의 기술역량, 사업경험, 재무상태 등을 종합적으로 사전에 심사하는 것을 말한다. 이는 제안에 참가한 수행자가 해당 프로젝트 수행자로 선정되었을 경우, 프로젝트 수행능력이 있는지를 파악하기 위해 활용되고 있다. 세계 각국이 대형사업을 발주하면서 실시하는 국제입찰에서 주로 많이 이용하고 있다.

4 프로젝트 제안

프로젝트 창출단계의 셋째 업무는 **프로젝트 제안**이다. 프로젝트 제안은 제안요청서의 유의사항에 주의하여, 제안서 구성요소를 정의하고 제안서를 작성하는 것이다. 본 절에서는 프로젝트 라이프사이클 1단계인 'I. 창출'에서의 셋째 업무로, "프로젝트의 제안"에 대해 설명한다.

그림 3-6 **창출단계의 프로젝트 제안 업무활동 내역**

I. 창 출				
	[1] 프로젝트 기획	[2] 제안요청	**[3] 제 안**	[7] 착 수
	[4] 프레젠테이션	[5] 심 사	[6] 계 약	

업 무	활 동	설 명
[3] 프로젝트 제안	프로젝트의 제안	제안요청서의 유의사항에 주의하여, 제안서 구성요소를 정의하고 제안서를 작성한다.
	사전심사	프로젝트 가치평가를 위해 제안 이전에 사전심사를 수행한다.

4.1 프로젝트의 제안

4.1.1 제안 유의사항

사업의 특성에 따라 기업에서 자발적으로 추진하는 프로젝트는 제안단계가 없이 기획서에 의해 바로 프로젝트를 시작할 수도 있다. 그러나 외부 전문조직이나 인력을 활용한 프로젝트를 추진하기 위해서는 발주자가 작성한 제안요청서에 따라 공식적인 제안서를 받고, 공정하고 객관적인 절차에 의해 프로젝트 제안서를 평가하여 선정하는 것이 중요하다.

제안서란 프로젝트의 잠재적 수행 대상자가 프로젝트 목적을 달성하기 위해, 업무적·기술적 수행내용과 방법을 구체적으로 기술하여 발주자에게 제출하는 공식적인 문서이다. 그리고 발주자 측면에서는 제안서의 내용이 기대하는 성과를 창출할 수 있다는 신념을 가질 수 있어야 한다. 이처럼 제안서는 발주자와 제안자 모두에게 매우 중요한 문서이다. 그래서 제안자 입장에서 제안서에는 프로젝트 수행과 관련한 지식, 경험, 노하우(Know-How)를 충분히 소개할 수 있어야 하고, 발주자는 공개경쟁을 통해 접수받은 제안서를 공정하고 합리적 절차에 따라 평가하여 가장 적합한 제안서를 선정해야 한다.

이처럼 프로젝트 수행의 계기를 만드는 제안서는 제안자의 프로젝트 수행 역량과 자격을 보여주는 공식적 문서임과 동시에, 본계약 체결시에 제안서 내용을 첨부자료로 추가하면, 제안 내용은 책임과 의무를 수반하는 법적 구속력도 가지게 된다. 그러므로 제안서는 발주자의 요구사항을 해결하고, 프로젝트 목표를 달성할 수 있는 실현 가능한 내용으로 작성해야 한다. 다음은 제안시에 유의해야 할 사항을 **실현 가능성**, **구체성**, **객관성**의 3가지 관점에서 정리한다.

제안 3대 유의점

① **실현 가능성**: 제안서 내용은 프로젝트 추진전략, 방법, 일정, 비용, 자원, 기술 측면에서 실행 가능한 것이어야 한다.
② **구체성**: 제안서 내용 중에는 모호한 표현이 없이 구체적 내용으로 작성한다.
③ **객관성**: 발주자, 심사자, 이해관계자 모두 이해하도록 객관적 내용으로 표현한다.

제안서는 프로젝트 성격에 따라 목차, 내용이 달라질 수 있다. 제안서 종류를 대상에 따라 분류하면, 지식을 자문하는 컨설팅 제안서, 제품개발 제안서, 사업추진 제안서, 신기술 연구 제안서, 정보시스템 구축 제안서 등 다양하다. 이처럼 제안서의 종류는 다양하지만, 제안서를 작성할 때 필수적으로 포함해야 할 내용이 있다. 다음은 제안시 필수적으로 검토해야 할 사항을 정리하였다.

제안 필수 검토사항

① 제안요청서(RFP)의 방침에 따라 제안서를 작성해야 한다.
② 발주자의 요구사항을 해결할 수 있는 아이디어와 전략이 포함되어야 한다.
③ 합리적 비용과 일정으로 제안한다.
④ 적시에 제안한다.

① 제안요청서(RFP)의 방침에 따라 제안서를 작성해야 한다

제안자는 필수적으로 제안요청서의 방침 및 가이드에 따라 제안서를 작성해야 한다. 제안서 작성 가이드에는 발주자가 제시한 요청사항이 담겨 있고, 프로젝트 수행자를 선정하기 위한 심사항목의 내용이 포함되어 있다.

② 발주자의 요구사항을 해결할 수 있는 아이디어와 전략이 포함되어야 한다

발주자의 요구사항은 프로젝트를 수행해야 하는 사유가 되므로, 제안서에는 발주자의 요청사항을 해결할 수 있는 실현 가능한 전략과 구체적 내용이 포함되어야 한다.

③ 합리적 비용과 일정으로 제안한다

제안 내용에는 프로젝트 수행에 필요한 모든 자원의 소요 비용과 완성일자를 명확히 제시해야 한다. 제안 내용이 좋다 하더라도 비효율적이거나 경제적 소요 비용이 과다하면 프로젝트로 채택이 어렵게 된다.

④ 적시에 제안한다

좋은 아이디어에 의한 훌륭한 제안 내용도 환경과 시점에 부합하지 않으면 쓸모가 없게 된다. 발주자가 필요로 하는 시점에 맞추어 제안하고, 원하는 시점에 프로젝트가 시작되고 종료되어야 한다.

4.1.2 제안서 구성요소

제안서 작성시에는 앞에서 제시한 유의점 및 필수 검토사항을 우선 고려할 필요가 있다. 그리고 고객의 요구에 부응하는 적합한 제안서 작성을 위해, 제안내용은 현실성과 구체성을 가지고 있어야 한다. 발주자에 따라 제안서 작성방침을 제시할 수 있지만, 제안서 작성내용은 표준화되어 있는 것은 아니다. 따라서 발주자가 제안서 작성 가이드를 제시한 경우에는 준수하는 것이 기본이지만, 프로젝트에 따라 제안자의 역량을 나타내기 위해 추가적 사항도 제안서에 포함할 수 있다.

일반적으로 제안서의 내용에는 배경, 제안자 소개, 목적과 목표, 사업 수행전략 및 실행방안, 프로젝트 관리방안, 자원소요계획, 일정계획, 비용계획, 기대효과가 필수적으로 포함된다. 프로젝트 유형에 따라 제안서 구성 내용은 차이가 있으나, 정보시스템 구축 사업의 제안서 작성시 기본목차, 세부내용, 내용별 고려사항을 제시하면 다음과 같다.

CASE STUDY

▮ 정보시스템 구축 제안서 내용 예시

기 본 목 차	세부내용	내용별 고려사항
1. 표 지	• 제안서의 얼굴, 제안 내용에 적합한 이미지 적용 필요	
2. 목 차	• 내용, 그림 및 표 목차	
3. 조견표	• 발주자의 요구사항에 대한 매핑(Mapping) 리스트 • 발주자 요구사항별 제안항목과 연계한 체크리스트 작성	
4. 간 지	• 부문별(장, 절) 구분 역할 • 부분 목차로 활용	

5. 본　문	제안개요	• 제안 배경 • 목적과 성과 목표 • 사업 수행 전략 • 제안의 범위 • 제안의 특장점, 차별점 • 기대효과	• 사업의 완벽한 이해가 기본 • 발주자, 고객 입장에서 작성 • 프로젝트 성공을 위한 수행전략을 기술 • 제안 특장점, 차별점은 제안서의 핵심
	제안자 소개	• 일반현황 • 조직 및 인력 • 관련분야 경험 및 지식 • 주요 사업실적 • 프로젝트 관련 조직도 • 컨소시엄 소개, 협력방안	• 제안자 강점이 부각돼야 함. • 제안자를 신뢰할 수 있는 내용이어야 함 • 제안자의 역량(경험, 지식) 소개는 경쟁 차별화 요인
	업무 및 기술부문	• 업무 개선 방안 • 시스템 구성 내역 • 아키텍처 구축방안 • 응용시스템 개발방안 • 데이터베이스 구축방안 • 표준화 방안 • 시험방안 • 운영방안 • 향후 발전방향 제시	• 제안서의 핵심 부분 • 발주자 요구사항, 문제점을 해결할 수 있는 대안을 제시 • 도식화, 도표화, 논리적 전개 • 프로젝트 특성에 적합한 업무 및 기술분야로 재구성 • 프로젝트 종료 이후의 발전방향이나 비전을 제시
	프로젝트 관리부문	• 프로젝트 관리계획 • 산출물 계획 • 품질보증방안 • 일정계획 • 의사소통계획 • 위험관리방안 • 변화관리방안 • 프로젝트조직, 역할분담 • 프로젝트 팀원 이력사항	• 프로젝트 관리 9개 분야와 관련한 내용 기술 • 방법론에 근거한 산출물 제시 • WBS에 근거한 일정계획 수립 • 발주자 및 고객 신뢰확보를 위한 관리방안 제시가 중요 • 관련 경험과 역량이 있는 인력 참여가 중요
	지원부문	• 교육훈련계획 • 기술이전계획 • 유지보수계획 • 보안관리방안 • 개발환경 구축방안	• 교육을 통한 기술전수 • 유무상 유지보수지원 방안 제시
	기타부문	• 제안에 포함해야 할 기타 추가사항	
6. 약어표	전문용어, 약어	• 전문용어/약어, Full Name, 국문 용어, 용어해설 • 가나다, 알파벳 순으로 작성	
7. 첨　부	• 증빙자료, 추가자료, 세부자료, 멀티미디어 자료		

4.1.3 제안서 고려사항

제안서 작성시 무엇보다 중요한 것은 차별화되어, 경쟁력 있는 내용으로 작성해야 하는 것이다. 제안자는 특화된 방법, 차별적 기술력, 경쟁력 있는 자원의 투입으로 프로젝트가 진행된다는 것을 제안서에 담아야 한다. 더불어 발주자나 고객 입장에서 제안서가 유익해야 하고 설득력이 있어야 한다. 이러한 관점에서 제안서 작성시 고려해야 할 사항은 다음과 같다.

제안서 작성시 고려사항

① 경쟁력 있는 차별화 요소를 3개로 압축 제시한다.
② 객관적으로 인정되는 사실에 근거하여 작성한다.
③ 발주자 및 평가자 입장에서 이해 가능한 수준으로 작성하라.
④ 신뢰감 상실을 초래하는 초보적 실수는 금물이다.
⑤ 과다한 제안 소요비용은 발주자 및 제안자 모두의 부담이다.
⑥ 발주자의 요구사항에 대한 매핑 리스트(Mapping list)를 작성한다.
⑦ 제안을 위한 준비과정이 중요하다.
⑧ 제안서의 서론과 결론에서 강점을 강조한다.
⑨ 개괄식으로 작성한다.
⑩ 디자인 요인도 중요하다.

① 경쟁력 있는 차별화 요소를 3개로 압축 제시한다

발주자를 설득할 수 있는 차별화 요인은 많이 도출하여 제시할 수 있다. 그러나 발주자를 설득할 수 있는 요인을 핵심적인 3가지로 압축하여 요약하는 것이 전달력 측면에서는 더 강하다.

② 객관적으로 인정되는 사실에 근거하여 작성한다

객관적으로 증명된 자료나 경험은 제안서의 신뢰성을 높여준다.

③ 발주자 및 평가자 입장에서 이해 가능한 수준으로 작성하라

발주자가 이해할 수 있도록 표준화된 용어를 사용하고, 성공적 경험이나 사례를 제시하며, 객관적으로 검증된 자료를 제시해야 한다.

④ 신뢰감 상실을 초래하는 초보적 실수는 금물이다

부적합한 표현, 작성 오류, 규격이나 디자인 미흡 등 부주의나 불성실로 인한 실수나 에러는 신뢰감을 손상시킨다.

⑤ 과다한 제안 소요비용은 발주자 및 제안자 모두의 부담이다

제안서 내용의 포장, 사전 협상에 많은 비용을 소모하는 것은 제안자에게 부담될 뿐 아니라, 궁극적으로는 프로젝트 진행과정의 비용으로 전가될 수 있어, 발주자에게도 바람직하지 못한 비용이 된다.

⑥ 발주자의 요구사항에 대한 매핑 리스트(Mapping list)를 작성한다

제안요청서의 요구사항을 항목별로 정리하고, 각 요청 항목별 해결책을 제안서의 목차 항목과 연계하여, 발주자의 요청사항을 모두 해결할 수 있는 제안서가 작성되었음을 알린다.

⑦ 제안을 위한 준비과정이 중요하다

설득력 있는 제안서를 작성하기 위해서는 준비된 경험과 지식을 바탕으로, 사전조사를 통해 제안서를 작성해야 한다. 사전 준비와 조사가 없는 제안서는 차별력이 약하고, 발주자가 신뢰하지 않는다.

⑧ 제안서의 서론과 결론에서 강점을 강조한다

프로젝트에 따라 제안서 분량은 크게 차이가 난다. 제안서의 양이 많을수록 강점이나 특징을 표현하기 쉽지 않다. 서론이나 결론 부분에서 제안서의 강점을 강조하거나, 요약 페이지를 만들어 강조할 필요가 있다.

⑨ 개괄식으로 작성한다

제안서는 구체적 내용 중심의 개괄식으로 작성한다. 긴 문장보다는 핵심 정리가 중요하다. 도식이나 표를 활용하여 내용 전달력을 높인다.

⑩ 디자인 요인도 중요하다

프로젝트에 적합한 디자인을 사용한다. 적합한 서식이나 글씨체는 제안의 효과를 상승시킨다. 공식적 프레젠테이션을 통해 제안서를 평가할 경우에 디자인 요인은 평가의 상승요인으로 작용한다.

CASE STUDY

제안서 사전평가표

- 사업의 진행 여부는 제안서 평가를 통해 결정된다. 따라서 제안서 작성은 프로젝트 수주를 위해 매우 중요한 자료이므로, 체계적인 내용으로 작성하고 전문가나 경험자의 의견을 충분히 반영하는 것이 필요하다.
- 다음은 제안서 작성의 적정성 여부를 검토하기 위해 사용할 수 있는 **제안서 사전평가표**이다.

평가 항목	평가내용	평가 포인트	점결 결과	보완 사항
기본 요건	RFP의 제안 요건 충족도	• 제안 참여 자격요건은 충족하는가(자격, 납기 등)?		
		• RFP에서 요청한 목차와 내용을 준수하였는가(목차 및 내용)?		
		• 추가 제안사항은 적정한가(적정성, 실행 가능성)?		
		• 사업수행을 위한 리스크 및 이슈는 도출하였고, 해결 가능한 것인가?		
사업 역량	프로젝트 이해	• 목적, 목표, Process, 결과물을 완전히 이해하고 있는가?		
		• RFP가 요구하는 범위와 제안 범위가 일치하고 있는가?		
	제안전략	• 제안전략이 창의적이고 차별화되었는가?		
		• 핵심전략은 이해할 수 있도록 강조 및 정리되었는가?		
		• 보유역량으로 프로젝트 목적 및 목표를 달성할 수 있는가?		
		• 고객 입장에서 제안되었는가?		
	적용기술	• 기능 및 비기능적 요구사항을 이행할 수 있는가?		
		• 이행방안은 현실적이고 명확한가?		
		• 필요한 법, 제도, 표준, 규격은 준수하는가?		

		• 향후 확장, 유지보수 관점의 내용이 포함되었는가?		
	시험수행	• 시험운영 방안이 적절히 수립되어 있는가?		
	개발 방법론	• 프로젝트에 맞는 방법론이 제시되었는가?		
		• 진행 체계(Process), 산출물이 명확히 정의되었는가?		
	개발환경	• 개발을 위한 인프라(Infra) 확보 방안이 적절히 제시되었는가(H/W, S/W)?		
		• 개발환경 전략이 적절히 수립되어 있는가?		
	사업수행 역량	• 사업수행을 위한 제안자의 역량이 명확히 표현되었는가?		
	유사경험 (Reference Site)	• 유사한 프로젝트를 수행한 경험이 있는가(횟수/사업규모/단독 · 공동수행)?		
		• 프로젝트 팀은 프로젝트 수행의 핵심기술, 핵심 인력을 보유하고 있는가?		
사업 관리	인적역량	• 사업에 적용되는 기술, 경험, 자원이 충분이 기술되었는가?		
		• PMO 및 프로젝트 팀원의 역량이 적정한가?		
		• 컨소시엄으로 참여하는 조직, 인력의 역량은 적정한가?		
		• 프로젝트 참여자의 자격요건(학력, 기술, 경력)은 적정하고 정확한가?		
	사업관리 및 품질보증	• 일정 및 진척관리계획은 WBS에 부합하여 적정하게 기술되었는가?		
		• 투입자원과 개발목표에 비추어 적절한 개발기간이 설정되었는가?		
		• 제안비용은 현실적이고 경쟁적인가?		
		• 품질보증 원칙과 기준이 명확히 제시되고 있는가?		
		• 공식 산출물 계획(관리, 기술문서)은 정확히 제시하였는가?		
지원 기술	기술전수 및 교육훈련	• 기술지원 방안이 적정한가?		
		• 사용자/고객 교육계획과 자료제공 계획이 적절히 수립되어 있는가?		

	유지보수	• 유지보수 이행전략 및 이행방안은 적정한가?		
		• 유지보수 조직/기능이 명확히 설정되어 있는가?		
		• 하자보수/유지보수의 범위는 명확히 하였는가?		
		• 유지보수 절차 및 책임의 내용이 구체적으로 설정되어 있는가?		
		• 유무상 유지보수 계획이 명확한가?		
	보안 및 비상대책	• 보안요건은 준수되었는가?		
		• 사고 및 백업/복구대책은 포함되었는가?		
제안서 작성	기본양식	• 제안서에 적용한 기본양식(Master Template)의 디자인은 적정한가?		
	그림, 도표 정보	• 도표, 이미지, 동영상을 적절하게 활용하였는가?		
	내용구성	• 체계적이고 논리적인 절차로 구성하였는가?		
		• 고객의 입장에서 이해가 쉽게 정리되었는가?		
		• 핵심내용을 요약하여 강조하였는가?		

4.2 프로젝트 사전심사

프로젝트 **사전심사**는 프로젝트 가치평가를 위해 제안 이전에 사전심사를 수행하는 것이다. 사전심사란 수행하려는 프로젝트가 조직의 가치와 이익에 긍정적인지에 대해 사전에 사업수주 여부를 검토하는 것을 말한다. 사업수주 이전에 프로젝트 심의기능을 통하여, 수주에 따른 위험요소의 사전 점검 및 조직 차원의 효율적 지원으로 수주 가능성을 제고하기 위한 것이다. 또한 사업 발주기관의 신용상태를 점검하여 프로젝트 수금(收金)의 부실화를 방지하는 목적이다.

프로젝트 사전심사 방법으로 활용하는 **수주심사회의제도**는 프로젝트 수주 전에 각 분야 전문가로 구성된 회의체에서 사업의 수익성을 철저히 분석하여, 프로젝트 수행에 따른 리스크(Risk)를 검토하고, 프로젝트 이익을 높이기 위한 제도이다. 수주심사회의제도를 통해 저가격 수주, 프로젝트 목표달성이 어려운 무리한 수주를 방지하고, 합리적 전략으로 수주율을 높이고 이윤을 극대화하려는 것이다.

프로젝트를 수행하는 전문기업은 사업을 수주하기 이전에 **수주가치평가회의**(Value Review Board: VRB)와 같은 수주심사회의제도를 통해, 수행하려는 사업의 수주전략 및 가치에 대해 검토한다. 수주가치평가회의(VRB)는 수주평가협의회, 수주가치평가위원회, PRB(Project Review Board, 프로젝트평가회의)와 같은 다양한 용어로 사용된다.

VRB는 프로젝트 비용규모 및 전략적 중요성에 따라 낮으면 수행조직 자체심의로 진행하나, 높으면 비용규모 및 전략적 중요성에 따라 실무위원회 심의, 경영위원회 심의제도로 차별화하여 운영한다. 제안 심의제도는 제안서 작성 이전에 한 번 실시하지만, 사업규모가 크거나 리스크 제거를 위해 수주할 프로젝트를 철저히 심사하기 위한 방법으로 순차적으로 착수단계VRB, 전략검토단계VRB, 제안단계VRB로 구분하여 수행할 수 있다.

프로젝트 수주에 대한 사전심의를 위해서는 **사전심사점검표**를 통해 항목별로 제안의 적정성 여부를 점검하는 것이 필요하다. 프로젝트 수주 사전심사점검표는 수주하려는 사업에 대해 회사 기여도, 발주자 신용도, 회사전략과의 일치성, 수주 리스크, 프로젝트 수행역량 등을 점검하는 것이다.

CASE STUDY

VRB 운영 및 사전심사점검표

- 사업의 진행 여부는 제안서 평가를 통해 결정된다. 따라서 제안서 작성은 프로젝트 수주를 위해 매우 중요한 자료이므로, 체계적인 내용으로 작성하고 전문가나 경험자의 의견을 충분히 반영하는 것이 필요하다.

• 다음은 프로젝트 사전심사제도에 활용할 수 있는 수주가치평가회의(VRB)의 검토사항을 단계별 VRB로 구분하여 설명한 것이다. VRB 는 프로젝트 상황에 따라 한 번 또는 단계별로 구분하여 이행할 수 있다.

VRB		목 적	검토사항
수주 가치 평가 회의 (VRB)	착수 단계 VRB	• 사업참여 적합성 • 제안팀 구성	• 사업목적, 목표, 범위, 납기, 비용 • 회사 기여도 및 가치 • 수주 확률 또는 가능성(복수사업 경우 참여 우선순위) • 제안팀 구성안 • 참여 기업, 인력 적합성
	전략검토 단계 VRB	• 사업역량 적정성 • 제안서 작성	• 제안전략(차별화, 경쟁력, 발주고객 만족 수준) • 납기 내 제안서 작성 가능성 • 사업참여 형태(단독, 컨소시엄, 하청) • 사업목표 달성 가능성
	제안 단계 VRB	• 제안 내용 적정성	• 제안전략 적합성 • 제안전략 실천 가능성 • 사업일정, 비용, 인력 적정성 • 잠재 리스크 및 이슈 • 제안서 형식요건(제안요구 충족도, 디자인, Presentation, 제안자 발표역량)

• 다음은 프로젝트 수주 사전심사점검표를 제시한 것이다.

분 야	점검항목	중요도	배 점	보완 사항
회사 기여도	• 회사의 매출에 기여하는 정도는? • 회사의 손익에 기여하는 정도는? • 회사의 핵심역량 강화에 기여하는 정도는? • 중장기적 관점에서 기여하는 정도는?			
전략적 일치	• 수주사업이 회사의 전략달성에 기여하는 정도는? • 사업수주에 따른 시장점유율 파급효과는? • 사업수주에 따른 이미지 제고 및 홍보효과는? • 사업이행에 따른 모범사례 창출 가능성은?			
수주 리스크	• 사업범위의 명확성은? • 사업목표 및 요구사항의 변경 가능성은?			

	• 수주사업의 수행역량 및 유사사업 경험은? • 수주사업의 예상 성공률은? • 사업에 영향을 미치는 내외부 환경요인은?			
사업 수행 역량	• 수주사업 이행을 위한 기술보유 역량은? • 수주사업 이행을 위한 인적자원 보유역량은? • 프로젝트관리자의 사업수행 역량은? • 프로젝트 팀원 구성의 적정성은? • 사업수행에 따른 기술역량 축적 정도는?			
발주자 신용도	• 발주기관의 재무적 건전성은? • 발주기관의 시장 신뢰성은?			

5 프레젠테이션

프로젝트 창출단계의 넷째 업무는 **프레젠테이션(Presentation)**이다. 프레젠테이션은 프로젝트 요청 및 상황에 따라, 프로젝트 잠재 수행자가 고객 또는

그림 3-7 창출단계의 프레젠테이션 업무활동 내역

I. 창 출				
	[1] 프로젝트 기획	[2] 제안요청	[3] 제 안	[7] 착 수
	[4] 프레젠테이션	[5] 심 사	[6] 계 약	

업 무	활 동	설 명
[4] 프레젠테이션	프레젠테이션 실시	프로젝트 요청 및 상황에 따라, 프로젝트 잠재 수행자가 고객 또는 발주자에게 프로젝트 수행계획을 구체적으로 설명한다.

발주자에게 프로젝트 수행계획을 구체적으로 설명하는 것이다. 본 절에서는 프로젝트 라이프사이클 1단계인 'I. 창출'에서의 넷째 업무로, "프레젠테이션 실시"에 대해 설명한다.

5.1 프레젠테이션 개요

5.1.1 프로젝트 발표와 설득

프레젠테이션(Presentation)이란 발표를 듣는 청취자에게 정보, 기획, 안건을 제시하고 설명하는 행위를 말한다. 시청각 자료를 활용한 시청각 설명회라고 하기도 하고, 발표 또는 PT(PresenTation)로 줄여서 말하기도 한다. 프로젝트의 프레젠테이션은 기획이나 제안된 프로젝트에 대해, 의사결정자들에게 공식적인 보고를 수행하여, 프로젝트 수행에 대한 의사결정을 **설득**(說得, Persuasion)하는 과정을 말한다. 그러므로 프레젠테이션 과정에서 설득을 통해 프로젝트를 창출하는 것은 매우 중요한 일이다.

설득(Persuasion)은 한 사람의 태도나 행동을 강제하지 않은 상태에서, 프레젠테이션을 통해 의사결정에 영향을 받도록 하는 것을 말한다. 상대방의 의견에 대한 청취를 통해, 개인이 행동의 변화를 유발하는 과정은 다음과 같이 5단계로 진행된다.

청취를 통한 개인 행동변화의 유발 과정

① 귀를 기울인다.
② 이해한다.
③ 납득한다.
④ 결정한다.
⑤ 실행한다.

프레젠테이션 목표는 현재의 상황에서 프레젠테이션을 통해 의사결정자를 설득하는 것이다. 프로젝트의 의사결정자에게 영향을 미치는 설득의 과정은 다음과 같이 전달, 이해, 신뢰, 동조의 4단계를 거쳐 진행된다.

프레젠테이션을 통한 설득 4단계

① **전달**: 프로젝트 제안서 핵심 내용을 프로젝트 심사자에게 설명하는 단계이다.
② **이해**: 발표를 통해 프로젝트의 내용을 충분히 이해하는 단계이다.
③ **신뢰**: 발표자의 프로젝트 내용을 이해한 후 신뢰하는 단계이다.
④ **동조**: 발표자에 대한 신뢰를 바탕으로, 발표내용에 공감하여 의사결정을 수행한다.

프레젠테이션을 통해 발표자의 내용이 올바로 전달되려면, 설득의 4단계가 과정별로 전개되어야 한다. 전달된 내용이 프로젝트 결정권자의 이해와 신뢰를 얻고, 동조단계까지 가는 것은 발표 분위기를 통해 어느 정도 알 수 있지만, 최종적인 결과는 발표 참여자의 피드백을 통해 알 수 있다. 따라서 성공적 프레젠테이션 수행을 위해 철저한 사전준비와 연습, 그리고 사후관리 과정도 필요하다.

5.1.2 프레젠테이션 구성요소

프로젝트를 창출하기 위해서는 프레젠테이션을 위한 자료 준비뿐만 아니라, 발표에 대한 능력도 가지고 있어야 한다. 프레젠테이션에서는 3P 분석을 중요시한다. 무엇(What)을 목적으로, 누구(Who)를 대상으로, 어디(Where)에서 실시하는지를 정확히 파악해야 한다. 프레젠테이션의 무엇(What)은 발표의 목적(Purpose), 누구(Who)는 발표를 경청하는 사람(People)을 의미하고, 어디(Where)는 발표를 하는 장소(Place)를 말하는 것으로, 이 3가지를 프레젠테이션을 구성하는 3P라고 한다.

프레젠테이션의 3P

① Purpose(목적): 발표의 목적이 무엇인지를 명확히 이해하고, 목적에 맞는 내용을 발표해야 한다.

② People(경청자): 발표자는 프로젝트 제안 내용을 경청하는 사람(People)의 속성, 수준, 관심사, 참여 인원수를 사전에 분석하고 발표에 임해야 한다.

③ Place(환경): 프레젠테이션은 시간적 · 공간적 · 도구적 환경요인을 가진다. 시간적 환경요인은 발표의 시작, 종료, 휴식의 시간적 요소이며, 공간적 요인은 발표장소, 자리배치, 조명, 소음 등을 의미하고, 도구적 요인은 발표자료 작성을 위한 소프트웨어적 요소와 컴퓨터, 프로젝터, 스크린 등의 하드웨어적 요소가 있다. 프레젠테이션의 환경요인을 사전에 철저히 분석하고 준비하여 발표에 임하는 것이 중요하다.

5.2 프레젠테이션 실시

5.2.1 준비와 진행절차

창의적인 아이디어와 기획으로 새로운 프로젝트를 기획하고 구체적인 제안서를 작성하여도, 프로젝트 진행을 결정할 최종 의사결정자가 내용을 이해하지 못하거나 찬성하지 못하면, 지금까지의 노력은 허사가 된다. 그러므로 프로젝트의 착수 결정을 얻어내기 위해서는 프로젝트 의사결정권자 및 이해관계자의 이해와 승인이 필수적이다. 따라서 프로젝트 의사결정권자의 설득을 위해 체계적인 프레젠테이션 준비와 진행이 필요하다.

체계적인 프레젠테이션 준비와 진행 프로세스는 다음과 같이 6단계를 거쳐 충분한 대비를 하고 실행하는 것이 필요하다.

프레젠테이션 준비와 진행 6단계 절차

① 1단계: 목적의 완전한 이해
② 2단계: 프레젠테이션 환경분석
③ 3단계: 핵심내용으로 축약 작성
④ 4단계: 보조자료의 준비
⑤ 5단계: 리허설
⑥ 6단계: 실행

① 1단계: 목적의 완전한 이해

발표의 목적을 명확이 이해하는 것이 전제되어야 한다. 3P의 목적(Purpose)에 해당한다. 프레젠테이션의 목적은 제안서의 핵심적 내용을 정리하여, 의사결정권자 또는 평가자에게 설명하고 좋은 평가와 승인을 받는 것이다. 따라서 핵심적이고 실행 가능한 수행 전략이나 방안에 대해 요약·정리하고 체계적으로 설명하여, 발표를 통해 제안서를 채택하도록 설득하는 것이 목적이 된다. 또한 프로젝트 기획서나 제안서의 내용으로 설명이 부족할 경우, 추가적으로 내용을 전달하기 위한 목적도 있으므로, 부족한 부분을 보완하여 상대방을 완전히 이해시키는 노력도 필요하다.

② 2단계: 프레젠테이션 환경분석

프레젠테이션의 환경분석이란 프레젠테이션 3P에서 환경을 의미하는 경청하는 사람(People)과 발표장소(Place)를 분석하여, 프레젠테이션 대응방안을 수립하는 단계이다. 성공적 프레젠테이션을 통해 프로젝트 결정권자의 승인을 얻어내기 위해서는, 환경분석에 필요한 시간적 요인, 공간적 요인, 도구적 요인을 사전에 철저히 분석하고, 환경요인에 올바로 대응하는 발표자료를 작성한 후 프레젠테이션을 실시하는 것이 필요하다.

③ 3단계: 핵심내용으로 축약 작성

프레젠테이션 환경분석을 통해 수립한 대응방안을 기반으로, 청취자의 입장에서 간단 명료하고 이해하기 쉽게 핵심적 내용 위주로 작성한다. 자료는 발표시에 선택할 IDC, CDS, CDC 전개방향에 맞추어 작성한다.

- IDC 전개: Introduction(서론), Detail(본론), Conclusion(결론)으로 전개
- CDS 전개: Conclusion(결론). Detail(근거), Summary(요약)로 전개
- CDC 전개: 결론(Conclusion), 본론(Detail), 결론(Conclusion)으로 전개

④ 4단계: 보조자료의 준비

보조자료란 발표내용에 대한 이해를 높이거나, 내용의 강조나 증빙 또는 예상 질문에 즉각 대응하기 위해 추가적으로 작성하는 자료이다. 보조자료는 정해진 규격의 발표자료로 작성하는 것 이외에 음성, 동영상, 애니메이션, 시뮬레이션, 팜플렛 등의 다양한 시청각 자료를 준비하는 것이 효과적이다.

⑤ 5단계: 리허설

리허설(Rehearsal)은 완벽한 프레젠테이션을 위해 필연적 수행 활동이다. 매일 무대에 서는 베테랑 연극 배우도 수없이 많은 리허설을 반복한다. 새로운 프로젝트를 창출하기 위해서는 프레젠테이션을 통해 상대방을 설득해야 한다. 그러므로 발표자의 충분한 연습과 리허설을 통해 실수를 없애고, 제안 내용을 충실히 전달할 수 있어야 한다. 리허설은 프레젠테이션 성공의 열쇠이다. 리허설을 통해 발표자는 자신감, 사전검증, 발표시간을 조절할 수 있게 된다.

⑥ 6단계: 실행

프레젠테이션 실행을 위한 사전의 5단계로 목적의 이해, 환경분석, 핵심 내용 작성, 보조자료 준비, 리허설이 철저히 진행되었다면, 사전 준비는 올바로 이루어진 것이다. 프레젠테이션 상황에 맞도록 IDC 또는 CDS, CDC 전개를 하되, 인상적인 시작과 끝맺음은 사전에 준비한 것으로 한다. 청취자의 특성을 고려하여 최적의 발표량으로 진행한다.

프레젠테이션은 상황에 따라, 발표 당일에 예상했던 내용이 변경될 수도 있다. 이러한 경우에는 변경된 상황에 맞추어, 발표자의 경험과 역량에 따라

임기응변식 대응이 필요할 경우도 있다. 준비와 실행을 체계적으로 수행하였다면, 프레젠테이션의 효과는 충분히 얻을 수 있게 될 것이다.

5.2.2 프로젝트 프레젠테이션 성공요소

프레젠테이션 성공의 핵심은 시간투자를 통한 체계적 준비와 충분한 연습이다. 성공적인 발표를 위해 고려해야 할 사항은 다음과 같다.

프레젠테이션 성공요소

① 차별점을 보이고 강조한다.
② 핵심 요구사항의 해결안을 제시한다.
③ 경험과 사례를 전달한다.
④ 명확한 메시지를 전달한다.
⑤ 논리적인 내용으로 자료를 구성한다.
⑥ 최신의 기자재를 활용한다.
⑦ 인상적인 시작과 끝맺음을 준비한다.
⑧ 질의응답에 적절히 대응한다.
⑨ 발표자세가 중요하다.
⑩ 적합한 디자인을 선택한다.

1) 차별점을 보이고 강조한다

자료 작성시부터 발표의 목적을 달성할 수 있도록, 차별화되고 경쟁력 있는 내용이 무엇인지를 요약하여 정리한다. 발표자는 차별점을 상대의 입장에서 이해가 쉽도록 설명하여야 한다. 경쟁 상대가 있는 경우는 경쟁자 대비 강점이나 특징을 발표하여, 신뢰를 확보할 수 있도록 하여야 한다.

2) 핵심 요구사항의 해결안을 제시한다

프로젝트 추진의 배경에는 이해관계자의 다양한 요구사항이 포함되어 있다. 이러한 요구사항이 프로젝트를 시작하는 계기가 되므로, 제안 발표를 통해 상대방을 설득할 수 있어야 한다. 발표자는 발주자의 핵심적 요구사항을 파악하고, 이를 해결할 수 있는 합리적 대안을 확신을 가지고 발표해야 한다.

3) 경험과 사례를 전달한다

발표목적에 부합되는 적절한 사례를 선정하여 발표하여야 한다. 최신 기술이나 방법을 활용한 성공적 사례나 자신의 경험을 보여주어야 한다.

4) 명확한 메시지를 전달한다

상대가 이해하기 쉬운 용어를 사용하고, 명사와 동사 중심의 함축적 표현을 사용한다. 발표시간을 줄이고 전달력을 향상한다. 발표속도, 표현의 적정성, 불필요한 어휘 사용을 피하고 핵심내용 위주로 전달한다.

5) 논리적인 내용으로 자료를 구성한다

일반적인 자료작성 순서에 따라, 서론(Introduction), 본론(Detail), 결론(Conclusion)의 IDC순으로 내용을 전개하기보다는, 제한된 발표시간에 최고의 효과를 얻기 위해, 결론(Conclusion), 근거(Detail), 요약(Summary)의 CDS로 전개하거나, 발표의 핵심내용인 결론을 강조하기 위한 결론(Conclusion), 본론(Detail), 결론(Conclusion)의 CDC 순으로 정리하는 것이 바람직하다.

발표자료는 프레젠테이션 상황 및 청취자의 수준을 고려하여 작성량과 시간을 결정한다. 일반적으로 프레젠테이션 진행시에 청중은 시각(Visual), 청각(Vocal), 그리고 언어(Verbal)의 형태로 정보를 받아들인다. 100%의 정보에 대해 시각 55%, 음성 38%, 언어 7%의 순서로 받아들인다. 발표량과 시간은 자료에 포함된 문장, 도표, 그림, 동영상 등에 따라 다르나, 청취자의 주의 분산 방지를 위해, 적절한 자료량(3~5장/1분)을 준비하는 것이 필요하다.

6) 최신의 기자재를 활용한다

프레젠테이션을 지원하는 최신의 정보화 도구를 적절히 활용할 필요가 있다. 발표자료에 대한 충분한 이해와 다양한 질의응답에 대응하기 위해, 발표자는 프레젠테이션 자료를 직접 작성할 수 있는 능력이 필요하다. 그리고 발표 지원 도구인 컴퓨터, 노트북, 프로젝터, 포인터, 마이크, 스크린, 전자칠판 등에 대한 활용도 익숙해야 한다.

7) 인상적인 시작과 끝맺음을 준비한다

어떻게 시작하고 끝맺을지를 사전에 고민한다. 부드럽게 시작할 수도 있고, 강력한 메시지를 초기에 전달할 수도 있지만, 발표과정을 통해 신뢰를 점점 쌓아 갈 수 있도록 적합한 언행을 사용해야 한다. 발표 마지막 단계에 사용할 인상적인 메시지나 결론 내용을 사전에 준비하고 전달한다.

8) 질의응답에 적절히 대응한다

질문을 경청하고, 질문자의 의도를 파악하여야 한다. 그리고 객관적 데이터나 실례에 의거한 응답을 하여야 한다. 한꺼번에 모든 답을 완벽하게 제시하기보다는, 여유를 가지고 확실한 내용을 중심으로, 정직하고 진실되며 간단하게 대답한다. 객관적 정보나 사례를 제시하면 더욱 좋다. 중요한 점은 실행할 수 없는 약속은 삼가해야 한다.

9) 발표자세가 중요하다

프레젠테이션의 만족도에 영향을 미치는 발표자의 발음, 행동, 시선에 주의해야 한다.

10) 적합한 디자인을 선택한다

발표내용이 효과적으로 전달되도록, 글자모양 및 크기, 색상, 그림, 그래프, 애니메이션을 적절히 조화하여 사용한다. 이러한 디자인 요소는 발표주제의 내용과 일치하여야 하며, 자료 한 페이지에는 하나의 주제만을 담아 전달력을 높이고, 정보의 양도 상대 입장에서 쉽게 이해되도록 조정해야 한다. 전체적으로 일관성을 갖는 것이 중요하며, 참조 및 인용시에는 반드시 근거와 출처를 명시한다.

6 심 사

프로젝트 창출단계의 다섯 번째 업무는 **심사**이다. 심사 업무는 평가방식과 항목결정, 프로젝트의 심사로 구성된다. 평가방식과 항목 결정이란 평가 수행주체 및 방법에 대해 결정하고, 평가항목을 구체적으로 정의하는 것이다. 그리고 프로젝트의 심사는 프로젝트 평가위원회를 구성하여, 평가항목에 따라 잠재 공급자의 제안서 내용을 심사하는 것이다.

본 절에서는 프로젝트 라이프사이클 1단계인 'I. 창출'에서의 다섯째 업무로, "평가방식과 항목 결정," "프로젝트의 심사"에 대해 설명한다.

그림 3-8 창출단계의 심사 업무활동 내역

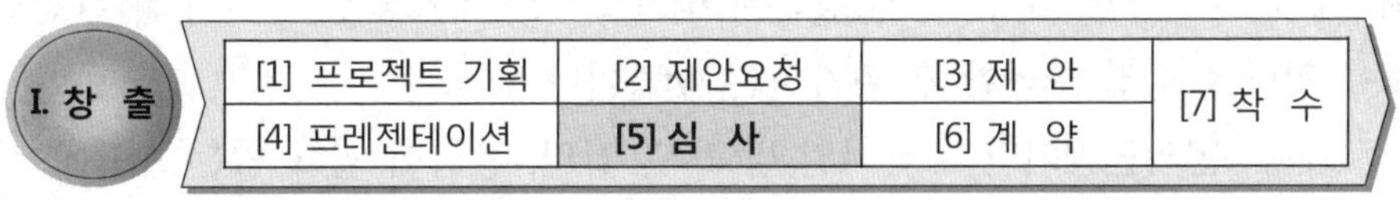

업 무	활 동	설 명
[5] 심 사	평가방식과 항목 결정	평가 수행주체 및 방법에 대해 결정하고, 평가항목을 구체적으로 정의한다.
	프로젝트의 심사	프로젝트 평가위원회를 구성하여, 평가항목에 따라 잠재 공급자의 제안서 내용을 심사한다.

6.1 평가방식과 항목 결정

6.1.1 프로젝트 평가방식

제안요청서에 의해 접수된 여러 제안서 중에서, 발주자는 공정한 평가 절차를 거쳐 최종 제안자를 선정하게 된다. 제안서의 평가는 발주자의 규정에 따라 다양한 방식으로 진행할 수 있으나, 평가를 수행하는 주체에 따라 **자체평가**와 외부 전문기관이나 인력을 활용한 **외부평가**로 분류할 수 있다. 발주자 자체적으로 프로젝트 평가에 대한 적정한 지식과 경험을 가지고 있을 경우에는 자체평가 방식을 적용한다. 개인이나 일반기업에서 추진하는 프로젝트는 대부분 자체평가 방식을 활용한다.

한편, 프로젝트를 평가하는 방법에 따라 분류하면, 서면평가, 발표(프레젠테이션) 평가, 현장방문평가, 온라인평가로 분류할 수 있다.

첫째, **서면평가**는 제출한 제안서의 내용을 기준으로 서류상의 평가를 실시하는 것이다.

둘째, **발표평가**는 제안서 이외 제안자가 발표자료를 별도로 만들어 프레젠테이션을 실시하고 평가하는 방법이다.

셋째, **현장방문평가**는 제안자의 프로젝트 수행능력을 직접 확인하기 위해, 제안자나 제안기관을 직접 방문하여 프로젝트 목표달성 및 수행과 관련한 보유 역량을 직접 확인한 후 평가하는 방법이다.

넷째, **온라인평가**란 제안서의 발표 및 질의, 응답이 필요 없는 소규모 사업의 경우에 적용하는 평가방법이다.

이상의 프로젝트 평가방식을 종합적으로 분류하면 〈표 3-6〉과 같다.

〈표 3-6〉 프로젝트 평가방식의 분류

평가방식	내 용
A. 평가 수행주체에 의한 분류	
1) 자체평가	• 발주자(기관) 자체적으로 평가 수행 • 기술분야 평가는 외부전문가 활용
2) 외부평가	• 외부 전문기관에 심사 의뢰하여 평가
B. 평가방법에 의한 분류	
1) 서면평가	• 제한된 공급자로 인해 제안 서류만으로 평가실시 • 평가시간 절약되나 자료 신빙성이 문제
2) 발표평가	• 프레젠테이션 발표 심사 • 프로젝트 책임자의 역량 확인 가능
3) 현장방문평가	• 제안기관 방문하여 실사 후 역량평가
4) 온라인평가	• 인터넷 서류 제출 및 온라인 평가 • 소규모 프로젝트 평가에 적합
5) 혼합평가	• 프로젝트 특성에 따라 평가방식 혼합

6.1.2 평가항목의 선정

제안서를 평가하기 위해 평가기준을 정의하는 것은 중요하다. **평가기준**이란 제안서를 평가하기 위한 **평가항목**과 항목별 평가점수를 어떻게 할 것인지를 정하는 것이다. 제안에 대한 평가항목과 점수의 결정은 프로젝트 특성에 따라 다르다. 그러나 가장 중요한 기준선은 프로젝트의 요구사항을 기초로 결정하는 것이다. 발주자나 고객의 프로젝트 요구사항이 제안 내용에 충분히 반영되었는지를 평가하는 것이 중요하므로, 요구사항에 대응하는 평가항목을 선정하여야 하고, 항목별 평가점수도 요구사항의 중요도에 따라 차별적으로 결정하는 것이 필요하다.

프로젝트 제안 내용을 평가하기 위한 항목의 구분은 경제성평가 항목과 기술성평가 항목으로 나누어진다. **경제성평가** 항목은 가격적 측면의 평가항목이고, **기술성평가** 항목은 업무나 기술적 관점에서의 평가항목이다.

프로젝트 평가항목 구분

① **경제성평가**: 프로젝트 총 소요비용에 대한 가격적 측면의 평가항목

② **기술성평가**: 프로젝트 수행과 관련한 업무나 기술적 측면의 평가항목

먼저, **경제성평가**란 제안된 프로젝트의 총 소요비용에 대해 평가하는 것이다. 프로젝트 목표를 달성하기 위해 소요되는 인력, 재료, 경비, 기술료 등 전체 투입자원에 대한 종합적인 비용이다. 프로젝트를 진행하는 데 총 비용이 얼마인가는 프로젝트 선정과 착수에 중요한 요건이 된다. 프로젝트 추진에 과다한 비용이 들어간다면, 프로젝트 오너(Owner) 입장에서는 프로젝트 창출이나 착수 결정이 어렵게 된다.

다음으로, **기술성평가**란 프로젝트를 업무적·기술적 측면에서 평가하는 것이다. 통상적으로 기술성평가란 제안 내용에 대해 경제성 요인을 제외한 나머지 평가요인을 말한다. 프로젝트에 따라 기술성평가 항목은 달리 선정되나, 제안된 전략, 방법론, 업무, 기술, 프로젝트 관리, 프로젝트 수행자에 대한 프로젝트 실행 적합성이나 타당성을 평가하게 된다. 공익을 위한 연구개발 프로젝트의 경우는 비용에 대한 경제성평가보다는 기술적 평가항목이 중요한 경우가 많다.

경제성이나 기술성평가에 대한 세부 평가항목은 사업의 특성 및 내용 등을 고려하여 발주자나 프로젝트 오너(Owner)가 적절하게 조정할 수 있다. 그러나 공정한 경쟁 및 객관적인 평가를 위해, 프로젝트 요구사항에 부합되는 합리적인 평가항목을 선정하는 것이 중요하고, 투명한 제안평가를 위해, 프로젝트 제안 요청단계부터 평가에 대한 방법과 기준을 사전에 명확히 정의하고 공지하는 것이 필요하다.

프로젝트 평가항목과 점수는 프로젝트 특성, 발주자의 규정에 따라 달리 적용할 수 있다. 예를 들어 프로젝트 평가를 위한 가감점 제도를 활용할 수 있다. 프로젝트 특성에 따라 제안자의 관련분야 공인인증 확보, 수상경험, 우량 제안자에 대해 일정 점수 이내에서 가점을 부여할 수 있으며, 규정위반, 자격미달 등에 대하여는 감점을 부여할 수 있다. 그리고 평가점수 배분은 100

CASE STUDY

▮ 정보시스템 구축 프로젝트 평가항목 예시

1) 기술성평가 항목(90%)

- 전략 및 방법론(30%): 추진전략, 적용기술, 표준 프레임워크 적용, 개발 방법론
- 업무 및 기술(30%): 요구사항(업무, 시스템, 보안, 데이터베이스 등) 해결 가능성
- 성능 및 품질(10%): 성능 적정성, 품질 적합성, 인터페이스 적합성
- 프로젝트 관리 및 지원(20%): 방법론, 일정계획, 프로젝트조직, 품질보증, 시험운영, 교육훈련, 유지보수, 기밀보안, 비상대책, 제안자 역량(재무 건전성, 경험)

2) 경제성평가 항목(10%)

- 경제성 평가(10%): 가격 적정성, 경제적 효과

▮ 연구개발 프로젝트 평가항목 예시

1) 기술성평가 항목(100%)

- 연구개발 계획 적정성(50%): 연구개발 내용(목적, 일정, 목표수준) 적정성, 추진 체계의 적정성, 품질관리방안 적정성
- 사업화 가능성(30%): 상용화 방안 구체성, 결과 활용 우수성, 차기 사업 연계성
- 기대효과(20%): 비용효과, 기술료, 특허, 논문

2) 경제성평가 항목

- 사전에 정해진 예산 한도에 따라 프로젝트가 진행되어 평가항목에서 제외

점 만점의 점수기준으로 처리하거나, A, B, C, D, E등급으로 분류하여 결정할 수도 있다.

경제성 및 기술성평가 점수의 조합은 프로젝트 특성에 따라, 발주자가 배분하고 결정한다. 경제성보다는 기술적 측면에 중시된다면, 기술성에 대한 백분율 비중을 90% 이상으로 할 수 있다. 그러나 경제적 측면에 중시되는 프로젝트의 경우에는 경제성 평가항목 백분율 비율을 10% 이상 가져 갈 수도

있다. 경제성 측면에서 비용만을 강조하면, 최저가 낙찰에 따른 부실한 프로젝트 결과를 낳을 수 있다. 다음은 정보화 구축 및 연구개발 프로젝트에 대한 평가항목 선정의 예시이다.

6.2 프로젝트의 심사

프로젝트 평가항목의 심사에서 가장 중요한 요인은 객관성, 전문성, 공정성이다. 공공기관뿐 아니라 일반기업도 프로젝트의 목표를 성공적으로 달성하기 위해, 심사기준의 객관성, 평가인력의 전문성, 그리고 심사결과의 공정성이 있어야 한다. 프로젝트 제안에 대한 공정한 심사를 위해, 발주자는 특정 제안에 편중되지 않는 객관적인 **평가위원회**를 구성해야 한다. 평가위원회는 심사 및 선정의 핵심역할을 수행하고, 공공사업이나 중요 프로젝트에 대하여는 법률적 책임도 감내해야 하므로, 객관적인 관점에서 프로젝트와 관련한 전문지식과 경험이 있는 인력을 선정하는 것이 중요하다.

평가위원회에는 프로젝트의 규모나 중요성에 따라 인원수를 결정하나, 소규모의 경우 평가위원장을 포함하여 3~5명으로 구성하고, 대규모의 경우는 평가위원을 많이 구성한다. 평가위원을 많이 구성하면 객관성은 높아지나, 일관된 평가를 수행하기 어려운 경우도 발생하여, 적정한 인력수로 구성하는 것이 필요하다. 평가위원회를 구성하여 심사를 수행할 경우, 사전에 정해진 평가방법 및 항목에 따라 평가를 진행하여야 하며, 서면평가, 발표평가, 현장방문평가, 온라인평가의 개별평가를 실시하고, 정해진 평가 배분비율에 따라 종합점수를 산정한다.

점수 산정시에는 사업별 특성에 맞춘 평가항목별 배점기준, 가감점 부여 여부에 따라, 종합점수가 다르게 산정될 수 있어, 객관성에 유의해야 한다. 그리고 평가위원의 공정한 심사를 위해, 평가 상하한선을 정하여 적정점수 이내의 평가점수만 고려하거나, 최고점수와 최저점수를 제외한 산술평균 점수로 계산하기도 한다. 평가점수는 경쟁이 치열하거나 일정 기준점수 이상에 대해서만 사업자를 선정할 경우에는 소수점 이하의 점수도 중요하므로, 점수산정

CASE STUDY

■ 연구개발 프로젝트 기술성평가 항목 심사표 예시

〈표 3-7〉 연구개발 프로젝트의 기술성평가 항목 심사표 양식 예시

과 제 명							
책 임 자		소 속					
평가항목	평가내용	평가척도					점 수
과제 중요성 (20)	제안 내용의 목적 적합성	①	②	③	④	⑤	소 계 ( )
	개발기술의 대체 가능성	①	②	③	④	⑤	
	시장현황 파악 정도 및 신뢰성	①	②	③	④	⑤	
목표 및 내용 (20)	목표의 명확성과 평가지표 합리성	①	②	③	④	⑤	소 계 ( )
	개발내용 및 개발범위의 적절성	①	②	③	④	⑤	
	개발전략, 체계, 일정의 적절성	①	②	③	④	⑤	
기술개발 능력 (20)	참여인력의 전문성	①	②	③	④	⑤	소 계 ( )
	프로젝트 책임자의 전문성	①	②	③	④	⑤	
	기술개발 및 사업화 경험	①	②	③	④	⑤	
	보유 시설/장비의 적절성	①	②	③	④	⑤	
사업화 효과 (20)	사업화 계획 적절성	①	②	③	④	⑤	소 계 ( )
	과제종류 후 매출 및 이익 기여도	①	②	③	④	⑤	
	사업화 목표달성시 경제성 효과	①	②	③	④	⑤	
예산 적정성 (20)	예산규모의 적절성	①	②	③	④	⑤	소 계 ( )
	인건비 구성의 적절성	①	②	③	④	⑤	
	투자비용의 합리성	①	②	③	④	⑤	
가 감 점 (±10)	가점 요인	①	②	③	④	⑤	소 계 ( )
	감점 요인	①	②	③	④	⑤	
총점(100점 만점)		점					
평가자 의견							

평가일자: 년 월 일 평가위원: ○○○(인)

시 소수점 처리에 대한 지침도 명확히 정의해야 한다.

그리고 평가위원의 심사는 점수만 산정하는 것이 아니라, 심사과정에서 확인된 특이사항에 대해서도 기록함으로써, 심사에 대한 공정성과 근거를 확보할 수 있도록 해야 한다. 평가위원회에서 결정한 심사결과는 결재권자의 승인을 득하여 최종 확정된다. 그러나 심사결과에 대해 이의가 제기될 수 있으며, 이러한 경우에 대비하여 삼사에 대한 이의신청 절차 및 방법에 대해서도 사전에 정의하여 준비해야 할 필요가 있다.

7 계 약

프로젝트 창출단계의 여섯째 업무는 **계약**이다. 계약 업무는 공급자 선정, 프로젝트 계약으로 구성된다. 공급자 선정이란 제안심사 및 낙찰방식에 따라 최적격 공급자를 선정하는 것이다. 그리고 프로젝트 계약은 발주자와 프로젝

그림 3-9 창출단계의 계약 업무활동 내역

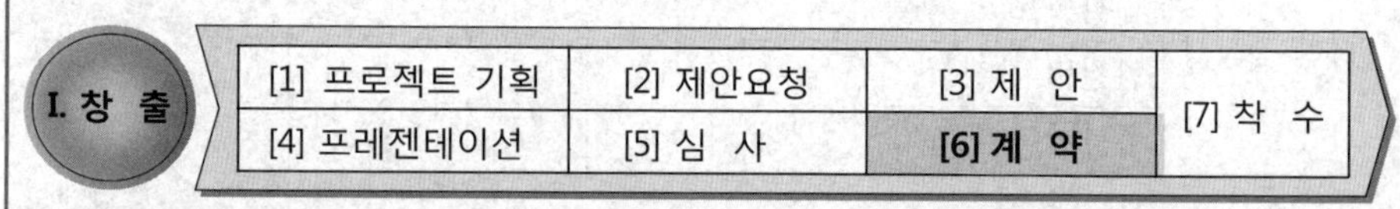

업 무	활 동	설 명
[6] 계 약	공급자 선정	제안심사 및 낙찰방식에 따라 최적격 공급자를 선정한다.
	프로젝트 계약	발주자와 프로젝트 수행자는 프로젝트 이행을 위한 목적, 요구사항, 조건 등을 검토하여 계약서를 작성하고 체결한다.

트 수행자가 프로젝트 이행을 위한 목적, 요구사항, 조건 등을 검토하여 계약서를 작성하고 체결하는 것이다.

본 절에서는 프로젝트 라이프사이클 1단계인 'I. 창출'에서의 여섯째 업무로, "공급자 선정," "프로젝트 계약"에 대해 설명한다.

7.1 공급자 선정

조직 자체 보유자원으로 수행하는 프로젝트는 경영자 또는 프로젝트 결정권자가 프로젝트 수행자를 결정하지만, 공모 형태의 프로젝트는 다수의 잠재 공급자 중에서 최우수 평점을 획득한 공급자가 프로젝트 수행자로 결정된다. 이처럼 프로젝트 수행자의 선정방식은 발주자의 결정에 따라 사전에 정해진 규정에 의해 결정되지만, 공모 프로젝트의 경우에는 제안 요청단계에서 결정한 입찰방식(Bidding system)에 따라 프로젝트를 평가하고 최종 사업수행자를 선정하게 된다.

낙찰(Successful bid, 落札)이란 다수의 제안서 중에서 기술적·경제적 측면에서 제안 내용을 검토하여, 가장 적합한 제안자를 계약의 당사자로 결정하는 것을 말한다. 다수의 제안자로부터 제안조건을 서면으로 제출하게 하여, 그 중에서 발주자에게 가장 유리한 내용을 결정하는 것으로, 제안된 내용에 대하여는 비밀을 유지하여야 공정을 기할 수 있다. 프로젝트 제안 심사에 따라 최종 낙찰자를 결정하는 요소는 시간, 인력, 자원, 비용 등 여러 가지가 있다.

일반적으로 계약 대상자를 선정하는 방식에는 최저가 낙찰, 적정가 낙찰, 최적격 낙찰, 2단계 적격심사 낙찰, 최고가치 낙찰, 협상에 의한 계약 등이 있다. 프로젝트 선정을 위한 **낙찰방식**은 다음과 같다.

프로젝트 낙찰방식

1) 최저가 낙찰

가장 낮은 가격을 제시한 제안서를 선정하는 것이다. 동일한 조건하에서 다수의 제안서 중 단순히 가격을 최저로 제시한 자가 낙찰자로 선정되는 것이다.

2) 적정가 낙찰

발주자가 프로젝트의 적정가를 사전에 정하고, 제안서 중에서 적정가에 가장 근접하는 제안서를 선정하는 방식이다. 최저가 낙찰 진행시 제안자간의 과도한 경쟁으로 시장가격과 동떨어진 제안을 사전에 방지하고, 프로젝트의 품질을 확보하기 위해 적용한다.

3) 최적격 낙찰

프로젝트 심사시 가격뿐만 아니라, 수행자의 기술과 경험에 대한 역량을 함께 평가해 낙찰자를 선정하는 방식이다. 프로젝트 규모 및 성격에 따라 기술적 역량, 가격, 사전심사 내용으로 항목을 분류하고 백분율을 결정하여 평가한다.

4) 2단계 적격심사 낙찰

프로젝트의 심사를 2단계로 나누고, 1단계에서는 제안서의 기술성평가 항목을 대상으로 고점 순서에 의해 적정수의 제안자를 선정하고, 2단계에서는 경제성평가 항목에 따라 최저가 또는 적정가 제안자를 최종 낙찰자로 결정하는 방식이다.

5) 최고가치 낙찰

프로젝트 발주자 측면에서의 최고가치는 발주자 이익을 극대화하거나 비용을 최소화하여, 투자 효율성을 극대화하는 가치(Value for Money)를 말한다. 최고가치 낙찰방식에서는 발주자가 수용할 만한 가격(Acceptable price)을 제시한 프로젝트로 제한하되, 프로젝트 목적에 적합한 품질과 서비스를 경제적·효율적·효과적으로 제공하는 것을 선정한다. 최고가치 낙찰은 초기 투입비용의 최소화가 아니라, 유지관리비를 포함한 총 생애주기비용(Whole life-cycle cost)을 최소화하는 것으로, 가치에 대한 측정기준이 명확해야 한다.

6) 협상에 의한 계약

제안서 평가결과, 일정 점수 이상인 자를 우선협상 대상자로 선정하고, 우선순위에 따라 협상에 의한 계약(Contract by negotiation)을 체결하는 방식이다.

최종 계약자는 제안 내용, 방법, 일정, 가격 등에 대해 추가 협상을 실시한 후, 조건에 부합하면 선정한다. 협상시 상호 협의하여 제안 내용의 일부를 조정할 수 있으며, 협상이 결렬되면, 차순위 협상 대상자와 협상을 하고 계약을 체결한다.

물품이나 프로젝트 용역계약에 있어, 계약이행의 전문성, 기술성 등이 필요한 SW사업, 첨단사업 등 지식기반 사업에 대하여는 협상에 의한 계약체결을 실시하는 경우가 많다. 그러나 계약과정이 복잡하고 길어지는 단점이 있으며, 사업수행자 측면에서는 발주자의 무리한 요청을 받아들일 경우, 프로젝트 품질에 문제를 야기할 수 있다.

7.2 프로젝트 계약

계약단계에서 발주자와 수행자는 계약이행을 위한 목적, 요구사항, 조건 등을 검토하여 계약서를 작성한다. 프로젝트 계약서는 프로젝트 수행에 대한 상호간의 역할과 책임을 서면으로 공식화하여 정의하는 것이다. 따라서 합의된 계약서 내용은 법률적 책임과 효력을 발생하게 되므로, 계약서에 포함된 모든 내용은 주의 깊게 분석하고 숙지해야 한다. 계약내용의 검토가 미흡하거나, 충분히 이해되지 않은 상태에서 계약을 체결하면, 한두 개의 계약조항이라도 향후 프로젝트 수행단계에서 큰 문제를 야기시킬 수 있다. 다음은 프로젝트의 계약과 관련하여 계약서, 해약, 청렴계약제도에 대해 설명한다.

1) 계 약 서

프로젝트 수행자가 선정된 후 최종적으로 발주자와 수행자는 계약을 체결한다. 계약(Contract, 契約)이란 관련되는 사람이나 조직체 사이에서, 서로 지켜야 할 의무에 대하여 글이나 말로 정하는 약속이다. 그리고 일정한 법적 효과의 발생을 목적으로, 계약 당사자간의 상호 의사표시 합치에 의해 성립하는 법률적 행위이다.

계약을 위해서는 계약서, 그리고 관련 내용 증빙을 위한 사업자 증빙서류, 인감 증명서, 계약보증금, 제안서, 프로젝트 수행계획서 등이 필요하다.

모든 증빙이 완료되면, 계약서에 발주자와 프로젝트 수행자 대표의 서명 날인이 필요하다. 발주자와 수행자간에 체결된 계약서에 따라 프로젝트가 시작되며, 발주자와 수행자는 프로젝트 시작 과정부터 계약서의 내용을 준수하여 프로젝트의 목적을 달성토록 하여야 한다.

계약서 내용은 일반적으로 표제(標題, Title), 전문(前文, Preamble), 본문(本文), 계약당사자의 내용이 포함되며, 구체적 내용은 다음과 같다.

① **표제(標題, Title)**: 표제는 반드시 계약서로 표시하는 것은 아니며, 계약의 특성에 따라 합의서, 협의서 등으로 표현이 가능하다. 표제를 무엇으로 하는가는 계약의 효력과 별로 관련이 없다.

② **전문(前文)**: 전문이란 계약서의 각 조항을 구성하기에 앞서, 그 계약의 목적이나 기본원칙을 선언하는 서두 문언을 말한다. 계약서 작성 시 전문이 반드시 필요한 것은 아니나, 계약서의 각 조항을 구성하는 본문의 해석기준이나 계약서상에 미처 기재하지 않은 사항에 대한 해석기준이 될 수 있어, 계약서의 중요한 내용이 된다.

③ **본문(本文)**: 계약서의 본문은 계약의 핵심내용으로서 통상적으로 조문 형식으로 작성한다. 계약 조항은 계약당사자 간에 체결하고자 하는 계약의 종류와 그들 사이의 합의 내용을 작성한다. 일반적으로 계약의 목적, 계약대상 목적물, 계약당사자의 권리와 의무, 보험 및 손해배상, 계약 이행시기 및 관계, 조건, 기한 이익의 상실, 계약 이행장소 및 방법, 의무 불이행에 대한 처리, 검사, 위험관리, 계약해지 및 해제, 의사소통 방법, 권리의 이전, 재판관할에 대한 합의, 예외사항 처리 등의 내용이 포함된다.

④ **계약당사자**: 계약에 따른 권리와 의무자를 특정하기 위해 계약당사자를 표시하다. 계약당사자는 계약서에 작성 명의인으로서 서명하고, 서명자의 인감을 날인한다.

계약서의 작성시 주의하여야 할 사항은 계약으로 인해 발생할 수 있는 제반 문제를 예상하고, 이해관계자와 사전에 충분한 협의를 거친 후에 완성해야 한다. 계약 조항에 따라 다른 해석을 할 수 없도록, 구체적이고 명확한 문언으로 표시하여, 나중에 변조될 수 없도록 해야 한다. 계약서란 분쟁의 발생을 사전에 예방하거나, 분쟁이 발생하여 소송으로 해결할 수밖에 없게 된 경우에는 입증자료로 사용할 수 있음을 명심해야 한다.

2) 해　　약

계약과정에서 발주자와 수행자간의 이견이 발생하거나, 자격조건 등에서 미흡한 경우가 발생되었을 경우에는, 해약이 되어 계약이 무효화되는 경우가 발생한다. 해약은 프로젝트 창출단계뿐 아니라, 프로젝트 진행과정에서 언제든지 발생할 수 있는 것으로, 해약에 따른 상호간의 피해가 크므로, 프로젝트 이해관계자는 프로젝트 초기단계부터 계약 내용을 명확히 파악하고, 프로젝트 진행과정에서도 항상 계약내용을 준수해야 한다.

3) 청렴계약제

청렴계약제(Integrity Pact)는 국가나 공공기관의 조달구매, 용역계약 등의 프로젝트 입찰에 참가하는 사람이나 조직과 행정기관 당사자 모두가 입찰신청, 낙찰, 계약이행 과정에서 뇌물을 제공하거나 받지 않고, 위반시에는 제재를 받겠다는 것을 서로 서약하는 제도이다. 이 제도는 부패방지 국제기구인 **국제투명성기구**(Transparency International: TI)에서 개발되었으며, 전 세계적으로 많은 나라가 수용하고 있다.

청렴계약제에 따르면 청렴계약 이행서약서를 제출한 업체만 입찰에 참가할 수 있다. 그리고 입찰담합이나 금품·향응 등 비위 사실이 밝혀질 경우, 낙찰자 결정 취소, 특정기간 동안 프로젝트 참가자격을 제한받게 되며, 관련자도 중징계를 받게 되는 제도이다.

8 착　수

프로젝트 창출단계의 일곱째 업무는 착수이다. 착수는 프로젝트의 헌장 개발 및 착수를 의미하며, 프로젝트를 수행할 경우에 발생할 수 있는 여러 사건에 적용할 기본적인 지침을 개발하고, 프로젝트를 본격적으로 착수하는 것이다. 본 절에서는 프로젝트 라이프사이클 1단계인 'I. 창출'에서의 마지막 업무로, "헌장 개발 및 착수"에 대해 설명한다.

그림 3-10 창출단계의 착수 업무활동 내역

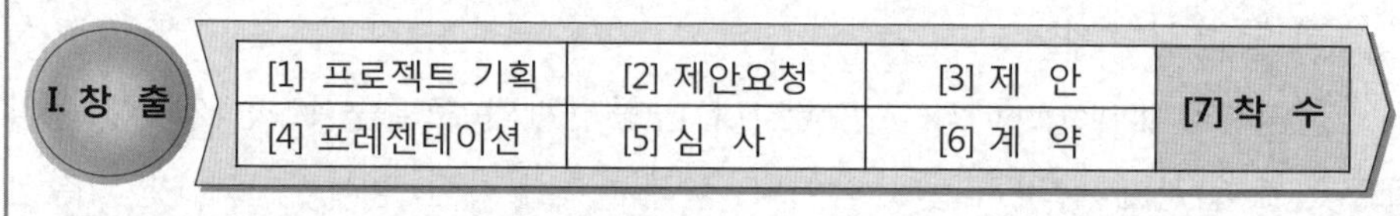

업　무	활　동	설　명
[7] 착　수	헌장 개발 및 착수	프로젝트를 수행할 경우에 발생할 수 있는 여러 사건에 적용할 기본적인 지침을 개발하고, 프로젝트를 본격적으로 착수한다.

8.1 헌장 개발 및 착수

헌장(憲章, Charter)이란 어떠한 사실에 대하여 약속을 이행하기 위해 정한 규범이다. **프로젝트의 헌장(Charter)은** 프로젝트 수행을 위한 규범을 만드는 것이다. 프로젝트 헌장은 프로젝트를 수행할 경우에 발생할 수 있는 여러 가지 사건에 적용할 기본적인 지침(Guideline)이 되어야 하므로, 프로젝트 수행과 관련하여 준수해야 할 핵심적인 내용을 중심으로 작성하고 공유해야 한다. 그러므로 프로젝트 헌장(Charter)은 프로젝트를 공식적으로 시작하기 위해,

프로젝트와 관련한 조직의 비전과 전략, 비즈니스적 필요성, 이해관계자의 요구사항, 프로젝트 소요자원에 대한 상위수준의 내용을 정리한 기준 문서가 된다.

프로젝트 헌장은 프로젝트 착수를 공식화하는 문서이므로, 프로젝트에 소요되는 자금을 지원하고 의사결정을 실행하는 프로젝트 스폰서가 발행한다. 프로젝트 스폰서 역할은 통상 기업의 경영자, 정부 및 공공기관의 프로젝트 착수자가 수행한다. 프로젝트 헌장은 프로젝트 관리자에게 프로젝트를 수행할 권한을 부여하는 근거가 되기도 하므로, 프로젝트 헌장에는 프로젝트 관리자의 이름과 권한을 명시하게 된다. 프로젝트가 원활하게 진행되기 위해서는 프로젝트 관리자를 초기단계부터 임명하여, 프로젝트 배경을 파악하도록 하고, 프로제트 헌장의 작성에도 참여시키는 것이 좋다.

프로젝트 헌장에는 이해관계자의 요구사항과 기대치를 충족시키기 위한 초기 수준의 요구사항들이 포함된다. 프로젝트와 관련한 추진배경, 비전과 전략, 목표, 일정, 예산, 조직, 제약조건, 가정, 이해당사자 분석 등을 포함해야 한다. 프로젝트 헌장은 프로젝트 시작의 근거를 제공하는 산출물로서, 프로젝트 수행과 관련한 핵심 요구사항을 담고 있어, 프로젝트 특성에 따라 프로젝트 헌장을 '**과업지시서**' 형태로 발행하여 사용하기도 한다. 프로젝트 헌장에 일반적으로 다음과 같은 내용을 포함하여야 한다.

프로젝트 헌장 내용

- 프로젝트 배경
- 프로젝트와 관련된 조직의 비전과 전략
- 프로젝트 목적과 당위성
- 프로젝트 목표 및 성공 기준
- 이해관계자 분류 및 요청사항
- 고객 및 사용자 요구사항
- 프로젝트 조직
- 일정 요약
- 예산 요약

- 위험 분석
- 프로젝트 당부사항

프로젝트 스폰서에 의해 승인 및 발행된 프로젝트 헌장은 프로젝트 시작부터 종료까지 모든 의사결정의 기준 자료가 되며, 프로젝트 헌장 발생 이후 작업해야 할 프로젝트 관리계획서에서 관련 내용이 상세화된다. 따라서 프로젝트 헌장의 내용을 구체적으로 작성하여, 프로젝트 이해관계자 전원이 이해할 수 있도록 해야 하고, 내용도 공유하고 숙지해야 한다. 프로젝트 헌장과 같은 중요 문서는 다음과 같은 SMART 법칙을 적용하여 작성하는 것이 필요하다.

프로젝트 헌장 작성시 고려할 'SMART 법칙'

- S = Specific: 구체적인 내용으로 작성하여야 한다.
- M = Measurable: 프로젝트의 성과를 측정할 수 있도록 목표를 정해야 한다.
- A = Aggressive and Achievable: 프로젝트 목표설정 및 실행방안은 적극적이고 달성 가능한 수준으로 작성하여야 한다.
- R = Relevant to the Vision & Strategic plan: 기업, 정부, 단체의 비전 및 전략과 연계된 프로젝트 계획을 작성해야 한다.
- T = Time bound: 프로젝트의 핵심업무 활동에 대해 시작 및 완료 시한을 계획 시점부터 명확히 결정해야 한다.

프로젝트 계약이 체결되면 일정 조건에 따라 프로젝트가 착수된다. 그러나 회사나 조직 내부에서 진행하는 프로젝트의 착수는 새로운 프로젝트에 대한 시작을 결정권자로부터 승인받아 수행하는 프로세스들로 구성된다. 프로젝트가 정상적으로 착수되기 위해서는 프로젝트 요구사항에 따른 범위가 정해지고, 필요자원이 충족되어야 한다. 이러한 프로젝트 착수조건은 일반적으로 프로젝트 헌장(Project Charter)에 포함되므로, 프로젝트 헌장의 작성과 결정권자의 승인을 득하면 성립된다.

착수단계에서 이해관계자의 참여 및 지원은 필수적이다. 이해관계자와 프로젝트 현장의 내용을 공유하면, 프로젝트에 대한 만족도는 더욱 향상될 수 있고, 프로젝트 진행과정에서 발생하는 리스크와 이슈를 원만히 해결할 수 있도록 도움을 받을 수 있다. 따라서 대부분의 프로젝트는 착수과정에서 고객 또는 이해관계자 전원이 참석하여, 프로젝트의 내용을 공유하는 **착수회의**(Kick-off Meeting) 또는 워크숍(Workshop)을 개최한다.

제4장

프로젝트 계획수립

1 개 요

프로젝트는 사업의 형태에 따라 다른 과정을 거쳐 창출된다. 공정성 및 투명성을 강조하는 국가 및 공공기관에서는 기획부터 제안요청, 제안, 심사 및 계약의 체계적 과정을 거쳐 프로젝트가 창출되지만, 기업의 프로젝트는 조직의 목표를 달성하기 위한 전략과제가 확정되면, 전략과제를 프로젝트화하여 기획과 승인과정을 거쳐 바로 착수하기도 한다. 이처럼 프로젝트는 다양한 과정을 거처 창출되지만, 프로젝트 라이프사이클의 두 번째 과정인 계획단계에서의 활동은 모든 프로젝트에 공통적으로 적용되는 활동이다.

프로젝트 계획수립은 프로젝트 라이프사이클에서 "단계-Ⅱ: 계획"에 해당하는 과정이다. 계획단계에서는 지식분야별 프로젝트 활동계획을 모두 수립하게 된다. 계획단계의 지식영역별 업무에는 통합계획 수립, 요구정의 및 범위계획 수립, 일정계획 수립, 원가산출 및 예산결정, 품질 및 감리계획 수립, 인적자원계획 수립, 의사소통계획 수립, 리스크 및 이슈관리계획 수립, 조달관리계획 수립이 있다.

그림 4-1 프로젝트 라이프사이클 계획단계의 업무 내역

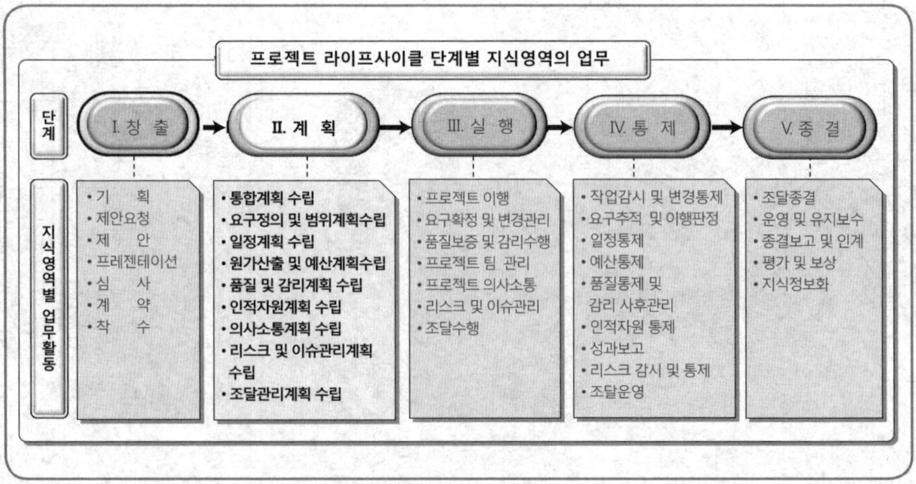

프로젝트 라이프사이클 단계 "Ⅱ. 계획"에서의 프로젝트 업무 및 활동 내역은 [그림 4-1] 및 〈표 4-1〉과 같다.

〈표 4-1〉 프로젝트 계획단계의 업무 활동

업 무	활 동	설 명
[1] 통합계획 수립	프로젝트 관리계획 수립	프로젝트의 실행, 통제, 종료를 위한 관리방법을 정의하는 것으로, 프로젝트 단계에 적용할 프로세스와 사용도구 및 기법, 변경관리, 형상관리, 의사소통관리 등과 관련한 기본적인 사항들을 문서화한다.
[2] 요구정의 및 범위계획 수립	요구사항 정의	제안요청서, 제안서, 협상서, 고객 및 사용자 예비면담을 통해 도출된 모든 프로젝트 요구사항을 체계적으로 정리한다.
	범위 정의	프로젝트 헌장의 내용을 기초로 프로젝트 추진범위에 대해 구체적으로 정의한다.
	WBS 작업	프로젝트 수행범위에 포함된 업무를 단위 업무로 세분화하여 계층적으로 분류한다.
[3] 일정계획 수립	활동 및 소요 자원 정의	WBS의 작업패키지에 대한 해당 산출물을 만들어 내기 위한 작업/업무활동(Activity)을 도출하고, 활동별 필요한 소요자원을 정의한다.
	순서결정 및 소요시간 산출	작업/업무활동의 순서를 결정하고, 활동별 소요시간을 산출한다.
	일정계획 수립 및 분석	프로젝트 수행과 관련한 모든 활동의 일정계획을 수립하고, 일정계획의 적정성 확인과 일정변경에 대한 영향을 분석한다.
[4] 원가산출 및 예산 결정	원가산출	프로젝트 목표를 달성하기 위해 필요한 원가를 산출한다.
	예산결정	프로젝트 수행을 위해 필요한 전체 예산계획을 수립하여 확정한다.
[5] 품질 및 감리계획 수립	프로젝트 품질계획	프로젝트 수행과정이나 결과물이 고객이 제시한 품질기준이나 요구사항과 얼마나 일치하는지를 확인하기 위해, 프로젝트 팀에서 수행하는 품질보증 및 통제와 관련한 모든 행위를 계획한다.
	프로젝트 감리계획	프로젝트 품질의 보증과 더불어 목표달성 및 리스크 방지를 위해, 감리유형 및 종류에 적합한 감리계획을 수립한다.
[6] 인적자원 계획 수립	인적자원 소요계획	프로젝트의 성공적 수행을 위해 필요한 인적자원의 소요량 계획을 합리적이고 정확하게 산출한다.
	인적자원 계획개발	프로젝트에 필요한 사람이 언제부터 투입되고, 철수하는지에 대한 인적자원의 구체적 운영계획을 수립한다.

[7] 의사소통 계획 수립	이해관계자 식별	프로젝트의 적정한 의사소통 대응책을 마련하기 위해, 프로젝트에 직·간접으로 영향을 주고받는 조직이나 사람을 식별한다.
	의사소통계획 수립	이해관계자들의 정보에 대한 요구사항을 분석하고, 의사소통 내용, 방법, 시기, 대상, 빈도 등을 결정한다.
[8] 리스크 및 이슈관리 계획 수립	리스크관리 계획 수립	리스크의 식별, 계량화, 대응, 감시 및 통제와 관련한 체계적 수행방법을 계획한다.
	이슈관리 계획 수립	프로젝트 발생 이슈에 대한 관리를 어떻게 수행할 것인지를 정의한다.
[9] 조달관리 계획 수립	조달계획 수립	프로젝트에 필요한 제품이나 서비스 또는 결과물의 구매 결정사항을 문서화하고, 구매조건을 정하여 적정 공급자를 통해 자원을 확보받을 수 있도록 계획하는 것이다.

2 통합계획 수립

프로젝트 계획단계의 통합관리(Integration management) 지식영역에서 이루어지는 중요한 프로젝트 업무는 프로젝트 관리계획 수립 활동이 있다. PMI에서는 통합관리 지식영역 분야의 착수 프로세스 그룹에서 프로젝트 헌장을 개발하는 것으로 정의하였으나, 본서에서는 "제3장. 프로젝트 창출"의 업무로 정의하여 설명하였으므로, 계획단계에서는 프로젝트 관리계획 수립 활동만을 설명한다.

본서의 프로젝트 라이프사이클 2단계인 "Ⅱ. 계획"에서의 업무로, "통합계획 수립" 의 업무활동은 다음의 [그림 4-2]와 같다.

그림 4-2 계획단계의 통합계획 수립 업무활동 내역

II. 계 획			
	[1] 통합계획 수립	[2] 요구정의 및 범위계획 수립	[3] 일정계획 수립
	[4] 원가산출 및 예산결정	[5] 품질 및 감리계획 수립	[6] 인적자원계획 수립
	[7] 의사소통계획 수립	[8] 리스크 및 이슈관리계획 수립	[9] 조달관리계획 수립

업 무	활 동	설 명
[1] 통합계획 수립	프로젝트 관리계획 수립	프로젝트의 실행, 통제, 종료를 위한 관리방법을 정의하는 것으로, 프로젝트 단계에 적용할 프로세스와 사용도구 및 기법, 변경관리, 형상관리, 의사소통관리 등과 관련한 기본적인 사항들을 문서화한다.

2.1 프로젝트 관리계획 수립

프로젝트 **관리계획 수립**이란 프로젝트 진행 전체과정에 필요한 모든 업무활동을 식별하여 정의하고, 조정과 통합으로 프로젝트의 관리를 위한 구체적이고 실현 가능한 계획을 만드는 일이다. 프로젝트 관리계획의 수립을 위해 프로젝트 팀에서는 **프로젝트 관리계획서**(Project Management Plan)를 작성한다. 프로젝트 관리계획서는 프로젝트 헌장(Charter)의 내용을 기준으로 관련 내용을 구체화, 세분화하여 작성하며 프로젝트 관리와 관련한 범위, 일정, 원가, 품질보증, 인적자원, 의사소통, 위험, 조달 등의 내용도 추가하여 작성한다.

프로젝트의 목표와 달성방법에 관한 사항을 포함하고 있는 프로젝트 관리계획서는 프로젝트 팀의 업무처리 기준이 되는 핵심문서로서, 가능하면 프로젝트에 참여하는 모든 사람이 계획서 작성에 참여하고, 충분히 이해하는 것이 필요하다. 프로젝트 관리계획서는 프로젝트 관리영역을 수행하고, 감시와 통제방법을 정의한 문서이다. 관리계획서의 작성 내용은 일반적으로 3개 부분으로 나누어 작성하며, 프로젝트 헌장의 핵심내용 구체화 부분, 프로젝트 수행전략 및 실행방안 부분, 그리고 프로젝트 지식영역별 실행계획 부분으로 구분한다. 프로젝트 관리계획서를 구성하는 3대 부분별 작성 내용은 다음과 같다.

프로젝트 관리계획서 3대 부분별 작성 내용

① **헌장 구체화 부분**: 프로젝트의 비전, 전략, 목적, 목표, 요구사항 등을 구체적으로 기술한다.

② **전략 및 실행방안 부분**: 프로젝트 수행전략, 실행방안, 적용방법론 등이 구체화된다.

③ **지식영역별 실행계획 부분**: 프로젝트의 지식영역인 범위, 일정, 예산, 품질, 인력, 의사소통, 위험, 조달과 관련한 실행계획을 구체적으로 작성한다. 프로젝트에 따라 지식영역별 실행계획 분야는 각각의 구체화된 별도 문서로 만들 수도 있고, 프로젝트 관리계획서에 일괄적으로 포함시켜 작성할 수도 있다.

프로젝트 관리계획서는 프로젝트의 체계적 관리를 위해, 필요한 내용을 전반적으로 작성하지만, 프로젝트의 다양성, 탄생 배경, 상황에 따라 관리계획서의 내용을 함축적으로 작성하기도 한다. 또한 상황에 따라 프로젝트 관리계획서를 **"사업수행계획서"**로 작성하여 활용하기도 한다. 예로서, 국가 및 공공기관에서 주관하는 공모 프로젝트나, 또는 외부 프로젝트 전문기관이나 전문가를 활용한 경쟁 프로젝트의 경우는 사업수행계획서를 작성하여, 해당 프로젝트 관리의 가이드라인으로 활용한다.

프로젝트 관리계획서는 프로젝트 수행 및 관리의 주요 문서로서, 내용의 구성은 프로젝트 상황에 맞추어 유연하게 작성할 수 있다.

기업이나 단위조직 차원에서 진행하는 프로젝트는 사업관리의 효율성을 위해 간이형 프로젝트 관리계획서를 작성하기 한다. 기업이나 단위 조직 차원에서 수행하는 비공개, 소규모 프로젝트의 경우에 작성하는 간이형 프로젝트 관리계획서의 작성 내용은 프로젝트를 수행할 구체적이고 핵심적인 내용을 위주로 간략하게 작성하는 것이 중요하다. 프로젝트 관리를 위한 가이드라인

CASE STUDY

▌프로젝트 관리계획서의 작성 내용 예시

• 프로젝트 관리계획서를 작성할 경우 작성 분야별 내용을 요약하여 정리하면 다음과 같으나, 분야 및 내용은 프로젝트 상황에 맞추어 조정할 수 있다.

〈표 4-2〉 프로젝트 관리계획서 작성 내용 예시

작성 분야	작성 내용
1) 프로젝트 헌장의 핵심내용 구체화 분야	• 프로젝트 비전과 전략 • 프로젝트 목적과 목표 • 이해관계자 요구사항
2) 프로젝트 수행전략 및 실행방안 분야	• 추진전략 • 실행방안 • 적용 방법론(적용 도구 및 기법) • 단계별 산출물
3) 프로젝트 지식영역별 실행계획 분야	• 범위관리계획 • 일정계획 • 예산계획 • 품질보증계획 • 형상관리계획 • 인력계획 • 의사소통계획 • 리스크 및 이슈관리 계획 • 변경관리 프로세스 및 계획 • 조달계획 • 교육 및 기술전수 계획
4) 기타 프로젝트 수행 관련 적용사항	• 프로젝트 수행을 위해 필수적으로 알아야 할 준수사항, 주의사항, 당부사항 등

역할을 담당할 수 있도록, 간이형 프로젝트 관리계획서에는 프로젝트 참여자가 프로젝트(또는 사업, 과제, 과업)의 목적과 필요성을 이해하고, 프로젝트 진행과정에서 지켜야 할 지침을 제공하는 의미에서 핵심적 내용만을 작성하는 것이다.

간이형 프로젝트 계획서에 포함되어야 할 핵심항목은 목적과 필요성, 문제와 개선기회, 목표수준, 범위 정의, 일정 및 예산, 조직, 역할과 책임에 관련한 내용이다. 이러한 내용은 프로젝트 상황에 따라 조정할 수 있으나, 프로젝트 수행의 효율화를 위해 가능한 한 장으로 축약된 내용으로 작성하여, 프로젝트 관련자 전원이 숙지토록 하는 것이 중요하다.

CASE STUDY

간이형 프로젝트 계획서

- 정식적으로 프로젝트 계획서를 작성하기 전에 사전 검토나 승인용 또는 핵심내용을 공유할 목적으로 다음과 같은 내용으로 정리한다.

1) 목적과 필요성

- 프로젝트를 추진하는 것이 어떠한 의미를 갖는가에 대한 내용을 기술한다. 기업의 경우는 비즈니스 케이스(Business Case)에 해당하며, 프로젝트 목적과 필요성을 기술한다.

2) 문제와 개선기회

- 프로젝트를 수행하려는 근원적 문제와 문제해결을 통해 얻을 수 있는 개선의 기회를 정리한 문제기술서(Problem Statement)를 작성하는 것으로, 문제 및 개선기회를 구분하여 2~3가지 핵심내용으로 축약 정리한다.
- 프로젝트 팀은 문제기술서를 통해 "지금까지 무엇이 문제였는가?," "창의적 개선과 아이디어를 통해 어떠한 개선기회를 얻도록 할까?"를 생각하게 된다.

3) 목표수준

- 목표를 구체화하여 정량적으로 정리한 **목표 기술서(Goal Statement)**이다.
- 프로젝트 목적을 달성하기 위한 정량적 성과지표로서, 프로젝트 수행을 통해 얻을 수 있는 최종 결과물의 측정지표와 달성 수준을 작성한다.
  - **목표지표**: 원가감액, 기능 측정항목 등 결과물의 측정지표이다.
  - **목표수준**: 100억원, 20%, 4초 등 목표지표를 측정할 수 있는 정량화 수치이다.

4) 범위 정의

- 프로젝트 수행범위와 구체적 대상은 어디까지인지를 정의하고, 범위와 관련하여 추진상의 전제조건이나 제약사항이 있는지에 대하여도 정의한다.

5) 일정 및 예산계획

- 대일정을 중심으로 마일스톤(Milestone)을 작성하며, 프로젝트 방법론이 적용될 경우에는 상위의 단계별 일정계획을 작성하고, 전체 예산규모를 작성한다.

6) 조직, 역할과 책임

- 프로젝트를 수행할 팀을 구성(Team Selection)하고, 구성원의 역할과 책임(Role & Responsibility: R&R)을 정의한다.

프로젝트를 수행할 경우에 시작과 종료까지 예상치 못한 경우가 종종 발생하고, 이로 인해 프로젝트 관리측면에서 중대한 변경사항이 발생한다. 따라서 초기단계에 수립한 프로젝트 관리계획은 불가피하게 내용이 변경되는 경우가 발생한다. **연동계획 수립(Rolling wave planning)**이란 이처럼 예상치 못한 프로젝트 상황 전개에 따라, 프로젝트 관리계획서를 지속적으로 수정·보완하는 것을 말한다. 이러한 속성에 따라 프로젝트에서는 계획을 무한정 수정하지 못하도록 하는 변경관리에 대한 공식적인 절차와 지침이 필요하다.

3 요구정의 및 범위계획 수립

프로젝트 계획단계의 범위관리(Scope Management) 지식영역에서 이루어지는 업무는 요구정의 및 범위계획 수립이다. 요구정의 및 범위계획 수립에는 요구사항 정의, 범위정의, WBS 작업이 있다. 먼저, 요구사항 정의는 제안요청서, 제안서, 협상서, 고객 및 사용자 예비면담을 통해 도출된 모든 프로젝트 요구사항을 체계적으로 정리하는 것이다. 그리고 범위정의는 프로젝트 헌장의 내용을 기초로 프로젝트 추진범위에 대해 구체적으로 정의하는 것이다. 끝으로 WBS 작업은 프로젝트 수행범위에 포함된 업무를 단위 업무로 세분화하여 계층적으로 분류하는 것이다.

본 절에서는 프로젝트 라이프사이클 2단계인 "Ⅱ. 계획"에서의 둘째 업무로, 범위관리 지식영역에 포함되는 "요구사항 정의," "범위 정의," "WBS 작업"에 대해 설명한다.

그림 4-3 계획단계의 요구정의 및 범위계획 수립 업무활동 내역

Ⅱ. 계획			
	[1] 통합계획 수립	**[2] 요구정의 및 범위계획 수립**	[3] 일정계획 수립
	[4] 원가산출 및 예산결정	[5] 품질 및 감리계획 수립	[6] 인적자원계획 수립
	[7] 의사소통계획 수립	[8] 리스크 및 이슈관리계획 수립	[9] 조달관리계획 수립

업 무	활 동	설 명
[2] 요구정의 및 범위 계획 수립	요구사항 정의	제안요청서, 제안서, 협상서, 고객 및 사용자 예비면담을 통해 도출된 모든 프로젝트 요구사항을 체계적으로 정리한다.
	범위정의	프로젝트 헌장의 내용을 기초로 프로젝트 추진범위에 대해 구체적으로 정의한다.
	WBS 작업	프로젝트 수행범위에 포함된 업무를 단위 업무로 세분화하여 계층적으로 분류한다.

3.1 요구사항 정의

3.1.1 요구사항 개요

범위(Scope)를 결정하는 가장 중요한 요소는 프로젝트의 요구사항이다. **요구사항**이란 프로젝트 목적을 달성하기 위해, 고객 또는 사용자가 필요로 하는 조건 또는 기능을 말하며, 프로젝트 수행과정에서 구현되어야 할 명세이다. 따라서 요구사항을 프로젝트 초기단계부터 명확히 정의할 수 있으면, 프로젝트 이행과정의 시행오차를 최소화하여 효율적으로 프로젝트를 진행할 수 있게 된다. 그러나 처음부터 요구사항이 구체적이지 못하거나, 프로젝트 이행과정에서 변경이 발생하면, 프로젝트의 효율성은 그만큼 떨어지고, 시간지연, 비용과 인력의 추가 손실이 발생한다.

범위를 정의하기 위해서는 프로젝트 이해관계자의 모든 요구사항을 수집해야 한다. 프로젝트 이해관계자는 각자의 입장에서 요구사항이 있다. 스폰서는 프로젝트 착수자의 입장에서 프로젝트에 바라는 요청사항이 있으며, 고객이나 사용자는 프로젝트 결과물에 대한 요구사항이 있다. 또한 이해관계자의 요구사항은 시간의 흐름에 따라 변화되기도 한다.

계획단계에서는 이러한 모든 요구사항을 올바로 정리하여 프로젝트를 계획하여야 모두가 원하는 목적을 달성할 수 있다.

프로젝트의 범위 결정요소인 요구사항에 대해, 한국정보통신기술협회(Telecommunications Technology Associations: TTA)에서는 소프트웨어 요구사항 품질평가 항목(TTAK.KO-11.0103)에 따른 품질특성을 만족하도록 권장하고 있다.

요구사항에 대한 9가지 품질특성은 완전성(Completeness), 정확성(Correctness), 명확성(Unambiguousness), 일관성(Consistency), 특이성(Peculiarity), 검증가능성(Verifiability), 수정용이성(Modifiability), 추적성(Traceability), 이해가능성(Understandability)이다. 그리고 요구사항의 크기는 기능점수(Function Point: FP) 단위로 나눌 것을 권장하였다. 특히, **요구사항 품질특성** 중에서 완전성, 정확성, 검증가능성, 추적성의 4가지를 필수조건으로 준수하도록 하였다.

요구사항 품질준수 4가지 필수조건

① 완전성(Completeness): 요구사항정의서에 식별된 요구사항은 공식적 사유가 없이 사용자가 제시한 요구사항을 누락 또는 변경시키지 말아야 한다.
② 정확성(Correctness): 요구사항정의서에 식별된 요구사항은 논리적으로 정확하게 기술하여, 설계 및 개발에 적용할 수 있어야 한다.
③ 검증가능성(Verifiability): 요구사항이 프로젝트 중간 산출물 또는 최종 결과물에 반영되었는지를 검증할 수 있도록, 검사기준 및 방법을 제시할 수 있어야 한다.
④ 추적성(Traceability): 요구사항정의서의 모든 요구사항은 설계, 개발, 시험, 이행과정의 프로젝트 수행단계별로, 중간 산출물 또는/그리고 최종 결과물에 적절하게 반영되었는지를 추적할 수 있어야 한다.

프로젝트에 대한 요구사항은 RFP, 제안서, 협상서, 프로젝트 헌장, 사업수행계획서 등 프로젝트의 공식 문서뿐만 아니라, 이해관계자의 설문분석, 면담, 회의, 워크숍 등 다양한 방법을 통해 수집할 수 있다. 그러나 이처럼 다양한 경로를 통해 수집된 원시적 요구사항은 프로젝트에 적용할 수 있는 요구사항으로 정제되어야 활용할 수 있다. 그리고 계획단계에서 확정한 요구사항은 프로젝트 진행과정에서 변경을 최소화할 수 있도록, 발주기관 책임자의 확인(Confirm) 과정을 거치거나, 프로젝트 이해관련자 모두가 참석한 심층 워크숍을 통해 요구사항을 명확히 하는 것이 효과적이다.

3.1.2 요구사항 이행 프로세스

요구사항의 정확한 관리는 프로젝트 성공의 열쇠가 된다. 대규모 프로젝트일수록 프로젝트 이해관계자가 많고, 모든 요구사항을 얼마나 잘 도출하고 정의하여, 프로젝트에 반영하는가가 프로젝트 관리의 핵심이 되기도 한다. 이처럼 중요한 의미를 가지는 프로젝트의 요구사항은 프로젝트 라이프사이클을 통하여 체계적으로 관리돼야 하고, 하나의 요구사항도 빠짐없이 철저히 관리해야 한다.

프로젝트의 요구사항 이행 프로세스를 프로젝트 라이프사이클에 맞추어 정리하면 다음과 같다.

요구사항 이행 프로세스

1) 창출단계의 요구사항 관리
- 프로젝트에 대한 모든 이해관계자의 요구사항을 상세화하여 정리한다.
- 법적 · 제도적 · 기술적 · 환경적 기술제약 요소를 고려하여 요구사항을 정의할 필요가 있는 경우에는 구체적인 기술적용 계획 내용을 포함한다.
- 상세화한 요구사항은 사업기획서 또는 제안요청서에 반영한다.

2) 계획단계의 요구사항 관리
- 프로젝트에 반영할 요구사항을 확인하기 위해 요구사항범위표, 요구사항정의서 및 요구사항명세서를 작성한다.
- 요구사항명세서 작성 및 기술적용계획 수립은 생략할 수 있다.

3) 실행단계의 요구사항 관리
- 분석과정을 통해 이해관계자에 대한 상세한 요구분석을 실시한다.
- 기존의 상품화된 제품, 서비스, 기술을 적용하여 진행하는 과제일 경우에는 비교 · 차이(Mapping & Gap) 분석을 실시하고, 요구사항을 정제하여 요구사항정의서 및 요구사항명세서에 보완하여 확정한다.
- 고객으로부터 요구사항에 대한 승인과 동결(Freezing) 합의를 받고 요구사항을 이행하며, 변경시에는 공식적인 변경관리 절차를 적용한다.

4) 통제단계의 요구사항 관리
- 요구사항이 적절하게 프로젝트에 반영되는지를 확인하기 위해 프로젝트 진행과정별로 요구사항에 대한 추적관리를 수행한다.
- 요구사항이 모두 적정하게 프로젝트 중간 산출물이나 결과물에 반영되었는지를 확인하는 요구사항 이행판정을 실시한다.
- 모든 요구사항이 적정하게 이행되었음을 확인하면 요구사항은 종결된다.

[그림 4-4]는 프로젝트의 창출, 계획, 실행, 통제 단계별로 요구사항에 대한 이행 프로세스를 정리한 것이다. 요구사항 이행 프로세스에서 창출단계의 요구사항 상세화는 3장에서 설명하였으므로, 본 장에서는 계획단계의 요구사항관리를 설명한다.

그림 4-4 프로젝트 단계별로 요구사항 이행 프로세스

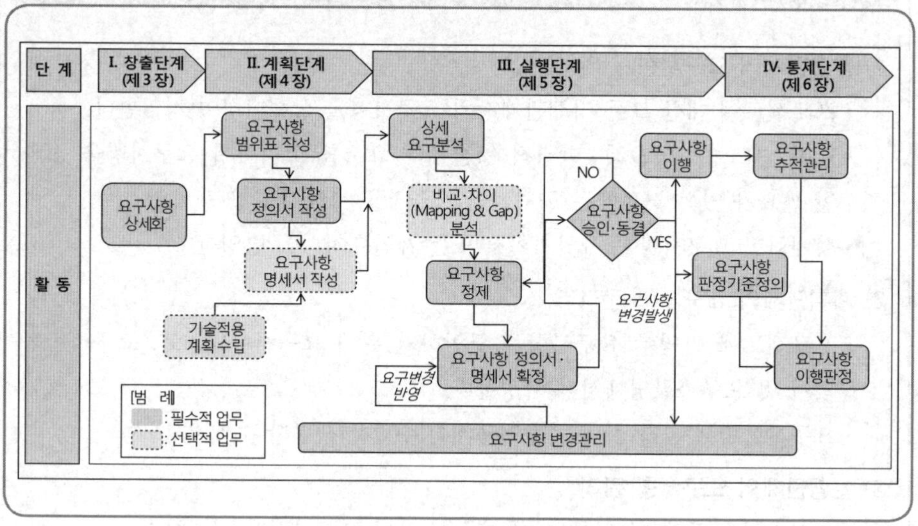

3.1.3 계획단계의 요구사항 관리

계획단계의 요구사항 관리를 위해, 먼저 다양한 출처의 요구사항을 빠짐없이 인식할 수 있도록 프로젝트 요구사항범위표를 작성한다. 그리고 정제된 요구사항 목록을 기준으로 요구사항정의서를 작성한다. 다음은 프로젝트 요구 및 특성에 맞추어 요구사항명세서를 작성하고 기술적용 계획을 수립한다. 계획단계의 요구사항 관리를 위한 업무를 구체적으로 설명하면 다음과 같다.

1) 요구사항범위표 작성

요구사항범위표를 작성하는 목적은 프로젝트 결과에 영향을 미치는 모든 요구사항을 올바로 식별하고, 프로젝트 범위에 포함시키는지를 검증하기 위해 작성한다. 따라서 요구사항이 정의되어 있는 요구출처(出處, Source)를 분

석하고, 이해관계자의 추가 및 변경 요구사항을 도출한다. 요구사항범위표는 출처별 요구도출, 이해관계자 추가 요구분석, 요구사항범위표 완성의 3단계 과정을 거친다. 3단계 과정별 내용은 다음과 같다.

① 출처별 요구도출

- **요구출처**(出處, Source)란 제안요청서(RFP), 제안서, 협상서, 프로젝트현장, 사업수행계획서, 기술적용계획표 등 프로젝트와 관련하여 공식적 요구사항이 정리된 문서를 말한다.
- 요구출처별로 모든 요구사항을 빠짐없이 추출하여 정리한다.

② 이해관계자 추가 요구분석

- 프로젝트 결과물에 영향을 미칠 수 있는 이해관계자를 확인한다.
- **이해관계자**란 프로젝트에 요구사항을 제시하여, 프로젝트 결과물에 영향을 미치는 오너, 고객, 사용자, 발주자 등 핵심 인력을 말한다.
- 계획단계의 부족 또는 불명확한 요구사항에 대해, 이해관계자와의 질의, 면담, 전화, 설문, 서류 분석을 통해 보완하거나 추가한다.
- 상황에 따라 외부 환경적 요구사항이 추가될 수 있으므로, 법적 · 사회적 · 국가적 · 국제적 특수 요구사항의 검토도 필요하다.

③ 요구사항범위표의 완성

- 요구영역별 · 출처별로 요구사항을 정리한다.
- **요구영역**은 요구사항을 WBS형태의 나무구조 분석 방식으로 정리한 것이다. 예를 들면, 요구사항을 특성별로 구별할 수 있는 영역별 분할구조를 말하며, 분야, 하위시스템, 조직 또는 기능단위로 구분하여 정리한다. 요구영역은 1~5레벨 수준의 계층적 분류가 가능하다.
- 정의된 요구사항을 요구사항범위표에 작성한다.
- 요구사항범위표를 통해 출처별로 모든 요구사항이 정리되었는지를 확인할 수 있어야 한다.

CASE STUDY

요구사항범위표

• 다음은 소프트웨어 프로젝트에서 사용하는 **요구사항범위표**를 작성한 양식의 예시이다.

그림 4-5 요구사항범위표

요구사항범위표												
프로젝트명							문서번호					
단 계							작성일자					
요구출처	*RFP, 제안서, 협상서, 고객*											
영역분류			출처(Source) 별 요구사항 내역								요구사항 통합 목록	
			제안요청서(RFP)		제안서		협상서		고객			
레벨-1	....	레벨-n	요청사항	페이지	추가요구내용	페이지	추가.변경 요구사항	페이지	요청내용	요청자	요구사항명	요구사항ID
인적자원관리	*급여*	*상여*	*계정과목 코드화*	*12*	*계정과목 코드화*	*15*					*급여계정 코드화*	*TREQ-0-01*
	급여	*상여*					*상여지급 로직 변경*	*2*	*상여금액 조정*	*ㅇㅇㅇ*	*상여지급 로직 수정*	*TREQ-0-02*

2) 요구사항 통합목록 작성

요구사항범위표는 모든 요구사항이 올바로 도출되었는지를 검증하기 위해 작성하는 것으로, 출처별로 요구사항이 중복되어 정리된다. 따라서 출처별 요구사항의 통합 또는 분할로 유일성(Unique)을 갖는 요구사항 목록을 작성해야 한다. 앞에서 예시한 요구사항범위표 그림의 우측에 있는 "**요구사항 통합목록**"과 같이, 출처별 요구사항을 대표할 수 있는 요구사항명을 만들도록 하되, 포괄적으로 정의된 요구사항에 대하여는 단위 요구사항으로 구분하여 작성토록 한다.

소프트웨어 프로젝트에서는 프로젝트 결과물의 반영 여부에 따라, 요구사항을 기능 요구사항과 비기능 요구사항으로 구분한다. 그리고 향후 프로젝트 통제단계에서 효율적인 추적관리를 위해, 요구사항정의서와 요구사항추적표를 기능과 비기능으로 구분하여 작성하기도 한다. 기능 및 비기능 요구사항은 일반적으로 다음과 같은 차이가 있다.

① **기능 요구사항**: 프로젝트 결과물인 제품이나 서비스에 직접 반영되는 기능적 요구사항을 의미한다. 설계 및 개발과정의 중간 산출물에 반영되어, 최종 결과물의 기능을 구성한다. 소프트웨어 프로젝트의 요구사항 구성요소 중에서 기능, 인터페이스, 데이터와 관련한 요구사항이 해당된다.

② **비기능 요구사항**: 프로젝트 이행을 위한 프로젝트 관리 및 지원 측면의 요구사항으로 프로젝트 기능에는 직접 포함되지 않는 간접적 요구사항이다. 소프트웨어 프로젝트의 요구사항 구성요소 중에서 시스템 고려사항, 성능, 품질, 운영, 제약사항과 관련하여 비기능 요구사항이 많으나, 요구 특성에 따라 기능적 요구사항으로 분류될 수도 있다. 기능 요구사항은 프로젝트 이행단계에서 중간 또는 최종 산출물에 적절하게 반영되었는지를 과정별로 확인하지만, 비기능 요구사항은 기능을 지원하기 위한 요구사항으로, 일반적으로 특정 공정이나 산출물에만 반영된다.

출처별로 정리한 요구사항 리스트를 기준으로, 내용이 같은 요구사항은 통합하고 포괄적 요구사항은 분할하되, 기능과 비기능 요구사항도 어떻게 구분하여 정리할 것인지를 결정하여, 통합 요구사항 ID를 부여하고, **요구사항 통합목록**을 작성하여 요구사항범위표를 완성한다.

3) 요구사항정의서 작성

요구사항정의서는 프로젝트 영역별로 요구 내역을 구체화하여 정의하는 문서이다. 프로젝트 결과물에 구체적 요구사항을 반영하기 위해, 고객, 사용자, 이해관계자의 모든 요청사항을 확인하기 위한 과정이다. 따라서, 요구사항정의서는 프로젝트 진행에 필요한 비즈니스, 기능, 품질, 기술, 관리적 관점의 모든 요청사항을 정리하여, 요구 영역별로 구분하여 체계적으로 작성해야 한다.

프로젝트가 창출되는 것은 이해관계자의 다양한 요구사항이 모여 시작된다. 프로젝트 창출과정에서부터 요구사항이 명확히 정의된 상태에서 진행된다면, 프로젝트 이행과정의 시행오차는 최소화될 수 있다. 또한 요구사항정의서를 계획단계부터 정확히 작성한 경우에는 실행단계에서 그대로 활용이 가능하고, 이로 인하여 프로젝트를 효율적으로 진행할 수 있게 된다. 그러나 계획단계의 요구사항정의서가 미흡한 경우에는 요구사항의 변경, 추가, 삭제에 따라 프로젝트의 비효율적 요인이 발생하고, 자원이 추가되는 경우가 발생한다.

요구 불명확에 따른 프로젝트의 혼선을 방지하기 위해, 계획단계에서 요구사항정의서의 완전성 및 정확성은 매우 중요하다. 요구사항정의서는 앞에서 설명한 요구사항범위표를 활용하여 작성한다. 요구사항정의서에는 요구사항범위표의 "요구사항 통합목록"에서 정의한 "요구사항명"과 "요구사항 ID"를 기반으로 요구내역, 요구유형, 중요도, 수용여부, 제안자, 담당자, 특기사항 내역을 추가하여 정리한다.

CASE STUDY

요구사항정의서

• 다음은 요구사항정의서를 작성한 양식과 작성항목을 설명한 그림과 표이다.

그림 4-6 요구사항정의서 예시

요구사항정의서													
프로젝트명				문서번호						고객 승인	승인자		
단 계				작성일자							승인일		
영역분류			요구사항 ID	요구사항 명	요구내역	요구유형	중요도	수용여부	제안자	담당자	근거	특기사항	
레벨-1	....	레벨-n											
인적자원관리	급여	상여	REQ-HR-F-001	계정과목 코드화	계정과목을 코드화하여 관리하는 기능	기능	상	부분수용	○○○	○○○	회의록(일자)	부분수용 관련 사항임.	
			REQ-HR-F-002			비기능	상	수용	○○○	○○○			
			REQ-HR-F-003										

〈표 4-3〉 요구사항정의서 작성 항목 예시

항 목 명	내 용	작성여부
영역분류	• 프로젝트 WBS를 고려한 업무영역을 분류한다. • 영역은 분야, 부문, 기능, 하위시스템 등으로 분류 가능하다. • 프로젝트 특성에 맞추어 1~5레벨로 계층 분류한다.	필수
요구사항 ID	• 요구사항 관리를 위한 식별번호(ID)를 유일한(Unique) 번호로 부여한다. • 예로서, REQ-영역-기능구분-일련번호(REQ-HR-F-001)는 인적자원관리 영역의 기능 요구사항 1번에 해당한다.	필수
요구사항명	• 영역분류에 의해 정리된 최하위 레벨의 요구사항이다. • 영역별로 여러 개의 요구사항이 도출될 수 있다. • 요구사항 ID와 일 대 일로 연결된다.	필수
요구내역	• 요구사항명을 이해할 수 있도록 핵심을 설명한다.	필수
요구유형	• 프로젝트에 따른 요구사항 유형을 기록한다. 예로서, 정보시스템에서는 기능, 비기능 요구사항을 구분한다. • 비기능 요구사항은 기능성, 신뢰성, 보안성, 사용성, 효율성, 보수성, 이식성과 관련한 요구사항이다.	필수
중 요 도	• 요구사항의 중요도를 작성한다. • 3단계(상, 중, 하)로 구분하고, 자원제약에 따른 프로젝트 미반영 상황이 발생할 경우 우선순위로 활용한다.	선택
수용여부	• 요구사항이 프로젝트에 수용 가능한 것인지를 검토한다. • 수용, 부분수용, 변경수용, 수용불가로 정리한다. • 부분/변경/수용불가의 경우에는 "근거"를 작성한다.	필수
제 안 자	• 해당 요구사항을 제기한 사람 또는 조직을 기술한다.	선택
담 당 자	• 해당 요구사항을 이행할 프로젝트 팀원 또는 조직을 기술한다.	필수
근 거	• 부분수용, 변경수용, 수용불가 판단의 근거 및 일자를 작성한다. • 회의록, 설문서 등 문서나 이해관계자를 작성할 수 있다.	선택
특기사항	• 요구사항 이행을 위한 전제조건, 가정사항 등을 기술한다.	선택

4) 요구사항명세서 작성

요구사항명세서에는 요구사항의 품질준수 4가지 필수조건 중에서 요구사항 완전성(Completeness), 정확성(Correctness)에 해당한다. 요구사항에 대한 발주자 및 프로젝트 진행자의 인식 차이를 없애기 위해, 요구사항 내역을 구체화·세분화하여 요구사항 명세 내역을 작성한다. 고객의 승인을 거친 확정된 요구사항정의서의 "요구내역"에 대해 완전성 및 정확성 관점에서 요구사항을 구체적으로 작성하는 것이다.

요구사항명세서를 작성하는 과정에서 주의해야 할 사항은 요구사항정의서의 요구사항이 너무 포괄적으로 작성되었는지를 검토하는 일이다. 요구사항명세서에서 요구사항 명세가 많아지는 것은 요구사항이 포괄적으로 작성된 것임을 의미하는 것일 수 있으므로, 요구사항정의서의 요구사항을 우선 구분하여 관리하는 것이 필요하다. 프로젝트 실행 및 통제단계에서, 요구사항정의서의 요구사항 ID 단위로 추적관리, 변경관리, 이행판정이 수행되어야 하므로, 포괄적으로 정의된 요구사항은 요구사항명세서 작성과정에서 식별하고 세분화할 필요가 있다.

요구사항명세서는 발주자 및 수행자의 상호 협의에 따라, 요구사항정의서의 주요·핵심적 요구사항에 대해서만 요구사항명세서를 작성할 수도 있다. 또한 소규모 프로젝트나 요구사항정의서가 구체화·세분화되어 추가적으로 작성할 필요가 없을 경우에도 요구사항명세서를 생략할 수 있다. 요구사항명세서는 요구사항정의서를 기준으로 요구사항 명세를 보다 세부적으로 작성하는 것이다.

CASE STUDY

요구사항명세서

• 요구사항명세서는 다음과 같은 양식을 활용한다.

〈표 4-4〉 요구사항명세서 예시

요구사항명세서			
프로젝트명		단　계	
작 성 자		작성일자	
요구영역			
요구사항 ID		요구사항명	
요구 내역			
요구사항 명세 내역			
요구유형	*[기능, 비기능]*	중 요 도	*[매우 중요, 중요, 보통]*
제 안 자		담 당 자	
관련 근거		최종 승인자	

3.2 범위의 정의

범위(Scope)의 정의란 프로젝트나 프로젝트 결과물의 범위가 어디까지인지를 상세하게 설명하는 업무이다. 즉 프로젝트 진행과정에서 수행하는 일(Work)과 수행을 통해 만들어질 결과물이나 고객 전달물(Deliverables)이 어디까지인지를 명확하게 결정하는 일이다. 따라서 프로젝트에서 범위를 결정하는 것은 아주 중요하다. 범위의 결정에 따라 프로제트 팀의 인력, 일정, 자금, 기술 등에 대한 제반 자원의 규모가 결정되기 때문이다.

3.2.1 범위의 중요성

프로젝트에서의 범위란 프로젝트 목적을 달성하기 위해 수행하는 일과 일의 결과물로 나타나는 산출물에 대한 범위를 말한다. 즉, 프로젝트를 수행하는 과정에 무엇을, 어디까지 해야 하는지에 대해 정의하는 것이다. 계획단계의 "범위정의"는 프로젝트를 수행하는 일이나 업무, 그리고 산출물의 도출 범위를 제약하는 것이다. 범위의 정의는 앞 절에서 언급한 산출물과 일에 대한 요구사항을 기초로 하여 결정한다.

프로젝트의 범위는 프로젝트 전체 진행과정에서 사람, 돈, 시간과 관련한 제약요인이 된다. 범위가 늘고 줄어남에 따라 프로젝트 팀에 투입되는 사람, 돈, 시간이 늘거나 줄게 된다. 따라서 이해관계자의 요구사항을 충분히 수집하고, 프로젝트 목적에 부합되는 합리적인 범위를 결정하는 것이 중요하다. 그리고 프로젝트 초기단계부터 충분한 검토를 통해 범위를 결정하고, 정해진 범위에 대하여는 프로젝트 진행과정을 통해 변경하지 않는 것이 좋다.

그러나 프로젝트의 범위는 시간이 지나고 요구사항이 세분화되면서, 범위에 대한 내용도 변경사항이 발생하게 된다. 그러므로 프로제트의 범위변경에 대한 공식적인 절차를 마련하고, 합의를 통해 범위에 대한 수정 및 변경을 진행하는 것이 좋다. 불확실성의 원추((the Cone of Uncertainty), 은밀한 범위 추가(Scope creep), 금 도금(Gold platin)은 프로젝트 범위관리의 어려움을 나타내는 표현이기도 하다.

3.2.2 범위기술서

프로젝트 **범위기술서**(Project scope statement)는 프로젝트에서 해야 할 일에 대해 명확히 기술하는 문서이다. 그러나 프로젝트에 따라 해야 할 일뿐 아니라, 해서는 안 될 일도 정의하는 경우도 있다. 그리고 고객 인도물에 대한 이견을 없애기 위해서는 프로젝트의 범위를 구체적으로 명확히 기술하는 것이 중요하다. 그러므로 프로젝트 범위기술서에는 산출물, 그리고 산출물을 만들어 내기 위해 필요한 일이나 작업을 구체적으로 기술하여야 한다.

범위기술서의 내용은 프로젝트 계약서의 업무수행 범위에 대응하는 사항으로, 프로젝트 수행과정에서 철저히 이행하여 적정한 산출물을 창출해야 한다. 또한 범위기술서는 프로젝트 팀의 업무수행에 필요한 일들이 무엇인지를 알려 주고 프로젝트에 대한 추가 및 변경 작업 요청이 발생하였을 경우, 변경관리를 위한 기준선(Baseline) 역할을 수행하므로, 범위기술서를 확정하기 위해서는 항상 고객이나 프로젝트 결정권자(스폰서, 발주자 등)의 협의와 승인이 필요하다.

범위기술서는 프로젝트 규모가 작거나 효율적으로 프로젝트를 관리하기 위해, 프로젝트 관리계획서의 "범위관리" 항목에 통합하여 작성하기도 하지만, 프로젝트 규모가 크거나 복잡한 경우에는 범위기술서를 독립적으로 작성하여 범위를 명확히 문서화한다. 범위기술서는 프로젝트의 수행범위를 구체적으로 정의하기 위해, 이해관계자의 요구를 기초로 작성해야 한다.

범위기술서는 프로젝트의 범위를 정의하고, 범위의 관리를 위한 기준선으로 활용한다. 그러나 프로젝트 상황 또는 발주자와 수행자의 합의에 따라, 요구사항 정의 과정에서 작성한 요구사항대비표, 요구사항 목록, 요구사항정의서, 요구사항명세서를 범위기술서로 활용할 수도 있다. 일반적으로 범위기술서에는 다음과 같은 내용을 포함하여 작성한다.

범위기술서 포함 사항

1) **프로젝트 범위 규격과 명세**: 프로젝트 목적 결과물인 제품이나 서비스의 구성요소, 규격, 기능을 구체적으로 기술한다.
2) **고객 인도물**: 프로젝트 수행결과 창출되는 산출물(제품, 서비스, 문서, 보고서, 중간 형태 산출물)에 대해, 고객에게 인수할 대상을 결정한다. 인도물의 구체적 대상과 상세화 수준은 프로젝트에 따라 달리 결정할 수 있다.
3) **고객인수 기준**: 프로젝트 산출물의 고객인수를 위한 기준과 절차를 정의한다.
4) **프로젝트 제약사항**: 프로젝트 범위와 관련한 제약적 사항을 기술한다. 예로서 이해관계자(스폰서, 프로젝트 결정권자, 프로젝트 수행자)가 프로젝트 수행범위와 관련하여 예산 한도, 납기 등의 특정 조건을 제시한 것이다. 공식 합의된 제약사항은 프로젝트 계약 조항에 영향을 미치게 된다.
5) **프로젝트 가정사항**: 범위와 관련한 프로젝트의 가정사항을 기술한다. 가정사항이 프로젝트 실행과정에서 현실화되면, 가정사항에 대한 조건은 프로젝트에

적용된다. 예로서, 천재지변과 관련한 프로젝트 환경조건, 중요한 협조요청사항에 대해 가정조건을 명시할 수 있다.

6) **프로젝트 제외사항**: 프로젝트 범위결정이 경계선에 있는 경우에는 제외되는 대상이나 일을 명시할 수 있다.

3.3 WBS 작업

3.3.1 WBS와 산출물

WBS(Work Breakdown Structure, **업무분류체계**)란 수행할 업무나 작업(Work)을 나무(Tree)구조 형태로 분류하여, 하위의 단위업무로 분류한 세부화된 업무구조를 말한다. PMBOK 가이드에서는 WBS(Work Breakdown Structure)를 "프로젝트의 목표를 달성하고 필요한 인도물(Deliverable)을 만들기 위해, 수행할 작업을 인도물 중심의 계층구조로 세분화해 놓은 계통도"라고 정의하였다. WBS는 프로젝트 관리 측면에서는 수행할 일의 계획을 세울 때에 이용되는 방법의 하나로, 다음과 같이 프로젝트 전체를 수행할 작은 업무나 작업 단위로 분할한 구성체계를 말한다.

이러한 WBS는 **업무분류체계**, **작업분할구성**, **업무분해**, **작업계통** 등으로 다양하게 해석하여 사용되고 있다. WBS는 세분화 단계가 내려갈수록, 프로젝트 산출물이나 작업이 더욱 상세하게 정의되는 특성을 갖는다. 수행할 전체 프로젝트 수행 산출물이나 일을 하부 구성단위로 나누고 난 후, 각각의 부분에 대해 좀더 작은 단위로 분해하여 계층적 구조로 구성하면, 프로젝트 범위에 대한 상세화가 정의되는 것이다. WBS의 작업패키지 상세화 수준은 프로젝트 특성, 사용 용도에 따라 다르게 정할 수 있다.

프로젝트 관리에서 사용하는 용어인 "Deliverable"은 **인도물**, **산출물**, **결과물** 등 다양하게 해석되어 사용되고 있다. PMBOK 가이드에서는 "Deliverable"을 "인도물"로 해석하고 "프로세스, 단계 또는 프로젝트를 완료하기 위해 산출해야 하는 고유하고도 검증 가능한 제품, 결과 또는 서비스 수행능력"으로

그림 4-7 WBS 작성의 예

텍스트(Text) 구조의 WBS 전개(예)	
ID	**WBS**
1	**프로젝트 수행/통제**
1.1	**단계착수**
1.1.1	프로젝트 계획 단계검토
1.1.2	SPM 검토
1.2	**품질활동수행**
1.2.1	**산출물 품질검토 실시**
1.2.1.1	분석단계 산출물 검토
1.2.1.2	설계단계 산출물 검토
1.2.1.3	개발단계 산출물 검토
1.2.1.4	구현단계 산출물 검토
1.2.2	**감리 실시**
1.2.2.1	중간감리
1.2.2.1.1	감리 수검
1.2.2.1.2	조치활동 수행
1.2.2.2	최종감리
1.2.2.2.1	감리 수검
1.2.2.2.2	조치활동 수행
1.3	**장비관리활동수행**
1.3.1	**장비 납품확인 및 검사**
1.3.2	**장비 유지관리 및 인도**

나무구조의 WBS 전개(예)

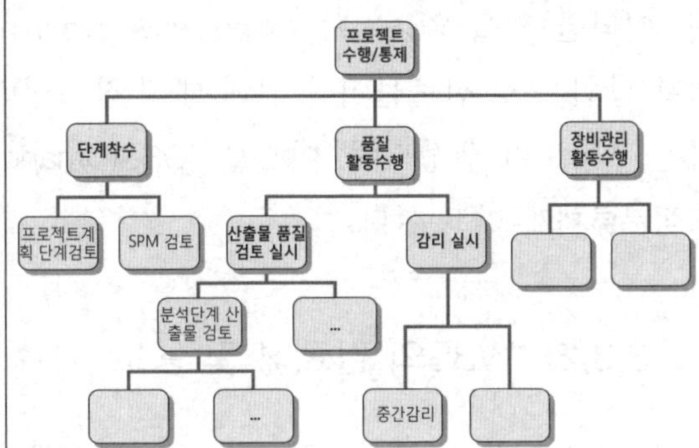

정의하였다. 그리고 때로는 "프로젝트 스폰서나 고객의 승인을 받아야 하는 외부 인도물을 가리키는 축소된 의미"라고도 하였다.

허트(Hut)는 인도물(Deliverable)을 "사전에 정의된 유형(有形)의 작업 산출물(tangible work product)로, 프로젝트 수행으로 만들어지는 보고서, 문서, 웹문서, 서버 업그레이드 등의 프로젝트 완성품"이라 하였다. 그리고 인도물은 프로젝트의 규모에 따라 다르지만, 전형적으로 "프로젝트 기간을 4주에서 6주 간격으로 나누어 만들어지는 결과"로 구성할 수 있다"고 하였다. 본서에서는 "Deliverable"을 프로젝트 수행결과 고객에게 인도하는 유형·무형의 프로젝트 결과물로 정의하고, 프로젝트 수행결과 만들어지는 보고서, 문서, 정보시스템, 완제품, 반제품 등을 모두 "산출물"로 사용하되, 프로젝트의 수행 산출물 중에서 스폰서나 고객에게 공식적으로 제출하는 산출물을 "인도물"로 구분하여 표현하도록 한다.

WBS에 포함된 모든 하위의 산출물이나 일은 상위 수준으로 완전히 연동되어야 하고, 프로젝트에서 추가해야 할 산출물이나 일이 없어야 하는 "100% 규칙"을 만족해야 한다. 그러나 프로젝트 범위가 크고 복잡하여 세부적인 범위까지 정의가 어려워 산출물이나 일의 분할이 불가능할 경우에는 하위의 산출물이나 일이 명확해질 때까지 기다렸다가 상세한 WBS를 작성할 수도 있으며, 이러한 것을 연동기획(Rolling wave planning)이라고 한다. 그리고 WBS의 하부 단위 구성 산출물이나 일에 대해 참여인력을 배치하면, 프로젝트를 수행하는 조직도가 생성되며, 이것을 "OBS(Organization Breakdown Structure) 또는 조직분류체계"라고 한다.

3.3.2 WBS의 필요성 및 용도

WBS(Work Breakdown Structure, 업무분류체계)는 프로젝트의 목표를 달성하기 위해 필요한 모든 일을 정의하는 것이므로, 프로젝트의 범위를 구체화 및 세분화하여 주는 가장 중요한 정보를 포함하게 된다. 따라서 WBS를 올바로 작성하면, 프로젝트에 필요한 업무를 모두 적절하게 수행하여 프로젝트 목표를 달성하게 되지만, WBS가 잘못 작성되면 수행할 일을 제대로 분류하지 못하고 역할분담도 미흡하게 되어, 프로젝트 목표가 미달되거나 잘못된 결과를 초래하게 된다.

WBS는 프로젝트 관리에서 많은 용도로 사용된다. 프로젝트 관리자의 중요한 전략적 활용 도구로 프로젝트 범위와 구조를 일목요연하게 파악할 수 있도록 해 주고, 세부 일정계획 수립 및 관리, 원가의 산출 및 추적관리 지원, 프로젝트 조직계획 수립, 의사소통 지원에 활용할 수 있다. 다음은 WBS가 프로젝트 관리에 활용되는 용도를 작성한 내용이다.

WBS 용도

1) 프로젝트 범위의 체계적 분류와 이해

- WBS의 상위 구성 레벨들은 프로젝트의 단계, 제품이나 구성품, 필요한 업무 수행 활동이 무엇인지 체계적으로 분할하여 보여준다.
- 프로젝트 이해관계자는 WBS를 통하여 프로젝트 범위를 보다 구체적으로 파악하고 대응할 수 있게 된다.

2) 프로젝트 세부 일정계획 수립 및 관리

- WBS에서 분할할 최하위 수준의 업무활동에 따라, 프로젝트 일정계획을 구체적으로 수립할 수 있게 된다.
- 세부 일정계획에 따라, 프로젝트 관리자는 매일 일어나는 활동을 파악할 수 있고, 팀원들은 자신의 업무를 쉽게 식별할 수 있다.
- 프로젝트 관리자는 작업패키지를 체크 리스트로 사용하여, 어떤 작업이 완성되었고 어떤 작업이 남아 있는지에 대한 진척관리를 할 수 있다.

3) 프로젝트 원가의 산출 및 추적 관리 지원

- 산출물을 기준으로 분류한 WBS의 업무체계를 프로젝트에 소요되는 자원(인력, 재료 등)과 연계하면, 소요되는 원가를 계산할 수 있게 된다.
- WBS 상위 수준의 구성작업은 상위 레벨의 원가를 파악할 수 있고, 최하위 수준 작업은 소요 자원에 대한 구체적 내역을 파악하여, 원가를 추적할 수 있도록 한다.

4) 프로젝트 조직계획 수립

- WBS의 구성체계를 프로젝트 팀 구성 및 역할분담을 위한 조직관점으로 분류하면, WBS를 프로젝트 팀의 조직구성 계획 및 관리에 활용할 수 있다.
- 이것은 OBS(조직분류체계) 관점에서 WBS를 구성하면 가능하다.
- 결국 WBS의 분할된 레벨은 프로젝트 팀의 하부조직구성 및 역할분담을 위한 정보를 제공할 수 있게 된다.

5) 프로젝트 의사소통 지원

- WBS는 프로젝트를 검토하고 평가할 수 있는 기본체계를 제공하게 된다.

- 프로젝트의 중간 산출물이기도 한 WBS는 팀원들에게 너무 세부화되기보다는 프로젝트 전체를 볼 수 있는 안목도 제공한다.
- 프로젝트 산출물이나 단계별로 분류하여 작성한 WBS는 프로젝트에 참여한 역할과 책임을 좀더 명확히 이해하고자 하는 프로젝트 이해관계자들에게 좋은 의사소통 도구로서 이용될 수 있다.

3.3.3 WBS 작성방식의 분류

프로젝트 상황에 따라 WBS는 다양한 방식으로 작성할 수 있다. 프로젝트 관리자의 경험과 지식이 풍부한 경우에는 관리자가 직접 WBS를 일관적으로 세분화하여 작성할 수 있다. 그러나 프로젝트가 크고 복잡하면 프로젝트 관리자가 직접 작업할 수 없는 경우도 발생한다. 그리고 WBS 작성의 효율성 및 적정성을 위해서는 유사 프로젝트의 WBS를 벤치마킹할 필요도 있게 된다. 일반적으로 프로젝트의 WBS를 작성하는 방식을 분류하면 다음과 같다.

WBS 작성방식

1) 하향식(Top–Down) 작성방식

- 프로젝트 관리자가 중심이 되어, 프로젝트의 산출물이나 일을 기준으로 상위요소를 선별하고, 그에 해당하는 하부요소를 분류해 나가면서, 점차 더 자세한 항목으로 세분화하여 작성하는 방법이다.
- 프로젝트 관리자가 범위와 내용을 명확히 파악하고, 관련 프로젝트 수행 경험이 많은 경우에 작성하는 방식으로 빠르고 효율적으로 진행할 수 있다.

2) 상향식(Bottom–up) 작성방식

- 프로젝트 관리자는 상위수준 범위만 분류하여 프로젝트 참여자에게 제시하고, 프로젝트 참여자는 담당할 산출물이나 업무를 기준으로 WBS를 세분화

하여 작성토록 하는 방식이다.

- 크고 복잡한 프로젝트의 경우에 적용할 수 있으나, WBS 분류 및 세분화 과정에서 빠지거나 미흡한 경우가 발생할 우려가 있어, 연동기획(Rolling wave planning) 방식을 적용하는 것이 좋다.

3) 벤치마킹 작성방식

- 자신의 프로젝트와 비슷한 프로젝트의 WBS를 찾아서 현재의 요구사항에 부합하도록 수정하는 작성방식이다.
- WBS 작성이 쉽고 빠르다는 장점을 가지고 있지만, 부적합한 WBS를 벤치마킹하였을 경우에는 부실한 WBS를 작성하게 된다.

4) 방법론 활용 작성방식

- 방법론에는 프로젝트 수행에 필요한 다양한 템플릿을 가지고 있으므로, WBS 템플릿을 활용하여 작성한다.
- 벤치마킹 방식과 장단점은 유사하나, 체계적 방법론을 적용하므로 공식화되고 안정적이라는 장점이 있다.

3.3.4 WBS 작성방법

WBS는 프로젝트에 필요한 모든 업무활동을 산출물 중심(Deliverable-oriented)으로 체계적으로 기술한 계층적 구조이다. 이러한 WBS를 작성하기 위해서는 프로젝트 관리자는 프로젝트 진행과정에서 창출되는 산출물의 업무활동을 모두 파악하여, 프로젝트 수행에 필요한 업무활동으로 분류하고 체계적으로 작성할 수 있어야 한다. 즉 프로젝트의 산출물을 만들어 내기 위해 필요한 모든 업무를 도출하고, 진행 단계별로 구분하여 필요한 최하층의 업무나 작업단위까지 세분화 분류를 실시한다.

이러한 과정을 거쳐 세분화된 최하위층의 작업 단위를 **작업패키지**(Work package)라고 한다. 작업패키지는 프로젝트 팀원에게 업무를 할당하여 주는 기본적인 단위가 된다. 작업패키지는 다시 구체적인 업무활동인 **액티비티**(Activity)로 구분할 수 있다. 액티비티는 WBS 사전을 작성할 경우에 포함할 수 있다.

프로젝트 관리에서 분할(Decomposition)이란 프로젝트 수행업무가 작업패키지(Work package) 수준으로 정의될 때까지 세분화하는 과정을 말한다. WBS 작성시 작업패키지 수준까지의 크기는 일반적으로 3~5단계, 80시간의 크기, 2주 내외의 크기로 작성할 수 있으나, 프로젝트의 특성과 요구에 따라 프로젝트 관리의 최적화를 목적으로 작업패키지 수준을 결정하는 것이 좋다. 정보시스템 구축 프로젝트의 경우에도 규모에 따라 다르지만 보통 100~300개의 WBS 구조를 가진다.

CASE STUDY

WBS와 산출물

• WBS와 작업패키지 그리고 산출물을 표로 정리하면 다음과 같다.

〈표 4-5〉 WBS와 관련 산출물 작성의 예

WBS와 작업패키지		작업패키지 대응 산출물
⊟ 유통정보시스템 구축		
⊟ 공정		
⊟ 프로젝트 착수		
⊟ 착수준비		
업무범위 정의		과업대비표, 실무고객협의체 명단
표준 및 절차정의		표준 및 절차매뉴얼
수행환경 구축		
⊟ 프로젝트 계획수립		
일정계획 수립	워크 패키지	프로젝트 공정표
의사소통관리계획 수립		의사소통관리계획
성과관리계획 수립		성과관리계획, 지표정 의서
품질활동계획 수립		품질보증계획서
형상관리계획 수립		형상관리계획
요구사항관리계획 수립		요구사항관리계획
협력업체협업계획 수립		위탁업무내역서
변경관리계획수립		변경관리계획
이슈 및 위험관리계획 수립		위험관리계획서
프로젝트계획 통합 및 검토		사업수행계획서
⊟ 프로젝트 계획확정		
프로젝트 착수보고		착수보고서, 착수보고회의록

프로젝트를 작업패키지(Work package) 단위까지 분할하기 위해서는 다음과 같은 사항을 이해하여야 한다.

① 프로젝트 산출물 및 필요 작업을 식별하고 분석한다.
② 프로젝트 범위에 대해 WBS 구성체계를 구상한다.
③ WBS를 나무(Tree)구조, 물고기 뼈(Fishbone)구조 형태로 논리적으로 분할한다.
④ 작업패키지의 식별 코드를 할당한다.
⑤ 상위수준과 하위수준의 필요 충분성을 검증한다.

WBS의 작성 절차는 일반적으로 WBS 상위주준 정의, WBS 분할(Decomposition), WBS 검증 및 공유의 순으로 진행한다. 첫째, WBS 상위수준의 정의는 프로젝트 최상위 업무(Level-1)를 구성하는 차하위 수준(Level-2)의 업무에 대한 정의를 말한다. 둘째, WBS 분할은 작업패키지까지 상세화하는 과정을 말하며, 셋째, WBS 검증 및 공유는 완성된 WBS에 대한 하향식, 상향식 검증을 수행하는 것을 말한다. WBS의 작성절차를 구체적으로 설명하면 다음과 같다.

WBS 작성 절차

1) WBS 상위수준 정의

- 프로젝트 수행결과 창출되는 최종 산출물을 기준으로, 중간 산출물을 만들어 내기 위한 상위수준의 WBS를 정의한다.
- 프로젝트 추진에 대한 표준 방법론을 가지고 활용하는 경우에는, 방법론의 상위단계(Phase)가 프로젝트 목표수준(Level-1)을 구성하는 하위수준(Level-2)의 WBS가 된다.
- 예로서, 6시그마 프로젝트의 DMAIC 방법론에서 정의(Define), 측정(Measure), 분석(Analysis), 개선(Improve), 통제(Control)단계는 "원가개선"이라는 프로젝트 목표수준의 하부에 구성되는 수준-2의 WBS가 된다.

2) WBS 분할(Decomposition)

- 하위수준(Level-2)의 WBS를 기준으로 3~6단계로 업무를 분할한다.
- 프로젝트 수행에 충분한 경험과 지식을 가지고 있을 경우에는 WBS를 작업패키지까지 전개하여, 하향식(Top-down)으로 역할분담을 할 수 있다. 그러나 프로젝트가 복잡하고 사전 경험이 없을 경우에는 상위수준의 WBS는 역할분담을 고려하여 프로젝트 관리자가 분할하고, 이후부터는 담당 인력이 WBS의 작업패키지까지 분할한다.
- 착수 시점에서 정보가 부족하여, 더 이상 세분된 계획을 마련하기 어려운 경우에는 WBS 상세분할(Decomposition)은 프로젝트를 진행하면서 확립한다.

3) WBS 검증 및 공유

- 상세분할을 통해 작업패키지까지 정의된 WBS에 대해 상·하위수준의 작업이 올바로 분해되었는지, 하향식 검증과 상향식 검증을 수행한다.
- 하향식 검증은 WBS 분할시에 빠진 업무가 없는지 적정성을 확인하고, 상향식 검증은 하부의 업무수행으로 상위의 업무목표가 달성되는지 검증한다.
- 최종 검증된 WBS는 프로젝트 팀 모두가 공유하고, 일정계획 수립, 원가 견적, 자원 배정 등의 기준자료로 활용한다.

WBS 작성이 완료되면 최종 분할된 작업패키지(Work package)에 대해 작업 특성을 정의하여야 한다. WBS 사전(Dictionary)은 최종 분할된 작업패키지별로 작업과 관련한 특성을 모두 정의하여 만든 프로젝트의 전체 작업패키지 정의서이다. 그리고 WBS 사전은 작업패키지 또는 특정 작업에 대한 상세한 설명을 제공하는 자료이다. WBS 사전에는 먼저, 해당 작업패키지 또는 작업별로 식별코드(ID), 작업명, 작업설명, 작업 산출물에 대해 작성한다. 다음으로는 작업 특성을 설명해야 하며, 작업 특성에는 구성 작업활동, 마일스톤, 작

CASE STUDY

▮ 작업패키지 정의서

• WBS 사전 작성시에 사용하는 작업패키지 정의서의 내용을 예시하면 다음과 같다.

〈표 4-6〉 작업패키지 정의서 예시

ID(유일번호)	명 칭	내용 정의	산 출 물
작업 특성			

• 필요한 작업활동(Activities)
• 마일스톤(Milestones)
• 기타 주요 정보
  – 성과측정 기준
  – 계약관련 정보
  – 작업기술서(Statement of work: SOW) 관련 번호
  – 소요일정
  – 필요자원
  – 예상원가
  – 품질요구사항
  – 기술적 요구사항
  – 고객인수기준
  – 위험 요인

업성과 측정기준, 계약관련 정보, 작업기술서(Statement of Work: SOW) 관련 번호, 소요 일정, 필요 자원, 예상 원가, 품질요구사항, 기술적 요구사항, 고객인수기준, 리스크 요인과 관련한 내용 중에서 필요한 사항을 선별하여 작성한다.

WBS 사전은 WBS 작업을 수행한 후에 만드는 문서이나, 반복적 유형의 프로젝트를 수행하는 회사에서는 이미 표준화된 WBS 사전을 가지고 있어, 재사용 또는 부분적 수정보완 후 사용이 가능하다. WBS 사전 작성시 특정 작업 또는 작업패키지에 고유 ID와 구체적인 설명을 첨부하면, 향후 유사 프로젝트의 제안이나 계약시 재활용이 용이하게 된다.

3.3.5 WBS 작성 고려사항

WBS(Work Breakdown Structure, 업무분류체계)를 작성하는 데 있어서 일반적으로 준수해야 하는 내용이 있다. 이러한 내용은 WBS를 작성하는 일종의 작성지침이고 가이드로써, 합리적인 WBS 작업을 수행할 수 있도록 해 준다. 다음은 WBS 작성을 위한 고려사항에 대해 설명한다.

WBS 고려사항

① WBS 분할의 적정성과 적합성 검증이 중요하다.
② WBS 분할시에 MECE 준수가 필요하다.
③ WBS의 최하위 업무인 작업패키지의 특성을 반영하여 분할한다.
④ 분할된 WBS의 적정성을 확인한다.

1) WBS 분할의 적정성과 적합성 검증이 중요하다

WBS 전개가 완료되면 수준(Level)별 하위 업무가 적정하게 분할되었는지, 그리고 하위업무의 합이 상위수준을 만족하는지에 대해 업무 분할 적정성과 상·하위 업무구성 적합성을 검증할 필요가 있다.

① **상하위 업무구성 적합성**: 상위 업무는 차하위 구성 업무만 수행하면 업무 목표가 달성되어야 한다.

② **업무분할 적정성**: 업무분할 수준은 프로젝트 특성에 맞추어, 계획, 관리 및 통제를 위한 적정수준으로 나누었는지를 검토한다. 업무의 분할수준이 적거나 구체화되지 못하면, 프로젝트 관리 측면에서 계획적 관리 및 통제가 어렵게 되고, 반대로 지나치게 세부화하면 업무 생산성, 자원활용 및 업무효율이 떨어지게 된다.

2) WBS 분할시에 MECE 준수가 필요하다

MECE(Mutually Exclusive and Collectively Exhaustive)란 모든 구성요소들이 상호 배타적이면서, 모였을 때는 완전히 전체를 이루는 것을 의미하며, "상호 배제와 전체포괄"로 해석할 수 있다. 간단히 말하면 "겹치지 않으면서 빠짐없이 나눈 것"을 의미한다. WBS 분할시에는 이러한 MECE 요건이 준수되어야 하며, 다음 사항의 고려가 필요하다.

① 프로젝트의 수행범위와 산출물이 명확히 정의되어야 한다.

② WBS 구성요소간에 중복과 누락이 없어야 한다.

③ 분할(Decomposition)이 많으면 MECE를 지키기가 어려우므로, 프로젝트 특성에 맞추어 합리적인 분류 수준(3~6단계)을 결정한다.

3) WBS의 최하위 업무인 작업패키지의 특성을 반영하여 분할한다

WBS 분할은 중간 산출물 작업과 업무분담이 용이한 작업패키지 수준까지 분해한다. WBS의 작업패키지에 따라 프로젝트 단위업무 수행에 필요한 인력을 할당하고 원가를 배정한다. WBS 사전에 등록되는 작업패키지는 1개 이상의 활동(Activity)으로 구성되어 유사 프로젝트에 재활용할 수 있으므로, 과거의 유사 프로젝트 WBS 사전을 참조하고, 담당 프로젝트의 특성을 반영하여 적정수준까지의 작업패키지로 분해하는 것이 중요하다. 작업패키지는 일반적으로 1인이 8~80시간 이내로 완료할 수 있는 분량으로 구성하는 것이 일반적이나, 프로젝트의 특성 및 요구사항을 반영하여 결정하는 것이 더 중요하다.

4) 분할된 WBS의 적정성을 확인한다

분할된 WBS 수준의 적합성은 프로젝트 규모나 특성에 따라 다르지만, 다음과 같은 항목을 검토하여 분할 수준의 적합성 여부를 판단하고, 필요시에는 보완하도록 한다.

- 최하위 작업패키지(Work package)에 대한 인력배정, 원가추정, 소요시간 측정이 가능해야 한다. 인력, 원가, 소요시간의 추정이 미흡하여 정확성을 높일 필요가 있으면, WBS를 더 분할한다.
- 일정관리 관점에서 WBS 요소들 간의 일정 간격 차이가 많이 나면, WBS에 대한 일정관리가 치밀하게 이루어지지 못하게 되므로, WBS간의 수행일정 차이를 좁혀 일정관리를 원활히 할 수 있도록 WBS를 한 단계 더 세부적으로 분해할 필요가 있다.
- 작업패키지가 두 개 이상의 산출물 혹은 작업 프로세스를 내포하는지 검토하여, 복수 산출물이나 작업을 소유한 WBS를 세분화한다.
- WBS 사전에 등록하여 향후 유사 프로젝트에 대비하여 재활용할 수 있는 수준인지를 검토한 후, WBS 세분화 수준을 보완한다.

4 일정계획 수립

프로젝트 계획단계의 일정관리(Time Management) 지식영역에서 이루어지는 업무는 일정계획 수립이다. 일정계획 수립에는 활동 및 소요자원 정의, 순서결정 및 소요시간 산출, 일정계획 수립 및 분석 업무활동이 있다. 활동 및 소요자원 정의에서는 WBS의 작업패키지에 대한 해당 산출물을 만들어 내기 위한 업무 활동(Activity)을 도출하고, 활동별 필요한 소요자원을 정의한다.

다음으로, 순서결정 및 소요시간 산출은 업무활동의 순서를 결정하고, 활동별 소요시간을 산출한다. 끝으로, 일정계획 수립 및 분석은 프로젝트 수행과 관련한 모든 활동의 일정계획을 수립하고, 일정계획의 적정성 확인과 일정변경에 대한 영향을 분석한다.

본 절에서는 프로젝트 라이프사이클 2단계인 "Ⅱ. 계획"에서의 셋째 업무로, 일정관리 지식영역에 포함되는 "활동 및 소요자원 정의," "순서결정 및 소요시간 산출," "일정계획 수립 및 분석"에 대해 설명한다.

그림 4-8 계획단계의 일정계획 수립 업무활동 내역

Ⅱ. 계 획

[1] 통합계획 수립	[2] 요구정의 및 범위계획 수립	**[3] 일정계획 수립**
[4] 원가산출 및 예산결정	[5] 품질 및 감리계획 수립	[6] 인적자원계획 수립
[7] 의사소통계획 수립	[8] 리스크 및 이슈관리계획 수립	[9] 조달관리계획 수립

업 무	활 동	설 명
[3] 일정계획 수립	활동 및 소요자원 정의	WBS의 작업패키지에 대한 해당 산출물을 만들어 내기 위한 업무활동(Activity)을 도출하고, 활동별 필요한 소요자원을 정의한다.
	순서결정 및 소요시간 산출	업무활동의 순서를 결정하고, 활동별 소요시간을 산출한다.
	일정계획 수립 및 분석	프로젝트 수행과 관련한 모든 활동의 일정계획을 수립하고, 일정계획의 적정성 확인과 일정변경에 대한 영향을 분석한다.

4.1 활동 및 소요자원 정의

4.1.1 프로젝트 활동과 소요자원

프로젝트에서 **활동**(Activity)이란 WBS(Work Breakdown Structure, 업무분류체계)를 통해 도출한 작업패키지(Work package)를 수행하기 위해 필요한 일련의 단위 업무를 말한다. 그리고 **소요자원**(Resource)은 단위업무를 수행하기

위해 필요한 사람, 자재, 설비 등과 관련한 자원들을 말하다. 따라서 활동 및 소요자원의 정의란 "프로젝트의 최하위 업무 구성요소인 작업패키지(Work package) 수행을 통해, 관련 산출물을 만들어 내기 위한 작업이나 업무활동(Activity)을 도출하고, 업무활동 수행을 위해 필요한 소요자원을 정의"하는 것이다. 즉 WBS는 "무엇(What)을 할 것인가?"를 정의하는 것이며, 활동(Activity)은 "어떻게(How) 할 것인가?"를 결정하는 것이다.

일정관리 지식분야에서 활동과 소요자원을 정의하는 것은 일정계획을 수립하는 기본과정이지만, 이후에도 프로젝트 원가관리, 인적자원관리, 조달관리를 위한 중요 자료로 활용된다. 프로젝트 수행 업무나 작업 활동의 정의는 산출물을 만들어 내기 위해 필요한 일이 무엇인지를 정의하는 것이며, 소요자원의 정의는 산출물을 만들어 내기 위해 필요한 인적·물적자원은 얼마만큼이고, 어느 시점에 적절한 자원을 투입해야 하는지를 정의하는 것이다.

4.1.2 프로젝트 활동 정의 방법

프로젝트 팀원이 수행할 업무활동을 정의하기 위해서는, 프로젝트의 목적을 명확히 이해하고, 고객이 원하는 최종 결과물이 무엇인지를 먼저 이해하여야 한다. 그리고 최종 분할된 작업패키지의 해당 산출물을 이해하여, 수행할 활동과 소요자원을 정의하는 것이다. 프로젝트 활동을 명확히 정의하기 위해서는 프로젝트에 대한 지식과 경험이 풍부한 인력이 참여하거나, 전문가의 지원을 필요로 한다.

그러나 프로젝트 자체가 장기간이고 복합적 활동이 필요하며, 과거에도 유사 프로젝트에서 도출한 WBS 사전이 없을 경우에는, 프로젝트에 필요한 모든 활동을 초기단계부터 세분화하여 구체적으로 정의하는 것은 매우 어렵다. 이러한 경우에는 가까운 시기의 업무활동은 상세히 계획하되, 복잡하여 예측할 수 없는 장기적인 작업은 WBS의 상위수준에서만 계획하고, 일정이 가까워지면 그때 가서 새롭게 일정을 수정·보완하는 연동기획(Rolling wave planning) 방식을 적용하는 것도 대안이 된다.

복잡하거나 규모가 큰 프로젝트를 지속적으로 수행하는 조직이나 회사에서 프로젝트 저장소(Repository)에 WBS 사전을 축적하고 있으면, 다양한 형태의 프로젝트 관리에서도 "WBS 사전"과 "연동기획(Rolling wave planning)" 방법 적용을 통해, 성공적인 프로젝트 관리가 가능하게 된다. 프로젝트 수행과정의 전체 활동을 매번 정리하고 업데이트하여 두면, 프로젝트의 활동 목록이 되어 향후 유사 프로젝트를 진행할 경우 중요한 활용 자산이 되는 것이다.

4.1.3 프로젝트 소요자원 정의 방법

소요자원(Resource)은 프로젝트 활동 수행을 위해 필요한 사람, 자재, 설비, 지식정보 등의 종류와 필요량을 결정하는 것으로, 프로젝트 원가산정 및 예산수립의 기초자료가 된다. 회사에서는 프로젝트 소요자원에 근거하여 예산을 결정하므로, 잘못된 소요자원 계획의 수립은 예산 부족을 초래하여, 프로젝트 진행과정의 리스크 요인으로 작용할 수 있으므로 주의가 필요하다.

그러므로 소요자원의 산정은 프로젝트 관련 산업을 잘 이해하는 전문인력의 도움으로 결정해야 한다. 프로젝트 비용의 절감 및 예산 준수를 위해서도, 소요자원의 정확한 산출은 매우 중요하기 때문이다. 예로서, 기술발전이 빠른 정보시스템 구축 사업의 소요자원 산출시에는 최신기술 동향을 검토하여 적절한 자원을 선정하는 것이 중요하다. 또한 건설 프로젝트의 경우는 법적 준수 요건을 감안하여 소요자원을 선정해야하는 경우도 발생하기 때문에 전문인력의 참여가 필요한 것이다.

프로젝트 소요자원을 합리적으로 결정하는 방법은 자원분류체계(Resource Breakdown Structure: RBS)를 작성하는 것이다. WBS의 "작업(Work)"에 대응하는 "자원(Resource)"을 기준으로, **자원분류체계(RBS)**를 만들어 필요한 자원을 도출하는 것이다. RBS를 통해 만들어지는 자원 목록은 가용시간과 휴무일을 고려한 자원 캘린더(Resource calendar)에 배치하여, 차후 프로젝트 자원관리 및 통제의 기초자료로 활용할 수 있게 된다.

4.1.4 활동정의와 소요자원 산출 고려사항

프로젝트의 활동을 정의하고 필요한 자원을 산출하기 위해서는 다음과 같은 사항에 주의하여 작업을 하여야 한다.

1) 프로젝트 업무의 마일스톤 목록을 작성한다

마일스톤(Milestone)은 프로젝트의 중요한 지점이나 사건을 의미한다. 프로젝트 일정의 기준점으로 마일스톤은 프로젝트 일정관리 수행시, 여러 업무활동의 등대 역할을 수행한다. 마일스톤은 계약서 내용 및 프로젝트의 단계별 수행업무를 파악하여, 업무활동의 핵심이 되는 일정을 식별하는 것이다. 마일스톤은 프로젝트 성격에 따라 여러 개가 도출될 수 있으므로, 마일스톤 목록의 작성이 필요하다. 이러한 마일스톤 목록은 프로젝트 팀 전체의 일정관리 준수 기준선으로 활용하게 된다.

2) 자원 캘린더에 배치할 자원 목록을 작성한다

자원분류체계(RBS)를 활용하여 프로젝트에 필요한 자원 목록을 작성하고, 자원 캘린더(Calendar)에 자원 목록의 필요 자원을 일정별로 배분한다. 자원 캘린더는 프로젝트 진행과정에서 소요자원의 관리 및 통제를 위한 수단으로 활용한다.

3) 연동기획(Rolling wave planning) 방식을 적절히 사용한다

복잡한 대규모 프로젝트의 경우, 일정 및 자원에 대한 변경요인이 자주 발생하므로, 연동기획(Rolling wave planning) 방식을 적용하여 변화에 유연하게 대처하도록 한다.

4) 관련 산업분야의 최신 기술을 검토하여 소요자원을 산정한다

기술발전의 추세가 빠르고, 첨단기술 적용이 필요한 정보통신 산업과 같은 프로젝트는 최신 기술의 빠른 접목으로, 프로젝트 효율 및 성과를 높일 수 있게 된다. 그러므로 프로젝트 관련 산업의 최신 기술추세를 분석하여, 관련

자원을 투입하거나 활용하는 노력이 필요하다.

5) 전문가 자문과 벤치마킹을 활용한다

프로젝트 업무활동 정의 및 자원의 산정은 전문가의 판단(Expert judgment)이 매우 중요하므로, 전문가의 도움을 받아 결정하는 것이 중요하다. 그리고 과거의 유사 프로젝트 벤치마킹과 더불어 간행물, 자료집 등 다양한 경로를 통해 기초정보를 수집하여 활용한다.

4.2 순서결정 및 소요시간 산출

프로젝트의 모든 활동은 앞에서 먼저 해야 할 일과 나중에 해야 할 일을 인식하여, 활동순서를 정하고 활동에 필요한 소요시간을 추정하여 일정계획을 수립하게 된다. 프로젝트에서 선후행 활동과 무관한 독립적인 활동도 존재하지만, 대부분의 활동은 선행 활동과 후행 활동을 갖는다. 활동의 선후행 관계를 고려하여 활동의 순서계획을 결정하면, 활동별 소요시간에 따라 특정 활동의 여유시간을 알 수 있게 된다.

프로젝트 일정계획은 모든 활동의 선후행 관계를 고려하여, 작업진행의 순서를 결정하고 각 활동별 소요시간을 추정하여 수립한다. 업무활동의 순서를 결정하는 것은 프로젝트 활동간의 의존성(Dependency)을 고려하여, 활동의 선후행 업무를 결정하는 것이고, 소요시간 산출은 배정된 자원으로 프로젝트 활동을 수행하는 데 필요한 시간을 추정하는 것이다.

활동의 순서와 소요시간을 결정하면 프로젝트 전체 일정에서 **주공정**(Critical path)을 확인할 수 있다. 주공정은 프로젝트 수행활동의 가장 긴 업무 프로세스로서, 주공정을 통해 프로젝트의 전체 소요시간을 확인할 수 있다. 그리고 프로젝트 수행과정에서 지연돼서는 안 되는 일련의 작업 공정이 무엇인지를 확인하고, 프로젝트 일정 단축의 대상이 어떤 것인지를 결정하는 지표로 활용할 수 있다.

4.2.1 프로젝트 활동순서의 결정

프로젝트를 수행하기 위해 필요한 모든 활동(Activity)과 마일스톤(Milestone)은 최초 및 최종 활동을 제외하고는, 적어도 하나의 선후행 활동이 존재하게 되며, 활동순서 및 소요시간과 관련하여 여유시간을 가지게 된다. 이러한 프로젝트 활동의 순서를 결정하는 일은 프로젝트 활동간의 상호 의존성(Dependency)을 파악하고, 활동간의 선후행 관계를 정의하여 프로젝트 수행 활동을 순서에 따라 배열하는 것이다.

1) 활동의 의존성 파악

활동 간의 상호 의존성(Dependency)에는 각 활동이 관련된 활동과 어떻게 연계되는지를 정의하는 것으로, 의무적 의존성(Mandatory dependency), 임의적 의존성(Discretionary dependency), 외부적 의존성(External dependency)의 관계로 형성된다. **활동 의존성**의 3가지 관계는 다음과 같다.

① 의무적 의존성(Mandatory dependency)

의무적 의존성은 프로젝트 활동 수행에 대한 제약요인으로 인해, 독자적인 활동을 수행할 수 없이 선후행 활동에 따라 진행할 수 있는 관계를 말한다. 활동의 특성, 특정한 제약요인에 의해 관계가 결정되는 것으로, 정보화 프로젝트의 응용 프로그램 테스트 활동은 프로그램 개발이 끝나야 가능한 것으로 테스트 활동은 프로그램 개발 결과에 의무적 의존성 관계를 가지게 된다.

② 임의적 의존성(Discretionary dependency)

과거의 프로젝트 수행 경험이나 유사 프로젝트의 모범사례(Best practice)을 통해 얻은 교훈에 따라, 프로젝트 활동간의 의존관계를 임의적으로 결정한 것이다. 임의적 의존성은 여러 가지 순서가 가능하지만, 프로젝트 팀의 판단에 따라 프로젝트의 효율이나 성과측면에서 좋다고 생각되어 결정한 사항으로, 관련 내용을 공식화하는 차원에서 문서화가 필요하다. 예로서, 응용시스템의 프로그램 코딩(Coding) 과정은 반드시 설계 자료가 완료되고, 사용자가 확인한 후에 진행하도록 활동 의존성을 임의적으로 제한한다면, 설계 및 사용자 확인이 없는 상태에서 프로그램 코딩은 진행할 수 없게 된다.

③ **외부적 의존성**(External dependency)

프로젝트 활동과 무관한 활동 간의 의존관계를 말한다. 외부적 의존성은 대부분 프로젝트 팀의 권한 밖에 있어 통제가 어려우므로, 프로젝트 순서 및 일정과 밀접한 관계가 있는 활동은 특별히 유념해야 한다. 예로서, 정보화 사업에서 정보시스템의 고객 인계는 응용시스템 개발과 더불어, 관련 하드웨어의 납품이 완료되어야 하는 외부적 의존성 관계로, 개발은 임시 장비로 가능하지만, 고객 인계를 위해서는 신규로 납품된 하드웨어가 있어야 한다.

2) 활동의 선후행 관계 정립

프로젝트 활동에서 일부 독립적 활동을 제외하면, 대부분의 활동간에는 선후행 관계가 성립한다. 활동의 **선후행 관계**는 활동간의 상호 의존성(Dependency)과 논리적 관계에 의해 정리되며, 다음과 같은 FS, FF, SS, SF의 4가지 관계로 구성된다.

① FS(Finish-to-Start, **종료-개시 관계**): 선행 활동의 종료시에 후행 활동을 착수한다.
② FF(Finish-to-Finish, **종료-종료 관계**): 선행 활동의 종료시에 후행 활동도 종료한다.
③ SS(Start-to-Start, **개시-개시 관계**): 선행 활동의 착수시에 후행 활동도 착수한다.
④ SF(Start-to-Finish, **개시-종료 관계**): 선행 활동의 착수시에 후행 활동을 종료한다.

프로젝트에서는 활동간의 논리적 관계를 정확히 하기 위해, 활동의 선도(Lead) 및 지연(Lag)을 활용할 수 있다. **선도**(Lead)란 프로젝트 일정관리의 효율화 또는 특정한 목적을 위해 후행 활동의 수행 일정을 앞당기는 것을 말한다. 그리고 **지연**(Lag)은 후행 활동의 일정을 선행 활동이 일정시간 지난 후에 수행하도록 늦추는 것이다. 선도 및 지연에 따라 프로젝트 일정의 논리적 순서가 변화되지는 않으나, 공식화를 위한 문서화는 필요하다.

① 선도(Lead): 선행 활동의 종료 이전에 후행 활동을 착수한다. 예로서, 공사일정의 단축을 위해, 아파트 내부 시설공사 완료 1달 전에 먼저 조경공사를 선도(Lead)할 수 있다.

② 지연(Lag): 선행 활동이 일정기간 지나서 후행 활동을 착수하여, 후행 활동의 일정을 지연시키는 것이다. 예로서, 건설 프로젝트의 경우 품질보증을 위해, 바닥 콘크리트 양생기간 10일 이후에 다음 작업을 시작하도록 지연(lag)시킨다.

프로젝트 업무활동의 선후행 관계를 형성할 경우, 예상치 못한 활동의 지연이나 대기로 인한 장애요소를 고려하여 활동순서를 결정하는 것이 바람직하다.

4.2.2 프로젝트 활동의 소요시간 산정

프로젝트 활동의 소요기간을 산출하는 것은 매우 어려운 작업이다. 프로젝트 계획단계에서의 소요시간 산출은 미래 수행 활동에 대한 예측이므로, 소요시간을 정확히 산출했다 하더라도, 실행단계에서는 프로젝트 상황이나 환경에 따라 소요시간이 달라지는 경우가 많이 발생한다. 이와 같이 계획단계에서 실제 소요시간과 같이 정확한 시간을 예측하는 것이 어려운 일이지만, 소요시간의 산정은 프로젝트 일정관리 활동의 핵심이고, 더불어 인력산정, 원가계산, 조달관리의 기준자료가 되므로 가능한 정확하게 산정하는 것이 중요하다.

일반적으로 프로젝트에서 활동의 소요시간을 산정하는 것은 프로젝트 팀장 또는 유사 프로젝트의 경험이 많은 사람에 의해 초안이 만들어진 후, WBS의 작업패키지를 기준으로 할당된 담당인력과의 협의 조정으로 시간을 확정한다. 이처럼 프로젝트 관리자 또는 프로젝트 전문지식을 보유한 전문가가 먼저 소요시간을 산출하고, 담당자와 협의하여 결정하는 하향식(Top-down) 접근방식이 가장 바람직하다. 그러나 상황에 따라 담당자가 산출한 활동별 소요시간을 결합하여, 전체 소요시간을 산정하는 상향식(Bottom-up) 접근방식도 사용한다. 상향식 접근은 전체 관점에서 추가 조정이 필요하며, 소요시간 산정에 많은 시간이 소요되는 단점이 있다.

프로젝트 활동의 소요시간 산출방식을 체계적으로 분류하면, **전문가 판단법, 유사선정법, 모수산정법, 3점 산정법** 등이 있다. 각각의 산정 방법은 다음과 같다.

1) 전문가 판단법(Expert judgement)

관련 프로젝트의 지식과 경험이 풍부한 프로젝트 팀장 또는 전문가에 의해, 활동의 소요시간을 산출하는 방식이다. 유사 프로젝트의 경험과 지식을 바탕으로 프로젝트 활동의 위험요인, 불확실성을 고려하여 최적의 시간을 산출하기 때문에, 소요시간을 실제에 근접하게 효율적으로 산정할 수 있는 가장 효과적인 방법이다.

2) 유사산정법(Analogous estimating)

프로젝트 초기단계에서 프로젝트 관련 정보가 미흡할 경우, 소요시간을 산출하기 위해 활용하는 방식이다. 과거의 유사한 프로젝트를 벤치마킹하거나, WBS 사전을 활용하는 경우에 해당된다. 유사산정법은 시간과 비용이 적게 들어 효율적인 방법이지만, 프로젝트 특성이나 상황에 따른 변화요인을 고려할 필요가 있을 경우에는 전문가의 지원이 필요한 방식이다.

3) 모수산정법(Parametric estimating)

모수(parameter, 母數)란 통계학에서 쓰이는 용어로서, 모집단의 특성을 나타내는 수치를 말하는 것이다. 즉 소요시간을 산출하기 위해, 과거의 실적자료와 관련 변수간의 통계적 관계를 활용하여, 활동의 소요시간을 산정하는 것이다. 예로서, DB구축 사업에서 도면을 1장 스캔(Scan)하는 데 5초가 소요된다면, 1,000장의 도면을 스캔하기 위해서는 5,000초(5초×1,000장)가 되므로, 1시간 23분의 소요시간을 산출하는 방식이다. 모수산정법은 과거 경험자료를 보유한 특정 활동의 소요시간을 보다 정확히 산출할 수 있는 방식으로, 다른 산정기법과 혼용하여 사용한다. 그리고 모수산정법은 소요시간 산정뿐 아니라 원가추정에도 활용한다.

4) 3점산정법(Three-point estimation)

과거의 자료가 없거나, 활동의 소요시간을 산출하기가 어려운 신제품 개발과 같은 프로젝트에서 활용하는 방식이다. **1점산정법**(One-point estimation)은 관련 활동을 정확히 이해하여 소요시간을 한 번에 산정하는 것이지만, 3점산정법(Three-point estimation)은 소요시간을 한 번에 확실히 도출할 수 없어, 다음과 같이 낙관시간(Optimistic time), 비관시간(Pessimistic time), 최빈시간(Most likely time)의 3가지 소요시간을 가지고 평균하여 값을 계산하는 방식이다.

① **낙관시간**(Optimistic time: OT): 관련 활동을 좋은 조건에서 수행할 경우에 소요되는 예상 시간치

② **비관시간**(Pessimistic time: PT): 관련 활동을 나쁜 조건에서 수행할 경우에 소요되는 예상 시간치

③ **최빈시간**(Most likely time: MT): 관련 활동의 소요시간에 가장 근접하다고 판단하는 예상 시간치

3점산정법에 의한 활동 소요시간(T) = (OT + 4 * MT + PT) / 6

3점산정법에 의한 소요시간은 확률적으로 가장 근접한 최빈시간(MT)에 4배의 가중치를 부여하고, 낙관치(OT)와 비관치(PT)를 더하여 6으로 나누어 계산한다. 예로서, 신소재의 부품 설계도 작성 시간을 산출할 경우, 가장 근접한 시간은 30일이나, 상황에 따라 조건이 나쁘면 50일, 설계 자원 및 환경이 좋으면 20일이 걸린다고 가정하면, 3점산정법에 의한 소요시간은 32시간(=(20+4*30+50)/6)이 된다.

프로젝트가 복잡하고 예측이 힘든 경우에, 모든 활동의 소요시간을 계획단계에서 결정하는 것은 어렵다. 이러한 경우에는 연동기획(Rolling wave planning) 방식을 적용하여 향후 1~2개월 정도의 가까운 활동부터 소요시간을 산출하고, 잔여기간의 활동은 작업패키지 수준에서 정의하고, 프로젝트 활동이 가까이 도래하면 다시 가까운 활동을 구체화하여 진행해 나가는 **점진적 구체**

화(Progressive elaboration) 방식을 적용할 수 있다.

4.3 일정계획 수립 및 분석

프로젝트의 일정계획을 수립하는 것은 프로젝트 수행과 관련한 모든 활동에 대해, 선후행 관계 및 소요시간을 결정하고, 이를 바탕으로 프로젝트의 일정계획표를 만드는 것이다. 그리고 일정계획표가 적정하게 작성되었는지를 확인하고, 상황 변화에 따라 일정의 변경이 전체 프로젝트에 어떠한 영향을 미치고, 어떻게 대응해야 하는지를 판단하기 위해 일정계획표에 대한 모의분석을 수행하는 것이다. 일정계획의 수립 및 분석이란 이와 같이 프로젝트의 일정계획표를 작성하고, 수행 가능한 일정계획표가 수립되었는지를 검토하기 위해, 일정의 대체방안을 마련하고 대응하는 것을 말한다.

일정계획표를 작성하기 위해서는 일반적으로 네트워크도(Network diagram), 마일스톤(Milestone), 간트차트(Gantt chart)를 작성하며 프로젝트에서 가용할 수 있는 자원, 활동시간 및 제약적 요인(Constraint)을 고려하여, 일정 지연이나 단축과 관련한 모의분석을 수행하게 된다.

4.3.1 네트워크도를 활용한 일정계획 수립 및 분석

네트워크도(Network Diagram)는 프로젝트를 구성하는 활동들의 논리적인 연관관계를 도식적으로 표현한 것이다. 그래서 활동들의 순서를 표현한 네트워크도를 **연관도**(Dependency Diagram) 또는 **논리연관도**(Logical Network)라고도 한다. 네크워크도를 활용한 일정계획의 수립은 PERT/CPM(Program Evaluation Review Technique, Critical Path Method)기법이 기초를 마련하였다.

원래 PERT(Program Evaluation Review Technique)는 1958년에 미 해군에서 폴라리스 잠수함 미사일 프로젝트의 일정계획 및 통제를 위한 관리기법으로 개발되어 사용된 모델이었다. 그리고 CPM(Critical Path Method)은 1957년 미국 듀퐁사에 의해 개발되어 사용되었으나, 최근에는 PERT/CPM으로 통합하여 사용한다.

네트워크도를 작성하는 방식은 **화살도형법**(Arrow Diagramming method: ADM)과 **선후행관계도법**(Precedence Diagramming method: PDM)을 활용한다. 화살도형법과 선후행관계도법을 설명하면 다음과 같다.

1) 화살도형법(ADM)

화살도형법은 활동을 화살표 위에 표시하는 방식이다. 활동을 화살표 위에 표시하여 AOA(Activity On Arrow) 방식이라고도 하며, 화살표는 활동의 진행 방향을 나타내고, 화살표들을 연결하는 원모양의 노드는 하나의 사건(Event)으로 표시된다. 활동 중심으로 네트워크도를 작성하는 ADM방식에서는 노드와 활동을 다음과 같이 표현한다.

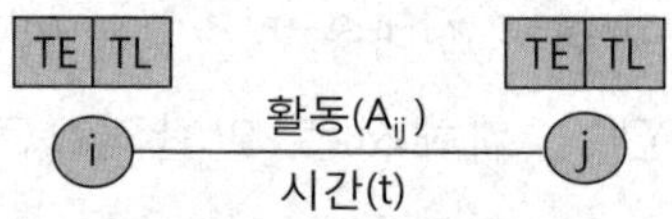

상기의 화상도형법(ADM) 표현에서 노드 번호 ⓘ와 ⓙ 사이의 활동(A_{ij}) 소요시간은 t이며, 노드의 박스에 표시된 TE와 TL은 다음과 같다.

① TE(Earliest expected time, **최조(最早)시간**): 각 단계가 가장 빨리 시작될 수 있는 시간을 의미한다.

② TL(Latest allowable time, **최지(最遲)시간**): TE에서 계산한 시간에 맞도록 역산하여 각 단계가 가장 늦게 시작해도 좋은 단계의 시간을 의미한다.

ADM은 FS 관계만을 사용하며, 모든 논리적 관계를 정확히 나타내기 위해, 점선으로 표시되는 더미(dummy) 관계의 사용이 필요한 경우가 발생한다. ADM의 더미 활동은 소요시간이 없는 활동으로 가상활동이라고 한다.

CASE STUDY

ADM 작성 예

• 다음 표와 같은 정보시스템 기능 업그레이드 프로젝트 활동내역을 ADM 방식에 따라 네트워크표를 작성하여 보자.

〈표 4-7〉 정보시스템 기능 업그레이드 프로젝트 활동 내역

활동기호	활동이름	선행작업	소요기간
A	아키텍처 설계	–	7일
B	응용시스템 설계	–	12일
C	자재발주	–	5일
D	데이터베이스 구축	A	10일
E	코딩	A, B	6일
F	장비설치	C	8일
G	고객인계	D, E, F	10일

(1) 네트워크도 작성 및 전진계산

① 노드와 화살표를 사용하여, 프로젝트 각 활동을 ADM방식의 네트워크도로 다음의 [그림 4-9]와 같이 작성한다.

② 화살표의 상단에 활동기호, 하단에 소요시간을 기재한다.

③ 노드 번호는 활동순서를 고려하여 순차적으로 부여한다.

④ 노드별로 ES와 LS시간을 작성할 단계시간 상자표를 그린다.

⑤ 노드시간은 0부터 시작하고, 각 노드의 시간에 관련 활동의 소요시간을 더해 가며 단계시간을 계산(노드 – 2 경우, 0 + 7 = 7일)한다.

⑥ 전진계산시에 여러 활동이 모이는 노드(예: 노드 – 5)의 경우, 최대 시간값(7 + 10, 12 + 6, 5 + 8 중에서 18일)을 선정한다.

그림 4-9 ADM 네트워크도 작성 및 전진계산

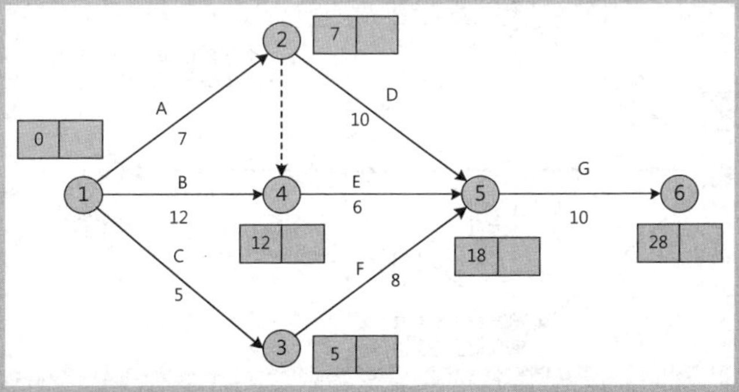

(2) 후진계산

① [그림 4-10]과 같이 최종 노드(6번)의 LS 단계시간은 ES시간과 같게 작성한다.

② 각 노드의 시간에 관련 활동의 소요시간을 빼가며, 단계시간을 계산(노드-5 경우, 28-10=18일)한다.

③ 후진계산시에 여러 활동이 나누어지는 노드(예: 노드-2)의 경우, 최소 시간값(18-10, 12-0 중에서 8일)을 선정한다.

그림 4-10 ADM 네트워크도 후진계산

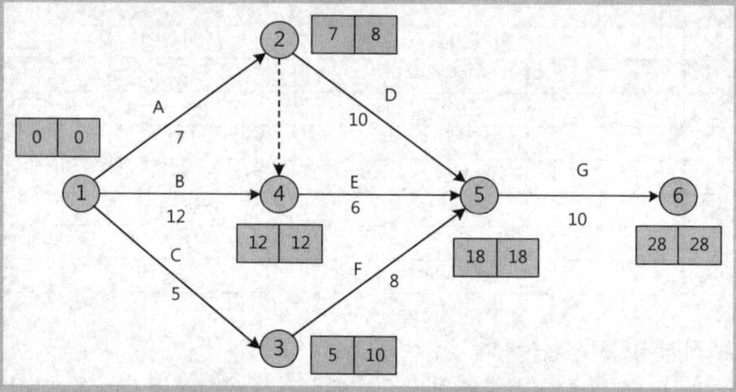

(3) 주공정 및 총 소요시간 확인

① 전진과 후진계산이 완료되면, 단계별 ES, LS시간을 확인하고, 여유시간이 없는(예: LS-ES=0) 노드 번호를 선정(예: ①, ④, ⑤, ⑥)한다.

② 노드번호 1, 4 ,5, 6은 여유시간이 없는 활동 B, E, G로 구성된 것으로, 주공정(Critical Path)이라고 한다.

③ 프로젝트의 총 소요시간은 주공정을 기준으로 28일이 소요된다.

그림 4-11 정보시스템 기능 업그레이드 프로젝트의 ADM 네트워크도

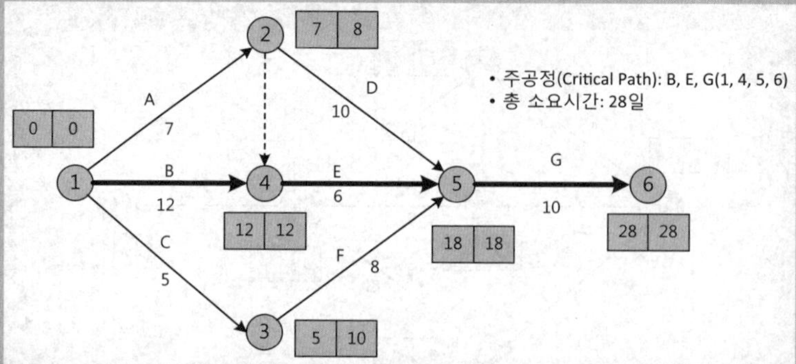

2) 선후행관계도법(PDM)

선후행관계도법(PDM)은 "노드"라고 불리는 상자표를 사용하여 프로젝트 활동을 나타내고, 노드를 화살표로 연결하여 활동 간의 의존성을 표시하는 프로젝트 일정관리를 위한 도표를 작성하는 방법이다. PDM에는 앞 절에서 설명한 바와 같이 FS(Finish-to-Start, 종료-개시 관계), FF(Finish-to-Finish, 종료-종료 관계), SS(Start-to-Start, 개시-개시 관계), SF(Start-to-Finish, 개시-종료 관계)의 4가지의 활동간 의존(Dependency) 관계가 있다.

PDM은 노드에 활동을 표시하기 때문에 AON(Activity On Node) 방식이라고 하며, 화살표는 활동들간의 논리적인 연관관계를 표현한다. PDM의 노드 상자표는 활동과 관련한 아래와 같은 내용을 작성한다.

- 활동이름(또는 번호)
- 활동의 소요시간=t
- ES(Early Start time, 빠른 시작시간)
- EF(Early Finish time, 빠른 완료시간)
- LS(Late Start time, 늦은 시작시간)
- LF(Late Finish time, 늦은 완료시간)
- TF(Total Float, 총 여유시간)=LS−ES=LF−EF

그림 4-12 PDM 노드 상자표 작성 예시

ES(빠른 시작시간)	(소요 시간)	EF(빠른 완료시간)
	활동 이름(또는 번호)	
LS(늦은 시작시간)	TF(총 여유시간)	LF(늦은 완료시간)

CASE STUDY

PDM 네트워크도 작성 예

- 앞 절에서 설명한 ADM방식의 정보시스템 기능 업그레이드 프로젝트 활동 내역을 PDM 방식에 따라 네트워크표를 작성하면 다음과 같다.

(1) 네트워크도 작성 및 전진계산

① 노드와 화살표를 사용하여, 프로젝트의 각 활동을 PDM방식의 네트워크도를 다음의 [그림 4-13]과 같이 작성한다.

② 노드 상자표에 활동번호와 소요시간을 작성한다.

③ 최초 노드의 ES를 1일로 하고, 시작시간을 감안한 소요시간을 더하여 EF시간(활동-D 경우, 7+1=8일 시작, 10일 소요, LF=8+10-1=17일)을 계산한다.

④ 전진계산시에 여러 활동이 모이는 노드(예: 활동-G)의 경우, 최대 시간값(17+1, 18+1, 13+1 중에서 19일)을 선정한다.

그림 4-13 PDM 네트워크도 작성 및 전진계산

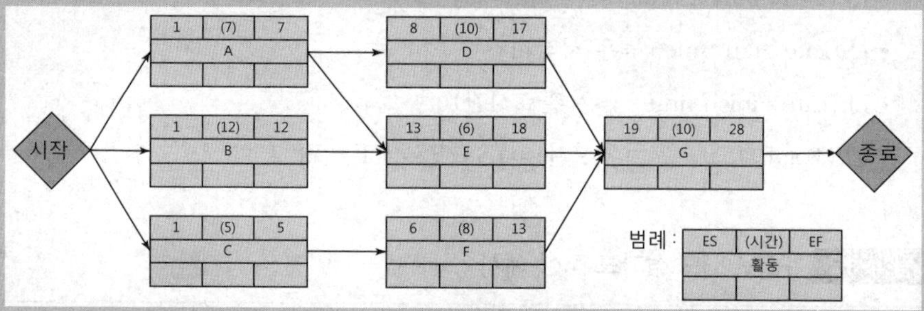

(2) 후진계산

① [그림 4-14]와 같이 최종 노드(예: 활동-G)의 LF시간은 EF시간과 같게 작성한다.

② 각 노드의 LF시간은 이전 노드의 LS시간값에 1을 빼서 계산(활동-F 경우, 19-1=18일)하되, 여러 활동이 나누어지는 노드(예: 활동-A)의 경우에는 최소 시간값(9-1, 13-1 중에서 8일)을 선정한다.

③ 각 노드의 LS시간(=LF-소요시간+1)을 계산한다.

그림 4-14 PDM 네트워크도 후진계산

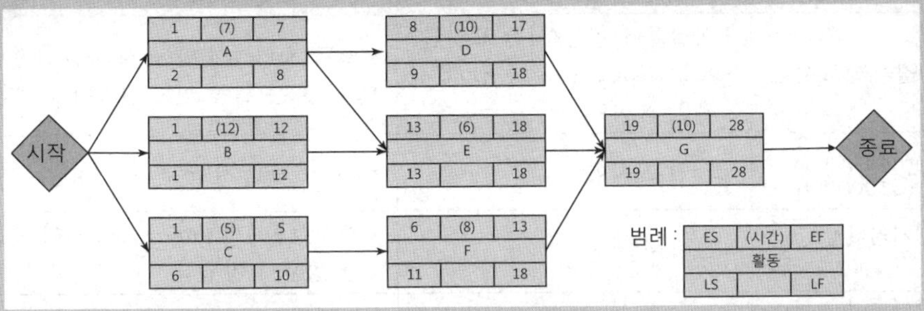

(3) 주공정 및 총 소요시간 확인

① 전진과 후진계산이 완료되면, [그림 4-15]와 같이 여유시간 TF(=LF−EF=LS−ES)를 계산한다.

② 단계별로 여유시간이 없는(TF=0) 주공정(B, E, G)을 확인한다.

③ 프로젝트의 총 소요시간은 주공정을 기준으로 28일이 소요된다.

그림 4-15 정보시스템 기능 업그레이드 프로젝트의 PDM 네트워크도

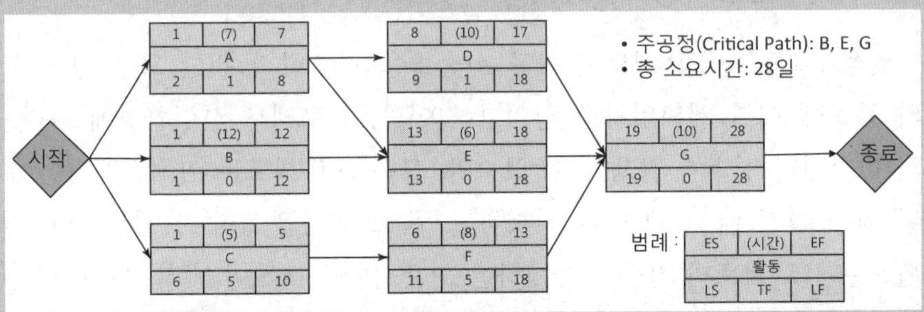

대부분의 프로젝트관리 소프트웨어에서 PDM 기법을 사용한 네트워크 도표 작성을 지원하고 있어, 프로젝트 현장에서 PDM 기법을 많이 활용하고 있다. 반면에 ADM기법은 일정관리를 위한 네트워크도의 작성 및 이해를 위한 교육에 많이 활용된다. 〈표 4-8〉은 PDM과 ADM 방식을 비교한 내용이다.

〈표 4-8〉 ADM 방식과 PDM 방식의 비교

구 분	ADM 방식	PDM 방식
1. 활동/소요시간	• 화살표에 활동/시간 표시함. • 노드(Node)는 활동간의 단계만 표현함.	• 노드(Node)에 활동/시간 표시함. • 화살표는 활동 연관 관계만 표현함.
2. 의존관계 (Dependency)	• FS만 표시함.	• FS, SS, FF, SF관계 표시함.
3. 가상활동 (Dummy)	• 불필요함.	• 가상활동(Dummy activity)이 필요한 경우가 발생함.
4. 활동변경 처리방법	• 활동번호가 변경되어 복잡함.	• 상호관계만 변경시켜 간단함.
5. 용 도	• 활동이 많아지면 작성이 복잡하고 어려운 단점이 있음. • 네트워크도 작성 이해가 쉬워, 교육 등에 많이 활용함.	• 활동간 의존관계를 다양하게 표현할 수 있고, 작성이 비교적 용이함. • 정보시스템 활용시 편리하게 활용할 수 있음.

4.3.2 일정계획표 작성

일정계획표는 프로젝트의 목표 산출물을 창출하기 위한 모든 활동의 착수와 종료에 대한 계획일자를 정의한 것이다. 프로젝트 진행환경에 따라, 일정의 변경이나 변화가 발생할 수 있지만, 모든 프로젝트는 이해관계자간에 확정된 최종 일정계획표에 따라 진행하고, 목표 일정을 준수하여야 한다. 일정계획표는 프로젝트의 일정을 통제하는 기준선(Baseline)이 되기 때문이다.

프로젝트 현장에서의 일정계획표는 일반적으로 막대차트(Bar chart)나 네트워크도를 작성하여 활용한다. 프로젝트 상황에 따라 주공정(Critical Path)을 관리하거나, 활동에 대한 여유시간을 통제할 필요가 있는 경우 등에는 네트워크도를 활용하나, 작성이 간단하고 쉬운 간트차트(Gantt Chart)를 자주 사용한다.

1) 막대차트

헨리 간트(Henry L. Gantt)에 의해 창안된 간트차트(Gantt Chart)와 같은 개념인 막대차트는 프로젝트 활동을 막대 형태로 표현하여 활동의 시작시간, 종료시간, 소요시간을 표시한 프로젝트 일정계획표이다. 작성 및 이해가 쉬워 프로젝트 일정계획표에 자주 사용하는 도표이다. 그리고 일정계획표를 효과

CASE STUDY

▮ 마일스톤을 표시한 막대차트 작성 예

• 정보시스템 구축 프로젝트에서 마스터 일정계획표로 활용하기 위해, 마일스톤을 표시하여 막대차트를 작성한 것이 [그림 4-16]이다.

그림 4-16 마일스톤을 표시한 막대차트 일정계획표 활용 예시

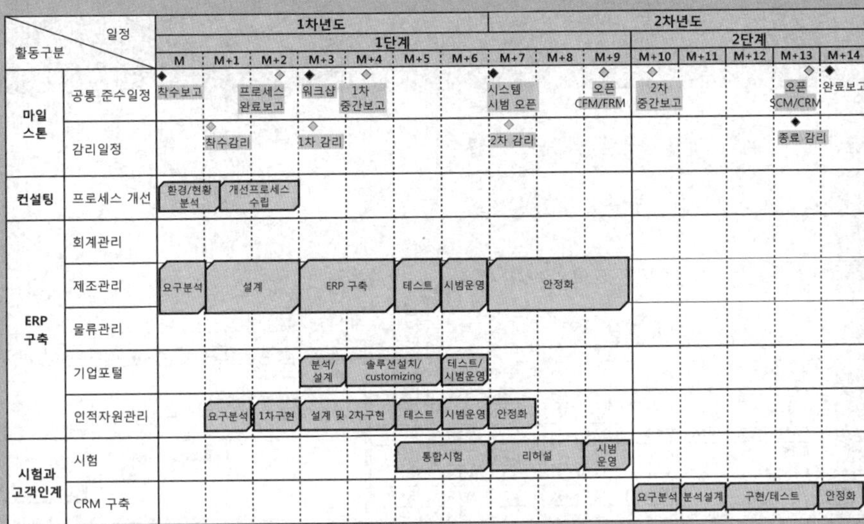

적으로 활용하기 위해, 막대차트에 마일스톤(Milestone)을 포함하여 작성한다. **마일스톤(Milestone)**은 프로젝트에서 주요 과업에 대한 수행시점이나 핵심 산출물의 완료시점을 나타낸다. 마일스톤은 이해관계자에게 프로젝트 진행과정에서 핵심이 되는 중간 목표나 마감시한을 지정하는 역할을 담당하므로, 모든 활동을 마일스톤으로 표현하지 않는다.

2) 네트워크도

네크워크도는 앞 절에서 설명한 화살도형법(Arrow Diagramming method: ADM)이나 선후행관계도법(Precedence Diagramming method: PDM)을 활용하

여 일정계획표를 작성하고 일정을 관리한다. 네트워크도에서는 활동간의 의존성을 고려하여 활동시간을 작성하고, 주공정(Critical Path)을 파악하여, 일정에 대한 관리 및 통제를 수행한다.

MS Project 일정관리 도구를 사용하여 작성한 간트차트와 PDM 네트워크도는 각각 [그림 4-17], [그림 4-18]과 같다.

CASE STUDY

간트차트와 PDM 네트워크도 작성 예

• 간트차트로 작성한 것은 다음과 같다.

그림 4-17 간트차트 작성 예시(MS Project 활용)

	작업 이름	기간	시작	완료	선행 작업
1	A:아키텍쳐 설계	7 일	12-03-02 (금)	12-03-12 (월)	
2	B:응용시스템 설계	12 일	12-03-02 (금)	12-03-19 (월)	
3	C:자재발주	5 일	12-03-02 (금)	12-03-08 (목)	
4	D:데이테베이스 구축	10 일	12-03-13 (화)	12-03-26 (월)	1
5	E:코딩	6 일	12-03-20 (화)	12-03-27 (화)	1,2
6	F:장비설치	8 일	12-04-03 (화)	12-04-12 (목)	3
7	G:고객인계	10 일	12-04-13 (금)	12-04-26 (목)	6,4,5

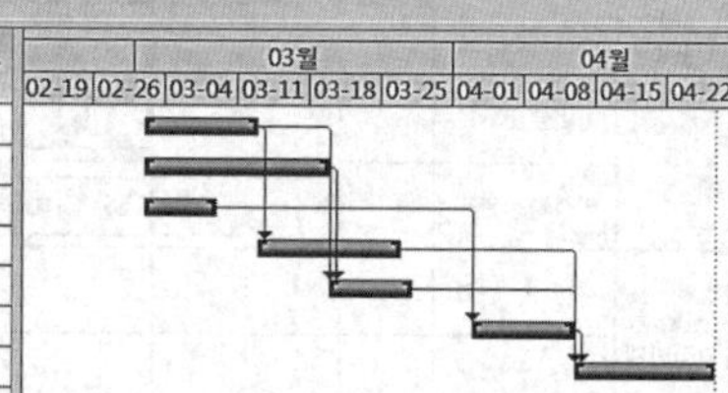

• PDM 네트워크도로 작성한 것은 다음과 같다.

그림 4-18 PDM 네트워크도 작성 예시(MS Project 활용)

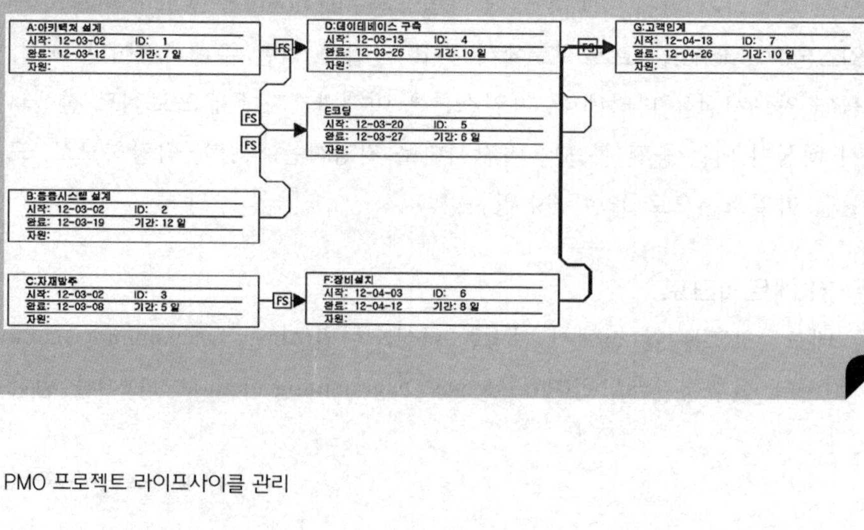

4.3.3 일정계획 모의분석

프로젝트의 일정계획은 프로젝트 가용자원이나 제약조건에 따라, 수정 또는 보완해야 할 필요가 생긴다. 일정계획의 **모의분석**이란 최초에 수립한 일정계획에 대해, 프로젝트의 가용자원과 제약조건을 고려하여 모의분석(Simulation)을 수행하고, 일정을 수정 및 보완하는 것이다. 일정계획의 모의분석은 주공정법(Critical Path Method: CPM), 주공정연쇄법(Critical Chain Method: CCM), 자원평준화(Resource Leveling: RL), 시나리오 분석을 통해 수행한다.

1) 주공정법(CPM)

주공정법(CPM)에서는 먼저 PDM이나 ADM방식으로 프로젝트의 일정 네트워크도를 작성한다. 그리고 주공정(Critical Path) 경로를 확인한 다음에, 여유시간을 활용하여 해당 활동의 일정을 변경하고, 주공정을 조정하는 방법으로 프로젝트 일정계획을 수정 및 보완한다.

2) 주공정연쇄법(CCM)

주공정연쇄법(CCM)은 주공정법(CPM)과 같이 프로젝트 일정 네트워크도를 작성한 후, 주공정 경로를 확인하지만, 네트워크상에서 해당 프로젝트 활동의 한정된 자원(사람, 설비 등)을 고려하여, 프로젝트 일정계획을 수정 및 보완하는 방식으로 활용한다. CCM은 골드랫(Eliyahu M. Goldratt) 박사가 정립한 제약이론(Theory of Constraints: TOC)의 제약(Constraints) 또는 병목(Bottleneck)을 관리하는 개념과 같은 방식으로 일정을 관리한다. CCM에서는 자원이 제약된 주공정 경로를 **주공정 연쇄**(Critical chain)라고 하여, 주공정 연쇄의 일정을 관리하기 위한 완충(Buffer)을 활용한다.

CCM에서 **완충**(Buffer)은 프로젝트 기간의 불확실성을 관리하는 방법으로, 프로젝트 완충(Project Buffer)과 주입완충(Feeding Buffer)을 활용한다. **프로젝트 완충**은 주공정 연쇄의 끝에 추가하여, 불확실성에 대한 프로젝트 일정 지연을 방지하는 역할을 수행하며, **주입완충**은 주공정 연쇄에 속하지 않는 종속

그림 4-19 주입완충과 프로젝트 완충

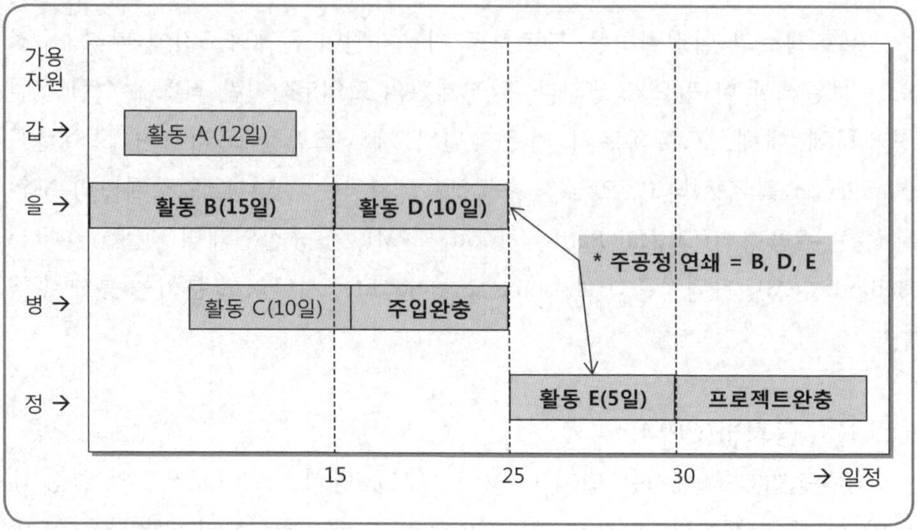

활동의 연쇄가 주공정 연쇄에 투입되는 각 지점에 배치하여, 주공정 연쇄의 지연을 방치토록 한다. 주입완충과 프로젝트 완충을 그림으로 표시하면 [그림 4-19]와 같다.

3) 자원평준화(RL)

자원평준화(RL)는 프로젝트 활동에 필요한 자원을 고려하여 실행한다. 네트워크도를 통해 도출한 주공정에서 사람, 자금, 설비, 자재 등의 자원이 제약되어 있을 경우, 한정된 자원으로 우선 주공정을 수행하기 위해 자원을 조정하는 방식이다. 예로서, 가용인원은 5명/일이나, 특정 일자에 2가지 활동 A(소요인원 4명)와 B(소요인원 2명)를 수행해야 할 경우, 주공정에 해당하지 않는 B활동의 1명을 A활동에 투입하고, 주공정이 아닌 B활동을 1일 지연시켜, 자원을 평준화하여 활용하는 것이다. 이 경우 B활동의 지연이 주공정을 변경시키지 않아야 한다.

4) 시나리오 분석

시나리오 분석은 프로젝트 일정과 관련하여 발생할 수 있는 각종 위험요인 및 변화요인을 도출하고, 요인 발생에 대한 불확실성을 만회할 수 있는 프로젝트 일정계획표를 작성한다. 프로젝트 특성에 따라, 일정계획에 변화를 줄 수 있는 발생 가능한 시나리오(What-If)를 설정하여, 대응책을 마련하는 것이 중요하다.

5 원가산출 및 예산결정

프로젝트 계획단계의 원가관리(Cost management) 지식영역에서 이루어지는 업무는 원가산출 및 예산결정이다. 원가산출 및 예산결정에는 원가산출, 그리고 예산결정 업무활동이 있다. 먼저, 원가산출은 프로젝트 목표를 달성하기 위해, 필요한 원가를 산출하는 것이며 예산결정은 프로젝트 수행을 위해, 필요한 전체 예산계획을 수립하여 확정하는 것이다.

본 절에서는 프로젝트 라이프사이클 2단계인 "Ⅱ. 계획"에서의 넷째 업무로, 원가관리 지식영역에 포함되는 "원가산출," "예산결정"에 대해 설명한다.

그림 4-20 계획단계의 원가산출 및 예산결정 업무활동 내역

Ⅱ. 계 획			
	[1] 통합계획 수립	[2] 요구정의 및 범위계획 수립	[3] 일정계획 수립
	[4] 원가산출 및 예산결정	[5] 품질 및 감리계획 수립	[6] 인적자원계획 수립
	[7] 의사소통계획 수립	[8] 리스크 및 이슈관리계획 수립	[9] 조달관리계획 수립

업 무	활 동	설 명
[4] 원가산출 및 예산결정	원가산출	프로젝트 목표를 달성하기 위해 필요한 원가를 산출한다.
	예산결정	프로젝트 수행을 위해 필요한 전체 예산계획을 수립하여 확정한다.

5.1 프로젝트 원가산출

5.1.1 원가의 정의와 분류

기업에서 원가(Cost)란 제품이나 서비스의 제조, 판매, 배송 등에 소요된 재화와 용역을 단위에 따라 계산한 가격을 말한다. 즉 특정 목적을 달성하기 위해 사용된 자원을 화폐단위로 측정한 것이다. 프로젝트도 제품이나 서비스를 창출하기 위한 노력이므로, 프로젝트 전체 과정에 소요되는 비용을 프로젝트 원가라고 정의할 수 있다.

원가에는 재료비, 인건비, 경비로 구성되며, 이를 원가 3요소라고 한다. 그러나 제품이나 서비스의 가격은 3가지 원가요소 이외에, 판매비 및 일반관리비, 금용비용, 이익 등 추가되는 금액을 고려하여 결정한다. 그리고 원가는 각 제품이나 서비스에 직접 부과할 수 있는 직접비와 여러 제품의 생산에 대하여 공통으로 쓰이는 간접비로 구분할 수 있다.

제조원가는 제조에 소요된 직접비와 간접비를 포함한 것을 말하고, 기업의 제품이나 서비스에 대한 총원가는 제조원가에 관리비용과 판매비용을 더한 것이다. 이러한 관점에서 기업의 원가를 판매가격 기준으로 분석하여 보면 [그림 4-21]과 같은 구조를 가진다.

원가를 산정하는 것은 단위 제품이나 프로젝트의 소요비용을 산출하여,

그림 4-21 상품의 판매가를 기준으로 분류한 원가구조도

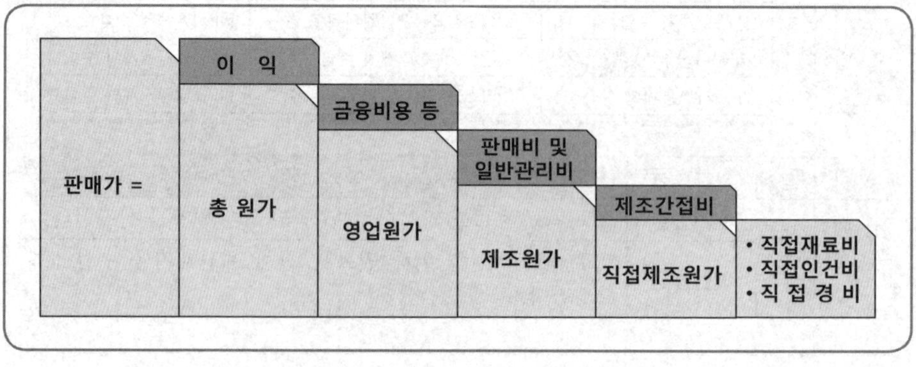

금전적 소요비용이 얼마인지를 확인하는 것이 주된 목적이다. 그러나 원가의 구성요소들에 대한 소요비용을 확인하여, 원가요소별로 적정한 비용인지를 검토하고, 원가절감을 수행하는 것도 중요한 추가적 목적에 포함된다.

원가의 구성요소는 분류기준에 따라 다양하게 정의할 수 있다. 원가의 발생 형태, 추적 가능성, 조업도 변동에 따라 프로젝트의 원가를 구분할 수 있다. 프로젝트와 관련하여 원가 계정과목을 분류하면 다음과 같다.

원가 계정과목 분류

① **발생 형태에 의한 분류:** 재료비, 인건비, 경비
② **추적 가능성에 의한 분류:** 직접비, 간접비
③ **조업도의 변동에 의한 분류:** 변동비, 고정비

1) 발생 형태에 의한 분류

원가의 발생 형태에 따라 재료비, 인건비, 경비의 세 가지로 분류한다. 원가 3요소에 해당하는 이 분류 방식은 기업의 회계처리시에 사용되는 원가 비목(費目)으로 세분화하여 비용명세를 작성한다.

① **재료비:** 프로젝트를 위하여 투입된 재료의 원가를 말한다. 원자재, 재료, 부품, 원료, 부분품 등의 소비에 따라 발생하는 원가이다.
② **인건비:** 프로젝트를 위해 투입된 노동력의 대가로 발생하는 인건비를 말한다. 근로에 대한 대가로 지급하는 임금이 포함된다.
③ **경비:** 프로젝트에 소요된 재료비와 인건비를 제외한 기타의 모든 원가요소를 말한다. 경비는 프로젝트 성격에 따라 종류가 다양하며, 예로서 임대비, 외주가공비, 특허권 사용료, 설계비, 전력비, 가스·수도비 등이 있다.

2) 추적 가능성에 의한 분류

원가의 크기를 프로젝트 수행과 관련시켜 직접 추적할 수 있는가의 여부에 따라 직접비와 간접비로 구분하다. 원가를 프로젝트 활동에 직접 부담시킬 수 있고, 추적이 가능한 원가가 직접비이며 그렇지 않은 경우는 간접비에 해당된다.

① **직접비**: 특정 제품이나 서비스의 제조에만 소비되어, 직접적으로 관련시킬 수 있는 비용이다. 직접비는 특정 원가 대상별로 직접 발생한 비용의 추적이 가능하여, 특정 제품 또는 부문에 직접 부과시킬 수 있는 원가이다.

② **간접비**: 프로젝트 비목 계정이 특정한 원가 대상에 직접 부가할 수 없는 비용이다. 간접비는 발생원가의 직접적인 추적이 불가능하여, 특정 제품 또는 부문에 직접 부과할 수 없기 때문에, 프로젝트나 기업에 따라 합리적인 배부기준을 만들고, 인위적으로 배부하지 않으면 안 되는 비용이다. 앞에서 설명한 발생 형태에 따른 재료비, 인건비, 경비의 원가요소도 추적 가능성에 따라, 〈표 4-9〉와 같이 재분류가 가능하다.

〈표 4-9〉 발생 형태 및 추적 가능성에 따른 원가요소 구분

원가비목	직/간접비 구분	세부 비목 예시
재료비	직접재료비	주요 재료비, 부품비, 기계 및 설비비
	간접재료비	보조 재료비, 소모품비, 포장비
인건비	직접인건비	프로젝트 팀 인건비
	간접인건비	외부 전문가 자문비, 위탁 품질 및 검사비
경　비	직접경비	건물임대료, 외주가공비, 특허권 사용료, 설계비
	간접경비	전력비, 가스 · 수도비

3) 조업도의 변동에 의한 분류

프로젝트의 조업도나 산출량의 변동에 따라, 발생원가가 비례적으로 발생하는지, 또는 일정하게 발생하는지를 분석하여, 변동비와 고정비로 구분한다. 조업도라 함은 기업의 제조나 서비스 능력이 일정한 경우에 그 능력의 이용도를 말하는 것이다. 제조업의 경우 생산량의 변동 여부에 관계없이 일정하게 지출되는 비용을 고정비라 하고, 생산량의 변화에 따라 증가 또는 감소하는 비용을 변동비라 한다.

① **변동비**: 조업도의 변화와 더불어 변동하는 원가를 말하며, 그 변동의 방향과 정도에 따라, 비례변동비, 체증변동비, 체감변동비로 구분할 수 있다. 프로젝트의 산출량이나 조업도에 따라 변동하는 직접재료비, 직접인건비, 직접경비 등의 직접비가 이에 속한다.

② **고정비**: 고정비란 일정기간 조업도의 변동에 관계없이, 항상 일정액으로 발생하는 원가로서, 유형자산의 감가상각비, 경영자 임금, 건물 임대료, 보험료, 제세공과금 등이 이에 속한다.

고정비와 변동비의 구분은 기업의 손익분기점 분석에서 많이 활용된다. 손익분기점 분석에서는 보통 비용을 고정비와 변동비로 분해하여 매출액과의 관계를 검토한다. 손익분기점 매출액은 그 이하로 감소하면 손실이 나며, 그 이상으로 증대하면 이익을 가져오는 기점을 의미한다. 매출액은 매출수량과 매출단가의 곱으로 대치되므로, 판매계획의 입안에 있어서 이 분석방법은 매우 중요하다. **손익분기점 분석**에서는 주로 다음의 공식이 이용된다.

손익분기점 매출액 = 고정비 + [1 − (변동비/매출액)]

변동비와 고정비는 프로젝트 성격에 따라 원가비목이 달라질 수가 있고, 비목에 따라 확실하게 고정비와 변동비로 구분할 수 없는 준고정비, 준변동비가 존재하므로, 프로젝트나 기업에 따라 사전에 명확한 기준에 의해 분류하는 것이 바람직하다.

5.1.2 기업회계와 프로젝트 원가

회계(會計, Accounting)라 함은 특정한 경제적 거래에 대하여, 정보이용자들에게 합리적인 의사결정을 하는 데 유용한 재무정보를 제공하기 위한 일련의 과정을 말한다. 따라서 회계학(會計學)에서는 특정한 경제적 사건이 발생하였을 때 이를 측정하고 표시하는 방법을 연구 결정한다. 기업에서의 회계는 재무회계(Financial accounting)와 관리회계(Management accounting)가 있다. 재무회계는 재무제표 중심의 회계로 외부 보고의 목적으로 수행하지만, 관리회계는 기업경영의 의사결정에 활용하는 것이 주목적이다.

① **재무회계:** 일반회계라고도 하며 재무제표 중심의 회계이다. 외부정보 이용자의 경제적 의사결정에 유용한 재무정보를 측정·보고할 목적으로 이루어지는 외부보고 목적의 회계이다.

② **관리회계:** 기업의 경영자가 의사결정을 하는 데 필요한 회계정보를 제공하는 내부보고 목적의 회계이다. 관리회계에서는 회계정보의 관리적 이용과 경영자 의사결정을 지원하기 위한 관리적 측면의 회계이다.

프로젝트에서의 원가관리는 제무제표를 위한 재무회계 관점에서의 회계이기도 하지만, 프로젝트와 관련하여 소요되는 원가요소에 대한 비용의 관리 및 통제 측면에서 활용하는 관리회계 측면의 비중이 높다고 할 수 있다. 관리회계 측면에서 원가관리는 원가계산을 근거로 경영활동 전반을 합리화하고, 원가절감을 도모하도록 하는 활동이다.

원가관리는 원가계산을 근거로 하여 경영활동 전반을 합리화하고, 원가절감을 도모하도록 하는 경영활동이다. 마찬가지로 프로젝트 원가관리는 프로젝트 라이프사이클 전체 비용을 체계적으로 산출하고, 합리적으로 관리 및 통제하기 위한 활동이라 할 수 있다. 프로젝트에서는 한시성, 고유성, 점진적 구체화의 고유 특성을 가지고 있으며, 프로젝트 원가관리에서도 이러한 특성을 고려하여 원가의 관리 및 통제가 필요하다.

프로젝트 계획단계에서 표준원가를 기준으로 산정한 사전원가가 실행과정에서 발생하는 실제원가와의 차이를 철저히 분석하여 개선해 나가는 노력이 필요한 것이다. 이렇게 하기 위해서는 프로젝트의 목표원가를 세우고 원가책임 조직이나 담당자를 지정하여, 표준원가와 실제원가와의 차이를 점차 줄여나가는 노력이 필요한 것이다.

5.1.3 프로젝트 원가의 범위

프로젝트의 원가란 프로젝트의 결과물을 창출하는 데 소요되는 비용으로, 원가구조도의 원가와 같은 개념으로 해석할 수 있다. 그러나 프로젝트 원가는 프로젝트에 반영되는 비목(費目)과 프로젝트 성격에 따라, 원가의 적용범위가 달라진다. 프로젝트 원가의 비목 관점에서 비용요소를 분류하여 보면, 프로젝트에 소요되는 재료비, 인건비, 경비와 같이 순수하게 프로젝트 원가로 포함되는 비용요소가 있고, 그 외에 프로젝트 특성에 따라 반영 여부가 결정되는 판매비 및 일반관리비, 이윤, 그리고 범위변경 등 불확실성에 대비한 예비비가 있다.

프로젝트 이윤은 기업의 자체 프로젝트나 공익성 프로젝트에서는 허용이 되지 않지만, 수주활동으로 기업활동을 영위하는 프로젝트 전문기업에서는 경영을 위해 필요한 원가요소이다. 그리고 프로젝트의 예비비란 프로젝트 범위와 원가의 변경에 대비하여 계획수립 단계에서 발생 여부가 확실치 않은 불확실성 비용을 고려하는 것을 말한다. 대부분의 예비비는 계획수립 단계에서 명확히 원가 비목(費目)별 금액을 결정할 수 없는 항목이 많지만, 프로젝트 비용에 포함시켜 놓지 않으면 향후 프로젝트 진행과정에서 추가 비용으로 발생되어, 예산 부족으로 인해 일을 진행하기 어려운 경우가 발생한다.

다음으로, 프로젝트 형태에 따른 프로젝트 원가의 범위는 프로젝트 주관 및 참여 형식과 진행 형태에 따라 다르게 된다. 프로젝트 주관이란 프로젝트 발주자와 수주자를 말한다. 프로젝트 발주자란 프로젝트의 오너 입장으로 프로젝트를 발주하는 사람이나 조직을 의미하며, 수주자란 프로젝트를 전문적으로 수행하는 기업과 같이 프로젝트를 계약하여 실행하는 사람이나 조직을 말한다.

프로젝트 주관자의 입장에서는 자체적으로 프로젝트를 추진하는 경우와 외부 전문기관을 통해 프로젝트 수행을 위탁하는 외주 프로젝트로 구분하여, 프로젝트 원가의 범위를 산정하게 된다. 그리고 참여자의 입장에서는 판매 및 일반관리비, 이익, 예비비를 반영할 수 있는 수익성 프로젝트와 그렇지 못한 공익성 연구개발 프로젝트로 구분하여, 프로젝트 원가의 범위가 다르게 된다.

특히, 수익성 프로젝트의 경우에는 프로젝트 발주자 입장에서 산정한 원가는 계약과정을 거치면서 금액이 가감되어, 수정된 원가로 최종 계약이 되는 경우가 많으므로 수주자 입장에서는 계약된 일정과 비용 범위에 맞추어, 수주 기업의 회계처리 방침에 따라 새로운 프로젝트 원가를 산정해야 하는 경우가 발생하기도 한다.

CASE STUDY

프로젝트 원가범위

- 프로젝트 원가의 비목 관점에서, 프로젝트 원가를 순수 원가만을 프로젝트 원가로 할 것인지, 판매비 및 일반관리비, 예비비, 이윤도 포함할 것인지에 따라, 프로젝트 원가의 범위가 [그림 4-22]와 같이 다르게 된다.

그림 4-22 프로젝트 원가의 범위

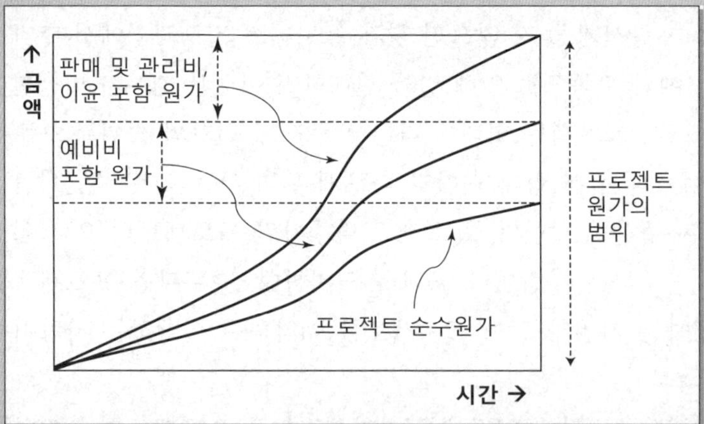

예비비는 프로젝트 원가관리 활동의 주요 관리대상에 포함된다. 프로젝트 팀에서는 프로젝트 예산 비목에 포함된 비용은 프로젝트관리자의 권한으

CASE STUDY

프로젝트 형태에 따른 원가 적용범위

- 프로젝트 원가의 적용범위를 프로젝트 주관 및 진행 형태에 따라, 프로젝트에 반영할 수 있는 계정별로, 포함(O), 불포함(X), 협의/조정 포함(△)으로 구분하여 정리하면 〈표 4-10〉과 같다.

〈표 4-10〉 프로젝트 형태 구분에 따른 원가의 적용범위

구 분	진행형태	프로젝트 순수원가			판매 · 관리비	예비비	이 익	특기사항
		재료비	인건비	경 비				
프로젝트 주관 (발주자)	자체 프로젝트	○	○	○	×	×	×	프로젝트 순수 소요비용만 반영
	외주 프로젝트	○	○	○	△	△	△	판매관리비, 예비비, 이익은 발주자 정책에 따라 반영 결정
프로젝트 참여 (수주자)	공공 프로젝트	○	○	○	△	△	×	정책에 따라 판매관리비, 예비비는 반영하나, 이익은 통상 불인정
	수익 프로젝트	△	△	△	△	△	△	할인율이 반영되어 계약되며, 계약금에 따라 원가계획 재수립 필요

로 사용할 수 있으나, 예비비처럼 프로젝트 비목이 명확치 않은 불확실성 비용의 사용은 경영진의 사전 승인이 필요하다.

앞에서와 같이 프로젝트 원가의 적용범위가 다르게 되는 원인 이외에도, 프로젝트 원가는 산출 시점에 따라 다르게 된다. 프로젝트 창출을 위해, 제안단계에서는 견적원가에 의해 프로젝트 원가가 산출되나, 계약단계에서는 여러 원가 비목을 검토하여 금액을 가감한 계약원가가 적용되며, 실제원가는 프로젝트 수행과정에서 실제로 발생하는 비용을 토대로 집계된다.

원가산출 시점에 따른 단계별 프로젝트 원가

- 프로젝트 제안단계의 견적원가
- 프로젝트 계약단계의 계약원가
- 프로젝트 종료단계의 실제원가

이처럼 다양한 요인과 시점에 따라 프로젝트의 원가는 달라지게 되어, 프로젝트의 원가를 실제 발생원가와 같게 산출하는 것은 어려운 일이다. 그러나 프로젝트 원가 목표달성은 프로젝트 팀이 준수해야 할 중대한 사안이므로, 프로젝트의 내외부 환경요건을 명확히 분석하여, 프로젝트 계획수립 단계에서 실제원가와 같거나 초과하지 않는 근접한 원가계획을 수립하는 것은 매우 중요한 일이다.

5.1.4 프로젝트 원가산정 방법

프로젝트에 소요되는 원가를 정확히 산정하는 것은 어려운 일이다. 과거의 유사정보 보유 여부에 따라, 프로젝트 원가산정이 쉬워질 수는 있지만, 프로젝트가 진행되면서 다양한 환경변수에 따라, 원가의 변동이 커지기 때문에 실제와 근접한 원가를 산정하는 것은 쉬운 일이 아니다. 따라서 프로젝트의 특성과 요구조건을 감안하여, 초기단계의 원가는 오차범위가 20~30% 수준의 예상 근사치를 사용하여 산출하였다가, 프로젝트가 점진적으로 구체화되어 감에 따라 실제와 근사한 프로젝트 원가를 산출하기도 한다.

프로젝트의 원가를 산출하는 접근 방식에는 하향식(Top-down) 접근과 상향식(Bottom-up) 접근의 2가지 방식을 활용할 수 있다. 하향식 접근은 프로젝트와 관련한 구체적 정보가 없어, 과제의 유사 프로젝트 실적자료나 통계적 정보를 활용하여 원가를 산정하는 것이다. 반대로 상향식 접근은 프로젝트의 WBS에 의해 분해한 작업패키지나 하부 활동을 기준으로 소요되는 원가요소를 연결하여, 최종적으로 합산하는 원가산정 방식이다. 원가의 정확도 측면에서는 상향식 접근 방식이 높으나, 그만큼 시간과 노력이 많이 들게 된다.

프로젝트의 원가를 산정하기 위한 하향식 및 상향식 접근 방식에는 전문가 판단법, 유사산정법(Analogous estimating), 모수산정법(Parametric estimating), 상향식 산정법(Bottom-up estimating), 3점산정법이 있으며, 구체적 내용은 다음과 같다.

프로젝트의 원가산정 방법

1) 전문가 판단법

자재비, 인건비, 경비 등 원가의 구성요소에 대해 지식과 경험이 풍부한 전문가를 활용하여 원가를 산출한다. 유사 프로젝트를 경험한 프로젝트관리자, 회계 및 원가관리 담당자 등이 전문가의 역할을 수행할 수 있다.

2) 유사산정법(Analogous estimating)

과거 유사 프로젝트의 범위, 일정, 원가, 예산을 벤치마킹하여, 본 프로젝트의 원가산정 기준지표로 활용하는 것이다. 프로젝트 관련 지식이 부족한 견적이나 초기단계의 원가산출 경우에 활용하며, 효율적으로 원가를 산출할 수 있는 장점이 있으나, 정확도는 떨어지는 단점이 있다. 선진 사례 및 전문가 판단을 병행하여 활용하면 정확도를 보다 높일 수 있다.

3) 모수산정법(Parametric estimating)

통계적 기법을 이용하여 원가와 관련한 모수(parameter)를 활용한 프로젝트 원가를 산정한다. 원가산정 모형의 기초자료 정교함이나 정확도에 따라 실제와 근접한 원가를 산출하게 된다. 예로서, 아파트의 평방미터(m^2)당 건설단가가 500만원/m^2이라면, 100m^2 규모의 아파트 건축비는 5억원(=100×500만원)이 된다.

4) 상향식 산정법(Bottom-up estimating)

WBS에 의해 분해한 작업패키지의 세부 활동을 기준으로 활동별로 소요되는 세부원가 요소를 연결하여 최종적으로 합산하는 원가계산 방식이다. 보다 정확한 원가를 산출할 수 있지만, 프로젝트 규모에 따라 많은 시간과 노력이 필요하다.

5) 3점산정법(Threee-point estimating)

일정계획에서 소요시간을 산출하는 방식과 동일하게 적용된다. 원가요소 비용을 낙관치(Optimistic cost), 비관치(Pessimistic cost), 최빈치(Most likely cost)의 3가지 비용으로 구분하고 평균하여 값을 계산하는 방식이다.

- 낙관치(Optimistic cost: OC): 최상의 활동 시나리오에 대한 분석을 기초로 하여 도출한 원가 예상치
- 비관치(Pessimistic cost: PC): 최악의 활동 시나리오에 대한 분석을 기초로 하여 도출한 원가 예상치
- 최빈치(Most likely cost: MC): 유사 경험이나 자료를 기초로 도출하여 사실에 근접하다고 판단하는 원가 예상치

3점산정법에 의한 원가(C) = (OC + 4 * MC + PC) / 6

5.1.5 프로젝트 원가의 산출

프로젝트의 원가는 프로젝트 특성 및 요구사항에 맞추어 계산한다. 즉 프로젝트 원가구조도를 기준으로, 프로젝트에 적용 가능한 원가요소를 선정하고, 필요한 자원 소요량과 기준가격을 고려하여 산출하는 것이다. 본서에서는 프로젝트 원가를 산출하기 위해 프로젝트 원가를 순수원가와 총원가로 구분하여 단계적으로 산출한다. 프로젝트 **순수원가**란 원가의 구성요소인 재료비, 인건비, 경비에 대한 프로젝트 소요 금액을 산출하는 것을 말한다. 그리고 프로젝트 **총원가**는 프로젝트 순수원가에 추가비용 발생 요인이 되는 원가의 상승 및 하락 요소 반영, 그리고 예비비와 이윤을 추가한 금액이다.

프로젝트 순수원가 = 재료비 + 인건비 + 제경비(諸經費) 프로젝트 총원가 = 프로젝트 순수원가 + 원가 상승 · 하락 금액 + (예비비) + (이윤)

프로젝트 총원가를 적정하게 산출하기 위해서는 프로젝트의 유형에 적합한 순수원가를 정확히 산출해야 한다. 프로젝트 순수원가는 프로젝트에 필요한 자재, 인력, 경비의 자원 소요량을 정확히 산출하고, 자원별로 합리적인 적정가격을 적용하여 산출한다. 총원가를 산출하기 위해서는 프로젝트에 필요한 자원별 소요량을 산출하고, 자원별 적용가격을 곱하여 우선 프로젝트 순

수원가를 계산하여야 한다. 다음으로, 산출한 프로젝트 순수원가에 대해, 추가적으로 발생할 수 있는 원가의 상승 및 하락요인을 파악하여 반영해야 한다. 끝으로, 예비비나 적정 이윤을 반영하여, 프로젝트 총원가를 산출한다.

프로젝트 총원가를 산출하는 과정을 체계적으로 분류하면, 자원 소요량 산출, 자원 적용가격 결정, 프로젝트 순수원가 산정, 원가상승 및 하락요인 반영, 예비비 및 이익 반영, 프로젝트 총원가 산출의 6단계로 구성된다.

> ① 자원 소요량 산출 → ② 자원 적용가격 결정 → ③ 프로젝트 순수원가 산정 → ④ 원가상승 및 하락요인 반영 → ⑤ 예비비 및 이익 반영 → ⑥ 프로젝트 총원가 산출

다음은 프로젝트의 총원가를 산출하는 6단계 과정을 설명한 것이다.

1) 자원 소요량 산출

자원 소요량 산출은 프로젝트에 필요한 인력 소요량과 원부자재 등 재료의 소요량을 계산하는 것이다. 인력 및 재료 소요량은 다음과 같이 계산한다.

① **자재 소요량**: 프로젝트에 필요한 원부자재, 장비, 산출물, 프로그램 수 등 재료의 소요량을 계산하는 것이다. 자재 소요량은 자재의 특성에 따라, 다양한 방법으로 산출한다. 예로서, 제품개발 프로젝트에서는 자재명세서(Bill of Material: BOM)를 통해 자재 소요량을 산출하나, 정보시스템 구축시에는 자재별 표준소요량을 참조하거나, 전문가 판단법이나 모수산정법에 의해 프로그램 본수나 기능점수(Function Point: FP)를 산출하기도 한다.

② **인력 소요량**: 프로젝트 수행에 필요한 기술 수준별 필요 인력을 산출한다. 프로젝트 상황에 맞추어, 특급, 고급, 중급, 초급 기술자의 필요 인력수를 도출하는 것이다. 프로젝트 참여 형태에 따라, 직접인력과 간접인력으로 구분할 수 있다.

③ **경비 소요량**: 경비 항목별 특성에 맞추어, 전문가 판단이나 모수산정

법 등을 통해 소요량을 산출한다. 프로젝트 수행에 필요한 제반 경비를 산정하는 과정으로 예로서, 출장비 항목은 프로젝트에 필요한 출장 횟수를 정의하여 소요량을 산출한다. 그리고 특허권, 저작권, 상표권 등의 지적재산권 적용이 필요한 프로젝트에서는 로열티(Royalty)를 경비에 포함하여 산정한다.

2) 자원 적용가격 결정

자원별로 산출한 소요량에 적용할 기준가격이나 단가를 결정한다. 적용가격은 자원별로 다른 기준표를 적용하여 사용하며, 프로젝트 요구에 따라 공인된 물가지수나 기준가격을 적용할 수도 있고, 고객의 요청에 따라 지정된 가격을 적용할 수도 있다. 자원별 적용가격은 프로젝트에서 적용하는 기준에 따라 다르게 되며, 적용 기준일, 물가지수, 노임단가, 환율, 물가상승률, 이자율 등 프로젝트에 반영하는 기준에 따라 원가가 다르게 산출될 수 있게 된다.

3) 프로젝트 순수원가 산정

원가 요소별로 자원 소요량과 적용가격을 곱하여, 재료비, 인건비, 경비의 합계를 각각 산출한다. 재료비에 대한 순수원가는 재료비별 적용가를 곱하여 합계한 금액이며, 인건비는 인력수준별 적용가격의 합계이고, 경비는 전체 경비항목을 합한 가격이 된다. 재료비, 인건비, 경비 전체를 합하면 프로젝트 순수원가가 된다.

> 프로젝트 순수원가 = Σ[(원부자재, 장비, 산출물) × (적용가격)] +
> Σ[(소요인력) × (적용가격)] + Σ(경비별 적용가격)

4) 원가상승 및 하락요인 반영

많은 기간이 소요되는 장기 프로젝트의 경우에는 물가 및 환율변동에 따른 원가의 상승 및 하락요인이 발생한다. 프로젝트 원가에 이러한 요인을 반영하지 못하면, 장기 프로젝트의 경우에는 발주자 또는 수주자 입장에서 커다란 비용적 손실을 감수해야 하는 위험요인이 있다. 또한 프로젝트 규모의 크기, 복합성, 차별화에 따라 초기단계부터 프로젝트 원가를 정확히 산출할 수 없는 경우에는 원가의 상승 및 하락에 대한 사후 및 중간 정산이 가능하도록 원가결정 단계에서 명문화하여 계약에 반영하는 것이 좋다.

프로젝트의 원가상승 및 하락요인에는 프로젝트 상황에 따라 발생할 수 있는 일반관리비나 추가 수익 및 비용 요인도 포함할 수 있다. 프로젝트 총원가를 산출하는 과정에서 프로젝트의 순수원가에 이러한 원가상승 및 하락요인을 충분히 반영하여 프로젝트 원가를 결정하는 것이 필요하다.

5) 예비비 및 이익 반영

예비비는 프로젝트의 불확실성에 따른 비용을 반영하는 것으로, 프로젝트 진행자의 입장에서는 반드시 필요한 항목이나, 발주자의 입장에서는 추가적인 비용으로 인식할 수가 있어, 상호간의 합의와 결정에 따라 예비비를 프로젝트 원가에 반영하는 것이 바람직하다. 예비비는 재료비의 5%, 경비의 10% 등 불확실한 원가요소에 일정 비율로 반영하는 방법이 있고, 총비용의 5% 또는 500만원 등 전체 금액에 일정 비율 또는 일정액을 반영할 수도 있다. 그리고 프로젝트 이윤도 프로젝트 특성에 맞추어 반영 여부를 결정한다.

6) 프로젝트 총원가 산출

프로젝트 순수원가에 원가상승 및 하락요인을 반영하고, 고객의 요청 및 프로젝트 특성에 따라 예비비와 이익을 반영하여 프로젝트 총원가를 산출한다.

CASE STUDY

프로젝트 총원가 계산표

• 다음은 프로젝트 총원가를 산출하기 위한 계산표를 도표화하여 나타낸 것이다.

〈표 4-11〉 프로젝트 총원가 계산표

원가요소	소 요 량	적 용 가			합 계
재 료 비	{자재, 장비, 부자재, 산출물}별 총소요량	×	재료별 기준 적용 단가	=	총 재료비
인 건 비	직접 및 간접인력의 소요 인원수	×	인력별 기준 적용 단가	=	총 인건비
경 비	임차료, 기술료, 보험, 수도광열비 등 경비별 요소	Σ	경비요소별 기준 적용 가격	=	총 경비
	합 계	Σ	프로젝트 순수원가		
원가 상승 · 하락 요인	상승요인 (물가, 금융비용, 일반관리비 등)	+	공인 기준 및 가격	=	상승 원가금액
	하락요인 (물가, 환율 등)	−	공인 기준 및 가격	=	하락 원가금액
(예비비 및 이익) * 불확실성 원가에 대한 예비비 반영은 프로젝트에 따라 반영 여부가 결정됨.		(+) (+)	(불확실성 원가) (프로젝트 이윤)	(=) (=)	(예비비 합계) (이익액)
	총 계	Σ	프로젝트 총원가		

5.2 프로젝트 예산결정

5.2.1 프로젝트 예산

프로젝트 예산이란 프로젝트 수행에 필요한 모든 비용을 계정과목별로 구체화하여 사전에 계획하는 것으로, 프로젝트 시작부터 종료단계까지 소요되는 모든 재무적 상황을 감시하고 통제하는 역할을 수행한다. 따라서 프로젝트 예산을 올바로 수립하는 것은 프로젝트 이해관계자들에게는 매우 중요한 일이다. 프로젝트 예산작업의 기초는 프로젝트 원가를 합산(Cost aggregation)하여 진행한다. 원가합산이란 작업분류체제(WBS)에 따라 작업패키지별로 계산된 원가 산정치를 최종 합계하여, 프로젝트 원가를 계산하는 것을 말한다.

프로젝트 예산은 정해진 일정과 비용범위 내에서 사용되어야 하므로, 예산감시 및 통제를 위한 기준선(Baseline)의 설정이 필요하다. 프로젝트의 **원가성과 기준선(Cost performance baseline)**은 프로젝트 수행에 필요한 제반 비용을 진행 일정별로 정의한 비용곡선으로, 프로젝트 예산의 감시 및 통제 용도로 사용한다. 원가성과 기준선은 프로젝트에 사용할 비용이 프로젝트 계약에 따라, 언제 자금이 확보될 수 있는지를 동시에 고려하여 정의되어야 한다. [그림 4-23]은 프로젝트 원가성과 기준선을 설명한 것이다. "S-곡선" 형태의 원가성과 기준선은 프로젝트 시간이 경과함에 따라 발생하는 비용을 표현한 것이다.

그림 4-23 프로젝트 원가성과 기준선

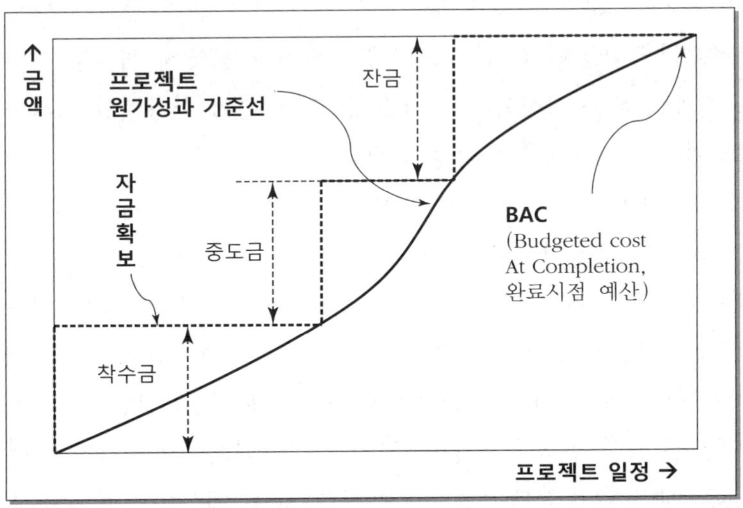

5.2.2 프로젝트 예산수립 방식

프로젝트의 예산은 프로젝트가 시작되기 이전에 확정되어야 한다. 프로젝트 상황에 따라, 초기단계에 구체적인 계정과목까지 정할 수 없는 경우도 발생하지만, 프로젝트 계약단계에서 최종 확정한 금액을 기준으로, 프로젝트 수행에 필요한 비용계획을 구체적으로 결정해야 한다. 그래서 금액에 대한 프로젝트 기준선으로 활용할 수 있고, 비용의 관리 및 통제가 가능하게 된다.

프로젝트 예산은 다양한 방법으로 결정할 수 있지만, 정확한 수립을 위해서는 원가계산 결과를 기준으로 프로젝트 발주자 및 수주자간에 협의·확정된 최종 금액에 따라 계정 과목별, 일정별, 조직별로 예산계획을 구체적으로 정의하여야 한다. 프로젝트의 예산수립은 계획원가를 그대로 프로젝트 예산에 반영하여 진행하기도 하고, 조건에 따라 금액을 가감하여 예산을 수립하는 경우도 있다. 예로서, 프로젝트 발주자 입장에서 수립한 당초의 프로젝트 원가는 협의과정을 거치며 할인된 금액으로 계약이 확정되었다면, 프로젝트 수주자 입장에서는 계약된 금액을 기준으로, 프로젝트 원가요소를 재계산하여 새로운 프로젝트 예산을 수립하여야 프로젝트를 변화한 비용에 맞추어 진행할 수 있게 된다.

이처럼 프로젝트 예산은 계산된 프로젝트 원가를 기준으로 수립하는 것이 원칙이지만, 프로젝트 협의 및 계약과정에서 비용의 증감이 발생하게 된다. 따라서, 계약과정에서 당초 프로젝트 원가보다 낮게 체결될 경우에 대비하여, 프로젝트 착수 이전까지는 최종 수정·보완된 원가계산 결과를 기초로 프로젝트 예산을 재조정하는 과정이 필요하다.

프로젝트의 예산을 수립하는 방법은 상향식(Bottom-Up) 접근방식, 하향식(Top-Down) 접근방식, 혼합 접근방식이 있다. 상향식 접근방식은 프로젝트 담당 실무자가 중심이 되어, WBS에 따라 관련 비용을 계정과목별로 작성하여 통합하는 방법이다. 그리고 하향식(Top-Down) 접근방식은 프로젝트 팀장이나 상위 관리감독 기관이 예산수립에 대한 기본지침과 방향을 정하여 작성한다. 또한 두 가지 방식을 혼용한 혼합 접근방식이 있다. 각각의 방식은 프로젝트 상황에 맞추어 선택적으로 사용하면 되나, 예산수립의 효율성, 합리성을 위해 먼저 경영자나 프로젝트 팀장 수준에서 예산수립 전략 및 방향을 결정하고, 이를 바탕으로 프로젝트 실무자가 구체적으로 내용을 작성한 다음, 최종적으로 협의 및 보완과정을 거쳐 예산을 확정하는 것이 가장 바람직한 방식이다.

예산수립 방식의 비교

1) 상향식(Bottom-Up) 접근방법
- 프로젝트 담당자 및 예산 실무자가 주도하여 예산을 수립함.
- 구체적 사항을 고려하여, 현실적인 예산을 수립할 수 있음
- 예산수립을 위한 시간이 많이 소요되고, 전략적 관점의 고려가 미흡함.

2) 하향식(Top-Down) 접근방식
- 경영자 및 프로젝트 팀장이 예산수립을 주도함.
- 예산을 빠르고 효과적으로 수립할 수 있음.
- 실무자의 의견 반영이 부족하거나, 예산의 정확도가 미흡할 수 있음.

3) 혼합(Top-Down & Bottom-Up) 접근방식
- 회사 및 조직의 전략에 부합되는 예산을 수립할 수 있음.
- 실무자의 의견을 반영하고 조정하여, 합리적이고 효과적으로 예산계획을 수립할 수 있음.
- 하향 및 상향 접근과정에서 의사결정이 지연되거나 잘못되면, 예산수립의 효율성 및 효과성이 떨어지게 됨.

5.2.3 프로젝트 예산수립 절차 및 내용

프로젝트의 예산을 수립하는 절차는 상황에 따라 다르게 진행할 수 있으나, 일반적으로 프로젝트 목적과 목표 이해, WBS 및 CBS 작성, 초기원가 산정, 예산규모 확정, 항목별 예산 정의, 자금계획 수립, 일정별 예산 정의, 조직별 예산 정의, 예산 설명 및 조정, 예산계획 확정의 10단계 과정을 거쳐 진행된다. 예산수립을 위한 절차별 내용은 다음과 같다.

프로젝트 예산수립 절차

1) 프로젝트 목적과 목표 이해

프로젝트의 예산을 수립하기 위해서는 먼저 목적과 목표를 명확히 이해하는 것이 필요하다. 이것은 프로젝트 수행 목적과 목표에 적합한 예산계획을 수립하였는지를 판단하는 기준이 되기 때문이다. 예산항목을 세부적으로 검토하면, 프로젝트와 관련성이 적은 예산항목이 종종 발생하기도 한다. 목적에 부합한 예산을 수립하는 것은 프로젝트 예산감시 및 통제의 출발점이다.

2) WBS 및 CBS 작성

프로젝트 산출물 기준의 작업분류체계(WBS)가 작성되면, 비용(Cost) 관점에서 WBS와 연결이 되는 CBS(Cost Breakdown Structure, 비용분류체계)를 작성하는 것이 필요하다. 작성된 CBS에 따라 금액을 결합 또는 분해하면 산출물, 조직, 담당자별로 프로젝트의 원가항목을 확인할 수 있다.

3) 초기원가 산정

프로젝트 비용분류체계(CBS)의 항목별 비용을 합산하여 초기원가를 산출하거나, 트리분석(Tree Analysis)을 통해, 원가요인별 항목을 도출하여 초기원가를 산출한다. 산출된 초기원가는 별도의 금액 협의 단계를 거치지 않는 회사 내부 프로젝트일 경우에는 프로젝트의 예산으로 확정된다.

4) 예산규모 확정

초기단계의 원가는 프로젝트의 수주 및 계약과정에서 금액 변동이 일어나게 된다. 따라서 최종 예산은 프로젝트 결정권자 또는 발주자의 금액에 대한 최종 확인이나, 계약이 체결되어야 예산규모를 확정할 수 있게 된다. 예산이 일률적으로 삭감되거나, 특정 항목의 예산이 삭감 또는 없어지는 경우가 발생할 수 있고, 경우에 따라서는 WBS의 변경으로 CBS를 재정의하여 예산규모를 조정해야 하는 경우도 발생한다.

5) 항목별 예산 정의

예산규모 확정 과정에서 조정된 최종 금액에 따라, 예산을 항목별로 재정의하여야 한다. 예산항목은 프로젝트 수행 기관이나 조직별로 적용하고 있는 회계의 계정과목을 말한다. 원가구조의 각 항목에 관련된 계정과목별로 프로젝트 활동이나 산출물에 필요한 비용 용도를 정의하는 것이다. 재료비, 급여, 수당,

여행교통비, 통신비, 복리후생비, 보험료, 소모품비, 임대료 등 프로젝트 용도에 맞는 계정과목별 예산을 배분하여, 프로젝트 수행 및 종결단계에서 원가의 관리 및 통제 용도로 활용할 수 있게 된다.

항목별 예산 정의 과정에는 **예비비**(Contingency allowances, 豫備費)에 대한 포함 여부를 검토하여 반영한다. 예비비는 프로젝트를 추진하는 데 있어 미래의 불확실한 문제나 위험발생에 대처하는 비용을 말한다. 프로젝트 초기단계에 원가를 명확히 산출할 수 없는 경우에 대비하여, 과거 실적이나 경험을 바탕으로 예비비를 예측하여 예산에 반영하는 것이다. 예비비는 **우발사태 예비비**(Contingency Reserve)와 **관리 예비비**(Management Reserve)의 2가지 종류로 나눈다.

예비비 구분

- **우발사태 예비비**(Contingency Reserve)는 프로젝트의 식별된 위험(Known Risk)을 고려하여 설정한 예비비이며, **관리 예비비**(Management Reserve)는 식별할 수 없는 위험(Unknown Risk)이 발생할 경우 사용될 예비비이다.

  ① **우발사태 예비비(Contingency Reserve)**
  - 계획하지는 않았으나, 위험리스트에 등록된 위험요인이 실현됨으로써 발생되는 사건에 대비한 확보 예산임.
  - 식별된 위험(Known Risk)의 발생은 프로젝트 관리자의 권한으로 비용을 집행할 수 있음.
  - 프로젝트 원가의 기준선(Baseline)에 포함됨.

  ② **관리 예비비(Management Reserve)**
  - 계획되지 않은 프로젝트의 범위나 원가변경에 대비하여 확보한 예산임.
  - 미식별된 위험(Unknown Risk)의 발생으로 추가 비용이 발생하므로, 경영층의 승인이 필요함.
  - 프로젝트 원가의 기준선(Baseline)에 포함되지 않음.

6) 자금계획 수립

계정과목별로 분류한 예산은 프로젝트가 원만히 진행되도록, 필요한 시점에 자금이 확보되어야 한다. 즉 계획된 예산이 프로젝트 활동으로 연계될 수 있도록 필요한 자금을 적시에 확보하는 것이 필요하다. 프로젝트 자금은 프로젝트 성격에 따라 미리 확보한 예산을 집행하는 경우도 있으나, 계약조건에 따라 착수금, 중도금, 잔금으로 나누어 확보하기도 한다. 따라서 자금 상황을 고려하여, 예산계획을 조정하는 것이 필요하다.

7) 일정별 예산 정의

계정과목별로 분류한 예산항목은 필요한 시점에 사용할 수 있도록 예산집행을 위한 일정계획을 정의하여야 한다. 자금 사정을 고려하여 프로젝트 활동의 우선순위를 정하고 예산 항목별 일정계획을 수립하는 것도 필요하다.

8) 조직별 예산 정의

프로젝트의 성과평가, 그리고 예산범위 내에서 프로젝트 활동을 진행하기 위해서는 예산계획을 명확히 수립하고, 예산항목별 담당 조직이나 인력을 지정하여, 스스로 집행 관리와 통제를 실행하도록 하는 것이 필요하다. 프로젝트의 규모가 클 경우에는 하부단위 조직이 많아, 적정한 비용의 통제가 필요하게 되며, 이 경우 예산항목을 조직이나 담당자별로 배분하여 관리할 수 있는 제도적 장치를 마련해야 한다. 또한 예산비용에 대한 사용 한도를 명확히 지정하고, 승인권자를 구체적으로 정의하는 것이 필요하다.

9) 예산 설명 및 조정

프로젝트의 자금 사정을 고려하여 계정과목별, 일정별, 조직별로 정의한 구체적인 예산계획은 프로젝트 팀 전원이 내용을 이해하고 공유하여, 필요한 시점에 필요한 예산을 사용하도록 해야 한다. 이를 위해 예산에 대한 설명회를 개최하거나, 책임 조직이나 인력별로 예산계획을 이해시키도록 한다. 설명 과정에서 도출된 예산과 관련한 문제점은 협의 및 조정과정을 거쳐 최종 보완토록 한다.

10) 예산계획 확정

설명회를 거쳐 수정 · 보완된 예산은 경영자의 승인을 득하여 최종 확정한다.

5.2.4 프로젝트 예산 시뮬레이션

프로젝트 예산은 프로젝트 수행과정을 거치면서 다양한 변동요인이 발생하여, 당초 비용계획과 실적을 정확히 맞추는 것은 쉬운 일이 아니다. 원가에 대한 프로젝트의 내부 및 외부 변경요인이 다양하게 발생하기 때문이다. 프로젝트 활동의 지연이나 단축에 따라 인력 등 제반 비용이 추가되기도 하며, 장기 프로젝트의 경우는 예상하지 못했던 물가, 환율 등의 변동요인이 발생하여 원가가 달라지게 된다.

따라서, 예산관리가 중요한 대규모의 장기 프로젝트의 경우는 프로젝트 진행과정에서 발생할 수 있는 인플레이션, 환율, 원부자재비 등 금액적 변동요인을 산출하고, 각 변동요인에 대한 상황별 시나리오를 작성하여 시나리오별 예산계획을 수립하는 것이 필요하다. 그리고 프로젝트 진행과정에서 금액적 변동요인이 발생하여 예산관리 측면에서 위험이 발생하게 되면, 준비한 상황별 예산 시나리오를 통해 금액을 재조정하여 수행할 수 있는 신속한 체계를 마련하여야 한다.

6 품질 및 감리계획 수립

프로젝트 계획단계의 품질관리(Quality Management) 지식영역에서 이루어지는 업무는 품질 및 감리계획 수립이다. 품질 및 감리계획 수립에는 프로젝트 품질계획, 프로젝트 감리계획이 있다. 품질계획은 프로젝트의 목표를 달성할 수 있도록, 품질정책 , 품질목표 , 품질 책임사항에 관한 계획을 수립하는 업무활동이다. 본서에서는 품질계획과 더불어, 프로젝트 목표달성 및 리스크 예방의 효과적 측면을 고려하여, 프로젝트 감리에 대한 활동도 품질관리 지식영역에 포함하여 설명한다.

그림 4-24 계획단계의 품질 및 감리계획 수립 업무활동 내역

Ⅱ. 계 획			
	[1] 통합계획 수립	[2] 요구정의 및 범위계획 수립	[3] 일정계획 수립
	[4] 원가산출 및 예산결정	**[5] 품질 및 감리계획 수립**	[6] 인적자원계획 수립
	[7] 의사소통계획 수립	[8] 리스크 및 이슈관리계획 수립	[9] 조달관리계획 수립

업 무	활 동	설 명
[5] 품질 및 감리계획 수립	프로젝트 품질계획	프로젝트 수행과정이나 결과물이 고객이 제시한 품질기준이나 요구사항과 얼마나 일치하는지를 확인하기 위해, 프로젝트 팀에서 수행하는 품질보증 및 통제와 관련한 모든 행위를 계획한다.
	프로젝트 감리계획	프로젝트 품질의 보증과 더불어 목표달성 및 리스크 방지를 위해, 감리 유형 및 종류에 적합한 감리계획을 수립한다.

프로젝트 품질계획은 프로젝트 수행과정이나 결과물이 고객이 제시한 품질기준이나 요구사항과 얼마나 일치하는지를 확인하기 위해, 프로젝트 팀에서 수행하는 품질보증 및 통제와 관련한 모든 행위를 계획한다. 그리고 프로젝트 감리계획에서는 프로젝트 품질의 보증과 더불어, 목표달성 및 리스크 방지를 위해, 감리 유형 및 종류에 적합한 감리계획을 수립한다. 본 절에서는 프로젝트 라이프사이클 2단계인 "Ⅱ. 계획"에서의 다섯 번째 업무로, 품질관리 지식영역에 포함되는 "품질계획 수립"과 "감리계획 수립"에 대해 설명한다.

6.1 프로젝트 품질계획

6.1.1 프로젝트 품질

품질(Quality)이란 어떠한 물건의 성질이나 특성을 의미하여, 물질을 구성하고 있는 기본적 내용, 속성, 종류, 개성적 의미도 포함한다. 고객에게 공급하는 제품과 서비스는 품질(Quality: Q), 가격(Cost: C), 납기(Delivery: D)의

3대 요소가 관리해야 할 핵심적 요소이다. 프로젝트에서도 9가지 지식영역에 QCD에 대한 관리가 필요하다. 프로젝트의 품질관리, 원가관리, 일정관리가 제품과 서비스의 QCD에 해당된다. 제품이나 서비스에서 고객의 요구사항을 해결하고, 기대수준을 충족시키기 위해서는 품질적 관리요소가 중요하듯이, 프로젝트에서도 고객만족을 위한 프로젝트 품질경영 활동은 매우 중요하다.

프로젝트 품질을 이해하기 위해 가빈(Garvin, 1984)이 제시한 품질적 개념을 소개한다. 하버드대학의 가빈 교수는 품질을 정의하기 위해 5가지 접근방식(Approach)과 8가지 차원(Dimension)으로 설명하였다. **가빈(Garvin)**의 품질에 대한 5가지 접근방식은 초월적(Transcendent) 품질, 제품기준(Product-based) 품질, 사용자기준(User-based) 품질, 제조기준(Manufacturing-based) 품질, 가치기준(Value-based) 품질이며 다음과 같다.

① **초월적(Transcendent) 품질**: 정확히 정의할 수는 없지만 직감적으로 이해할 수 있는 선천적 우수성(Innate excellence)을 의미하는 품질로서, 경험에 의해서만 인식할 수 있는 분석이 어려운 품질적 특성이다.

② **제품기준(Product-based) 품질**: 제품의 구성요소나 특성에서 발견되는 정확히 측정할 수 있는 품질로, 원하는 제품적 구성요소의 유무를 알 수 있는 품질적 특성이다. 높은 품질은 품질적 구성요소가 많아지고 높은 비용과 가격으로 연결된다.

③ **사용자기준(User-based) 품질**: 제품을 사용하는 고객의 요구와 필요에 부합하는 품질로, 사용자의 기대사항을 만족시키는 것이 최고의 품질로 인식된다. 주란(Juran)이 말하는 사용에 대한 적합성(Fitness for use)을 의미하는 품질이다.

④ **제조기준(Manufacturing-based) 품질**: 품질은 제품규격에 대한 일치성에 따라 결정된다는 전통적 품질 특성을 설명한 것으로, 결함을 예방하고 비용을 절감하여 품질을 개선해야 하는 것을 설명한다.

⑤ **가치기준(Value-based) 품질**: 품질을 비용(Cost)과 기능 적합성(Conformance) 관점에서 정의한 것으로, 품질 좋은 제품은 수용할 만한 가격의 성능(Performance)을 제공하거나, 적절한 비용의 기능 적합성(Conformance)을 제공해야 하는 것을 의미한다.

가빈(Garvin)이 추가로 제시한 품질의 8가지 차원(Dimension)으로는 성능(Performance), 특징(Feature), 신뢰성(Reliability), 일치성(Conformance), 내구성(Durability), 고객의 기호(Aesthetics), 서비스 편의성(Serviceability), 품질 인지도(Perceived quality)가 있다. 가빈의 8가지 차원의 품질 특성은 프로젝트 품질관리에서도 그대로 적용이 가능한 특성이며, 품질에 대한 5가지 접근방식과 8가지 차원의 품질 특성을 정리하면 [그림 4-25]와 같다.

그림 4-25 가빈(Garvin)의 품질에 대한 5가지 접근방식과 8가지 특성 구성

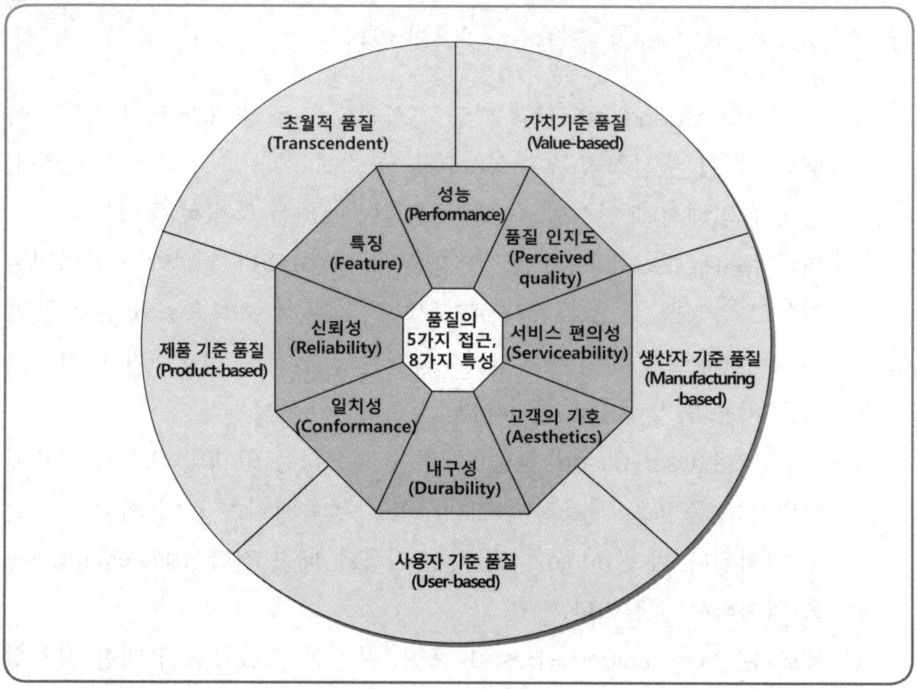

① 성능(Performance): 제품이 가지고 있는 운영적인 특성을 말한다. 스마트폰의 통화품질, 화질, 색상, 반응속도 등이 성능과 관련한 품질 특성이다.

② 특징(Feature): 제품의 기본적인 기능에 추가되는 보완기능을 말한다.

특정 제품이 가지고 있는 경쟁적 차별성을 나타내며, 스마트폰의 DMB기능 등이 한 예이다. 프로젝트 창출단계에서는 특징적 품질이 프로젝트 수주에 중요한 요인이 된다.

③ 신뢰성(Reliability): 제품이나 서비스의 결함, 고장으로 주어진 기능을 제대로 발휘하지 못하는 확률적 표현이다. 소프트웨어의 신뢰성은 특정 시간 동안 특정 조건하에서 개발한 프로그램이 문제 없이 운영되는 시간적 확률로, 한 달 동안 100번을 실행하여, 1번의 실패가 발생하면, 신뢰도는 0.99가 된다. 프로젝트의 신뢰성은 고객의 요구사항을 수용한 산출물이 원하는 기능을 올바로 발휘할 수 있을 때 높아진다.

④ 일치성(Conformance): 제품이나 서비스의 설계 규격과 어느 정도 일치하는지를 표현하는 품질적 특성이다. 예로서, 스마트폰의 사용설명서에 있는 규격과 제품의 실제 규격에 대한 일치성을 말하는 것으로, 규격이 허용오차 한계 내에 있으면 품질적 일치성으로 판단한다.

⑤ 내구성(Durability): 제품이 고객에게 지속적으로 가치를 제공할 수 있는 기간을 나타내는 품질적 특성이다. 스마트폰의 내구성은 제품이 고장났을 때, 수리와 신규 구매의 조건을 검토하여 폐기 후 신규 구매가 유리하다고 판단하면, 이때까지의 기간이 내구성이다. 프로젝트의 내구성은 프로젝트 최종 산출물이 프로젝트 종료 이후에 얼마나 잘 활용되는지를 나타내는 품질적 지표이기도 한다.

⑥ 고객의 기호(Aesthetics): 고객이 선호하는 모양, 색채, 소리, 맛 등에 대응하는 제품의 품질적 특성을 의미한다. 고객의 기호는 관점에 따라 다양하게 변화하므로, 매우 주관적인 품질적 특성이 될 수 있어, 프로젝트에서는 다양한 고객의 요구사항을 수용하되, 합리적으로 요구조건을 수용하는 능력이 필요하다.

⑦ 서비스 편의성(Serviceability): 제품이나 서비스의 고장 발생이나 기능 결함에 대한 유지보수 지원 정도를 나타내는 품질적 특성이다. 유지보수의 신속성, 해결능력이 중요하며 친절도도 중요한 품질적 평가요인이 된다. 정보화 프로젝트에서 유무상 유지보수 서비스 지원은 본 프로젝트 이상의 중요한 의미를 가진다.

⑧ 품질 인지도(Perceived quality): 기업의 명성이나 브랜드 인지도에 의해, 고객이 감지하는 품질적 특성이다. 일반적으로 고객의 품질에 대한 인식은 명성이나 상표 등에 의해 좌우되는 경우가 많다. 프로젝트에서도 참여자나 기업의 경험이나 명성 등 품질 인지도에 따라, 프로젝트 품질능력을 판단하는 경우가 많다.

6.1.2 프로젝트 품질지침

가빈(Garvin)의 품질에 대한 정의는 프로젝트의 산출물에 대한 품질보증 측면에서 활용할 수 있는 내용이 된다. 모든 프로젝트는 고객의 요구사항을 일정과 예산범위 내에서 성공적으로 해결해야만 한다. 그러나 특정한 프로젝트에서는 요구사항 수용 미흡, 일정 지연, 예산 초과의 문제에 직면한다. 이러한 문제점을 해결하는 방안으로, 소프트웨어 산업에는 국제적 기준이 제시되어 있으며, 품질 특성과 척도에 관한 지침으로는 ISO 9126, 프로세스에 대한 품질 지침은 SPICE와 CMMI가 있으며, 기존의 국제표준을 보강하고 통합한 평가모델로 ISO/IEC 25000이 있다.

1) ISO 9126

ISO 9126은 국제표준화기구인 ISO(International Organization for Standardization)에서 제정한 소프트웨어의 품질을 평가하기 위한 표준 모델이며, 품질 특성과 척도에 관한 지침이다. ISO 9126은 〈표 4-12〉와 같이 3가지로 구성되어, 소프트웨어의 품질을 평가하기 위해 기준자료로 널리 활용되고 있다.

ISO 9126에서는 고객 관점의 소프트웨어 제품의 품질 특성을 6개의 주특성과 부특성으로 구분하여 품질을 평가한다. **주특성**에는 기능성(Functionality), 신뢰성(Reliability), 사용성(Usability), 효율성(Efficiency), 유지보수성(Maintainability), 이식성(Portability)으로 구성되며, **부특성** 내역은 〈표 4-13〉과 같다. ISO 9126은 ISO 25000으로 통합되어 활용되고 있다.

〈표 4-12〉 ISO 9126의 구성

구 성	용 도
ISO 9126-1	소프트웨어의 품질 특성을 주특성과 부특성으로 구분
ISO 9126-2	시험이나 운영 중에 소프트웨어의 제품 품질을 평가하도록 지원함.
ISO 9126-3	설계/코딩 중인 소프트웨어 제품 품질을 평가하도록 지원함.

〈표 4-13〉 ISO 9126의 품질 주특성과 부특성

주 특 성	내 용	부 특 성
기 능 성 (Functionality)	특정 조건하에서 명시된 요구와 내재된 요구가 상호 만족하는지에 대하여 기능을 확인함.	적합성(Suitability), 정확성(Accuracy), 상호 운영성(Interoperability), 보안성(Security), 순응성(Functionality Compliance)
신 뢰 성 (Reliability)	요구사항 수용 미흡, 설계 및 구현상의 결함으로 인한 성능의 신뢰수준을 확인함.	성숙성(Maturity), 오류 허용성(Fault Tolerance), 복구성(Recoverability), 순응성(Reliability Compliance)
사 용 성 (Usability)	요구사항 수용 미흡, 설계 및 구현상의 결함으로 인한 성능의 신뢰수준을 확인함.	이해성(Understandability), 학습성(Learnability), 운용성(Operability), 친밀성(Attractiveness), 순응성(Usability Compliance)
효 율 성 (Efficiency)	사용환경에 부응하여 요구성능을 제대로 발휘하는지 확인함.	시간 반응성(Time Behaviour), 자원 활용성(Resource Utilisation), 순응성(Efficiency Compliance)
유지보수성 (Maintainability)	수정, 개선, 혹은 개작 등을 포함한 제품의 변경 능력을 확인함.	분석성(Analyzability), 변경성(Changeability), 안정성(Stability), 시험성(Testability), 순응성(Maintainability Compliance)
이 식 성 (Portability)	다양한 환경에서 운영될 수 있는 소프트웨어 제품의 능력을 확인함.	적응성(Adaptability), 설치성(Installability), 공존성(Co-Existence), 대체성(Replaceability), 순응성(Portability Compliance)

2) ISO 25000

ISO 25000은 ISO에서 제정한 소프트웨어 품질평가 통합 표준 모델이다. ISO/IEC 25000으로 SQuaRE(Software Product Quality Requirements and Evaluation)라고 부르기도 한다(International Electrotechnical Commission: IEC,

국제전기표준회의). 소프트웨어 개발 공정 각 단계에서 산출되는 제품이 사용자 요구를 만족하는지 검증하기 위해, 품질측정과 평가를 위한 모델, 측정기법, 평가방안에 대해 통합한 국제표준이다. ISO 25000은 소프트웨어 품질평가 모델인 ISO 9126와 소프트웨어 평가절차 모델 ISO 14598을 통합한 모델이다. SQuaRE는 다음과 같이 5가지 구성요소를 가지고 있다.

① 소프트웨어 품질 요구사항(Software Quality Requirement): 소프트웨어 품질의 요구사항을 설정하기 위한 프로세스를 정의한 것으로서, 기존 표준 ISO/IEC 15288을 참조한 표준이다.
② 소프트웨어 품질 모형(Software Quality Model): 제품 품질평가의 일반 모델을 제시한다. 제품 품질과 일반 모델이 있는데, 이것은 구표준의 9126-1에 해당이 되며, 구표준에는 없는 Data Quality Model이 제정되고 있다. 이는 컴퓨터 시스템에 소프트웨어와 함께 구동되는 데이터에 대한 품질평가의 필요성을 반영한 것이다.
③ 소프트웨어 품질 관리지침(Software Quality Management): SQuaRE 표준의 가이드라인과 품질평가 계획 및 관리에 관한 표준을 제시한다. 이것은 구표준의 14598-2에 대응된다.
④ 소프트웨어 품질 측정지침(Software Quality Measurement): 품질측정 메트릭을 정의하기 위한 표준으로서 5개의 표준 프로젝트가 진행 중이며 이것은 구표준의 9126-2, 3, 4에 대응된다.
⑤ 소프트웨어 품질 평가지침(Software Quality Evaluation): 품질평가 절차를 정의하고 있는데, 구표준의 14598 시리즈에 대응된다.

3) CMMI

CMMI(Capability Maturity Model Integration)는 미국 국방성의 지원으로 카네기멜론 대학의 소프트웨어공학연구소에서 개발하여 보급한 모델로서, 프로세스 차원에서 소프트웨어의 품질을 보증하기 위한 표준으로 활용되는 성숙도 모델(Capability Maturity Model: CMM)이다. CMMI는 소프트웨어 CMM과 시스템 엔지니어링 CMM 등의 요소를 통합하여 개발한 것으로, 소프트웨어 제품 또는 서비스의 개발, 획득, 유지·보수를 위한 프로세스 및 관리능력을 향상시키기 위한 가이드를 제공한다.

CMMI의 프로세스 성숙도는 5단계 레벨로 나누어져 있다. 레벨-1은 가장 낮은 단계로 이행(Performed)단계이고, 레벨-5는 최고 수준의 프로세스인 최적화(Optimizing)단계이다. 중간단계는 레벨-2가 관리(Managed)단계이고, 레벨-3은 정의(Defined)단계, 그리고 레벨-4는 정량적 관리(Quantitatively Managed)단계로 구성된다. CMMI의 레벨별 관리상태를 정리하면 〈표 4-14〉와 같다.

〈표 4-14〉 CMMI 성숙도 단계

레 벨	관리상태
레벨-1: 이행단계(Performed)	통제와 반응이 미약하여 예측이 어려운 프로세스가 운영됨.
레벨-2: 관리단계(Managed)	특정 프로젝트 프로세스를 적용하나, 활동이 소극적인 경우가 발생함.
레벨-3: 정의단계(Defined)	조직에 특화된 프로세스가 운영되고, 활동이 적극적임
레벨-4: 정량적 관리단계 (Quantitatively Managed)	프로세스가 측정되고 통제 상태임.
레벨-5: 최적화 단계(Optimising)	프로세스의 개선에 초점이 맞추어 운영됨.

프로젝트 팀에서는 CMMI나 SPICE에서 규정한 활동에 따라 프로젝트를 진행하면, 프로젝트 결함이나 불량이 줄어들고 이로 인해 일정을 준수할 수 있다. 또한 예산범위 내에서 프로젝트를 완료할 수 있게 된다.

4) ISO 21500

글로벌화 추세에 따라 국가, 문화, 제도, 관습을 넘어선 다양한 글로벌 프로젝트가 발생한다. 국제표준화기구(ISO)에서는 프로젝트의 경영 차원에서 국제적 표준으로 ISO 21500(2012년 9월)을 제정하였다. ISO 21500은 프로젝트 경영을 위해 5개 프로세스 그룹(Process groups), 10개 주제영역(Subject groups), 39개 프로세스로 구분하여 표준을 제시하고 있다.

PMI에서 제시한 PMBOK와 ISO 21500의 표준 내용을 비교하여 보면 〈표 4-15〉 및 〈표 4-16〉과 같다.

〈표 4-15〉 ISO 21500과 PMBOK 표준 비교

구 분	ISO 21500	PMBOK(4판)	PMBOK(5판)
스테이지 (Stage)	5개 프로세스 그룹	5개 프로세스 그룹	5개 프로세스 그룹
영 역	10개 지식영역 (Subject groups)	9개 지식영역 (Knowledge areas)	10개 지식영역 (Knowledge areas)
프로세스	39개 프로세스	42개 프로세스	47개 프로세스

〈표 4-16〉 ISO 21500과 PMBOK 세부사항 비교

구 분	ISO 21500	PMBOK(4판)	PMBOK(5판)
프로세스 그룹	① 착수(Initiating) ② 계획(Planning) ③ 이행(Implementing) ④ 통제(Controlling) ⑤ 종결(Closing)	① 착수(Initiating) ② 계획(Planning) ③ 실행(Executing) ④ 감시 및 통제 (Monitoring & Controlling) ⑤ 종결(Closing)	① 착수(Initiating) ② 계획(Planning) ③ 실행(Executing) ④ 감시 및 통제 (Monitoring & Controlling) ⑤ 종결(Closing)
지식영역	① 통 합 ② 범 위 ③ 일 정 ④ 원 가 ⑤ 품 질 ⑥ 자 원 ⑦ 의사소통 ⑧ 리스크(Risk) ⑨ 조 달 ⑩ 이해관계자 (Stake-holder)	① 통 합 ② 범 위 ③ 일 정 ④ 원 가 ⑤ 품 질 ⑥ 인적자원 ⑦ 의사소통 ⑧ 리스크(Risk) ⑨ 조 달	① 통 합 ② 범 위 ③ 일 정 ④ 원 가 ⑤ 품 질 ⑥ 인적자원 ⑦ 의사소통 ⑧ 리스크(Risk) ⑨ 조 달 ⑩ 이해관계자 (Stake-holder)

6.1.3 창의적 프로젝트 품질관리 활동

모든 프로젝트는 유일성(唯一性, Unique & One Time)과 제약성(制約性, Restriction)이라는 특수성을 가진다. **유일성**은 시작점과 종료점이 있는 일회성의 유일한 과업으로 진행됨을 의미하며, **제약성**은 정해진 범위에서 한정된 시간, 예산, 인력으로 실행해야 한다. 이러한 조건에서 프로젝트의 최종 성과물에 대하여는 적합한 품질이 보증되어야 한다. 체계적인 절차와 조건을 준수하여 프로젝트를 진행하여야 할 뿐 아니라, 프로젝트의 제약조건에서도 창의적인 발상과 혁신적인 방법을 도입하여, 규격에 적합한 산출물을 만들어 내야 한다.

창의적 프로젝트 품질관리 활동이란 프로젝트를 위해 계획한 체계적인 절차와 방법에 따라 일을 수행하되, 한정된 시간, 예산, 인력을 효과적으로 사용하여 프로젝트 성과물의 질을 높일 수 있도록 창의적 기법과 혁신적 활동을 프로젝트에 도입하는 것을 말한다. 창의적 기법은 프로젝트에서 고객의 요구 및 문제를 해결하기 위해 창의적 도구를 활용하는 방법을 의미하며, 계통도(Logic tree), 스캠퍼(SCAMPER), 벤치마킹, 브레인스토밍, 에러방지시스템, ICT(Information & Communication Technology, 정보 및 통신기술) 등을 프로젝트에 적용하는 것이다.

혁신적 활동은 프로젝트의 목표를 달성하기 위해 가장 효과적인 혁신 방법론을 적용하는 것을 의미한다. 프로젝트 목표달성에 효과적으로 기여할 수 있는 혁신 방법론은 6시그마, 트리즈(TRIZ), 프로세스 혁신(PI), 원가절감, 품질비용(Q-Cost) 절감 등 다양한 방법이 존재하며, 프로젝트 상황을 고려하여 적합한 활동을 선정하여 프로젝트에 적용하는 것이 바람직하다.

창의적 기법의 활용

프로젝트의 각종 요구사항을 수용하고, 문제점을 해결하기 위해서는 관련 산업의 지식과 경험을 활용한 **창의적 사고**(Creative thinking)가 필요하다. 창의적 사고란 기존의 지식이나 경험을 바탕으로 상황에 맞는 새롭고 가치 있는 결과물을 만들어 내는 사고로서, 창의적 사고를 위해서는 독창성, 융통성, 민감성, 유창성,

상세성이 필요하다. 프로젝트에서 창의적 기법은 프로젝트 팀원의 창의적 사고를 키우는 방법이 된다.

창의적 발상 기법 적용

- 창의적 기법이란 창의적 발상과 창의적 도구를 프로젝트 활동에 적용하여, 프로젝트 문제를 해결하고 성과를 창출하는 방법이다.
- 프로젝트에 적용할 수 있는 창의적 발상과 창의적 도구는 다양하지만, 현장에서 적용할 수 있는 창의적 발상 기법에 대해 설명하면 다음과 같은 것이 있다.

  ① 창의적 문제해결 절차를 훈련한다.
  ② 벤치마킹을 적극 권장한다.
  ③ 프로젝트 CTQ를 발굴한다.
  ④ 높은 목표점을 설정한다.
  ⑤ 브레인스토밍 4원칙을 숙지한다.
  ⑥ 통계적 도구를 활용한다.
  ⑦ 계통도(Logic Tree)를 활용한다.
  ⑧ SCAPMER와 PMI를 적용한다.
  ⑨ 5-Why로 접근한다.
  ⑩ 에러방지시스템을 개발한다.
  ⑪ ICT의 활용을 확산한다.
  ⑫ 불만을 제거한다.
  ⑬ 창의성에 보상한다.
  ⑭ 소위원회를 활성화한다.
  ⑮ 전문가 및 경험자의 자문을 수용한다.

1) 창의적 문제해결 절차를 훈련한다

프로젝트에서는 다양한 사람이 모여 정해진 예산과 시간 내에서 주어진 문제를 해결해야 하므로, 다양한 문제에 봉착하게 된다. 따라서 문제의 해결을 위해, 프로젝트 팀원들이 자발적이고 창조적으로 문제를 해결해 나가는 능력이 필요하다. 해결해야 할 이슈나 문제를 기준으로, 환경분석, 문제인식, 문제식별, 가정설정, 대안창출, 최적안 선정, 실행, 사후관리, 평가 및 문제해결에 대한 체계적인 절차를 개발하고 프로젝트 팀원에게 교육과 훈련을 통해, 실제 프로젝트 수행과정에서 올바로 활용할 수 있도록 해야 한다.

2) 벤치마킹을 적극 권장한다

프로젝트의 유일성과 제약성을 극복하기 위해서는 유사한 과거의 경험이나 프로젝트를 찾아, 교훈(Lesson learned)과 성공요인(Critical success factor)이 무엇인지를 조사와 방문을 통해 습득하고, 자신의 프로젝트에 적용하는 것이다. 벤치마킹의 핵심은 상대방의 경험을 그대로 답습하는 것이 아니라, 자신의 입장에 맞도록 수정 · 보완(Customizing)을 한 후 적용하는 것이다.

3) 프로젝트 CTQ를 발굴한다

CTQ(Critical To Quality)란 품질과 관련한 전문 용어로 "제품의 요구기준에 맞거나 충족되는 품질기준으로, 품질이나 서비스에 결정적으로 영향을 끼치는 특성"을 말한다. 6시그마 혁신활동에서는 CTQ를 넓은 의미로 해석하여, 고객의 요구사항이나 프로세스의 요구조건을 만족시키기 위한 제품이나 서비스의 결정적인 성공요소로 활용한다.

프로젝트에서도 6시그마 혁신활동에서와 같이 CTQ를 프로젝트에서의 요구나 문제를 해결하는 결정적인 성공요인으로 해석하면, 프로젝트 전체의 CTQ뿐 아니라 WBS를 구성하는 하부의 작업패키지(Work Package) 또는 이슈나 문제점에 대하여도 각각의 CTQ를 발굴하고 해결하는 노력이 필요하다.

프로젝트의 CTQ는 고객관점과 프로젝트 관점에서 도출한다. 고객관점의 CTQ는 고객정의, 고객 세분화, 목표고객 선정, VOC(Voice of Customer, 고객의 소리), CCR(Critical Customer Requirement, 핵심적 고객 요구사항)을 순차적으로 정리하여 도출한다. 그리고 프로젝트 관점의 CTQ는 프로젝트 전략, 목적과 목표 확인, VOP(Voice of Project, 프로젝트에 대한 요청사항), CPR(Critical Project Requirement, 핵심적 프로젝트 요구사항)을 순차적으로 정리하여 도출한다.

4) 높은 목표점을 설정한다

복잡하고 규모가 큰 프로젝트일수록 제약된 자원으로 프로젝트 목표를 달성하는 것은 쉬운 일이 아니다. 위험요인을 제거하여 안정적으로 프로젝트를 진행하는 것도 중요하지만, 높은 목표점을 설정하여 프로젝트 팀원 모두가 도전적 정신으로 프로젝트에 임하게 되면, 일정, 비용, 인력 측면에서 보다 효율적인 결과를 만들어 낼 수 있다. 높은 목표는 프로젝트 위험발생에 대한 완충(Buffer) 역할을 담당한다.

5) 브레인스토밍 4원칙을 숙지한다

브레인스토밍(Brain storming)은 아이디어를 창출하기 위한 하나의 방법으로, 한 가지 문제를 집단적으로 토의해 제각기 자유롭게 의견을 말하는 가운데, 정상적인 사고방식으로는 도저히 생각할 수 없는 독창적인 아이디어를 도출하기 위해 사용한다. 프로젝트에서 발생하는 다양한 문제에 대응하기 위해서는 프로젝트 팀원의 지혜를 모으는 방법이 필요하며, 이를 위해 모든 프로젝트 회의에서 브레인스토밍의 4원칙을 숙지하고 적용하는 것이 필요하다. 브레인스토밍의 활성화가 어려운 경우에는 브레인라이팅(Brain writing)도 활용한다.

브레인스토밍 4원칙

① 평가의 금지 및 보류
② 자유분방한 사고
③ 질보다 양
④ 결합과 개선

6) 통계적 도구를 활용한다

프로젝트의 현상파악 및 개선대책 수립을 위해서는 과학적인 통계적 기법을 활용하는 것이 좋다. 통계적 기법은 상황에 맞는 다양한 기법을 사용할 수 있으나, 아직도 품질관리의 기본도구로 인식되는 QC-7 도구는 보편적으로 사용할 수 있는 통계적 도구이다. QC-7 도구로는 파레토 도표(Pareto Diagram), 특성요인도(Cause and Effect Diagram), 체크 시트(Check Sheet), 히스토그램(Histogram), 산점도(Scatter Diagram), 층별(Stratification), 그래프(Graph)로 구성된다.

7) 계통도(Logic Tree)를 활용한다

계통도(Logic Tree)란 MECE(Mutually Exclusive and Collectively Exhaustive, 상호배제와 전체포괄)의 사고방식에 따라, 주요 항목을 나무줄기 형태로 분해한 것으로, 이를 통해 과제를 상세히 파악하고 더욱 구체적인 내용으로 분할하여, 체계적으로 사고하고 대응하기 위해 사용하는 도구이다. MECE란 계통도를 구성하는 하부 항목 간에 상호 중복이 없고 빠짐이 없어야 하는 것을 의미한다.

프로젝트에서는 문제의 원인을 근본적이고 체계적으로 규명하기 위해 사용할 수 있다. 또한 문제구조 파악뿐만 아니라, 체크리스트, 문제의 원인규명, 해결안 도출 등 여러 용도로 사용할 수 있으므로, 프로젝트에 사용시에는 사용목적을 분명히 하여야 한다. 어골도(Fishborn Diagram)나 마인드맵(Mind Map)도 계통도의 논리와 같은 것이다.

8) SCAPMER와 PMI를 적용한다

프로젝트에서 새로운 아이디어를 도출하기 위한 방법으로 스캠퍼(SCAMPER) 방법을 적용할 수 있다. 스캠퍼(SCAMPER)는 다음과 같은 단어의 조합으로 이루어진 용어로, 각각의 단어에 적합한 내용으로 프로젝트의 문제를 해결하거나 창조적 아이디어를 도출한다.

- S: 대치하기(Substitute)
- C: 결합하기(Combine)
- A: 적용하기(Adapt)

- M: 수정-확대-축소하기(Modify-Magnify-Minify)
- P: 다른 용도로 사용하기(Put to other use)
- E: 제거하기(Eliminate)
- R: 재배치하기(Rearrange-Reverse)

또한 PMI란 "Plus, Minus, Interesting"의 첫 글자를 조합한 용어로, 특정한 과제나 이슈에 대해 장점, 단점, 흥미로운 점을 착안하여 아이디어를 도출하는 기법이다. 창의력이 필요한 프로젝트에서 선정한 과제에 대해 참여자들에게 강점(Plus), 단점(Minus), 흥미로운 점(Interesting)을 순차적으로 발표토록 하여 아이디어를 얻는다.

9) 5-Why로 접근한다

문제의 궁극적인 근본원인을 단계적으로 찾아가기 위해 계속해서 "Why-Because" 구조로 원인을 도출해 가는 기법이다. 프로젝트에서는 과제의 근원을 파악하기 위해 "Why"를 5번 외치고 근본원인을 찾아가도록 논리적 사고를 프로젝트 팀원에게 숙지시키게 된다. 5-Why를 프로젝트 활동에 접목하면 문제와 관련된 근본원인이 무엇인지를 체계적으로 도출할 수 있게 되고, 원인인자들 간의 인과관계를 파악하여 결함이 없는 프로젝트 성과를 창출하도록 지원한다.

10) 에러방지시스템을 개발한다

에러방지시스템(Fool-Proof System)은 모든 일의 결함이나 에러를 자동적으로 방지하기 위한 능동적인 관리방법을 말한다. **실수방지시스템**(Mistake-Proof System)이라고도 부르는 에러방지시스템은 실수나 에러를 사전에 방지해 줄 수 있는 안정장치로, 프로젝트에 적용할 필요가 있는 효율적인 능동적 통제시스템이다.

일본에서는 포카요케(Poka-Yoke)라고 하여, 부주의한 실수(Poka)를 예방(Yoke)한다는 의미로 사용한다. 예로서 자동 수동꼭지, 자동차 기어, USB 연결코드, 전원차단 어댑터 등은 실수나 에러가 근원적으로 발생하지 못하도록, 대책을 적용한 에러방지시스템의 사례이다. 정보시스템 개발 프로젝트에서 사용자가 잘못된 정보를 입력하지 못하도록, 사전에 입력범위를 지정하여 주거나, 에러 메시지를 보여주는 것도 에러방지시스템의 일종이다.

프로젝트의 결함이나 불량을 근원적으로 줄이고, 제약된 자원을 효율적으로 활용하여 프로젝트 목표를 달성하기 위해서는 다양한 에러방지시스템 개발과 적용이 필요하다. 에러방지시스템의 기본 사상은 "처음부터 잘하는 것은 좋은 것이나, 처음부터 잘못을 아예 불가능하게 하는 것은 더욱 좋은 것"이라는 것이다.

11) ICT의 활용을 확산한다

IT와 정보통신 기술은 프로젝트의 성공적 수행을 위해 필수적으로 활용해야 할 요소이다. ICT(Information & Communication Technology)란 정보기술(Information Technology)과 통신기술(Communication Technology)이 결합한 용어로서, 프로젝트 수행과정에서 IT와 통신기술의 활용은 시간, 비용, 인력을 절감하거나, 프로젝트의 품질보증에 매우 중요한 역할을 담당할 수 있다.

12) 불만을 제거한다

성공적인 프로젝트는 프로젝트 팀원을 포함한 프로젝트 이해관계자 모두가 프로젝트 수행과정 및 결과에 불만이 없어야 한다. 프로젝트의 자발적인 창의성과 혁신성은 불만이 없는 만족한 상태에서 발휘된다. 불만이 많은 프로젝트에서는 결과물에 대한 품질을 보증하기가 어렵다. 경영자, 프로젝트 팀장은 프로젝트 이해관계자의 불만을 상시적으로 파악하고 해결할 수 있는 제도적 장치를 마련해야 한다.

13) 창의성에 보상한다

프로젝트에서 창의성은 강제가 아닌 자발적인 분위기에서 발생한다. 프로젝트 참여자가 자발적으로 창의적 아이디어를 만들어 내고, 프로젝트에 반영하여 효과를 얻도록 하기 위해서는 프로젝트 팀원이 창의력을 발휘할 수 있도록, 분위기와 제도를 만들고, 창의성에 대한 평가를 실시하며, 창의적 결과 및 효과에 대해 일정한 보상체계로 연계하는 부흥 대책이 필요하다.

14) 소위원회를 활성화한다

프로젝트의 다양한 위험요소, 이슈 및 문제점을 프로젝트 팀 스스로 해결해 나가기 위해서는 과제별 소위원회를 활성화하는 방법의 적용이 필요하다. 프로젝트에서 발생하는 모든 과제에 대해, 정식적인 조직을 구성하여 대응하기 어려운 경우에는 기존의 프로젝트 조직을 활용하여 한시적으로 과제별 소위원회를 활성화하는 것이다. 보안이 중요하면 보안위원회를 구성하여 활동하도록 하고, 의사소통관리가 프로젝트에서 중요할 경우에는 불만제로위원회를 구성토록 한다. 또한 프로젝트 팀원의 교육훈련이 추가로 필요한 경우에는 CoP(Communities of Practice, 지식 공동체) 등의 활동을 활성화하여, 공통의 관심사를 가진 사람들의 비공식적 · 자발적인 소규모 모임을 가지도록 환경을 조성한다.

15) 전문가 및 경험자의 자문을 수용한다

프로젝트의 유일성으로 인해, 프로젝트 참여자는 프로젝트에서 발생하는 모든 일을 스스로 해결할 수 없는 경우에 종종 직면하게 된다. 이러한 경우 창의적이고 혁신적인 방법을 찾기 위해서는 관련 분야의 전문가나 경험자의 자문이 매우 중요하다. 프로젝트 참여자는 프로젝트의 목적달성을 위해, 전문가나 경험자의 자문에 귀를 기울이고 수용하는 적극적 자세가 필요하다.

6.1.4 혁신적 활동의 도입

프로젝트에서의 품질보증 활동은 제조업에서와 같이 정해진 규격을 준수하는 품질보증 활동과는 다른 추진방식이 필요하다. 프로젝트의 목적을 달성하기 위해, 고객 또는 사용자의 요구사항을 기준으로 프로젝트 결과물을 만들어야 하는 관계로, 프로젝트팀에서는 창의적 방법의 적용과 더불어 혁신적 활동이 프로젝트에 적절히 적용되는 것이 필요하다.

프로젝트에 혁신활동을 도입할 경우 유의해야 할 사항은 혁신활동에 대한 그릇된 인식의 변화이다. 분임조활동, TPM, BPR, PI 등 과거의 혁신활동 라이프사이클에 보듯이 혁신활동이 모든 업무의 문제를 완벽하게 해결하는 도구가 될 수 없다. 그러나 많은 경우에 하나의 혁신활동이 조직 전체의 문제를 해결하는 도구로 착각하여, 상황에 맞는 적합한 보정이나 노력이 없이, 무조건적으로 확산하여 적용하다가 효과를 제대로 거두지 못하면, 이런 혁신활동은 우리의 조직이나 업무에 맞지 않는다고 포기하는 경우가 많았다.

혁신활동이 조직이나 업무에 올바로 적용되어 효과를 발휘하기 위해서는 해당 업무 또는 조직풍토에 적합하도록, 방법론을 보정하여 적용해야 하며, 변화관리, 교육, 인재 발굴, 경영자 및 책임자의 강력한 의지, 전원참여의 노력이 병행되어야 한다. 그리고 한 번의 혁신활동으로 모든 문제를 해결하기보다는 장기간에 걸친 혁신활동의 전개로 효과를 조금씩 축적해 나가서, 궁극적으로는 조직의 기초역량을 튼튼히 할 수 있는 장기적 관점의 활동으로 인식하는 것이 필요하다.

프로젝트 관점에서도 품질향상, 문제해결, 비용절감, 일정감축 등 해결하고자 하는 목적에 맞추어, 프로젝트에 적합한 혁신활동을 선택하고, 사전 기획 및 교육을 통해, 프로젝트 활동과 혁신활동이 올바로 전개되도록 해야 한다. 프로젝트에 도입할 수 있는 혁신활동은 6시그마, 트리즈(TRIZ), 프로세스 혁신(Process Innovation: PI), 원가절감(Cost Down), 품질비용(Q-Cost) 관리 등 다양하며, 프로젝트팀에서는 프로젝트 상황 및 필요성에 부합하는 적합한 혁신활동을 적용할 수 있다.

1) 6시그마 혁신활동

6시그마 혁신활동은 전통적인 품질보증 수단의 하나로 제품의 불량이나 결함을 획기적으로 감축하기 위해 추진하는 혁신활동이다. 작업이나 업무를 진행할 때 에러 발생 수준을 1,000만 개 중 3.4개 이내로 줄이고자 하는 혁신적인 품질개선 기법으로, 제조분야뿐 아니라 사무업무에서도 다양하게 적용하여 많은 효과를 얻을 수 있는 기법이다.

6시그마 혁신활동의 확산과 함께 제조업에 적합한 기본 방법론인 DMAIC (Define: 정의, Measure: 측정, Analysis: 분석, Improvement: 개선, Control: 통제)는 다양한 산업분야 및 업종에 적합한 방법론으로 분화하였다. 개발업무에 적합한 DFSS(Design For Six Sigma), 영업업무에는 SFSS(Sales For Six Sigma), 단순

CASE STUDY

6시그마 프로젝트 적용방안

- 6시그마 혁신활동은 프로젝트에서 해결해야 할 과제를 선정하고, 6시그마의 체계적 방법론에 따라, 문제를 해결하는 데 유용하게 사용할 수 있다.
- 규모가 크거나 복잡한 프로젝트일수록, 프로젝트 팀에서 해결해야 할 과제는 많다. 이러한 경우에는 프로젝트의 해결과제를 선정하여, 프로젝트 팀 내의 소단위 그룹을 구성하고, 6시그마 방법론을 통한 프로젝트 과제의 해결방식을 적용할 수 있다.
- 6시그마를 프로젝트에 효율적으로 접목하기 위해서는 올바른 과제의 선정, 목적과 목표 명확화, 프로젝트 CTQ(Critical To Quality) 선정, 효과적 대안 수립, 일정 준수, 참여인원의 열정이 매우 중요하다.
- 6시그마 혁신활동은 참여하는 인력이 추진 방법이나 절차에 대한 이해가 있어야 하므로, 프로젝트 착수 이전에 프로젝트 팀 전원에 대한 교육훈련이 필요하다.
- 프로젝트 활동에 6시그마 혁신활동을 접목함으로써, 프로젝트 품질보증과 함께 에러감축, 효율향상, 문제해결, 비용절감, 고객만족도 제고, 일정단축 등 다양한 효과를 기대할 수 있다.

업무나 문제 즉시개선에 적합한 QSS(Quick Six Sigma) 등으로 세분화되어 상황에 적합한 6시그마 혁신활동을 수행할 수 있다.

2) 트리즈(TRIZ)

트리즈(TRIZ)는 창의적으로 문제의 해결책을 도출하고자 하는 과학적이고 체계적인 접근 방법이다. TRIZ는 창의적 문제해결 이론을 의미하는 러시아어의 머리문자를 쓴 것으로, 영어로는 TIPS(Theory of Inventive Problem Solving)라고도 한다. TRIZ를 개발한 알트슐러(Altshuller)는 누구나 창의적으로 문제를 해결할 수 있는 일반적이고 체계적인 문제 해결책을 발견하였다. 현안의 문제에 대하여 가장 이상적인 결과를 정의하고, 그 결과를 얻는 데 핵심이 되는 모순을 찾아내어, 극복할 수 있는 해결책을 구하는 방법에 대한 이론을 정의한 것이다.

알트슐러의 발견

- 알트슐러는 전 세계 특허 150만 건 중에서 창의적인 특허 4만 건을 추출 분석한 결과, 다음과 같은 4가지 중요한 사실을 발견하였다.

[4개의 중요한 사실의 발견]

① 발명문제의 정의: 발명문제는 적어도 한 개 이상의 모순(Contradiction)을 포함하고 있다.

② 발명의 수준: 발명에는 5가지의 수준이 있다.

③ 발명의 유형: 발명의 유형에는 40가지가 있다.

④ 기술 시스템의 진화 유형: 기술 시스템의 진화 유형에는 8가지 법칙이 있다.

알트슐러의 4가지 사실에 대한 발견으로, TRIZ에서는 모순을 해결할 수 있는 5가지 지식베이스 도구를 제시하여 창의적으로 문제를 해결토록 하고 있다.

TRIZ 5가지 지식베이스 도구

① 40가지 발명원리와 모순표(40 Inventive Principles)

② 분리의 원리(Separation Principles)

③ 물질(Substance): 장(Field) 분석에 의한 76가지 표준 해결책(76 Standard Solutions)

④ 8가지 기술 진화의 법칙(Law of Technology Evolution)

⑤ 자연과학의 각종 효과(Effects)

발명이나 문제해결에 장애가 되는 모순을 기술적 모순(Technical Contradiction)과 물리적 모순(Physical Contradiction)으로 분류하고, 기술적 모순의 해결은 40가지 발명원리와 모순표, 76가지 표준해결책, 8가지 기술진화의 법칙, 자연과학의 각종 효과(Effects) 등을 통해 해결책을 제시하였다. 그리고 물리

CASE STUDY

TRIZ 적용방안

- TRIZ는 물리적 구성 시스템에서 문제를 야기시키는 각종 모순 자체를 제거한다는 독창적 개념이다.
- 신제품 개발, 신시스템 구성 등 개발분야의 프로젝트에서 창의적 아이디어가 필요한 경우에 TRIZ기법을 적용하여 프로젝트를 수행하면 문제해결, 비용절감, 일정단축 등의 효과를 얻을 수 있다.
- TRIZ에서 제시한 해결책을 프로젝트에 제대로 적용하기 위해서는 TRIZ에 대한 충분한 이해가 필요하다.

적 모순의 해결에는 시간에 의한 분리, 공간에 의한 분리, 전체와 부분에 의한 분리, 조건에 의한 분리로 나눈 분리의 원리(Separation Principle)를 통해 해결하도록 제시하고 있다.

3) 프로세스 혁신(PI)

프로세스 혁신(Process Innovation: PI) 활동은 업무 프로세스 재설계(Business Process Reengineering: BPR) 활동의 변경과 발전 모델이다. PI는 회사의 조직, 업무 프로세스, 시스템 관점에서 기업활동의 전 부문에 걸쳐, 비효율적인 낭비요소들을 제거하고, 효과적인 업무 프로세스를 재구축함으로써, 기업가치를 극대화하는 경영혁신 활동이다.

PI는 기업 경영상의 목표를 달성하기 위해, 현재(AS-IS)의 업무 프로세스, 조직, 시스템에 대한 상세 분석을 수행한 후, 각종 문제점을 해결한 미래(To-Be) 업무 프로세스, 조직, 시스템을 구축하는 혁신적 방법으로 다음과 같이 3단계의 과정을 거쳐 진행한다.

PI의 3단계 과정

① 1단계: AS-IS의 분석
② 2단계: TO-BE 구체화
③ 3단계: 재구축(업무 프로세스, 조직, 시스템 관점)

CASE STUDY

▮ PI 적용방안

- PI 혁신활동의 프로젝트 접목 방안은 프로젝트 수행시에 PI활동을 세분화하여, 프로젝트 목적에 부합하도록, 업무 프로세스, 조직, 시스템별 혁신활동을 도입하는 것이다.
- 프로젝트의 특성 및 요구에 맞추어, 특정 업무에 대한 프로세스의 개선이 필요한 경우에는 프로젝트 팀 내에 해당 업무 프로세스 혁신 팀을 구성하여 프로젝트를 수행하고, 조직이나 시스템 혁신이 필요한 프로젝트에서는 해당 부분의 PI조직을 프로젝트 팀 하부에 구성하여 수행토록 하는 것이다.
- PI는 프로젝트의 성격에 따라, 프로젝트 자체가 PI활동을 포함하는 경우가 있기도 하다. 즉 새로운 IT시스템을 구축하는 ERP 프로젝트의 경우에는 PI활동을 선행 프로젝트로 진행한 후 정보시스템 구축 프로젝트를 진행한다.

4) 추가 혁신활동

프로젝트의 목표달성뿐 아니라 효율적·효과적 프로젝트 수행을 위해, 프로젝트에 적합한 혁신활동을 접목하는 것은 매우 중요한 일이다. 프로젝트의 비용 축소로 원가나 비용절감이 필요한 경우에는 원가절감(Cost Down), 품질비용(Q-Cost) 관리활동의 접목이 필요하며, 프로젝트 결과 측정을 명확히 하여, 결과에 대한 적정 인센티브를 적용하기 위해서는 BSC(Balanced Scorecard, 균형성과표) 관점의 성과경영 제도를 접목하는 것이 필요하다.

그러나 프로젝트에 혁신활동을 접목하면 다양한 효과를 기대할 수 있는 반면, 추가적 자원의 지원이 없는 상태에서 단순히 혁신활동만 접목하거나 강요하면, 프로젝트 팀으로서는 추가적 부담으로 작용하거나, 오히려 혁신활동을 소홀히 하여 역효과를 낳게 되거나, 프로젝트마저도 부실해지는 결과를 가져올 수가 있으므로, 혁신활동을 위한 사전준비, 혁신을 위한 적정한 추가적 자원의 지원이 필요하다.

6.1.5 품질계획의 수립

고객이 만족할 수 있는 프로젝트의 목표를 달성하기 위해, 프로젝트의 품질계획을 구체적으로 수립하는 일은 매우 중요한 일이다. 프로젝트의 품질계획을 수립하기 위해서는 품질 대상을 명확히 규정하고, 품질목표 및 정량화된 지표를 개발해야 한다. 그리고 품질보증 조직을 활용하여, 품질 체크리스트에 따라 품질보증 활동을 수행할 수 있도록 해야 한다. 다음은 품질보증 계획 수립과 관련하여 포함해야 할 핵심적 내용에 대해 설명한다.

1) 품질목표

품질목표는 프로젝트 목표와 부합되도록, 계량화된 목표항목 및 지표를 선정한다. 프로젝트의 품질목표는 가빈(Garvin)이 제시한 성능(Performance), 특징(Feature), 신뢰성(Reliability), 일치성(Conformance), 내구성(Durability), 고객의 기호(Aesthetics), 서비스 편의성(Serviceability), 품질 인지도(Perceived quality) 등 품질적 특성에 따라 적합한 품질목표를 설정할 수 있다. 또한 소프트웨어 경우는 소프트웨어 품질에 적합한 품질목표 및 관련지표를 선정한다. 예로서, ISO9126에서는 6개의 품질특성인 기능성(Functionality), 신뢰성(Reliability), 사용성(Usability), 효율성(Efficiency), 유지보수성(Maintainability), 이식성(Portability) 관련 지표를 선정한다.

프로젝트의 품질지표는 품질특성에 부합하는 지표를 선정하고, 고객이 수용할 수 있는 품질지표별 목표수준을 결정해야 한다.

프로젝트 품질특성별 목표 지표

- 프로젝트에 적용할 수 있는 품질특성과 목표지표를 예시하면 다음과 같다.
  ① 기능(Functionality) 및 특징(Feature) 관련 품질 목표지표
  기능수용률/미수용률, 기능구현 완전도, 요구사항 반영률, 기능 결함률
  ② 성능(Performance) 관련 품질 목표지표
  응답속도, 처리건수/초, 사용률, 효율, 동시 사용자 수, 색상표현율, 이식성, 통합성
  ③ 신뢰성(Reliability) 관련 품질 목표지표
  고장률, 불량률, 결함수, 에러율, 시정조치율, 크레임건수, 시험합격률
  ④ 일치성(Conformance) 관련 품질 목표지표
  규격 준수율, 요구사항 수용률, 부적합률, 절차준수율, 일정진척률, 규정/기준/절차 부합률
  ⑤ 내구성(Durability) 관련 품질 목표지표
  내용연수(耐用年數, service life), 평균수명
  ⑥ 고객의 기호(Aesthetics) 관련 품질 목표지표
  고객만족도, 디자인 만족도, 연령별 만족도, 성별 만족도
  ⑦ 서비스 편의성(Serviceability) 관련 품질 목표지표
  사용자 만족도, 사용자 편리성, 이식성(移植性, portability)지표, 통합성(Interface) 지표, AS 만족도/대응률/리드타임

CASE STUDY

프로젝트 품질목표 정의

- 다음 표는 정보화 프로젝트에서 품질특성별 품질 목표지표 및 목표수준을 정의한 내용이다.

〈표 4-17〉 프로젝트 품질목표 정의

품질특성	품질 목표지표	내 용	목표수준
기 능 성	요구사항 반영률	• 고객의 요구사항이 결과물에 어느 정도 반영되었는지의 비율 • 요구사항 변경에 대해서는 공식적인 변경관리 절차를 통해 관리 필요	100%
	시험 통과율	• 단위/통합/시스템/사용자인수시험 • 테스트 시나리오로 검증	98% 이상
성 능 성	TPS	• 초당 처리건수(Transactions Per Second)	12.4TPS
	동시사용자	• 동시에 사용할 수 있는 최대 사용자 수	150명
	응답시간	• 응답 대기시간	2초 이내
신 뢰 성	결함률	• 제품검사시 결함 발생률	3% 미만
	결함 조치율	• 발견된 결함의 조치 완료 비율	100%
	개발표준 준수율	• 개발시 개발표준을 어느 정도 준수하였는지의 비율	100%

2) 품질관리 대상 및 조직

프로젝트의 품질관리의 대상은 기본적으로 프로젝트 관리의 대상이 되는 9가지 지식영역(Knowledge areas)에서 선정하나, 효과적 품질활동을 위해서는 프로젝트 상황 및 고객의 요청사항을 고려하여, 집중적으로 관리해야 할 품질관리 대상을 선정한다. 일반적인 품질관리 대상은 프로세스(공정), 중간 및 최종 산출물, 인력, 일정, 기술, 문서화와 관련한 내용을 선정한다.

품질관리 대상에 대한 품질보증 및 통제활동은 프로젝트 팀 전체가 참여하는 활동이나, 품질보증 활동을 철저히 수행하고, 고객만족도 제고 및 결함의 최소화를 위한 관점에서, 프로젝트 팀 내부 및 외부에 별도의 품질관리 조직을 구성하는 것이 좋다. 내부 품질조직은 프로젝트 팀에 소속되어, 품질보증 및 통제활동을 전담하는 조직으로, 품질목표 설정, 표준 및 기준 수립, 품질계획 수립, 품질활동 주관, 품질검토 및 시정조치, 위험관리, 형상관리, 중간/최종 산출물 품질검토 등의 업무를 담당한다.

외부의 품질조직은 프로젝트 팀에 속해 있지 않은 조직으로, 프로젝트의 품질활동을 감시 및 지원하는 품질보증 전담부서(Quality Assurance Office: QAO) 또는 프로젝트 관리조직(Project Management Office: PMO)이다. 정보시스템 구축 및 건설분야의 감리조직도 품질보증 관점에서 보면, 외부의 품질조직으로 해석할 수 있다. 내부 및 외부의 품질보증 활동 조직을 역할별로 구분하면 〈표 4-18〉과 같다.

〈표 4-18〉 프로젝트 품질보증 조직 구성표

구 분	조 직	역 할
발주기관	발주기관	• 프로젝트 요구사항 제시, 조정, 승인 • 품질적 요구사항에 대한 재심 및 조정 승인 • 변경 및 위험관리에 대한 의사결정 참여 • 요구사항에 대한 결과물 확인 및 승인 • 산출물 테스트 참여 및 검증
프로젝트 팀	프로젝트 관리자	• 프로젝트의 총괄관리 및 통제 • 품질보증 활동 권한부여 및 감독 • 품질보증 업무조정 및 승인
	품질보증 담당자	• 품질보증활동 주관 • 품질목표 설정 • 프로젝트 표준 및 기준 수립 • 품질보증 활동계획 수립 및 실행 • 프로젝트 품질검토 및 시정조치 • 위험관리, 형상관리 • 중간/최종 산출물 품질검토
	프로젝트 담당자	• 시정조치 및 결과 확인 • 요구사항 추적 매트리스의 작성 및 확인
		• 표준과 절차를 준수한 개발 및 문서화 • 테스트 수행 및 시정조치 실행
수주기관 (프로젝트 외부조직)	QAO 또는 PMO	• 품질활동에 대한 기술지원 및 문제해결 지원 • 품질보증계획, 프로젝트 표준 및 지침 수립 지원 • 단계별 산출물 및 프로세스 검토 • 시정조치 요청 • 품질활동보고서 작성 및 제출 • 프로젝트 리스크/이슈 해결 지원
감리기관	감 리 인	• 프로젝트 관리 및 품질보증 활동 적정성 확인 • 프로젝트 요구사항 이행 적정성 검토

3) 품질관리 활동

품질관리 활동은 프로젝트에 적용하는 기술, 인력, 프로세스, 설비, 장비, 재료가 적정하게 활용되고 있는지를 검토하여, 최고수준의 품질을 고객에게 제공할 목적으로, 프로젝트 산출물인 제품 및 서비스에 대한 신뢰성을 향상시키기 위한 활동이다. PMBOK 가이드에서는 프로젝트의 품질관리 활동을 품질보증과 품질통제로 명확히 구분하여 사용하고 있다. **품질보증 활동**은 프로젝트 실행단계에서 프로세스 관점의 품질활동을 의미하며, **품질통제 활동**은 프로젝트 통제단계에서 프로젝트 결과물인 제품이나 서비스 관점의 품질활동을 수행하는 것으로 구분하고 있다. 프로젝트 품질보증과 품질통제 활동을 구분하면 〈표 4-19〉와 같다.

〈표 4-19〉 프로젝트 품질보증과 품질통제 활동 비교

프로젝트 품질보증	프로젝트 품질통제
• 프로젝트의 실행단계에서 수행하는 품질관리 활동 • 프로젝트 수행절차 및 표준과 관련한 프로세스 개선 관점의 품질관리 활동 • 품질표준과 운영상 정의를 사용하는지 확인하는 프로세스 • 품질감사, 프로세스 분석을 통한 프로젝트 품질보증	• 프로젝트의 통제단계에서 수행하는 품질관리 활동 • 품질활동 실행결과의 감시 및 기록 • 프로젝트 결과물(인도물, 원가, 일정) 관점의 품질관리 활동 • 결과물이 기준을 충족시켰는지에 대한 계획대비 실적 성과(기술적 성과, 일정 성과, 원가 성과) 측정 및 평가

품질관리 활동은 프로젝트 특성에 따라 다양한 내용을 접목할 수 있다. 프로젝트 팀에서는 최적의 프로젝트 품질을 확보하기 위해, 고객 요청 또는 프로젝트 상황에 맞추어, 프로젝트 실행 및 통제단계에서 적절한 품질관리 활동을 수행할 수 있다. 현장에서 수행하는 대표적인 품질관리 활동에는 교육 및 훈련, 동료검토, 단계별 품질검토, 결함관리, 고객검토, 테스트, 위험관리, 이슈관리, 형상관리, 변경관리, 프로젝트 감리 등이 있다.

CASE STUDY

프로젝트 품질보증 활동 예

• 다음은 프로젝트 현장에서 수행하는 품질보증 활동을 정리한 내역표이다.

〈표 4-20〉 프로젝트 품질보증 활동 내역표

품질보증		품질보증 대상	활동시기	담 당 자
활 동 명	활동 내역			
교육, 훈련, 오리엔테이션	• 품질보증활동 개요 • 품질전략, 목표, 표준, 절차	사용자, 프로젝트 팀	착수/분석/종료단계	품질보증 담당자
동료검토 (Inspection)	• 프로젝트 진행과정 동료검토 • 프로젝트 결과물 동료검사	단계별 결과물	설계/개발 단계	프로젝트 전원
단계별 품질검토	• 프로젝트 단계별 완료 전 수행 • 산출물/프로세스 품질 검토	단계별 결과물	단계 말	품질보증 담당자
결함관리	• 프로젝트 결함 및 불량 측정 • 결함/불량 예방 및 사후조치	투입물, 진행/결과물	투입, 생산시점	품질보증 담당자
고객검토	• 고객 요구기준 준수 검토	투입물, 진행/결과물	단계별, 요구시점	고객, 품질 담당자
테스트	• 단위테스트, 통합테스트, 시스템테스트, 인수테스트	결과물	개발, 고객 인수시점	품질담당, 시험관
리스크 및 이슈관리	• 프로젝트 리스크의 식별, 분석, 대응, 감시 및 통제 • 품질보증 이슈 및 문제점에 대한 식별 및 조치	전체	전체	품질보증 담당자
형상관리	• 프로젝트 베이스라인(Baseline) 및 형상항목의 선정 • 형상관리 및 통제	전체	전체	품질보증 담당자
변경관리	• 변경대상 및 기준 설정 • 변경관리 프로세스 수립, 운영	전체	전체	품질보증 담당자
고객만족도 조사	• 프로젝트 만족도 조사/조치 • 진행/결과물 만족도 조사 및 조치	프로세스, 진행/결과물	필요시점	품질보증 담당자
프로젝트 감리	• 프로젝트 감리활동 수행	진행/결과물	단계별, 요구시점	품질담당자, 감리자

6.1.6 품질계획서 작성

프로젝트의 품질보증 및 통제를 위해서는 프로젝트에 참여하는 이해관계자의 품질에 대한 인식수준을 일치시킬 필요가 있다. 고객만족, 검사보다는 예방 우선, 프로젝트 전체과정에서 지속적 품질향상 개선활동 수행, 적합한 인력구성은 프로젝트 품질을 확보할 수 있는 중요한 인식사항이다. 프로젝트 품질계획은 이러한 인식에서 확립되어야 한다.

프로젝트 품질계획이란 프로젝트 수행과정이나 결과물이 고객이 제시한 품질기준이나 요구사항과 얼마나 일치하는 지를 확인하기 위해, 프로젝트 팀에서 수행하는 품질보증 및 통제와 관련한 모든 행위를 계획하는 것이다. **품질계획서**는 프로젝트 품질관리 조직에서 수행하는 품질정책을 수행하는 구체적 방법을 기술한 문서로서, 품질목표를 설정하고, 목표를 달성하기 위한 세부적 품질지표를 설정하여, 프로젝트의 품질개선에 필요한 제반 활동계획을 정의한 것이다.

프로젝트 팀에서는 프로젝트의 규모 및 품질에 대한 중요성에 따라, 별도의 품질계획서로 작성하거나, 프로젝트 관리계획서의 한 부분으로 포함하여 작성할 수 있다. 품질계획서는 프로젝트 형태 및 규모에 따라 달리 구성할 수 있으며, 일반적으로 다음과 같이 개요, 품질목표, 품질활동 계획, 단계별 품질활동 및 보고 계획, 일정 및 자원 품질계획, 프로젝트 방법론의 내용이 포함된다.

CASE STUDY

품질계획서 작성 내용 예시

1) 개　　요
- 목적: 프로젝트 목적을 달성하기 위한 품질보증 및 통제의 목적 기술
- 범위: 품질보증 대상(프로세스, 산출물, 기술, 투입물) 기술
- 용어 정의: 프로젝트에서 공통으로 사용할 용어 정의

2) 품질목표
- 정량적 목표: 프로세스 또는 결과물에 대한 품질 측정지표 및 수준 설정, 세부 품질지표 및 수준 작성, 품질 측정기준 및 방법 기술
- 품질조직 체계: 품질보증 및 통제 수행 조직 구성, 책임과 역할 정의

3) 품질관리 활동 계획
- 단계별 품질검토: 착수, 분석, 설계, 개발, 완성 단계별 품질활동 계획 수립
- 동료검토: 프로젝트 진행물, 결과물에 대한 동료검토 계획 수립
- 결함관리: 불량, 결함 예방, 발굴, 조치계획 수립
- 고객검토: 고객품질 확보계획 수립
- 테스트: 단위, 통합, 시스템(성능, 보안, 장애, 부하), 인수 테스트 계획 수립
- 위험 및 이슈 관리: 위험요인, 이슈의 관리계획 수립
- 형상관리: 형상관리 프로세스 수립 및 관리계획 수립
- 변경관리: 변경관리 프로세스 수립 및 관리계획 수립
- 품질교육 및 훈련: 품질보증 활동 교육내용, 훈련방법 수립
- 프로젝트 감리: 프로젝트 주요 단계별 감리 수검계획 수립

4) 품질보증 및 통제활동 보고 계획
- 단계별 품질관리 활동 수행계획: 단계별 품질 체크리스트 작성
- 품질 보고계획: 보고종류, 보고방법 및 시점

5) 일정 및 자원 품질 계획
- 품질보증 및 통제활동에 대한 일정계획 수립
- 자원 품질보증 및 통제: 자원(사람, 재료, 설비, 장비, 도구)의 품질규격 관리 계획

6) 프로젝트 방법론
- 프로젝트 적용 방법론: 입력물, 절차, 출력물, 준수사항
- 방법론 커스터마이징(Customizing)

6.2 프로젝트 감리계획

6.2.1 프로젝트 감리와 PMO

감사(監査)란 감독(監督)하고 검사(檢査)하는 의미를 지니고 있는 용어로, "어떤 사람이나 기관이 다른 사람이나 기관의 행위가 불법 또는 불리한 입장에 빠지지 않도록 감시하고, 필요한 경우에는 지휘, 명령 또는 제재를 가하는 일"을 뜻한다. 감리(監理)는 감독(監督)하고 관리(管理)하는 의미를 가지고 있는 용어로써, 건설분야에서는 "건축사가 아니면 설계할 수 없는 규모의 건축물 건축과 수리에 있어서, 공사가 설계대로 실시되는지 여부를 확인하는 일"로 표현되어 있다.

건설분야에는 감리제도와 건설사업 관리제도(Construction management: CM)가 있다. 건설분야의 감리는 공사 프로젝트가 시공 과정에서 도면과 시방서에 맞도록 수행되고 있는가를 감독하는 행위이다. 그러나 **건설사업 관리제도(CM)**는 건설 프로젝트 발주자를 위해, 프로젝트의 기획단계부터 유지관리까지의 전 과정을 전문적으로 관리해, 주어진 예산 및 사업기간 내에 양질의 프로젝트를 인도하는 서비스를 제공하기 위해 수행한다. 따라서 CM은 시공 전 활동을 더 중요하게 다루는 점이 차이가 있는 것이 특징이다.

정보화 사업에서 "**감리**"란 발주자와 사업자 등의 이해관계로부터 독립된 자가 정보시스템의 효율성을 향상시키고 안전성을 확보하기 위해, 제3자의 관점에서 정보시스템의 구축 및 운영 등에 관한 사항을 종합적으로 점검하고 문제점을 개선하도록 하는 것을 말한다(정보시스템 감리기준, 2012). 정보화 사업 분야의 **감리기준**은 전자정부법에서 제시하고 있다. 행정기관 등의 장은 정보시스템의 특성 및 사업규모 등이 대통령령으로 정하는 기준에 해당하는 정보화 사업에 대하여, 감리법인으로 하여금 정보시스템 감리를 하도록 규정하였다.

정보시스템 감리와 관련한 법령, 고시, 가이드는 전자정부법 이외에 전자정부법 시행령, 정보시스템 감리기준 및 가이드를 통해 구체적 기준을 제시하고 있다. 그리고 건설분야의 건설사업 관리제도(CM)와 같이 정보화 사업에서도 발주자 입장에서 프로젝트를 지원해 주는 서비스로 PMO 제도를 도입하고 있다. 정보화 분야의 PMO제도는 프로젝트 관리 측면에서 사업 단계별로 발주자의 입장에서 프로젝트를 지원하는 데 중점을 두고 있다. 따라서 프로젝트 창출단계에서 제안요청서(RFP)를 상세하게 작성할 수 있도록 기술적 지원을 수행하는 것부터 사업자의 선정에 이르기까지 필요한 기술적 서비스를 지원하게 된다.

그리고 프로젝트 수행과정에 참여할 경우에는 발주자의 사업관리 전문가 조직으로 프로젝트 관리 영역별로 계획대비 실적 이행여부를 확인하고, 리스크 식별 및 대응, 이슈 발굴 및 해결을 지원하게 된다. 프로젝트의 성공적 착수, 수행, 완료를 위해 감리와 PMO제도의 적절할 활용은 매우 중요하다. 특히 발주자와 사업자 간에 발생하는 쟁점을 객관적 관점에서 처리하는 중계 역할은 건전한 프로젝트 문화를 조성하는 데 중요한 역할을 담당하게 된다.

6.2.2 감리유형과 효과

프로젝트 감리는 감리수행 주체, 감리의 내용, 법률적 강제성, 감리분야, 감리대상, 감리수행 시점, 감리영역에 따라 여러 형태로 분류가 가능하다. 프로젝트 감리와 관련하여 수행할 수 있는 **감리유형 및 종류**을 분류하면 〈표 4-21〉과 같다.

〈표 4-21〉 정보시스템 감리유형 및 종류

유형 구분	감리종류
1) 주체별 분류	외부감리, 내부감리
2) 내용별 분류	회계감리, 운영감리, 준거감리
3) 분야별 분류	기술감리, 비용감리, 성과감리
4) 단계별 분류	요구정의단계 감리, 설계단계 감리, 종료단계 감리
5) 형태별 분류	상주감리, 상시감리, 정기감리
6) 사업유형별 분류	정보기술아키텍처(ITA/EA) 감리, 정보화 전략수립(ISP) 감리, 시스템 개발사업 감리, DB구축 감리, 운영 및 유지보수사업 감리, 특수감리

1) 감리주체별 분류

- **외부감리**: 제3자에 의한 감리수행으로 공인된 전문가에 의해 감리대상 사업 또는 업무가 적정하게 이행되었는지를 확인한다.
- **내부감리**: 조직 내의 감리 전담부서에 의해 행해지는 것으로써, 기업의 전반적 업무처리와 사업결과물의 활용에 대한 감리를 수행한다.

2) 내용별 분류

- **회계감리**: 회계정보에 대한 효과성, 효율성, 기밀성, 무결성, 가용성, 준수성, 정보의 신뢰성을 감리한다.
- **운영감리**: 경영감사, 경영과 정보시스템의 운영이 효과적·효율적으로 수행되는지 감리한다.
- **준거감리**: 규정된 방침과 법규의 준거성을 검증한다.

3) 분야별 분류

- **기술감리**: 프로젝트를 수행하는 데 적용한 기술의 품질, 타당성, 활용성 등에 대해 기술 중심으로 감리를 수행한다.
- **비용감리**: 사업에 소요되는 제반 비용의 타당성, 경제성 등을 금액 위주로 하여 평가한다.
- **성과감리**: 사업의 결과 평가로서, 범위, 목적, 목표를 기준으로 사후결과를 분석한다.

4) 단계별 감리분류

- **요구정의단계 감리**: 프로젝트 과업 및 요구사항이 적정하게 도출되어 정의되었는지를 감리한다.
- **설계단계 감리**: 프로젝트의 요구사항이 설계단계의 산출물에 적정하게 반영되었는지를 확인한다.
- **종료단계 감리**: 프로젝트 과업의 이행 적정성 확인과 더불어, 규정된 고객 인도물이 모두 완료되었는지 확인한다.
- **특정단계 감리**: 사업규모가 크거나 복잡할 경우, 요구정의, 설계, 종료

단계 이외에도 프로젝트의 특정단계에서 목적에 적합한 감리를 수행한다.

5) 형태별 감리분류

- **상주감리**: 감리대상 사업현장에 감리원이 상주하거나 주기적으로 투입되어, 사업관리 업무지원, 자문 등을 수행하는 감리를 말한다.
- **상시감리**: 감리대상 사업기간 동안 감리원이 수시 또는 주기적으로 현장을 방문하여 감리활동을 수행하는 것이다.
- **정기감리**: 프로젝트 라이프사이클의 특정단계에 정기적으로 실시하는 감리로써, 시점은 감리점검 프레임워크 또는 사업특성에 따라 정할 수 있으며, 감리시점에 따라 중간감리, 최종감리 또는 1차감리, 2차감리 등으로 부른다.

6) 사업유형별 감리 분류

- **정보기술 아키텍처 수립 감리**: 정보기술의 아키텍처 수립(Information technology architecture/Enterprise architecture: ITA/EA) 적정성 여부를 감리한다.
- **정보화 전략수립 감리**: 조직의 정보화 전략 및 향후 로드맵(Road Map) 수립(Information strategy planning: ISP) 적정성을 감리한다.
- **시스템 개발사업 감리**: 신규, 수정, 추가 보완 개발사업에 대한 감리를 수행한다.
- **DB 구축 감리**: 데이터베이스 구축 사업의 감리를 수행한다.
- **운영 및 유지보수사업 감리**: 완료된 프로젝트의 운영 및 유지보수 사업을 감리한다.
- **특수감리**: 재해시스템 구축 사업, 보안 사업, 요구사항 정의 및 이행 적정성 등 특수한 유형의 사업을 감리한다.

CASE STUDY

정보시스템 감리기준

- '전자정부법'에서는 정보시스템 감리적용 기준을 제시하고 있다.
- 발주자는 감리법인으로 하여금 **3단계감리** 또는 **2단계감리**를 하도록 하였다. **3단계감리**란 감리대상사업의 요구정의, 설계, 종료 단계로 실시하는 감리를 말한다. 그리고 **2단계감리**란 3단계감리 중에서 요구정의 단계의 감리를 생략한 감리를 말한다.
- 발주자는 단계별 감리 외에 추가로 감리를 하게 할 수 있고, 대기업인 소프트웨어 사업자의 참여가 제한되는 경우 또는 감리대상 사업의 위험도·난이도가 높다고 판단되는 경우에는 **상주감리**를 추가로 할 수 있도록 하였다.
- **상주감리**란 감리대상사업 현장에 상주하거나, 주기적으로 투입되는 상주감리원이 사업관리 업무 지원, 자문 등을 수행하는 감리를 말한다. 단, 상주감리를 추가로 하는 경우 요구정의단계 감리는 생략하고, 상주감리원이 요구사항정의서의 과업내용 반영여부 등을 직접 점검하도록 하였다.

정보시스템에 대한 통제 및 감리는 Weber에 의하면 자산의 보호, 데이터의 무결성, 시스템의 효율성, 시스템의 효과성 확보를 위해 필요하다. 특히 지속적으로 발전되고 있는 정보기술은 업무처리 능력의 향상에 큰 역할을 담당하고 있으며, 이에 따라 정보시스템의 업무 의존도는 점차 가속화되어, 잠시라도 시스템이 중지되면 커다란 손해나 재해로 연결되는 경우가 많아지게 되었다. 따라서 정보시스템 **감리효과**로는 다음과 같은 사항이 포함된다.

정보시스템 감리효과

① **부적절한 의사결정 방지:** 정보시스템에서 제공하는 잘못된 정보에 따라 최고경영자나 관련자가 수행한 의사결정으로 기업에 막대한 피해를 주는 것을 방지한다.

② **불합리한 정보시스템 구축전략 및 계획수립 방지:** 비현실적인 시스템 구축전

략 및 계획, 비공인 기술의 적용 등 불합리한 전략계획의 수립을 방지한다.

③ **비효율적인 정보시스템 구현 방지**: 부적절한 하드웨어의 선택, 응용소프트웨어의 처리로직이나 프로세스의 부적합, 부문간·계층간 정보의 단절, 부적합한 시스템 환경을 방지한다.

④ **비효과적인 정보시스템 구축 방지**: 과다한 비용투자, 부적절한 인력활용 등 금전적·시간적으로 비경제적인 시스템 구축을 방지한다.

⑤ **위험노출에 따른 정보시스템 구축 실패 방지**: 적절한 감리기술 자문의 활용으로 시스템 구축 라이프사이클을 통하여 발생되는 각종 문제점 및 위험요인의 발생을 사전에 방지하거나, 노출된 위험에 의해 야기되는 시스템 구축 실패요인을 제거한다.

⑥ **프로젝트 효과 극대화**: 비용 최소화, 효과 극대화의 목표에 따라 감리를 전개하여, 당초 목표한 정보시스템의 구축효과 감소를 방지한다.

⑦ **컴퓨터 범죄 예방**: 은행, 신용카드 등 최근 발생하는 컴퓨터 범죄는 사회적 물의를 일으키기에 충분한 요인이 된다. 기업 내부 및 외부로부터 정보를 보호할 수 있는 보안관리도 감리의 중요 영역이다.

⑧ **시스템 운영시 이상요인 제거**: 운영시스템의 데이터 손실이나 처리오류 근절, 시스템의 사용효율 저하요인 색출, 불용화 정보나 데이터의 정리

6.2.3 감리수행 프로세스

프로젝트 감리가 올바로 이행되기 위해서는 창출단계부터 감리를 기획하고, 감리수행 프로세스에 따라 진행해야 한다. 감리의 기획은 발주자 입장에서 향후 진행될 프로젝트의 목표달성 및 리스크 방지를 목적으로, 감리 전문가의 지원 및 평가를 받기 위해 필요한 것이다. 조직에서 감리이행에 대한 의사결정이 기획단계에서 결정되면, 이후 프로젝트 진행과정에서는 프로젝트 라이프사이클에 맞추어 감리의 계획, 이행, 통제활동이 이루어진다. 본서에서는 감리수행 프로세스를 정보화사업 감리수행 가이드(NIA)를 참조하여, 감리기획, 감리계획, 감리이행, 감리통제의 4단계로 구분하여 설명한다.

감리수행 4단계 프로세스에서 첫 번째인 감리기획은 프로젝트 창출단계에서 포함되는 사항이나, 정부 및 공공분야의 정보화 프로젝트 이외에 일반 프로젝트에서는 계획단계에서 감리이행 여부를 결정할 수도 있어, 본 장에서

감리수행 프로세스와 감리기획, 감리계획을 설명하고, 감리이행은 본서 5장에서, 그리고 감리통제는 6장에서 설명한다. 본서에서 정의하는 감리수행 4단계 프로세스 및 각 단계별 주요 업무활동은 [그림 4-26]과 같다.

그림 4-26 감리수행 4단계 프로세스

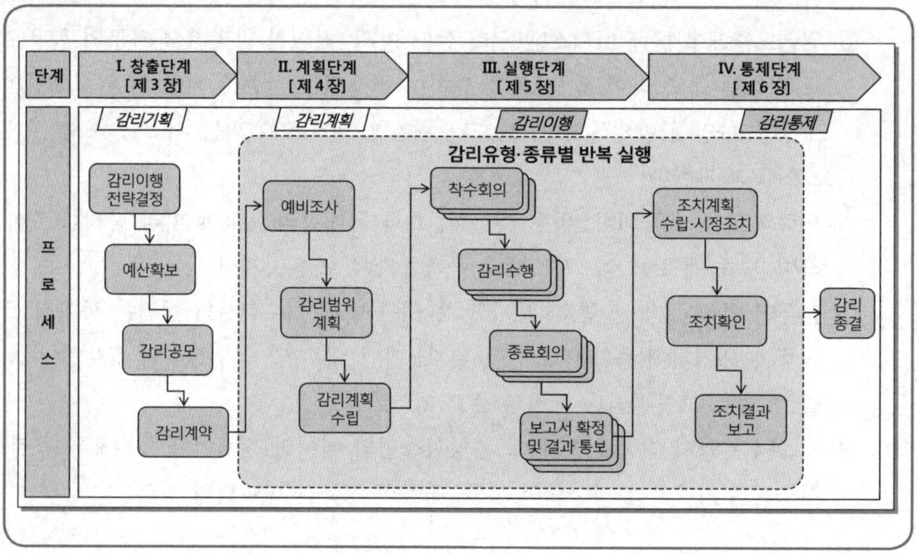

감리수행 4단계 분류

① **감리기획**: 프로젝트의 감리수행 여부를 결정하는 과정이다. 감리기획은 발주자의 역할로서, 감리이행 전략을 결정하고, 필요예산을 확보하며, 감리공모를 통해 감리사업자와 계약을 수행하는 업무가 포함된다.

② **감리계획**: 프로젝트 계획단계에서 감리계획을 수립한다. 감리계획은 감리자의 역할로서, 감리유형 및 종류에 따라 반복적으로 실행하는 프로세스이다. 감리기획단계에서 발주자가 결정한 감리전략에 따라, 감리유형 및 종류에 적합한 감리계획을 수립하는 것이다. 감리계획 수립은 예비조사를 통해 감리범위를 계획하고, 감리계획서를 작성하는 것이다.

③ **감리이행**: 프로젝트 실행단계에서 감리이행을 실행한다. 감리이행은 감리자의 역할이며, 프로젝트 수행자는 감리수검을 위한 피감리자 역할을 담당한다.

감리이행은 감리 형태별 분류에 의해, 상주감리, 상시감리, 정기감리가 다른 방식으로 수행될 수 있으나, 정기감리를 기준으로 설명하면 감리 단계별로 착수회의, 감리수행, 종료회의, 감리결과 보고의 과정을 거치게 된다.

④ **감리통제**: 프로젝트 통제단계에서 감리통제를 수행한다. 감리통제는 프로젝트 수행자 및 발주자의 역할로서, 감리수행 결과보고서에 지적된 개선권고사항에 대해 조치계획을 수립하고, 시정조치를 수행한다. 그리고 감리인은 조치결과를 확인하고 조치결과보고서를 작성하여 통보한다.

감리수행 단계별 업무 내역

1) **감리기획**: 감리기획 단계의 업무활동은 다음과 같이 구성된다.
   - **감리 이행전략 결정**: 감리 이행여부를 확인하고, 어떠한 감리를 적용할 것인지를 확정한 후, 결정권자의 승인을 득한다.
   - **예산확보**: 예산규모를 결정하고, 예산부서의 승인을 득한다.
   - **감리공모**: 감리제안요청서를 통해 감리를 공모하여 제안서를 접수받는다.
   - **감리계약**: 감리제안서를 평가하고, 적격감리자를 선정하여 계약한다.
2) **감리계획**: 감리계획 단계의 업무활동은 다음과 같이 구성된다.
   - **예비조사**: 사전조사를 통해 감리일정, 참여인력, 산출물을 검토한다.
   - **감리범위 계획**: 감리유형, 감리단계, 감리영역별 점검항목을 결정한다.
   - **감리계획서 작성**: 감리유형, 감리단계에 적합한 감리계획서를 작성한다.
3) **감리이행**: 감리이행 단계의 업무활동은 다음과 같이 구성된다.
   - **착수회의**: 프로젝트 발주자, 수행자, 감리인이 참석하여, 감리 수행계획을 설명하고 의견을 교류한다.
   - **감리수행**: 사업유형, 감리단계, 감리영역별로 프로젝트 관계자와의 회의 및 면담, 서류 및 산출물 점검을 통해 문제점 및 개선방향을 도출하고 요구사항 정의 적정성(요구정의단계 감리) 및 이행 적정성(종료단계 감리)을 판정하며, 감리수행 결과보고서 초안을 작성한다.
   - **종료회의**: 감리인이 프로젝트 발주자, 수행자에게 감리수행 결과를 정리하여 보고하고 질의응답 시간을 갖는다.
   - **보고서 확정 및 결과통보**: 감리수행 결과보고서 내용을 최종 수정 및 보완하고, 발주자 및 프로젝트 수행자에게 공식적으로 통보한다.

4) 감리통제: 감리통제 단계의 업무활동은 다음과 같이 구성된다.

- 조치계획 수립 및 시정조치: 감리유형, 감리단계, 감리영역별로 조치계획을 수립하고 시정 조치한다.
- 조치확인: 감리유형, 감리단계, 감리영역별로 조치내역을 확인한다.
- 조치결과 보고: 시정조치 확인보고서를 작성하고 공식 문서로 통보한다.

6.2.4 감리의 기획

프로젝트 감리수행 프로세스의 제1단계 과정은 감리기획으로, 프로젝트의 감리수행 여부를 확인하여, 감리수행 계획서를 승인받고, 감리이행 전략에 따라 감리를 공모하고, 계약하는 업무가 포함된다. 프로젝트 창출단계의 감리기획 업무 프로세스는 [그림 4-27]과 같이 감리이행 전략결정, 예산확보, 감리공모, 감리계약의 4개 업무활동으로 구성된다.

그림 4-27 프로젝트 창출단계의 감리기획 업무 프로세스

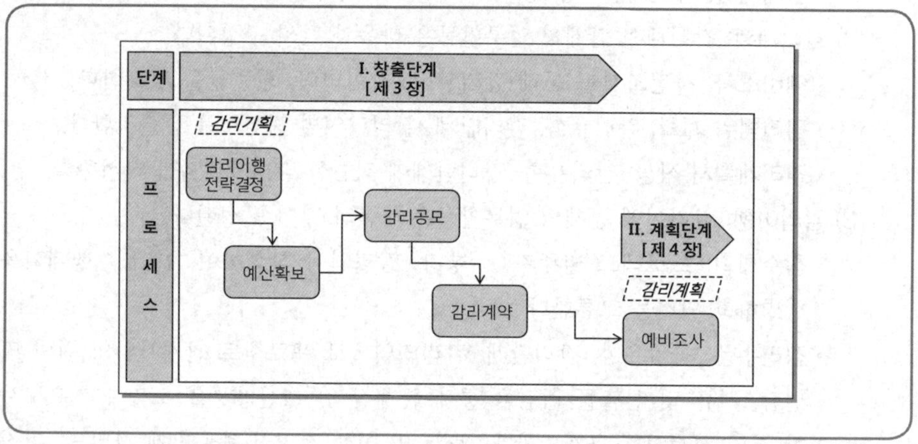

1) 감리이행 전략결정

감리이행 전략결정은 감리이행 여부를 확인하고, 감리유형 및 종류에 따라, 어떠한 감리를 프로젝트에 적용할 것인지 전략을 확정한 후, 감리이행 계획서를 작성하여 결정권자의 승인을 득하는 과정이다. 감리 이행전략을 결정

하기 위해 필요한 업무는 감리이행 여부 확인, 감리 전략결정, 감리이행 계획서 작성 및 승인이 있다. 각 업무별 내용은 다음과 같다.

① 감리 이행여부 확인

감리 이행여부는 프로젝트 요구 및 발주자에 의해 결정된다. 국가 및 공공기관의 정보화 사업 경우에는 사업특성, 사업비 규모, 사업유형을 고려하여, 의무적으로 감리를 수행하도록 규정하고 있으나, 일반사업의 경우에는 목표달성 및 리스크방지를 위해 감리 이행여부를 결정할 수 있다.

② 감리전략 결정

감리이행이 결정되면, 감리유형 및 종류를 결정한다. 예로서, 개발사업의 감리이행이 결정되면, 상주감리를 포함하여 정기감리를 설계단계, 개발단계, 종료단계로 나누어 받도록 감리 이행전략을 결정하는 것이다.

③ 감리 이행계획서 작성 및 승인

감리 이행계획서를 작성하고, 결정권자의 승인을 득한다.

2) 예산확보

감리에 필요한 대가를 산정하여 예산규모를 결정하고, 예산부서의 승인을 득한다. 사전에 예산을 확보화기 위해 감리 이행계획서에 예산을 포함하여 결정권자의 승인을 득할 수 있다. 정부 및 공공분야에서는 감리 대가산정 가이드가 제정되어 감리 예산확보시에 활용한다.

3) 감리공모

감리 제안요청서(RFP)를 작성하여 공모하고 제안서를 접수받는다. 감리 공모는 프로젝트 제안요청서와 같은 형식으로 작성하며, 감리인 또는 감리전문기업을 대상으로 감리제안서를 접수받는다.

4) 감리계약

접수된 감리제안서를 평가하고, 적격 감리자를 선정하여 계약한다.

6.2.5 감리의 계획

프로젝트 감리수행 프로세스의 제2단계 과정은 감리계획이다. 감리계획은 창출단계의 감리기획에서 체결한 감리계약에 따라, 선정된 감리인이 감리를 위한 예비조사를 실시하고 감리범위를 계획하여 감리계획을 수립하는 업무활동이다. 프로젝트 계획단계의 감리계획 프로세스는 감리유형 및 종류에 따라, 요구정의, 설계, 종료 단계별로 수행하는 업무이다. 감리계획은 [그림 4-28]과 같이, 예비조사, 감리범위 계획, 감리계획 수립의 3개 업무활동으로 구성된다.

그림 4-28 프로젝트 계획단계의 감리계획 업무 프로세스

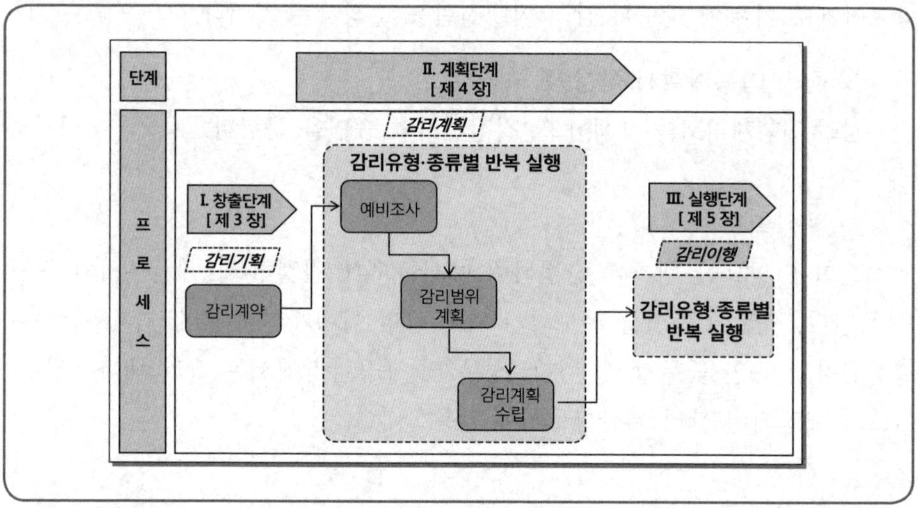

1) 예비조사

감리수행을 위한 계획단계의 예비조사는 감리원이 프로젝트의 RFP, 제안서, 계약서, 사업수행계획서, 회의록 등 각종 사업관리 문서와 프로젝트 라이프사이클 단계별로 작성하는 분석, 설계, 개발, 시험 산출물을 사전에 검토하는 일이다. 또한 프로젝트 이해관계자와 회의 및 면담을 통해, 프로젝트 진행현황을 파악하는 등 감리계획서 작성에 필요한 사항을 도출하는 업무이다.

2) 감리범위 계획

감리의 대상이 되는 과업 또는 업무를 구체적으로 정의하는 과정이다. 감리유형 및 종류에 따라, 이번에 수행하는 감리단계가 어느 것이며, 감리 대상업무는 무엇인지를 세분화하여 확인한다. 그리고 감리를 위한 전제조건은 어떤 것이 있는지를 구체적으로 확인하여 감리의 범위를 결정한다. 예로서, 정보시스템 개발 프로젝트에서 감리의 범위를 설계단계의 감리, 인사 및 구매 업무로 대상을 한정하는 것이다.

3) 감리계획 수립

감리계획 수립은 감리수행을 위한 감리계획서를 작성하는 과정이다. 감리계획서는 감리형태에 따라 상주감리, 상시감리, 정기감리 계획서를 작성한다. 그리고 감리 단계별로는 요구정의단계, 설계단계, 종료단계 감리계획서를 작성한다. **감리계획서**에는 다음과 같은 내용이 포함된다.

감리계획서 포함 내용

- **감리수행을 위한 관련 근거**: 감리계약서 및 공문서
- **감리목적**: 감리 대상사업의 특성을 고려한 감리의 목적을 기술한다.
- **감리 적용기준**: 감리에 적용하는 법규, 기준, 표준, 가이드 등을 작성한다.
- **사업개요**: 프로젝트명, 기간, 목표, 적용방법론, 사업내용, 사업자, 사업비 등을 사업을 요약하여 작성한다.
- **감리 대상범위 및 단계**: 감리의 대상이 되는 과업 또는 업무를 구체적으로 작성하고, 프로젝트 상황에 따른 감리 제외대상 또는 전제조건을 기술한다.
- **감리영역별 점검항목**: 감리유형 및 종류에 따라, 프로젝트 감리에 적합한 상세 점검항목을 작성한다.
- **감리 일정**: 감리계획, 이행, 통제를 위한 예비조사, 착수회의, 현장 감리, 종료회의, 조치계획 일자를 작성한다.
- **인력 편성**: 감리에 참여하는 총괄 감리원 및 참여 감리원을 명시한다.
- **감리계획서 및 보고서 통보 기관**: 감리계획서와 감리수행 결과보고서, 시정조치확인보고서를 통보해야 하는 대상자를 명시한다.

• 기타사항: 문서보안 사항, 감리관련 사항 등 행정적으로 필요하거나 상호 준수 해야 할 사항이 있는 경우에 작성한다.

7 인적자원계획 수립

프로젝트 계획단계의 인적자원관리(Human Resource Management) 지식영역에서 이루어지는 업무는 인적자원계획 수립이다. 인적자원계획 수립에는 인적자원 소요계획과 인적자원계획의 개발업무 활동이 있다. 먼저, 인적자원 소요계획은 프로젝트의 성공적 수행을 위해 필요한 인적자원의 소요량 계획을 합리적이고 정확하게 산출한다. 그리고 인적자원계획 개발은 프로젝트에 필요한 사람이 언제부터 투입되고, 철수하는지에 대한 인적자원의 구체적 운영계획을 수립한다.

본 절에서는 프로젝트 라이프사이클 2단계인 "Ⅱ. 계획"에서의 여섯째 업무로, 인적자원관리 지식영역에 포함되는 "인적자원 소요계획," "인적자원

그림 4-29 계획단계의 인적자원계획 수립 업무활동 내역

Ⅱ. 계 획			
	[1] 통합계획 수립	[2] 요구정의 및 범위계획 수립	[3] 일정계획 수립
	[4] 원가산출 및 예산결정	[5] 품질 및 감리계획 수립	**[6] 인적자원계획 수립**
	[7] 의사소통계획 수립	[8] 리스크 및 이슈관리계획 수립	[9] 조달관리계획 수립

업 무	활 동	설 명
[6] 인적자원 계획 수립	인적자원 소요계획	프로젝트의 성공적 수행을 위해 필요한 인적자원의 소요량 계획을 합리적이고 정확하게 산출한다.
	인적자원 계획 개발	프로젝트에 필요한 사람이 언제부터 투입되고, 철수하는지에 대한 인적자원의 구체적 운영계획을 수립한다.

계획 개발"에 대해 설명한다.

7.1 인적자원관리 이론

조직에서의 **인적자원**(Human Resources, 人的資源)이란 제품이나 서비스를 만들어 내는 데 필요한 구성원의 노동력, 지식, 기술, 생산적인 재능을 포괄적으로 표현하며, 자재, 설비, 건물 등 물적자원(物的資源)과 반대되는 개념이다. 그리고 인적자원관리(Human Resources Management)는 조직의 비전과 목적달성을 위해 필요한 인적자원의 계획, 개발, 활용, 보유에 관한 일련의 활동이다. 따라서 인적자원관리에는 조직에 필요한 인적자원 계획수립(Human Resource Planning: HRP), 인적자원의 육성 및 개발(Human Resource Development: HRD), 그리고 인적자원의 효율적 활용 및 유지(Human Resource Utilization: HRU)에 초점을 맞춘다.

프로젝트에서의 **인적자원관리**는 프로젝트 구성원들에게 기술적 · 관리적 차원에서의 역량을 개발하기 위한 기회를 부여하고, 더불어 프로젝트의 목표를 효율적으로 달성토록 하는 데 중점을 두고 있다. 프로젝트에서의 인적자원관리는 한정된 프로젝트 기간 동안에 프로젝트 팀 전원이 상호 유기적 관계를 유지해 가며, 프로젝트의 목표를 달성토록 해야 하므로, 조직행동론(Organization behavior) 차원에서의 적절한 이론을 잘 적용하여 진행하는 것이 필요하다.

조직행동론은 행동과학과 경영학을 기초로 하여, 조직에 있어서의 인간행동을 과학적으로 연구하는 학문이다. 조직행동론에서의 근본적 초점은 조직과 구성원 간의 관계를 개선하려는 데 있으며, 구성원의 욕구충족과 조직의 목적달성을 위한 학문적 연구이다. 조직행동론에서 중요하게 다루는 동기부여는 구성원의 행동을 개발하고, 개발된 행동을 일정한 방향으로 유도하고 유지해 가는 과정을 전반적으로 다룬다.

프로젝트의 인적자원관리를 위해 경영자 및 관리자는 조직행동론에서 취급하는 성격 · 가치관 · 태도, 동기부여, 학습과 행동변화, 의사결정, 리더십, 조직구조 및 직무설계, 조직문화와 관련한 내용의 이해가 필요하다. 다음부터는 프로젝트 인적자원관리 관점에서 적용해야 할 주요 이론으로, 동기부여(Motivation), 의사결정, 리더십, 조직문화에 대하여 설명한다.

7.1.1 동기부여

프로젝트에서의 **동기부여**(Motivation)는 프로젝트 참여인력의 욕구를 만족시켜 목표를 달성하도록 하고, 노력하게 만드는 자발적 의지를 이끌어 내게 하는 것이다. 동기부여는 프로젝트의 관리적 차원에서 목적달성을 위해, 프로젝트 팀원이나 이해관계자의 행동에 긍정적 영향을 주려는 의도적인 행동이 된다. 동기부여와 관련해서 프로젝트에서 숙지할 필요가 있는 이론은 다음과 같다.

- 매슬로(Abraham Maslow)의 욕구단계 이론(Hierarchy of Needs theory)
- 허즈버그(Frederick Herzberg)의 동기-위생 이론(Motivation-Hygiene Theory)
- 맥그리거(Douglas McGregor)의 X-Y 이론(Theory×and Theory Y)
- 목표설정 이론(Goal-Setting Theory)
- 공정성 이론(Equity Theory)

1) 매슬로의 욕구단계 이론

동기부여에 대한 기초이론의 개척자로 평가받는 **매슬로**(Abraham Maslow)의 **욕구단계 이론**(Hierarchy of Needs theory)은 인간이 가지고 있는 5가지 욕구(Needs)를 생리적 욕구, 안전의 욕구, 소속의 욕구, 존경의 욕구, 자아실현의 욕구로 분류하였다. 이상의 5가지 욕구는 계층적 구조를 가져, 아래 단계부터 결핍되면 해소하고자 하는 동기유발이 되고, 일단 충족되면 더 이상 동기유발이 되지 않는 욕구이다. 1~4단계 욕구가 결핍욕구(Deficit needs)라면, 최상위 욕구인 자아실현의 욕구는 결핍욕구와는 분리되어, 일부만이 도약할 수 있는 진행욕구(Being needs)이다.

매슬로의 5단계 욕구

[1단계] 생리적 욕구(Physiological needs)

- 인간의 가장 기본적인 욕구로서 배고픔, 갈증 등의 신체적 욕구이다.

[2단계] 안전의 욕구(Safety needs)

- 생리적 욕구가 충족되면 나타나는 욕구로서, 육체적 · 심리적 위험에서 보호받고 안전을 원하는 욕구이다.
- 1~2단계 욕구는 하위욕구(Low-order needs)이다.

[3단계] 소속의 욕구(Social needs)

- 1, 2단계 이후 나타나는 집단에 소속되려는 욕구로서 소속감, 동료애, 이성간 애정에 대한 욕구이다.

[4단계] 존경의 욕구(Esteem needs)

- 1, 2, 3단계 이후 나타나는 집단에서 존경받고자 하는 욕구로서, 자기존중, 자율성(Autonomy), 성취감 같은 내적 존경욕구와 사회적 지위, 타인의 인정과 관심에 대한 외적 존경욕구가 존재한다.
- 내적 존경이 충족되지 못하면 열등 콤플렉스(Inferiority complex)로 변화할 수 있다.

[5단계] 자아실현의 욕구(Self-actualization needs)

- 최상의 인간욕구, 능력발휘에 대한 욕구, 잠재력 극대화를 통한 자기발전과 성취감 욕구이다.
- 3~5단계 욕구는 상위욕구(High-order needs)에 해당된다. 그리고 1~4단계는 계층적으로 충족되어 진행되나, 5단계 욕구는 일부만이 도약할 수 있는 분리된 욕구이다.

2) 허즈버그의 동기-위생 이론

허즈버그(Frederick Herzberg)의 **동기-위생 이론**(Motivation-Hygiene Theory)은 만족과 불만족에 대한 별개의 해석에서 시작된다. 만족(Satisfaction)의 반대는 불만족(Dissatisfaction)이 아니라, “만족 못함(No satisfaction)”이라는 것이

다. 즉 만족과 불만족은 연속적인 것이 아니고, 만족은 만족대로 불만족은 불만족대로 별개의 차원이 있다는 해석이다. 그래서 만족에 영향을 미치는 요인을 **동기유발자**(Motivator)라고 하고, 불만족을 좌우하는 요인를 **위생요인**(Hygienic factor)이라고 한다.

동기는 동기유발자(Motivator)에 의해 부여되는 것이며, 불만족을 야기하는 위생요인을 좋게 하는 것은 "불만족하지 않음" 상태를 만들 뿐, 직접적 동기유발과는 관계가 없다고 생각한 것이다. 따라서 동기유발요인은 **촉진요인**이라고도 하며, 위생요인은 **만족요인**이라고 한다.

동기유발요인과 위생요인

- **동기유발요인(촉진요인)**: 일의 수행만족도에 영향을 미치는 동기유발요인으로는 성취, 인정, 일 자체(Work itself), 책임감, 발전, 성장(growth)이 있으며, 설명한 요소의 순서에 따라 동기유발 영향력이 크다.
- **위생요인(만족요인)**: 위생요인은 불만족요인을 제거하여 만족스럽게 만들 수 있는 것으로, 직무만족에 크게 영향을 미치지 않는다. 예로서, 동료 및 상사와의 관계, 급여, 작업조건, 규칙과 규정, 안전과 관련한 위생요인은 불만족을 야기하느냐 아니냐에만 관계할 뿐, 만족과는 상관이 없다.

3) 맥그리거의 X-Y이론

맥그리거(Douglas McGregor)의 **X-Y이론**(Theory X and Theory Y)은 조직의 관리자가 직원을 보는 시각을 조사한 결과를 기초로 정리하였다. 인간성에 대해 긍정적으로 보는 측면과 부정적으로 보는 측면의 두 부분으로 나누었다. 그리고 부정적인 시각을 X이론, 긍정적인 시각을 Y이론이라 하였다. 관리자의 직원에 대한 X 및 Y이론의 시각은 다음과 같이 정리하였다.

▣ X이론의 시각

- 직원은 본래 일하기를 싫어하고, 항상 게으름피울 기회만 찾는다.

- 목표달성을 위해서는 금전적 보상을 활용하고 감시와 통제가 필요하다.
- 직원들은 책임을 꺼리며, 지침을 받아 일을 하는 것을 좋아한다.
- 대부분의 직원들은 도전적 계획보다는 안전에 우선순위를 둔다.

▣ Y이론의 시각

- 직원들은 일을 놀이와 같이 자연스러운 것으로 받아들인다.
- 인간은 노동을 통해 자기의 능력을 발휘하고, 자아를 실현하고자 한다.
- 목표를 공유하면 스스로 방향을 잡아서 열심히 한다.
- 경영자는 자율적이고 창의적으로 일할 수 있는 여건을 제공해야 한다.

4) 로크의 목표설정 이론

로크(E. A. Locke)는 **목표설정 이론**(Goal-Setting Theory)에서 인간의 행동은 쾌락보다는 가치관이나 의도에 의해 수행된다고 주장한다. 동기유발은 가치관에 맞는 일을 하고자 하는 욕구가 발생하면, 목표가 설정되고, 도전욕구가 바로 동기가 된다는 이론이다. 인간은 목표지향적이므로, 목표와 성취 의도에 따라 강한 동기가 부여된다는 것이다.

성공적인 프로젝트가 되기 위해 프로젝트관리 측면에서도 목표의 명확화를 매우 중요시하고 있다. 목표의 설정이란 프로젝트를 수행함에 있어, 달성해야 할 목표를 분명히 제시해 주는 것이다. 프로젝트 팀 구성원의 내적인 욕구보다 조직에서 명확한 목표가 설정될 때, 더 강한 동기가 유발된다는 것을 의미한다. 막연하게 "최선을 다하자"는 것보다는 명확하고, 확인가능한 목표가 주어질 때 동기부여가 되고, 높은 생산성을 나타낼 수 있다는 것이다. 목표는 구체성, 난이도, 참여도, 수용성, 경쟁성과 같은 속성을 갖는다.

로크의 목표속성

- **구체성**: 목표는 구체적일수록 모호성이 감소되고, 행동방향을 명확히 제시한다.
- **난이도**: 난이도가 있는 도전적 목표일수록 동기를 유발시키는 데 효과적이다.
- **참여도**: 구성원이 목표설정 과정에 참여하고, 목표가 구체화되면 성과가 향상된다.
- **수용성**: 일방적 지시보다는 구성원이 공감하는 목표가 동기유발에 효과적이다.
- **경쟁성**: 개인 또는 조직이 참여하는 목표일수록, 구성원 간 선의의 경쟁을 유발하고 성과를 향상시킨다.

5) 공정성 이론(Equity Theory)

아담스(J.Stacy Adans)에 의해서 개발된 **공정성 이론**은 조직 내의 개인이 공정성을 인식하고 반응하는 것에 대한 이론이다. 공정성은 조직 구성원이 자신의 노력에 대한 보상이 적절한가를 판단할 때 절대적인 기준이 될 뿐만 아니라, 조직에서 다른 사람과 비교한 상대적 기준도 함께 고려한다는 것이다. 공정성 이론의 본질은 절대적 기준으로는 적절히 대우받고 있다고 생각하는 구성원이라도, 다른 사람과 비교해서 상대적으로 대우받지 못하고 있다고 생각하면 공정성에 대한 긴장이 생기고, 이는 곧 공정성에 대한 긴장을 해소하려는 동기부여로 이어진다는 것이다. 조직 구성원은 다음과 같은 내용을 비교하여 공정성을 확인한다.

조직 구성원의 공정성 비교

- 동일조직 내의 타인과 비교한다.
- 동일조직 내의 다른 직책을 맡을 때와 비교한다.
- 과거에 근무하던 조직의 노력 대비 성과와 비교한다.
- 다른 조직 구성원의 노력 대비 성과와 비교한다.

공정성 이론의 기본 전제는 "인간의 공정성(Fairness)"이다. 조직에서 개인은 공정성을 확인하기 위해, 현재의 노력(Input) 대비 성과(Output)를 자신의 과거 또는 타인의 노력 대비 성과와 비교한다는 것이다. 공정성 이론에 따르면, 프로젝트에서도 자신을 타인과 비교해서, 그 사람만큼 배웠고 일도 했고 프로젝트에도 기여했는데 적절한 보상을 받지 못한다면, 공정성에 대한 불만으로 이를 해소하기 위해 자신의 노력과 성과에 대한 동기부여의 행동이 일어난다는 것이다.

CASE STUDY

공정성 불만에 의한 동기부여 행동 사례

- (노력저하) 보상의 불만으로 열심히 일하지 않는다.
- (성과 변화노력) 더 많은 보상을 받도록 수단을 강구한다.
- (타인을 인정하고 열심히 노력) 자신과 타인에 대한 생각을 바꾼다.
- (그 사람과는 업무환경이 다름) 비교 대상을 바꾼다.
- (조직 이탈) 그만둔다.

프로젝트에서도 공정성 이론은 많은 시사점을 가져다 준다. 한정된 자원으로 제한된 기간에 프로젝트의 목표를 달성하기 위해, 구성원들은 타인과 비교해 가면, 선의의 경쟁을 통해 맡은바 직무를 수행하게 된다. 이러한 상황에서 프로젝트 구성원은 자신의 노력과 성과를 타인 또는 타 프로젝트의 노력 대비 성과와 비교하여, 공정성을 확인하는 경우가 발생하게 된다. 그리고 공정성에 대한 불만이 생기면, 결국에는 프로젝트 성과에 나쁜 영향을 미치게 되므로, 프로젝트관리 관점에서 경영자 및 관리자는 구성원에 대한 공정성에 항상 관심을 가져야 한다.

7.1.2 의사결정

프로젝트를 수행하면서 경영자 및 관리자는 여러 가지 상황 발생에 따른 신속하고 효과적인 의사결정을 수행하여야 한다. 훌륭한 프로젝트 관리자가 되기 위해서는 훌륭한 의사결정자가 되어야 한다. 다양한 상황에 대해 합리적인 의사결정을 수행함으로써, 프로젝트 자원을 효과적으로 활용할 수 있어야 한다. 프로젝트에서의 의사결정은 대부분 프로젝트 위험 및 이슈요인을 인식하고, 대안을 마련하여 해결점을 선택하는 것이 된다.

의사결정이란 현실과 바람직한 상태 사이의 차이를 인식함으로써 시작된다. 의사결정은 다음과 같이 대안의 선택과 문제해결에 관한 것이다.

- 선택행위(Choice making): 여러 가지 대안들을 평가해서, 미리 설정된 기준에 제일 적합한 것을 선택하는 것이다.
- 문제해결(Problem solving): 의사결정을 한 후, 선택된 해결방안을 이행하고 그 효과를 탐색하여 필요한 조정조치를 취하는 것이다.

프로젝트 목적을 달성하기 위해, 하나 또는 그 이상의 대안 중에서 하나를 선택하는 의식적 과정이 되는 것이다. 앤소프(H. I. Ansoff)는 의사결정을 전략적 의사결정(Strategic decision), 관리적 의사결정(Administrative decision), 업무적 의사결정(Operating decision)으로 분류하였다. 엔소프의 **의사결정 분류**를 프로젝트와 연계하여 설명하면 다음과 같다.

프로젝트 의사결정 분류

1) 전략적 의사결정(Strategic decision): 대외적 전략에 대한 결정으로, 프로젝트 외부환경과 관련한 의사결정이다. 외부환경 변화에 따라, 프로젝트에 미치는 영향을 최소화하기 위한 상위수준의 전략과 관련한 사항을 결정하는 것이다.
2) 관리적 의사결정(Administrative decision): 대내의 전반적 사항에 대한 결정으로, 전략적 차원에서 결정된 프로젝트의 목표와 계획을 실행하기 위해 필요한 사항을 결정하는 것이다. 프로젝트의 조직을 구상하고, 실행에 필요한 인원, 설비, 기술, 자금 등 제반 자원을 개발 및 조달하기 위해 의사결정을 수행

한다.

3) 업무적 의사결정(Operating decision): 프로젝트에서 수행하는 일상적인 활동에 대해, 성과를 최대로 하기 위한 사항을 결정하는 것이다. 프로젝트 단위조직 차원에서 수행하는 프로젝트 하부 조직 및 팀원들의 프로젝트 업무 수행과 관련한 사항을 결정한다.

프로젝트에서의 의사결정 방법은 상황에 따라 적절하게 수행되어야 한다. 프로젝트와 관련한 각종 정보를 체계적으로 분석하여, 논리적으로 의사결정을 수행하는 것이 원칙이지만, 프로젝트의 특성상 경영자 또는 관리자의 직관 혹은 통찰에 의한 의사결정 수행도 필요하게 된다. 기업에서 "경영은 의사결정의 종합예술이다"라고 표현한다. 디어러브(Des Dearlove)는 "의사결정은 경영의 핵심이며, 의사결정 과정이 없는 경영은 마치 진공 상태와 같다"라고 하였다.

프로젝트에서의 의사결정도 경영에서의 의사결정과 같은 중요한 의미를 가진다. 프로젝트의 문제 상황에서, 여러 대안 중 최적안을 골라내는 능력, 그리고 거기에 얼마나 자원을 잘 배분해서 목적하는 바를 이뤄내느냐 하는 실력, 즉 프로젝트를 성공하는 데 필요한 대안을 여러 면으로 검토해, 실행 방안을 정하는 일이기 때문이다. 프로젝트에서의 합리적 의사결정은 다음과 같은 체계적 단계를 거친다.

프로젝트 의사결정 단계

① 문제 정의
② 대안 개발
③ 의사결정 기준 설정(가중치, 우선순위, 직·간접 효과)
④ 대안 평가
⑤ 의사결정 수행(최적안 선택)

그러나 제약된 자원으로 목표를 달성해야 하는 프로젝트에서는 합리적인 의사결정과 더불어 창의적 의사결정도 중요하다. 창의적 의사결정이란 창의적 사고(Creative thinking)를 바탕으로 의사결정을 수행하는 것을 의미한다.

프로젝트와 관련한 지식이나 경험을 바탕으로, 상황에 맞는 새롭고 가치 있는 결과물을 만들어 내는 사고가 창의적 사고이다. 창의적 사고는 새로운 의견이나 아이디어를 제시할 수 있는 정신적 능력으로, 독창성, 융통성, 민감성, 유창성, 정교성에 의한 의사결정을 수행하여야 한다.

7.1.3 리 더 십

리더십(Leadership)이란 조직의 목적을 달성하기 위해, 구성원들을 일정한 방향으로 이끌어 성과를 창출하는 능력이다. 케이스(Alan Keith)는 "리더십은 궁극적으로 대단한 일을 하는데, 사람들이 공헌할 수 있게 하는 방법을 만들어 내는 것에 관한 것"이라고 정의하였다. 프로젝트에서의 리더십은 관리자나 리더에게 요구되는 역량으로, 다음과 같이 선견력, 시스템적 사고, 포용력, 변화관리력과 같은 **리더역량**이 요구된다.

리더의 요구 역량

① **선견력**: 프로젝트 미래 환경변화에 어떻게 대응해 나갈 것인가를 판단하는 능력이다.

② **시스템적 사고**: 숲과 나무를 파악할 수 있는 체계적 역량으로, 프로젝트의 전체적인 그림을 그릴 수 있고, 적절한 수준에서도 자세하게 볼 수 있는 깊은 인식력이다.

③ **포용력**: 프로젝트 팀원뿐 아니라, 외부 프로젝트 이해관계자의 요구를 전반적으로 이해하고 수용할 수 있는 포괄적 능력이다.

④ **변화관리력**: 프로젝트의 지속적인 환경변화에 기존전략을 지속적으로 재검토하고 보완해 나가는 능력이다.

블레이크(Robert R. Blake)와 모튼(Jane S. Mouton)은 리더로서의 유형을 "사람에 대한 관심"과 "일에 대한 관심"의 결합의 정도로 분류하여 정리한 **관리격자**(Managerial Grid) 이론을 제시하였다. 관리격자 이론은 맡은바 일에도

그림 4-30 리더의 유형(Blake & Mouton 인용)

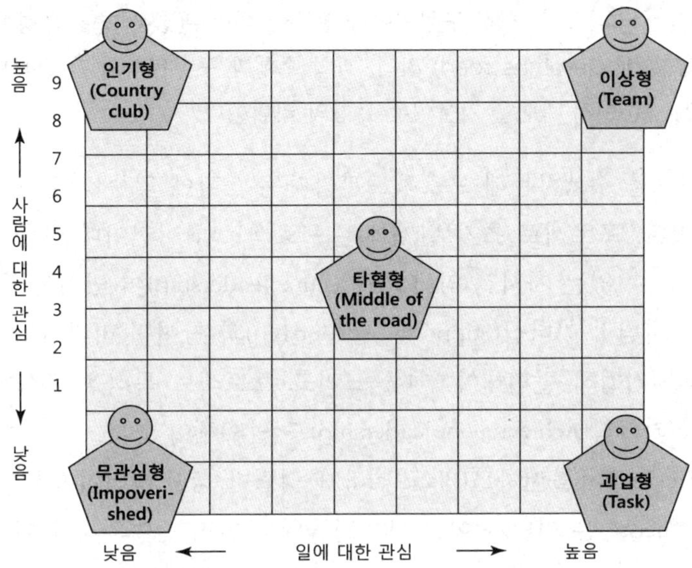

열성적이고, 조직 구성원과의 관계도 매우 좋은 이상적인 리더로부터 자신에게 부여된 최소한의 과업만을 수행하는 소극적인 리더까지 행동유형에 따라, [그림 4-30]과 같이 무관심형(Impoverished), 과업형(Task), 인기형(Country club), 타협형(Middle of the road), 이상형(Team)의 5가지로 분류하였다.

리더 행동유형 분류

① 이상형(Team) 리더: 일과 사람 모두에 대해 관심이 높은 유형의 리더이다. 부하직원의 적극적 참여유도, 의사결정 공유, 높은 수준의 업무성과 달성을 위해, 필요한 팀워크를 적극적으로 발휘한다.

② 과업형(Task) 리더: 맡은 과업에만 관심을 두고, 조직 구성원에 대해서는 관심이 낮은 리더로서, 사람보다는 일 중심의 의사결정이 우선이고, 업무 능력에만 관심을 두는 유형이다.

③ 인기형(Country club) 리더: 구성원과의 인간관계 측면에는 많은 관심을 기울

이나, 일에는 관심이 별로 없는 유형이다.

④ **무관심형(Impoverished) 리더**: 주어진 과업 달성만을 위해, 최소한의 노력만을 하는 리더로서, 조직 구성원이나 업무에 대한 관심은 낮은 유형이다.

⑤ **타협형(Middle of the road) 리더**: 과업 수행과 구성원과의 관계에 대해, 중간적인 수준에서 관심을 기울이는 유형의 리더이다.

프로젝트를 수행하는데 프로젝트관리자는 상황에 맞는 적절한 리더십을 구사해야 한다. 프로젝트 초기 단계에는 프로젝트의 비전이나 방향을 제시하고 이끌어 갈 수 있는 지시적 리더십(Directive leadership)이 있어야 하고, 수행 과정에서는 지원적 리더십(Supportive leadership)과 참여적 리더십(Participative leadership)을 적절히 발휘해야 한다. 그리고 프로젝트 목적을 달성하기 위한 성취지향적 리더십(Achievement leadership)도 발휘해야 한다.

허쉬(Hersey)와 블랜차드(Blanchard)가 정립한 **상황 리더십 이론**(Situational Leadership Theory)은 리더가 이끌 구성원들의 자발적 참여의지가 어느 정도냐에 따라, 리더십 스타일을 맞춰가야 좋은 성과를 얻는다는 것이다. 상황 리더십은 프로젝트 관리에도 적용이 가능한 이론이다. 상황 리더십에서는 프로젝트 상황의 성숙도 수준(Maturity Levels)을 4가지로 분류하고, 리더의 유형을 일(Task-oriented)과 인간관계(Relationship-oriented)의 정도에 따라 세분하여, 각각의 상황에 적합한 리더십을 발휘할 것을 제안하였다.

먼저, 일을 수행하기 위한 구성원의 성숙도 수준(Maturity Levels)은 다음과 같이 4가지로 분류하였다.

구성원의 성숙도 수준

① **성숙도 수준-1(M1)**: 구성원이 일에 대한 역량부족으로, 책임지고 과업을 수행할 수 없고 의지도 부족한 상황이다.

② **성숙도 수준-2(M2)**: 구성원이 일을 수행하기 위한 역량은 여전히 부족하나, 과업 수행의지는 가지고 있는 상황이다.

③ **성숙도 수준-3(M3)**: 구성원이 일에 대한 경험과 수행능력은 있지만, 책임지고 과업을 수행할 자신이 없는 상황이다.

④ 성숙도 수준-4(M4): 구성원이 업무 수행능력도 있고, 책임감 있게 과업을 완수할 수 있는 상황이다.

둘째로, 리더의 스타일을 일과 인간관계에 대해, 다음과 같은 4가지의 유형으로 분류하였다.

리더의 스타일

- 지시형 리더(Telling: High task-Low relationship): 리더가 개인과 조직의 역할을 정의하고, 업무 시간, 방법, 내용을 일일이 지시하고 규정한다.
- 판매형 리더(Selling: High task-High relationship): 리더가 지시는 하지만, 구성원들과 커뮤니케이션하고 뒷받침하는 역할을 동시에 수행한다.
- 참여형 리더(Participating: Low task-High relationship): 과업을 위한 의사결정은 공유하지만, 리더가 일하기보다는, 구성원들이 작업을 원활하게 수행할 수 있는 여건을 조성한다.
- 위임형 리더(Delegating: Low task-Low relationship): 리더가 의사결정에 관여는 하지만, 과업수행과 책임은 구성원에게 위임한다.

끝으로, 프로젝트 성숙도 상황과 리더의 유형을 맞추는 것이다. M1수준의 프로젝트 상황에서는 구성원들에게 목표를 명확히 알려주고, 각각의 작업을 자세히 지시해 줄 수 있는 지시형(Telling) 리더가 적합하다. M2 수준의 상황은 정서적 뒷받침과 업무 추진력을 동시에 발휘할 수 있는 판매형(Selling) 리더가 적합하고, M3에서는 지시하는 것보다 멤버들을 참여시키면서, 일을 추진해 나가는 참여형(Participating), 그리고 M4에서는 위임형(Delegating)과 같이 특별하게 간섭하지 않는 유형이 적합하다고 하였다. 프로젝트 상황에 적합한 리더십 스타일을 연계한 것이 〈표 4-22〉이다.

허쉬(Hersey)는 우수한 리더는 구성원이 지시나 가이드에 따라 일을 하기보다는 업무역량(Competence)을 높이고 과업에 대한 사명감을 갖도록 하는 것이 중요하다고 강조하였다. 그리고 구성원에 대한 리더의 높고 현실적인 기대치는 높은 성과를 이끌어 낸다고 하였다.

〈표 4-22〉 프로젝트 상황에 적합한 리더십 스타일 연계

구성원 성숙도		적합성	리더십 스타일	
수준	상 황		리더유형	특 성
M1	• 업무 역량부족 • 책임감 및 의지 부족	↔	지 시 형 (Telling)	• 리더 주도적 지시 및 감독 수행 • High task-Low relationship
M2	• 업무 역량부족 • 과업 수행의지 보유	↔	판 매 형 (Selling)	• 리더 지시 수행하나, 구성원과 커뮤니케이션 수행 및 지원 • High task-High relationship
M3	• 업무 경험과 역량 보유 • 책임감 및 자신감 부족	↔	참 여 형 (Participating)	• 과업 의사결정 공유하나, 구성원들에게 원활한 업무여건 조성 • Low task-High relationship
M4	• 업무 경험과 역량 보유 • 책임감 및 자신감 보유	↔	위 임 형 (Delegating)	• 리더가 의사결정만 관여, 과업 수행과 책임은 구성원 위임 • Low task-Low relationship

7.1.4 조직문화

특정 집단의 구성원에 의하여 습득, 공유, 전달되는 행동이나 생활양식의 과정 및 그 과정에서 이룩하여 낸 물질적 · 정신적 영향력을 **문화**(Culture)라고 한다. **기업문화**(Corporate culture)란 기업에서 형성된 것으로서, 최고 경영자와 일반 구성원 모두를 포함하는 기업 전체 구성원들이 공유하고 있는 가치의식, 행동방식을 의미한다. 형성된 기업문화는 구성원에게 정체감을 주어, 개인의 이익보다 기업 전체의 이익을 우선하도록 유도하며, 기업 특유의 행동규범을 제시하고 형성하여 기업 체계의 안정성을 증진시키고, 궁극적으로 기업 목적을 달성하는 중요한 가치관으로 정착하게 된다.

국가나 민족에 고유의 문화가 있고, 기업차원에서는 기업문화, 단위 조직별로는 조직문화가 있듯이, 프로젝트에도 조직이 구성되면 프로젝트 조직문화가 형성된다. 프로젝트의 특성상, 제약된 시간과 자원으로 프로젝트 문화가 형성되지만, 프로젝트 경영자 및 관리자의 노력에 따라, 건전한 프로젝트 문화가 형성되기도 하고, 잘못된 문화가 조성되기도 한다. 프로젝트의 조직문화가 중요한 것은, 일단 프로젝트 문화가 형성되면, 프로젝트 수행과 관련한 가치 및 행동기준을 제시하여, 프로젝트의 성공과 실패에 중대한 영향을 미치게

된다.

목표달성을 위한 의지, 늦은 시간까지 열정적으로 프로젝트에 몰입하는 태도가 프로젝트 팀 분위기를 주도하기도 하지만, 주어진 일을 피동적으로 시간에 맞추어 적당히 하는 부정적인 모습들도 프로젝트 문화에 의해 형성되는 분위기이다. 조직문화에 영향을 미치는 요인들을 기업문화 관점에서 보면, 가치의식, 행동양식, 관리관행, 상징(Symbol)과 같은 것이 있다.

조직문화 영향 요인

① **가치의식**: 기업의 미션, 경영이념, 사훈과 같은 것으로, 구성원의 정신적 가치 기준을 제시하는 것이다.
② **행동양식**: 업무를 수행하는 자세와 관련된 것이다.
③ **관리관행**: 승진, 상벌 등과 관련한 것이다.
④ **상징**: 기업의 CI(Corporate Identity) 활동과 관련된 것을 의미한다.

프로젝트문화를 건전하게 조성하기 위해 프로젝트관리자는 기업문화의 가치의식, 행동양식, 관리관행, 상징을 계획하고 적용하도록 노력할 필요가 있다. 프로젝트 문화에 영향을 미치는 요소를 설명하면 다음과 같다.

프로젝트 문화의 영향 요소

① **프로젝트 가치의식**: 프로젝트 비전, 전략, 프로젝트 구호, 정신적 가치를 말한다.
② **프로젝트 행동방식**: 팀워크 활동, 출퇴근 시간, 지시 및 통제방식(일방향, 쌍방향)을 의미한다.
③ **프로젝트 관리관행**: 성과평가, 인센티브와 관련한 내용이다.
④ **프로젝트 상징관리**: 프로젝트 명함, 프로젝트 장소, 마크, 유니폼, 닉네임 같은 것이다.

피터즈와 워터만의 7S

• 피터즈(Peters)와 워터만(Waterman)은 조직문화 관점에서 고려할 요소로 7S를 제시하였다.

그림 4-31 조직문화의 7S 구성요소(Peters & Waterman)

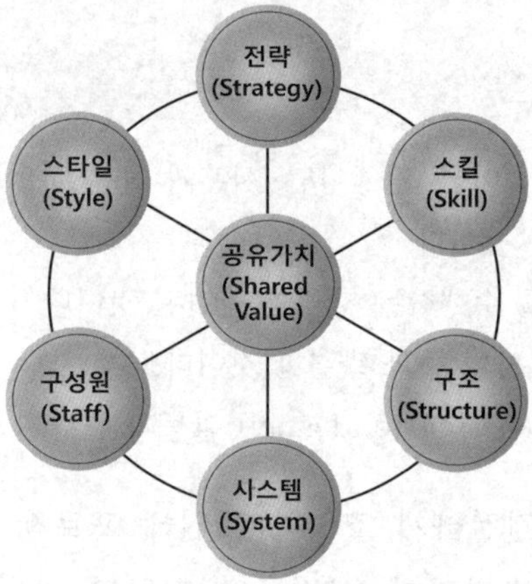

1) **공유가치(Shared Value)**: 프로젝트 구성원들의 행동이나 사고를 특정 방향으로 이끌어 가는 원칙이나 기준이다. 공유가치는 프로젝트 수행을 위한 정신적 기준점이다.
2) **전략(Strategy)**: 프로젝트의 목표를 달성하기 위해, 어떻게 적응하여 능력을 발휘할 것인가 하는 프로젝트 전반적 관점에서의 계획, 자원 배분 방식 등을 말한다. 전략은 공유가치와 함께 프로젝트 운영 및 팀원들의 행위에 방향을 제시함으로써 과업수행의 커다란 영향을 미치게 된다.
3) **스킬(Skill)**: 스킬은 전략을 어떻게 실행할 것인가에 대한 것이다. 프로젝트 환경변화에도 전략은 쉽게 변하지 않지만, 스킬은 수행과정에서 변하기도 하고 변할 필요도 생긴다. 스킬은 효율향상 및 고성과 창출을 위한 기술적 · 관리적 변화를 포함한다.
4) **구조(Structure)**: 전략을 실행하기 위한 틀(Frame)로서, 프로젝트 조직구조나 역할과 책임(R&R)과 관련된 것이다.
5) **시스템(System)**: 프로젝트를 합리적으로 수행하기 위한 체계에 해당한다. 평가 및 보상제도, 프로젝트관리 도구, 의사소통시스템 등이 해당된다.
6) **구성원(Staff)**: 프로젝트 구성인력으로 프로젝트 문화를 형성하는 주체이다. 구성원의 적절한 역량과 경험도 필요하지만, 자세 및 성향도 중요하다.
7) **스타일(Style)**: 프로젝트를 이끌어 가는 전반적인 관리 스타일이다. 프로젝트 특성에 맞추어, 개방적 · 참여적 · 민주적 · 주도적 · 협동적 스타일로 조성한다. 프로젝트관리자의 스타일은 팀원들의 행동과 팀원 간의 상호관계와 조직 분위기에 직접적인 영향을 미친다.

모든 프로젝트는 한정된 시간과 자원을 활용하여, 프로젝트 목표를 달성해야 한다. 따라서, 프로젝트 문화는 자발적, 솔선수범, 열성적, 혁신적, 성과지향적인 긍정적 분위기로 형성되어야 한다. 긍정적인 프로젝트문화의 형성을 위해 프로젝트 경영자 및 관리자가 고려해야 할 추가적 사항은 다음과 같다.

프로젝트문화 형성 고려사항

- **혁신과 위험감수**: 프로젝트가 창의성을 강조하는 신제품, 신기술 개발 과업에서는 구성원에게 혁신을 요구하는 반면, 실패에도 관대한 분위기가 조성되어야 한다.
- **자율과 통제**: 역량 있는 프로젝트 팀원으로 구성된 경우에는 구체적인 규정이나 지시보다는 전체적 방향을 제시하고 자율에 맡기도록 한다.
- **목표지향**: 프로젝트 목표를 달성할 수 있는 일과 기술에만 집중하여 자원의 낭비를 최소화한다.
- **팀워크조율**: 여러 자원이 모여 진행하는 프로젝트인 만큼, 시너지효과를 창출할 수 있는 팀워크향상 및 조율에 관심을 기울여야 한다.

7.2 인적자원 소요계획

프로젝트의 성공적 수행을 위해서는 시간, 자금, 설비, 인력 등 여러 종류의 자원이 필요하다. 이 중에서 인력은 프로젝트 성공에 가장 중요한 자원이며, 어떠한 인력이 얼만큼 필요한가를 정의하는 인력자원 소요계획은 합리적이고 정확하게 산출하는 것이 중요하다. 프로젝트에서 인력자원의 소요계획을 합리적으로 작성하는 방법은 WBS(Work Breakdown Structures, 업무분류체계)를 활용하는 것이다.

WBS는 프로젝트 목표를 달성하고, 최종 결과물을 만들어 내기 위해, 실행할 작업을 산출물 중심의 계층구조로 세분화해 놓은 계통도이다. WBS는 인력뿐만 아니라 일정, 예산, 위험대응 계획을 작성하기 위한 기초자료로 활용한다. 인적자원 소요계획을 합리적으로 산정하기 위해, WBS 계통도를 사용한다. WBS의 하위요소인 작업패키지(Work Package)에 소요인력을 배정하여, 프로젝트 전체 소요인력을 산출하게 된다. WBS를 프로젝트 단위조직의 인력과 연계하여 작성한 것을 OBS(Organization Breakdown Structure)라고 하며, OBS 계통도에 의한 소요인력 산출도 WBS와 같은 개념이 적용되는 것이다. [그림 4-32]는 프로젝트 인력산출을 위한 WBS, OBS 계통도를 표현한 그림이다.

그림 4-32 프로젝트 인력산출을 위한 WBS, OBS 계통도

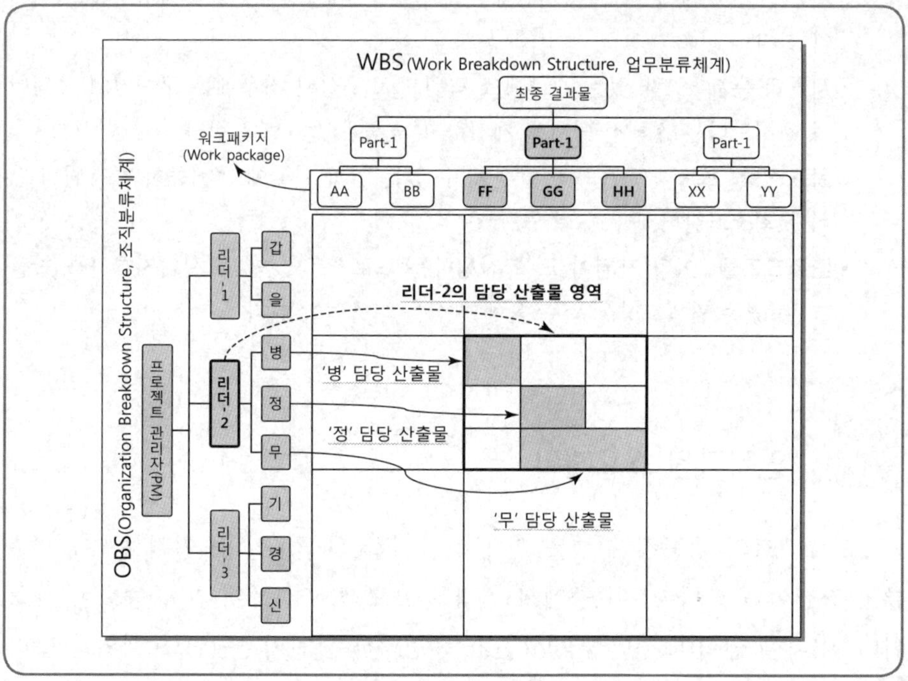

전형적인 프로젝트에서는 WBS의 작업패키지를 기준으로, OBS를 작성하여 필요인력을 산출한다. 프로젝트의 적정 소요인력을 산출하는 것은 시간도 필요하고 어려운 일이기도 하다. 프로젝트 인력산출을 위해, 일반적으로 개략식 방법과 세부적 방법을 사용할 수 있으며, 소프트웨어 개발 프로젝트에서는 기능점수방식을 사용한다.

개략식방법에 의한 인력산출 방법

(1) 금액적 규모관점 모델

- 매출액, 이익, 부가가치 등을 기준으로 소요인력을 산출하는 모델이다.
- 과거 또는 유사 프로젝트의 총액(또는 수주액)과 인력규모를 연계하여, 소요인력을 산출하는 모델이다.
- 예로서, 작년 A 프로젝트가 100억원 규모에 100명이 소요되었다면, 금년도 규모 120억원짜리 유사 B 프로젝트의 소요인력은 120명으로 계산한다.

(2) 비용관점 모델

- 프로젝트 총 비용 중에서 인력통제와 관련이 있는 항목(예: 인건비 예산비율, 사업수주 규모 대비 인건비율)을 기준으로 소요인력을 산출한다.

세부적 방법에 의한 인력산출 방법

(1) 회귀분석법(Regression)

- 통계적인 기법인 회귀분석법을 사용하여 적정인력 규모를 산정한다.
- 통계적인 분석을 통해, 인력규모와 다른 변수들 사이의 관계(예: 매출액과 PMO지원인력)를 도출하여, 관계식을 만들어 적정인력을 산출한다.

(2) 스태핑비율법(Staffing Ratio)

- 업무량 또는 성과물의 크기와 프로젝트를 수행하는 인력수 사이의 정량적 관계인 스태핑비율(Staffing Ratio)을 산출하여 인력규모를 산출한다.
- 업무량과 인력규모 사이의 직접적 관계비율을 설정하여, 필요인력을 산출하는 방식으로, "1인당 업무량"의 형태로 정의하여 산출한다.
- 예로서, 1명당 하루에 10건의 설문분석을 수행한다면, 300건의 설문분석을 수행하기 위해서는 30명/일 또는 3명/10일의 인력을 필요로 하게 된다.

(3) 스태핑프로파일법(Staffing Profiles)

- 프로젝트의 크기 및 타입 등에 따라, 표준적으로 얼마의 인력이 필요한지를 정의한 프로파일을 적용하는 것이다.
- 프로파일은 특성값들의 조합으로, 예로서 특수은행의 인력규모를 결정짓는 특성(Staffing Driver)으로 "자산규모"와 "대출종류"를 정의한다.

- 은행의 출납계원과 대출담당자의 인력규모를 결정하기 위해, 프로파일을 "자산규모"와 "대출종류"의 조합(대규모/개인, 중규모/기업 등)에 따라, 특정 개수로 만들고, "대규모/개인" 프로파일 경우에는 출납계원 3명, 대출담당자 2명으로 표준 정의하여, 적정 인력규모를 산출한다.
- 프로젝트를 전문으로 수행하는 조직에서는 표준프로젝트의 작업패키지에 대해, 스태핑프로파일법을 적용하고, 인력규모를 표준화하면, 새로운 프로젝트의 소요인력을 유용하고 효과적으로 산출할 수 있게 된다.

(4) 업무량조사법

- 개인별 실제 업무량을 조사하고, 업무에 필요한 소요시간 및 여유시간을 기초로 인력을 산출한다.
- 업무예측이 불가할 경우, 적정인력 산출이 어려운 경우가 발생한다.

(5) 기능점수(Function point) 방식

- 소프트웨어 규모를 산정하는 방법으로 논리적 설계를 기초로 소프트웨어가 사용자에게 제공하는 기능의 수를 수치로 정량화한다.
- 기능점수방식은 먼저 개발하려는 소프트웨어의 범위 및 경계를 설정하고, 데이터기능(Data Function)과 트랜잭션기능(Transaction Function)을 도출한 후 복잡도 가중치를 적용하여 기능점수를 산출하는 방식이다.
- 고객의 요구사항을 명확히 정의하여, 기능점수방식에 의해 소요공수를 예측하여 적정인력을 산출한다.

7.3 인적자원계획 개발

7.3.1 인적자원계획 고려사항

인적자원계획의 개발이란 프로젝트에 필요한 사람이 언제부터 투입되고, 철수하는지에 대한 인적자원의 구체적 운영계획을 수립하는 것이다. 인적자원의 계획을 개발하는 데 필요한 주요 고려사항은 다음과 같다.

인적자원계획 개발 고려사항

(1) 인력의 세분화관리가 필요한 프로젝트에서는 프로젝트 일정별 자원 배정표에 의해, 투입인력에 대한 자원평준화를 분석하여 진행한다.

(2) 프로젝트 참여인력의 적시적소 투입도 중요하지만, 임무수행 완료에 따른 적시철수도 비용관리 및 인력의 효율적 활용 차원에서도 매우 중요하다.

(3) 프로젝트 수행조직의 가용인력을 검토하여 충원계획을 수립하되, 부족인력에 대하여는 사전에 외부에서 보충할 계획을 정리하고, 외부전문가의 확보가 필요한 경우에도 사전에 확보계획을 수립한다. 프로젝트에 참여하는 구성원의 업무형태(외주, 재택근무, 원격근무)도 인력계획 수립단계에서 검토한다.

(4) 인력투입 단위는 M/M, M/W, M/D, M/H 등으로 표시한다.

(5) 개인별로 RACI(Responsible, Accountable, Consulted, Informed)를 정의하여 역할과 책임을 명확히 정의하여야 한다. RACI는 표를 만들어 활용하며, 프로젝트수행을 위해, 프로젝트참여자에 대한 업무 수행담당(R), 총괄책임(A), 자문(C), 정보통지(I)의 구체적 역할을 할당하는 것이다. RACI의 역할과 차트는 다음과 같다.

[RACI 역할 구분]

- 수행담당(R, Responsible): 담당업무 활동을 실행하는 역할
- 총괄책임(A, Accountable): 임무의 성공적 완수를 보증하는 역할
- 자문(C, Consult): 성공적 업무수행을 위해 자문하는 역할
- 정보통지(I, Inform): 업무와 관련한 최신정보를 공유하는 역할

〈표 4-23〉 **프로젝트 구성원에 대한 RACI 차트(예시)**

업무단계별 활동		프로젝트 구성원			
		전윤식	김갑수	황금찬	백건호
분석단계	인터뷰	R	R	R	I
	요구정의	R	R	A	C
설계단계	프로세스 설계	R	R	A	I
	아키텍쳐 설계	R	–	R	–
	데이터베이스 설계	R	R	C	–

7.3.2 인적자원 계획서 작성

프로젝트의 **인적자원 계획서**는 인력 소요계획(인력 소요량, 시기)을 산정하고, 역할과 책임(Role & Responsibility: R&R), 필요한 역량(교육훈련), 보고체계에 대한 구체적 정의가 완료된 후에 작성한다. 인적자원 계획서에서는 프로젝트에 참여하게 될 인적자원에 대한 정의, 배정, 관리, 통제, 해제와 관련한 모든 내용을 작성한다. 프로젝트에 따라 인적자원 계획서의 내용을 달리할 수 있으나, 일반적으로 프로젝트 조직도, 인력투입 일정계획, 역할과 책임(R&R)에 대해 기술하고, 별도로 참여인력의 역량을 검증하기 위해 참여인력에 대한 인적사항표(프로젝트 경력서)를 부가적으로 추가한다.

인적자원 계획서 구성 내용

(1) **프로젝트 조직도**: 프로젝트에 참여하는 조직과 인력에 대한 구성내역을 정의한다. 프로젝트 규모에 따라, 하부의 단위조직을 다양하게 구성할 수 있으며, 조직 간의 보고관계를 보여주고 프로젝트 참여인력, 연락망도 표시한다.

(2) **인력투입 일정계획**: 프로젝트에 참여하는 모든 인력에 대해 투입 및 철수에 대한 일정계획을 정의한다. 프로젝트 참여형태에 따라, 상시근무(Full-time), 부분근무(Part-time), 간접근무를 명시하기도 한다.

(3) **역할과 책임(R&R)**: 프로젝트를 수행하는 데 필요한 역할과 책임을 정의한다. R&R을 보다 명확히 하기 위해서는 RARC에 해당하는 구성원의 역할(Role), 권한(Authority), 책임(Responsibility), 역량(Competency)을 정의한다.

- **역할**(Role): 프로젝트 팀원이 수행할 일의 범위이며, 업무프로세스 분석, 시험, 토목기사, 품질보증 등의 구체적 역할이 권한, 책임, 역량과 같이 정의되어야 한다.
- **권한**(Authority): 담당 역할을 수행하는 데 주어진 권한의 범위를 정의한다. 자원관리 및 통제범위, 비용처리, 결재권한 및 보고라인과 관련하여 명확히 정의하여야 한다. 권한에 대한 정의가 명확하지 못하면 프로젝트 수행에 혼선을 초래한다.
- **책임**(Responsibility): 주어진 권한에 대한 책임과 의무를 정의한다. 프로젝트 수행결과에 대한 의무나 부담이 되며, 성공과 실패에 따른 인센티브나

제재도 포함된다.

- 역량(Competency): 프로젝트를 수행하는 데 필요한 기술적·관리적 업무처리능력을 기술한다. 소프트웨어 개발, 건축 설계, 디자인 등 구체적 역량을 정의한다. 프로젝트 수행역량이 부족한 인력에 대하여는 교육·훈련을 통해 보완해야 한다. 역량은 프로젝트 성공과 효율을 좌우하는 중요한 인적요건이며, 유사 프로젝트의 다양한 경험도 역량에 포함된다.

(4) 인적사항표(프로젝트 경력서): 프로젝트 전문조직 또는 PMO 조직에서는 다양한 프로젝트에 적재적소의 인력을 배치하기 위해, 상시적으로 인적사항표(프로젝트 경력서)를 작성하고, 최신정보로 업그레이드하여 관리한다.

CASE STUDY

▮ 프로젝트 인력투입 계획 작성 예

그림 4-33 프로젝트 인력투입 계획표(예시)

프로젝트 인력투입 계획표(예시)

프로젝트명: 　　　　　인력투입 단위 : M/M

구분	역할	소속/부서	성명	역량	1월		2월		3월		4월		합계	
					계획	실적	계획	실적	계획	실적	계획	실적	계획	실적
프로젝트 관리	PM	A/기술	○○○	특급	1.0		1.0		1.0		1.0		4.0	
	사업관리	A/관리	○○○	중급	1.0		1.0		1.0		1.0		4.0	
품질보증	품질보증	A/품질	○○○	특급	0.0		0.0		0.3		0.5		0.8	
	감리													
	테스트													
소 계					**2.0**		**2.0**		**2.3**		**2.5**		8.8	
분석	PL	A/기술	○○○	특급	1.0		1.0		1.0		1.0		4.0	
	개발	A/기술	○○○	고급	3.0		3.0		3.0		2.0		11.0	
	개발	A/기술	○○○	초급	2.0		2.0		1.0				5.0	
소 계					**6.0**		**6.0**		**5.0**		**3.0**		20.0	
설계	PL	B/기술		특급	1.0		1.0		1.0		1.0		4.0	
	개발												0.0	
	개발												0.0	
소 계					**1.0**		**1.0**		**1.0**		**1.0**		4.0	
구현	PL	B/기술		고급	1.0		0.0		0.0		0.0		1.0	
	개발												0.0	
소 계					**1.0**		**0.0**		**0.0**		**0.0**		1.0	
합 계					**10.0**		**9.0**		**8.3**		**6.5**		33.8	

8 의사소통계획 수립

프로젝트 계획단계의 의사소통관리(Communication Management) 지식영역에서 이루어지는 업무는 의사소통계획 수립이다. 의사소통계획 수립에는 이해관계자 식별, 의사소통계획의 수립 업무활동이 있다. 이해관계자 식별은 프로젝트의 적정한 의사소통 대응책을 마련하기 위해, 프로젝트에 직·간접으로 영향을 주고받는 조직이나 사람을 식별하는 것이며, 의사소통계획의 수립에서는 이해관계자들의 정보에 대한 요구사항을 분석하고, 의사소통 내용, 방법, 시기, 대상, 빈도 등을 결정한다.

본 절에서는 프로젝트 라이프사이클 2단계인 "Ⅱ. 계획"에서의 일곱째 업무로, 의사소통관리 지식영역에 포함되는 "이해관계자 식별," "의사소통 계획수립"에 대해 설명한다.

그림 4-34 **계획단계의 의사소통계획 수립 업무활동 내역**

Ⅱ. 계 획			
	[1] 통합계획 수립	[2] 요구정의 및 범위계획 수립	[3] 일정계획 수립
	[4] 원가산출 및 예산결정	[5] 품질 및 감리계획 수립	[6] 인적자원계획 수립
	[7] 의사소통계획 수립	[8] 리스크 및 이슈관리계획 수립	[9] 조달관리계획 수립

업 무	활 동	설 명
[7] 의사소통계획 수립	이해관계자 식별	프로젝트의 적정한 의사소통 대응책을 마련하기 위해, 프로젝트에 직·간접으로 영향을 주고받는 조직이나 사람을 식별한다.
	의사소통 계획의 수립	이해관계자들의 정보에 대한 요구사항을 분석하고, 의사소통 내용, 방법, 시기, 대상, 빈도 등을 결정한다.

8.1 의사소통관리 이론

프로젝트에서 **의사소통관리**를 PMBOK에서는 "프로젝트와 관련한 정보의 생성, 수집, 배포, 저장, 검색 그리고 최종처리가 적시에 적절하게 수행되도록 하기 위해 필요한 프로세스"라고 하였다. 특히 프로젝트관리자나 리더는 많은 시간을 팀원들과의 의사소통을 통해, 프로젝트 실행 및 산출물에 대해 이해를 하고 필요한 조치나 지원을 수행하게 되므로, 프로젝트에서 의사소통관리는 특히 중요한 것이다.

의사소통이란 간단히 말하면, 가지고 있는 생각이나 뜻이 서로 통하는 것을 의미한다. 프로젝트에서의 의사소통은 팀장, 팀원 등 모든 프로젝트 구성원이 가지고 있는 생각이나 뜻이 정확하게 전달 및 접수되는 것을 말한다. 따라서 원활한 의사소통을 위해서는 상호간에 인식할 수 있는 공동의 기호를 활용하고, 정확·신속하게 전달하고 이해하는 노력이 필요하다.

프로젝트에서 의사소통의 목적은 구성원 간 의도하는 내용의 본질을 정확히 전달하고 접수하며, 이해·수용의 과정을 거처, 전달 메시지에 따라 마음과 행동의 변화를 보이는 것이다. 의사소통은 송신자의 생각을 상대방이 이해할 수 있도록, 언어 또는 문자로 표현한 신호 혹은 메시지로 송신자와 수신자 간에 문화, 경험, 지식적 배경이 공유되어야 원활해진다.

벌로(Berlo, 1960)의 **SMCR 의사소통 모델**은 의사소통과정에서 필요한 요소를 정보원(Source, S), 전달사항(Message, M), 의사소통경로(Channel, C)와 수신자(Receiver, R)의 4개로 구분하였고, 각 요소를 구성하는 하부요소를 5개씩 나열하여, 각 요소들이 상호작용하여 메시지를 전달하는 과정을 제시하였다. SMCR모델은 정보원으로 송신자(Source)의 의사소통기술, 태도, 지식, 사회적 체계나 문화적 배경에 따라, 부호화된 전달사항(Message)이 의사소통 경로(Channel)를 통해, 수신자(Receiver)에게 전달되는 과정을 설명한 것이다. 벌로(Berlo)의 SMCR 의사소통 모델은 [그림 4-35]이다.

그림 4-35 벌로(Berlo)의 SMCR 의사소통 모델

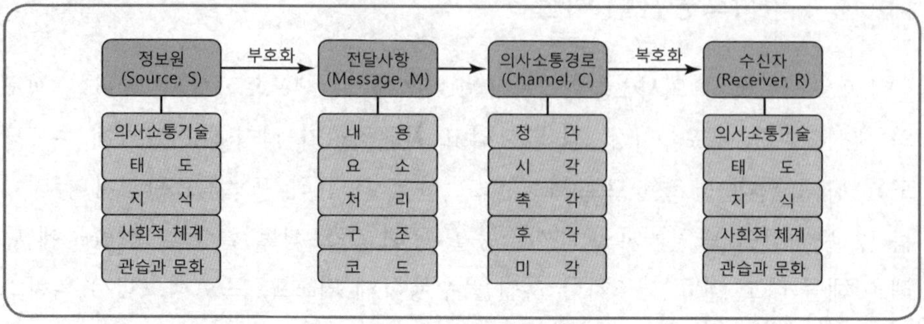

SMCR의사소통 모델이 제시하는 의미는 프로젝트에서 수신자에게 전달된 메시지가 송신자가 원래 의도했던 메시지와 동일할 수도 있으나, 대부분의 경우는 송신자와 수신자는 각자가 가지고 있는 기술, 태도, 지식, 사회적 체계, 관습과 문화에 따라 송신자가 의도한 메시지와 수신자가 받아들이는 메시지는 완전하게 일치하지는 않는다는 것을 보여준 것이다. 프로젝트 구성원의 수에 따라, 의사소통 경로(의사소통 채널 수=N/(N−1)/2, N=의사소통 당사자의 수)는 기하급수적으로 늘어나는 점을 고려하면, 메시지 전달 및 접수의 오차를 인지하여 충분하고 효과적인 의사소통 방안이 필요하다.

프로젝트에서 원만한 의사소통관리를 위해서는 이해관계자를 식별하고, 적절한 의사소통계획을 수립한 후에 관련 정보를 공유하여, 의사소통을 원활히 하고 협력할 수 있는 분위기를 조성하는 것이 필요하다. 프로젝트에서 활용되는 의사소통관리의 주요 수단으로는 회의, 보고회, 워크숍 등을 활용하며, 구성원 간 원만한 의사소통을 위해, 포털, 메일시스템 등 인터넷을 활용한 정보공유시스템이 사용된다. 원만한 의사소통관리를 위해 필요한 기술에는 경청관리, 질문 및 표현관리, 갈등관리, 협상 등이 있으며, 이러한 기술은 프로젝트관리 측면에서 숙지 및 적용해야 할 사항이다.

의사소통관리에 유용한 기술

① 경청관리
② 질문 및 표현관리
③ 갈등관리
④ 협상

8.1.1 경청관리

포춘 100대 기업에서 다섯 번이나 판매왕을 차지한 닉 퍼튼은 비결을 묻는 질문에 "상대방의 말은 문제지와 같다"고 답했다. 문제지를 제대로 읽지 않고 정답을 맞출 수 없다는 의미다. 그만큼 "경청(Hearing, 傾聽)"의 중요성을 강조한 것이다. 프로젝트에서 **경청**이란 프로젝트 이해관계자의 다양한 요구사항을 청취하고 올바로 해석하는 것이라 하겠다. 경청이란 상대방의 말에 귀를 기울여 듣는 것을 말한다. 그러나 상대의 말을 듣기만 하는 것이 아니라, 상대방이 전달하고자 하는 말의 내용은 물론이며, 그 내면에 깔려있는 동기나 정서에 귀를 기울여 듣고, 이해된 바를 상대방에게 피드백하여 주는 것으로, 효과적인 의사소통관리를 위한 중요한 기법이다.

프로젝트에서는 구성원들의 다양한 의사소통채널이 형성된다. 프로젝트관리자는 공식적 · 비공식적 채널을 통해, 전달되는 구성원의 다양한 의견을 올바로 판단하고, 대응할 수 있어야 한다. 경청은 구성원들의 원만한 의사소통을 위한 기본적 수단이자 기술이다. 프로젝트관리자는 경청을 통해 프로젝트 상황을 정확히 이해하고 판단하여야 한다. 프로젝트에서 경청의 효과는 매우 크다. 경청을 하면 상대방은 자신의 상황이나 감정이 인정받았다는 안도감을 갖게 되고, 경청한 만큼 상대방을 신뢰하게 된다. 사람은 누구나 자신의 말에 귀를 기울여 주는 사람과 함께 하고 싶어하기 때문이다.

프로젝트에서는 경청을 통해, 고객의 소리(VOC, VOB)를 정확히 들을 수 있고, 사용자의 요구분석을 명확히 수행할 수 있으며, 프로젝트 구성원에 대하여는 불만, 문제, 이슈에 대한 현상관리를 해결할 수 있는 계기를 마련한다.

경청에서 중요한 것은 **래포**(Rapport)를 형성하는 것이다. 래포는 두 사람 사이의 친밀한 관계를 나타내는 말로, 프로젝트 관리자와 팀원 간에 또는 구성원 간에 래포 형성을 통해, 프로젝트의 성과를 극대화할 필요가 있다.

프로젝트에서 래포를 형성하기 위해 필요한 행동은 다음과 같은 것들이 있으며, 프로젝트 상황에 맞는 적용이 필요하다.

프로젝트 래포 형성 조건

- 타인지향적 사고가 필요하다.
- 언어, 자세, 동작에 대해 일치시키기(Matching) 노력이 필요하다.
- 긍정적 사고가 필요하다.
- 상대의 말에 귀를 기울이고 맞장구(Backtracking)치는 분위기를 형성한다.

프로젝트 경영자, 관리자는 프로젝트 이해관계자의 모든 소리에 귀를 기울이는 노력을 계속해야 한다. 프로젝트에서 "경청"을 통한 "래포 형성"이야말로 모두가 원하는 공감대를 끌어내는 가장 간단한 수단이다. 래포 형성을 위한 효과적인 방법은 프로젝트 책임자가 솔선수범하여 적극적 · 개방적 · **공감적 경청**을 수행하는 것이다. 특히, "공감적 경청"은 프로젝트 래포 형성의 핵심이라고 할 수 있으며, 상대방의 입장에서 듣고 이해하는 것을 말한다. 공감적 경청은 자신의 경험과 비교하며, 자기방어적 입장에서 듣는 자서전적 응답과는 차별화가 되는 개념이다. 공감적 경청을 위한 방법으로 제시되는 사항은 다음과 같다.

프로젝트에서 공감적 경청을 위한 진행 방법

① **이야기 반복**: 팀원의 이야기를 반복하여 말하고 내용을 접수한다.
② **내용 재정리 및 판단**: 팀원이 이야기한 의미를 관리자의 말로 요약한다. 단, 공감적 경청 방법이 효과적인지 분위기를 파악하고, 계속 여부를 결정한다.
③ **감정 파악**: 어조나 몸짓을 파악하고, 이야기 속에 있는 감정을 파악한다.
④ **감정 표현**: 팀원 입장에서 관리자 언어로 팀원 감정을 표현하고 공감한다.

프로젝트에서 구성원 간의 공감적 경청을 위해서는 의사소통 당사자 간의 자세가 중요하다. 상대방이 진정으로 말하는 의미를 파악하되, 문제에 대한 처방을 하기 전에 진단을 통해 상대의 입장에서 이해하고자 노력할 필요가 있다. 프로젝트에서는 상대방을 설득해야 할 경우가 많이 생긴다. 남을 설득할 때 사람들이 저지르는 가장 큰 실수는 자신의 생각과 감정을 표현하려고만 하고, 상대가 정말 원하는 것이 무엇인지를 간과하는 경우가 발생하게 된다. 상대방이 자신을 존중하고 이해하며 자신의 말을 들어주는 것이야말로, 경청의 올바른 자세이며, 프로젝트관리자가 팀원을 이해해 주는 순간부터 프로젝트의 성과는 높이 오르게 된다.

8.1.2 표현 및 질문관리

표현이란 생각이나 느낌을 언어나 몸짓 따위의 형상으로 드러내어 나타내는 것을 말한다. 프로젝트에서 구성원 간의 의사소통은 말과 글만이 아니라 표현을 같이 읽을 수 있어야 상대방의 의도를 더욱 명확히 알 수 있게 된다. 따라서 효과적인 의사소통을 위해서, 상대방이 말할 때는 마음의 눈을 통해서 경청할 필요가 있다. 의사소통 과정에서 표현의 다양성은 인체의 감각기관을 통해 확인될 수 있다. 언어적 표현은 시각 · 청각적 · 촉각적 감각으로 느낄 수 있다. 피부색 변화, 미세근육 움직임, 입술 형상, 호흡 상태, 목소리의 크기 · 높이 · 빠르기 · 리듬, 그리고 손과 팔의 움직임으로 말과 글을 대신한 추가적 표현이 노출된다.

특히 어려운 프로젝트 상황에서는 구성원 간의 표현방법이 거칠어지게 된다. 어려운 상황에 직면하게 되면, 호흡 변화, 피부색 변화, 눈물, 땀, 노려봄, 눈맞춤 회피, 치아 악물기, 주먹 쥐기, 안절부절, 심각한 표정, 얼굴 찡그림, 물러서기, 다가서기 등의 단서나 신호가 나타나게 된다. 따라서 구성원 상호간의 의사소통 과정에서 말과 글 이외의 표현으로 도출되는 다양한 의견을 수렴하여 조치할 필요가 있다. 그래서 프로젝트 관리자 및 구성원은 프로젝트가 어려운 상황일수록 의사소통 과정에서 참을성, 인내, 극복력을 통해 상대방의 감정도 읽을 수 있도록 노력해야 한다.

프로젝트 의사소통관리에서 구성원의 질문관리도 중요한 의사소통수단으로 인식해야 한다. 프로젝트 진행과정에서 많은 공개 · 비공개적 회합을 가지게 되며, 이 과정에서 명료하고 핵심적인 질문은 의사소통을 원활하고 효율적으로 진행시킨다. 구성원 간에 팀장과 팀원 간에 좋은 질문을 통해 의사소통의 효율을 높여야 할 필요가 있으며, 좋은 질문이란 다음과 같은 것이다.

프로젝트 의사소통에 좋은 질문

- 간단명료하게 한다.
- 핵심을 유지한다.
- 적절한 표현을 사용한다.
- 건설적 · 중립적 · 개방적 질문을 한다.

프로젝트 의사소통과정에서 발생하는 질문은 고객의 요구수렴, 프로젝트 이해관계자 간의 사실에 대한 확인, 이유 및 정당성에 대한 확인 등 다양한 목적으로 수행된다. 그리고 질문자에 따라 확인형, 유도형, 가정형, 선택형, 요약형, 개방형 질문의 의도나 내용이 파악되기도 한다. 질문에 대응하는 사람은 질문의 본질적 의도를 파악하여 적절한 대답을 수행하는 기술이 필요하다.

질문자의 의도가 내포된 질문 유형

- 확인형: 사실을 확인하기 위해 또는 이유나 정당성을 확인하기 위해 묻는 질문이다.
- 유도형: 질문자가 원하는 대답을 유도하기 위한 질문이다.
- 가정형: 가정, 예상을 통해 대답을 유도하는 질문이다.
- 선택형: 몇 가지 답을 제시하고 제한적 대답을 요구하는 질문이다.
- 요약형: 핵심적, 단답형 대답만을 요구하는 질문이다.
- 개방형: 질문이 장황하거나 초점이 명확하지 않은 질문이다.

프로젝트에서 고객의 질문은 단순하기도 하지만, 이면에 다른 의도를 내포하고 있는 경우가 있다. 프로젝트 관계자의 이해관계가 복잡할 경우에는 이러한 현상이 심해질 수도 있다. 질문을 통해 답을 찾으려 하기도 하고, 상대의 생각을 자극하여 상황파악, 오픈 마인드(Open mind) 유도, 경청유도를 하며, 자기질문을 통한 자문자답, 자기설득의 질문을 하기도 한다.

8.1.3 갈등관리

갈등(葛藤)의 어원적 의미는 칡덩굴과 등나무 덩굴이 뒤엉킨 복잡한 상태를 뜻한다. 영어(conflict)에서도 "함께"의 의미인 "con(together)"과 충돌의 의미인 "fligere(strike)"을 사용한다. 갈등이란 토마스(Thomas, 1992) 정의에 의하면, "한 당사자가 관심을 갖는 것에 대해, 다른 당사자가 부정적으로 영향을 끼치리라는 인식을 할 때 시작되는 과정"이라고 하였다. 갈등은 주체에 따라 개인갈등, 조직갈등, 공공갈등 등으로 나뉠 수 있다.

갈등관리(Conflict management)란 조직에서 일어나는 갈등의 원인과 갈등의 성격 · 정도 등을 분석하고, 해로운 갈등에 대해서는 해소하거나 완화 조치를 취하되, 정도가 경미하여 조직발전에 도움이 되는 갈등에 대해서는 이를 조장하는 것까지 포함하는 전반적인 갈등의 관리활동을 말한다. 일정기간 동안 이집단의 여러 사람이 모여 업무를 수행하는 프로젝트의 특성을 고려하면, 갈등은 피할 수 없는 해결 과제이다.

프로젝트관리 관점에서 갈등에 대한 인식은 "갈등은 나쁜 것이며, 피해야 한다"는 소극적 방지책보다는 갈등은 피할 수 없는 과제이므로 "갈등은 피하지 말고 관리해서 극복한다"라는 적극적 해결책을 시행하여야 한다. 프로젝트관리 측면에서의 갈등관리는 갈등의 원인, 성격, 정도 등을 분석하고 갈등을 해소 · 억제하는 것이다. 그러나 갈등을 관리한다는 것은 갈등을 단순히 해소시키는 것만을 뜻하지는 않는다. 갈등이라고 모두가 조직에 해만 끼치는 것이 아니며, 그 중에는 오히려 조직의 발전에 도움이 되는 경우도 있다.

그러므로 프로젝트관리 차원에서는 프로젝트 구성원들 간에 선의의 경쟁을 유도하고 조직을 침체 상태에서 벗어나 활성화를 기하기 위해, 갈등을 조장하는 일까지 포함한다. 따라서 프로젝트에서는 갈등을 보는 시각을 다음의 3가지로 넓혀 보는 것이 필요하다.

프로젝트에서 보는 갈등에 관한 3가지 관점

① 전통적 관점

- 모든 갈등은 나쁜 것이며 따라서 제거해야 할 대상으로 본다.
- 갈등의 원인제거에 초점을 맞춘다.

② 인간관계적 관점

- 갈등은 자연스러운 현상이다.
- 수동적으로 양해나 양보를 강조한다.

③ 상호작용적 관점

- 때로는 고취시키고, 때로는 억제하여야 할 대상으로서 갈등을 본다.
- 조직에서 적절한 수준의 갈등은 필요하다는 인식이다.

갈등이 높아지게 되면 프로젝트 효율에 영향을 미쳐, 궁극적으로 프로젝트 목표달성에 적신호가 켜지게 되므로, 프로젝트 관리자뿐 아니라 프로젝트 수행기관에서도 프로젝트 팀원의 갈등이 해소될 수 있는 프로그램 운영에 관심을 가져야 한다. 성공적인 갈등해소는 프로젝트 생산성을 높이고 일에 대한 만족감을 통해, 고객대응 및 고객만족이 강화된다. 프로젝트 수행 환경에서 발생하는 갈등을 처리할 경우에는 갈등관리 프로세스에 의거, 체계적으로 해결할 수 있도록 노력을 기울여야 한다. 프로젝트 환경에서 적용할 수 있는 갈등 발생 및 해소 프로세스는 다음과 같다.

프로젝트 갈등발생 및 해소 프로세스

1) 갈등인식

- 조직불만, 의사소통 미흡, 역할과 책임 불분명, 목표 불일치, 권위적 관리 등 기대치와 실제 행동 간의 차이로 인해 갈등을 인식한다.
- 갈등이 구성원 정서에 영향을 주어 불안, 불만, 적개심 등을 느낀다.
- 승승(win-win) 상황보다 제로섬(Zero-sum) 상황에서 갈등이 커진다.

2) 갈등해소 전략

- 갈등을 해소하고자 하는 전략은 갈등 당사자 간의 만족 정도 및 이해에 따

라 차별적인 대안을 선정할 수 있다.

- 갈등해소를 위해 생각할 수 있는 전략으로 직면(Confronting), 강요(Forcing), 수용(Accommodating), 회피(Avoiding), 절충(Compromising)의 5가지 갈등해소 전략 유형을 생각할 수 있다.

3) 전략실행

- 갈등해소를 위한 전략의 설정은 행동으로 실행되어야 한다.
- 프로젝트관리 측면에서 적절한 수준의 갈등이 필요하다고 인정되는지를 판단하고, 갈등해소 전략과 갈등촉진 전략을 적용한다.

4) 결과관리

- 갈등해소 전략이 성공적으로 수행되면, 순기능적 결과로 의사결정의 질적 수준이 향상되고, 효율증대 및 성과창출 결과를 낳게 된다.
- 갈등해소 전략의 실패는 구성원의 불만을 키우고 공감대가 저하되어, 프로젝트의 역작용을 불러 올 수 있다.

5가지 갈등해소 전략 유형

1) 직면(Confronting)

갈등해소의 가장 적절한 대안을 선택하여, 상황에 직면하여 문제를 해결(Confronting & Problem solving)하는 전략이다. 시간은 오래 걸리지만 가장 민주적인 방법이다. 상호 솔직한 대화를 통해, 갈등의 원인의 파악하고 문제를 해결하려는 노력이 필요하다. 협력(Collaborating)은 여러 사람 관점에서 견해를 통합하여 합의와 수용을 유도하고, 차이점을 깊게 관찰하여 갈등을 해소하는 것으로 역시 "Win-Win" 갈등해결 전략에 해당된다.

2) 강요(Forcing)

한쪽 의견만 수용하고, 다른 편은 희생되는 "Win-Lose" 갈등해결 전략이다. 상황이 긴급한 경우 사용하나 가장 좋지 못한 갈등해결책이다.

3) 수용(Accommodating)

갈등을 원만하게 수용하거나 완화(Accommodating & Smoothing)하여 해결하는 방안이다. 차이보다는 일치되는 부분을 강조하며, 일정 부분 양보하여 의견을 수용한다. 상대의 호감을 얻을 수 있으나, 갈등의 근본적 원인 해결은 피하게 된다. "Lose-Win" 갈등해결 전략이다.

4) 회피(Avoiding)

갈등 상황에서 피하거나 물러나는 회피 또는 철수(Avoiding or Withdrawal) 전략이다. 사소한 문제로 발생하는 갈등에 대해 사용하며, "Lose-Win" 전략이다.

5) 절충(Compromising)

서로 양보해서 원하는 결과를 얻는 잠정적 해결안이다. 관련자 모두가 일정 수준 양보하는 수준에서 해결책을 찾는 "Lose-Lose" 전략이다.

프로젝트에서 갈등은 참여자의 성향, 업무 스타일, 일의 우선순위, 규정, 제도, 관습 등 다양한 원인에 의해 발생되며, 특히 프로젝트관리 차원에서 엄격한 규정 적용, 촉박한 일정 및 업무관리, 획일적 업무진행은 팀원의 갈등을 높여준다. 프로젝트에서 발생하는 갈등의 유형에는 개인 내부갈등, 개인과 개인갈등, 개인과 집단갈등, 집단과 집단갈등의 4가지 유형이 존재한다.

프로젝트 갈등 유형

① 개인 내부갈등
② 개인과 개인갈등
③ 개인과 집단갈등
④ 집단과 집단갈등

프로젝트에서 발생하는 조직차원에서의 갈등해소 대책은 전체 구성원에 영향을 미치는 중요한 사안이다. 전체 조직적 차원에서 갈등을 해소하기 위한 전략으로는 전원이 수용할 수 있는 갈등해소 대책의 수행이 필요하다. 또한 갈등해소를 위한 행동규범의 설정과 실천도 필요하다.

전원이 수용할 수 있는 갈등해소 대책의 수행

- 비전 및 상위 목표의 명확화
- 실현 가능한 프로젝트 수행전략
- 자원의 확충
- 조직구조 개편
- 조정기능 도입
- 일관된 명령과 지휘체계

갈등해소를 위한 행동규범의 설정과 실천

- 동등하게 대우한다.
- 개방적으로 행동한다.
- 상대를 공감하고 지지한다.
- 적극적으로 대처한다.

8.1.4 협 상

협상(Negotiation)이란 분쟁이 발생했을 경우, 양 당사자가 대화로 분쟁을 해결하는 방법을 말한다. 프로젝트에서의 협상은 프로젝트 진행과정에서 발생할 수 있는 고객 또는 프로젝트 이해관계자와의 분쟁을 해결하기 위한 노력이며, 협상을 위해 책임자들이 회의를 통해 문제를 해결하기도 한다. 분쟁타결 의사를 가진 당사자들 사이에 양방향 의사소통을 통해, 상호 만족할 만한 수준으로의 합의점에 이르는 과정이 된다. 이러한 협상은 협상 당사자의 입장에서 보면, 상대방과의 의사소통 및 결정과정을 통해, 자신의 본질적 이해를 증진시킬 수 있는 수단이 된다.

프로젝트에서 협상이 필요한 경우에 준수해야 할 기본 태도는 효율적인 진행을 통해 상호 합의점을 찾아가되, 최악의 사태로 가지 않도록 하는 것이다. 따라서 협상에서 적용하는 원칙은 사람과 업무상 문제를 분리하고, 쌍방의 이해관계에 초점을 맞추어 상호 이익이 되는 최적안을 선택하는 일이다. 협상의 형태에 따라 승패협상(Win-Lose Negotiation), 승승협상(Win-Win Negotiation), 패패협상(Lose-Lose Negotiation)이 될 수 있으나, 최상의 선택은 승승협상이 되어야 한다.

승승협상의 상황이 되기 위해서는 열린 마음, 솔직함, 상대방의 욕구에 대한 감지, 그리고 신뢰와 유연성 있는 태도가 필요하다. 프로젝트에서 발생하는 분쟁의 해결을 위한 협상전략은 분배적 협상(Distributive Bargaining), 통합적 협상(Integrative Bargaining)으로 구분할 수 있다. 분배적 협상은 한정된 양의 자원을 나누어 가지려고 하는 제로섬 상황의 승패(Win-Lose)협상이 되므로, 분쟁 당사자들 간의 승승(Win-Win) 해결책을 창출하는 타결점을 찾으려는 통합적 협상이 필요하다.

협상의 진행과정은 준비, 예비협상, 본협상, 종결의 4단계로 구분하여 진행한다. 구체적 내용은 다음과 같으며 프로젝트에서는 이해관계자 또는 고객과 중요한 이슈가 발생될 경우 협상 프로세스를 적용할 수 있다.

협상진행 프로세스

① 협상준비

- 상대방의 파악과 이해
- 정보수집 및 분석
- 의제 검토, 목표 기대치 설정, 대안 준비, 협상전략 및 전술
- BATNA(Best Alternative to Negotiated Agreement, 협상안에 대한 최선의 대안)의 정의

② 예비협상

- 본 협상 진행절차 및 방법의 공유
- 의제 확인, 장소 및 시간 결정, 참석자 결정, 협상방식 결정

③ 본협상

- 분위기 조성을 위한 아이스브레이킹(Icebreaking)
- 큰 틀의 합의를 위한 프레젠테이션(Presentation)
- 첫 제안의 중요성 인식
- 양보와 설득의 유연한 사고
- 승승(Win-Win)전략 선택

• 재협상 또는 합의문 초안 작성

④ 종　　결

• 합의문 공식

• 협상결과의 실행

이해당사자가 직접 나서서 분쟁의 실마리를 해결할 수 없을 경우에는 전략적으로 **제3자 협상**(Third-party negotiation)을 할 수 있다. 제3자 협상에서는 중재자, 재결자, 조정자, 상담자가 제3자 입장에서 역할을 수행한다.

제3자 협상의 역할 구분

- **중재자**(Mediator): 중립적인 제3자 입장에서 해결책을 찾고 도와주는 역할을 수행한다.
- **재결자**(Arbitrator): 협상·합의를 결정할 수 있는 권한을 지닌 제3자로서, 자발적이든 강제적이든 협상을 종결시키는 역할을 수행한다.
- **조정자**(Conciliator): 비공식적인 의사소통의 연결 역할을 수행하고, 실제로는 중재자의 역할도 겸한다.
- **상담자**(Consultant): 분쟁이나 이슈에 대해 도와주는 역할을 수행한다.

당사자 협상이든지 제3자 협상이든지, 프로젝트에서 협상이 올바로 진행되기 위해서는 다음과 같은 사항을 숙지해야 할 필요가 있다.

프로젝트 협상 숙지사항

- 체크리스트를 개발하여 철저히 준비한다.
- 협상 준비단계에서 BATNA(Best Alternative to Negotiated Agreement, 협상안에 대한 최선의 대안)를 발굴한다.
- 승승(Win-Win)전략의 협상을 한다.
- 쌍방의 욕구를 만족시키는 창조적 대안 개발이 필요하다.
- 합리적 논리를 개발한다.
- 좋은 인간관계를 형성하고, 직통 의사소통 채널을 준비한다.

프로젝트에서 이해관계자 간의 원만한 의사소통을 관리하기 위해서는 사전에 체계적인 의사소통관리 계획을 수립하고, 이해관계자 간에 공식적 또는 비공식적 정보를 공유하여, 관련자 상호간에 기대하는 사항을 충족시켜, 프로젝트 목적을 달성하는 데 기여해야 한다. 따라서 프로젝트 의사소통관리를 위해서는 프로젝트와 관련한 이해관계자의 식별, 의사소통계획의 수립, 관련 정보의 공유, 이해관계자의 요구사항 충족을 통한 기대사항 관리, 그리고 프로젝트 성과를 수집하고 배포하는 프로세스로 구성된다.

프로젝트 의사소통 관리 프로세스

① 이해관계자 식별(Identify stakeholders)
② 의사소통계획 수립(Plan communications)
③ 정보의 배포(Distribute information)
④ 이해관계자 기대사항 관리(Manage stakeholders expectations)
⑤ 성과보고(Report performance)

8.2 이해관계자 식별

이해관계자(Stakeholder)란 프로젝트에 직·간접으로 영향을 주고받는 조직이나 사람을 의미한다. 프로젝트에 영향을 미치는 이해관계자(Stakeholder)는 프로젝트에 따라 다양하게 구성된다. 그리고 이해관계자의 요구나 기대치에 부응하는 것은 프로젝트관리자의 기본적 역량에 해당한다. 따라서 이해관계자를 식별(Identify stakeholders)하는 것은 프로젝트의 요구사항을 관리하는 것과 마찬가지로 중요한 사안이다.

이해관계자를 식별하기 위해서는 프로젝트의 이해관계자가 누구이며, 어느 조직인지를 열거하여 분류하는 것이 우선이다. 그리고 분류된 이해관계자별로 프로젝트와 관련한 이해관계(Interest) 및 권력(Power)를 확인하여, 적정한 의사소통 대응책을 마련하고 시행하는 것이 필요하다. 이해관계자의 분류와 이해관계의 문서화는 다음과 같다.

이해관계자 분류와 이해관계 문서화

1) **이해관계자 분류:** 프로젝트에 직·간접적으로 영향을 미치는 모든 사람이나 조직을 도출하여 이해관계자 명단을 작성한다. 고객 및 사용자, 스폰서, 수행조직, 지원조직 등이 해당된다.
2) **이해관계 문서화:** 이해관계자별로 프로젝트와 관련한 이해사항, 기대치, 권한, 책임, 중요도, 영향력에 대해 문서화를 한다. 이해관계를 구체화한 문서는 이해관계자에 대한 접근전략을 수립하는 데 중요한 자료가 된다. 프로젝트 팀원 모두 자신이 참여하고 있는 프로젝트의 이해관계자를 알 수 있고, 이해관계자별로 이해관계 정도를 확인할 수 있는 이해관계자 권력(Power) 및 관심도(Interest) 도표를 작성하여, 상황에 맞는 이해관계자 대응책을 수행하는 것도 프로젝트 의사소통관리의 좋은 방법이다. [그림 4-36]의 이해관계자 **권력 및 관심도**에서와 같이, 이해관계자가 권력도 많고 프로젝트에 대한 관심도 높으면 밀착관리가 필요하다. 권력 및 관심도의 수준에 따라 만족도 제고 활동, 정보공유 활동을 수행할 필요가 있으며, 권력 및 관심도가 모두 낮은 이해관계자에 대하여는 관찰 수준의 관리를 수행한다.

프로젝트관리자는 프로젝트 이해관계자를 올바로 식별하고, 이해관계자별 기대치에 부응하는 대응전략을 시행하는 것이 프로젝트를 성공적으로 수

그림 4-36 이해관계자 권력 및 관심도 도표(PMBOK)

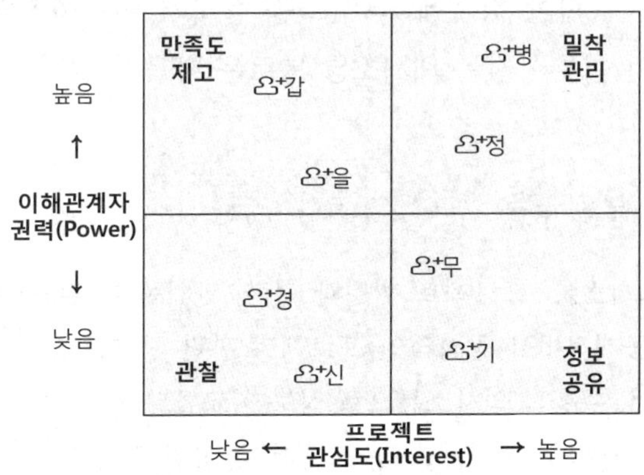

행할 수 있는 기반을 조성하는 것이다. 이해관계자의 식별을 위해서는 프로젝트의 계약조건 및 프로젝트 헌장과 같은 공식적 문서를 명확히 이해하여, 수행하는 프로젝트의 이해관계자 등록부를 작성토록 해야 한다. 특히 프로젝트의 중요한 이해관계자가 관리대상에서 빠지지 않도록 하기 위해서는 프로젝트 경영자 확인 또는 경험자의 지원을 받는 것도 필요하다.

8.3 의사소통계획 수립

의사소통계획 수립(Plan communications)이란 이해관계자들의 정보에 대한 요구사항을 분석하고, 의사소통 내용, 방법, 시기, 대상, 빈도 등을 결정하는 것이다. 프로젝트가 진척되면서 고객, 후원자, 사용자는 프로젝트에 대한 구체적 과업 이행여부나 진척상황을 알고 싶어한다. 또한 프로젝트 구성원들도 자신과 관련한 전체 프로젝트의 이슈나 현황을 파악하여야 적절히 대응할 수 있게 된다. 프로젝트 의사소통계획은 이해관계자 전체에게 적시에 적절한 정보를 제공 또는 공유하여, 프로젝트 정보 격차에 따른 비효율, 비효과적 요인을 제거하는 데 기여하게 된다.

조직에서 이루어지는 정보의 교류는 하향식 의사소통, 상향식 의사소통, 수평적 의사소통, 대각선 의사소통 등 다양한 통로를 통해 이루어진다. 프로젝트에서도 이러한 의사소통 통로를 통해 정보가 교환되므로, 프로젝트 의사소통 관리계획을 수립할 경우에, 의사소통 통로가 어떠한지를 확인하여야 한다. 프로젝트에서 이루어지는 **의사소통 통로**는 다음과 같다.

의사소통 통로 분류

① **공식적 의사소통**: 프로젝트 비전과 전략, 과업목표, 절차 및 방법론, 성과 피드백 등 공개적이고 공식적인 프로젝트 관련 정보를 교류한다. 상향식, 하향식, 대각선, 수평적 의사소통으로 정보가 교류된다.

- **상향식 의사소통**: 상사, 고객, 스폰서 등 상위 관리자나 조직과의 정보 교류
- **하향식 의사소통**: 팀원이나 하위 조직과의 정보 교류

- **대각선 의사소통**: 고객, 주관기관, 협조기관 등 타 조직이나 팀과의 정보 교류
- **수평적 의사소통**: 팀 동료 간의 정보 교류

② **비공식적 의사소통**: 불완전한 프로젝트의 비공식적 정보 교류로서, 전달속도 빠르나 부정확한 정보가 많다. 포도넝쿨 방식의 의사소통이 전개된다.

- **포토넝쿨 의사소통**: 비공식적 의사소통에서 흔히 사용되는 의사소통 형식이다. 전파속도가 빠르나, 정확하지 않은 정보가 혼재되어 있다. 프로젝트의 변화가 많거나 불안한 상황에서 많이 발생한다. 포도넝쿨과 같은 비공식적 의사소통이 활성화되면, 프로젝트에 나쁜 효과를 가져다 주는 경우가 많으므로 프로젝트 관리자는 열린 의사소통 채널의 유지가 필요하고, **포도넝쿨 리더**의 발굴과 교정으로 불안, 갈등, 오해를 감소시키고, 프로젝트의 만족도를 제고해야 한다.

의사소통 계획수립시에는 프로젝트에 적합한 의사소통 방법이 무엇인지를 결정해야 한다. 의사소통 방법은 의사소통 당사자의 수나 교환정보의 질이나 양에 따라 다르게 정할 수 있으나, 일반적으로 대화식, 전달식, 유인식 **의사소통 방법**을 사용한다.

의사소통 방법 분류

① **대화식 의사소통**: 둘 이상의 당사자 간 의사소통 방식(Interactive communication)으로 대화, 회의, 전화 등 직접적인 의사소통 방법으로 가장 효율적이다.

② **전달식 의사소통**: 특정 수신자를 대상으로 정보를 전달하는 의사소통 방식(Push communication)으로 메일, 보고서, 프레젠테이션, 메모 등을 사용하는 방법이다.

③ **유인식 의사소통**: 대규모 수신자 집단이나 대량의 정보를 공유할 때 활용하는 의사소통 방식(Pull communication)으로 인트라넷(intranet), 온라인 학습(e-learning), 지식 저장소(Knowledge repository) 등을 사용하는 방법이다.

연구에 의하면, 동일 언어 문화권에서도 의사소통의 30%는 말로, 나머지 70%는 비언어적 행동으로 이루어진다는 결과가 있다. 전체 의사소통의 70%가 비언어적 의사소통(Non-verbal communication)인 것이다. 이러한 사실은 글로벌(Global) 환경에서 다국적 구성원이 구성될 경우 말(Verbal)로만 하는

의사소통으로는 한계가 있음을 보여주는 것이다. 특히, 한정된 시간과 자원으로 목표를 달성해야 하는 프로젝트에서는 프로젝트관리자의 언어·비언어에 대한 종합적 의사소통관리 정책이 중요하다. 언어적 의사소통과 비언어적 의사소통은 다음과 같이 분류할 수 있다.

언어 · 비언어 의사소통

① 언어적 의사소통(Verbal communication)

- **공식적 언어(Formal verbal) 의사소통**: 프로젝트의 공식적 회의, 프레젠테이션, 구두보고에 사용한다.
- **비공식적 언어(Informal verbal) 의사소통**: 토론, 대화 등 신속, 효율적으로 진행시에 사용한다.

② 비언어적 의사소통(Non-verbal communication)

- **공식적 문서(Formal written) 의사소통**: 계약서, 제안요청서, 사업수행계획서, 변경요청서 등 빈번하진 않지만, 프로젝트 필수 문서에 사용한다. 정보화 수단의 활용증가로 전자문서(e-mail)가 공식적 문서로 분류되기 시작하고 있다.
- **비공식적 문서(Informal written) 의사소통**: 전자우편, 메모, 정보전달 등 빈번히 사용한다.

의사소통은 두 사람 이상의 사람들 사이에 언어·비언어 등의 수단을 통하여, 자기들이 가지고 있는 의사, 감정을 전달하고, 피드백을 받으면서 상호작용하는 과정을 말한다. 프로젝트 조직에서 프로젝트관리자의 대부분 역할은 의사소통을 통해 이루어진다. 그리고 프로젝트관리자 입장에서 의사소통은 팀원의 동기를 부여하고, 좋은 의사소통에 따라 궁극적 영향력과 권력을 행사하게 된다. 따라서 프로젝트에서는 이해관계자에 대한 의사소통 관리전략을 올바로 수립해야 한다.

프로젝트 이해관계자의 이해사항, 기대사항 등에 대해 어떻게 의사소통하여 프로젝트에 긍정적인 영향을 미치도록 할 것인가에 대한 전략을 수립하고, 체계적으로 대응하는 것이 필요하다. 프로젝트 조직에서 효과적인 의사소통 전략을 수립하기 위해서는 다음과 같은 사항의 고려가 필요하다.

효과적인 의사소통 전략수립 고려 사항

- 과업과 이해관계자를 숙지하고 의사소통 맥을 감지한다.
- 다양한 의사소통 방법과 통로를 사용한다.
- 단순, 신속, 명확한 의사소통 방법을 찾는다.
- 프로젝트 종료까지 지속적 의사소통을 한다.
- 일방통행식 의사소통을 없앤다.
- 주요 의사소통 결과는 피드백한다.

CASE STUDY

▮ 의사소통 이행방법 예시

- 프로젝트 현장에서 의사소통 관리계획서에 포함하는 의사소통 방식별 이행방법, 그리고 의사소통 실행 기본계획표는 〈표 4-24〉 및 〈표 4-25〉와 같다.

〈표 4-24〉 의사소통 방식별 이행방법(예시)

방식 구분		의사소통 이행방법		
		통 로	방 법	산 출 물
마일스톤 (Milestone) 보고	착수보고	상향식	전달식(집합회의/ 프레젠테이션)	착수보고서
	분석보고	상향식	대화식(메일/지식저장소)	분석결과보고서
	개발보고	상향식	전달식(메일)	개발완료보고서
	종료보고	상향식	전달식(집합회의/ 프레젠테이션)	종료보고서
정기보고	주간보고	상향식 하향식	대화식(집합회의) 전달식(지식저장소)	주간보고서 주간보고 회의록
	월간보고	상향식	대화식(집합회의)	월간보고서/회의록
비정기 보고	수시보고	구두/메일/ 자유양식	전달식(구두/메일/메모) 유인식(포털)	회의록 및 검토서

〈표 4-25〉 의사소통 실행 기본계획표(예시)

구 분	일시 · 장소	정보내용	대 상 자	보고체계
마일스톤 －착수보고	00년 0월 0일, 14시 대회의장	• 프로젝트 범위, 일정 • 책임과 역할 • 이슈 및 대응방안 등	주관기관 오너 핵심사용자 팀전원	PM → 주관기관 책임자
마일스톤 －종료보고	00년 0월 0일, 14시 대회의장	• 프로젝트 진행경과 • 주요 성과지표 • 향후 계획	주관기관 오너 핵심사용자 PM, PL	PM → 주관기관 책임자
정기보고 －주간보고	매주 월요일 프로젝트사무실	• 업무 진행 현황 • 차주 업무 계획 • 주요 업무 이슈	PM/PL, 고객실무자	PL → PM → 주관기관사용자/ 책임자
정기보고 －월간보고	매월 3일 프로젝트회의실	• 업무 진행 현황 • 차월 업무 계획 • 주요 업무 이슈	PM/PL, 고객실무자, 관리자	PL → PM → 주관기관사용자/ 책임자
비정기보고 －수시보고	필요시	• 주요현안 • 이슈 및 위험현황	PM/PL/개발자	팀원 → PL → PM

프로젝트 의사소통 관리계획서에는 이해관계자와의 원만한 의사소통을 위하여, 프로젝트에서 사용할 의사소통 기법, 적용 방법, 시기 등이 작성된다. 이해관계자 의사소통 요구사항, 전달할 정보, 정보 배포방식과 주기 및 시점, 정보책임자 및 담당자, 정보수신자 또는 그룹 등이 정의되는 것이다. 프로젝트 상황에 따라 의사소통 관리계획서는 별도로 작성하거나, 프로젝트관리 계획서 또는 사업수행계획서에 포함하여 작성할 수 있다.

9 리스크 및 이슈 관리계획 수립

프로젝트 계획단계의 리스크관리(Risk Management) 지식영역에서 이루어지는 업무는 리스크 및 이슈 관리계획 수립이다. 리스크 및 이슈 관리계획 수립에는 리스크관리 계획 수립, 이슈관리 계획 수립 업무활동이 있다. 리스크관리계획 수립은 리스크의 식별, 계량화, 대응, 감시 및 통제와 관련한 체계적 수행 방법을 계획하는 것이며, 이슈관리 계획 수립은 프로젝트 발생 이슈에 대한 관리를 어떻게 수행할 것인지를 정의하는 것이다.

본 절에서는 프로젝트 라이프사이클 2단계인 "Ⅱ. 계획"에서의 여덟 번째 업무로, 리스크관리 지식영역에 포함되는 "리스크관리 계획 수립," "이슈관리계획 수립"에 대해 설명한다.

그림 4-37 계획단계의 리스크 및 이슈 관리계획 수립 업무활동 내역

Ⅱ. 계 획			
	[1] 통합계획 수립	[2] 요구정의 및 범위계획 수립	[3] 일정계획 수립
	[4] 원가산출 및 예산결정	[5] 품질 및 감리계획 수립	[6] 인적자원계획 수립
	[7] 의사소통계획 수립	**[8] 리스크 및 이슈관리계획 수립**	[9] 조달관리계획 수립

업 무	활 동	설 명
[8] 리스크 및 이슈 관리 계획 수립	리스크관리 계획 수립	리스크의 식별, 계량화, 대응, 감시 및 통제와 관련한 체계적 수행 방법을 계획한다.
	이슈관리 계획 수립	프로젝트 발생 이슈에 대한 관리를 어떻게 수행할 것인지를 정의한다.

9.1 프로젝트 리스크

위험(危險)의 국어 사전적 의미는 "해로움이나 손실이 생길 우려가 있거

나 또는 그런 상태"를 말한다. 영어의 "**리스크**(Risk)"에 대한 의미는 "손해나 불행한 일이 발생할 가능성이나 원인(Source of danger or possibility)"을 나타내는 부정적 의미로 사용되나, 긍정적으로는 "좋은 결과(Favorable outcome)를 기대하며 손실을 감내하는 모험(Venture)"의 의미로 사용하기도 한다. 프로젝트관리 측면에서의 위험요소는 프로젝트 목표달성에 위협이 되는 요인이기도 하지만, 프로젝트 목표달성 및 성과창출을 위해, 긍정적 측면에서 위험요인을 관리하기도 한다. 본서에서는 프로젝트에서 발생하는 위험(危險)을 긍정적인 측면과 부정적인 측면의 포괄적 의미로 해석하여 위험보다는 리스크(Risk) 용어를 사용한다.

1964년 하버드 비즈니스 리뷰(Harvard Business Review: HBR)를 통해, 헤르츠(David B. Herts)가 의사결정이 요구되는 상황에서 필요한 리스크분석(Risk analysis)을 제시한 이후, 리스크관리에 대한 개념은 여러 분야에 확산되어 적용되었다. 모든 프로젝트에는 불확실성에 따른 리스크가 존재한다. 프로젝트관리 측면에서의 리스크란 불확실한 프로젝트 환경에 따라, 목표달성에 영향을 미치는 요인이다. 프로젝트 일정을 짧게 잡았거나, 적합한 인력을 투입하지 못하면, 프로젝트의 목표달성에 영향을 줄 수 있어, 리스크 요인으로 등록하고 사전에 대응책을 마련해야 한다.

프로젝트관리 측면에서의 부정적 의미와 긍정적 의미를 포괄하는 리스크는 다음과 같은 의미를 가진다.

프로젝트 리스크의 이해

① 현재는 발생하지 않았으나, 향후 발생할 가능성(Probability)이 있는 사건이다.
② 사건이 발생할 경우에 프로젝트의 성패에 영향(Impact)을 준다.
③ 적절한 대처는 프로젝트의 기회(Opportunity) 요인으로 작용한다.

프로젝트의 리스크 요인은 발생에 따른 파급효과에 따라, 프로젝트에서 감내할 수 있는 수준의 리스크는 허용 한도 내에서 수용할 수 있으나, 허용한도를 벗어나는 리스크 요인은 대응책을 수립하여 시행하여야 한다. 그리고 프로젝트에서는 불확실성 요인에 따라, 예상하지 못했던 리스크가 발생했을 경우를 대비하여, **비상계획** 또는 **우발사태계획**(Contingency plan)을 수립한다. 프로젝트에서 비상계획 또는 우발사태계획이라는 것은 홍수나 지진 같은 자연 재해 또는 시스템 장애 등의 재난으로부터, 조직의 주요 업무기능에 대해 일의 연속성을 보장하고, 업무피해를 최소화하기 위해 사전에 준비하는 계획 및 준비를 말한다.

프로젝트 리스크는 발생 범주에 따라, 외부 또는 내부 요인으로 분류하여 관리할 수 있으며, 다음과 같은 종류의 리스트 요인이 있다.

발생에 의한 리스크 요인 분류

1) 외부 리스크
- 예측 가능 리스크: 환율, 재료비, 인플레이션, 세금, 시장요인, 사회적 요인
- 예측 불가 리스크: 자연재해, 정책, 시스템 장애, 우연 발생요인

2) 내부 리스크
- 관리적 리스크: 범위, 일정, 비용, 자재, 인적요인, 계획
- 기타 리스크: 기술적 리스크, 제도/법적 리스크 등

리스크 발생 유형은 산업분야 및 프로젝트 특성에 따라 달리 표현할 수 있다. 건설분야 및 소프트웨어 개발 분야의 리스크 유형을 예시하면 〈표 4-26〉 및 〈표 4-27〉과 같다.

〈표 4-26〉 건설분야의 리스크 유형 예시

분류기준	리스크 발생 유형
리스크 성격	• 물리적 리스크 • 환경적 리스크 • 천재지변 • 정치적 · 법적 · 제도적 리스크 • 재정적 · 경제적 리스크
진행 단계별	• 타당성 분석단계의 리스크 • 계획단계의 리스크 • 설계단계의 리스크 • 시공단계의 리스크 • 사용 및 유지관리단계의 리스크 • 미래환경변화에 대비한 장기성 리스크

〈표 4-27〉 소프트웨어 분야의 리스크 유형 예시

부 분	발생유형	내 용
사업관리 부문	개발인프라	H/W, 시스템S/W, 사용성, 숙지성, 신뢰성, 시스템지원
	자 원	일정, 인력, 원가, 재료
	계 약	조건, 종속성, 법률 및 제도
	고객/사용자	고객, 공급자, 협력관계, 정책
	아웃소싱	협력업체, 외주인력
	과 업	전제조건, 제약사항, 이행가능성
단계별 개발활동 부문	요구사항	완전성, 안전성, 정확성, 검증가능성, 추적성, 변경/추가/삭제
	분석 및 설계	기능성, 성능, 구현가능성, 인터페이스, 아키텍처 분석 완전성, 설계변경, 외주분야
	개 발	편의성, 에러, 요구사항 이행, 유지보수
	통합 및 테스트	테스트 적절성, 인터페이스, 통합, 성능
	품질특성	유지보수성, 신뢰성, 안전성, 보안, 중간 산출물
개발인프라 부분	작업환경	협조, 품질인식, 사기, 의사소통
	개발절차	표준화, 방법론

9.2 리스크 분석기법

프로젝트의 **리스크분석**은 객관적이고 계량적인 정보와 자료를 통계적으로 처리하여, 특정 리스크의 발생 가능성과 잠재적 결과를 계량화하는 것이다. 인위적으로 다양한 유형의 리스크 변수를 조작하여, 리스크 발생 상황을 예측 통제하기 위해, 리스크 발생 가능성을 그래프나 확률 등으로 표현하고, 잠재적 결과를 계량화된 수치로 제시하는 것이다.

리스크분석을 위한 방법에는 **정성적 리스크분석**(Qualitative Risk Analysis) 방법과 **정량적 리스크분석**(Quantitative Risk Analysis) 방법이 있다. 프로젝트의 효율적인 분석을 수행하기 위해 우선적으로 정성적 리스크분석을 수행하나, 리스크의 발생 확률이나 리스크 발생에 따른 파급효과를 계수적으로 평가하거나 추가적으로 계수화 분석이 필요할 경우에는 정량적 리스크분석을 사용한다. 리스크분석에는 다양한 방법이 존재하며, 다음과 같은 정성적 리스크분석과 정량적 리스크 분석기법을 많이 활용한다.

정성적 리스크 분석기법

- 리스크 확률-영향평가(Risk Probability and Impact assessment)
- 확률-영향 매트릭스(Probability and Impact matrix)
- 리스크 긴급성 평가
- 전문가 판단

정량적 리스크 분석기법

- 확률분석(Probability analysis)
- 모델링 및 시뮬레이션(Modeling & Simulation)
- 민감도분석(Sensitivity analysis)
- 몬테카를로 시뮬레이션(Monte Carlo Simulation)
- 금전적 기대값(Expected Monetary Value: EMV)
- 의사결정 나무분석(Decision tree analysis)
- 베이시안 분석(Bayesian analysis)
- 포트폴리오 분석(Portfolio analysis)

9.2.1 정성적 리스크 분석기법

1) 리스크 확률-영향평가

리스크 **확률-영향평가**(Risk Probability and Impact Assessment)는 식별된 리스크별 발생 확률과 영향을 조사하여, 정성적 또는 계량화된 척도를 활용하여 평가한다.

- **확률평가**: 리스크 발생 가능성에 대한 평가로서, 일반적으로 3단계(높음: 90%, 보: 50%, 낮음: 10%) 또는 5단계(매우 높음: 90%, 높음: 70%, 보통: 50%, 낮음: 30%, 매우 낮음: 10%) 척도로 구분하여 평가하며, 프로젝

트 특성에 맞추어 척도는 변경 활용이 가능하다.

- 영향평가: 위험과 기회를 모두 포함한 일정, 원가, 범위, 품질 등의 프로젝트 목표에 대한 잠재적인 효과를 평가한다. 확률과 같이 3단계 또는 5단계의 척도를 사용한다.

확률 및 영향평가에 따른 리스크 평가가 객관적 기준으로 활용되기 위해서는 프로젝트에 적합한 척도의 각 등급별 기준을 정의해야 한다. 즉 발생 확률 및 영향의 각 단계를 어떻게 판정할 것인지에 대한 판단기준을 제시하여야 한다. 그리고 발생 가능성이나 일정, 원가, 품질 등 프로젝트 목표에 미치는 영향을 평가하기 위해서는 리스크 전문가 및 담당자가 참석한 회의나 면담을 통해 객관적인 기준이 설정되어야 한다.

확률-영향평가 결과에 따라 리스크 등급이 매겨지며, 우선순위에 따라 등급이 높은 리스크에 대한 대응계획을 수립하고 이행하되, 리스크 등급이 낮은 리스크는 리스크 감사 목록에 기록하여 향후 감시를 준비한다.

2) 확률-영향 매트릭스

확률-영향 매트릭스(PI Matrix, Probability and impact matrix)는 리스크 발생 가능성을 확률로 정의하고, 범위, 일정, 비용, 품질 등에 대한 영향도를 정성적 또는 계량화된 수치를 활용하여 정의하여 평가한다. PI 매트릭스에서는 리스크 확률-영향평가와 같이 발생 가능성에 대한 확률평가를 정의한다. 리스크 영향도는 〈표 4-28〉과 같은 기준 정의표를 만들어 활용하며, 프로젝트 특성에 맞도록 수정 활용이 필요하다.

식별된 리스크의 정성적 분석을 위해, 리스크 확률(Probability)과 영향(Impact)에 대해 PI 도표를 작성하여 리스크 점수를 작성하고, 리스크 평가 기준에 따라 리스크 위험수준을 결정해야 한다. 그리고 리스크 평가기준에 따라 리스크 등급을 결정하고 이를 기반으로 우선순위를 결정한다.

〈표 4-28〉 리스크 영향도 판단 기준표(예시)

수준 \ 대상	영향도 레벨(점수)				
	매우낮음 (0.05점)	낮 음 (0.1점)	중 간 (0.2점)	높 음 (0.4점)	매우높음 (0.8점)
범 위	변경이 매우 적음	일부 분야의 범위변경	중요 분야의 범위변경	범위변경 스폰서 승인 필요	일부 과업의 불용화
일 정	일정지연 미약	일정지연 <5%	일정지연 5~10%	일정지연 10~20%	일정지연 >20%
비 용	비용추가 미약	비용증가 <5%	비용증가 5~10%	비용증가 10~20%	비용증가 >20%
품 질	품질저하 미약	일부 품질지표 재설정	품질저하의 스폰서 승인 필요	스폰서 품질저하 미수용	전체 품질목표 재설정

CASE STUDY

리스크 매트릭스 예시

• 다음은 9단계의 리스트 발생 확률별로 3단계의 영향도를 작성한 PI 매트릭스이다.

〈표 4-29〉 9단계 확률-3단계 영향도의 PI 매트릭스(예시)

	단계	점수	리스크 점수=가능성(확률) * 영향도								
		확률	10%	20%	30%	40%	50%	60%	70%	80%	90%
리스크 영향도	높음	3	0.3	0.6	0.9	1.2	1.5	1.8	2.1	2.4	2.7
	중간	2	0.2	0.4	0.6	0.8	1	1.2	1.4	1.6	1.8
	낮음	1	0.1	0.2	0.3	0.4	0.5	0.6	0.7	0.8	0.9

리스크 평가 기준 (점수)	높은 리스크 (>1.5점, 초과)	중간 리스크 (1.5점~1점)	낮은 리스크 (<1점, 미만)

3) 리스크 긴급성 평가

식별된 리스크를 얼마나 빨리 대처해야 하는지에 대한 필요성 여부를 평가할 경우에 사용한다. 리스크 긴급성 평가에서는 리스크 대응 소요시간, 징후, 리스크 등급을 고려하여 우선순위 평가를 한다. 예로서, 당장 조치가 필요한 리스크 경우는 "긴급성 높음," 2주일 내 조치 필요는 "긴급성 보통," 한 달 이내 조치 필요는 "긴급성 낮음"으로 정의하여, 우선순위를 평가하는 것이다. 리스크 긴급성 평가도 앞에서 설명한 PI 매트릭스를 활용하여 긴급성을 평가할 수 있다.

4) 전문가 판단

리스크분석이 어려운 경우에는 과거 유사프로젝트의 경험이 있는 사람을 활용하거나, 전문가를 활용하여 리스크를 평가한다.

9.2.2 정량적 리스크 분석기법

1) 민감도분석

민감도분석(敏感度分析, Sensitivity analysis)이란 측정대상 모형에서 변수(parameter)가 불확실할 때, 이 변수가 취할 수 있는 가능한 값들을 모두 대입해 변수의 변화에 따라 결과가 어떻게 되는가를 분석하는 것을 말한다. 측정모형이 명확한 목적함수와 제약조건을 가지는 선형계획모형으로 확인할 수 있으면 효율적인 분석이 가능하지만, 현실적인 상황에서는 여러 변화요인이 작용하여, 하나의 선형계획모형을 적용하기가 어려운 경우가 많이 존재하므로, 이를 보완하기 위해 민감도분석을 사용한다.

민감도분석에서는 다양한 입력변수의 변화에 의해, 대상모델의 결과값이 어떻게 달라지는지를 분석한다. 특정 프로젝트나 과제에 대해, 비용편익분석(Cost-benefit analysis)을 통해 미래 예측을 수행할 경우, 관련 변수값을 변화시켜 가면서 가능한 모든 비용과 편익을 따져, 대안들 중 최적안을 선정하는 방식이다. 의사결정자는 여러 대안 중에서 비용이 같다면, 그 중에서 편익이 가장 큰 대안을 선택하거나, 반대로 편익이 같다면 비용이 가장 적은 대안을 선택하게 된다.

민감도분석에는 **일방향분석**과 **양방향분석** 방법이 있다. **일방향분석**은 하나의 인자에 대한 영향을 분석하는 것으로, 추가적으로 다른 인자의 변동에 따른 복합적 영향을 확인할 수 없다. **양방향분석**은 이를 보완하기 위해 결과에 영향을 미치는 두 가지 인자의 종합적 영향을 고려해서 결과를 분석하게 된다.

프로젝트관리 측면에서의 민감도분석은 일정, 비용, 투입공수 등 리스크 요인에 대해 최적안을 구하고, 관련된 변수의 변화에 따라 최적안이 어떻게 영향을 받는지를 분석하여 사후적 분석을 수행하는 데 활용된다. 리스크관리 측면에서 잠재적 영향력이 가장 큰 리스크를 결정하는 데 유용하다. 모든 프로젝트의 불확실한 요소를 기준값으로 설정하고, 각 프로젝트 요인의 불확실성이 검토 대상 목표에 어떻게 영향을 미치는지를 평가하는 것이다.

민감도분석 결과는 **토네이도 다이어그램**(Tornado diagram)을 활용한다. 토네이도 다이어그램은 막대차트(Bar chart) 형태로 그리고, 데이터를 수직 형태로 작성하여, 맨 위에 값의 변화가 가장 큰 것부터 배열한다. 토네이도 다이어그램은 리스크가 큰 변수와 상대적으로 리스크도가 낮은 변수가 결과에 미치는 영향을 비교해 보기 위한 도표이다. [그림 4-38]은 토네이도 다이어그램을 작성한 예시 그림이다.

그림 4-38 토네이도 다이어그램(Tornado diagram)

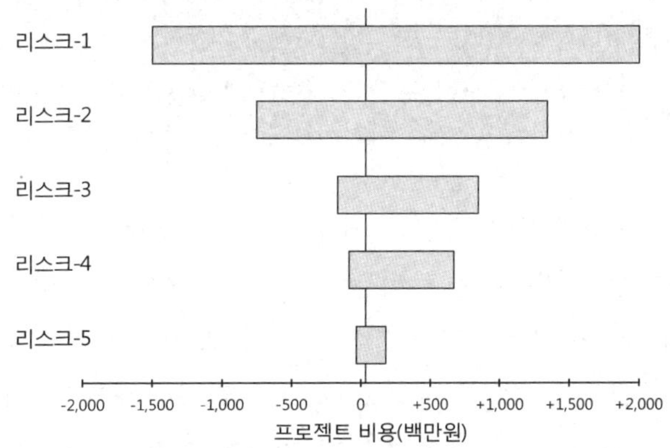

2) 몬테카를로 시뮬레이션

몬테카를로 시뮬레이션(Monte Carlo Simulation)이란 불확실한 상황하에서 의사결정을 목적으로, 확률적 시스템의 모의실험에 이용되는 방법이다. 이 기법은 통계적 문제에 대해 난수(Random Number)를 사용한 무작위적인 표본을 이용하여 해결하는 방법으로, 핵심은 모델의 확률요소들에 대한 실험으로 확률적 또는 우연결과를 발생시켜 주는 도구를 이용하여 수행한다. 주사위, 룰렛바퀴, 숫자공, 난수(random number)와 같은 도구는 모형에서 가정한 확률분포에 따라 무작위 표본추출에 의해서 우연결과를 발생시켜 주는 데 이용되어, **모의적 표본 추출법**(simulated sampling technique)이라고도 한다.

CASE STUDY

금융 VaR

- 1993년 이후 금융기관들은 VaR(Value at Risk)이라는 개념으로 리스크관리를 하였는데, VaR을 측정하는 하나의 방법으로 몬테카를로 시뮬레이션을 사용한다.
- 컴퓨터를 이용하여 다양한 난수를 발생시키는 반복 실험으로, 포트폴리오 가치에 대한 분포를 만들어 VaR을 구하는 것이다.
- VaR이란 금융분야에서 사용하는 용어로 정상적인 시장 여건하에서 주어진 신뢰수준(95% 또는 99%)에서 일정기간 동안에 발생 가능한 최대의 손실을 말한다.
- VaR이 높으면 리스크가 발생했을 때 잃을 수 있는 자금이 크다는 얘기다. "VaR(95%, 10일)이 20억원이다" 라는 것은 현재 포지션을 계속 유지할 경우, 10일 동안 발생 가능한 최대 손실액이 20억원보다 적을 확률이 95%를 의미한다.

몬테카를로 시뮬레이션 방법은 난수(random number) 인자에 의해서 제어될 수 있는 모델이라면 어떤 것이든 가능하며, 계산 알고리즘이 다른 수학적 방법에 비해 간단하여, 주로 5~10% 정도의 오차를 허용할 수 있는 공학적인 문제들을 해결하는 데 효과적으로 이용된다. 따라서 건설 사업관리(Construction Management: CM)의 재무적 리스크 분석, 금융분야의 리스크 관리, 대형 프로젝트의 일정 및 비용 분석 등 프로젝트 리스크관리를 위해 사용할 수 있다. 몬테카를로 시뮬레이션의 시행을 위한 절차는 다음과 같이 진행한다.

몬테카를로 시뮬레이션 시행 절차

① 확률변수의 확률분포를 파악한다.
② 각 변수의 누적확률분포를 구성한다.
③ 확률변수의 값이나 값의 범위를 나타내기 위해, 적절한 난수의 집합으로 난수 구간을 할당한다.
④ 무작위 표본추출을 이용하여 시뮬레이션 실험을 시행한다.
⑤ 행동 방안을 설계 · 시행하고 통제한다.

리스크 다이어그램(Risk Diagram)은 몬테카를로 시뮬레이션의 핵심 도구이며, 프로젝트 리스크관리 차원에서, 의사결정을 통계적으로 지원할 수 있는 유용한 수단이 된다. 금융공학에서는 1백만 번 이상의 경우수에 대한 분석결과가 신뢰할 수준이라고 하는바, 프로젝트의 상황 및 신뢰 수준을 고려하여 몇 백 또는 몇 천 번의 경우수에 대한 분석결과가 필요하다. 이를 위해 엑셀, SAS, Minitab 등 통계 프로그램을 활용하여, 리스크 다이어그램을 작성하게 된다.

프로젝트 일정관리 측면에서 활용하는 리스크 다이어그램은 일정의 리스크관리 차원에서, 납기에 영향을 주는 다양한 요소를 고려해서, 완료일자를 확률적으로 표현한 모델이 된다. [그림 4-39]는 프로젝트 완료일자를 리스크 다이어그램을 활용하여 작성한 것이다.

리스크 다이어그램은 그래프의 X, Y축에 납기일자와 프로젝트 완료 확률을 표시한 일정계획의 확률분포도이다. 이것은 프로젝트의 목표일정 달성을 통계적으로 표현한 것으로 리스크 수준도 같이 제시할 수 있다. 그림의 일정 확률분포도에서 A일자는 납품이 가능한 가장 빠른 날짜이며, 극소-확률일자(Nano-Percent Date)라고 한다. 확률이 0이 아닌 첫 번째 날짜이며, 해당 날짜에 완료 가능성이 발생하기 시작하는 지점이다. 일정이 늦어지게 됨에 따라 조금씩 완료가능성이 높아지며, B일자에서는 60% 정도 완료 가능성을 가지며, C일자에 과제가 끝날 가능성은 100%를 의미한다.

그림 4-39 프로젝트 일정관리 측면의 리스크 다이어그램(예시)

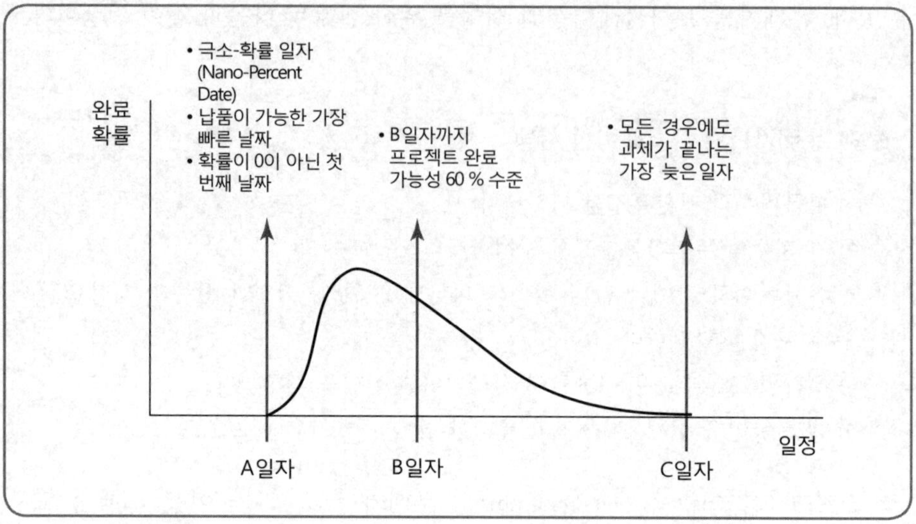

리스크 다이어그램은 프로젝트에 대한 완료일자에 대해, 리스크를 고려하여 의사결정을 수행할 수 있는 지원 도구로서, "프로젝트를 올해 6월에 끝내기는 매우 어렵고, 9월까지 성공적으로 완료할 수 있는 확률은 60% 수준이다. 그러나 최악의 경우는 올해 12월까지 완료될 가능성도 배제할 수 없으나, 고객의 요구를 고려하고 비상계획을 수립하면 9월까지 끝낼 확률을 60% 이상으로 할 수 있겠다"라는 통계적 의사결정을 수행할 수 있게 된다.

3) 금전적 기대값(Expected Monetary Value: EMV)

EMV(Expected Monetary Value, 금전적 기대값)는 미래에 발생 가능한 사건의 시나리오가 다수 있을 경우, 각 사건별로 발생금액에 대한 확률의 가중치를 합하여, 평균결과를 계산하는 통계적 분석방법이다. EMV는 불확실성을 전제로 분석하며, 예로서 2가지 리스크 A, B에 대하여 리스크 발생에 대한 손실 금액을 리스크 발생 확률과 손실 금액을 고려하여 평가하면 다음과 같다.

▣ 리스크 금액 = 확률 * 영향력

- A리스크 금액 = 발생 가능성 40% * 손실 1,000만원 = 400만원
- B리스크 금액 = 발생 가능성 60% * 손실 500만원 = 300만원

위의 평가에서 A와 B의 2가지 리스크에 대해, 손실에 대한 금전적 기대값을 평가하면, 발생 가능성이 적은 A사건의 금액이 크므로, A사건의 리스크 관리 우선순위를 높이는 것이다. 이처럼 EMV는 프로젝트의 위험요소인 각 리스크 사건에 대해, 사건이 발생할 수 있는 확률과 계수적 영향 효과를 고려하여 EMV를 평가한다.

EMV의 평가방법

① 리스크 사건별로 [확률×발생된 영향의 정도]를 계산한다.

② 영향의 정도를 기회요인 경우는 양수(+)로 표현하고, 손실의 경우는 음수(−)로 표현한다.

③ 리스크 요인의 금전적 기대값을 계산한다.

- 프로젝트 EMV = ∑ [리스크별(발생확률 * 예상 결과의 값)

4) 의사결정 나무분석(Decision tree analysis)

의사결정 나무분석(Decision tree analysis)은 선택 가능한 여러 리스크 시나리오에 대해, 발생 확률과 기대값을 분석하여, 리스크관리의 의사결정을 수행한다. 의사결정자는 각 대안의 리스크가 발생할 확률에 따라, 정량적 파급효과를 검토하여 의사결정을 수행한다. 의사결정 나무분석의 진행순서는 다음과 같이 진행한다.

의사결정 나무분석 진행순서

① 선택 가능한 여러 시나리오를 tree화한다.

② 대안에 대한 확률과 정량적 파급효과를 결정한다.

③ 모든 대안에 대해 최종 EMV를 결정하고, 대안 선택시 활용한다.

④ 필요시 리스크의 상호영향(Risk interaction)도 고려한다.

프로젝트의 리스크요인이 여러 가지로 나타날 경우에는 의사결정 나무분석(Decision tree analysis)을 위해 EMV(금전전 기대값) 수법을 활용한다.

CASE STUDY

▌의사결정 나무분석 예시

• 시스템 개발을 신규시스템을 구축할 것인지, 아니면 기존시스템을 보완 사용할 것인지에 대한 결정을 EMV를 계산하여 의사결정 나무분석을 수행하면 다음과 같다.

그림 4-40 의사결정 나무분석(PMBOK 가이드 참조)

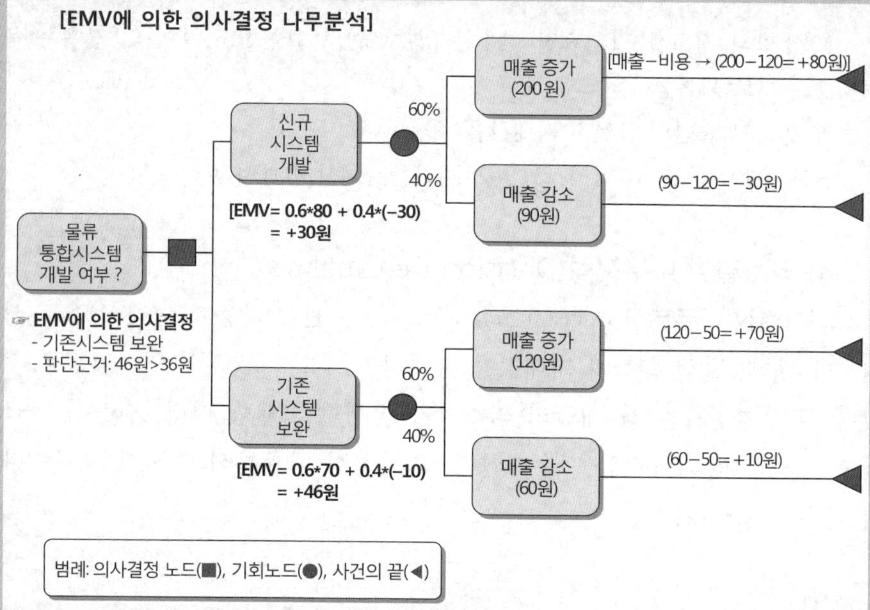

9.3 프로젝트 리스크관리

프로젝트에서 발생이 예견되는 리스크에 대하여는 지속적인 관리가 필요하다. 이를 통해 프로젝트에서 발생할 수 있는 부정적 측면의 사건발생 확률 및 영향력은 감소시키고, 긍정적 측면의 사건발생 확률과 영향을 증가시키는 것이다. 프로젝트에서 리스크관리의 목적은 성공적인 프로젝트 완료를 위해, 프로젝트 진행 중에 발생할 수 있는 리스크 요소를 미리 예측하고 파악하여 대처방안을 수립하고, 상황변화를 주기적으로 검토해서 리스크의 발생 가능성을 제거하거나 최소화하기 위함이다.

프로젝트 리스크를 체계적으로 관리하기 위해서는 리스크 식별, 분석, 대응계획, 감시 및 통제 활동별로 적절한 관리기준이 있어야 한다. 프로젝트의 계획단계에서 리스크를 어떻게 관리할 것인지에 대한 방법을 정의하고, 프로젝트의 리스크가 무엇인지를 식별(Identify Risks)하여, 정성적 · 정량적으로 리스크의 분석(Perform Qualitative & Quantitative Risk Analysis)을 수행하고, 프로젝트 리스크에 대응할 계획을 수립(Plan Risk Responses)하여야 한다. 그리고 리스크 예방 및 해결을 위한 리스트 감시 및 통제활동이 필요하다. 체계적인 리스크관리를 위한 단계별 프로세스를 정리하면 다음과 같다.

체계적 리스크관리 프로세스

1) **리스크 관리계획 수립(Plan Risk Management)**: 프로젝트 리스크를 어떻게 관리할 것인지에 대한 방법을 정의한다.
2) **리스크 식별(Identify Risks)**: 프로젝트에 부정적 · 긍정적 영향을 미칠 수 있는 리스크를 사전에 도출하고 특성을 확인한다.
3) **정성적 리스크분석(Qualitative Risk Analysis)**: 리스크가 프로젝트에 발생할 확률을 조사하고 일정, 원가, 품질, 성과 측면에서 프로젝트 목표에 대한 영향을 평가한다.
4) **정량적 리스크분석(Quantitative Risk Analysis)**: 식별된 리스크가 프로젝트에 미치는 영향을 수량화하여 분석한다.
5) **리스크 대응계획 수립(Plan Risk Responses)**: 프로젝트 위협을 줄일 수 있는 리스크 회피, 완화, 전가 대응전략을 마련하거나, 프로젝트 기회를 증대할 수 있도록 리스크 활용, 강화, 공유전략을 수립한다.
6) **리스크 감시 및 통제(Monitor & Control Risks)**: 프로젝트 진행과정을 통해 리스크에 대한 대응계획을 실행하고, 식별 리스크의 추적, 대응, 감시, 평가활동을 수행한다.

프로젝트에서 리스크에 대한 관리는 리스크를 식별하여, 리스크관리 계획을 수립하는 시점부터 시작되며, 리스크가 소멸되는 시점까지 지속적인 관리가 수행되어야 한다. 프로젝트에서 적용하는 리스크관리 체계는 프로젝트의 리스크를 식별하고 처리하기 위한 절차를 체계화한 것으로, 프로젝트 리스크를 사전에 식별하여 대응함으로써 프로젝트를 성공적으로 완료하기 위한 것이다. 프로젝트에서 적용하는 **리스크관리 체계**는 [그림 4-41]과 같이 리스크관리계획 수립, 초기 리스크 식별 및 등록, 리스크 분석, 리스크 대응방안 수립 및 검토, 리스크 모니터링 및 추가식별의 관리사이클로 진행되며, 실제 발생한 리스크에 대하여는 이슈로 전환하여 이슈관리 절차에 따라 문제를 해결한다.

프로젝트의 리스크는 사전에 명확히 도출하여, 리스크 발생을 근절하는 것이 무엇보다 중요하다. 따라서 프로젝트 특성에 맞추어, 리스크 요인을 프로젝트 이행 단계별로 작성하여 대응하고 처리하는 것이 필요하다.

그림 4-41 프로젝트 리스크관리 체계

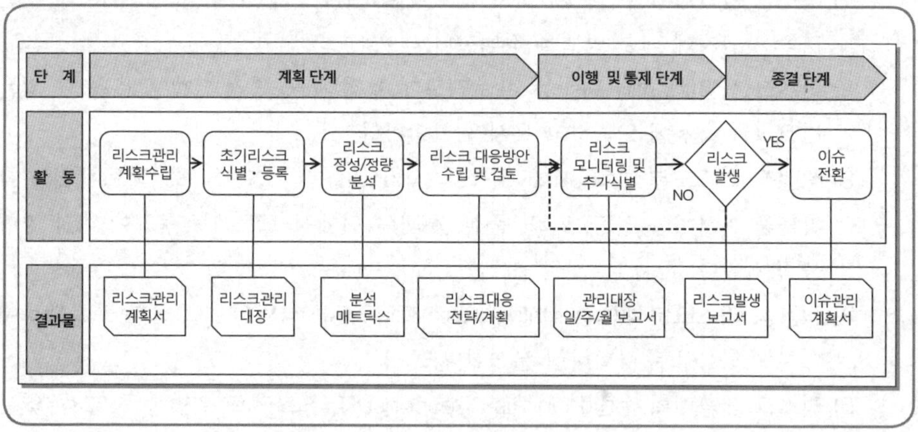

CASE STUDY

단계별 리스크 체크리스트

- 다음의 단계별 **리스크 체크리스트**는 프로젝트 이행 과정별로 주요 점검 항목을 예시한 표이다.

〈표 4-30〉 **계약단계의 리스크 체크리스트**

점검 항목	점검 내용	리스크 확인		
		가능성	영향도	특기사항
계약서의 사업 범위	• 계약서의 사업 범위 구체화 • 계약서의 업무범위 해석에 대한 이견 여부			
정책과 규정	• 프로젝트 주관기관/고객의 정책이 프로젝트 결정사항에 영향을 미치는 경우 • 프로젝트에 영향을 주는 제도, 규정, 법률			
기술협상	• 기술협상 과정의 과업 변경 및 추가사항			

〈표 4-31〉 **계획단계 리스크 체크리스트**

점검 항목	점검 내용	리스크 확인		
		가능성	영향도	특기사항
사업범위 일관성	• 계획단계에서 사업범위의 일관성 – 업무수행 범위에 대해 고객과 이견 발생			
투입자원의 적절성	• 프로젝트 완료를 위한 자원견적의 적절성 – 투입인력 및 공수의 적정성 – 시설, 설비, 재료 등 자원배분의 적정성			
역할과 책임	• 프로젝트 이해관계자의 명확성 • 프로젝트 참여자의 역할과 책임 명확성 – 프로젝트 구성원의 역할과 책임 – 고객/사용자의 역할과 책임 – 고객의 현업 담당자가 빈번히 교체될 때 – 프로젝트 팀원 간, 프로젝트 팀원과 고객간의 마찰이 생길 경우			

아웃소싱	• 외주업체/인력의 적정성 – 참여 범위에 대한 계약 명확성 – 프로젝트 참여 역량의 적정성 – 역할과 책임 명확성			
사용자참여	• 프로젝트 사용자의 참여 수준 – 요구사항 제시의 지연/불명확 – 정보의 지연			
방법론 이행	• 표준화 방법론 적용 가능성 • 예외관리			
요구사항 구체성	• 도출되거나 합의된 요구사항의 구체성 – 계획단계의 고객 요구사항 구체성 – 추가 및 변경 요구사항 정도			

〈표 4-32〉 분석단계의 리스크 체크리스트

점검 항목	점검 내용	리스크 확인		
		가능성	영향도	특기사항
사업범위 일관성	• 분석단계에서 사업범위의 일관성 – 요구사항 변경, 추가, 삭제			
투입인력 적합성	• 프로젝트에 필요한 업무/기술/경험 역량 • 투입공수의 적절성			
아웃소싱	• 외주참여 인력/조직의 역량 적정성 • 외주계약 및 조건 명확성			
요구사항 안정성	• 요구사항의 추가/변경/삭제 정도 • 요구사항 변화 빈도 심각성 • 요구변화에 따른 파급효과			
기술수준	• 요구사항 대응기술 적정성 – 기술 난이도 – 기술구현 보유역량 – Reference Site			
자원확보	• 필요자원 준비 적정성 – 시설, 설비, 장비, 재료, 소모품 – 재고, 발주, 입고			
정책과 규정	• 분석단계에 영향을 주는 제도, 규정, 법률			

〈표 4-33〉 설계단계의 리스크 체크리스트

점검 항목	점검 내용	리스크 확인		
		가능성	영향도	특기사항
설계인력 적절성	• 설계인력 지식/기술/경험 적정성 • 투입공수 적정성			
아웃소싱	• 외주참여 인력/조식의 역량 적정성 • 외주계약 및 조건 명확성 • 공정지연, 품질저하, 기술미흡			
요구사항 변동성	• 요구사항 동결 가능성 • 요구 변경/추가/삭제 변화관리			
기술수준	• 요구사항 대응기술 적정성 －기술 난이도 －기술구현 보유역량			
정책과 규정	• 설계단계에 영향을 주는 제도, 규정, 법률			

〈표 4-34〉 개발단계의 리스크 체크리스트

점검 항목	점검 내용	리스크 확인		
		가능성	영향도	특기사항
개발인력 적절성	개발인력 지식/기술/경험 적정성 투입공수 적정성			
개발인력 적절성	• 개발인력 지식/기술/경험 적정성 • 투입공수 적정성			
자원확보	• 필요자원 확보 적정성 －시설, 설비, 장비, 재료, 소모품 －재고, 발주, 입고			
아웃소싱	• 외부 참여인력/업체 능력, 계약 명확성 • 공정지연, 품질저하, 기술적 문제 발생			
요구사항 안정성	• 개발단계 추가 요구사항 정도 • 요구사항 변화 가능성			
시험수행	• 시험절차와 결함관리 적절성 －테스트 전략 및 수행계획서 －결함보완 계획			
정책과 규정	• 개발단계에 영향을 주는 제도, 규정, 법률			

〈표 4-35〉 종료단계의 리스크 체크리스트

점검 항목	점검 내용	리스크 확인		
		가능성	영향도	특기사항
계약이행	• 과업 완료 가능성 – 납기준수 여부 – 미완료, 기간 연장 과업 – 지체상금 조항			
사용자 확인	• 요구사항 검토 및 시험 • 추가 요구사항 대비			
요구사항 안정성	• 도출/합의된 요구사항의 변경 정도 – 승인한 요구사항의 변경 대응 – 과도한 요구사항 변경 요구			
인수인계	• 인수인계의 적절성 – 인수 담당자의 프로젝트 참여 수준 – 기술전수 및 사용자 훈련 – 인수 및 운영조직 구성 – 사후 유지보수 조건 및 이행계획			

9.4 리스크 관리계획 수립

프로젝트를 당초 계획한 일정, 비용, 자원 내에서 성공적으로 완료하기 위해서는 프로젝트 진행 과정에서 예상치 못한 문제의 발생이 최소화되어야 한다. 프로젝트의 리스크를 올바로 관리하면, 예상치 못한 문제의 발생을 억제하여, 당초 계획한 의도대로 성공적으로 프로젝트를 완수할 수 있게 된다. 프로젝트 리스크를 사전에 식별하고, 대응 계획을 수립하여 이행하기 위한 리스크 관리계획은 프로젝트의 장애요인을 사전에 제거하여 불필요한 자원의 낭비를 막는 프로젝트 예방관리 활동에 해당한다.

프로젝트의 리스크 관리계획을 수립하는 것은 리스크에 대한 절차, 기준, 수행방법 및 활동에 대한 계획을 프로젝트 초기단계에 작성하는 것이다. 리스크 관리계획서에는 리스크의 식별, 계량화, 대응, 감시 및 통제와 관련한 체계적 수행방법을 담고 있으며 다음과 같은 내용을 포함한다(PMBOK).

리스크 관리계획서 포함 내용

1) 방법론(Methodology): 리스크관리를 수행하는 데 사용할 수 있는 체계적인 접근 절차, 도구, 관련 자료를 정의한다.
2) 역할과 책임(R&R): 리스크에 대한 명확한 역할과 책임을 정의하여, 담당자 및 책임을 명시한다.
3) 예산책정(Budgeting): 리스크 관리에 필요한 자원할당 및 원가산정으로 우발사태에 대비한다.
4) 일정(Timing): 리스크관리 일정 및 빈도를 정의한다.
5) 리스크 범주(Risk categories): 잠재적 리스크에 대한 발생영역과 원인을 RBS를 활용하여 체계적으로 정리한다. RBS(Risk Breakdown Structure)란 프로젝트 리스크의 구조를 WBS와 같은 체계로 작성한 리스크 분할 구조로, [그림 4-42]와 같이 목록 형태로 정리하여 리스트의 범위를 식별하나, 프로젝트에 따라서 다를 수 있다.
6) 리스크 확률 및 영향 정의(Definitions of risk probability and impact): 리스크 확률과 영향의 등급을 매우 높음, 높음, 중간, 낮음, 매우 낮음과 같이 정성적

그림 4-42 RBS(Risk Breakdown Structure) 예시

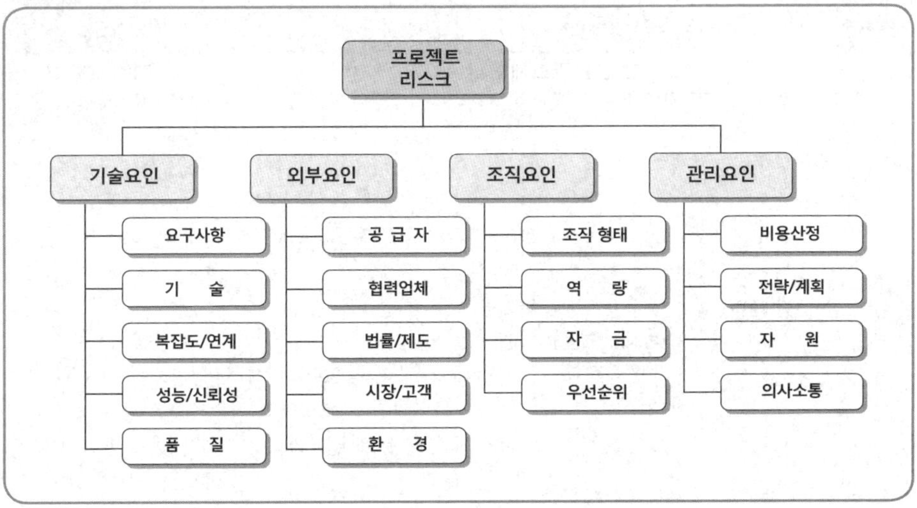

표현으로 정의한다. 리스크 확률은 리스크가 발생할 가능성이며, 영향이란 리스크가 발생할 경우 프로젝트 성공에 미치는 영향을 말한다.

7) **확률–영향 매트릭스(Probability & Impact matrix: P-I matrix)**: 프로젝트 목표에 미칠 리스크의 발생확률과 영향력에 따라 우선순위를 설정한다. 우선순위는 확률-영향 매트릭스(P-I Matrix)를 사용하여 높음, 보통, 낮음 등으로 각 리스크별 등급을 정한다. 그리고 확률과 영향을 곱한 값을 리스크 점수(Risk score)라고 하며, 점수가 높을수록 높은 수준의 리스크로 분류된다.

8) **보고형식**: 리스크 관리를 위한 결과물의 문서화, 분석, 전달방법을 정의하고, 리스크 보고서 및 대장에 대한 표준도 정의한다.

리스크 관리계획서에는 리스크를 체계적으로 관리하기 위해, 프로젝트의 리스크에 대한 정의, 목적, 적용 범위, 역할과 책임을 기술하고, 리스크의 식별, 분석, 대응계획, 감시 및 통제활동을 구체적으로 정의한다. 〈표 4-36〉은 프로젝트에서 활용하고 있는 리스크관리 계획서의 내용을 예시한 것이다.

CASE STUDY

▮ 리스크 관리계획서 작성 예

〈표 4–36〉 리스크 관리계획서

리스크 관리계획서	페이지:

1. 개　　요

 1.1 정　　의

 – 리스크(Risk)

 • 프로젝트의 목표에 영향을 줄 수 있는 불확실성의 발생 가능성을 의미하며, 프로젝트 목표에 대한 위협 및 목표를 증진하기 위한 기회 모두를 포함한다.

 – 리스크관리(Risk Management)

 • 프로젝트 라이프사이클 전 과정에 걸쳐 리스크를 인식하고 평가하며 대응하는 것이다.

 • 프로젝트 리스크에 대한 식별, 분석, 대응에 관련된 체계적인 프로세스이다.

1.2 목　　적

프로젝트 수행 중 발생 가능한 리스크를 사전에 식별하고, 분석과 평가를 통해 리스크 발생 가능성이 높은 리스크의 대응계획을 수립하여, 리스크 발생시 계획된 리스크 대응계획을 수행함으로써 리스크가 프로젝트에 끼치는 악영향을 최소화하는 데 그 목적이 있다.

1.3 적용 범위

프로젝트 요구에 맞는 양질의 결과물을 일정과 예산에 맞게 납품하려는 목적에 장애가 되는 모든 상황에 대해 적용되며, 품질, 비용, 일정, 효과 등을 우선적으로 고려한다.

2. 리스크관리 역할과 책임

2.1 역할과 책임(R&R)

구 성 원	역할과 책임
사업관리자	• 리스크요인 감소를 위한 모든 활동검토 및 진행경과 확인 • 리스크요인 도출, 분석, 평가, 대응방안 수립 적정성 확인 • 리스크 관련 사항 보고 및 안건 상정
프로젝트 팀원	• 리스크요인 식별 및 대응방안 수립 • 리스크 대응결과 검토 및 확인 • 리스크관리 프로세스의 적정성 여부에 대한 검토 및 제언
프로젝트리더 (PL)	• 담당분야 리스크 대응 지원 및 해결 • 담당분야 리스크 지속 Follow-up 및 관리 • 프로젝트 전체와 관련된 리스크는 공식적으로 리스크 제기, 협의, 의견 조정 • PM 및 사업관리자에게 리스크 보고 및 통보 • 담당분야 리스크 요소 확인, 평가, 지속관리
프로젝트관리자 (PM)	• 리스크관리 계획을 승인 • 리스크에 대한 조치담당자를 지정하고 해결을 지시 • 리스크조치계획(대응방안)을 검토 • 리스크조치계획의 실행결과를 승인

2.2 보고계획

구　　분	보고방법	주　　기	보고내용	보 고 자	특기사항
수시보고	리스크발생 보고서	수시	• 리스크의 식별	팀원	
정기보고	주간/ 월간보고	주/월	• 리스크 모니터링 현황 • 대응계획 이행 현황 • 신규 리스크의 식별 • 종료된 리스크 확인	PM, PL	고객기관 참여

구 분	보고방법	주 기	보고내용	보고자	특기사항
리스크 검토회의	리스크 대응계획서	상위 우선순위 리스크 발생시	• 리스크 식별 및 평가 • 담당자 지정 • 상태보고 및 점검 • 시정조치	PM, PL, 관련자	필요시 고객기관 참여

3. 리스크관리 지표

지 표	설 명	판단 기준
가능성	특정 리스크가 발생할 확률 또는 빈도	• 객관적 평가를 위해 리스크 협의회를 통해 결정 • 값의 범위: 10~90%
영향도	리스크 항목이 발생되었을 때 프로젝트의 원가, 일정, 범위, 품질 등에 미치는 영향의 정도	• 원가, 일정, 품질 등에 미치는 영향을 3~5단계로 나누어 평가
리스크 점수	리스크 발생 가능성과 영향도의 곱으로 계산	• 리스크 점수는 가능성과 영향도로 산정
등급 및 우선순위	노출도에 따라 리스크 등급을 결정하며, 등급에 의해 우선 순위 결정	• 확률 및 영향 PI(Probability and impact) 매트릭스 작성 • 우선순위 결정

4. 리스크관리 절차

효과적인 리스크관리 절차를 마련하고, 정기적 품질 점검을 통해 프로젝트 리스크를 조기 식별하여 체계적인 관리 및 통제활동을 수행한다.

4.1 리스크 식별

- 리스크 식별을 위한 검토회의를 통해 리스크를 식별한다.
- 리스크 식별 체크리스트를 활용하여 리스크 요인을 식별하는 데 활용한다.
- 식별된 리스크를 리스크 담당자는 리스크 관리대장에 기술한다.

4.2. 리스크 분류, 평가, 우선순위 결정

- 리스크관리자는 리스크 식별 회의를 통해, 잠재 리스크 요인에 대해 근본 원인을 분석한다.
- 리스크가 공정, 예산, 품질, 범위, 기술 측면에 미치는 가능성과 영향도, 예상 시기 등을 리스크 관리대장에 기술한다.
- 식별된 리스크관리는 PI 매트릭스를 통해 관리하되, 노출도가 임계치를 넘어가면 즉시 대응계획을 수립한다.

4.3. 리스크 대응계획 수립

- 리스크 대응계획 수립 여부 판단 세부 기준

-리스크 대응계획 수립 보고 기준

4.4. 리스크 대응계획 이행
- 리스크관리자는 식별된 리스크가 임계치 이상 경우에 리스크에 대한 조치계획을 재검토하고, 조치결과를 리스크 대응계획서에 기록한다.
- 조치담당자는 리스크 대응계획서에 따라 리스크요인에 대한 리스크 조치계획을 실행하고 결과를 기록한다.

4.5. 리스크 감시 및 통제
- 정기적 리스크 진단, 조기경보 체제 구축, 사전 리스크요소 제거, 지속적 리스크 추적·통제 등 리스크관리의 효과적 대응방안을 마련한다.

9.5 프로젝트 이슈관리

이슈(Issue)란 사전적 의미로는 "논의나 논쟁이 되는 중요한 주제, 쟁점, 사안"을 말한다. 프로젝트관리 측면에서의 이슈도 프로젝트에 논쟁이 되는 중요한 쟁점이나 사안이 되며, 프로젝트 이슈는 목표달성이나 성과창출의 장애가 되는 요인이 된다. 프로젝트에서 리스크(Risk)는 프로젝트 성공에 영향을 미치는 발생 가능성이 있는 사건이지만, 이슈(Issue)란 이미 발생된 리스크 요인으로 프로젝트 성공에 영향을 미치는 문제 요인이다. 프로젝트의 리스크와 이슈를 구분하여 정의하면 다음과 같다.

- **프로젝트 리스크(Risk)**: 프로젝트 성공에 영향을 미치는 사건으로, 발생 가능성이 있거나 예상이 되는 요인을 말한다. 리스크 발생을 막기 위해서는 사전에 리스크 관리계획의 수립과 실행이 필요하다.
- **프로젝트 이슈(Issue)**: 프로젝트 리스크 요인으로부터 실제로 발생된 사건으로, 프로젝트 성패에 영향을 미치는 문제 요인이다. 이슈 해결을 위해 이슈관리시스템(Issue Tracking System)을 만들어 문제점을 분석하고 대책을 수립하여 해결해야 한다.

리스크는 아직 발생하지 않은 것이고, 이슈는 리스크가 현실화되어 발생해서 당장 조치를 취하지 않으면 프로젝트에 문제를 일으키는 것이다. 설비나 자재불량, 지식부족, 자금부족 등의 이슈로 프로젝트의 일정이 지연되고 품질이 떨어지는 문제를 야기한다. 이슈는 리스크관리를 잘 하지 못하면 발생하고 프로젝트의 문제를 야기시키는 결과를 초래하므로, 프로젝트관리자는 철저한 리스크관리를 통해 이슈를 없애고 문제를 최소화하는 노력을 기울여야 한다.

리스크는 사전에 인식할 수 있는 것도 있지만, 인식할 수 없이 발생하는 리스크요인도 있다. 사전에 인식할 수 있는 리스크요인은 대응계획을 수립하여 리스크가 발생하지 않도록 할 수 있으나, 인식할 수 없는 리스크는 이미 발생하여 프로젝트에서는 이슈가 된다. 프로젝트 이슈는 프로젝트 수행 기간 동안에 발생하는 프로젝트 관련 문제점, 결함 및 쟁점 사항이 허용된 기간 내에서 해결되지 않거나 어려워서 프로젝트 목표달성에 문제를 발생시키는 요인이 된다.

프로젝트를 진행해 나갈 때, 프로젝트 리스크요인은 피해 갈 수 있지만, 프로젝트 이슈는 이미 발생해 버린 문제점이기 때문에 어떤 형태로든 해결이 되어야 한다. 이슈를 관리하기 위해서는 이슈관리 체계를 구축하여 이슈를 목록으로 정리하되, 목표 해결일자 또는 중요도에 따라 우선순위를 정하고, 담당자를 지정하여 문제 요인을 분석하고 대책을 수립하여, 해결상황을 체크하는 체계적 개선활동이 필요하다.

9.6 이슈 관리계획 수립

이슈 관리계획은 리스크 관리계획과 마찬가지로 프로젝트 발생 이슈에 대한 관리를 어떻게 수행할 것인지를 정의한 것이다. 프로젝트 이슈를 관리하기 위한 **이슈 관리계획서**에는 정의, 목적, 적용 범위, 역할과 책임, 이슈 관리 체계, 이슈관리 활용 도구, 그리고 이슈의 식별, 해결, 추적, 보고에 관한 내역을 정리한다. 이슈 관리계획서는 프로젝트에 따라 별도로 작성하거나, 리스크 관리계획서에 이슈 관리계획에 대한 내용을 포함하여 정의하기도 한다.

CASE STUDY

▌이슈관리계획서 작성 예시

• 〈표 4-37〉은 프로젝트에서 활용하는 이슈관리계획서, 이슈보고서, 이슈관리대장을 예시적으로 작성한 것이다.

〈표 4-37〉 이슈관리계획서(예시)

이슈관리계획서	페이지:

[본 문]

1. 개　　요

1.1 정　　의

프로젝트 리스크요인으로부터 실제로 발생된 사건으로, 프로젝트 성패에 영향을 미치는 문제 요인이다.

– 이슈: 이슈(Issue)란 쟁점 및 미결사항을 의미한다. 해결해야 하는 기대사항 또는 염려사항을 말하며, 2개 또는 그 이상의 집단 사이에서 논쟁 중인 사항이다.

– 이슈관리: 이슈관리(Issue Management)는 프로젝트 기간 동안에 영향을 미칠 수 있는 이슈를 인식하고, 문서화 · 평가 · 해결하는 것이다.

1.2 목　　적

리스크 관리계획에 따라 관리되던 항목 중에서, 실제 발생하거나 프로젝트 목표 달성에 영향을 줄 수 있는 문제에 대하여, 이슈로 등록하고 주기적으로 추적 및 관리하여 프로젝트의 성공을 보장한다.

1.3 적용 범위

– 본 문서는 프로젝트 착수부터 종료시까지 이슈를 관리한다.

– 현재 프로젝트 수행에 장애가 되는 사항, 프로젝트 진행 중 발생하는 문제점, 추가 요구사항, 불만사항, 부적합 사항이 포함된다.

2. 역할 및 책임

역　할	책　임	담　당
프로젝트관리자	• 이슈관리 계획의 검토 및 승인 • 프로젝트 이슈 보고 • 미해결 이슈사항 상위관리자 보고	○○○
이슈관리담당자	• 이슈관리 계획을 수립 • 이슈관리 절차에 따라 추적 및 통제	○○○

프로젝트 팀	• 프로젝트의 모든 이슈 사항 식별 및 PMS 등록 • 프로젝트 관리자에게 해결 의뢰	○○○
PMO	• 이슈 관리계획 수립 검토 • 이슈관리 활동감사 및 경영자 보고	○○○

3. 관리체계 및 계획

3.1. 이슈관리 체계

– 이슈관리 절차, 내용, 산출물

3.2. 이슈관리 도구

– 프로젝트관리 시스템(PMS), 이슈관리

– 엑셀

4. 이슈관리 계획

4.1. 이슈 식별계획

– 위험관리대장에서 현실화된 리스크 요인을 새로운 이슈로 등록한다.

– 프로젝트 목표달성에 영향을 주는 문제 요인을 이슈로 등록한다.

– 이슈 우선순위 평가 방법: 시급도, 영향도, 평가점수, 우선순위

– 이슈 식별활동

활동 항목	식별방법	시기	작업 산출물	특기사항
이슈 식별 및 등록	회의록	수시	이슈보고서, 이슈관리대장	

4.2. 이슈 해결계획

– 이슈보고서를 통해 이슈 해결을 위한 대책을 수립한다.

– 이슈관리대장으로 모든 이슈의 현황을 파악한다.

4.3. 이슈 추적계획

주기	추적방안	참석자	산출물	비고
주간	주간회의	PM, 각 팀장	주간회의록	기존이슈 평가, 신규이슈 식별, 이슈상태 확인
월간	월간회의	PM, 각 팀장	월간회의록	기존이슈 평가, 신규이슈 식별, 이슈상태 확인

4.4. 이슈 보고계획

구분	보고내용	주기	보고방안	산출물
정기	이슈 관련 주요 의사결정 및 협조사항	매주	주/월간 보고시 이슈 보고서를 통해 협의·해결	주간/월간보고서
수시	사업에 영향을 주는 긴급한 이슈 및 해결 방안	수시	PMS, 회의, 전자메일 등 상황에 따라 선택	회의록 이슈보고서

[표준 양식]

– 이슈보고서

〈표 4-38〉 이슈보고서 양식(예시)

ID		발생일자		완료예정일	
담당자		종료여부	진행, 종결	발생구분	내부, 외부
이슈 내용					
I. 이슈 분석					
시급성		영향도		평가점수	
파급분야	일정,원가,범위,기타	파급분석	*정성적, 정량적 분석 결과*		
II. 이슈대응계획 및 히스토리					
해결대책					
이슈진행(1차)					
이슈진행(2차)					
특기 사항					

– 이슈관리대장

〈표 4-39〉 이슈관리대장 양식(예시)

관리번호	이슈명	세부 내용	발생일자	평가			해결방안	조치자	조치일자	특기사항
				시급성	영향도	이슈평가				

10 조달관리계획 수립

프로젝트 계획단계의 조달관리(Procurement Management) 지식영역에서 이루어지는 업무는 조달관리계획 수립 업무가 있다. 조달관리계획 수립의 조달계획 수립활동은 프로젝트에 필요한 제품이나 서비스 또는 결과물의 구매 결정사항을 문서화하고 구매조건을 정하여, 적정 공급자를 통해 자원을 확보받을 수 있도록 계획하는 것이다.

본 절에서는 프로젝트 라이프사이클 2단계인 "Ⅱ. 계획"에서의 아홉 번째 업무로, 조달관리 지식영역에 포함되는 "조달계획 수립"에 대해 설명한다.

그림 4-43 계획단계의 조달관리계획 수립 업무활동 내역

Ⅱ. 계 획			
	[1] 통합계획 수립	[2] 요구정의 및 범위계획 수립	[3] 일정계획 수립
	[4] 원가산출 및 예산결정	[5] 품질 및 감리계획 수립	[6] 인적자원계획 수립
	[7] 의사소통계획 수립	[8] 리스크 및 이슈관리계획 수립	**[9] 조달관리계획 수립**

업 무	활 동	설 명
[9] 조달관리 계획 수립	조달계획 수립	프로젝트에 필요한 제품이나 서비스 또는 결과물의 구매 결정사항을 문서화하고, 구매조건을 정하여 적정 공급자를 통해 자원을 확보받을 수 있도록 계획하는 것이다.

10.1 조달관리 개요

원자재 가격의 변동성이 커지고, 국가 간 시장 개방이 가속화되는 내·외부의 환경변화로 인해, 조달에 대한 중요성은 더욱 커지고 있다. 조달은 필요한 모든 자재, 장비, 용역과 시스템 자원을 올바른 방법으로 구입하는 절차가 된다. 필요한 자원을 올바로 확보하기 위해 조달은 "올바른 자원(Right quality)을 올바른 공급자(Right supplier)로부터, 올바른 양(Right quantity)만큼 올바른 시점(Right time)에 올바른 가격(Right price)으로 확보"하도록 해야 한다.

프로젝트의 조달관리 측면에서 사용하는 용어로는 구매(Purchasing), 조달(Procurement)이 있다. 이들 용어는 일반적으로 다음과 같은 의미의 차이를 가지게 된다.

- 구매(Purchasing)
  - 상품이나 서비스를 구입하고, 화폐 대가를 지불하는 교환적 행위이다.
  - 프로젝트에 소요되는 원재료, 부재료, 장비, 설비 등의 구입과 지불 행위이다.
  - 일반 재료나 부품처럼 시판되고 있는 것을 매입하는 절차(Process)를 말한다.
- 조달(Procurement)
  - 구매보다 넓은 의미로 사용되며, 프로젝트 내·외부로부터 물품이나 서비스를 취득하는 행위이다.
  - 경제적 가치를 지불하고 취득하는 경제적 행위와 대가 없이 취득하는 행위가 모두 포함되는 포괄적 취득 행위이다.
  - 구매를 통한 획득 이외에 자체적 생산도 조달에 포함된다.
  - 구매, 운송, 검사, 저장의 기능도 포괄한다.

미국의 DA(Defense Acquisition University)에서는 **획득(Acquisition)**이란 용어를 사용한다. 정부에 필요한 상품이나 서비스를 구입하는 행위를 조달(Procurement)이라고 정의한 반면, 획득(Acquisition)은 조달보다 광범위한 개념으로 취득 시스템의 전체 라이프사이클을 포함하는 것으로 정의하였다. 획득(Acquisition)이란 국방 미션을 지원하거나 필요로 하는 것을 만족시키기 위한 공급과 서비스가 포함되는 것으로, 무기나 필요 시스템의 개념화(Conceptualization), 착수, 설계, 개발, 시험, 계약, 생산, 전개, 물류지원(Logistics support), 수정(Modification), 처분(Disposal)을 모두 포함하는 것으로 정의하였다.

국내에서는 "조달사업에 관한 법률"에서 조달사업의 범위를 정의하였으며, 조달청을 통해 다음과 같은 사업을 조달하도록 규정하였다.

- 조달물자의 구매, 물류관리, 공급 및 그에 따른 사업
- 수요기관의 시설공사 계약 및 그에 따른 사업
- 수요기관의 시설물 관리, 운영 및 그에 따른 사업

본서에서는 프로젝트에 필요한 자원을 취득하는 프로세스로 조달이란 용어를 사용하며, 프로젝트 수행에 필요한 자원은 인력, 자재, 장비, 시설, 서비스뿐 아니라 기술, 방법론, 자금 등을 포함한 포괄적 개념으로 사용한다. 일반적으로 프로젝트에서 일어나는 조달의 대상은 다음과 같은 것이 포함된다.

프로젝트 조달 대상

- **물적자원의 조달**: 프로젝트 결과물에 필요한 자재, 장비, 기술, 소모품, 시설 등의 조달을 의미한다.
- **인적자원의 조달**: 프로젝트 수행을 위해 필요한 기술자, 시험자, 관리자, 경영자, 자문 등 인적자원의 조달을 의미한다.
- **과업의 조달**: 외부의 전문기관이나 조직으로부터 일부 또는 전체 과업의 수행 결과물에 대한 조달을 의미한다.
- **재원의 조달**: 사업수행을 위한 자금차입, 투자유치, 차관도입 등을 의미한다.

프로젝트에서 필요자원에 대해 올바로 관리하지 못하면, 프로젝트의 목표달성은 어렵게 된다. **조달관리**(Procurement management)는 필요자원의 조달과 관련된 각종 프로세스를 관리하는 행위를 말하는 것으로, PMBOK 가이드에서는 "작업 수행에 필요한 제품, 서비스 또는 결과물을 프로젝트 팀 외부로부터 구매하거나 획득하기 위해, 필요한 프로세스들을 포함한다"고 정의하였다. 조달관리 측면에서 프로젝트에 필요한 제품, 서비스, 결과물을 제공하는 사람이나 조직을 공급자라 하고, 주문을 내고 공급을 받는 사람이나 조직은 구매자라 한다. 공급자와 구매자는 상황에 따라 다양하게 표현된다.

- **구매자(Buyer)**: 고객(Customer), 의뢰인(Client), 주계약자(Prime contractor),

계약자(Contractor), 획득조직(Acquiring organization), 정부부처, 주관기관, 서비스 요청자

- 공급자(Supplier): 판매자(Seller), 계약자(Contractor), 하도급자(Subcontractor), 밴더(Vendor), 서비스제공자(Service provider)

10.2 조달관리 발전과 기법

기업이 필요로 하는 물품을 구입하는 구매(Purchasing)의 개념은 단순히 비용절감 차원의 구매로부터 협력사 관리를 통한 공급망의 최적화까지 회사의 총비용을 절감하는 방향으로 전개되고 있다. 과거에 사용하던 구매(Purchasing) 기능은 공급망의 확대와 프로세스의 확장에 따라, 조달(Procurement)이라는 광범위한 구매기능으로 변화되고, 조달업무도 구매자와 사용자 만족을 지향하기 위해, 전략조달(Strategic Sourcing)의 기법이 활용되고 있다. 그리고 조달을 통해 기업의 가치와 성과를 창출할 수 있도록, ICT(Information & Communication Technology, 정보통신기술)를 접목하여, 전체 공급자를 체계적으로 관리할 수 있는 SCM(Supply Chain Management, 공급망관리) 체계를 갖추게 되었고, 더 나아가 공급자들과 관계 긴밀화로 전략적 조달체계를 구축할 수 있는 공급자 관계관리(Supplier Relationship Management: SRM) 체계까지 확장하였다.

1) 전통적 조달관리 기법

프로젝트의 조달관리는 회사의 정책이나 프로젝트 특성에 따라, 프로젝트에 필요한 자원을 조달 전담부서에서 통합하여 진행하거나, 프로젝트 자체적으로 조달관리 업무를 수행하기도 한다. 프로젝트 조달관리도 가치와 성과 창출에 기여하는 과학적인 조달업무를 수행하기 위해서는 자원조달에 적합한 조달기법을 적용해야 한다. 전통적으로 조달관리를 위해 기업에는 **구매조사법, 가치분석법, 표준화 · 단순화법, ABC 분석, 경제적 주문량**(Economic Order Quantity: EOQ) 결정법 등의 기법을 활용한다. 전통적 조달관리 적용기법에 대한 설명은 〈표 4-40〉과 같다.

〈표 4-40〉 전통적 조달관리 적용기법

적용기법	내 용
구매조사법	• 프로젝트 조달품의 규격 및 용도를 분석하여, 시장조사를 통해 가장 싸고 품질 좋은 것을 필요한 양만큼 사는 경제적 조달 기법이다.
가치분석법	• 가치공학(VE) 관점에서 조달품의 용도에 대한 가치(Value)를 분석하여, 요구되는 품질규격을 보장할 수 있는 범위에서 최적의 가격조건을 갖춘 품목을 조달하는 기법이다.
표준화 및 단순화법	• 작업방법이나 규격을 표준화하거나, 조달품목이나 종류를 단순화하여, 비용절감, 시간단축의 경제적 가치를 높이기 위해 사용하는 조달기법이다.
ABC 분석법	• 파레토도표를 활용한 조달품의 구매방법으로, 가치의 크기에 대응하여 노력을 투입하는 원리를 적용한 기법이다. • 품목을 코스트가 크고 수량이 적은 A품목, 반대로 코스트가 낮고 수량이 많은 C품목, 중간을 B품목으로 하여, A · B · C의 3집군(集群)으로 분류한다. • A품목은 중점 관리품목으로 전략적 · 계획적 구매를 하고, C품목은 시장조사를 통해 적시구매를 수행하는 방식으로 운영한다. • ABC 분석을 통한 조달관리는 구매 및 재고관리의 효율화에 기여한다.
경제적 주문량 결정법	• 대량의 외주조달이 필요한 프로젝트에서는 구매와 보관 측면에서 비용 최적화를 고려해야 한다. • 경제적 주문량이란 구매비용과 재고유지비용이 최소가 되도록 조달품의 주문량을 결정하여 실행하는 구매기법이다.

2) 통합구매와 분산구매

분산구매는 필요한 품목을 필요기능에서 직접 구매하여 처리하는 조달 방식이다. 그러나 **통합구매**란 다수의 수요부서, 사업부 또는 회사가 사용하는 동일 또는 유사한 품목의 수요물량을 통합하여, 하나의 구매창구를 통해 공동으로 구매하는 기법을 의미한다. 조달업무가 기업의 성과창출에 기여하는 기능으로 변화를 시도하면서, 구매의 형태도 조직화 · 전문화되어 통합된 일괄 구매를 통해, 비용적 이득과 가치창출의 이중적 효과를 가지는 것이다. 단위 조직 또는 프로젝트별로 분산하여 개별구매를 수행하면, 업무처리의 스피드를 향상시키기도 하지만, 프로젝트에 필요한 자원을 통합하여 구매하는 효과는 물량집중화에 따른 규모 경제의 장점을 활용하는 것으로 원가절감에 가장 효과적이다.

3) 전략구매

기업에서 비용절감 및 성과창출 관점에서 조달에 대한 비중이 커지면서, 체계적인 방법론을 통해 주어진 상황에 가장 적합한 조달방식을 적용하는 것이 필요하게 되었다. **전략구매**는 조달하고자 하는 제품이나 서비스의 품질을 향상시키면서, 총비용을 절감할 수 있는 과학적인 기법과 프로세스를 적용하여 수행하는 방법을 말한다. 전략구매를 수행하기 위해서는 기업이나 프로젝트 상황에 따라 적합한 구매전략 수립과 실천이 필요하며, 방침, 목적과 목표, 내외부 환경, 공급자, 계약방식, 유지보수, 구매 및 재고관리 기법 등의 분석과 대응전략 선정이 필요하다.

기업이나 프로젝트에서 전략구매를 수행하는 것은 단순히 비용절감뿐만 아니라, 궁극적으로는 총비용(TCO)을 줄일 수 있기를 기대하는 것이다. 전략구매를 통해, 비용우위, 매출증대, 개선과 혁신, 지속경영체계 확보 등의 효과를 얻을 수 있어야 한다. 전략구매를 수행하기 위해서는 체계적인 방법론의 확립이 필요하다. 기업이나 프로젝트에서 전략구매를 이행하기 위한 절차를 설명하면 다음과 같다.

전략구매 이행절차

① **전략품목 선정**: 조직과 프로젝트에 필요한 여러 가지의 상품이나 서비스 중에서 전략구매 대상품목을 수선순위에 의해 결정한다.

② **목표설정**: 조달하고자 하는 전략품목의 수량, 금액, 조달시기 등에 대한 정량적 목표를 지표(KPI)로 설정한다.

③ **내외부 환경분석**: 전략품목 조달을 위한 조직의 내부환경, 외부환경을 분석하여 시사점을 도출한다.

④ **구매전략 수립**: 총비용(TCO) 최소화 관점에서 전략품목을 조달하기 위해 구매기법, 실행전략 및 전술에 대한 구체적 방안을 수립한다.

⑤ **공급자 선정**: 시장조사, 공급자 그룹 파악, 제안요청서 등을 통해, 최적의 공급자를 우선순위에 의해 선정한다.

⑥ **협상 및 계약**: 제안서 평가, 시장조사 또는 우선공급자와의 협상을 통해, 적절한 계약방식을 선택하여 계약을 체결한다.

⑦ **이행**: 구매전략에 따라 계약에 근거하여 조달을 수행한다.

⑧ **사후관리**: 클레임, 사후지원 등에 대한 문제 및 이슈를 관리한다.

4) 온라인 구매

정보통신(ICT) 기술의 발달과 조달의 효율화를 위해 인터넷을 활용한 조달방식이 확대 적용되고 있다. 기업이나 프로젝트에서 수행할 수 있는 **온라인(On-line) 구매**에는 전자구매(e-Procurement)와 e-마켓플레이스(e-Marketplace)가 있다. 전자구매는 기업이나 프로젝트에서 필요한 조달품의 제안요청, 입찰안내 등에 대해, 구매자가 보유한 온라인(On-line)시스템으로 공급자와 연결하여 구매 프로세스를 수행하는 것이다. 그러나 e-마켓플레이스는 공급자와 구매자 사이를 연결해 주는 인터넷 중계자를 통해 구매를 수행하는 것이다. 전자구매 및 e-마켓플레이스를 구분하여 설명하면 다음과 같다.

(1) 전자구매(e-Procurement)

전자구매(e-Procurement)는 구매자가 오프라인에서 진행했던 입찰안내, 제안요청, 심사, 낙찰, 계약, 보증 관련 업무를 구매자가 개설한 온라인 시스템으로 진행하는 것을 말한다. 구매자는 내부구매 프로세스 효율화 및 전자구매를 통해, 비용절감 및 수익성 개선을 기대할 수 있다. 구매자의 전자구매시스템은 e-마켓플레이스와 연동하고 전자결제(e-Payment)를 적용하여 온라인 구매를 활성화시키고, 이로 인해 조달업무 효율화 및 비용절감의 이중효과를 기대할 수 있다.

(2) e-마켓플레이스

e-마켓플레이스(e-Marketplace)는 인터넷 전자상거래 중계자가 공급자와 소비자 사이를 연결해 주는 역할을 수행하여 조달업무를 대행한다. 표준품이나 표준화가 가능한 조달품에 대해, 공동구매에 참여하여 원가를 절감하는 방법이 되며, 통상 전략적으로 중요하지 않는 품목의 조달에 적용한다.

10.3 조달관리 핵심용어

조달 프로세스에 따라 업무를 수행하기 위해서는 기본적으로 전문용어 및 관련문서의 내용 이해가 필요하다. 조달관리에 사용되는 주요 용어 및 문서에 대해 설명하면 다음과 같다.

- **입찰**(Bid, Tender): 공급품목의 최종 낙찰자를 선정하기 위한 일련의 경쟁적이고 공식적인 절차이다. 입찰에 참여하기 위해 입찰안내서에 따라 입찰서(Bid proposal)를 제출한다. 입찰은 지명 경쟁입찰, 일반 경쟁입찰 형태로 진행한다.
- **개찰**(Opening of the Bid): 입찰과 낙찰 사이에 존재하는 경쟁입찰의 한 과정을 말한다.
- **견적**(Estimate, Quotation): 구매자가 필요로 하는 것을 공급하기 위해 규격, 수량, 가격을 사전에 계산하여 산출하는 것이다. 공급자는 견적을 위해 공급품의 규격이나 비용 등을 구체적으로 작성한 견적서를 작성하여 제출한다.
- **정보요청서**(Request for Information: RFI): 제안을 요청하기 위해 공급품과 관련한 기술추세나 제품정보를 파악하고자 사전에 작성하여 공급자에게 보내는 문서이다.
- **입찰요청서**(Request for Quotation: RFQ): 구매자의 입찰에 참여하도록 입찰에 필요한 사항을 구체적으로 제시한 문서이다. 가격위주의 입찰 경우에 사용한다. 입찰안내서는 입찰요청을 위해, 사전에 추가로 만들거나 입찰요청서를 대신하여 활용할 수 있다.
- **제안요청서**(Request for Proposal: RFP): 발주기업이 프로젝트를 담당할 업체를 최종적으로 선정하기 전에 선별된 업체에게 보내는 자사 프로젝트에 관한 구체적 요구사항을 체계적으로 정리한 문서이다.
- **입찰초청서**(Invitation for Bid: IFB): 일반적으로는 입찰 또는 제안 요청서와 동일하지만 일부 분야에서는 제한된 대상자에 한정하여 입찰에 초청하는 제한적인 의미를 갖는다.

- 제안서(Proposal): 구매자가 제시하는 가격, 품질, 기술 등에 대한 구체적 요구조건에 대해 공급자는 해결할 수 있는 전체적인 대책을 마련하고, 공식화된 문서로 작성하여 구매자에게 제출하는 문서이다.
- 계약이행보증서(Performance bond): 대규모 또는 해외사업과 같이 계약금액이 크거나 장기간 소요되는 프로젝트에서 공급자가 계약을 성실히 이행하지 않거나 의무사항을 준수하지 않아, 발주자가 입는 손실을 금융기관이 연대하여 보전한다는 내용의 보증문서이다.
- 송장(送狀, Invoice): 조달계약 조건을 정당하게 이행하였음을 공급자가 구매자에게 증명하는 서류이며, 공급품의 명세 및 계산내역 등이 상세하고 정확하게 기재된 문서이다.
- 수의계약(Negotiated contract): 비공개 방식으로 하나의 특정 업체만이 공급할 수 있는 경우에 적용하는 계약방식이다. 독점품목인 경우처럼 타 공급자의 선정이 불가하여 경쟁입찰 없이 직접 계약하게 된다.
- 신용장(Letter of Credit: L/C): 글로벌 조달의 경우에 거래의 대금지불 및 상품입수의 원활을 기하기 위해, 수입업자의 요청에 따라 거래은행에서 신용장을 개설하고, 수출업자가 발행한 환어음의 결제를 보증하는 증서이다. 수입자 개설은행은 요청과 지시에 따라, 수출자가 신용장에 명시된 제반 조건과 일치하는 운송서류를 제시하는 경우 대금을 틀림없이 지급할 것을 약속한다는 증서이다.

10.4 프로젝트 계약관리

10.4.1 계약의 정의와 구분

기업이나 프로젝트에서 필요로 하는 제반 자원에 대해, 구매자는 적합한 품질과 가격으로 적시에 확보해야 하고, 공급자 입장에서는 구매자가 필요로 하는 여러 요구조건에 부합하는 자원을 공급해야 한다. 구매자 및 공급자 입장에서 상호 책임 있는 조달관리를 수행하기 위해 계약의 체결이 필요하다. 계약

(Contract)이란 요구되는 상품 또는 서비스를 공급받고, 그 대가를 지불하기 위한 쌍방간의 법적 협약이다. 프로젝트에 따라 계약은 협약서(Agreement), 구매오더(Purchase order), 약속(Commitment)의 형태로 체결되기도 한다. 계약에는 다음과 같은 포괄적 내용이 함축되어 있다.

- 공급자와 구매자가 상호 합의한 협약이다(Mutually binding agreement).
- 법정에서 구제받을 수 있는 법적인 관계이다(Legal relationship subject to remedy in the court).
- 프로젝트의 위험을 피하거나 완화할 수 있다(Project risks can be avoid and or mitigated).

계약은 2인 이상의 당사자가 상호 요구하는 의사표시가 합치하여 성립되는 넓은 의미의 법률행위에 해당한다. 그러나 좁은 의미의 계약은 규정된 매매, 임대차, 도급, 위임 등의 채권채무 관계를 의미한다. 공급자 선정조건을 중시한 계약체결 방법에 따라 계약형태를 분류하면 **일반경쟁계약, 지명경쟁계약, 제한경쟁계약, 협상계약, 물량할당계약, 수의계약**으로 나누어진다. 공급자 선정조건에 따른 계약체결 방법의 특징을 설명하면 다음과 같다.

공급자 선정조건에 따른 계약 분류

1) **일반경쟁계약**: 공개경쟁을 통해서 최적의 공급자와 체결하는 계약이다.
2) **지명경쟁계약**: 최적의 공급조건을 갖춘 공급자를 지명하여 계약한다.
3) **제한경쟁계약**: 자격, 경험, 역량 등을 고려하여 제한된 공급자에게만 참여 기회를 부여하는 계약이다.
4) **협상계약**: 다수의 공급자로부터 제안서를 받아 평가한 후 우선협상자를 선정하고 협상을 통해 계약을 체결하는 방법이다.
5) **물량할당계약**: 단독계약에 따른 위험요인을 제거하기 위해 복수의 공급자를 선정하고, 차등적으로 물량을 배정하여 공급받는 계약이다.
6) **수의계약**: 독점품목의 계약 또는 계약 이행능력이 충분하다고 판단되는 공급자를 선정하여 계약하는 방식이다.

구매자와 공급자 쌍방간에 계약을 체결하는 방식에는 사업의 발주자와 공급자가 직접 계약을 체결하면 **원도급계약**(Prime contract)이 되나, 원도급계약을 체결한 계약 상대자가 본 계약의 이행을 위해, 다른 공급자와 추가로 계약을 체결할 경우에는 **하도급계약**(Subcontract)이라고 한다. 그리고 사업금액 결정기준에 따라 계약을 체결하는 방법을 구분하면 **턴키(turn-key)계약, 단가계약, 정액계약, 실비정산계약, 공동계약**으로 구분한다. 프로젝트의 사업금액 결정기준에 따른 계약체결 분류유형을 특징별로 설명하면 다음과 같다.

사업금액 결정기준에 따른 계약체결 분류

- **턴키(turn-key)계약**: 소요자원과 일에 대해 계약단계에서 가격을 확정하고, 공급자가 프로젝트 착수단계부터 종료까지 전체적 책임을 지는 일괄계약 방법이다.
- **단가계약**: 프로젝트의 단위과업이나 업무에 대해 자재, 인건비, 업무량 등에 대한 최적 단가만을 결정하여 계약하는 방식이다.
- **정액계약**: 사업비의 총액을 결정하고, 확정 금액으로 전체과업을 완성하도록 하는 계약제도이다.
- **실비정산계약**: 발주자는 프로젝트를 공급자에게 위임하되, 사전에 결정한 금액 또는 비율에 따라 인센티브를 고려하여 지불하는 제도이다.
- **공동계약**: 대규모 프로젝트에서 복수의 공급자가 공동 책임을 지고, 과업을 분담하여 이행하는 계약방식이다. 공동수급계약, 컨소시엄(Consortium)계약으로 부르기도 한다.

10.4.2 프로젝트 계약 유형

구매자와 공급자는 제품이나 서비스의 조달 및 공급계약을 위해, 프로젝트에 적합한 계약이 어느 것인지를 판단해야 한다. 계약의 유형은 계약에 따른 위험요인에 따라 유형을 달리 할 수 있으며, 계약유형을 선정할 경우에는 가격 경쟁력, 비용분석, 요구사항의 복잡성/긴급성, 작업 기간, 구매자의 회계관리 정확성, 현행 계약형태, 과거경험을 고려해야 한다.

구매자와 공급자 사이에 체결할 수 있는 공급계약 형태는 다양하다. 계약형태를 미국 정부의 조달에 관한 규정(The Code of Federal Regulations)에 의하여 분류하면, 고정가(Fixed Price) 계약, 원가정산(Cost-reimbursement) 계약, 인센티브(Incentive) 계약, 그리고 기타 계약 방식으로 구분할 수 있다.

1) 고정가 계약

고정가(Fixed Price) 계약은 프로젝트에 필요한 제품 또는 서비스에 대해, 고정된 총액을 결정하여 구매하는 방식이다. 고정가 계약은 구매자 입장에서는 공급자가 조달품의 납기나 품질목표를 적정하게 이행하지 못하면, 프로젝트 목표달성에 장애가 되는 리스크를 가지게 된다. 공급자 입장에서 고정가 계약은 편리한 측면이 있지만, 고정가에 의한 계약을 체결하고 납기, 품질 등의 목표를 이행하지 못할 경우, 위약(Penalty) 조항에 따라 지체상금과 같은 금전적 손해배상 책임을 져야 한다. 따라서 구매자와 공급자는 고정가 방식 계약에서는 조달대상 제품 또는 서비스에 대해 범위, 일정, 품질목표를 명확히 문서화로 규정하여야 한다.

일반적으로 고정가 계약방식에서는 범위변경에 따른 가격의 변동을 인정하지 않으나, 변경 범위가 커서 프로젝트의 위험요인으로 작용할 경우에는 가격변동에 대해 구매자와 공급자의 협의를 통한 해결이 필요하다. 이러한 점을 고려하여 고정가 계약에서 효율적 계약이행을 위해 일정단축, 품질향상, 자원절감의 성과에 따라 인센티브를 적용할 수 있다.

고정가 계약의 유형에는 **확정 고정가격 계약**(Firm-fixed-price contracts: FFP), **성과급 가산 고정가 계약**(Fixed-price incentive fee contracts: FP-IF), **경제적 가격 조정부 고정가격 계약**(Fixed-price contracts with economic price adjustment: FP-EPA), **장래가격 재결정부 고정가격 계약**(Fixed-price contracts with prospective price redetermination: FP-PPR), **가격소급 재조정부 고정 최고가격 계약**(Fixed-ceiling-price contracts with retroactive price redetermination: FCP-RPR), **확정 고정가격 노력 계약**(Firm-fixed-price, Level-of-effort term contracts: FFP-LE)이 있으며 대표적 고정가 계약 유형을 설명하면 〈표 4-41〉과 같다.

〈표 4-41〉 고정가(Fixed Price) 계약방식 분류

계약방식	계약내용
확정 고정가 계약 (Firm fixed-price contracts: FFP)	• 조달품에 대한 가격을 처음부터 확정하여 계약한다. • 가격확정으로 구매자와 공급자는 관리가 용이하다. • 규격목표 미달에 따른 가격변동은 공급자가 부담해야 한다. • 구매자는 조달품에 대한 명확한 정의로 분쟁을 없애야 한다. • 계약 후 조달품에 규격변경이 발생하면 구매자가 부담해야 한다. • 계약 리스크가 적거나 변경 수용범위가 수용 가능할 경우 적용한다.
성과급 가산 고정가 계약 (Fixed Price Incentive Fee contracts: FP-IF)	• 고정가 계약에 추가적으로 정략적 목표달성과 연관된 금전적인 성과급을 지불하는 계약방식이다. • 처음부터 성과목표를 설정하고, 최종 계약가격은 모든 작업이 완료된 후 판매자의 성과에 따라 결정한다. • 고정가격 계약이지만, 추가로 원가정산 계약방식의 내용을 적용하여 사후 원가정산을 통하여 인센티브를 지급하는 방식이다. • 원가, 일정 또는 기술적 성과향상 등 합의된 지표달성에 따라 금전적인 추가 성과급을 지불한다. • 가격상한이 설정되고, 이 상한을 넘는 모든 원가는 작업을 완수할 의무가 있는 공급자의 책임이다.
가격조정 조건부 고정가 계약 (Fixed-price contracts with economic price adjustment: FP-EPA)	• 고정가 계약 형태이나, 인플레이션 또는 특정상품의 원가상승이나 하락에 따라, 사전 정의된 계약가에 최종조정을 허용하는 특별 조항을 추가하여 계약하는 형태이다. • 가격조정(EPA) 특별 조항은 최종가격을 정확히 조정하기 위해 사용되므로, 구매자와 공급자가 인정하는 객관적 지표 설정이 중요하다. • 구매자와 공급자는 통제가 어려운 외적 환경변화 요인으로부터 상호 보호받게 된다. • 공급자와의 계약 이행기간이 몇 년에 걸쳐 지속될 때 적용하며, 장기간 관계 구축에 바람직하다.

2) 원가정산 계약

고정가 계약은 고정된 금액이 존재하는 반면, 원가정산(Cost-Reimbursement) 계약은 실제 발생한 원가와 함께 수수료를 지불하는 계약형태이다. 요구사항이 모호하거나 변경 가능성이 다분할 때 적절한 계약형태로, 이 계약유형은 구매자가 재무적인 위험에 대한 책임을 지게 된다. **원가정산 계약**에서는 제공하는 제품이나 서비스에서 발생하는 합법적인 모든 원가와 비용을 지불하는 계약방식이 된다.

원가정산 계약에서도 공급자가 원가, 일정 또는 기술적 성과목표를 초과

달성하거나 미달할 때마다 적용할 금전적 성과급 조항을 계약에 포함시킬 수 있다. 이러한 계약은 초기단계에 작업범위를 정확히 정의할 수 없어서, 수정이 필요할 때 또는 계약이행에 따른 리스크가 수반될 수 있을 때, 공급자가 가격을 수정할 수 있는 유연성을 제공한다.

원가정산 계약에는 **원가분담 계약**(Cost-sharing contracts: CS), **인센티브 비용 가산 원가계약**(Cost-plus-incentive-fee contracts: CPIF), **보상비용 가산 원가계약**(Cost-plus-award-fee contracts: CPAF), **고정비용 가산 원가계약**(Cost-plus-fixed-fee contract: CPFF) 유형이 있다. 원가정산 계약의 유형을 구체적으로 설명하면 〈표 4-42〉와 같다.

계약금액에 인센티브를 적용하는 고정가 계약 유형의 성과급 가산 고정

〈표 4-42〉 원가정산(Cost-Reimbursement) 계약방식 분류

계약방식	계약내용
원가 분담계약 (Cost-sharing contracts: CS)	• 계약자 간에는 아무 비용(fee)도 받지 않는 원가보전 계약을 한다. • 연구개발 과제, 비영리 기관과의 계약에 사용한다.
인센티브비용 가산 원가계약 (Cost-plus-incentive-fee contracts: CPIF)	• 공급자는 계약이행을 위해 허용되는 모든 비용과 성과급을 지급받은 계약방식이다. • 성과급은 사전에 계약서에 명시된 성과목표를 달성할 경우 지불한다. • 최종 원가가 초기에 산정한 원가와 대비하여 차이가 발생하면, 구매자와 공급자는 사전에 협상한 원가분담 비율 규칙에 따라 조정한다(예시: 구매자 : 공급자=50 : 50).
보상비용 가산 원가계약 (Cost-plus-award-fee contracts: CPAF)	• 구매자는 제품이나 서비스에 대한 합법적인 수준의 원가는 지불하지만, 수수료의 경우는 계약서에 명시된 일정한 수준의 주관적 성과 기준을 충족시켰을 때 지불한다. • 수수료는 전적으로 구매자가 제시하는 공급자의 성과를 기준으로 결정한다.
고정비용 가산 원가계약 (Cost-plus-fixed-fee contract: CPFF)	• 계약 시초에 계약자에게 지불할 고정된 일정 비용(negotiated fee)을 규정하여 원가를 보전하여 주는 계약방식이다. • 계약 작업을 수행하기 위해 소요되는 모든 비용을 원가에 포함하여 계약하는 방식이 된다. • 고정된 비용(fixed fee)은 실제 원가에 따라 변하지 않으나, 계약에 의하여 이행될 과업의 변동에 따라 비율로 조정할 수 있다. • 완료된 작업에 대해 수수료를 지불하되 공급자 성과에 따라 변하지 않는다.

가 계약(Fixed Price Incentive contracts: FP-IF)과 원가정산 계약 유형의 인센티브비용 가산 원가계약(Cost-plus-incentive-fee contracts: CPIF)은 다음과 같은 차이가 발생한다.

▣ 성과급 가산 고정가계약(FP-IF)

- 최고가격 상한선(Price Ceiling)에 도달할 수 있는 시점인 PTA(Point of Total Assumption)를 정해 두고, 원가가 특정금액을 넘지 못하도록 억제하는 방법이다.
- 실제원가를 목표원가 이하로 절감했을 때 인센티브를 제공하되 총 가격은 통제한다.
- PTA 지점까지는 구매자, 판매자의 공동부담이지만 그 이상부터는 모두 판매자가 부담해야 한다.
- 원가절감 금액은 사전에 합의한 구매자와 공급자의 배분 비율에 따라 나눈다.
- 구매자 관점에서의 총 금액은 "실제 발생원가+인센티브+수수료"가 되나 공급자 관점에서는 계약금액이 PTA 또는 그 미만이 된다.

▣ 인센티브 비용 가산 원가계약(CPIF)

- 실제 원가를 보장해 주되 실제원가를 목표원가 이하로 절감했을 때 인센티브를 제공한다.
- 인센티브의 최소 금액과 최대 금액을 정할 수 있다.

3) 인센티브 계약

인센티브 계약(Incentive Contracts)은 프로젝트의 비용(Cost), 성과(Performance), 납기(Delivery) 등에 대한 인센티브를 적용하는 것이다. 일반적으로 인센티브 조항은 구매자의 위험을 경감시키는 효과가 있다. 인센티브 계약은 다음과 같은 공식에 따라 진행된다.

〈표 4-43〉 인센티브 계약(Incentive Contracts) 방식의 분류

계약방식	계약내용
고정가격 인센티브 계약 (Fixed-price incentive contracts: FPI)	• 쌍방이 합의한 목표원가와 총원가의 관계를 공식화하여 이윤을 조정하고, 최종 계약금액을 결정하는 고정가격 계약의 하나이다. • 최종가격은 당초에 합의된 가격한도를 적용받는다. • 인센티브 적용 목표의 고정 여부에 따라 2가지로 분류한다. ① **확정목표의 고정가격 인센티브 계약**(Fixed-price incentive [firm target] contracts): 고정된 목표 비용/이윤/가격 상한선, 이윤 조정공식을 정하여 인센티브를 적용하는 계약방식 ② **연속적 목표의 고정가격 인센티브 계약**(Fixed-price incentive [successive target] contracts): 계약 초기의 목표 원가/이윤과 상·하한 범위, 이윤 조정공식은 납품시점 또는 작업시점에서 협상이 가능한 방식
보상비용부 고정가격 계약 (Fixed-price contracts with award fees: FP-AF)	• 구매자가 공급자의 동기를 부여하고자 하나 공급자의 이행 결과가 객관적으로 측정될 수 없을 경우에 적용한다. • 공급자의 성과나 구매자의 만족도를 평가하여 보상비용을 지불하는 고정계약 방식이다.
원가정산 인센티브 계약 (Cost-reimbursement incentive contracts: CRI)	• 원가정산을 인센티브와 연계하여 적용하는 방식으로, 원가와 인센티브 비용계약(Cost-plus-incentive-fee contracts)과 원가와 보상비용계약(Cost-plus-award-fee contracts)으로 나눌 수 있다. ① **원가와 인센티브 비용계약**(Cost-plus-incentive-fee contracts) - 계약 초기에 협의된 비용(Fee)은 나중에 총 목표원가와 허용 가능한 총원가의 관계식(Formula)에 따라 조정이 가능하다. - 사전에 목표 원가/비용/비용 상·하한선과 비용 조정공식을 규정하고, 사후에 성과 및 관계식(Formula)에 따라 지급비용을 결정한다. ② **원가와 보상비용계약**(Cost-plus-award-fee contracts) - 공급자의 성과나 구매자의 만족도를 평가하여 비용공식에 따라 보상비용을 결정하는 계약방식이다. - 품질, 납기 이행, 기술적 창조성, 비용적 효과에서 탁월한 성과를 창출할 수 있도록 동기부여를 위해 적용한다.

인센티브 공식 = (목표가격 – 실제가격) × 분배비율

- **목표가격**: 계약 당시 목표로 하는 프로젝트 비용
- **실제가격**: 프로젝트에서 공급자가 실제로 사용한 비용
- **분배비율**: 구매자와 공급자의 이익 또는 절감 수수료의 분배 비율, 분배비율이 6 : 4이면 60%는 구매자 40%는 공급자의 몫이 된다.

인센티브 계약에는 **고정가격 인센티브 계약**(Fixed-price incentive contracts: FPI), **보상비용부 고정가격 계약**(Fixed-price contracts with award fees: FP-AF), **원가정산 인센티브 계약**(Cost-reimbursement incentive contracts: CRI)이 있으며, 구체적 내용은 〈표 4-43〉과 같다.

4) 기타 계약 형태

고정가, 원가정산, 인센티브 계약 이외에는 다음과 같은 계약 유형이 있다.

(1) 시간-재료(T&M) 계약

시간-재료(Time and Materials: T&M) **계약**은 제품이나 서비스 공급에 필요한 금액, 소요일정 등의 자원을 명확히 정의할 수 없을 경우에, 결과물에 소요된 시간이나 금액을 기준으로 금액을 정산한다. 시간(Time)은 비용계약을 위해 소요되는 시간적 비율을 말하며, 재료(Materials)는 공급제품이나 서비스에 직접 소요되는 재료(Direct materials) 또는 비용(Direct costs)으로, 계약 당사자 간의 공급품, 경비, 컴퓨터 사용료 등을 포함한다. T&M 계약은 계약단계에서 소요자원이나 일정을 명확히 정의할 수 없거나, 계약의 총액이나 인도할 품목의 정확한 수량을 결정할 수 없을 경우에 활용할 수 있다.

시간-재료 계약은 원가정산 계약과 고정가 계약의 양면을 포함하는 복합 형태의 계약방식이다. 고정가 계약의 성격을 가지는 것은 계약금액을 미결정 상태로 시작하여 나중에 결산하게 되므로, 구매자 입장에서는 원가상승이 발생할 수 있다는 점에서 원가정산 계약과 비슷하다. 이 경우에 원가의 무한 상승이 가능할 수도 있으므로, 이를 방지하기 위해 금액의 상한값과 시간 한도를 지정하는 것이 필요하다. 한편, 고정가 계약의 성격이란 구매자나 공급자

가 무한원가의 변동을 방지하기 위해, 인건비나 자재의 단가를 사전에 정의하는 경우를 말한다. 이러할 경우 계약서에 정의한 자원의 지정단가는 고정가 계약과 유사한 성격을 가지게 된다.

(2) 노동시간 계약(Labor-hour contract)

시간-재료 계약의 변형으로, 공급에 필요한 노동시간을 기준으로 금액을 정산하는 방식이다.

10.5 외주관리

외주란 프로젝트에 필요한 자원을 외부에서 아웃소싱(Outsourcing)하여 조달하는 것이다. 외주는 프로젝트 조직이 해당 업무 또는 기술분야에 대한 노하우와 경험이 부족하거나, 개발인력 부족 또는 예산절감을 위한 목적으로 외부의 제3자에게 대상업무의 일부 또는 전체를 위탁처리하는 것을 말한다. 일반적으로 프로젝트에서는 다음과 같은 목적으로 프로젝트 과업의 일부를 외주 처리하며 필요에 따라서는 프로젝트 전체를 외주하는 경우도 있다.

외주의 목적

① 프로젝트 일정의 촉박으로 시간적 여유가 없을 때 시간단축 방안으로 활용한다.

② 자체 기술력만으로는 프로젝트 목표를 달성할 수 없을 경우, 외부 전문가 또는 개발 기술을 아웃소싱하여 프로젝트를 수행한다.

③ 예산절감을 위해 외부에서 동일한 품질의 저렴한 자원을 아웃소싱하여 프로젝트를 수행한다.

프로젝트 수행역량이 부족한 경우에 외주를 활용한다는 것은 매우 중요한 사안이다. 외주를 활용한다는 것은 자체제작 또는 구매에 대한 결정(Make-or-Buy decision) 사항이 된다. 외주를 통해 필요한 자원을 적정하게 확보해야 프로젝트를 실패하지 않게 되며, 비용절감과 프로젝트 성과를 높일 수 있게 되기 때문이다. 따라서 프로젝트에 적합한 외주업체를 선정하기 위해서는 프로젝트 수행역량을 올바로 평가하기 위한 기준을 세우고, 객관적 절차를 통해 평가하여 업체 선정이 진행되어야 한다.

프로젝트에서 발생하는 외주는 계약적 관점에서는 도급, 위임, 파견의 형태로 진행되며, 과업 이행범위 측면에서는 전체외주, 부분외주, 인력외주 등의 방식이 적용된다, 또한 프로젝트 수명주기에 걸쳐서는 감리위탁, 업무위탁, 개발위탁, 인력파견, 운영위탁, 교육위탁이 있다. 프로젝트에서는 외주를 통해 부족한 인적자원을 활용할 수 있고, 또한 경비절감에 큰 기여를 할 수 있다. 프로젝트에서 외주를 올바로 활용하면 자원이 부족한 경우에도 자금, 인력, 기술 등 부족한 프로젝트 수행역량을 보충할 수 있는 장점을 가지게 된다.

외주가 부족한 자원을 외부에서 직접 아웃소싱하여 활용하는 것인 반면, **하청**(下請, Sub contract)은 프로젝트를 수주한 주계약자가 수행한 일의 전부나 일부를 제 3 자에게 다시 하도급 처리하는 것을 말한다. 프로젝트에서 하청은 대형 프로젝트를 수주한 대기업이 프로젝트 전체를 수주할 역량이 부족한 중소기업에 대해, 일의 일부 또는 전부를 저가에 하도급 처리하는 형태로 이루어지게 된다. 따라서 하청을 통해 주계약자와 하청업자 상호가 상생할 수 있는 승-승(Win-Win) 관계가 성립되기도 하지만, 대기업에 대한 중소기업의 수직 계열화, 저가 하청을 통해 중소기업의 경쟁력을 약화시키는 폐단을 낳기도 한다.

10.6 프로젝트의 조달 프로세스

프로젝트의 비용관점에서 최적의 방법을 동원하여 조달비용을 최소화하는 것은 매우 중요하다. 프로젝트를 수행함에 있어 외부로부터의 자원 조달 비율이 높은 경우에 조달의 역할은 더욱 중요하다. 프로젝트의 조달업무를 정확히 수행하기 위해서는 프로젝트의 조달 프로세스를 표준화하고 체계적으로 진행하는 것이 필요하다. 일반적으로 **조달 프로세스**는 조달계획, 조달수행, 조달운영, 조달종결의 단계를 거치며, 단계별 다음과 같은 업무가 진행된다.

프로젝트의 조달 프로세스

(1) 조달계획 단계

① 조달대상 결정: 외부 조달 자원에 대한 소요계획을 수립한다.

② 예산계획 수립: 자원 소요계획에 따라 시기별 필요한 예산 계획을 수립한다.

③ 조달관리 계획수립: 자원조달 계획부터 종결까지, 전체 프로세스에 대한 관리방법을 기술한다.

(2) 조달수행 단계

④ 공급자 발굴 및 결정: 잠재 공급자를 발굴하여 제안 요청하고, 제안평가를 통해 적격 공급자를 결정한다.

⑤ 계약체결: 공급자와 조달에 관한 계약을 체결한다.

⑥ 발주 및 입고: 필요시점에 발주를 하여, 납기 내에 정품을 공급받는다.

(3) 조달운영 단계

⑦ 적용: 프로젝트에 따라 설치, 사용 또는 재고관리를 수행한다.

⑧ 검사 및 관리: 검사를 통하여 조달품이 요구조건과 일치하는지를 확인하고, 공급자관리, 계약관리, 관리관리를 수행한다.

(4) 조달종결 단계

⑨ 계약종결: 조달계약 조건 이행에 의한 정상 종결, 계약 불이행에 따른 비정상 종결과 대금정산이 필요하다.

국가 차원에서도 정부나 공공기관의 조달업무 통합 수행을 위해 국가종합 전자조달 기능을 조달청의 "나라장터"에서 수행하고 있다. 그리고 조달규모가 큰 기업에서는 조달담당임원(Chief Procurement Officer: CPO)을 선정하여 전략적으로 조달업무를 수행하고 있다. 프로젝트에서 조달관리를 올바로 수행하기 위해서는 다음과 같은 사항을 고려해야 한다.

그림 4-44 프로젝트의 조달 프로세스

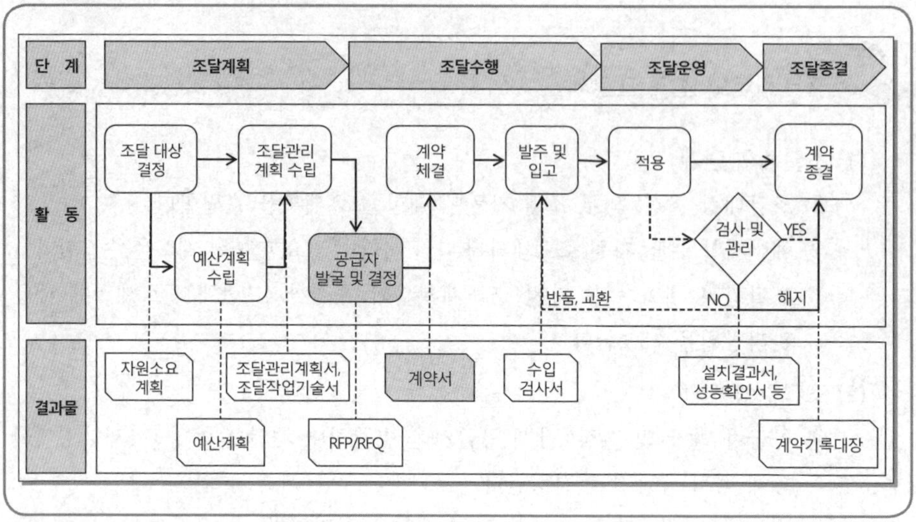

프로젝트 조달관리 고려사항

① 신뢰성 높은 공급자를 선정하여야 한다.
② 용도에 가장 적합한 품질을 확보한다.
③ 최저의 비용으로 적품을 조달한다.
④ 적기에 조달할 수 있도록 납기관리를 철저히 한다.
⑤ 조달사고에 대비하여 위험관리를 한다.
⑥ 조달 전문가를 활용한다.
⑦ 계약조건을 명확히 한다.

10.7 조달계획 수립

조달은 프로젝트에 필요한 제품이나 서비스 또는 결과물의 구매 결정사항을 문서화하고, 구매조건을 정하여 적정 공급자를 통해 자원을 확보하는 것이다. 프로젝트 특성 및 회사 정책에 따라, 조달활동은 프로젝트 팀 자체적으로 수행하기도 하지만, 회사가 프로젝트에 필요한 자원을 조달하는 업무를 담당하기도 한다. 이 경우 프로젝트 팀에서는 조달계획을 수립하고, 전사 구매조직 또는 PMO조직은 조달의 통합 창구로서 활동을 수행한다. 통합구매는 일괄구매에 따른 조달 총비용을 절감할 수 있는 전략구매의 일환으로 진행된다.

프로젝트의 조달계획을 수립하는 핵심과정은 필요한 자원을 어떻게 조달할 것인가를 결정하는 것이다. 프로젝트에 필요한 제품이나 서비스를 자체적으로 제작할 것인지 아니면 외부조달이 좋은지를 여러 측면에서 판단해야 한다. 프로젝트 **조달방식**은 다음의 경우가 일반적이다.

프로젝트 조달방식의 결정

1) **자체 제작**: 프로젝트 팀 또는 소속된 조직 자체적으로 필요 조달품을 만들 수 있는 능력이 있을 경우에는 자체 제작하여 확보한다.
2) **구매 조달**: 프로젝트 조직 내부에 제작역량이 있어도, 시간이 촉박하거나 제작자가 다른 일에 할당되어 있다면, 일정준수를 위해 외부에서 조달하게 된다.
3) **전문인력/조직 활용**: 통합구매, 전략구매, 계획구매를 통한 가격 경제력 확보를 위해, 프로젝트 외부의 전문인력이나 구매전담 조직을 활용하여 조달활동을 수행한다.

조달방식을 결정하기 위한 비교의 판단기준은 비용이 우선하나, 조달과 관련한 직접비용 외에도 구매 프로세스를 관리하기 위한 간접비용까지 고려되어야 한다. 즉 금액적 비교와 더불어 비용, 자체 기술력, 지적재산권, 인적자원 가용성, 작업통제에 대한 수준, 사업구조에 따른 필요성 등의 간접비용 요인도 고려해야 한다. 지적재산권이 있는 기술은 외부조달이 필요하며, 소속기업이 보유한 핵심기술일 경우에는 자체 생산이 필요한 것이다.

조달계획은 적시에 적량의 조달품을 공급받아 프로젝트 일정에 차질을 주지 않도록 조달에 필요한 기간을 감안하여 납기관리를 철저히 하여야 한다. 조달 프로세스에서 조달계획을 수립하는 단계에는 외부로부터 조달할 대상을 결정하고 필요한 예산을 확인하여, 조달계획 수립부터 종결까지 전체 생애주

그림 4-45 조달계획 수립 프로세스

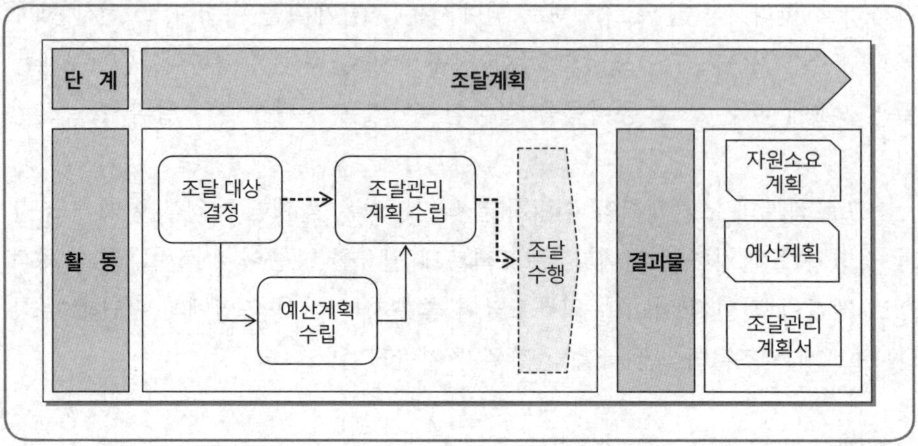

기에 걸친 관리계획을 수립하는 업무를 수행한다. [그림 4-45]는 조달계획 단계의 업무활동 및 결과물을 작성한 것이다.

1) 조달대상 결정

프로젝트에 필요한 조달대상을 결정하는 일은 조달관리 프로세스의 처음 업무활동이다. 조달대상을 결정하기 위한 기초적 방법은 모든 프로젝트 과업에 대해, 프로젝트 팀 자체적으로 수행할 수 있는 역량을 제외하면 자체적으로 해결할 수 없는 모든 것이 포함된다. 즉 프로젝트의 전체 요구사항 또는 WBS를 이행하기 위해, 프로젝트 팀 자체적으로 할 수 있는 역량을 제외한 나머지가 외부의 조달대상이 되는 것이다. 그러나 프로젝트 특성 및 규모에 따라 프로젝트 팀에서 수행하는 외부조달의 범주는 물적자원, 인적자원으로 한정되기도 한다.

조달대상을 결정하기 위한 주요업무로는 프로젝트 팀 자체역량 분석, 조달대상의 결정, 조달품 소요계획 수립이 있다.

(1) 프로젝트 팀 자체역량 분석

프로젝트 팀 자체역량 분석이란 범위에 포함된 모든 과업 또는 요구사항을 이행하기 위해, 프로젝트 팀 자체적으로 얼마나 수행할 수 있는가를 검토하는 것이다. 일반적으로 프로젝트 팀에서는 과업수행에 필요한 모든 역량을 확보하고 있는 경우가 적다. 프로젝트 이행을 위해 외부에서 자원을 조달하거나, 일부 과업에 대하여는 아웃소싱을 통해 해결해야 하는 경우가 발생한다. 성공적 프로젝트 목표달성을 위해 자체역량을 분석하는 것은 프로젝트관리자로서는 매우 중요한 일이다.

프로젝트 자체역량을 분석하는 대상은 물적자원, 인적자원, 재원이 해당된다. 자체역량 분석 결과에 따라 부족한 부분에 대하여는 외부 공급자를 통해 지원을 받아야 하므로, 결과는 계수적 · 정량적 지표로 작성하는 것이 바람직하다. 자체역량 분석 대상별로 검토해야 할 내용은 다음과 같다.

① **물적자원**: 프로젝트 이행을 위해 보유한 자재, 장비, 설비, 시설, 기술 및 서비스
② **인적자원**: 프로젝트 팀이 보유한 기술자, 전문가, 관리자 등의 역량 및 인력수
③ **재원**: 프로젝트 완수를 위해 확보한 자금력

(2) 조달대상의 결정

자체역량으로 프로젝트 과업이나 요구사항을 모두 해결할 수 있는지를 검토하고, 자체 업무나 작업으로 해결할 수 없는 부분은 외부의 조달이나 지원 대상이 된다. 그러므로 조달대상 결정은 프로젝트 자체적으로 해결할 것인지 아니면 외부의 지원을 받을 것인지를 판단하는 작업-구매 결정(Make-or-Buy Decision) 사항이 된다. 프로젝트 자체역량 분석을 통해, 부족한 인적 · 물적 자원은 필요한 만큼 외부에서 조달할 수 있으나, 조달 효율화 관점에서 중간산출물 또는 결과물 형태의 단위 또는 전체과업으로 조달대상을 결정할 수 있다. 일반적으로 프로젝트의 조달대상은 다음과 같다.

① **물적자원**: 자재, 장비, 설비, 시설, 기술 및 서비스
② **인적자원**: 아웃소싱 인력, 전문가, 법률가, 고문
③ **단위과업**: 외주가 필요한 과업, 중간산출물

④ 재원: 차입금, 차관, 유치금

(3) 조달품 소요계획 수립

외부조달로 확정된 자원에 대하여는 언제, 얼마만큼 필요한지를 프로젝트 일정에 맞추어 결정해야 한다. 따라서 조달품 소요계획 수립에서는 자원별 소요량, 필요시점을 정의하는 것이다. 자원 소요량은 프로젝트 이행과정에서 발생할 수 있는 각종 위험요인을 파악하여 정량으로 할 것인지, 여유분을 확보할 것인지를 판단할 필요가 있다. 또한 필요시점은 자원이 국내인지 해외인지를 파악하여 조달 리드타임을 고려한 검토가 필요하다.

2) 예산계획 수립

프로젝트 필요자원을 조달하기 위해서는 적정한 예산이 확보되어 있는지, 그리고 확보된 예산 범위 내에서 조달에 필요한 재원을 확보할 수 있는지를 사전에 검토하여야 한다. 모든 프로젝트에는 사용할 예산범위가 결정되어 있으므로, 조달예산이 프로젝트 예산을 넘어가거나 차이가 발생하면, 계획한 자원의 조달이 어렵게 된다. 따라서 조달에 사용할 수 있는 예산범위가 얼마이고 필요시점에 확보할 수 있는지를 점검하는 것이 필요하다. 그리고 프로젝트 자체적으로 예산사용 권한이 제한된 경우에는 결재권자의 승인을 사전에 확보하는 것이 필요하다. 예산계획 수립을 위한 주요업무로는 조달예산 산출, 예산 승인이 있다.

(1) 조달예산 산출

조달품 소요계획에 따라 조달에 필요한 자원별 예산이 필요 일정에 맞추어 확보할 수 있는지를 점검해야 한다.

(2) 예산승인

프로젝트 예산은 사업 성격에 따라 확보시점과 금액이 다르다. 기업 자체적으로 진행하는 프로젝트인 경우에는 예산확보를 위해, 사전에 금액 결정권자의 사전승인 확보가 필요하고, 사용 시점에서는 예산관리 부서의 협조가 필요하다. 그러나 외부에서 수주한 사업 성격의 프로젝트인 경우에는 수주한 금액의 예산범위 내에서 프로젝트 관리자의 권한으로 조달예산을 사용할 수 있게 된다.

3) 조달관리 계획 수립

조달관리(Procurement management) 계획 수립에서는 조달품 확보를 위해, 계획부터 종결까지 전체 프로세스에 대한 관리방법을 구체적으로 기술한다. 그리고 차후 잠재공급자에게 조달품에 대한 구체적 정보를 제공할 수 있는 조달 작업기술서(Statement of Work: SOW)를 작성하게 된다. 조달관리 계획 수립을 위한 주요업무로는 조달관리 계획서와 조달작업 기술서 작성이 있다.

(1) 조달관리 계획서 작성

조달관리 계획서에는 프로젝트에 필요한 제품이나 서비스의 조달을 위한 계획문서의 작성부터 계약이 종결되기까지 전체 조달프로세스를 관리하는 방

조달관리 계획서

• 조달계획서에는 일반적으로 다음과 같은 내용이 포함된다.

[조달관리 계획서 포함 내용]

– 조달품 정의(품명, 규격, 수량, 소요시기, 특기사항)
– 조달방법
– 조달수행을 위한 조직과 역할분담
– 공급자 선정, 평가 및 관리방안
– 계약유형 및 적용방안
– 조달 리스크 및 이슈 식별
– 리스크 제거 방안(이행보증, 보험계약 등)
– 조달 일정계획
– 구매관리에 영향을 줄 수 있는 제약사항 및 가정에 대한 정의
– 기타 특기사항, 고려사항, 준비사항

법을 기술한다. 따라서 조달관리 계획에서는 조달품 정의, 공급자와 어떤 유형의 계약을 적용할 것인지, 조달평가는 어떻게 할 것인지, 조달 수행조직은 누가 할 것이며, 구매문서나 장표는 어떻게 표준화하여 사용할 것인지를 기술하고, 다수 공급자에 대한 관리방법, 조달일정 및 성과평가와 같은 내용을 다룬다.

(2) 조달 작업기술서 작성

프로젝트에서 작업기술서(Statement of Work: SOW)란 프로젝트 결과물로 제공되는 제품 또는 서비스를 상세히 기술한 것이다. 프로젝트 차원에서는 고객의 요청사항, 제품 또는 서비스 요구사항을 토대로 SOW를 작성한다. 그러나 **조달 작업기술서**(Procurement Statement of Work: P-SOW)는 프로젝트의 범위 기술서를 기반으로 개발하며, 조달계약의 범위를 정의하는 문서가 된다. 조달 작업기술서를 통해 공급자가 제품이나 서비스를 제공할 역량이 있는지 여부를 판단하기 위해서는 공급품의 성격, 구매 요구조건, 예상되는 계약형태를 구체적으로 정의하도록 한다. 그리고 보다 구체적 정보가 필요한 경우에는 제품사양, 원하는 수량, 품질수준, 성과 데이터, 이행기간, 작업위치 및 기타 요구사항 등을 포함할 수 있다.

조달 작업기술서에는 필요자원을 조달하게 될 공급자가 조달자원을 정확히 이해할 수 있도록 정확히 작성해야 하며, 나아가 판매자가 더 발전적인 제안을 할 수 있도록 융통성과 여지를 남겨두는 것이 필요하다. 그래서 SOW는 실제 계약체결시 계약서의 일부분으로 포함되는 문서가 된다. 조달 작업기술서는 조달품의 성격에 따라 구매자의 구체적 요청사항이 없어도 될 경우에는 작성은 생략할 수도 있다.

제5장

프로젝트 실행

1 개 요

프로젝트 라이프사이클에서 실행단계 업무는 프로젝트 계획에 따라, 일을 실제로 실천하는 것이다. **프로젝트 실행**에서는 프로젝트 이행, 요구확정 및 변경관리, 품질보증 및 단계 감리, 프로젝트 팀 실행관리, 프로젝트 의사소통, 리스크 및 이슈관리, 조달수행 업무가 이루어진다.

먼저, 프로젝트 이행업무에서는 방법론에 따른 업무이행과 수행업무에 대한 실행지시 및 관리활동이 있다. 둘째로, 요구확정 및 변경관리 업무에는 요구사항의 최종확정과 요구사항에 대한 이행 및 변경관리 활동이다. 셋째로, 품질보증 및 단계감리 업무에는 품질보증 활동을 수행하고, 더불어 품질목표 달성과 리스트 예방을 위한 단계별 감리를 수행한다. 넷째는, 프로젝트 팀 실행관리 업무로 프로젝트 팀의 확보, 개발, 관리 활동을 수행한다. 다섯째는, 프로젝트 의사소통 업무이며 프로젝트에 필요한 제반 정보의 배포, 그리고 이해관계자의 기대사항을 관리하는 활동이 포함된다. 여섯째는, 리스크 및 이슈관리 업무로 리스크의 식별, 리스크의 정량적 · 정성적 분석, 리스크대응 활동

그림 5-1 프로젝트 라이프사이클 실행단계의 업무 내역

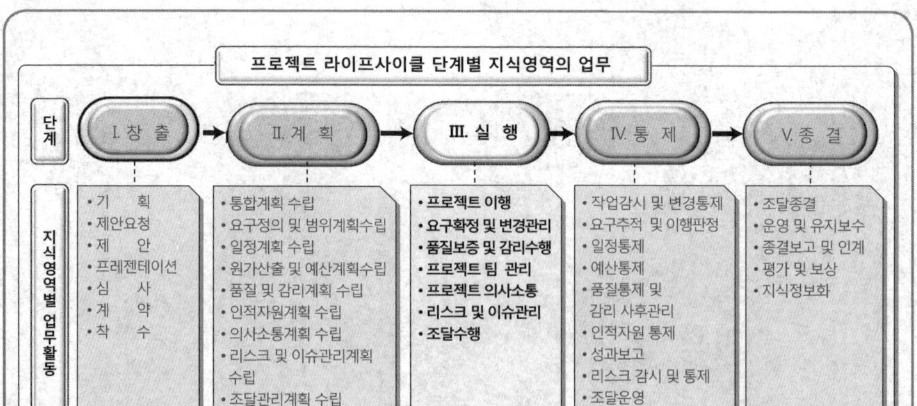

을 수행한다. 끝으로, 조달수행에서는 프로젝트에 필요한 제반 자원의 조달을 수행한다.

프로젝트 라이프사이클 단계 "Ⅲ. 실행"에서의 프로젝트 업무 및 활동 내역을 요약 설명하면 [그림 5-1] 및 〈표 5-1〉과 같다.

〈표 5-1〉 프로젝트 실행단계의 업무활동

업무	활동	설명
[1] 프로젝트 이행	방법론 이행	프로젝트 수행을 위한 절차 및 내용을 프로젝트에 적용할 수 있는 이행방법론으로 체계화하고, 방법론에 따라 절차별 문서 또는 중간/최종 산출물을 만든다.
	실행 지시 및 관리	프로젝트 목표를 달성하기 위해, 프로젝트관리 계획서에 정의된 과업을 프로젝트 자체 방법론의 절차와 방법에 따라 수행하도록 지시하고 관리하는 것을 말한다.
[2] 요구확정 및 변경 관리	요구사항의 확정	상세 요구분석을 통해 요구사항을 정제 및 세분화하고, 요구사항정의서 및 명세서를 확정한 후, 고객으로부터 요구사항을 승인받는다.
	요구 이행 및 변경관리	승인된 요구사항정의서 및 명세서를 바탕으로 프로젝트에 요구사항을 반영하는 활동과 변경된 요구사항을 관리하는 활동이 포함된다.
[3] 품질보증 및 단계 감리	품질보증 활동 수행	프로젝트 진행과정에서 적용하는 절차 및 표준, 그리고 단계별로 창출되는 결과물이 요구되는 품질규격이나 요청사항에 적합하도록 점검 및 검사활동을 수행한다.
	단계별 감리 수행	단계별 감리계획에 따라 프로젝트 현장에서 착수회의, 감리수행, 종료회의를 실시하고, 감리결과를 보고한다.
[4] 프로젝트 팀 실행 관리	프로젝트 팀 확보	인적자원 관리계획에 따라 필요한 인력을 필요한 시점에 충원하여 프로젝트에 투입한다.
	프로젝트 팀 개발	프로젝트의 성과를 향상시킬 목적으로, 팀원의 역량향상, 팀원 간 협력체계 구축, 프로젝트 조직문화를 개선하기 위해 수행한다.
	프로젝트 팀 관리	프로젝트 수행과정에서 발생하는 팀원들의 애로사항을 파악하고 해결하면서, 팀원들이 높은 성과를 내도록 추적 · 평가한다.
[5] 프로젝트 의사소통	정보의 배포	프로젝트의 계획된 정보, 프로젝트 진행과정에서 추가 또는 변경된 관련 정보를 이해관계자가 사용할 수 있도록 배포한다.
	이해관계자 기대사항 관리	프로젝트에서 의사소통 및 협력을 통해 이해관계자의 요구사항을 충족시키고 이슈를 해결한다.

[6] 리스크 및 이슈관리	리스크 식별	어떠한 리스크가 프로젝트에 영향을 주는지 확인하여, 잠재적 리스크요인을 사전에 감지하고 그 특성을 문서화한다.
	리스크 정량적 · 정성적 분석	프로젝트 리스크의 발생 가능성, 발생에 따른 영향력 등을 정량적 · 정성적으로 분석한다.
	리스크 대응	리스크가 프로젝트에서 문제를 야기시키지 않도록 미리 대처를 하거나, 리스크가 발생하여도 문제를 해결할 수 있도록 대비한다.
[7] 조달수행	조달의 수행	프로젝트에 필요한 자원의 잠재공급자를 모집하여 조달 이행 역량 및 적정성을 평가하고, 최종 공급자를 선정하여 계약을 체결한다.

2 프로젝트 이행

프로젝트 실행단계의 통합관리(Integration management) 지식영역에서 이루어지는 업무는 **프로젝트 이행**이다. 프로젝트 이행에는 방법론 이행, 실행지시 및 관리 업무활동이 있다. 방법론 이행에서는 프로젝트 수행을 위한 절차 및 내용을 프로젝트에 적용할 수 있는 이행방법론으로 체계화하고, 방법론에 따라 절차별 문서 또는 중간/최종 산출물을 만든다. 그리고 실행지시 및 관리는 프로젝트 목표를 달성하기 위해, 프로젝트 관리계획서에 정의된 과업을 프로젝트 자체 방법론의 절차와 방법에 따라 수행하도록 지시하고 관리하는 것을 말한다.

본 절에서는 프로젝트 라이프사이클 3단계인 " Ⅱ. 실행"에서의 첫째 업무로, 통합관리 지식영역에 포함되는 **"방법론 이행," "실행 지시 및 관리"** 업무를 설명한다.

그림 5-2 실행단계의 프로젝트 이행 업무활동 내역

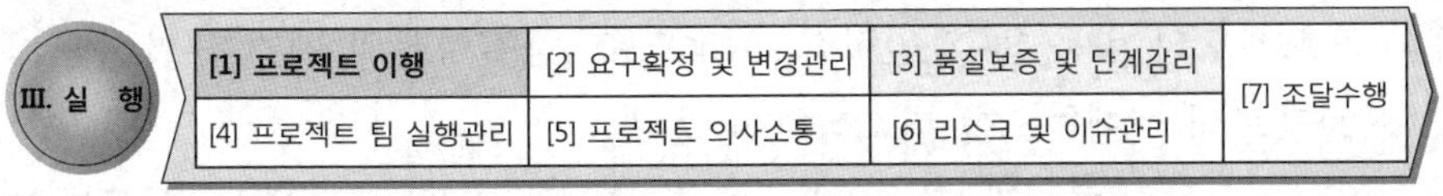

업 무	활 동	설 명
[1] 프로젝트 이행	방법론 이행	프로젝트 수행을 위한 절차 및 내용을 프로젝트에 적용할 수 있는 이행 방법론으로 체계화하고, 방법론에 따라 절차 별 문서 또는 중간/최종 산출물을 만든다.
	실행 지시 및 관리	프로젝트 목표를 달성하기 위해, 프로젝트 관리 계획서에 정의된 과업을 프로젝트 자체 방법론의 절차와 방법에 따라 수행하도록 지시하고 관리하는 것을 말한다.

2.1 방법론 이행

모든 일을 수행하기 위해서는 일의 상황과 관련된 법률, 제도, 규정을 이해하고 원칙에 따라 체계적으로 일을 진행해야 한다. **방법론**(Methodology)은 일을 가장 효과적으로 처리하는 방법(Method)과 그 과정에서 필요한 지식을 체계적화하여 정의한 것이다. **방법론 이행**이란 프로젝트에 적합한 방법론에 따라 일을 진행하는 것을 의미한다. 건설분야에서는 해당 건설공사에 적합한 일련의 방법을 사용하여 일을 진행시켜 간다. 건설공사에 적합한 체계적 방법으로 방법론을 만들어 일을 진행하면, 일의 효율성을 향상시키고 건설 과정의 리스크나 결함을 감축시키게 된다. 정보시스템 구축시에도 정보시스템의 구축에 필요한 자원, 산출물, 참여자 등을 정의하고, 이러한 내용을 일관된 흐름으로 체계적으로 정리한 방법론이 사용된다.

프로젝트를 수행하는 경우에도 프로젝트 상황에 적합한 방법론을 활용하여 일을 진행하는 것이 필요하다. 프로젝트 규모 및 상황에 따라 방법론이 없이 계획된 절차만으로 일을 수행할 수도 있지만, 산업분야별로 유사한 프로젝트가 반복 수행되는 경우나, 표준 절차 및 지침에 따라 일을 수행해야 하는

프로젝트에서는 방법론의 활용이 필수적이다. 방법론의 활용은 프로젝트 이행 프로세스, 절차별 문서, 중간 산출물, 최종 결과물에 대한 재사용성을 높여 유사 프로젝트의 비용 및 자원절감, 일정단축, 품질향상의 계기를 마련해 주고, 프로젝트의 시행착오를 최소화하여 준다.

프로젝트 방법론이란 프로젝트 수행을 위한 업무 프로세스, 업무활동, 입·출력 사항, 산출물(Deliverables), 역할과 책임, 표준양식 및 사례 등에 대한 구체적 가이드를 제시한다. 소프트웨어 프로젝트의 개발 방법론에는 구조적 방법론, 정보공학 방법론, 객체지향 방법론, 컴포넌트 기반 방법론 등이 있다. 이러한 방법론에는 프로젝트 착수과정부터 종료까지의 수행할 PDCA (Plan: 계획, Do: 실행, Check: 점검, Action: 조치) 업무가 정의되어 있다. 그리고 방법론에서는 실행(Do) 과정에서 수행할 분석, 설계, 개발, 시험, 이행 과정별 업무를 구체적으로 정리하고 있으므로, 프로젝트에 따라 차이가 발생하는 실행과정의 업무에 대해 체계적인 프로젝트 실행지시와 관리가 가능하게 된다.

프로젝트의 이행절차와 방법은 프로젝트 표준방법론을 활용하지만, 프로젝트 상황 및 특성에 맞추어, 표준방법론의 절차 및 방법을 보완하는 커스터마이징(Customizing) 작업이 필요하다. 추진하고 있는 프로젝트에 적합한 절차와 방법으로 커스터마이징한 적용방법론은 프로젝트 구성원이 수행해야 할 일의 추진과정을 명확히 제시하여 주고, 과정별로 만들어야 할 문서나 작업 산출물에 대한 실제 적용 가이드를 제공한다. 따라서 프로젝트를 수행할 경우 프로젝트에 적합한 방법론으로 수정·보완하여 수정된 절차 및 표준에 따라 목표를 설정하고, 담당별 업무를 수행토록 하는 것은 프로젝트 목표관리 측면에서 매우 중요한 일이다.

프로젝트에서 재정의한 적용방법론에 대해, 프로젝트 구성원 모두가 명확히 이해하고 실천하도록 하는 것은 프로젝트 관자자의 중요한 역할이다. 따라서 프로젝트 실행단계에서 프로젝트 이행을 위한 적용방법론의 교육은 매우 중요하다.

CASE STUDY

방법론 교육내용 예시

- 프로젝트 이행을 위한 적용방법론 교육에는 다음과 같은 내용이 포함되어야 한다.
  - 프로젝트 실행단계의 적용방법론 개요
  - 분석, 설계, 개발, 시험 등 프로젝트 방법론의 실행절차
  - 계획된 절차 또는 마일스톤별 문서작성과 작업산출물의 적용 표준
  - 프로젝트 결과물 기준의 WBS 구조 및 일정 목표
  - 프로젝트 요구사항을 완수하는 데 필요한 활동수행
  - 프로젝트 이행을 위해 활용하는 표준 자동화 도구(분석/설계/개발/시험용 SW도구, 형상관리, 정보 수집 및 공유를 위한 웹 포털(Web-based Portal) 시스템, PMIS)
  - 자재, 도구, 장비, 설비 등의 소요자원 확보, 설치, 활용, 관리
  - 프로젝트 이해관계자 정리 및 의사소통 관리
  - 리스크의 식별, 분석, 대응 활동
  - 이슈 및 결함에 대한 식별, 해결, 통제, 추적의 정의 및 관리 절차

2.2 실행지시 및 관리

프로젝트에서 실행지시 및 관리란 프로젝트의 목표를 달성하기 위해, 프로젝트 관리계획서에 정의된 과업을 프로젝트 자체 방법론의 절차와 방법에 따라 수행하도록 지시하고 관리하는 것을 말한다. 따라서 프로젝트관리자가 실행지시 및 관리를 제대로 수행하기 위해서는 프로젝트구성원이 전체 업무를 이해할 수 있도록, 앞에서 설명한 바와 같이 프로젝트 수행방법론에 대한 교육실시가 필요하다. 방법론의 절차 및 교육은 분석, 설계, 개발, 시험 등 프로젝트의 중요 과정에 해당하는 마일스톤(Milestone)별로 교육을 실시하여 프로젝트 과업이 적정하게 진행될 수 있도록 하는 것이다.

프로젝트관리자는 계획된 프로젝트활동이 올바로 수행될 수 있도록, 프

로젝트 조직체계에 맞추어 실행을 지시한다. 실행지시는 정해진 **과업지시서, 작업지시서** 또는 구두를 통해 전달된다. 그러나 실행지시를 수행하는 과정에서 담당자의 업무에 대한 혼선을 없애기 위해 일관된 지시방법과 경로를 활용하는 것이 중요하다.

프로젝트관리자는 실행지시와 더불어 프로젝트가 올바로 이행되도록, 상황을 파악하여야 한다. 상황파악 결과에 따라, 발생이 예상되는 리스크에 대하여는 식별, 분석, 대응의 단계적 진행이 필요하고, 발생된 리스크 또는 이슈에 대하여는 적절한 대응으로 해결토록 해야 한다.

프로젝트관리자가 실행단계에서 관리해야 할 대상은 프로젝트관련자와 합의와 승인이 이루어진 변경사항도 포함된다. 따라서 변경된 프로젝트 과업의 시정조치, 예방조치, 결함수정 사항도 포함되는 것이다. 계획단계에서 작성한 프로젝트 관리계획서는 과업범위 또는 요구사항 변경에 따라 갱신이 필

CASE STUDY

▮ 실행단계 관리대상

• 다음은 프로젝트 실행단계에서 관리해야 할 상황파악 대상을 정리한 내용이다.

[실행단계에서 관리해야 할 상황파악 대상]

- 실행단계의 과정(분석, 설계, 개발, 시험 등) 또는 마일스톤별 목표 시작일정과 종료일정
- 과정 또는 마일스톤별 인력, 원가현황
- 외부 조달자원의 이행현황
- 프로젝트 범위 또는 요구사항의 변경현황
- 품질목표 준수 및 진척현황
- 프로젝트 외부로 발주된 단위과업 또는 작업산출물 진척현황
- 리스크 및 이슈현황
- 과정별 문서 또는 작업 산출물 진척현황
- 프로젝트 구성원(아웃소싱 인력 포함)의 성과

요하고, 갱신에 따른 프로젝트 관리계획서의 버전(Version)관리가 필요하다. 그리고 프로젝트에 따라 프로젝트 관리계획서 이외에 별도로 작성하여 관리하고 있는 요구사항 관리계획서, 일정관리 계획서, 원가관리 계획서, 품질보증 계획서, 인적자원 관리계획서, 의사소통 관리계획서, 리스크관리 계획서, 조달관리 계획서, 프로젝트 기준선의 버전관리와 더불어 요구사항정의서, 리스크 및 이슈 관리대장, 프로젝트 구성원 및 이해관계자의 등록부 갱신관리가 필요하다.

프로젝트 실행관리 차원에서 프로젝트관리자는 프로젝트 상황을 파악한 결과에서 발생하고 있는 계획 대비 실적의 차이를 분석하고 해결하도록 해야 한다. 일반적으로 프로젝트 실행관리 과정에서 발생하는 목표 대비 실적 미흡 또는 차이발생은 다음과 같은 원인에 기인하는 경우가 많으므로, 프로젝트 계획 및 실행단계에서 항상 관리의 대상으로 삼아야 한다.

목표 대비 실적 차이 발생원인

- 불합리한 일정계획(WBS의 과다, 과소 일정)
- 투입할 인력자원의 부족
- 투입인력의 수행역량 미흡
- 리스크 식별 및 대응 미흡
- 이슈 도출 및 해결 지연
- 비효율적 비용관리 또는 예산부족
- 작업 인프라 취약(자동화 도구, 웹 기반의 온라인 실시간 시스템, SW, HW, 네트워크 기반, 프로젝트관리 정보시스템: PMIS)
- 범위추가 및 변경다발
- 성과지표 및 관리체계 미흡
- 잘못된 프로젝트 전제조건이나 가정

프로젝트의 실행지시 및 관리를 통해 창출된 문서 또는 작업 산출물은 고객에게 인계할 인도물로, 통제단계에서 수행할 성과보고 업무활동의 작업

CASE STUDY

작업성과 정보

- 통제단계에서 작성하는 **성과보고서**(Performance report)에는 실행단계를 통해 창출된 다음의 작업성과 정보가 포함된다.
  - 프로젝트의 주요 성과로 고객인도물 현황 정보(문서 또는 작업결과 산출물과 서비스)
  - 일정진도 정보
  - 원가 정보
  - 인력활용 정보
  - 추가자원 활용 정보(자재, 설비 및 시설)
  - 프로젝트의 부수적 성과로 우수사례 또는 프로젝트 교훈
  - 품질보증 정보(품질규격 및 준수 결과)

성과정보(Work performance information)로 활용된다.

3 요구확정 및 변경관리

프로젝트 실행단계의 범위관리(Scope management) 지식영역에서 이루어지는 업무는 요구확정 및 변경관리 업무활동이 있다. 요구확정 및 변경관리는 요구사항의 확정과 요구이행 및 변경관리 활동이 포함된다. 요구사항의 확정은 상세 요구분석을 통해 요구사항을 정제 및 세분화하고, 요구사항정의서 및 명세서를 확정한 후 고객으로부터 요구사항을 승인받는 것이다. 그리고 요구이행 및 변경관리는 승인된 요구사항정의서 및 명세서를 바탕으로 프로젝트

그림 5-3 실행단계의 요구확정 및 변경관리 업무활동 내역

III. 실 행			
[1] 프로젝트 이행	**[2] 요구확정 및 변경관리**	[3] 품질보증 및 단계감리	[7] 조달수행
[4] 프로젝트 팀 실행관리	[5] 프로젝트 의사소통	[6] 리스크 및 이슈관리	

업 무	활 동	설 명
[2] 요구확정 및 변경관리	요구사항의 확정	상세 요구분석을 통해 요구사항을 정제 및 세분화하고, 요구사항정의서 및 명세서를 확정한 후 고객으로부터 요구사항을 승인받는다.
	요구이행 및 변경관리	승인된 요구사항정의서 및 명세서를 바탕으로 프로젝트에 요구사항을 반영하는 활동과 변경된 요구사항을 관리하는 활동이 포함된다.

에 요구사항을 반영하는 활동과 변경된 요구사항을 관리하는 활동이 포함된다.

본 절에서는 프로젝트 라이프사이클 3단계인 "Ⅱ. 실행"에서의 둘째 업무로 범위관리 지식영역에 포함되는 "요구사항의 확정," "요구이행 및 변경관리" 업무를 설명한다.

3.1 요구사항의 확정

프로젝트 실행단계의 요구사항관리 프로세스는 요구사항의 확정 업무와 요구이행 및 변경관리로 나누어진다. 프로젝트 실행단계에서 요구사항 확정과 요구이행 및 변경관리를 구분하여 작성한 것이 [그림 5-4]이다.

실행단계의 요구사항관리 프로세스에서 요구사항의 확정은 상세하게 요구사항을 추가 분석하고, 요구사항의 정제를 통해 요구사항명세서와 요구사항정의서를 보완하여 확정하는 업무가 포함된다. 더불어 확정된 요구사항정의서 및 요구사항명세서에 대해 고객책임자로부터 승인을 득하고, 프로젝트 요구사항을 동결하는 과정이 포함된다. 요구사항의 확정 프로세스는 상세 요

그림 5-4 프로젝트 실행단계의 요구사항 관리 프로세스

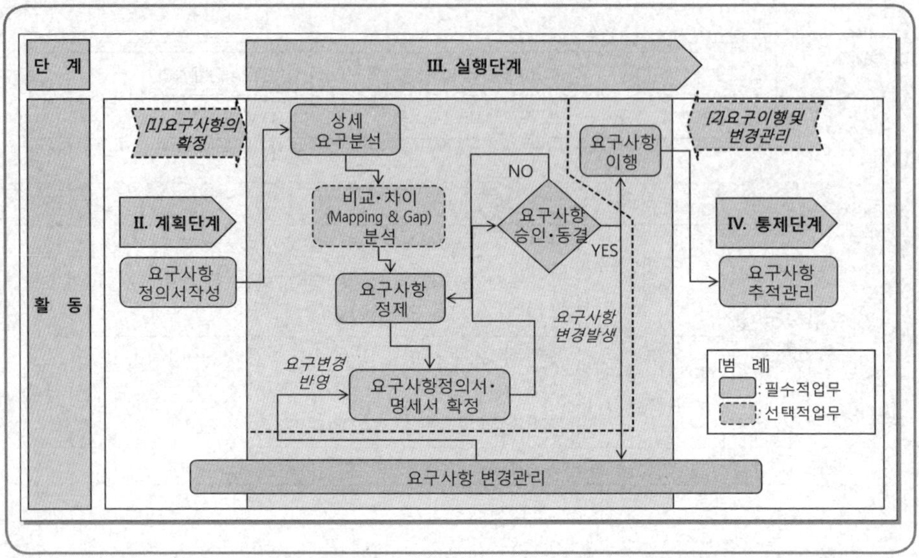

구분석, 비교·차이(Mapping & Gap) 분석, 요구사항 정제 및 세분화, 요구사항정의서 확정, 요구사항명세서 확정, 요구사항 승인 및 동결 활동이 포함된다. 각 업무활동별 내역은 다음과 같다.

요구사항의 확정 프로세스 업무

1) 상세 요구분석

프로젝트 실행단계의 요구분석 과정에서 재정의한 이해관계자를 대상으로, 상세한 요구분석을 실시한다. 상세 요구분석은 계획단계의 요구사항정의서 및 요구사항명세서를 바탕으로 이해관계자와 면담, 설문, 회의, 워크숍 등을 통해 도출한다.

2) 비교 · 차이(Mapping & Gap) 분석

기존의 제품, 서비스, 기술을 적용하여 진행하는 과제일 경우에는 발주자의 요청사항과 공급 기능 · 기술에 대해, 상호간의 비교 · 차이(Mapping & Gap) 분석을 실시한다. 따라서 비교 · 차이 분석은 선택적 업무활동에 해당한다. 비교 · 차이(Mapping & Gap) 분석표에는 프로젝트영역 구분에 따라, 하위 요구사항별로

차이내용, 차이처리 유형(수정, 신규개발), 차이 처리방안의 내용을 구체적으로 명시한다. 비교 · 차이(Mapping & Gap) 분석을 통해 식별된 차이(Gap)는 요구사항정의서에 반영한다.

3) 요구사항 정제

요구사항의 정제는 구체화 및 세분화 관점에서 분석한다. 요구사항 구체화 및 세분화의 내용은 다음과 같다.

① **요구사항 구체화**: 프로젝트 이해관계자 모두가 요구사항을 명확히 이해할 수 있도록 구체적으로 작성한다. 요구사항이 보는 사람마다 다르게 해석돼서는 안 된다. 프로젝트 팀원 모두가 의견의 차이가 없도록 보편 타당하게 정의돼야 한다.

② **요구사항 세분화**: 세분화 수준은 프로젝트 규모에 따라 다르지만 일반적으로는 프로젝트 수행자가 설계 및 개발단계의 산출물에 반영할 수 있는 수준으로 세분화할 필요가 있다. 하나의 요구사항에 여러 요구내용이 포함되어 여러 프로젝트 수행자가 함께 수행해야 완성되는 혼합된 요구사항은 개별관리가 불가하므로 세분화되어야 한다. 국가 및 공공분야의 소프트웨어 프로젝트에서 요구사항의 크기는 기능점수(Function Point: FP) 단위로 나눌 것을 권장하고 있다. 요구사항은 세분화하면 할수록 명확한 관리가 가능하지만 경제적 측면을 고려하여 세분화 수준을 결정할 필요가 있다.

4) 요구사항정의서 및 명세서 확정

구체화와 세분화 과정을 거친 요구사항은 계획단계에서 작성한 요구사항정의서 및 요구사항명세서에 추가 및 변경 보완을 수행한다. 확정된 요구사항정의서 및 명세서도 요구사항에 대한 변경사항이 발생되면 공식적인 변화관리 과정을 거쳐 수정이 가능하다.

5) 요구사항 승인 및 동결

작성한 요구사항정의서 및 요구사항명세서는 공식화를 위해 고객으로부터 승인을 득하는 과정이 필요하다. 그리고 승인을 득한 요구사항은 고객과 프로젝트 수행자 간의 요구사항에 대한 동결(Freezing requirements)을 의미하게 된다. 요구사항의 동결은 프로젝트에 대한 분석을 종결하고, 요구사항을 설계 및 개발에 반영하는 전환점을 의미한다.

3.2 요구이행 및 변경관리

요구이행 및 변경관리는 확정된 요구사항을 기준으로 프로젝트에 반영하는 요구사항 이행과정을 거치며, 확정 및 종결 이후 발생한 변경사항에 대하여는 공식적인 요구사항 변경관리를 수행하는 활동이 진행된다. 따라서 요구이행 및 변경관리 프로세스는 승인된 요구사항정의서 및 명세서를 바탕으로 프로젝트에 요구사항을 반영하는 활동과 변경된 요구사항을 관리하는 활동이 포함된다. 각 업무 활동별 내역은 다음과 같다.

요구이행 및 변경관리 프로세스 업무

1) 요구사항 이행

고객의 승인을 득한 요구사항을 기준으로 프로젝트의 설계 및 개발에 반영하는 것을 말한다. 요구사항은 프로젝트 진행단계에 맞추어 설계, 개발, 시험, 이행 단계의 산출물에 반영되어 최종 결과물로 완성된다.

2) 요구사항 변경관리

확정된 요구사항도 프로젝트 환경 및 시간 변화에 따라, 변경사항이 발생할 수 있다. 프로젝트의 특수성에 따라 초기에 요구사항을 명확히 확정할 수 없고, 프로젝트 이행과정을 통해 요구사항이 점차 보완되거나 구체화될 수 있는 경우도 발생한다. 그럼에도 불구하고 잦은 변경에 따른 프로젝트 장애를 방지하기 위해, 변경 요구사항에 대하여는 공식적인 요구사항 변경관리를 절차를 통해 관리토록 한다.

요구사항 동결시점 이후부터 발생하는 요구사항에 대하여는 공식적인 절차를 거처, 발주자와 수행자가 합의한 경우에만 요구사항을 변경할 수 있게 된다. 설계 및 개발과정에서도 지속적으로 요구사항이 변경되면 시간, 비용, 인력적 관점에서 자원이 추가되고, 이로 인해 발주자 및 수행자 모두에게 피해를 주어 궁극적으로는 프로젝트의 장애요인으로 작용하기 때문이다.

요구사항 변경관리를 위해 사전에 발주자 및 수행자의 변경범위에 대한 합의와 공식적 변경관리 절차 제정이 필요하다. 요구사항 변경관리의 구체적 절차 및 진행방법은 통제단계의 통합변경관리 프로세스를 적용한다.

4 품질보증 및 단계감리

프로젝트 실행단계의 품질관리(Quality Management) 지식영역에서 이루어지는 업무는 품질보증 및 단계감리가 있다. 품질보증 및 단계감리에는 품질보증활동 수행과 단계별 감리 수행으로 구성된다. 품질보증활동 수행은 프로젝트 진행과정에서 적용하는 절차 및 표준, 그리고 단계별로 창출되는 결과물이 요구되는 품질규격이나 요청사항에 적합하도록 점검 및 검사 활동을 수행하는 것이다. 그리고 단계별 감리 수행은 단계별 감리계획에 따라, 프로젝트 현장에서 착수회의, 감리수행, 종료회의를 실시하고 감리결과를 보고하는 활동이다.

본 절에서는 프로젝트 라이프사이클 3단계인 "Ⅱ. 실행"에서의 셋째 업무로 품질관리 지식영역에 포함되는 "품질보증 활동 수행," "단계별 감리 수행" 업무를 설명한다.

그림 5-5 실행단계의 품질보증 및 단계감리 업무활동 내역

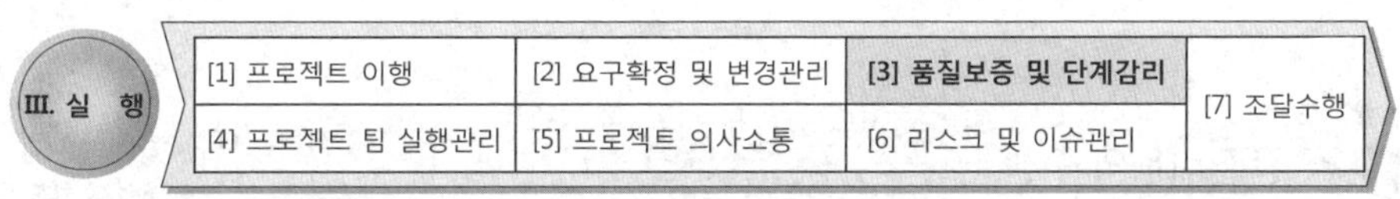

업 무	활 동	설 명
[3] 품질보증 및 단계감리	품질보증 활동 수행	프로젝트 진행과정에서 적용하는 절차 및 표준, 그리고 단계별로 창출되는 결과물이 요구되는 품질규격이나 요청사항에 적합하도록 점검 및 검사 활동을 수행한다.
	단계별 감리 수행	단계별 감리계획에 따라 프로젝트 현장에서 착수회의, 감리수행, 종료회의를 실시하고 감리결과를 보고한다.

4.1 품질보증활동 수행

4.1.1 프로젝트 품질보증

프로젝트의 품질보증이란 프로젝트 진행과정에서 적용하는 절차 및 표준, 그리고 단계별로 창출되는 결과물이 요구되는 품질규격이나 요청사항에 적합하도록 점검 및 검사 활동을 수행하는 것을 말한다. 즉 품질보증 대상에 대한 조사 및 측정을 통해 제시된 품질규격에 부합되는지를 확인하는 활동이다. 프로젝트의 품질보증 활동이 제대로 이루어지면 수행자 입장에서 조직의 품질보증 정책, 표준, 지침을 효과적으로 개선할 수 있는 기회가 제공된다.

프로젝트에서는 품질보증활동을 통해 단계별 결과물, 일정, 비용, 투입 자원에 대한 프로젝트 성과를 점검하고, 시정 조치를 수행하여 품질을 지속적으로 향상시킨다. 그리고 궁극적으로는 품질보증활동을 통해, 프로젝트 **품질비용**(Q-Cost)을 감축시키도록 한다. 프로젝트에서 품질비용이란 프로젝트 생명주기 전체에 걸쳐 품질과 관련한 모든 활동에 소요되는 총비용을 말한다. 품질비용은 **예방비용**(Prevention costs), **평가비용**(Appraisal costs), **실패비용**(Failure costs)으로 구분하여 관리할 수 있다.

품질비용의 구성

1) **예방비용**(Prevention costs): 프로젝트 진행과정에서 발생하는 불량이나 결함을 예방하고 제거하는 활동에 의한 비용이다. 품질결함이 발생하지 않도록 하기 위해 품질계획, 교육, 훈련, 기술분석 등과 같은 활동이 있다.
2) **평가비용**(Appraisal costs): 고객에게 결과물이 인수되기 이전에 프로젝트에서 발생한 품질적 결함을 발견하는 데 들어가는 비용이다. 시험 및 검사활동에 소요되는 비용이 대표적인 평가비용이다.
3) **실패비용**(Failure costs): 프로젝트 생명주기 전체 과정에서 발생하는 설비고장, 자재불량, 설계변경, 반품, 재작업, 고객 크레임 등에 의해 발생하는 비용이다.

4.1.2 품질보증활동의 수행

품질보증활동의 수행은 프로젝트 진행 과정별로 만들어지는 산출물이 품질적 요구사항 및 기준과 일치하고, 적합한 품질수준을 유지하고 있는지를 확인하는 업무이다. 품질보증활동의 대상은 프로젝트의 전반적인 품질보증을 위해 프로세스, 산출물, 활용자원에 대한 전체적인 품질수준을 점검한다. 이러한 품질보증활동은 프로젝트 실행과정에서 지속적으로 전개되어야 하며, 이를 통해 프로세스 개선, 결함제거, 가치창출의 성과를 확보할 수 있게 된다.

품질보증을 위해 프로젝트별로 적절한 품질활동을 계획하여 실천하는 것이 필요하며, 정기 · 비정기 품질검사, 공정검사, 산출물 표본검사, 예방조치를 통해 보증활동을 수행한다. 품질보증활동을 체계적으로 수행하기 위한 가장 기본적인 방법은 프로젝트 진행 단계별 품질보증 체크리스트를 만들어 문제를 식별하고 조치토록 하는 것이다.

4.1.3 품질보증 체크리스트

프로젝트의 품질을 명확히 보증하기 위해 프로젝트 진행 단계별로 **품질보증 체크리스트**(Check List)를 작성하고, 점검할 항목에 따라 품질보증활동을 수행할 필요가 있다. 품질보증 체크리스트는 프로젝트 진행 공정 단계별로 정해진 방법에 따라 적합한 활동을 수행하였는지를 확인하여, 프로젝트의 결함 및 불량 방지, 산출물에 대한 품질수준을 향상하기 위해 필요하다.

품질보증활동은 품질보증 전담인력이나 조직을 활용하여 수행하는 것이 바람직하다. 소규모 프로젝트에서는 겸직으로 품질인력을 활용하기도 하나 품질보증 인력이 없는 상태에서 수행하는 것은 바람직하지 못하다.

CASE STUDY

프로젝트 단계별 품질보증 체크 사항

• 프로젝트의 일반적 전개 과정을 착수, 분석, 설계, 개발, 완성의 5가지 단계로 구분할 경우, 프로젝트 진행 단계별로 확인해야 할 품질 점검항목을 품질보증 체크리스트로 작성하면 다음 표와 같다.

〈표 5-2〉 프로젝트 착수단계 품질보증 체크리스트

품질 점검항목	점검	보완사항
□ 계약서 내용은 명확히 이해하고 있는가? • 목표, 범위, 일정, 원가, 인력		
□ 과업(사업) 수행계획서는 작성되었고, 경영자(고객)의 승인은 득하였는가?		
□ 품질계획서는 작성하였는가?		
□ 인력계획은 확정되었는가?		
□ 착수보고 계획은 있는가?		
□ 프로젝트 방법론은 준비되었는가?		
□ 프로젝트 환경(시설, 설비, 장비, 비품)은 준비되었는가?		
□ WBS에 의한 전체 공정진행표는 확정하였는가?		
□ 보고 및 의사소통체계는 확정하였는가?		
□ 위험 및 이슈관리 준비는 되었는가?		
□ 기술적 · 물리적 보안은 준비되었는가?		
□ 표준화(문서, 기술)는 사전에 준비되었는가?		

〈표 5-3〉 분석단계 품질보증 체크리스트

품질 점검항목	점검	보완사항
□ 프로젝트 공통의 용어는 정의서에 작성되었는가?		
□ 요구분석을 위한 준비는 되었는가? • 이해관계자 식별, 분석방안(설문서, 회의, 인터뷰), 담당자 • 일정계획, 분석 내용		

□ 과업범위에 포함된 모든 요구사항은 구체화되었는가? • 과업범위비교표, 요구사항기술서, 요구사항정의서, 요구사항 추적표		
□ 분석단계에서 모든 요구사항은 확정하였는가? • 요구사항 고객(사용자) 협의 및 승인 • 요구사항 변경관리 프로세스		
□ 면담 및 회의록은 작성하였는가?		
□ 분석단계의 산출물은 규정과 표준에 맞게 작성하였는가? • 조직, 프로세스, 기술관점		
□ 분석단계의 방법론은 준수하였는가? • 공정, 산출물		

〈표 5-4〉 설계단계 품질보증 체크리스트

품질 점검항목	점검	보완사항
□ 프로젝트의 모든 요구사항은 확정되었는가?		
□ 설계자의 인원투입은 적절하였는가?		
□ 설계단계의 산출물은 규정과 표준에 맞게 작성하였는가? • 조직, 프로세스, 기술관점 • 지적 재산보호 관점		
□ 설계단계의 방법론은 준수하였는가? • 공정, 산출물		
□ 설계변경 프로세스는 확립되었는가?		
□ 개발을 위한 준비는 되었는가? • 개발표준, 절차, 교육/훈련, 모범사례, 환경		

〈표 5-5〉 개발단계 품질보증 체크리스트

품질 점검항목	점검	보완사항
□ 개발 표준은 마련되었는가?		
□ 개발 일정은 구체화되었는가?		
□ 개발 자원(사람, 설비/장비, 시설)은 확보되었는가?		
□ 위험 및 이슈관리는 진행되고 있는가?		
□ 테스트 계획은 수립되었는가?		
□ 형상관리는 진행되고 있는가?		

▫ 테스트 결과관리는 수행하고 있는가?		
▫ 사용자(고객)를 위한 매뉴얼은 작성하였는가?		
▫ 개발단계의 산출물은 규정과 표준에 맞게 작성하였는가? • 조직, 프로세스, 기술관점		
▫ 개발단계의 방법론은 준수하였는가? • 공정, 산출물		

〈표 5-6〉 완성단계 품질보증 체크리스트

품질 점검항목	점검	보완사항
▫ 사용자(고객) 검수시험은 계획하였는가?		
▫ 모든 산출물은 규정과 표준에 맞게 작성 및 통합되었는가? • 조직, 프로세스, 기술관점		
▫ 검수결과에 대한 고객승인은 득하였는가?		
▫ 프로젝트 목표 및 지표는 모두 달성하였는가?		
▫ 프로젝트에 대한 결산(비용, 이익, 가치)은 수행하였는가?		
▫ 시스템은 모든 산출물과 상표, 저작권, 특허, 허가 등의 저작권에 대하여 관리되고 있는가?		
▫ 완성단계의 방법론은 준수하였는가? • 공정, 산출물		
▫ 프로젝트 지식 및 산출물의 문서화는 완료 및 공유되었는가? • 고객 교육 및 기술전수 • 조직 내 기술공유		
▫ 프로젝트 종료를 위한 준비가 되었는가? • 프로젝트 결과물 승인, 보고서, 보고회		
▫ 사후관리 및 유지보수에 대한 계획은 마련되었는가?		

4.2 단계별 감리수행

4.2.1 감리의 이행

프로젝트 감리수행 프로세스의 제3단계 과정은 감리이행이다. 실행단계의 감리이행에서는 정기감리 형태의 단계별 감리계획서를 기준으로, [그림 5-6]과 같이 프로젝트 현장에서 착수회의, 감리수행, 종료회의를 실시하고, 감리결과를 보고하는 업무활동이 포함된다. 그러나 상주감리, 상시감리 형태에서는 착수 및 종료회의가 생략될 수 있다. 프로젝트 실행단계의 감리이행 프로세스는 모든 감리유형 및 종류에서 반복되는 업무이다.

1) 착수회의

감리 착수회의는 발주자, 프로젝트 수행자, 감리인 등 감리 이해관계자가 참석하여, 사업의 추진현황 및 감리수행 계획서를 설명하고 감리수행과 관련

그림 5-6 프로젝트 실행단계의 감리이행 업무 프로세스

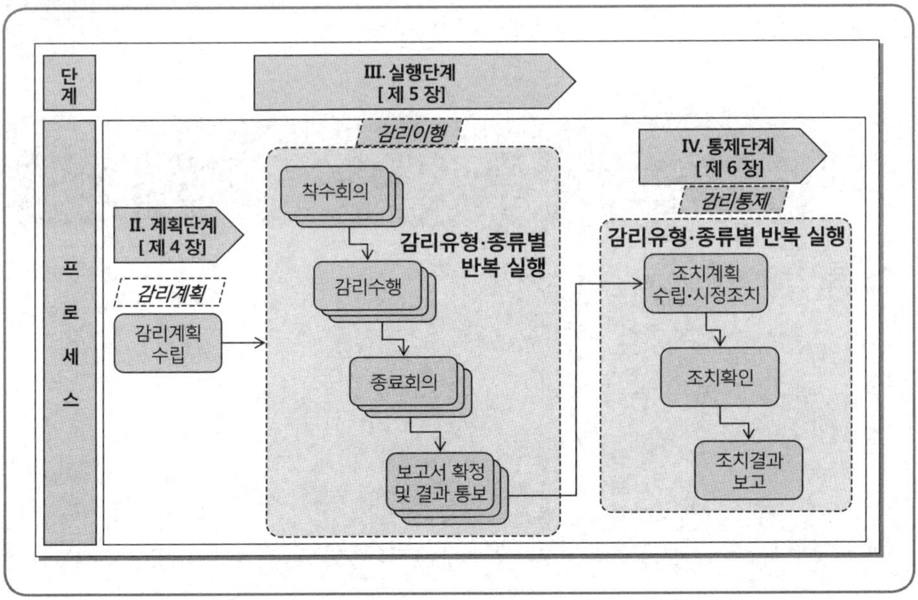

하여 이해관계자의 요청사항을 수렴한다. **착수회의**는 공식적인 감리를 수행하는 선언적 의미를 가지며, 해당 감리에 적용하는 감리수행 세부절차와 내용을 공유하는 과정이다. 착수회의를 통해 수렴한 프로젝트 이해관계자의 의견은 명확히 정리하여 감리수행 과정에 적용하도록 한다.

2) 감리수행

감리수행 업무는 프로젝트 현장에서 접수한 사업관리 및 개발산출물을 근거로 사업수행에 대한 적정성 여부를 검토하는 과정이다. 따라서 프로젝트 이해관계자와의 면담, 설문, 회의를 통해 검토한 결과를 근거로, 문제점 발견 및 개선방향을 도출하고, 프로젝트관리자의 확인과 감리원 간 상호 확인과정을 거쳐 문제점 및 개선방향을 확정하는 반복적 감리업무를 수행한다. 감리수행은 감리유형 및 종류에 따라 감리영역별 항목이 다르게 적용되며, 정부 및 공공분야의 정보시스템 감리기준에서는 **3단계 감리**로 요구정의단계감리, 설계감리, 종료단계감리를 수행하도록 가이드하고 있다.

감리수행을 위한 일반적 절차로는 산출물 접수, 산출물 검토·분석·시험, 초기 문제점 발견 및 개선방향 도출, 상호검토, 사업자 면담, 발주기관 면담, 문제점 및 개선방향의 확정, 감리수행 결과보고서 초안을 작성하는 순서로 진행한다.

CASE STUDY

■ 감리수행 결과보고서 내용 예시

- 정보화 사업의 **감리수행 결과보고서**에는 4개의 파트(Ⅰ. 감리계획서, Ⅱ. 종합 의견, Ⅲ. 과업내용 이행여부 점검결과, Ⅳ. 감리영역별 점검결과)별로 다음과 같은 내용이 포함된다.

Ⅰ. **감리계획서**: 계획단계에서 작성한 감리계획서를 활용한다.

Ⅱ. **종합 의견**: 전제조건, 총평, 감리영역별 상세점검결과 요약으로 구분하여 작성한다.

○전제조건: 감리를 위한 환경적 요인, 전제조건, 예외조건을 기술한다.

○총평: 감리영역별로 점검한 결과를 요약하여 작성하되, 사업 전체적인 관점에서 현재까지의 수행현황과 적정하게 수행된 부분, 개선이 필요한 부분을 명확하게 기술한다. 예로서, 정보시스템 개발 프로젝트에서의 감리영역은 일반적으로 사업관리 및 품질보증, 응용시스템, 데이터베이스, 시스템 구조 및 보안으로 구분한다.

○감리영역별 상세점검결과 요약: 감리수행 과정에서 지적한 감리영역별 세부내용의 문제점 및 개선권고 사항의 제목을 작성하고, 제목별로 다음과 같은 기준에 따라 개선권고 유형, 개선시기, 중요도, 발주기관 협조필요 여부를 작성한다.

- 개선권고 유형: 필수, 협의, 권고 중 선택하여 표시한다.
- 개선시기: 장기, 단기로 구분하여 작성한다.
- 중요도: 사업의 목표달성에 미치는 영향도에 따라 가부를 표시한다.
- 발주기관 협조필요: 해당 개선권고사항의 개선을 위해, 발주기관의 협조가 필요한 경우에 가부를 표시한다.

〈표 5-7〉 감리영역별 상세점검 결과 요약(예시)

개선권고사항	개선권고 유형	개선 시점	중요도	발주기관 협조필요
〈1. 프로젝트관리 및 품질보증활동 분야〉				
(1) 잔여 업무활동의 계획 세분화 관리 필요	필수	단기	○	
(2)				
〈2. 응용시스템 분야〉				
(1) 회계기능의 오류사항과 사용자 불편 사항 개선 필요	필수	단기	○	
(2)				
〈3. 데이터베이스 분야〉				
(1) 데이터 이관 결과 분석 및 전환 결과에 대한 문서화 권고	권고	단기	○	
〈4. 시스템 아키텍처 및 보안 분야〉				

Ⅲ. **과업내용 이행여부 점검결과**: 종료단계 감리에서만 기술하는 내용으로, 점검현황, 점검결과, 세부점검 내역을 작성한다.

○점검현황: 과업 이행여부 점검에 대한 종합적 내용을 작성한다. 과업 이행여부 점검시에는 표본추출한 결과, 그리고 과업유형에 따른 테스트방법을 포함한다.

○점검결과: 과업이행 여부에 대한 점검결과를 요약하여 작성하되, 사업 전체적인 관점에서 현재까지의 진척현황과 적합 · 부적합 판정 결과를 집계하여 설명한다.

○세부 점검내역: 요구사항별로 FP(Function Point) 기능명, 검사기준, 요구사항 완료 여부, 요구사항 이행 적부판정 여부를 기록하고 관련 증빙을 다음과 같이 작성한다.

- 완료여부: 완료, 조치 중으로 구분하여 표시한다.
- 적부판정: 검사기준서의 판정기준에 따라, 과업이행 여부를 점검한 결과에 대해 적합, 부적합, 점검불가 판정을 내린다. 점검불가는 테스트 환경이나 선행기능 결함으로 점검을 수행하지 못한 경우에 해당한다.

〈표 5-8〉 세부점검 내역표 예시

요구 ID	요구사항명	FP 기능명	완료보고서		이행여부 점검	
			검사기준	완료 여부	적부 판정	관련 증빙
SM-S-001	대상기관 사용자 관리	FP-0034	대상기관별로 사용자를 지정 및 해제할 수 있다.	완료	적합	메뉴구조도 (M002-02)
SM-S-002				조치중	부적합	

Ⅳ. **감리영역별 점검결과**: 감리영역별로 점검항목별 점검결과, 상세점검결과를 작성한다. 감리영역은 감리대상 사업별 영역을 의미하며, 예로서 사업관리 및 품질보증활동, 응용시스템, 데이터베이스, 시스템 구조 및 보안 등으로 구분한다.

○점검항목별 점검결과: 감리영역별 점검항목과 점검결과를 작성한다.

○상세점검결과: 감리수행과정에서 도출한 하나의 제목에 대해 현황, 문제점, 개선방향을 기술한다.

3) 종료회의

감리수행을 통해 작성한 감리수행 결과보고서 초안으로 종료회의를 개최한다. 종료회의에는 착수회의와 같이 발주자, 프로젝트 수행자, 감리인이 참석한다. 종료회의는 감리기간 중 발주자와 사전에 협의를 거쳐 순서, 감리수행결과보고서 설명수준, 방법, 참여자 등을 결정한다. 일반적으로 종료회의에서는 총괄감리인이 종합의견, 총평, 감리영역별 상세점검결과 요약, 과업내용 이행여부 점검결과(종료단계 감리 해당사항)를 설명하고, 감리영역별 책임감리인이 점검항목별 점검결과와 상세점검결과를 설명한다. 그리고 감리수행 결과보고 이후에는 사업자 및 발주자의 이견사항 청취 및 토론, 향후 일정 공지 등의 순서로 진행한다.

4) 보고서 확정 및 결과 통보

종료회의 과정에서 도출된 이견사항 및 종료회의 이후 사업자 및 발주자가 제출한 이견사항을 확인하고, 감리수행결과보고서 초안에 보완이 필요한 부분을 반영한다. 확정한 감리수행결과보고서는 감리수행기관의 대표자 직인 및 총괄감리인의 사인을 거친 후 공문으로 발주자 및 사업자에게 최종 통보한다.

5 프로젝트 팀 실행관리

프로젝트 실행단계의 인적자원관리(Human Resource Management) 지식영역에서 이루어지는 업무는 프로젝트 팀 실행관리가 있다. 프로젝트 팀 실행관리에는 프로젝트 팀 확보, 프로젝트 팀 개발, 프로젝트 팀 관리로 구성된다. 먼저 프로젝트 팀 확보는 인적자원 관리계획에 따라 필요한 인력을 필요한 시점에 충원하여 프로젝트에 투입하는 것이다. 그리고 프로젝트 팀 개발은 프

그림 5-7 실행단계의 프로젝트 팀 실행관리 업무활동 내역

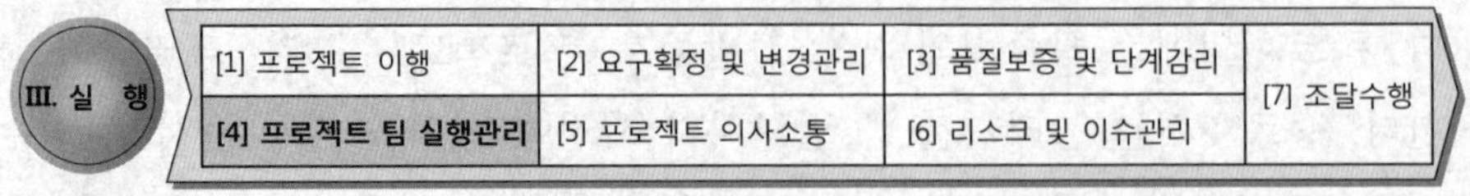

업 무	활 동	설 명
[4] 프로젝트 팀 실행 관리	프로젝트 팀 확보	인적자원 관리계획에 따라 필요한 인력을 필요한 시점에 충원하여 프로젝트에 투입한다.
	프로젝트 팀 개발	프로젝트의 성과를 향상시킬 목적으로 팀원의 역량향상, 팀원 간 협력체계 구축, 프로젝트 조직문화를 개선하기 위해 수행한다.
	프로젝트 팀 관리	프로젝트 수행과정에서 발생하는 팀원들의 애로사항을 파악하고 해결하면서, 팀원들이 높은 성과를 내도록 추적 · 평가한다.

로젝트의 성과를 향상시킬 목적으로 팀원의 역량 향상, 팀원 간 협력체계 구축, 프로젝트 조직문화를 개선하기 위해 수행하는 것이다. 끝으로 프로젝트 팀 관리는 프로젝트 수행과정에서 발생하는 팀원들의 애로사항을 파악하고 해결하면서 팀원들이 높은 성과를 내도록 추적 · 평가하는 것이다.

본 절에서는 프로젝트 라이프사이클 3단계인 "Ⅱ. 실행"에서의 넷째 업무로, 인적자원관리 지식영역에 포함되는 "프로젝트 팀 확보," "프로젝트 팀 개발," "프로젝트 팀 관리" 업무를 설명한다.

5.1 프로젝트 팀 확보

프로젝트 수행을 통해 원하는 성과를 창출하기 위해서는 인적자원관리 계획서에 정의한 대로 적합한 인력을 정해진 일정까지 확보해야 한다. 프로젝트 팀 확보(Acquire Project Team)는 인적자원 관리계획에 따라 필요한 인력을 필요한 시점에 충원하여 프로젝트에 투입하는 것이다. 프로젝트 상황에 따라

그림 5-8 프로젝트에서의 인력투입 형태

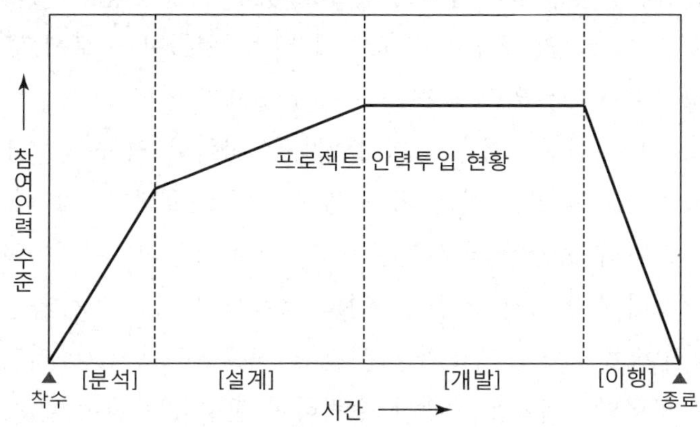

프로젝트 팀 확보는 회사 내부충원, 외부충원으로 구분하며, 충원방식도 회사 간의 도급계약에 따라 인력을 일괄 충원할 수도 있고 개별로 충원할 수도 있다.

프로젝트 참여인력의 확보는 프로젝트 전체를 이끌어갈 프로젝트관리자의 확보가 가장 우선되어야 한다. 그리고 프로젝트 참여인력에 대하여는 상황 및 요구에 맞추어 적시에 필요인력을 투입한다. 프로젝트 상황에 따라 초기부터 모든 인력이 구성되어 프로젝트를 시작하기도 하지만, 대부분의 프로젝트는 시간에 따른 인력투입의 패턴을 가지고 있다. 초기과정에는 핵심 인력만 참석하지만 점차 증가하여 프로젝트 중간단계에서는 최대인력이 투입되고, 종료되면서 [그림 5-8]과 같이 인력이 철수되는 형태이다.

프로젝트관리자는 프로젝트의 인력투입 형태에 따라, 필요한 인원을 적시에 투입하도록 하여야 하며, 프로젝트의 준비 및 선행활동이 필요한 경우에는 사전에 필요인력을 선확보하여 프로젝트를 진행토록 해야 한다. 또한 프로젝트 중간단계에서 발생할 수 있는 인력의 이탈이나 교체 상황을 염두에 두고 인력을 확보하여야 한다.

프로젝트 팀원은 프로젝트에 전담하여 일을 할 수 있는 전담자를 지정하는 것이 가장 좋으나, 기업 및 조직의 상황에 따라 겸직 또는 부분적으로 참여하는 경우도 발생할 수 있으므로, 인력소요에 대한 정확한 계획수립이 선행되어야 한다. 또한 프로젝트 사정에 맞추어 원격근무, 재택근무의 경우도 발생할 수 있고 외부 전문가의 참여도 필요할 경우가 발생된다. 이러할 경우에 가상 팀(Virtual Teams)의 구성이 필요하게 되며, 원활한 프로젝트 진행을 위해 유무선 의사소통 네트워크 환경을 구축할 필요가 있다.

실제 프로젝트 현장에서는 고객이 원하는 적합한 역량을 보유한 프로젝트 팀원을 확보하고 승인을 받는 데 많은 시간이 소요되기도 한다. 프로젝트 팀원의 역량에 따라 성공이 좌우되는 사업의 경우에는 우수한 인력의 투입이 필수적이다. 따라서 발주자와 투입인력의 적합성에 대한 검증과정에서 투입인력이 기각되어 변경되는 경우가 발생한다. 프로젝트 팀장은 이러한 특수성을 감안하여 인력확보계획을 사전에 수립하여 진행하는 것이 필요하다. 또한 인적 변동사항에 따라 적임자를 투입할 수 없을 경우에는 약속한 규정, 의무, 법률적 범위에서 벗어나지 않도록, 대체인력을 선발하여 고객과 사전에 충분히 협의하여 결정하도록 해야 한다.

CASE STUDY

프로젝트 핵심인재 확보

- 불확실한 프로젝트 환경에서는 핵심인재의 확보가 필수적이다.
- 프로젝트 핵심인재란 전문적 과업수행 능력과 열정을 겸비하여, 프로젝트 성과를 창출할 수 있는 인물이다.
- 핵심인재는 징기스칸의 기마병이나 나폴레옹의 근위병처럼, 전체 군대의 승리를 주도할 수 있는 정예부대의 역할을 수행한다.
- 프로젝트에서 우수한 인력을 확보한다는 것은 절반의 성공을 획득한 것이다.
- 프로젝트관리자는 우수인력 확보를 위한 방향을 명확히 설정하고 진행해야 한다.
- 프로젝트 수행시에 필요한 기술이 무엇인지를 인지하여, 내외부 선발을 통해 필요한 시점까지 우수인재를 확보하는 노력이 필요하다. 그리고 우수인력이 프로젝트에 적극 참여할 수 있는 EVP(Employee Value Proposition)와 같은 프로젝트의 가치(Value)를 제안(Proposition)할 수 있어야 한다.

5.2 프로젝트 팀 개발

프로젝트 **팀 개발**(Develop Project Team)이란 프로젝트의 성과를 향상시킬 목적으로 팀원의 역량향상, 팀원 간 협력체계 구축, 프로젝트 조직문화를 개선하기 위해 수행하는 활동이다. 프로젝트 팀을 구성한 이후에 팀원의 역량향상을 위한 교육·훈련, 멘토링을 통한 지도, 동기부여, 중간 이탈방지를 위한 팀원의 유지활동은 프로젝트관리자가 해야 할 중요한 역할 중 하나이다.

프로젝트 팀 개발을 효과적으로 수행하기 위해서는 프로젝트 상황에 적합한 비전설정, 공유가치(Shared Value) 제시, 팀구축(Team Building), 교육훈련, 변화관리, 공정한 평가 및 보상활동이 있어야 한다.

프로젝트 팀이 높은 성과를 창출하는 강력한 조직으로 변신하기 위해서는 도전적 목표와 기회를 부여하고, 적절한 역량육성 프로그램 시행, 지원과 피드백이 필요하다. 이러한 프로젝트 팀원의 육성 및 개발 노력에 따라 프로젝트 수행역량은 강화된다. 그리고 프로젝트 성과에 대한 공정한 평가 및 보상, 원활한 의사소통 체계, 갈등관리 및 해소, 명확하고 신속한 의사결정은 프로젝트 팀워크를 높이고 활기찬 조직으로 변화하게 된다. 또한 프로젝트 수행에서 팀원의 체계적 관리 및 역량향상을 위해 **멘토링**(Mentoring) 제도의 적용이 필요하다.

프로젝트에서 체계적 **멘토링**이란 경험이나 스킬(Skill)이 많은 사람을 경험이나 스킬이 적은 사람과 의도적으로 짝을 지워서, 프로젝트의 목표달성과 더불어 역량을 향상시켜 차기 프로젝트에서는 축적한 경험과 능력을 더욱 발휘하도록 하기 위한 제도이다. 프로젝트에서 멘토링을 활성화하기 위해서는 강제적인 제도화보다는 프로젝트 선배인 멘토(Mentor)와 후배인 멘티(Mentee)가 자연스럽게 활동할 수 있는 배려가 필요하다. 프로젝트경영자 및 관리자의 의지가 중요하며 자발적 활동으로 정착되도록 해야 한다.

멘토링제도를 통해 전략적으로 프로젝트전문가를 육성할 수 있고, 프로젝트 팀원의 개발 및 관리 용이, 생산성 증가, 비용대비 효과성의 이점을 갖는다. 그러나 멘토자원이 부족하거나 역량이 미흡한 멘토가 선정되면 부정적

CASE STUDY

프로젝트 팀 개발 필요사항

- 우수한 프로젝트 팀 개발을 위해 비전(Vision) 제시, 공유가치(Shared Value) 개발, 팀 구축(Team Building), 교육훈련, 변화관리, 공정한 평가 및 보상 노력이 필요하다.

1) **비전(Vision)**: 프로젝트 팀원 및 이해관계자에게도 프로젝트를 통해 얻을 수 있는 비전은 제시되어야 한다. 프로젝트 비전에 따라 이해관계자의 협조가 높아지게 되며, 프로젝트 팀원의 의욕을 높일 수 있는 계기가 된다. 비전은 프로젝트 참여자에게 활력을 불러 일으키고 행동할 수 있는 희망을 갖도록 한다.
2) **공유가치(Shared Value)**: 프로젝트의 공유가치(Shared Value)는 프로젝트 팀의 구성 목적을 명확히 하고 팀원들이 공유하고 준수해야 할 정신적 기준점이다. 공유가치는 프로젝트 구성원들이 일을 수행하는 데 적용할 판단기준과 구성원들이 존중하고 공유하는 전통적 가치를 말한다. 신제품 개발 프로젝트의 비전이 "세계시장을 주도하는 스마트 폰 개발"이라면, 공유가치는 "개방형 운영 및 개발체계 확립, 고객감동과 가치창출, 유연한 변화관리"가 될 수 있다.
3) **팀 구축(Team Building)**: 기업이나 조직에서 팀의 성과를 향상시키기 위해 수행하는 다양한 활동을 말한다. 프로젝트에서 팀 구축의 가장 큰 목적은 프로젝트 목표를 달성할 "신뢰할 수 있는 팀"을 만드는 것이다. 지시나 복종에 의하기보다는 자발적·적극적 의지와 팀원 간의 협력으로 프로젝트의 높은 성과를 창출하는 것이다. 팀 구축 활동에는 회의제도의 효율적 개선, 연수 및 합숙훈련, 동호회활동 등 다양한 내용이 있다.
4) **교육훈련**: 교육 및 훈련을 통한 프로젝트 팀원의 역량을 강화하거나 보완한다. 한시적으로 다양한 인재가 모이는 프로젝트에서는 팀워크 향상, 역량강화, 정보공유, 경험 및 노하우 전수차원에서 공식 또는 비공식 형태의 교육훈련이 필요하다. 현장실무교육(OJT), 멘토링, 코칭방법도 프로젝트 교육훈련의 좋은 방법이 된다.
5) **변화관리**: 프로젝트 환경 및 기술변화에 대응하여 효과적인 프로젝트를 수행토록 한다.
6) **공정한 평가 및 보상**: 프로젝트의 성과를 높이기 위해서는 공정한 평가제도를 도입하는 것이 중요하다. 프로젝트 팀원이 공감하고 수용하는 평가 및 보상제도를 통해 프로젝트 성과는 더욱 향상된다.

터크만의 5단계 팀 개발 모델

- 팀 구축을 위해 터크만(Tuckman)이 제시한 팀이 거쳐가는 단계별 개발이론을 고려할 필요가 있다. 팀 구축 단계는 형성(Forming), 스토밍(Storming), 표준화(Norming), 수행(Performing), 해산(Adjourning)의 5단계로 다음과 같다.

① 형성(Forming): 프로젝트 팀 초기구성 단계로, 프로젝트 업무수행과 대인관계 측면에서 신뢰를 가지고 자신의 역할을 수행할 수 있도록 프로젝트 개발활동을 수행토록 한다.

② 스토밍(Storming): 프로젝트 팀의 일부로 소속감을 느끼나 프로젝트 방향에 맞추어 팀원들을 바꾸려면 저항력이 생기는 단계이다. 리더십, 갈등관리와 필요한 프로젝트 개발활동을 수행한다.

③ 표준화(Norming): 비전 및 가치공유, 규정 이해로 팀원들이 협력하고 신뢰하는 행동이 시작된다. 자발적이고 도전적인 활동을 유도할 수 있도록 유연하고 자율적인 프로젝트 개발활동을 수행토록 한다.

④ 수행(Performing): 팀원들이 상호 의존적이며 원활하고 효과적으로 문제를 해결해 나가는 단계이다. 프로젝트 시너지효과를 얻을 수 있는 프로젝트 개발활동을 수행토록 한다.

⑤ 해산(Adjourning): 정해진 기간에 프로젝트 목표가 달성되면 한시적인 프로젝트 팀은 해산된다. 프로젝트 마무리와 차기 프로젝트 수행을 위한 개발활동의 수행이 필요하다.

인 멘토링의 효과를 가질 수 있다. 멘토링 적용을 통해 얻을 수 있는 효과는 멘토의 조언 및 상담으로, 자신의 성과 및 업무수행 정도에 대한 피드백을 받아 프로젝트 수행의 자신감이 높아진다. 그리고 어려운 상황에서도 학습과 연구하는 분위기가 조성되고, 이로 인해 특정 전문지식이나 기술에 대한 학습이 가능하고 문제를 해결하는 능력이 높아진다.

프로젝트가 많은 기업에서는 전사PMO차원에서 멘토링프로그램을 운영하는 것이 바람직하다. 동일한 프로젝트 내에서 멘토와 멘티를 연결하여 진행할 수도 있고, 프로젝트 간에 멘토와 멘티를 연결하여 객관적 시각에서 멘티의 능력을 향상시킬 수 있는 기회를 제공할 수도 있다.

멘토링 운영 체계

- 프로젝트에서 활용할 수 있는 멘토링프로그램의 운영체계의 기본은 다음과 같다.

① 멘토 선정 및 심사
② 멘토 임명 및 멘토 풀(Pool) 구성
③ 멘티 신청 및 결정
④ 멘토와 멘티 매칭(Matching)
⑤ 멘토-멘티 합동 오리엔테이션
⑥ 협약서 합의
⑦ 능력개발계획 실행
⑧ 프로젝트 관리자에게 정기 피드백
⑨ 모니터링과 평가
⑩ 협약서 종료

프로젝트의 팀워크는 팀 구성원이 각자의 역할은 수행하지만, 서로 모여서 하나의 큰 덩어리가 되어야 시너지 효과를 창출하고 높은 성과를 만들어 낸다. 즉 프로젝트 구성원 전체가 유기체처럼 움직이는 협동력을 의미한다. 그러나 글로벌 환경에서 추진하는 프로젝트에서는 다양한 문화, 언어, 법규, 제도나 규정이 혼재하게 된다. 이러한 글로벌프로젝트에서는 표준화된 공통의 언어나 제도적용이 필수적이며, 문화나 제도차이에 따른 충격을 최소화하기 위해 유연한 시스템의 개발 및 적용도 고려하여야 한다.

5.3 프로젝트 팀 관리

프로젝트 팀 관리(Manage Project Team)는 프로젝트 수행과정에서 발생하는 팀원들의 애로사항을 파악하고 해결하면서, 팀원들이 높은 성과를 내도록 추적·평가하는 관리적 업무이다. PMBOK에서는 프로젝트 **팀 관리**(Manage Project Team)를 프로젝트를 수행하면서 팀원의 성과를 추적하고, 피드백을 제공하고, 이슈를 해결하고, 변경을 관리하는 프로세스로 정의하였다.

프로젝트 팀 관리를 위해서는 팀원의 단합과 열정을 통해 높은 성과를 창출할 수 있도록, 다양한 이론의 접목과 실천이 중요하다. 프로젝트 팀 분위기에 적합한 관찰 및 대화, 의사소통, 갈등관리, 협상, 리더십 발휘 노력이 필요하다. 또한 프로젝트관리자로서는 팀원이 높은 성과에 도전할 수 있는 분위기를 조성하기 위해, 도전적 과제를 부여하고 공정한 평가를 통해 성과에 대한 인정과 인센티브를 적용해야 한다.

프로젝트에서 핵심인재의 유출은 프로젝트의 판도를 좌우하는 주요 사안이다. 핵심인재를 유지하지 못하는 것은 제한된 일정으로 추진하는 프로젝트에서는 치명적인 결함을 가져올 수 있다. 프로젝트에서 필요한 핵심인재의 요건은 프로젝트역량과 인성을 겸비한 사람이라 하겠다.

- **프로젝트역량**: 프로젝트 수행 전문능력, 변화·혁신·창조를 주도해 나가는 역량
- **인성**: 열정, 호기심, 사고의 유연성, 낙관론적 생각으로 리스크를 감수(Risk-taking)하고, 프로젝트 마지막까지 마무리할 수 있는 집착력(Persistence)

프로젝트경영자 또는 관리자는 핵심인재에 대한 체계적 관리로 인재의 유출을 방지해야 한다. 우수인력의 지속적 유지를 위해 매력적인 프로젝트 가치를 제시하고 진취적 프로젝트 풍토의 조성, 코칭과 멘토링의 활성화, 참여인력의 역량향상 기회 부여가 고려되어야 한다. 또한 우수인력의 역량에 걸맞도록 전략적 임무를 부여하고, 변화와 혁신을 주도하도록 하여 고성과를 창출

하는 데 기여할 수 있도록 해야 한다.

프로젝트 팀 관리의 핵심 목적은 고성과를 창출하는 것이다. **성과보고서**(Performance reports)는 프로젝트 팀원의 성과관리를 위해 분석하는 자료로서, 프로젝트 참여인력에 대한 인정 및 보상, 인력관리의 기초자료로 활용된다. 성과보고서는 구성원의 담당업무에 대한 계획대비 진도율, 성취한 업적, 미결사항의 적기 조치여부, 의사소통의 적절성에 대한 지속적인 관찰과 모니터링을 통해 얻어진 내용이 담긴다. 이러한 성과평가 과정을 통해 구성원의 역할과 책임을 재확인하고, 어려운 프로젝트 환경에서도 피드백을 지속하여 해결되지 않은 문제를 파악하거나 지원한다.

6 프로젝트 의사소통

프로젝트 실행단계의 의사소통관리(Communication Management) 지식영역에서 이루어지는 업무는 프로젝트 의사소통이다. 프로젝트 의사소통은 정보의 배포, 이해관계자 기대사항 관리로 구성된다. 정보의 배포란 프로젝트의 계획된 정보, 프로젝트 진행과정에서 추가 또는 변경된 관련 정보를 이해관계자가 사용할 있도록 배포하는 것이며, 이해관계자 기대사항 관리는 프로젝트에서 의사소통 및 협력을 통해, 이해관계자의 요구사항을 충족시키고 이슈를 해결하는 활동이다.

본 절에서는 프로젝트 라이프사이클 3단계인 "Ⅱ. 실행"에서의 다섯째 업무로, 의사소통관리 지식영역에 포함되는 "정보의 배포," "이해관계자 기대사항 관리" 업무를 설명한다.

그림 5-9 실행단계의 프로젝트 의사소통 업무활동 내역

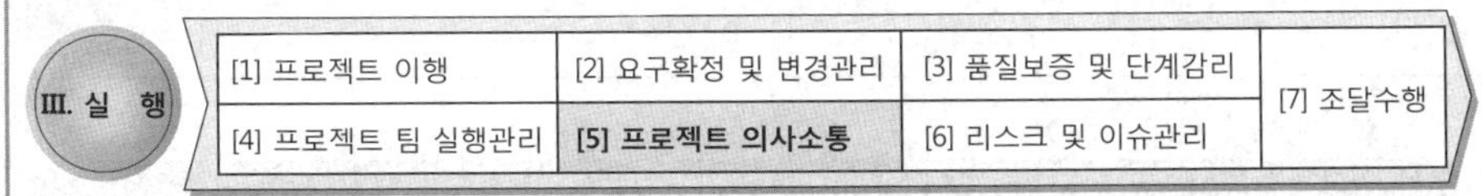

업 무	활 동	설 명
[5] 프로젝트 의사소통	정보의 배포	프로젝트의 계획된 정보, 프로젝트 진행과정에서 추가 또는 변경된 관련 정보를 이해관계자가 사용할 있도록 배포한다.
	이해관계자 기대사항 관리	프로젝트에서 의사소통 및 협력을 통해 이해관계자의 요구사항을 충족시키고 이슈를 해결한다.

6.1 정보의 배포

프로젝트관리자는 이해관계자의 관심과 지원을 지속적으로 유지하기 위해, 프로젝트 종료까지 적시에 적절한 프로젝트 관련 정보를 공유하도록 해야 한다. 의사소통관리에서 정보의 배포(Distribute information)는 프로젝트를 실행하면서 계획된 필요정보를 이해관계자가 사용할 수 있도록 하는 것이다. 정보의 배포는 의사소통 관리계획서에 따라 이행하는 것이며, 프로젝트 진행과정에서 추가 또는 변경된 사항에 대하여도 관련 정보를 배포한다.

프로젝트에서 공유해야 할 정보의 배포 대상은 이해관계자의 요구에 맞추어 결정하는 것이 우선되어야 한다. 필요한 정보가 적시에 배포되기 위해서는 이해관계자의 선호 정보에 대한 요구분석이 필요하기 때문이다. 그리고 불필요한 정보의 배포로 프로젝트 시간을 낭비하는 일이 없어야 하기 때문이다. 프로젝트에서 배포할 대상 정보는 프로젝트 계약조건, 이해관계자 요구, 프로젝트 특수상황 발생에 따라 결정되기도 하지만, 일반적으로 프로젝트 진척현황, 프로젝트 성과, 위험 및 이슈, 문제점, 교훈, 우수사례 등이 포함된다.

정보의 배포란 관련 정보의 수집과 생성을 통해 적정한 형태로 가공하고

이해관계자의 요구에 맞추어 배포하는 것이다. 정보배포 과정은 정보의 수집, 생성, 가공, 배포, 저장 및 검색의 순환 프로세스로 이루어진다.

프로젝트 정보배포 순환 프로세스

① **수집**: 계약조건 및 이해관계자 요구, 프로젝트 특수상황 발생에 따른 관련 정보를 프로젝트 외부에서 수집한다.

② **생성**: 프로젝트 진행 단계별 현황정보, 중간 산출물 정보, 분석정보 등을 프로젝트 내부에서 생성한다.

③ **가공**: 외부수집 및 내부생성 정보를 활용하여, 적정한 형태로 정보를 가공한다. 필요시 이해관계자의 요구에 적합한 정보로 재가공한다.

- **가공형태**: 메모, 사진, 그림, 도표, 동영상, 애니메이션, 보고서, 프레젠테이션, 홍보물 등 배포 정보의 이해가 쉽도록 생산한다.

④ **배포**: 가공된 정보를 적절한 배포방법을 활용하여 이해관계자에게 배포한다.

- **배포방식**: 구두, 우편, 설명회, 회의, 개별
- **매체선택**: 팩스, 전화, 소식지, 인터넷 포털, 전자메일, 동영상, 음성, 인터넷 회의

⑤ **저장 및 검색**: 배포된 정보는 프로젝트 지식저장소에 보관하고, 필요시 검색할 수 있도록 재활용한다.

- **정보수집 및 검색시스템**: 프로젝트관리 정보시스템(Project Management Information System: PMIS), 데이터마트(Data Mart: DM) 또는 데이터웨어하우스(Data Warehouse: DW), 프로젝트 지식관리시스템, 프로젝트 포털 등 정보시스템을 활용하여 정보의 저장 및 검색을 용이하게 사용하는 것이 바람직하다.

프로젝트 관련 정보가 이해관계자들에게 적시에 적정하게 배포되어야, 프로젝트에 피드백되어 프로젝트의 주요 입력정보로 다시 활용할 수 있고, 프로젝트 효과상승에도 기여할 수 있게 된다. 프로젝트 정보배포시에 주의할 사항은 다음과 같다.

프로젝트 정보배포 주의사항

① 이해관계자가 프로젝트의 현황을 정확히 이해하고 지원할 수 있도록, 왜곡되지 않은 투명한 정보의 공유가 필요하다.

② 이해관계자의 요구에 부합하는 차별화된 프로젝트 정보가 공유되어야 한다.

③ 정보배포 효율화를 위한 IT 도구의 적극적 활용이 필요하다.

④ 핵심 이해관계자에 대한 정보배포 결과의 피드백이 필요하다.

6.2 이해관계자 기대사항 관리

프로젝트를 수행하는 과정에서 고객 및 사용자의 협조가 필요한 경우가 많다. 현황분석, 추가요구분석, 세부과업 도출 및 이행과정에서 당초에 정해진 목표수준이나 해결방안이 달라질 경우가 발생한다. 이때 프로젝트 과업 목표달성 및 문제해결을 위해서는 고객, 사용자와 세부과업에 대해 협의와 조율이 필요하며, 이를 통하여 리스크를 제거하고 이슈나 문제를 해결할 수 있게 된다. 프로젝트에서 이해관계자의 기대사항을 관리(Manage stakeholder expectations)하는 것은 의사소통 및 협력을 통해 이해관계자의 요구사항을 충족시키고 이슈를 해결하는 것이다.

프로젝트관리자는 사전에 정의된 이해관계자 등록부, 관리전략, 프로젝트 관리계획서, 이슈 기록부, 변경 기록부를 기준으로 적절한 의사소통 방법을 개발해야 한다. 이해관계자의 기대사항을 세분화된 요구사항으로 분리하여 대응할 수 있도록 해야 한다. 따라서 프로젝트관리자는 이해관계자와의 신뢰구축, 갈등해결, 적극적 경청, 변화관리 등의 상시적 노력이 필요하다.

7 리스크 및 이슈관리

프로젝트 실행단계의 리스크 관리(Risk Management) 지식영역에서 이루어지는 업무에는 리스크 및 이슈관리가 있다. 리스크 및 이슈관리는 리스크 식별, 리스크 정량적·정성적 분석, 리스크 대응으로 구성된다. 먼저, 리스크 식별은 어떠한 리스크가 프로젝트에 영향을 주는가를 확인하여 잠재적 리스크 요인을 사전에 감지하고 그 특성을 문서화하는 것이다. 그리고 리스크 정량적·정성적 분석은 프로젝트 리스크의 발생 가능성, 발생에 따른 영향력 등을 정량적·정성적으로 분석하는 것이며, 리스크 대응은 리스크가 프로젝트에서 문제를 야기시키지 않도록 미리 대처를 하거나 리스크가 발생하여도 문제를 해결할 수 있도록 대비하는 활동이다..

본 절에서는 프로젝트 라이프사이클 3단계인 "Ⅲ. 실행"에서의 여섯 번째 업무로, 리스크관리 지식영역에 포함되는 "리스크 식별," "리스크 정량적·정성적 분석," 그리고 "리스크 대응" 업무를 설명한다.

그림 5-10 실행단계의 리스크 및 이슈관리 업무활동 내역

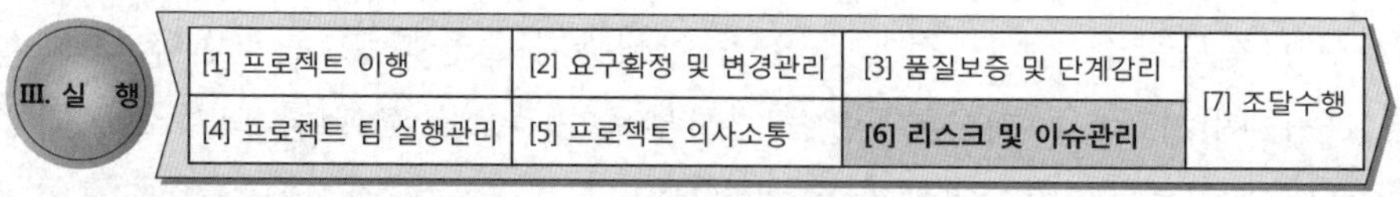

업 무	활 동	설 명
[6] 리스크 및 이슈관리	리스크 식별	어떠한 리스크가 프로젝트에 영향을 주는가를 확인하여, 잠재적 리스크요인을 사전에 감지하고 그 특성을 문서화한다.
	리스크 정량적·정성적 분석	프로젝트 리스크의 발생 가능성, 발생에 따른 영향력 등을 정량적·정성적으로 분석한다.
	리스크 대응	리스크가 프로젝트에서 문제를 야기시키지 않도록, 미리 대처를 하거나, 리스크가 발생하여도 문제를 해결할 수 있도록 대비한다.

7.1 리스크 식별

리스크관리 측면에서 프로젝트에서 발생할 수 있는 리스크요인을 사전에 감지하는 것은 매우 중요한 일이다. **리스크 식별**(Risk Identification)이란 어떠한 리스크가 프로젝트에 영향을 주는가를 확인하고 잠재적 리스크에 대한 특성을 문서화하는 활동에 해당한다. 프로젝트의 리스크는 프로젝트 팀 내부에서만 아니라 프로젝트 이해관계자 모두가 식별할 수 있는 사항으로, 내부 및 외부 상황파악 및 의사소통이 필요하다. 또한 리스크는 프로젝트의 생애주기(life cycle) 전반적으로 새로이 나타날 수 있으므로, 리스크관리자는 프로젝트에 잠재해 있는 리스크를 식별할 수 있는 경보체제를 만드는 것이 중요하다.

프로젝트의 성공을 위협하는 리스크를 식별하기 위해서는 프로젝트에 적

CASE STUDY

리스크 식별 주요기법

- 리스크 식별을 위해 활용하는 주요기법을 소개하면 다음과 같다.
  ① **SWOT 분석**: 프로젝트의 내부환경 분석을 통해 강점(S)과 약점(W)을 파악하고, 외부환경 분석으로 기회(O)와 위협(T) 요인을 확인하여 리스크를 식별한다.
  ② **유사비교법**: 과거에 수행한 경험이 있는 프로젝트나 유사 프로젝트를 통해 리스크 요인을 파악하여 활용한다.
  ③ **리스크 식별 체크리스트**: 프로젝트의 리스크 발생 영역을 정의하고, 영역별로 리스크를 식별할 수 있는 체크리스트를 만들어 활용한다.
  ④ **기타**: 프로젝트 특성 및 문화를 고려하여 브레인스토밍(Brainstorming), 델파이 분석(Delphi Technique), 명목집단법(Nominal Group Technique), 인터뷰, 설문분석 등을 통해 리스크를 식별한다.

합한 식별기법을 활용하는 것이 바람직하다. 프로젝트 리스크 식별을 위해서는 프로젝트 내부 및 외부의 환경변화에 상시적으로 주의를 기울여 분석하고 모니터링하는 자세가 필요하다.

프로젝트의 리스크는 프로젝트 성공에 장애가 되는 요인이기도 하지만, 리스크를 잘 활용하면 프로젝트의 기회요인으로 작용하기도 한다. 기업의 성공적 혁신활동을 위해 위기의식을 강조하는 것은 조직구성원들에게 리스크를 인지토록 하여, 자발적·적극적으로 혁신활동에 참여하도록 건전한 조직 분위기 조성이라는 긍정적 측면도 있다. 프로젝트에서도 이러한 점을 고려하여 리스크를 식별하고 이해관계자에게 공유하면, 리스크 발생을 사전에 억제하는 효과를 가질 수 있게 된다.

프로젝트의 리스크를 식별하는 데 있어 유용한 방법은 리스크를 초래할 원천이 어디인가를 파악하는 일이 중요하다. 리스크의 원천은 리스크 발생 원천을 구분하여 체계적으로 식별하는 것이며, 잠재적 리스크를 식별하여 리스크 예방관리를 수행하는 것이다.

프로젝트 리스크 발생 원천

- 프로젝트에서 리스크가 발생하는 원천은 다음과 같은 경우에 해당된다.
  - 잘못된 예측 및 추정
  - 고객 요구사항의 변화
  - 분석 오류 및 설계 변경
  - 프로젝트 팀을 포함한 이해관계자의 책임과 역할(R&R) 불명확
  - 부적절한 자원(인력, 시설, 설비, 자재)의 활용
  - 기술적 난제 및 어려움
  - 프로젝트 고객(주관기관/사용자)의 비협조
  - 과도한 업무 시간 및 부담
  - 교육 부족

리스크 발생 원천에 잠재해 있는 리스크요인은 프로젝트의 핵심인력 이탈이나 재해 등으로 연결될 수 있으므로, 리스크 징후, 원인, 프로젝트 진척결과를 통한 리스크 원천을 확인하고, 식별하는 방법을 활용하는 것이 필요하다.

리스크 식별 방법

① **리스크 징후를 통한 식별**: 프로젝트를 수행하는 조직 및 환경 분위기를 통해 리스크를 식별하는 방법으로, 부적절한 계획 및 예측, 비생산적인 회의, 조직 분위기 침체, 팀원 사기저하, 고객과의 갈등 등에 따른 이상 징후의 감지를 통해 리스크를 식별하는 방법이다.

② **리스크 원인을 통한 식별**: 리스크의 원천을 점검하여 요구사항의 명확화, 참여인력의 역량 및 자질 등의 리스크 원인을 점검하여 식별하는 방법이다.

③ **프로젝트 진척결과를 통한 식별**: 프로젝트 이행 과업에 대한 계획대비 진척 결과를 분석하여 리스크 관점의 원인을 분석하는 방법이다.

리스크가 발생하는 범주는 프로젝트 내부뿐 아니라 외부적 요인도 포함된다. 범위, 비용, 납기, 일정 등의 범주에서 리스크가 발생되며, 리스크를 식별하기 위한 유용한 방법은 프로젝트에 적합한 “리스크 식별 체크리스트”를 사용하는 것이다.

CASE STUDY

리스크 식별 체크리스트

• 다음은 잠재적인 리스크를 파악하기 위해 활용할 수 있는 체크리스트를 예시한 것이다.

〈표 5-9〉 프로젝트 리스크 식별 체크리스트

범 주	리스크 검토항목	리스크 관리지표		
		가능성	영향도	노출도
비즈니스	• 프로젝트를 통한 이익 효과는 어느 정도인가? • 제품의 사업화 가시성은 어느 정도인가? • 고객 만족도는 충분한가? • 최종산출물 인도 일정은 적절한가? • 지체상금은 얼마인가?			
업무범위	• 계약 범위를 벗어나거나 변동해야 하는 경우가 예상되는가? • 추정된 개발규모는 신뢰 가능한가? • 제품의 사용자 수는 어느 정도인가?			
요구사항	• 요구사항 변경 횟수 · 범위는 어느 정도인가? • 요구사항 도출에 대한 고객 및 사용자 협조는? • 요구사항 이행률은 적정한가?			
고 객	• 고객 요구사항은 명확하고 구체적인가? • 고객의 협조는 원만한가? • 고객의 프로젝트 관련 지식은?			
프로세스	• 절차, 산출물에 대한 표준은 되어 있는가? • 개발 프로세스가 커스터마이징되었는가? • 개발 프로세스 교육을 실시하는가? • 문서화는 단계적으로 진행하고 있는가? • 설계검토는 주기적으로 이루어지는가? • 변화관리, 형상관리 활동을 수행하는가?			
기 술	• 프로젝트 이행 기술이 있는가? • 기술 적용은 가능한가? • 새로운 알고리즘이나 기술이 필요한가?			

	• 인터페이스 문제는 없는가? • 특수 SW 또는 HW 개발 방법을 요구하는가? • 요구사항이 프로젝트에 과도한 수행 제약을 두는가?			
테 스 트	• 단위테스트 오류의 파급효과는? • 통합테스트 오류의 파급효과는? • 시스템테스트 오류의 파급효과는? • 인수테스트 오류의 파급효과는?			
자 원	• 인력 역량은 적정한가? • 시설, 장비, 재료 확보는 적정한가? • 일정은 적정한가?			
개발 인프라	• 프로젝트 관리 도구는 적정한가? • 분석 · 설계용 도구는 이용할 수 있는가? • 분석 · 설계 도구의 효용성은? • 시험지원 도구는 적정한가? • 형상관리 도구가 이용되고 있는가? • 소프트웨어 도구는 상호 통합 가능한가? • 도구 사용 교육은 적정한가?			
기 타	• 추가 예상 리스크가 존재하는가?			

7.2 리스크 정량적 · 정성적 분석

7.2.1 리스크분석

프로젝트 리스크를 분석하는 것은 발생하지 않은 미래의 사건에 대해, 원하지 않는 결과를 초래하게 될 사건의 발생 가능성과 파급효과를 정의하는 것이다. 프로젝트에서 리스크분석을 올바로 수행하기 위해서는 리스크관리 책임자를 임명하고 프로젝트 리스크분석을 위한 명확한 기준을 제시하는 것이 필요하다. 리스크분석은 식별된 리스크에 대한 발생 가능성, 리스크에 따른 영향도를 정의하고, 가능성과 영향도를 토대로 리스크 노출도를 산출한 후 리스크의 우선순위를 결정하는 리스크 계량화 활동이다.

리스크분석을 위한 방법에는 정성적 리스크분석(Qualitative Risk Analysis) 방법과 정량적 리스크분석(Quantitative Risk Analysis) 방법이 있다. 모든 리스크를 정량적으로 계산한다는 것이 사실상 불가능하기 때문에, 프로젝트 현장에서는 리스크요소들을 정성적으로 평가하는 방법을 우선적으로 사용한다. 정성적 리스크분석은 리스크에 대한 우선순위를 신속하게 결정하여 대응계획을 수립할 수 있는 장점이 있기 때문이다.

그러나 정량적 분석은 리스크 발생 가능성이나 영향도를 수치화하여 평가하는 관계로, 활용이 어렵거나 시간이 많이 소요되는 어려움이 있다. 그러므로 프로젝트에서는 효율적 리스크분석을 위해 정성적인 리스크분석 수행을 우선하며, 필요에 따라 리스크가 전체 프로젝트 목표에 미치는 영향을 수치적으로 명확히 분석하기 위해 정량적 분석을 수행한다. 결국 정량적 분석은 일반적으로 정성적 리스크분석을 수행한 다음에 추가적인 필요성이나 요구에 의해 수행하게 된다.

7.2.2 정성적 리스크분석

프로젝트를 수행하게 되면 다양한 리스크가 식별된다. 그러나 모든 리스크에 대해 분석하고 대응책을 수립하기에는 많은 시간과 노력이 소모된다. 따라서 프로젝트관리자나 리스크관리 책임자는 객관적인 리스크관리 기준 제시와 평가로, 효과적인 리스크관리를 할 수 있도록 해야 한다. 리스크관리에 대한 객관성 및 신뢰도를 높여, 프로젝트 구성원 및 이해관계자의 리스크 발생 억제 및 대응을 위한 지원을 이끌어 낼 수 있게 된다.

프로젝트의 리스크를 분석하는 이유는 프로젝트 목표달성에 위협을 주는 요인을 사전에 예측하고, 여러 리스크 중에서 발생 가능성이 크고 프로젝트에 심각한 영향을 주는 리스크를 확인하여 선별적이고 효과적인 대응을 위함이다. 그래서 **정성적 리스크분석**은 신속하고 효율적인 진행을 위해 발생 가능성이나 빈도, 그리고 발생에 따른 영향도를 정성적으로 평가하고 프로젝트 리스크의 우선순위를 결정하여, 긴급한 대응책을 필요로 하는 리스크가 무엇인지를 파악하기 위해 수행한다.

1) 정성적 리스크분석 방법

정성적 리스크분석을 위한 수단으로는 확률-영향평가, 확률-영향 매트릭스(PI Matrix), 리스크 긴급성 평가, 전문가 판단 등을 활용할 수 있다. 정성적 리스크분석 과정은 프로젝트 특성에 따라 효과적인 방식으로 적용할 수 있지만, 일반적으로 다음과 같이 ① 리스크 도출, ② 가능성(Possibility) 평가, ③ 영향도(Impact) 평가, ④ 리스크 점수 산정, ⑤ PI 매트릭스 작성, ⑥ 리스크 우선순위화의 6단계 절차를 통해 진행한다. 정성적 리스크분석을 위한 6단계 절차는 다음과 같다.

정성적 리스크분석을 위한 6단계 절차

① 1단계: 리스크 도출

- 미래 관점에서 예상되는 리스크를 도출하고 리스크 범주별로 분류하여 목록을 정리한다.

② 2단계: 가능성(Possibility) 평가

- 특정 리스크인자가 발생 또는 현실화될 수 있는 가능성이 있는가를 등급(예시: 3~9레벨) 또는 확률(% 또는 0~1값)로 계량화하여 평가한다.
- 계량화를 위해서는 주관적인 판단이 필요하다. 이슈는 발생 가능성이 몇 %가 될지를 정확하게 예측한다는 것이 매우 어려운 일이기 때문이다.

③ 3단계: 영향도(Impact) 평가

- 특정 리스크가 현실화되었을 때, 프로젝트에 미칠 수 있는 영향의 심각한 정도를 평가한다.
- 리스크 파급효과는 가능성에 비해 예측이 좀더 쉬우므로, 리스크 발생에 따른 피해를 일정이나 금액으로 환산해서 예측하면 평가를 보다 명확히 할 수 있게 된다.

④ 4단계: 리스크 점수(Risk Score) 산정

- 리스크 발생 가능성(확률)과 영향도(레벨)에 따라 **리스크점수**를 계산한다.
- 영향도는 프로젝트의 "리스크 영향도 판단 기준표"를 활용한다.
- 점수는 다음과 같이 계산한다.

Risk Score = P * I 단, P = 발생 가능성(Probability), I = 파급효과(Impact)

⑤ 5단계: PI 매트릭스 작성

- 정의한 리스크점수에 따라 PI 매트릭스를 작성하고, 리스크 평가기준에 따라 리스크 등급을 결정한다.

⑥ 6단계: 리스크 우선순위화

- PI 매트릭스에 따라 리스크의 우선순위를 결정한다. 추가적으로 세밀한 수량 분석이 필요할 경우 정량적 리스크분석을 수행한다.
- 리스크에 대한 발생 가능성 및 영향도의 계량화가 어려운 경우에는 다음과 같이 가능성 및 영향도의 수준을 정의하여, **리스크점수**(Risk Score: RS)를 계산하고, 점수와 등급에 의한 리스크 대응내역을 정의할 수 있다.

CASE STUDY

▮ PI 매트릭스 작성 예

〈표 5-10〉 PI 매트릭스

리스크 점수 = 가능성 * 영향도											
단계 · 점수 \ 확률			가능성								
			10%	20%	30%	40%	50%	60%	70%	80%	90%
영향도	매우높음	0.8	0.08	0.16	0.24	0.32	0.4	0.48	0.56	0.64	0.72
	높음	0.4	0.04	0.08	0.12	0.16	0.2	0.24	0.28	0.32	0.36
	중간	0.2	0.02	0.04	0.06	0.08	0.1	0.12	0.14	0.16	0.18
	낮음	0.1	0.01	0.02	0.03	0.04	0.05	0.06	0.07	0.08	0.09
	매우낮음	0.05	0.005	0.01	0.015	0.02	0.025	0.03	0.035	0.04	0.045
리스크 평가기준(등급)			• 높은 리스크: >0.3점 이상(검은색 바탕 부분) • 중간 리스크: 0.1~0.3점(흰색 바탕 부분) • 낮은 리스크: <0.1점(점선부분)								

그림 5-11 리스크점수에 의한 우선순위화

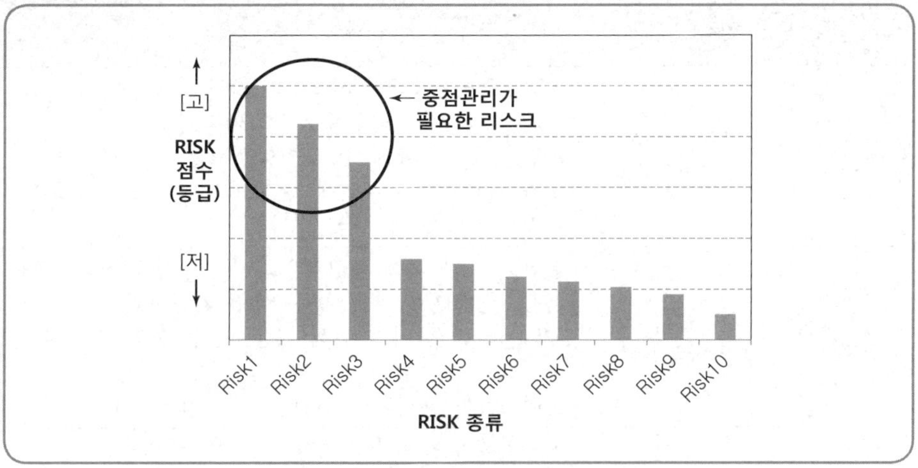

〈표 5-11〉 PI수준 정의에 의한 리스크점수 산출 예시

RS(Risk Score)=P * I					
영 향 / 가능성			영향도(I)		
			3	2	1
			인적 손실(大) 시간적 손실(大) 물적 · 환경적 손실(大)	인적 손실(中) 시간적 손실(中) 물적 · 환경적 손실(中)	인적 손실(小) 시간적 손실(小) 물적 · 환경적 손실(小)
가능성(P)	3	발생가능시간 (2주 이내)	리스크 수용불가 RS=9	중대 리스크 RS=6	보통 리스크 RS=3
	2	발생가능시간 (3개월 이내)	중대 리스크 RS=6	보통 리스크 RS=4	허용 가능한 리스크 RS=2
	1	발생가능시간 (희박)	보통 리스크 RS=3	허용 가능한 리스크 RS=2	작은 리스크 RS=1

- 프로젝트에서 관리해야 하는 리스크는 많다. 이를 모두 동일하게 관리하기란 쉽지 않고 비효율적이다. 따라서 우선순위가 높은 리스크를 집중적으로 관리하는 것이 필요하다. 따라서 중간 이상의 높은 리스크는 대응계획을 수립하고, 낮은 리스크는 일단 감시대상으로 등재만 한다.

〈표 5-12〉 리스크점수와 등급에 의한 리스크 대응내역 정의 예시

리스크 등급(점수)	리스크 정도	리스크 등급 정의
A (9점)	심각한 수준 (리스크허용 불가)	• 극단적인 리스크로 리스크수준이 적정수준으로 감소되기 전까지 신규업무나 작업의 착수금지 • 진행 중인 업무/작업도 중지 필요 • 자원의 지속적 투입에도 리스크가 줄어들지 않으면 업무/작업을 계속 금지
B (6점)	중대한 수준 (리스크억제)	• 상당히 큰 리스크 성격으로 리스크가 적정수준으로 감소할 때까지 신규업무/작업은 가능하면 억제 • 리스크를 줄이기 위해 많은 인적·물적 자원 투입 필요 • 리스크가 현존하고 있다면 긴급조치 필요
C (3~4점)	보통 수준 (리스크관리)	• 관리해야 할 리스크 성향이 존재하고 있음. • 비용효과 측면과 기술적 방안의 활용 가능성을 고려하여, 리스크 발생 가능성을 감소하거나 재해발생 방지 및 완화를 위한 개선이 필요 • 리스크를 줄이기 위한 노력을 일정, 예산 또는 기준 한도 내에서 실시
D (2점)	허용가능 수준 (리스크 적정관리)	• 약간의 리스크 성향이 있지만 허용 가능한 리스크 수준 • 현재의 관행 또는 운영 절차에 따라 관리 및 유지 • 재정적 부담을 주지 않는 효과적인 해결책이나 개선안에 대해 검토
E (1점)	사소한 수준 (문서관리 불필요)	• 사소한 리스크로서 별도의 조치를 취할 필요가 없음 • 문서기록을 남길 필요 없음

2) 리스크 관리지표

리스크를 계량화하여 합리적으로 관리하기 위해서는 프로젝트에 적합한 **리스크 관리지표**를 정의하여 활용할 필요가 있다. 리스크는 항시 프로젝트 전체 과정을 통해 잠재되어 있다. 지속적인 정성적 리스크분석을 통해 리스크 대응계획을 수립하여 즉시 이행하거나 필요에 따라 정량적 분석을 추가로 수행한다. 프로젝트에서는 정성적 리스크분석 결과 작성한 우선순위 목록을 고려하여, 프로젝트 성과가 큰 리스크부터 대응하게 된다.

정성적 리스크분석에 따라 리스크의 우선순위를 결정할 경우에 주의할

CASE STUDY

리스크 관리지표

- 다음은 프로젝트의 리스크 관리지표로서 가능성, 영향도(원가, 일정, 품질), 리스크점수, 등급, 임계치에 대한 판단기준을 제시한 것이다.

〈표 5-13〉 리스크 관리지표

<table>
<tr><th colspan="2">지 표</th><th>설 명</th><th>판단 기준</th></tr>
<tr><td colspan="2">가능성</td><td>특정 리스크가 발생할 확률</td><td>• 객관적 평가를 위해 리스크 협의회를 통해 결정
• 값의 범위: 10~90% 또는 수준</td></tr>
<tr><td rowspan="3">영향도</td><td>원가</td><td>리스크항목이 프로젝트 원가에 미치는 영향 정도</td><td>• 인건비, 재료비, 경비로 나누어 관리
• 합산된 비용을 기준으로 등급을 결정
• 원가 영향력 비율 = 영향력파급비용 ÷ 계약액 × 100
• 백분율 등급의 구분(예시)
1 = 낮음(< 5% 증가)
2 = 중간(5~20% 증가)
3 = 높음(> 20% 증가)</td></tr>
<tr><td>일정</td><td>리스크항목이 프로젝트 일정에 미치는 영향 정도</td><td>• 개발일정 대비 지연일수 기준 등급 결정
• 일정 영향력 비율 = 지연일수 ÷ 개발기간 × 100
• 백분율 등급의 구분(예시)
1 = 낮음(< 5% 일정지연)
2 = 중간(5~20% 일정지연)
3 = 높음(> 20% 일정지연)</td></tr>
<tr><td>품질</td><td>리스크항목이 프로젝트 품질에 미치는 영향 정도</td><td>• 리스크의 영향으로 품질지표에 미치게 되는 영향력을 기록</td></tr>
<tr><td colspan="2">리스크점수</td><td>리스크 발생 가능성과 영향도의 곱으로 계산</td><td>• 리스크점수 = 가능성 * 영향도</td></tr>
<tr><td colspan="2">등 급</td><td>노출도에 따라 리스크 등급을 결정하며, 등급에 의해 우선순위 결정 지원</td><td>• 확률 및 영향 PI(Probability and impact) 매트릭스 작성</td></tr>
<tr><td colspan="2">임계치</td><td>수립된 대응계획을 이행하는 기준 값으로, 리스크 노출도가 임계치 이상 시점에 대응계획 시행</td><td>• 노출도 이행기준 마련</td></tr>
</table>

점이 있다. 리스크는 향후 발생이 예상되는 사건에 대해 분석을 수행하는 것으로, 시간이 지남에 따라 리스크의 가능성이나 파급효과가 달라질 수 있고, 리스크분석을 위한 정보나 데이터의 정확도에 따라 리스크분석 신뢰성이 다르게 된다. 따라서 리스크분석시에는 프로젝트의 특성, 진행단계, 정보의 정확성을 고려하여 분석해야 한다.

7.2.3 정량적 리스크분석

식별 리스크에 대해 정량적인 분석을 수행한다는 것은 리스크의 발생 가능성과 파급효과에 대해 계수적 수치값을 도출하여 리스크를 평가하는 것이다. 즉 식별된 리스크가 전체 프로젝트 목표에 미치는 영향을 수치로 분석하는 것이다. 따라서 정량적 리스크분석은 리스크 개별적으로 수치 등급을 지정하거나, 프로젝트 전반적으로 미치는 리스크 영향력을 수치적으로 분석할 필요가 있을 경우에 사용한다. 또한 리스크 감시 및 통제 활동의 결과로 나타나는 효과를 수치화하여 구체적으로 분석할 경우에도 이용된다.

정량적 리스크분석을 수행하기 위해서는 리스크 발생 가능성 및 영향도 분석을 위한 정확한 정보의 수집과 분석이 필요하며, 이를 위해 인터뷰, 확률통계 등의 방법을 도입한다. 유사 프로젝트의 경험자나 전문가인터뷰를 통해, 가능성 및 영향도를 계수화할 수 있도록 도움을 받거나 리스크분석을 위한 수학적 모형과 확률적 통계를 활용한다.

정량적 리스크분석을 위한 도구로는 민감도분석(Sensitivity analysis), 몬테카를로 시뮬레이션(Monte Carlo simulation)과 같은 모델링 및 시뮬레이션(Modeling and Simulation), 금전적 기대값(Expected Monetary Value: EMV), 의사결정나무 분석(Decision tree analysis)과 같은 방법을 활용한다.

리스크를 정량화하고 계수화하여 분석한다는 것은 프로젝트 현장에서는 어렵고 시간이 많이 소요되는 작업이다. 그래서 정량적 분석은 시스템에 대한 불충분한 정보, 인적 오류, 성과의 불확실성 등으로 인해 어렵거나 바람직하지 않은 작업일 수 있다. 이러한 경우에는 반정량적 또는 정성적 기법을 적용하는 것이 효과적이다.

7.3 리스크 대응

리스크에 대응하는 것은 프로젝트의 리스크가 문제가 되지 않도록 미리 대처를 하거나, 리스크가 발생하여도 문제를 해결할 수 있도록 대비를 하는 것이다. 예를 들어 개발인력이 퇴사할 징후가 보이면, 인력관리에 책임이 있는 사업관리 담당자는 개발자가 퇴사하지 않도록 원인을 파악하여 대처하는 **회피전략**을 수립하거나, 퇴사해도 업무를 대신할 개발자를 미리 물색해 놓는 **전가전략**, 퇴직할 경우 동료 개발자에게 일부 업무를 부담시키는 **완화전략**, 퇴직자가 조기에 담당 업무를 마무리하고 떠나도록 하는 **수용전략**을 준비할 수 있다.

리스크 대응이란 프로젝트 목표달성을 위해, 식별된 리스크에 대해 정성적·정량적 분석을 수행한 후 우선순위가 높은 리스크요인부터 기회요인은 증대시키고, 위협요인은 줄이기 위한 대안과 조치를 개발하는 것이다. 프로젝트 리스크의 대응은 선정된 리스크 대응 담당자를 통해 수행되며, 효과적 대응을 위해서는 업무활동, 일정, 예산, 자원계획을 사전에 명확히 정의해야 한다. 리스크에 대한 대응이 정의되면 프로젝트 관리자는 일정, 원가, 품질, 조달, 인적자원관리, 성과 등에 영향을 미치는 요인을 파악하고, 관련 프로젝트 계획서도 수정하여 리스크에 대한 실질적 대응이 가능토록 해야 한다.

리스크에 대응하기 위해서는 각각 다른 특성을 가진 리스크에 대해, 어떻게 효과적으로 대응할 것인가를 결정해야 한다. 리스크 대응은 리스크 특성에 따라 프로젝트에 부정적인 영향 또는 위협을 주는 리스크에 대하여는 〈표 5-14〉와 같이 **회피**(Avoidance), **전가**(Transfer), **완화**(Mitigation)의 대응전략이 필요하다. 그러나 프로젝트에 긍정적인 영향 또는 기회를 제공하는 리스크에 대하여는 〈표 5-15〉와 같이 **활용**(Exploit), **공유**(Share), **증대**(Enhance)의 대응전략이 필요하다.

〈표 5-14〉 부정적인 영향을 주는 리스크의 대응전략

대응전략	내 용
회 피 (Avoidance)	• 리스크로부터 보호하기 위해 원래 계획을 변경하여 회피 • 전문기술 획득은 회피전략 수립 용이 • 계획변경, 목표변경, 하청업체 변경, 적용기술 변경
전 가 (Transfer)	• 리스크에 대한 책임을 제3자에게 전가 • 다른 당사자에게 리스크관리의 책임을 주는 것이지 리스크를 제거하는 것은 아님 • 보험, 아웃소싱, 계약협정, 보험, 이행증권, 보증, 담보
완 화 (Mitigation)	• 원래 계획은 변경하지 않고 리스크가 발생할 확률이나 영향을 최소화 • 일정지연에 대한 계획준수를 위해 자원이나 시간을 추가 투자하여 리스크를 완화 • 덜 복잡한 프로세스의 적용, 더 많은 테스트의 수행, 더 안정적인 업체의 선정, 팀원 교육

〈표 5-15〉 긍정적인 영향을 주는 리스크의 대응전략

대응전략	내 용
활 용 (Exploit)	• 긍정적인 사건을 최대한 활용하는 전략 • 기회가 실현될 수 있도록 활용하고, 긍정적인 영향력을 가진 사건을 선택 • 훌륭한 자원을 보다 많이 배정, 신시장을 개척
공 유 (Share)	• 프로젝트의 이익을 위해 기회를 포착할 수 있는 제3자와 공유하는 전략 • 기업 간 협약식, 업무협업, 기술제휴, 컨소시엄 구성
증 대 (Enhance)	• 긍정적 리스크, 즉 기회의 영향을 증가시키고 최대화함으로써 기회의 규모를 확장 • 프로젝트 수행능력 향상을 위해 인력교체, 프로젝트 수주를 위해 다른 계약자 고용, 건설일정에 영향을 미치는 날씨에 대한 보험가입

프로젝트에 잠재해 있어 식별 가능한 리스크에 대하여는 긍정적 · 부정적 영향에 대비하여 회피, 전가, 완화, 활용, 공유, 증대의 리스크 대응전략을 수행한다. 그러나 인지하지 못한 돌발적 리스크에 대하여도, 어떻게 대응할 것인지에 대해 사전에 전략을 수립하면, 우발사태 발생에 대하여도 신속한 대응조치를 취하여 프로젝트의 위협을 줄이거나 제거할 수 있게 된다.

프로젝트의 불확실성 요인에 따라, 예상 못했던 리스크가 발생하는 우발사태에 대비하려는 **비상계획**(Contingency plan)이 필요하다. 비상계획은 자연

〈표 5-16〉 기타 리스크의 추가 대응전략

대응전략	내 용
수 용 (Acceptance)	• 리스크에 대해 대응하지 않고, 계획도 변경도 하지 않는 대신 리스크를 수용하는 전략 – 적극적 수용: 리스크 발생시 돌발상황을 계획하여 실행 – 소극적 수용: 아무런 조치도 취하지 않고 리스크 수용 • 경우에 따라 리스크가 발생하고 난 후 피해를 사후복구하는 것이 더 효과적
대 체 (Alternative)	• 예정된 방법이 아닌 다른 방법을 통해 리스크를 예방하거나 피하는 방법 • 대체 전략(Alternative strategies)을 수립 • 개발 과정별 파이럿(Pilot) 테스트 수행은 개발완료 단계의 단위테스트를 대체 가능
우발대응	• 예견하지 못한 특정 사건이 발생하는 경우에는 우발적 대응 • 우발사태에 대비하여 비상계획(Contingency plan) 수립 필요

재해 또는 시스템 장애 등의 재난으로부터 프로젝트 수행의 연속성을 보장하고 피해를 최소화하기 위한 것이다. 비상계획을 통해 발생 리스크 원인별로 비상 시나리오를 작성하여, 리스크 발생시 즉각 해당되는 조치를 수행할 수 있도록 하는 것은 매우 중요하다. 이러한 경우에 비상계획에 포함되어야 할 내용으로는 리스크 항목, 리스크 정도(심각, 중간, 약함), 리스크 발생 부위, 비상대책 전략, 예상 소요비용, 추진 담당자, 비상대책 수행일정 등의 사항이 포함된다. 리스크에 대한 비상조치시에는 리스크 식별의 명확화, 비상조치 대책의 명확화, 책임과 권한의 명확화, 비상조치 대책 완료의 명확화가 필요하다.

부정적 또는 긍정적 리스크에 대한 추가적 대응전략으로는 〈표 5-16〉과 같이 수용, 대체, 우발대응의 방법을 사용할 수 있다.

리스크보고서는 식별된 리스크의 정의, 평가, 대응전략, 추적에 대한 내용을 단계적으로 정리한 리스크관리 문서이다. 리스크보고서는 프로젝트에 따라 적합한 형태의 문서로 작성하여 관리하나 효율성을 위해 리스크관리 정보시스템을 활용하기도 한다.

CASE STUDY

▮ 리스크 보고서 예

- 다음 표는 프로젝트 현장에서 사용하는 리스크보고서를 예시로 작성한 것이다.

〈표 5-17〉 리스크 보고서 예시

<table>
<tr><th colspan="9">I. 리스크 식별</th></tr>
<tr><td>리스크 ID</td><td colspan="8"></td></tr>
<tr><td>리스크분류</td><td colspan="2">외부, 내부</td><td colspan="2">리스크요소</td><td colspan="2">장비</td><td>공개범위</td><td>대외비</td></tr>
<tr><td>리스크내용</td><td colspan="8"></td></tr>
<tr><td>제기자</td><td colspan="3"></td><td>제기일자</td><td colspan="4"></td></tr>
<tr><th colspan="9">II. 리스크 평가</th></tr>
<tr><td rowspan="2">평가일</td><td rowspan="2">발생
가능성</td><td rowspan="2">영향도</td><td rowspan="2">리스크
등급</td><td colspan="3">세부 영향 분야</td><td rowspan="2" colspan="2">평가내용</td></tr>
<tr><td>일정</td><td>비용</td><td>기타</td></tr>
<tr><td></td><td></td><td></td><td></td><td>V</td><td></td><td></td><td colspan="2"></td></tr>
<tr><td></td><td></td><td></td><td></td><td></td><td></td><td></td><td colspan="2"></td></tr>
<tr><td>재평가 예정일</td><td colspan="4"></td><td>담당자</td><td colspan="3"></td></tr>
<tr><th colspan="9">III. 리스크 대응</th></tr>
<tr><td>대응계획 유형</td><td colspan="8"></td></tr>
<tr><td>대응계획
세부내역</td><td colspan="8"></td></tr>
<tr><td>리스크 대응
필요자원</td><td colspan="8">o 비용:
o 범위:
o 일정:
o 인력:
o 기타:</td></tr>
<tr><td>발생원인</td><td colspan="8"></td></tr>
<tr><th colspan="9">IV. 대응활동 추적</th></tr>
<tr><td>처리일자</td><td colspan="8">대 응 내 용</td></tr>
<tr><td></td><td colspan="8"></td></tr>
<tr><td></td><td colspan="8"></td></tr>
</table>

7.4 이슈관리

이슈관리는 리스크요인이 실제 이슈로 발생하였거나, 프로젝트 목표달성의 장애요인이 새롭게 발생하였을 경우에 해결방안을 수립하여 능동적이고 즉각적으로 대처함으로써 피해를 최소화하기 위해 수행한다. 프로젝트 참여자는 프로젝트의 체계적인 이슈관리 활동을 통해, 프로젝트에서 발생한 이슈가 완전히 해결될 때까지 이슈를 등록하여 공유하고, 원인과 문제를 규명하고 해결해 나가도록 해야 한다.

프로젝트 이슈는 제안, 계약, 프로젝트 계획 및 진행 등 프로젝트 전체 라이프사이클 동안 발생할 수 있다. 이슈 제기자는 식별된 이슈에 대해서 발생의 배경과 내용 등에 대해 프로젝트관리자에게 보고하고, 관리자는 보고된 이슈에 대해 관리여부를 판단하여야 한다. 그리고 이슈로 관리해야 할 내용에 대해서 이슈관리 번호를 부여한 후, 이슈관리대장에 등록하고 관리한다.

프로젝트관리자는 등록된 이슈와 관련된 이해관계자를 소집하여 이슈에 대한 분석을 실시하되, 프로젝트의 특성 및 관련자의 이해를 위해 이슈를 기능별·특성별로 구분하는 것도 중요하다. 등록과 분석을 마친 이슈는 관리책임자를 선정하고, 이슈 발생에 대한 영향평가를 실시하여 영향범위를 파악하도록 하고, 이슈를 해결하기 위한 대책을 수립하여 이행토록 한다. 이슈관리는 무엇을, 누가, 언제, 어떻게 한다는 구체적인 내용을 포함하는 것이 중요하며 프로젝트의 상황, 비용 대비 효과성을 고려하여야 한다.

프로젝트의 이슈는 체계적으로 관리하여, 이슈로 인해 프로젝트에 더 큰 문제를 야기시키지 않도록 해야 한다. 프로젝트의 이슈에 대한 체계적 관리는 리스크 관리대장의 리스크가 현실화되어 발생한 리스크를 이슈로 등록하거나 새로운 이슈가 발생한 시점부터 시작되며, 이슈가 완전히 해결될 때까지 지속적으로 수행되어야 한다. 프로젝트 이슈관리 체계는 이슈의 식별, 분석, 해결을 위한 절차를 체계화한 것으로 이슈관리계획 수립, 이슈발생 등록, 분석 및 대안수립, 해결안 선정, 프로젝트 계획의 변경 여부 확인 및 승인, 이슈 시정

그림 5-12 프로젝트 이슈관리 체계

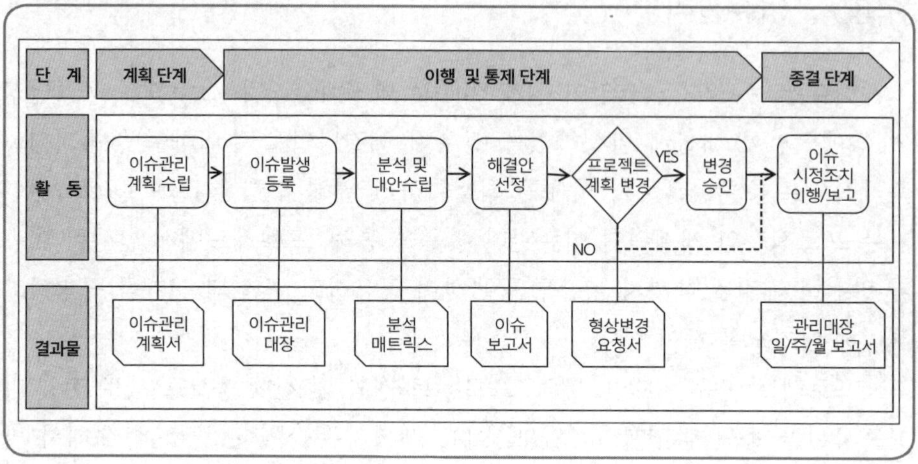

조치의 이행 및 보고단계로 진행한다. [그림 5-12]는 프로젝트 이슈관리 체계를 도식화한 것이다.

프로젝트 이슈분석에서는 이슈에 대한 시급성 및 영향도의 가중치를 결정하고, 평가 점수에 따라 이슈 해결을 위한 우선순위를 결정하는 것이 중요하다. 이슈별 우선순위를 결정하는 과정은 〈표 5-18〉과 같이 이행한다.

소프트웨어분야에서는 프로그램에 문제를 야기하는 버그(Bug)를 관리하기 위해 버그관리시스템(Bug Tracking System: BTS)을 활용하고 있으며, BTS도 이슈관리 시스템(Issue Tracking System)에 해당한다. 이슈를 시스템적으로 관리하면 조회 및 추적이 용이하고 통계적 파악이 가능하다. 따라서 향후에도 유사한 이슈가 발생할 경우에 축적된 데이터베이스를 참고하여 쉽게 해결할 수 있으며 프로젝트의 상황을 일목요연하게 파악할 수 있는 장점이 있다.

〈표 5-18〉 이슈 우선순위 평가 결정과정

<table>
<tr><th>평가 과정</th><th>평가 사항</th></tr>
<tr><td>1) 이슈 시급성 평가</td><td>
• 이슈를 분석하여 기준에 따라 시급성 평가 가중치 결정
• 시급성 평가 가중치(예시)
<table>
<tr><th>긴급(가중치=2점)</th><th>보통(가중치=1점)</th></tr>
<tr><td>당장 해결해야 하는 이슈</td><td>해결이 시급하지 않은 경우</td></tr>
</table>
</td></tr>
<tr><td>2) 이슈 영향도 평가</td><td>
• 이슈에 대한 영향도 평가 가중치 결정
• 영향도 평가 가중치(예시)
<table>
<tr><th>상(가중치=3점)</th><th>중(가중치=2점)</th><th>하(가중치=1점)</th></tr>
<tr><td>• 프로젝트 팀 외부의 지원으로 해결가능
–비용/납기의 공식적 변경관리 필요
–해결을 위해 고객 협조/승인 필요</td><td>• 프로젝트 팀 자체적 이슈해결 가능
–광범위한 변경과 추가작업 필요
–일정변경, 과업조정 필요 예상
–품질 저하 우려</td><td>• 단순 변경이나 소규모 작업이 예상되는 경우</td></tr>
</table>
</td></tr>
<tr><td>3) 평가점수</td><td>
• 이슈 평가점수의 계산(예시)
<table>
<tr><th>이슈 평가점수 계산</th></tr>
<tr><td>이슈 평가점수=시급성 가중치×영향도 가중치</td></tr>
</table>
</td></tr>
<tr><td>4) 우선순위</td><td>
• 평가점수에 따라 이슈별 우선순위 부여
• 우선순위표(예시)
<table>
<tr><th>우선순위</th><th>이슈 평가점수</th></tr>
<tr><td>1순위</td><td>6점</td></tr>
<tr><td>2순위</td><td>6점 미만부터 3점 이상</td></tr>
<tr><td>3순위</td><td>3점 미만</td></tr>
</table>
※ 우선순위는 자원(비용, 일정, 인력)에 영향을 주는 영향도 평가결과를 우선함.
</td></tr>
</table>

8 조달수행

프로젝트 실행단계의 조달관리(Procurement Management) 지식영역에서 이루어지는 업무는 조달수행이다. 조달수행은 프로젝트에 필요한 자원의 잠재공급자를 모집하여, 조달 이행역량 및 적정성을 평가하고 최종공급자를 선정하여 계약을 체결하는 활동이다. 본 절에서는 프로젝트 라이프사이클 3단계인 "Ⅲ. 실행"에서의 일곱 번째 업무로, 조달관리 지식영역에 포함되는 "조달수행" 업무를 설명한다.

그림 5-13 실행단계의 조달수행 업무활동 내역

Ⅲ. 실 행	[1] 프로젝트 이행	[2] 요구확정 및 변경관리	[3] 품질보증 및 단계감리	**[7] 조달수행**
	[4] 프로젝트 팀 실행관리	[5] 프로젝트 의사소통	[6] 리스크 및 이슈관리	

업 무	활 동	설 명
[7] 조달수행	조달의 수행	프로젝트에 필요한 자원의 잠재공급자를 모집하여, 조달 이행역량 및 적정성을 평가하고, 최종공급자를 선정하여 계약을 체결한다.

8.1 조달의 수행

조달의 수행이란 프로젝트에 필요한 자원의 잠재공급자를 모집하여, 조달 이행역량 및 적정성을 평가하고, 최종공급자를 선정하여 계약을 체결하는 과정을 말한다. 조달수행을 위해 구매자는 사전에 제안요청서(RFP)나 입찰요청서(RFQ)를 작성하여 잠재공급자에게 발송하거나, 공정한 거래 이행 및 요구사항을 공급자에게 명확히 설명하기 위해 입찰자 회의를 개최한다. 잠재공

그림 5-14 조달 프로세스의 "조달수행" 단계 업무

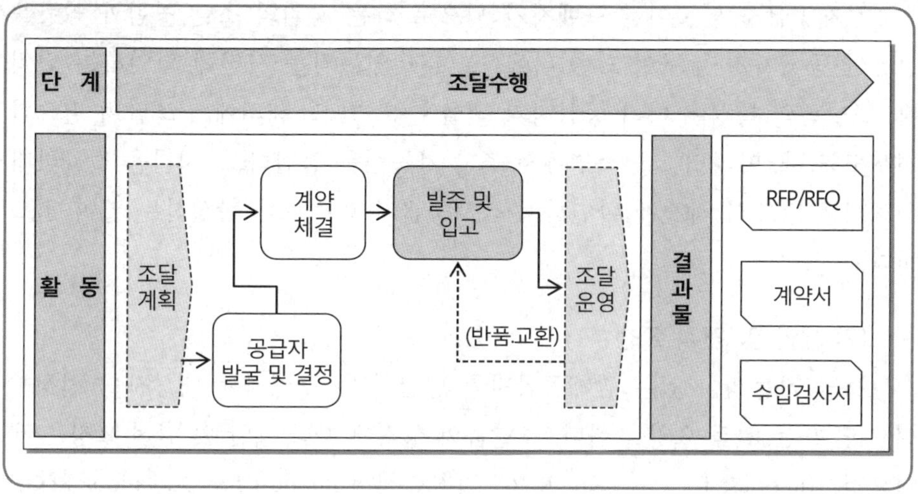

급자가 작성한 입찰서나 제안서를 받아, 구매자는 사전에 정의된 선정 기준을 적용하여 조달 수행자격과 역량을 갖춘 최종공급자를 결정하게 된다. 국가 및 공공분야에서 진행하는 프로젝트 경우에는 조달청에서 운영하는 "나라장터"를 통해 조달업무를 수행한다.

조달수행은 조달프로세스에서 "조달계획" 다음 단계로 수행하는 업무이며, 조달수행을 위한 주요 업무 프로세스에는 [그림 5-14]와 같이 공급자 발굴 및 결정, 계약체결, 발주 및 입고가 있다.

1) 공급자 발굴 및 결정

조달수행 단계의 첫째 업무는 공급자를 발굴하고 결정하는 일이다. 조달수행을 위해 조달자원의 잠재공급자를 발굴하고, 제안을 요청하여 접수된 제안서를 평가하고 최종적으로 적격 공급자를 결정한다. 공급자 발굴 및 결정에 포함되는 업무활동에는 잠재공급자 발굴, 제안 및 견적 요청, 제안 평가, 공급자 결정이 있다.

(1) 잠재공급자 발굴

잠재공급자 발굴이란 구매자가 필요로 하는 자원의 조달 경험과 역량을 보유한 공급자가 누구이고, 어디에, 얼마나 있는지를 사전에 확인하는 일이다. 조달품의 특성에 따라 공급자가 적을 수도 있고, 해외에서 조달이 필요한 경우도 있다. 따라서 조달측면에서 조달 가능성을 점검하고, 시간을 절약하기 위해서는 반드시 사전에 확인하여 잠재공급자 리스트를 작성하는 일이 필요하다.

(2) 제안 및 견적 요청

조달 가능성이 있는 잠재공급자를 발굴하면, 구매자는 대상자를 선정하여 제안 또는 견적 요청을 한다. 조달품의 성격에 따라 제안 및 견적 요청은 제안요청서(Request for Proposal: RFP), 입찰요청서(Request for Quotation: RFQ), 입찰고지서(Tender Notice), 입찰초대서(Invitation for Bid: IFB), 견적요청 등의 문서 형태로 수행한다. 제안요청서(RFP)는 공급자에게 제안서(Proposal)를 의뢰하기 위해 사용하는 것이다. 입찰요청서(RFQ)는 프로젝트에 필요한 제품이나 서비스의 계약을 위해 사전에 견적(Quotation)을 통해 가격을 산출하나, 견적을 프로젝트 외부에 요청할 경우에 작성한다. 그리고 구매자가 프로젝트에 필요한 품목에 대해 입찰고지서(Tender Notice) 또는 입찰초대서(Invitation for Bid: IFB)를 발행하면 공급자는 해당 품목에 대한 적정가격을 결정하여 입찰에 응하게 된다.

제안 및 견적 요청을 위해 구매자는 사전에 조달품에 대한 충분한 설명으로 공급자가 최적의 자원을 공급할 수 있도록 제안 설명회, 회의, 공고, 홍보 등의 활동을 수행할 수 있다. 또한 프로젝트에 매우 중요한 자원을 공급받고자 할 경우에는 공급품과 관련한 기술추세나 제품정보를 파악하기 위해, 정보요청서(Request for Information: RFI)를 발송하여 사전에 공급품에 대한 내용을 파악한다. 입찰안내서에는 일반적으로 일정관리, 원가관리, 품질관리에 관한 기본요건을 포함토록 해야 한다.

CASE STUDY

국가 및 공공사업의 입찰공고 명시 의무항목

- 국가 및 공공사업의 경우에는 입찰공고에 다음과 같은 사항을 의무적으로 명시하도록 규정하고 있다.
  - 입찰에 부치는 사항
  - 입찰 또는 개찰의 장소와 일시
  - 공사입찰의 경우에는 현장설명의 장소, 일시, 참가자격 및 참가의무 여부에 관한 사항
  - 제안요청서에 대한 설명을 실시하는 경우에는 그 장소, 일시 및 참가의무 여부에 관한 사항
  - 입찰참가자의 자격에 관한 사항
  - 입찰 참가등록 및 입찰 관련서류에 관한 사항
  - 입찰 보증금과 국고귀속에 관한 사항
  - 낙찰자 결정방법
  - 계약의 착수일 및 완료일
  - 계약하고자 하는 조건을 공시하는 장소
  - 입찰 무효에 관한 사항
  - 입찰에 관한 서류의 열람, 교부장소 및 교부비용
  - 추가정보를 입수할 수 있는 기관의 주소
  - 정보처리장치를 이용하여 입찰서를 제출하게 하는 경우에는 그 절차 및 방법
  - 입찰서를 우편으로 제출하게 하는 경우에는 그 취지와 입찰서를 송부할 주소
  - 공동계약을 허용하는 경우에는 공동계약의 이행방식
  - 부대입찰의 경우에는 그 취지
  - 대안입찰 또는 일괄입찰에 관한 사항
  - 기타 입찰에 관하여 필요한 사항

(3) 제안 접수 및 평가

적격 공급자를 선정하기 위해서는 공급자가 제출한 제안서, 견적서를 근거로 평가위원회를 구성하여 평가를 수행한다. 제안평가는 발주자에 따라 자체평가, 외부평가, 서면평가, 발표평가, 현장방문평가, 온라인평가 등의 방법

CASE STUDY

견적서 예시

- 다음 표는 특정 품목의 조달을 위해 사용하는 견적서류로 공급자가 구매자를 위해 제출하는 견적서 양식이다.

〈표 5-19〉 견적서 양식 예시

견 적 서			
문서번호	OOOO-123456	회사명:	
수 신			
참 조		사업자등록번호:	
연 락 처		주소:	
다음과 같이 견적합니다.		전화번호:	
		FAX:	
1. 견 적 금 액	₩ 000,000,000 (VAT 포함		
2. 결 제 조 건		홈페이지:	
3. 납 품 예 정			
4. 납 품 장 소		담당자(연락처)	
고객명(프로젝트 명) :			
			[금액단위: 원]

No.	상 품 명	상세규격	수 량	단 가	금 액
합계 금액					
VAT					
견적 금액 (VAT 포함가)					
특기사항					

을 선택할 수 있다. 공급자를 평가하는 기준은 프로젝트에 따라 다르나 통상적으로 공급자의 유사경험, 수행역량, 납기준수 가능성, 제안금액, 기술적 전문성, 추가 제안사항 등에 대한 검토가 중요하다.

(4) 공급자 결정

최종공급자의 결정은 평가결과에 따라 결정되나, 공급자의 확정이 어려운 경우에는 평가점수에 따라 우선협상자를 선정하고, 협상을 통해 최종공급자를 확정하는 방법을 택하기도 한다. 협상은 계약에 서명하기에 앞서 구매자, 공급자가 최종합의에 도달할 수 있도록, 요구조건을 명확히 하기 위해 수행한다. 조달과 관련한 제반 조건을 명확히 하기 위해 쌍방간의 조달방식, 비용, 전제조건, 특수조항 등의 불명확에 따른 리스크를 제거할 목적으로 수행한다. 발주자는 평가 우선순위에 따라 우선협상 대상자와 협상을 하여, 조건

CASE STUDY

▮ 경쟁입찰에 있어서의 낙찰자 결정

- 다음은 "국가를 당사자로 하는 계약에 관한 법률"에서 규정한 "경쟁입찰에 있어서의 낙찰자 결정" 규정을 제시한 예이다.
  ① 세입의 원인이 되는 경쟁입찰에 있어서는 최고가격의 입찰자를 낙찰자로 한다. 다만, 계약의 목적, 입찰가격 및 수량 등을 고려하여 대통령령으로 기준을 정한 경우에는 그러하지 아니하다.
  ② 국고의 부담이 되는 경쟁입찰에 있어서는 다음 기준에 해당하는 입찰자를 낙찰자로 한다.
  - 충분한 계약이행 능력이 있다고 인정되는 자로서 최저가격으로 입찰한 자
  - 입찰공고 또는 입찰설명서에 명기된 평가기준에 따라 국가에 가장 유리하게 입찰한 자
  - 기타 계약의 성질·규모 등을 감안하여 대통령령으로 특별히 기준을 정한 경우에는 그 기준에 가장 적합하게 입찰한 자

이 만족되면 계약 체결단계로 넘어가지만 협상이 결렬되었을 경우에는 우선순위에 따라 차상위 공급자와 재협상하여 최종공급자를 결정하게 된다.

사업이나 조달품이 입찰로 진행되면 공급자는 낙찰자가 된다. 입찰은 사업의 도급이나 조달품의 매매계약 체결에 있어, 다수의 잠재공급자로부터 각자의 낙찰 희망 예정가격을 기입한 신청서를 제출하게 하고, 그 중에서 최저판매가 또는 최고구매가로 가장 유리한 조건을 제시한 입찰자와 계약을 체결하는 것을 말한다. 입찰은 반드시 문서에 의하여 의사표시를 해야 하므로, 타인의 입찰내용을 알 수 없어 비밀이 유지된다. 따라서 정부, 공공기관, 대기업 등에서는 조달의 공정성을 기하기 위해 매매행위나 도급의 계약체결에는 입찰방식을 사용한다.

2) 계약체결

계약체결은 공급자와 조달에 관한 계약을 체결하는 활동이다. 계약은 구매자와 공급자가 준수해야 할 조건을 규정하는 중요한 법적 합의문이다. 계약체결을 위해서는 계약 이행과정에서 발생할 수 있는 다양한 변수에 대비하여 쌍방간에 이견이 발생하지 않도록 제반 조건을 명확히 하는 것이 필요하며, 이를 위해 다양한 계약방식 중에서 가정 적합한 방식을 적용해야 한다. 계약체결에 포함되는 업무활동에는 계약방식 검토 및 결정, 계약서명이 있다.

(1) 계약방식 검토 및 결정

구매자와 공급자 간의 계약은 쌍방간의 의무사항을 준수하는 조건으로 성립되는 것으로 상호 준수해야 할 사항을 명확히 정의하는 것은 매우 중요한 일이다. 즉 구매자와 계약자 간의 조달 준수조건 이행에 따라 대가가 지불되는 것으로 고정가(Fixed Price) 계약, 원가보전(Cost-reimbursement) 계약, 인센티브(Incentive) 계약, 그리고 기타 계약방식으로 구분된다. 프로젝트관리자 또는 조달담당자는 현재의 프로젝트 조달에 가장 적합한 계약방식을 선정하는 것이 중요하다. 계약방식에 따라 구매자 또는 공급자 측면에서 한쪽에만 유리한 경우가 발생되기도 하지만, 가장 중요한 것은 조달의 목적을 달성하기 위한 관점에서 상호 승-승(Win-win) 계약방식이 채택되어야 한다.

(2) 계약서명

최종공급자가 결정되면 계약방식을 결정하여 계약서를 작성하고, 쌍방이 계약조건을 준수할 것을 약속하는 서명을 한다. 계약서는 쌍방에 구속력 있는 법적 합의서로서 판매자는 지정된 제품 , 서비스 또는 결과물을 제공할 의무가 있고, 구매자는 판매자에게 대가를 지불할 의무가 있음을 명시하는 문서이다. 계약서는 쌍방간의 법적 구속력을 가지는 공문서이므로 일반적으로 다음과 같은 내용을 포함하여 구매자, 공급자를 각각 대표하여 책임을 이행할 수 있는 사람이 서명한다.

일반적인 계약서 포함 내용

공급품 내역, 납품일정, 금액, 역할 및 책임사항, 대금 지불조건, 납품조건 및 공급장소, 검사 및 인수기준, 품질보증, 유지보수 조건, 위약조항 및 금액, 인센티브, 보험 및 이행보증, 하청 및 하도급 사항, 변경관리, 구매자 및 공급자 관련사항(주소, 연락처, 직책, 성명, 서명)

3) 발주 및 입고

구매자와 공급자 사이에 체결된 계약을 근거로 구매자는 필요한 시점에 필요한 양만큼 필요자원을 발주한다. 공급자는 접수한 발주서를 근간으로 납기 내 적품을 구매자에게 발송하고 입고될 수 있도록 해야 한다. 그리고 공급품을 접수한 구매자는 적절한 입고시험을 수행하여 제품이나 서비스의 품질 적정성을 확인하고 프로젝트에 활용한다. 그러나 입고시험 또는 프로젝트 적용 과정에서 품질적 문제가 발생하면 해당 공급품에 대하여는 반품, 교환 등의 사후관리가 진행된다. 발주 및 입고에 포함되는 업무활동에는 발주, 입고, 반품 · 교환이 있다.

(1) 발　　주

프로젝트에 필요한 자원을 도출하면 조달 담당자는 조달계약에 따라 필요한 품목의 발주서(Purchase Order: PO)를 공급자에게 송부하여 입고요청을 한다. 조달품의 발주에 중요한 것은 납기를 정하는 일이다. 조달계획에서 납기를 결정할 경우 공급자의 조달품 확보시간을 반드시 점검해야 한다. 조달품의 특성에 따라 시장에서 상품으로 즉시 구입할 수 있는 경우도 있지만, 외국으로부터 도입이 필요한 경우도 있고, 공급자의 생산방식에 따라 작업시간이 소요될 경우도 생긴다. 따라서 프로젝트에 필요한 납기를 결정할 때는 조달품 특성, 공급자의 작업기간, 운송 소요기간을 고려해야 한다.

(2) 입　　고

구매자가 발송한 발주서(PO)를 근거로 공급자는 요청한 조달품을 납기에 맞추어 공급한다. 조달품의 입고는 국내에서 조달한 것인지 또는 해외로부터 조달한 것인지에 따라 공급경로가 다르다. 국내 조달품에 대하여는 일반적인 발주, 입고, 대금정산 절차를 거치나, 해외로부터 공급받는 물자의 경우는 조달절차가 복잡하고 시간도 많이 소요되므로 계획적 조달관리가 필요하다.

일반적인 외자 입고절차

- 일반적으로 해외에서 공급받는 품목의 **수입절차**를 설명하면 다음과 같다.
  ① 계약 및 외자 발주서(PO) 발송
  ② 신용장(Letter of Credit: L/C) 개설
  ③ 운송계약
  ④ 수출국 세관 통관 및 선적
  ⑤ 수입국 통관서류 준비: 신용장(L/C), 선하증권(Bill of Landing: B/L), 송장(Invoice), 포장명세서(Packing List: P/L), 기타
  ⑥ 수입 비용 및 대금 결제
  ⑦ 입고 및 검사
  ⑧ 프로젝트 투입

(3) 반품 · 교환

입고된 조달품이 기술적 · 품질적 요구사항에 부합하지 않은 경우가 발생하면 구매자는 즉시 계약서에 정해진 기간 내에 사유를 명시하여 반품 또는 교환을 실행한다. 조달품에 대한 클레임 사항이 해결되지 않으면, 구매자와 발주자는 계약조건 범위에서 중도에 계약을 해지할 수 있다.

제6장

프로젝트 통제

1 개 요

프로젝트 라이프사이클에서 통제단계 업무는 프로젝트의 진행과 성과를 추적, 검토 및 조정하고, 계획변경이 필요한 영역을 식별하며, 승인된 변경 사항을 구현토록 조치한다. **프로젝트 통제**에는 작업감시 및 변경통제, 요구추적 및 이행판정, 일정통제, 예산통제, 품질통제 및 감리 사후관리, 인적자원 통제, 성과보고, 리스크 감시 및 통제, 조달운영 업무가 있다.

먼저, 작업감시 및 변경통제에서는 프로젝트 작업감시 및 통제, 그리고 통합 변경관리 및 통제활동을 수행한다. 둘째, 요구추적 및 이행판정은 요구사항 추적관리 그리고 요구사항의 이행판정을 수행한다. 셋째, 일정통제는 프로젝트 일정에 대한 통제를 수행하고, 넷째, 예산통제에서는 획득가치를 관리하고 예산의 통제를 수행한다. 다섯째, 품질통제 및 감리 사후관리에서는 품질과 감리활동에 대한 통제를 수행하고, 여섯째, 투입 인적자원의 통제를 수행한다. 일곱째, 프로젝트 성과의 보고와 여덟째, 리스크의 감시 및 통제를 수행하고, 아홉째는 프로젝트 필요자원의 조달이행 및 변경통제를 수행한다. 프

그림 6-1 프로젝트 라이프사이클 통제단계의 업무 내역

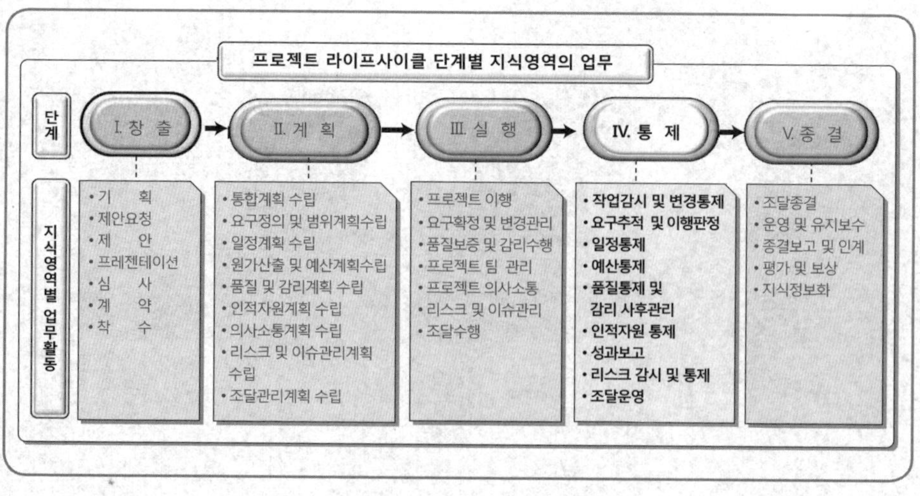

로젝트 라이프사이클 단계 'Ⅳ. 통제'에서의 프로젝트 업무 및 활동내역을 요약 설명하면 [그림 6-1] 및 〈표 6-1〉과 같다.

〈표 6-1〉 프로젝트 실행단계의 업무활동

업 무	활 동	설 명
[1] 작업감시 및 변경통제	프로젝트 작업 감시 및 통제	프로젝트진행 과정의 모든 작업에 대한 측정 및 감시를 수행하고, 프로젝트 목표를 달성할 수 있도록 적절한 통제조치를 수행한다.
	통합 변경관리 및 통제	프로젝트 수행과정에서 발생하는 환경적 요인 또는 고객의 요구변화에 따른 모든 변경을 공식적으로 관리하여 승인을 받고, 승인된 변경사항을 프로젝트에 반영하고 통제한다.
[2] 요구추적 및 이행판정	요구사항 추적관리	확정된 요구사항정의서를 기준으로, 프로젝트 관련 공정의 중간 산출물 또는 결과물에 요구사항을 적정하게 반영되었는지를 확인한다.
	요구사항의 이행판정	확정된 요구사항에 대해 고객과 합의한 검사 판정기준을 근거로, 요구사항이 적정하게 반영되었음을 확인하는 합·부 판정을 수행한다.
[3] 일정통제	일정의 통제	프로젝트 일정의 진척현황을 판별하고, 일정변경을 유발하는 요인을 발굴하여 적절한 대응책을 수립하여 진행하거나, 마스터 일정을 변경하는 일을 수행한다.
[4] 예산통제	획득가치 관리	특정 시점에서 미래를 예측하고, 프로젝트가 얼마나 단축 또는 지연될지를 판단하여, 예산이 추가로 얼마만큼 투입될 것인가를 분석 및 통제한다.
	예산의 통제	프로젝트의 상태를 감시하면서, 프로젝트에 배정된 예산을 기준으로 현재까지 지출한 예산을 업데이트 관리하고, 원가 기준선에 대한 변경을 관리하는 업무활동이다.
[5] 품질통제 및 감리 사후관리	품질통제 수행	프로젝트의 성과를 평가하고, 필요한 시정 조치안을 제시하기 위해, 품질활동에 대한 실행결과를 감시하고 기록한다.
	감리의 통제	감리유형 및 종류에 따라, 감리수행 결과보고서를 기준으로 프로젝트 수행자가 개선 권고사항을 시정조치하고, 감리인이 조치결과를 확인한다.
[6] 인적자원 통제	인적자원의 통제	프로젝트에 투입한 인력에 대한 변경관리와 변경인력이 적정하게 담당업무를 수행하는지 통제한다.

[7] 성과보고	성과의 보고	프로젝트 진행현황, 성과, 향후 예상에 대한 정보를 수집 및 분석하여 배포한다.
[8] 리스크감시 및 통제	리스크의 감시 및 통제	프로젝트의 리스크발생을 방지하기 위해 지속적인 모니터링과 더불어 상황에 따라 새로운 리스크로 발생되는 것을 방지하기 위해 감시와 통제활동을 수행한다.
[9] 조달운영	조달의 운영	조달계약 조건에 따라 이행사항을 관리하고, 필요한 사항을 변경 및 수정하는 활동이다.

2 작업감시 및 변경통제

프로젝트 통제단계의 통합관리(Integration management) 지식영역에서 이루어지는 업무는 **작업감시 및 변경통제**이다. 작업감시 및 변경통제에는 프로젝트 작업감시 및 통제 그리고 통합 변경관리 및 통제로 분류된다. 프로젝트 작업감시 및 통제란 프로젝트 진행과정의 모든 작업에 대한 측정 및 감시를 수행하고, 프로젝트 목표를 달성할 수 있도록 적절한 통제조치를 수행하는 것이다. 그리고 통합 변경관리 및 통제는 프로젝트 수행과정에서 발생하는 환경적 요인 또는 고객의 요구변화에 따른 모든 변경을 공식적으로 관리하여 승인을 받고, 승인된 변경사항을 프로젝트에 반영하고 통제하는 일을 말한다.

본 절에서는 프로젝트 라이프사이클 4단계인 'Ⅳ. 통제'에서의 첫 번째 업무로, 통합관리 지식영역에 포함되는 "프로젝트 작업감시 및 통제," "통합 변경관리 및 통제"에 대해 설명한다.

그림 6-2 통제단계의 작업감시 및 변경통제 업무내역

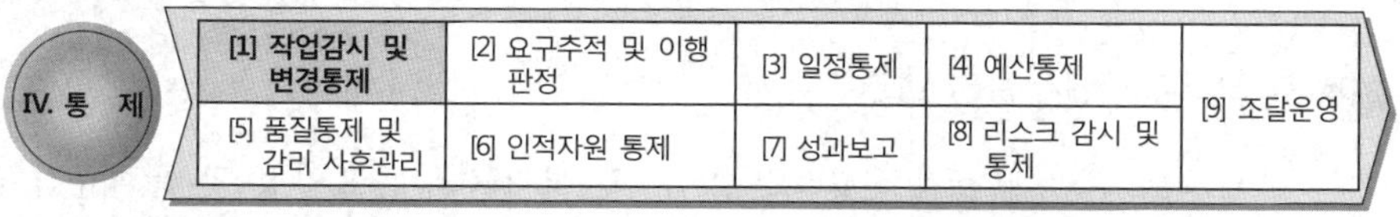

업 무	활 동	설 명
[1] 작업감시 및 변경통제	프로젝트 작업 감시 및 통제	프로젝트 진행과정의 모든 작업에 대한 측정 및 감시를 수행하고, 프로젝트 목표를 달성할 수 있도록 적절한 통제조치를 수행한다.
	통합 변경관리 및 통제	프로젝트 수행과정에서 발생하는 환경적 요인 또는 고객의 요구변화에 따른 모든 변경을 공식적으로 관리하여 승인을 받고, 승인된 변경사항을 프로젝트에 반영하고 통제한다.

2.1 프로젝트 작업감시 및 통제

프로젝트의 통제단계에서 수행하는 프로젝트 **작업감시 및 통제**(Monitor and control project work) 업무는 프로젝트 실행단계의 업무와 같이 수행된다. 통제단계에서 수행하는 작업감시 및 통제는 프로젝트 진행과정의 모든 작업에 대한 측정 및 감시를 수행하고, 프로젝트 목표를 달성할 수 있도록 적절한 통제조치를 수행한다. 실행단계에서 만들어진 중간 산출물이나 최종 결과물이 당초 계획한 바와 같이 적정하게 만들어지고 있는지를 감시(Monitoring)하고, 리스크를 사전에 식별하여 대응하거나 규격에서 벗어나 결함이 발생하는 결과물에 대한 통제(Control)를 수행하는 업무활동이다.

프로젝트 수행업무에 대한 **감시**(Monitoring)는 프로젝트 관리계획서에 정의된 성과목표를 달성하기 위해, 프로젝트 전반에 걸쳐 진행되고 있는 일을 대상으로 진행한다. 프로젝트의 지속적인 감시를 통해 프로젝트의 상태를 파악하고 리스크나 이슈요인을 식별함으로써, 프로젝트가 정해진 경로에 따라 진행되어 최종 목표를 달성할 수 있도록 해야 한다. **프로젝트 감시활동**은 다음과 같은 내용이 포함된다.

프로젝트 감시활동 내용

- 프로젝트 전반에 걸쳐 산출되는 문서 및 결과물의 목표일정 및 품질규격 적정성
- 프로젝트성과의 계획대비 실적 적합성
- 범위, 일정, 원가, 품질, 인력, 조달의 진행상태 측정 및 정보공유
- 추가 리스크의 정확한 식별, 상태 보고, 대응체계의 적정성
- 승인된 범위 및 요구사항 변경에 대한 적시 이행 감시

프로젝트의 **통제**(Control) **업무**에는 시정 또는 예방조치의 결정, 재기획, 수행한 조치가 성과 문제를 해결했는지 여부를 판별하기 위해 조치계획에 대한 사후활동까지 관리한다. 업무통제 활동에는 프로젝트에서 만들어진 산출물이나 과제 해결효과가 향후에도 지속적으로 유지되도록 성과유지 체제를 구축하는 일도 포함된다.

프로젝트 통제활동 내용

- 프로젝트 업무통제 프로세스와 관계가 있는 활동에는 다음과 같은 내용이 있다.
  - 프로젝트 성과차질에 대한 시정, 예방조치 또는 권고
  - 범위, 일정, 원가, 품질, 인력, 조달의 차질발생에 대한 사후조치 활동
  - 시정 또는 예방조치의 필요성을 결정하기 위해 성과를 평가하고, 필요에 따라 시정 또는 예방조치 권고
  - 프로젝트 이슈, 리스크 관점의 경보관리
  - 프로젝트 성과의 지속적 유지를 위한 체계 구축

프로젝트의 감시 및 통제를 통해 프로젝트 목표를 달성하기 위해서는 목표달성을 확인할 수 있는 관리항목을 선정하여 체계적으로 진행해야 한다. 프

로젝트 목표달성을 관리할 수 있는 항목이나 지표를 선정하여, 체계적인 감시(Monitoring)와 사후관리를 수행해야 하는 것이다.

CASE STUDY

■ 감시 및 통제활동의 단계별 업무

• 다음은 프로젝트 목표달성 확인을 위한 감시 및 통제활동의 단계별 업무를 정리한 것이다.

〈표 6-2〉 단계별 감시 및 통제업무

단계	업무 구분	업무 내용
1	목표달성 관리항목 선정	• 프로젝트 목표를 측정할 수 있는 관리항목이나 지표의 설정 • 정량적 · 계수적 관리지표 선정이 우선 • 프로젝트 목표달성을 확인할 수 있는 소수의 핵심원인(Vital Few X's)을 선정 • 프로젝트의 주요 리스크 관련 지표도 고려
2	모니터링 계획수립	• 모니터링 주기 설정(시점, 주기로 관리) • 모니터링 기준 설정(상한규격, 하한규격) • 관리주체 결정(책임자, 담당자) • 적합한 모니터링 도구 선정(관리도, 산점도, 보고서 등) • 모니터링 방법(자동화, 정보화, 수작업, 샘플링)
3	모니터링 실행	• 모니터링 정보 수집 및 분석 • 모니터링 결과 보고
4	경보관리	• 관리항목이나 지표의 경보발생 처리 • 경보유형(심각, 예고)별 대응
5	사후관리	• 사후 보완관리 방안 • 프로젝트 성과의 지속적 관리방안 • 유지보수 관점의 업무 정의

2.2 통합 변경관리 및 통제

프로젝트를 실행하는 과정에서 환경적 변화, 고객요구 변화, 리스크 및 이슈 발생과 연계되어 다양한 변경요청 사항이 발생한다. 이러한 변경요청사항은 프로젝트의 범위, 원가, 일정, 품질, 인력에 영향을 미치고, 자원의 추가 투입을 발생시키는 요인으로 작용할 수 있어, 변경에 따른 파급효과를 명확히 분석하고, 변경요청을 수용할 것인지 아니면 기각할 것인지에 대해 공식적인 절차를 거쳐 결정해야 한다. 프로젝트에서 변경사항의 발생이 없이, 당초 계획대로 모든 것이 진행되는 것이 가장 좋지만, 현실적으로 프로젝트의 변경 발생은 불가피하다. 프로젝트 자체적인 요인도 있지만 법률적 제약, 환경적 변화에 따른 불가피한 사항도 있기 때문이다.

통합 변경관리 및 통제란 프로젝트 수행과정에서 발생하는 환경적 요인 또는 고객의 요구변화에 따른 모든 변경을 공식적으로 관리하여 승인을 받고, 승인된 변경사항을 프로젝트에 반영하고 통제하는 일을 말한다. 즉 통합적인 변경관리 및 통제를 통해 변경이 승인된 모든 과업, 일정, 예산, 품질, 인력, 자원이 프로젝트에 올바로 적용되었는지를 모니터링하고 감사하여 프로젝트를 성공적으로 완료하도록 해야 한다.

프로젝트에서 변경요청 사항 발생과 관련하여, 프로젝트 팀에서는 통합적인 변경통제를 수행하기 위해 버전관리(Version Management), 변경관리(Change Management), 형상관리(Configuration Management)를 수행한다. 〈표 6-3〉은 변경통제 수행과 관련하여 **버전관리, 변경관리, 형상관리**의 차이점을 나타낸 표이다.

변경사항을 관리하는 버전관리와 변경관리는 포괄적으로 형상관리 개념에 포함하여 설명이 가능하므로 지금부터는 형상관리를 중심으로 설명한다. 프로젝트에서 발생하는 모든 변경요청 사항은 공식적인 절차에 따라 처리된다. 변경요청 사항을 공식적으로 문서화하여 제기하면, 프로젝트 팀 또는 고객의 의사결정권자가 변경요청 사항에 대해 승인 또는 기각에 대한 결정을 수행한다. 그러나 변경요청 사항이 프로젝트 일정, 범위, 원가 등에 영향을 미

〈표 6-3〉 버전관리, 변경관리, 형상관리 차이

관리구분	내 용
버전관리 (Version Management)	• 산출물이나 문서의 변경에 대한 이력 및 차이점을 관리한다. • 버전(Version)에 대한 관리를 통해, 언제라도 과거 버전에 접근하여 변경 및 수정작업을 반복할 수 있게 된다. • 버전을 통해 시각적인 변경사항과 작업담당자를 추적 관리한다.
변경관리 (Change Management)	• 변경요청 사항에 대한 타당성을 평가하고, 요청 사항을 승인 또는 기각한다. • 승인된 변경요청 사항을 프로젝트에 적용하고, 문서 또는 작업 결과물을 반영한다. • 변경과 관련한 문서나 작업결과물의 이력 및 변경사유를 관리하는 버전관리를 포함한 개념이다. • 변경요청 사항에 대한 타당성 및 파급영향을 검토하고, 승인 및 기각에 대해 결정하는 변경통제위원회(Change Control Board: CCB)를 운영한다.
형상관리 (Configuration Management)	• 형상항목으로 정의된 문서나 작업 결과물에 대해 기준선(Baseline)을 설정하고, 형상항목의 변경사항을 관리 및 통제한다. • 변경의 과정이나 실현상황을 기록 보고하여, 지정된 요건이 충족되었다는 사실을 검증하는 과정이다. • 형상관리는 버전관리와 변경관리를 포함한 포괄적 개념으로 사용한다. • 형상항목에 대한 형상 베이스라인이 승인된 후, 형상항목의 변경요청에 대해 평가와 조정을 수행하고, 승인, 보류, 기각에 대해 결정하는 심의조직으로 형상통제위원회(Configuration Control Board: CCB)를 운영한다. • 변경통제는 프로젝트 및 제품의 기준선에 대한 변경을 식별하여 문서화하고 통제하는 데 주력하고, 형상통제는 인도물과 프로세스 두 가지 모두의 사양에 중점을 둔다.

치는 경우에는 **형상통제위원회**(Configuration Control Board: CCB)를 구성하여 최종적으로 요청사항에 대한 가·부결정을 하게 된다.

PMO조직을 운영하는 다양한 프로젝트 운영조직에서는 통제위원회를 계층적 구조로 운영하여, 각 계층 위원회마다 별도의 책임을 가지고 운영할 수 있다. 프로젝트 진행상황에서 발생하는 과업의 변경사항은 고객의 승인이 필요하여 고객이 참여하는 위원회를 운영하지만, 계약과 관련한 조항의 변경사항은 별도의 위원회를 구성하여 진행할 수 있다. 통제위원회에는 형상항목의 변경으로 영향을 받는 사람들로 구성하며 프로젝트관리자, 형상/변경관리자,

품질담당자, 기술담당자 및 고객 관련자가 참석한다.

형상관리 활동은 프로젝트에서 정의한 형상항목을 식별하여 체계적으로 형상의 변경을 통제하고, 프로젝트 생명주기 전반에 걸쳐 형상의 추적성과 통합성을 유지하는 활동이다. 따라서 형상관리 및 통제를 위해서는 기준선(Baseline)의 설정과 형상항목(Configuration Item)의 식별이 중요하다. 기준선(Baseline)이란 형상항목들의 기술적 통제시점(Technical Control Point)으로, 프로젝트 진행과정의 각 단계별 산출물 변화를 통제하는 시점의 기준을 의미한다. 형상관리의 기준이 되는 단계를 설정하는 기준선은 프로젝트의 라이프사

CASE STUDY

기준선 및 형상항목 대상

- 다음은 소프트웨어 프로젝트의 라이프사이클 과정별 기준선 및 형상항목 대상을 정리한 표이다.

〈표 6-4〉 소프트웨어 프로젝트 라이프사이클 과정별 기준선 및 형상항목

과 정	구 분	설 명	형상항목 대상
계 획	기능 기준선	프로젝트 요구기능이 정의되는 시점	프로젝트관리계획서, 형상관리계획서, 사업수행계획서, RPF, 요구사항정의서/명세서
분 석	할당 기준선	요구기능이 하위시스템으로 할당되는 시점	요구사항정의서/명세서
설 계	설계 기준선	설계사양이 완료되는 시점	주요 설계산출물(화면정의서, 아키텍처 정의서, DB설계서, 인터페이스정의서 등)
개 발	제품 기준선	개발완료 및 단위시험 결과 시점	개발코드 및 결과물, 단위시험 결과보고서
시 험	시험 기준선	통합, 시스템시험 완료 시점	통합/시스템시험 결과보고서
이 행	운영 기준선	개발이 완료되어 운영을 위해 이관되는 시점	사용자/운영자 매뉴얼

이클 과정을 통해, 프로젝트에 적합한 기준선을 정의하고, 형상관리를 위한 적정 항목을 선정하여 변경에 대한 관리 및 통제를 수행한다.

형상관리 및 통제를 위한 진행단계는 일반적으로 형상항목 식별 및 계획 수립, 형상통제 및 변경관리, 형상기록 유지 및 배포, **형상감사 실시의 4단계**를 거친다.

형상관리 및 통제 진행단계

① 형상항목 식별 및 계획수립
- 프로젝트 라이프사이클 과정에서 형상관리 기준선을 설정한다.
- 형상관리 대상이 되는 문서, 작업산출물을 대상으로 무결성(Integrity) 및 추적성(Traceability)을 확보하기 위해 형상항목(Configuration Item)을 식별한다.
- 고객 인도물은 필수 형상관리 항목으로 식별한다.
- 형상관리계획서를 작성한다.

② 형상통제 및 변경관리
- 설정한 베이스라인을 변경하기 위한 공식적인 변경절차, 기준, 방법 등을 정의한다.
- 변경 요청에 따라 공식적 절차에 의해 베이스라인 변경을 수용 또는 기각한다.
- 변경에 대한 결과를 확인하고 공유한다.

③ 형상기록 유지 및 배포
- 베이스라인 변경의 결과를 저장소 또는 라이브러리에 기록한다.
- 버전 또는 릴리즈를 업데이트하여 관리한다.
- 변경에 대한 내용을 이해관계자와 공유한다.

④ 형상감사 실시
- 형상항목이 요구사항에 맞도록 잘 변경되었는지 확인한다.
- 기준선에 대한 무결성 및 추적성을 검증(승인된 변경의 갱신 및 프로젝트 반영)한다.

통제위원회의 심의를 통해 승인된 모든 결정사항은 문서화하고, 후속 조치 이행 및 정보의 공유 차원에서 모든 이해관계자에게 전달되어야 한다. 후

속조치 이행의 주요내용은 우선 변경과 관련한 프로젝트 관리계획서 및 보조 관리계획서 내용을 갱신하는 것이다. 다음으로 변경에 의해 영향을 받는 형상 관리의 기준선 그리고 관련 문서와 산출물에 대한 변경을 수행한다.

프로젝트에서는 변경관리 및 형상관리에 유연하게 대처할 수 있는 통합

CASE STUDY

형상관리 및 통제절차

- 다음은 형상관리 및 통제절차와 기준선에 대한 변경통제 절차를 설명한 것이다.

그림 6-3 형상관리 및 통제절차와 기준선에 대한 변경통제 절차도

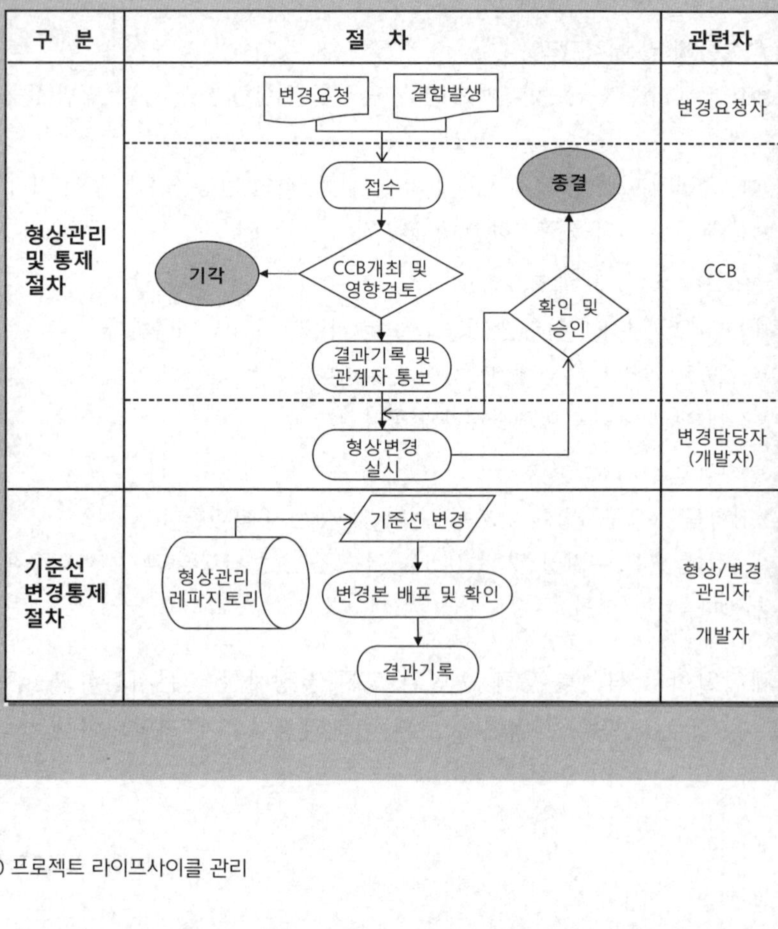

통제위원회(Integrated Control Board: ICB)를 구성하여, 프로젝트 상황에 적합한 변경관리 또는 형상관리를 수행할 수 있다. 통합통제위원회를 통해 통합 변경관리 및 통제를 수행하면 다음과 같은 효과를 기대할 수 있다.

통합통제위원회 운영효과

- 프로젝트참여자의 기준선에 대한 변경사항 공유 및 통제가 가능하게 된다.
- 변경에 대한 파급효과를 파악하여 효과적으로 대응할 수 있다.
- 공식적 변경 대응에 따라 프로젝트 리스크를 제거하거나, 이슈를 전원이 합심하여 해결할 수 있다.
- 불합리한 변경사항의 발생을 통제하거나 줄일 수 있다.
- 프로젝트의 체계적이고 효율적인 관리의 기준을 제공한다.
- 프로젝트의 무결성이 확보되고 추적성이 보장된다.
- 프로젝트의 변경요청 사항을 통합적으로 관리할 수 있다.
- 프로젝트 팀의 변경과 관련한 정보를 수집하고 공유하는 커뮤니케이션 체계가 구축된다.

3 요구추적 및 이행판정

프로젝트 통제단계의 범위관리(Scope management) 지식영역에서 이루어지는 업무는 요구추적 및 이행판정이다. 요구추적 및 이행판정에서는 요구사항 추적관리, 요구사항의 이행판정을 수행한다. 먼저, 요구사항 추적관리는 확정된 요구사항정의서를 기준으로 프로젝트 관련 공정의 중간 산출물 또는 결과물에 요구사항을 적정하게 반영되었는지를 확인한다. 그리고 요구사항의 이행판정은 확정된 요구사항에 대해 고객과 합의한 검사 판정기준을 근거로, 요구사항이 적정하게 반영되었음을 확인하는 합·부 판정을 수행한다.

그림 6-4 통제단계의 요구추적 및 이행판정 업무활동 내역

Ⅳ. 통 제				
[1] 작업감시 및 변경통제	**[2] 요구추적 및 이행판정**	[3] 일정통제	[4] 예산통제	[9] 조달운영
[5] 품질통제 및 감리 사후관리	[6] 인적자원 통제	[7] 성과보고	[8] 리스크 감시 및 통제	

업 무	활 동	설 명
[2] 요구추적 및 이행판정	요구사항 추적관리	확정된 요구사항정의서를 기준으로, 프로젝트 관련 공정의 중간 산출물 또는 결과물에 요구사항이 적정하게 반영되었는지 확인한다.
	요구사항의 이행판정	확정된 요구사항에 대해 고객과 합의한 검사 판정기준을 근거로, 요구사항이 적정하게 반영되었음을 확인하는 합·부 판정을 수행한다.

본 절에서는 프로젝트 라이프사이클 4단계인 'Ⅳ. 통제'에서의 둘째 업무로, 범위관리 지식영역에 포함되는 "요구사항 추적관리," "요구사항의 이행판정"에 대해 설명한다.

3.1 요구사항 추적관리

프로젝트 통제단계에서 수행하는 요구사항관리는 요구사항 추적관리와 요구사항 이행판정이 있다. 요구사항 추적관리는 요구사항에 대한 단계별 이행여부를 확인하기 위해 프로젝트 진행 단계별로 중간 산출물을 확인하고, 요구사항의 반영 적정성을 점검한다. 그리고 요구사항의 이행 적정성 여부를 판정하고 모든 요구사항이 이행 완료되면 프로젝트를 종결한다. 이행판정을 위해서는 요구사항별로 프로젝트 결과물에 반영된 것을 확인할 수 있는 요구사항 이행검사를 위한 판정기준이 정의되어야 한다. 프로젝트 통제단계의 요구사항 관리 프로세스는 [그림 6-5]와 같다.

요구사항 관리 프로세스에서 요구사항 추적관리는 확정된 요구사항정의의

그림 6-5 통제단계의 요구사항 관리 프로세스

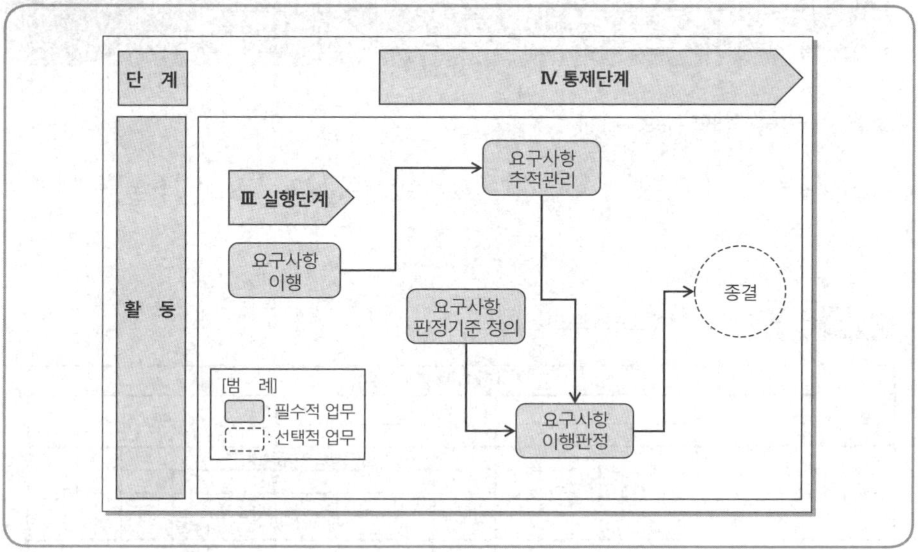

서를 기준으로, 프로젝트 관련 공정의 중간 산출물 또는 결과물에 요구사항이 적정하게 반영되었는지를 확인하는 것이다. 프로젝트의 목적을 달성하기 위해서는 모든 요구사항이 프로젝트의 중간 산출물 또는 결과물에 명확하게 반영되어야 한다. 요구사항의 추적관리는 프로젝트의 기능과 비기능 요구사항에 대해 관리가 필요하다. 요구사항의 추적을 위해 프로젝트에서는 요구사항 추적표를 작성한다.

기능에 대한 요구사항추적은 설계, 개발, 시험, 이행 등 프로젝트 진행 과정별로 추적이 적용된다. 그래서 **요구사항추적표**는 요구사항의 이행 및 반영여부를 설계, 개발, 시험, 이행 등 진행과정별로 순차적으로 보완 작성해 나간다. 기능 요구사항추적표는 요구사항 관리프로세스의 실행단계에서 확정된 요구사항정의서의 "요구영역, 요구사항 ID, 요구사항명"을 그대로 활용한다. 그리고 프로젝트에서 자체적으로 정의하는 실행과정별 산출물에 모든 요구사항이 적정하게 반영되고 있는지를 추적관리한다.

프로젝트 선택에 따라 비기능 요구사항도 기능 요구사항추적표를 활용할 수 있다. 그러나 성능, 품질, 장애, 운영 및 유지보수, 제약조건, 고려사항과

CASE STUDY

▌요구사항추적표(기능) 예시

• 다음 그림은 프로젝트에서 활용하는 기능적 요구사항에 대한 요구사항추적표를 예시한 양식이다.

그림 6-6 기능 요구사항추적표 양식

요구사항추적표 (기능)												
프로젝트명					문서번호			[* 범례: 결과*] (●:반영, ▲:반영중, X:미반영)				
버전					작성일자							
영역분류			요구사항 ID	요구사항 명	실행단계의 요구사항 이행여부							특기사항
					설계		개발				…	
					흐름도		프로그램정의서		통합시험		…	
레벨-1	....	레벨-n			흐름ID	결과*	프로그램ID	결과*	시험ID	결과*	…	
인적자원관리	*급여*	*상여*	*REQ-HR-F-001*	*계정과목 코드화*	*DA00002*	●	*PP00201*	●	*TT00002*	●		
			REQ-HR-F-002	*ㅇㅇㅇ*	*DA00003*	●	*PP00202*	▲				*개발 진행중*
			REQ-HR-F-003	*ddddd*		X		-		-		*설계지연 상태 (ㅇㅇ완료예정)*

관련한 비기능요구사항은 일반적으로 프로젝트 진행단계별로 모두 반영되는 것이 아니라 특정 공정의 산출물에만 적용되는 특성을 가지므로, 비기능에 대한 요구사항추적표를 별도로 활용하면 관리가 수월하다. 비기능요구사항추적표는 비기능요구사항을 성능, 품질, 장애, 운영 및 유지보수, 제약조건, 고려사항 등으로 구분하고, 비기능요구사항별로 요구내역이 반영된 관련 공정 및 적용 결과물을 추적 관리한다.

CASE STUDY

요구사항추적표(비기능) 예시

• 다음 그림은 프로젝트에서 활용하는 비기능적 요구사항에 대한 비기능요구사항추적표를 예시한 양식이다.

그림 6-7 비기능 요구사항추적표 양식

요구사항추적표 (비기능)						
프로젝트명			문서번호		[범례: 추적*] (●:반영, ▲:반영중, X:미반영)	
버전			작성일자			
요구구분	요구사항 ID	요구사항 명	비기능 요구사항 이행여부 추적			특기사항
			관련 공정명	적용 결과물 이름	추적	
보안	*REQ-NF-001*	*보안서약서 작성*	*착수*	*보안서약서*	●	*고객 제출완료*
방침	*REQ-NF-002*	...				
	REQ-NF-003	...				

3.2 요구사항의 이행판정

요구사항의 이행판정은 요구사항정의서의 확정된 요구사항에 대해, 고객과 합의한 요구사항 이행검사 판정기준을 근거로 요구사항이 적정하게 반영되었음을 확인하는 합·부 판정 과정이다. 이행판정을 통해 모든 요구사항이 프로젝트 중간 산출물과 최종 결과물에 적정하게 반영되었음을 공식적으로 확인할 수 있으면 프로젝트는 종결단계로 넘어갈 수 있다. 따라서 요구사항의 이행판정 과정을 "요구사항 판정기준 정의"와 "요구사항 이행 판정" 활동으로 구분하여 설명한다.

1) 요구사항 판정기준 정의

요구사항 이행여부를 공정하게 판정하기 위해서는 요구사항별로 이행여부를 확인할 수 있는 적합한 판정기준이 정의되어야 한다. 요구사항의 이행여부 판정은 프로젝트에 따라 다를 수 있지만 일반적으로 다음의 2가지 관점에서 기준설정이 가능하다. 먼저, 요구사항추적표를 활용하여 프로젝트 실행단계의 과정별로 해당 산출물이 완료되었는지를 판정하는 기준을 설정하는 방법과, 둘째는 요구사항추적표의 실행단계별 이행여부와는 별도로 각각의 요구사항에 대해 요구사항 검사방법을 정의하고, 이것을 판정기준으로 활용하는 방법이 있다.

요구사항의 이행여부 판정방식

① 요구사항추적표의 과정별 이행기준 활용

요구사항추적표에서는 개별 요구사항이 프로젝트의 분석, 설계, 개발, 시험, 이행과정에서 적절하게 반영되었는지를 확인할 수 있다. 요구사항이 프로젝트 실행단계의 각 과정별로 모두 반영되었는지를 확인함으로써, 요구사항 완료여부를 판정할 수 있게 된다. 따라서 요구사항 이행여부의 판정기준은 프로젝트에서 정의한 실행단계의 요구사항 이행여부가 기준이 되며, 모든 과정에서 요구사항이 적정하게 반영되었음을 확인하면 해당 요구사항은 적합 판정을 내리게 된다. 그러나 이행과정에서 미반영 상황이 발생하면 해당 요구사항은 부적합 처리된다.

② 요구사항별 검사기준 설정 활용

요구사항정의서를 기준으로 개별 요구사항에 대해 이행판정 기준을 설정한다. 요구사항에 대한 검사기준으로 활용하기 위해서는 요구사항별로 검사환경, 검사자, 검사방법, 입력조건, 출력결과, 적부 판정수준, 부가조건, 예외사항이 정의되어야 한다. 각각의 검사기준 항목은 다음과 같으며, 프로젝트에 따라 필수 또는 선별적으로 적용할 수 있다.

[요구사항별 검사기준 항목]

- **검사환경**: 해당 요구사항의 이행여부를 판단하기 위한 검사환경을 의미한다. 일반적으로 검사항목은 프로젝트 요구사항에 공통으로 적용되는 경우가 많아

CASE STUDY

▮ 요구사항 이행판정 예시

- 요구사항의 이행판정은 개별 요구사항에 대해 사전에 정의한 검사방법 및 판정기준에 따라 적합, 부적합 처리한다.
- 요구사항별로 정의한 검사방법 및 판정기준을 준수하였을 경우에는 '적합'으로 처리하나, 판정기준에 미흡한 경우에는 '부적합'으로 처리한다.
- 상황에 따라 검사가 불가한 경우가 발생한 요구사항에 대하여는 '점검불가'로 처리하여 요구사항 검사대상에서 제외할 수 있다.

〈표 6-5〉 단계별 요구사항 이행판정 예시

프로젝트 단계별 요구사항 이행판정 현황표 [＊범례: 결과(●: 반영, ▲: 반영중, ×: 미반영)]										
요구사항 ID	실행단계의 요구사항 이행여부								이행 판정	특기사항
	설계산출물		개발산출물		…		이행			
	흐름도		프로그램 정의서		…		인수시험			
	흐름ID	결과	프로그램ID	결과	…	결과	시험ID	결과		
REQ-HR-F-001	DA00002	●	PP00201	●	…	●	TT00002	●	적합	모든 과정에 반영
REQ-HR-F-002	DA00003	●	PP00202	▲	…	▲	…	▲	적합	일부 진행 중이나 적합예상 판정
REQ-HR-F-003	…	●	…	●	…	×	…	×	부적합	일부기능 개발 미흡, 인수시험 결과 미흡으로 부적합 판정

일괄적용이 가능하다. 검사환경은 프로젝트에 따라 생략할 수 있다.

- **검사자**: 요구사항의 이행여부를 공정하게 판정할 수 있는 검사 담당자이다.
- **검사방법**: 어떻게 요구사항을 검사할 것인지에 대한 방법을 기술한다.
- **입력조건**: 검사방법에 따라 요구사항을 판정하기 위한 필요한 입력조건으로,

입력 값 또는 필요한 정보를 말한다.

- **출력결과**: 검사방법에 따라 입력한 결과, 예상되는 출력 값 또는 출력 정보를 말한다.
- **적부판정 수준**: 출력결과의 해석에 따라 요구사항 이행의 적합 또는 부적합 판정이 가능한 경우에는 적부판정에 대한 기준지표 또는 범위를 정의한다.
- **부가조건**: 적부판정을 위해 부가적인 검사환경 또는 추가적인 방법이 필요한 경우에 사용한다.
- **예외사항**: 요구사항정의서에는 포함되어 있으나 적합·부적합에 대한 이행판정이 불가한 요구사항으로 프로젝트 이행판정의 대상에서 제외한다.

국가 및 공공기관의 정보화 프로젝트에는 〈표 6-6〉과 같이 요구사항에

CASE STUDY

검사기준서 예시

- 다음은 국가 및 공공기관의 소프트웨어 프로젝트에서 활용하도록 제시한 검사기준서 작성 가이드 내용이다.

〈표 6-6〉 국가 및 공공기관 검사기준서 작성 가이드(NIA, 2011)

요구사항 ID	검사기준			완료 여부	적부 판정	관련 증빙
	검사방법	예상결과	판정기준			
REQ-00001	조회조건을 입력하고 조회 후 항목이 나타나는지 확인한다.	조회 조건에 맞는 데이터가 … 화면에 조회된다.	항목이 모두 조회되고, 값이 정상적으로 화면 표시되면 적합하다.	완료	적합	화면 ID
REQ-00002	…	…	…	완료	부적합	…
REQ-00003	…	…	…	진행중	부적합	…
REQ-00004	…	…	…	완료	점검불가	…

대한 이행여부 판정을 위해, 검사기준서를 작성하여 요구사항별로 검사방법, 예상결과, 판정기준에 따라 적부판정을 하도록 가이드하고 있다. 검사기준에 따라 완료여부(완료, 진행 중)와 적부판정(적합, 부적합, 점검불가)을 하도록 하고, 요구사항별로 관련 증빙 산출물을 제시토록 하고 있다.

2) 요구사항 이행판정

요구사항의 이행판정은 요구사항추적표의 과정별 이행 기준을 활용하거나 또는 요구사항별로 검사기준을 새로 설정하여 모든 요구사항에 대해 적용한다. 프로젝트에서 결정한 요구사항 이행판정 기준의 정의에 따라 요구사항별로 완료여부와 적합·부적합 여부를 판정하는 것이다. 그러나 요구사항정의서에서 적정성 이행판정이 불가한 요구사항은 이행판정에서 제외한다.

모든 요구사항 이행여부는 완성도 및 품질규격에 따라, 적합과 부적합으로 판정할 수 있다. 그리고 요구사항의 적합, 부적합 판정결과는 프로젝트의 전체 요구사항에 대해 백분율에 의한 적합률, 부적합률로 계산한다. 그리고 고객과 합의한 합격 기준에 따라 100% 또는 적정 수준의 적합률에 도달하면 프로젝트가 종결단계로 넘어갈 수 있으나, 부적합률이 발생하거나 목표 수준보다 높으면 프로젝트 제약조항이 적용되거나 프로젝트를 연기해야 하는 경우가 발생한다.

4 일정통제

프로젝트 통제단계의 일정관리(Time Management) 지식영역에서 이루어지는 업무는 일정통제이다. 일정의 통제에서는 프로젝트 일정의 진척현황을 판별하고, 일정 변경을 유발하는 요인을 발굴하여 적절한 대응책을 수립하여 진행하거나 마스터 일정을 변경하는 일을 수행한다. 본 절에서는 프로젝트 라

그림 6-8 통제단계의 일정통제 업무활동 내역

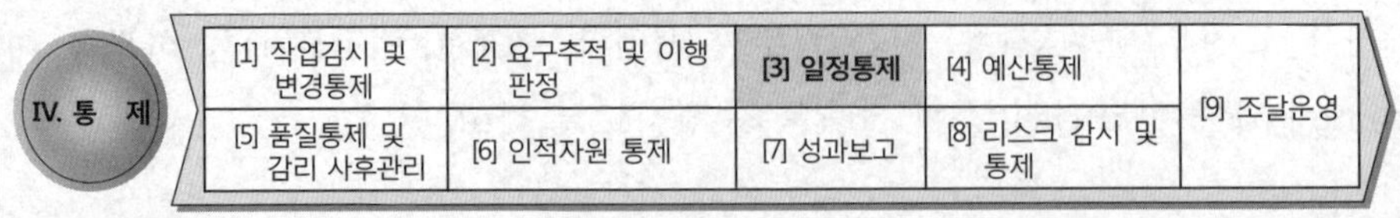

업 무	활 동	설 명
[3] 일정통제	일정의 통제	프로젝트 일정의 진척현황을 판별하고, 일정변경을 유발하는 요인을 발굴하여 적절한 대응책을 수립하여 진행하거나 마스터 일정을 변경하는 일을 수행한다.

이프사이클 4단계인 'Ⅳ. 통제'에서의 둘째 업무로, 일정관리 지식영역에 포함되는 "일정의 통제"에 대해 설명한다.

4.1 일정의 통제

일정통제란 프로젝트의 진척상태를 감시하여, 프로젝트의 진행상황을 갱신하고, 일정 기준선에 대해 변경을 수행하는 업무활동이다. 일정통제를 위해 프로젝트 일정의 진척현황을 판별하고, 일정변경을 유발하는 요인을 발굴하여 적절한 대응책을 수립하여 진행하거나 마스터 일정을 변경하는 일을 수행한다.

일정통제 활동을 통해 미진한 업무가 발견되면 적절한 시정조치를 취하여야 한다. 이를 위해 프로젝트 진행과정의 모든 활동을 주기적으로 파악하여 계획대비 실적정보를 축적해야 한다. 계획대비하여 실적을 점검하고, 미진한 경우의 일정통제를 수행하기 위해 **진척률**(% complete)에 대한 명확한 기준을 설정해야 한다. 진척률은 활동별 · 단계별로 완료율을 표시하고, 누적 진척률에 의해 전체 프로젝트의 진척상황을 파악하여 프로젝트 일정의 문제를 파악한다.

일정의 진척관리 및 통제를 위해 프로젝트 활동이 문서 또는 중간 형태

〈표 6-7〉 업무활동의 진척관리 기준 예시

구분 \ 적용 진척률(%)	0%	50%	80%	90%	100%
공식 산출물 (고객 인도물)	미착수	진행 중	완 료	검사완료	고객승인
비공식 산출물 (보조 산출물 및 업무관리용)	미착수	진행 중	완 료	(미적용)	자체검사 합격
	미착수	진행 중	(미적용)	(미적용)	완료시점

의 결과물을 산출하는 활동에 대하여는 진척관리의 가시화(可視化)를 위해, 프로젝트 자체적으로 기준을 만들어 적용할 수 있다. 〈표 6-7〉과 같이 고객과 협의한 프로젝트 진척률(%) 관리기준을 만들어 활용하는 것이며, 진행 중인 상태를 50%로만 표현하기가 부적절할 경우에는 50% 대신에 활동 일정에 대한 총계획일수를 기준으로 현재까지 경과한 일정비율을 계산하여 진척률로 대신 적용할 수도 있다.

진척률 파악을 위한 일정통제의 핵심은 주공정(Critical Path)의 변화에 대해 관심을 가지고 모니터링을 수행하는 것이다. 주공정에 포함하지 않은 공정의 문제는 전체 프로젝트 일정에 문제를 주지 않으나, 주공정에 해당하는 업무활동의 지연은 전체 프로젝트 일정에 영향을 미치므로, 선후행 업무관계를 고려하여 주공정의 업무는 보다 철저한 관리가 필요하다.

일정수립 과정에서와 같이 일정통제를 위해서도 프로젝트관리 소프트웨어를 사용하여 진척상황을 파악하는 것이 바람직하다. 규모가 큰 프로젝트 일수록 업무활동 상호간의 선후행관계에 대한 연관성이 많고, 하나의 업무 지연에 따라 연관되는 업무가 많아지므로, 수작업에 의한 일정관리로는 시간이 많이 소요되고 관리가 소홀해질 수 있으므로, 일정관리 및 통제를 위한 소프트웨어 도구를 활용하는 것이 필요하다.

5 예산통제

프로젝트 통제단계의 원가관리(Cost management) 지식영역에서 이루어지는 업무는 예산통제이다. 예산통제에는 획득가치 관리와 예산의 통제가 포함된다. 획득가치관리란 특정시점에서 미래를 예측하고, 프로젝트가 얼마나 단축 또는 지연될지를 판단하여, 예산이 추가로 얼마만큼 투입될 것인가를 분석 및 통제한다. 그리고 예산의 통제는 프로젝트의 상태를 감시하면서, 프로젝트에 배정된 예산을 기준으로 현재까지 지출한 예산을 업데이트 관리하고, 원가기준선에 대한 변경을 관리하는 업무활동이다.

본 절에서는 프로젝트 라이프사이클 4단계인 'Ⅳ. 통제'에서의 넷째 업무로, 원가관리 지식영역에 포함되는 "획득가치관리(EVM)"와 "예산의 통제"에 대해 설명한다.

그림 6-9 통제단계의 예산통제 업무활동 내역

Ⅳ. 통 제					
	[1] 작업감시 및 변경통제	[2] 요구추적 및 이행 판정	[3] 일정통제	**[4] 예산통제**	[9] 조달운영
	[5] 품질통제 및 감리 사후관리	[6] 인적자원 통제	[7] 성과보고	[8] 리스크 감시 및 통제	

업 무	활 동	설 명
[4] 예산통제	획득가치 관리	특정시점에서 미래를 예측하고, 프로젝트가 얼마나 단축 또는 지연될지를 판단하여, 예산이 추가로 얼마만큼 투입될 것인가를 분석 및 통제한다.
	예산의 통제	프로젝트의 상태를 감시하면서, 프로젝트에 배정된 예산을 기준으로, 현재까지 지출한 예산을 업데이트 관리하고, 원가기준선에 대한 변경을 관리하는 업무활동이다.

5.1 획득가치관리

5.1.1 획득가치관리 개념

대규모 프로젝트에서 단순히 원가를 감시하고 보고하는 개념에서 넘어, 한 단계 수준 높은 관리를 위해 미국에서는 대규모 방위프로젝트를 위한 획득가치관리 기법을 개발하였다. 1960년대에 적용된 미국 국방성의 획득가치 접근법은 주로 국방관련 대형 프로젝트에서 활용되어 오다가 80년대에 접어들면서 민간기업에도 사용되기 시작하였고, 소규모 프로젝트에도 적용되기 시작하였다. 미 국방성은 1967년에 프로젝트성과를 관리하기 위한 도구로 C/SCSC(Cost/Schedule Control System Criteria) JIG(Joint Implementation Guide)를 제정하였고, 1997년에는 획득가치관리 이행가이드(Earned Value Management Implementation Guide)로 대체하였다.

획득가치(Earned Value)란 프로젝트의 단위과업 수행을 통해 얻어진 가치를 말하는 것으로, 특정 산업분야에서 사용하는 "기성고"와 유사한 개념을 갖는다. 획득가치(EV)는 계획가치(Planned Value: PV) 및 실제원가(Actual Cost: AC)와 대별되는 개념이다. EV는 특정시점에서 실행된 작업의 금전적 가치를 말하고, 계획가치(PV)는 계획된 일정의 작업을 종료하는 데 예상되는 금전적 가치 또는 예산이며, 실제원가(AC)는 작업분류체계(WBS)에 포함된 작업을 완료하는 과정에서 실제로 발생되는 비용이다.

획득가치관리(Earned Value Management: EVM)란 프로젝트 범위에 대한 일정, 원가, 자원을 통합적으로 관리하여, 프로젝트성과에 대한 금액 가치적 진척상황을 객관적으로 측정하는 효과적인 예산관리 및 통제방법이다. 획득가치관리(EVM)를 원가측면에서 이해하면, 프로젝트가 진행 중인 특정시점에서 미래를 예측하고, 프로젝트가 얼마나 단축 또는 지연될지를 판단하여, 예산이 추가로 얼마만큼 투입될 것인가를 분석 및 통제하는 방법이 된다. 따라서 EVM에서는 수행된 작업의 금액적 획득가치를 산정하여 실제원가와 비교하고, 투입된 예산의 활용 적정성 여부를 측정한다. 그리고 측정시점 이후 프로젝트 잔여기간 동안에 소요되는 비용을 예측하여, 효과적으로 예산을 관리하고 통제할 수 있는 수단을 제공한다. 그러므로 EVM은 프로젝트 수행과업에 대하여, 성과측정의 기준이 되는 시간단계별 계획된 가치의 증가분(planned value increments)을 활용하여 예산을 관리 및 통제하는 합리적 방법이라고 할 수 있다.

EVM의 목적은 프로젝트관리자가 효과적인 내부비용 및 일정관리 통제 시스템을 활용할 수 있도록 지원하고, 고객이 제품지향적인 계약의 진척상태를 확인하는 데 도움을 준다. 또한 EVM 관리도구에 의해 프로젝트 일정 및 예산을 통합하여 관리하게 함으로써, 전통적인 일정 및 예산관리 방식보다 효과적이고 신뢰할 수 있는 정보가 제공될 수 있다.

5.1.2 EVM 용어의 이해

EVM 활용을 위해 EVM에서 사용하는 용어의 이해가 중요하다. EVM 용

그림 6-10 획득가치기법의 성과측정 그래프

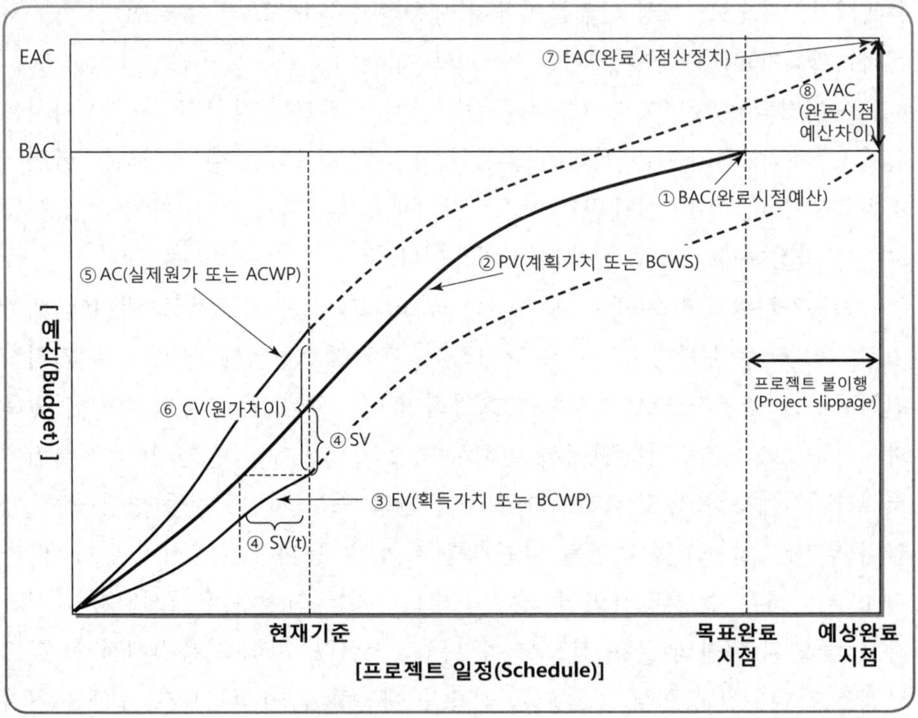

어의 이해를 위해 먼저 EVM의 성과그래프를 이해하는 것이 필요하므로, 프로젝트 진행일정과 예산차원에서 정리한 성과측정 그래프를 [그림 6-10]과 같이 작성하였다. 그리고 그림에서 나오는 용어의 번호에 맞추어 추가적인 용어도 포함한 EVM 용어표를 〈표 6-8〉에 작성하였다.

〈표 6-8〉 획득가치기법의 용어표

EVM 용어	용어 해설
① 완료시점 예산 (Budget At Completion: BAC)	• BAC는 계획에서 쓰기로 예정된 돈은 모두 얼마인가에 대한 것으로, 프로젝트 완료시의 예상되는 예산금액이다. • BAC는 프로젝트의 총계획가치를 말하며, 프로젝트가 예산 내에 성공적으로 종료되었는지를 판단하는 기준선으로 적용된다. • 프로젝트 계획단계에서 프로젝트관리자는 프로젝트 완료날짜와 완료시의 예산을 결정한다. • 모든 BCWS(Budget Cost for Work Scheduled, 예정작업 예산원가)의 합이다.
② 계획가치 (Planned value: PV)	• PV는 계획된 일정상의 작업을 종료하는 데 소요되는 예산이다. • 예정작업 예산원가(Budget Cost for Work Scheduled: BCWS)라고도 한다. • 오늘 현재 예정된 작업의 금전적 가치를 말한다. • 프로젝트 측정을 위해 일이 얼마만큼 진행되어야 하는지를 나타낸다. • 활동 또는 작업분류체계 구성요소를 완료하기 위해 수행하는 작업에 배정되어 승인을 받은 예산이다. • 총계획가치(PV)를 성과측정기준선(Performance Measurement Baseline: PMB)이라고 한다. • 승인된 작업에 대한 상세한 내역, 프로젝트 라이프사이클 동안 단계별로 할당되는 각 작업의 예산이 포함된다. • 기간에 균등하게 이상적으로 분배된 예산이다.
③ 획득가치 (Earned Value: EV)	• EV는 수행된 작업에 대하여 할당된 예산으로, 오늘 현재 실행된 작업의 금전적 가치를 말한다. • EV는 수행작업 예산원가(Budgeted Cost of work Performed: BCWP)라고도 한다. • EV는 활동 또는 작업분류체계 구성요소의 작업에 배정하여 승인을 받은 예산에 해당되는 작업가치이다. • 프로젝트 측정을 위해 일이 얼마만큼 진행되었는지를 나타낸다. • EV는 프로젝트의 완료율에 사용될 수 있으며, 완료된 작업의

	승인된 예산이 포함된다. • EV는 계획가치(PV) 기준선과 연관되며, 측정된 EV는 승인된 PV 예산보다 클 수 없다. • 산업에 따라 EV를 "실행 기성"으로 사용하기도 한다.
④ 일정차이 (Schedule Variance: SV)	• SV는 프로젝트에 대한 일정성과를 측정하는 척도이다. • SV는 획득가치에서 계획가치를 뺀 값(SV=EV−PV)이다. • 일정차이는 기준선 일정보다 뒤처진 프로젝트를 표시한다. • 모든 계획가치를 획득하여 프로젝트가 완료될 때, 일정차이는 제로(0)가 된다. • 일정차이(SV) 는 주공정법(CPM) 일정계획 및 리스크관리와 함께 사용할 때 가장 효과적이다.
⑤ 실제원가 (Actual Cost: AC)	• AC는 활동 또는 작업분류체계 구성요소에 수반된 작업을 완료하는 과정에서 실제로 발생되어 기록된 총원가이다. • AC는 획득가치(EV)가 필요작업을 완료하기 위해 발생한 총원가이다. • 수행작업 실제원가로서 평가시점에서 지출한 금액이며, 수행작업 실제원가(Actual Cost of work Performed: ACWP)라고도 한다. • 프로젝트 측정을 위해 지출된 실제비용은 얼마인지, 돈이 얼마만큼 쓰였는지를 측정한다. • AC는 계획가치(PV)를 기준으로 예산을 산정하며, 획득가치로 발생한 근로시간, 직·간접 비용의 전체원가에 대해 정의해야 한다. • AC는 상한선 없이 획득가치(EV)를 달성하기 위해 지출한 총액을 산출하고, 승인된 기준선으로부터의 차이도 감시한다. • PV, AC, EV는 모두 같은 작업에 대해 같은 원가자료를 사용해야 한다. 즉 PV에서 노무비를 사용했다면 AC나 EV에서도 같은 노무비를 사용해야 한다.
⑥ 원가차이 (Cost Variance: CV)	• CV는 프로젝트에 대한 원가성과를 측정하는 척도이다. • CV는 획득가치에서 실제원가를 뺀 값(CV=EV−AC)이다. • 프로젝트 종료시점에서 원가차이는 완료시점예산(BAC)과 실제 지출금액 사이의 차이다. • CV는 지출한 원가와 실제성과 사이의 관계를 나타낸다.
⑦ 완료시점 산정치 (Estimate At Completion: EAC)	• EAC는 프로젝트 완료시의 일정이 아닌 원가정보에 대한 예상이다. • 현재까지 소요된 비용에다 종료시까지 쓰여질 비용을 합한 것이다. • 완료시까지 비용은 과거의 비용 생산성이 이후에도 똑같이 적용된다는 가정하에 원가성과지수(Cost Performance Index: CPI)로 보정해 준다.

	• EAC = 실투입비용 + 완료시 예상비용 = AC + (BAC − EV)/CPI (※ 간편하게 계산하는 방법으로는 EAC = BAC/(EV/AC) = BAC/CPI임.)
⑧ 완료시점 예산차이 (Variance at Completion: VAC)	• VAC는 현재시점에서 추정한 종료시의 추가 발생원가이다. • VAC는 완료시점 산정치(EAC)에서 완료시점 예산(BAC)을 뺀 값(VAC = EAC − BAC)이다.
일정성과지수 (Schedule Performance Index: SPI)	• SPI는 프로젝트의 예정진행률 대비 실제 달성진행률의 척도이다. • SPI는 획득가치(EV) 대비 계획가치(PV)의 비율(SPI = EV/PV)이다. • SPI값이 1.0 미만이면 완료된 작업이 계획량에 미달되고, 1.0보다 크면 완료된 작업이 계획량을 초과한 것이다. • SPI는 모든 프로젝트작업을 측정한다. 따라서 프로젝트가 예정 종료일보다 이전 또는 이후에 종료될지를 결정하려면 주공정 경로의 성과도 분석해야 한다.
원가성과지수 (Cost Performance Index: CPI)	• CPI는 프로젝트의 실제원가 또는 진행률 대비 완료된 작업의 가치를 측정하는 척도이다. • CPI는 획득가치(EV) 대비 실제원가(AC)의 비율(CPI = EV/AC)이다. • CPI값이 1.0 미만이면 완료된 작업이 원가를 초과한 것이고, 1.0보다 크면 원가미달 상태로 현재성과를 달성한 것이다. 예로서, CPI가 0.7이라면 실제 예상한 것의 원가효율이 70%에 불과한 것을 의미한다. • 획득가치관리(EVM)에서 완료된 작업에 대한 원가효율을 측정하는 중요한 지표로 활용한다. • 일정성과지수(SPI)와 함께 프로젝트 완료 산정치를 예측하는데 사용할 수 있다.

5.1.3 획득가치관리의 적용

전통적인 프로젝트의 일정관리 및 원가관리는 일정의 차이, 원가의 차이를 별도로 관리한다. 그러나 EVM에서는 일정과 원가차이를 통합하여 관리할 수 있어, 일정 및 원가의 통합관리에 따른 보다 적절한 조치를 강구할 수 있는 장점이 있다. EVM에서 많이 활용되는 차이관리 지표는 **일정차이**(Schedule Variance: SV)와 **원가차이**(Cost Variance: CV)이다.

획득가치관리(Earned Value Management) 기법에서는 EV(BCWP)를 계산

하기 위해 과업이 얼마나 완료되었는지 알아야 한다. 과업완료도를 표현하는 것은 과업이 완료된 상태이면 완료도가 100%, 시작하기 전에는 과업완료가 없는 상태이므로 0%로 쉽게 적용할 수 있다. 그러나 진행 중인 과업의 진척률(%)은 추정이 매우 어렵다, 이러한 경우에는 다음의 3가지 계산규칙을 이용한다.

EVM의 과업진척률 계산규칙

① 50-50 **규칙**: 과업이 시작하면 50% 부여하고, 완료시에 50%를 부여한다.
② 10-90 **규칙**: 보수적 규칙으로 과업시작시 10%를 부여하고, 완료시 나머지 90%를 부여한다.
③ 0-100 **규칙**: 극단적 · 보수적 규칙으로 미완료 과업은 모두 0%로 한다.

지금부터는 5개의 A, B, C, D, E로 구성된 작업에 대한 프로젝트를 예를 들어 설명한다. 각 작업에 대하여는 50-50규칙을 적용한다. 프로젝트 현재시점에서 작업별 진행현황 및 계획가치(Planned value: PV)와 획득가치(Earned Value: EV)를 산출하고, 일정차이(SV=EV−PV)의 금액적 가치를 정리하면 [그림 6-11]과 같다. 이 그림에서 50-50규칙을 적용한 SV(일정차이) 분석결과는 계획상의 획득가치(PV)는 3,900천원이어야 하나, 획득한 가치(EV)는 3,800천원으로 계획보다 100천원이 낮은 상황임을 나타낸다.

EVM은 프로젝트에서 얼마만큼의 작업이 이루어졌는지 객관적으로 측정할 수 있다. EVM 프로세스를 사용하여, 프로젝트관리자는 달성해야 될 계획된 작업량과 실제로 완료된 작업량을 바로 비교할 수 있다. 모든 작업은 성과측정의 기준이 되는 시간단계별 계획된 가치의 증가분(planned value increments)으로 계획되고 예산과 일정이 수립되기 때문이다. EVM의 프로젝트 활용은 초기계획과 비교하여 진행상황이 어느 정도인지를 객관적인 수치로 나타낼 수 있고, 지금까지 진행된 추세로 완료시점에서 비용초과나 종료일에 대한 지연이 발생할 것인지에 대한 사전 점검도구로 활용할 수 있다.

그림 6-11 50–50규칙을 적용한 SV(일정차이) 분석

작업	일 정	금액: 천원	SV(=EV-PV)		
	진행현황	상태	PV	EV	SV
A	2,000 → *현재시점*	완료	2,000	2,000	0
B	1,600	진행	800	800	0
C	1,000	조기완료	500	1,000	500
D	1,200	미착수	600	0	-600
E	800	미도래	-	-	-
합 계 (SV)			3,900	3,800	-100

CASE STUDY

EVM 지표분석

- 획득가치관리의 프로젝트 적용을 위해, 다음에는 EVM의 주요지표에 대한 획득가치관리 수행방법을 설명한다.
- 프로젝트는 5개월 기간에 분석, 설계, 개발, 이행의 4단계로 진행되며, 현재(M)는 프로젝트가 3개월째인 상황이다.
- 〈표 6-9〉는 EVM 기법을 적용하여 프로젝트의 일정계획을 가치로 표현한 것이며, 〈표 6-10〉은 EVM의 주요지표를 분석한 결과이다.

〈표 6-9〉 EVM 기법을 적용한 프로젝트 일정계획 가치표

작 업	BAC	일정계획				
		M-2	M-1	M(현재)	M+1	M+2
분 석	300	100	200			
설 계	700		100	400	200	
개 발	800			100	400	300
이 행	300					300
예산합계	2100	100	300	500	600	600
누적진도계획	(100%)	5%	19%	43%	71%	100%
PV 누계		100	400	900		
AC 누계		100	500	1000		
EV 누계		50	300	800		

〈표 6-10〉 EVM 주요지표 분석 결과표

EVM지표	계산식	계산값	결과값	분석내용
CV	=EV-AC	=800-1000	-200	200원 가치획득 부족
SV	=EV-PV	=800-900	-100	100원 가치의 일정지연
CPI	=EV/AC	=800/1000	0.8	예상원가 효율 80% 수준임
SPI	=EV/PV	=800/900	0.89	완료 작업이 계획량에 미달
EAC	=BAC/CPI	=2100/0.8	2625	실투입 비용+완료시 예상비용
VAC	=EAC-BAC	=2625-2100	525	현재 추정한 종료시까지 추가 발생원가

5.2 예산의 통제

예산의 통제는 프로젝트의 상태를 감시하면서 프로젝트에 배정된 예산을 기준으로 현재까지 지출한 예산을 업데이트 관리하고, 원가기준선에 대한 변경을 관리하는 업무활동이다. 예산의 통제활동에는 승인된 원가기준선에 맞추어, 프로젝트 비용이 제대로 사용되고 있는지에 대한 감시활동과 잘못된 예산사용에 대한 통제활동이 포함되며, 프로젝트 환경 및 요구사항 변화에 따른 예산의 증액에 대해서는 공식적인 예산 변경통제 활동을 통해 진행되도록 한다.

프로젝트 예산통제 활동

- 프로젝트의 **예산통제**를 위한 주요활동에는 다음과 같은 내용이 포함된다.
  - 프로젝트 제반 활동의 원가성과 기준선 준수 여부를 모니터링한다.
  - 원가성과 기준선에서 변경이 발생할 경우, 조사 및 원인분석을 통해 변경여부를 판단한다.
  - 원가성과 기준선에 대한 공식적인 예산 변경관리 업무를 수행하고 통제한다.
  - 승인된 모든 예산 변경사항이 적시에 실행되는지 감시하고, 추가 변경이 발생되지 않도록 통제한다.
  - 원가통제와 프로젝트 혁신활동을 병행하여 프로젝트 예산을 절감한다.
  - 정해진 기간, 할당된 과업에 배당된 예산이 계획대로 진행되고 있는지 감시하고 통제한다.
  - 프로젝트 자금 상황을 확인하여, 적시에 필요 예산이 활용될 수 있도록 한다.
  - 사용된 예산을 통해 계획된 프로젝트 성과를 도출하였는지 감사하고, 차이발생에 대한 분석과 통제를 수행한다.
  - 계획 또는 승인되지 않는 예산 또는 자원의 사용을 통제한다.
  - 확보한 예비비가 프로젝트에서 수립한 공식적인 절차에 따라 올바로 운영되는지 감시한다.
  - 프로젝트 비용계획 대비 실적을 상시 모니터링하고 이해관계자와 정보를 주기적으로 공유하여, 프로젝트 팀 전체가 예산에 관심을 가지고 자율적으로 관리와 통제를 수행할 수 있도록 분위기를 조성한다.
  - 원가절감, 프로젝트 혁신활동을 통해 예산을 적극적으로 절감할 수 있는 분위기를 조성한다.

프로젝트를 정해진 예산범위 내에서 수행해야 하는 것은 프로젝트관리자가 지켜야 할 기본 임무이다. 수행 중인 프로젝트 과업들이 정해진 예산범위에서 초과하지 않도록, 상시적인 통제활동을 통해 추가 소요되는 자금의 발생을 방지해야 한다. 따라서 프로젝트관리자 및 예산통제담당자는 **예산 변경통제시스템**(Cost change control system)을 활용하여, 항시적으로 프로젝트의 원가성과 기준선을 모니터링하고, 불가피한 사정이 발생하였을 경우에는 공식적인 변경절차에 따라 원가성과 기준선을 변경하고 예산 결정권자의 승인을 받아 일을 수행해야 한다.

프로젝트관리자는 효과적인 원가통제를 위해, 프로젝트가 진행과정을 통해 지속적으로 획득가치관리(EMV)에서 정의한 프로젝트 완료시점 예산(Budget At Completion: BAC)과 완료시점 산정치(Estimate At Completion: EAC)를 비교 감시하여, 프로젝트 예산이 올바로 사용되고 있으며 프로젝트 종료시까지도 문제 없이 예산을 활용할 수 있는지에 대한 관리와 통제를 병행한다. 그리고 프로젝트 상황이나 요구변화에 따라 완료시점 예산(BAC)의 변경이 발생하면, 완료시점 산정치(EAC)도 갱신하여 현실적인 예산관리 및 통제가 이루어지도록 해야 한다.

프로젝트 예산에 대한 상황 및 요구 변화는 언제든 발생할 수 있는 사건이다. 물가 및 인건비 상승, 유가 및 환율 변동, 이자발생 등에 따른 상황으로, 주기적으로 프로젝트에 대한 계획원가, 집행실적, 잔여 예산을 분석하여, 분석시점 이후 잔여 프로젝트기간에도 예산사용에 문제가 없는지를 원가 재추정을 통해 감시하는 통제활동을 체계화해야 한다.

6 품질통제 및 감리 사후관리

프로젝트 통제단계의 품질관리(Quality Management) 지식영역에서 이루어지는 업무는 품질통제 및 감리 사후관리이다. 품질통제 및 감리 사후관리는 품질통제 수행, 감리의 통제로 분류된다. 품질통제 수행은 프로젝트의 성과를 평가하고 필요한 시정 조치안을 제시하기 위해, 품질활동에 대한 실행결과를 감시하고 기록하는 것이다. 그리고 감리의 통제란 감리유형 및 종류에 따라 감리수행 결과보고서를 기준으로 프로젝트수행자가 개선 권고사항을 시정조

그림 6-12 통제단계의 품질통제 및 감리 사후관리 업무활동 내역

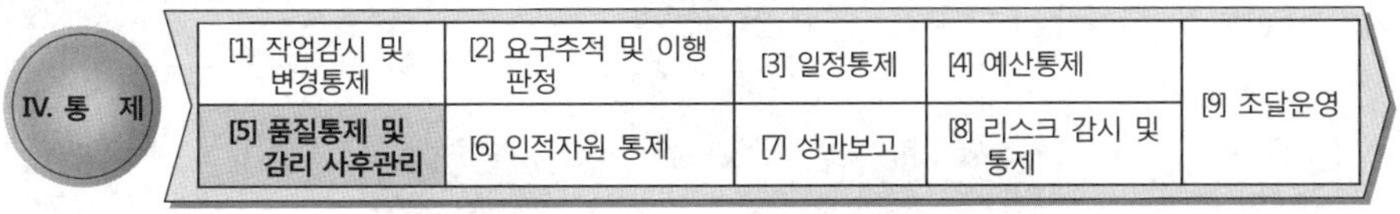

업 무	활 동	설 명
[5] 품질통제 및 감리 사후관리	품질통제 수행	프로젝트의 성과를 평가하고, 필요한 시정 조치안을 제시하기 위해, 품질활동에 대한 실행결과를 감시하고 기록한다.
	감리의 통제	감리유형 및 종류에 따라, 감리수행 결과보고서를 기준으로 프로젝트수행자가 개선 권고사항을 시정조치하고 감리인이 조치결과를 확인한다.

치하고 감리인이 조치결과를 확인하는 것이다.

본 절에서는 프로젝트 라이프사이클 4단계인 'Ⅳ. 통제'에서의 다섯째 업무로, 품질관리 지식영역에 포함되는 "품질통제 수행," "감리의 통제"에 대해 설명한다.

6.1 품질통제 수행

6.1.1 프로젝트 품질통제

품질통제는 프로젝트 통제단계에서 수행하는 품질활동이다. 프로젝트 **품질통제**는 프로젝트의 성과를 평가하고, 필요한 시정 조치안을 제시하기 위해 품질활동에 대한 실행결과를 감시하고 기록한다. 프로젝트에서 품질통제의 기준은 고객, 즉 사용자의 요구를 수용하고 만족시킬 수 있어야 한다. 프로젝트 결과물을 인수받아 사용하는 고객의 요구사항을 경제적으로 수용할 수 있도록 품질통제 활동을 수행하여야 하는 것이다. 그리고 프로젝트 결과물에 대한 품질이 낮은 원인을 식별하여 제거하기 위한 조치를 수행한다.

그림 6-13 프로젝트 품질통제 사이클

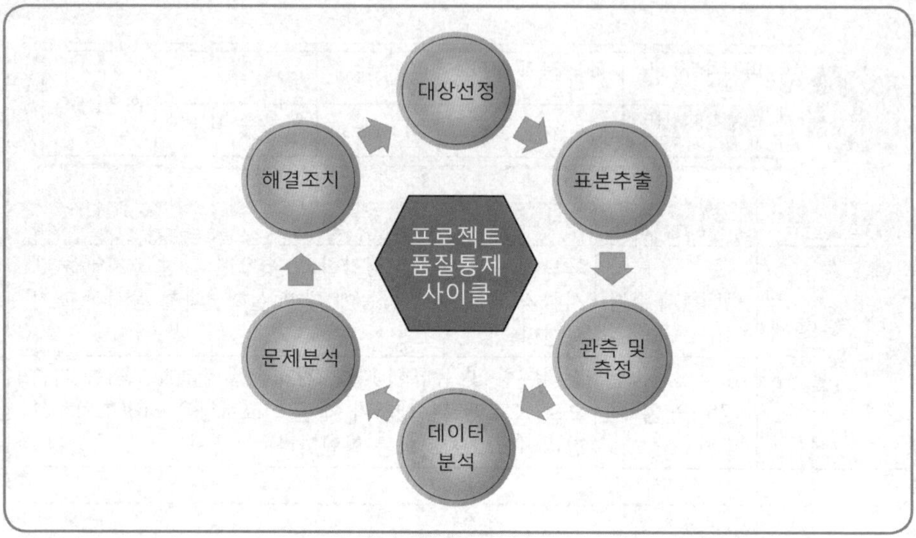

프로젝트 결과물에 대한 고객만족을 효과적으로 수행하기 위해서는 품질보증 전담조직의 주도적 역할도 중요하지만, 프로젝트에 참여하는 구성원 모두가 프로젝트품질에 대한 정책, 전략, 표준을 이해하고 동참하여야 한다. 더 나아가 프로젝트 주관기관이 종합적인 프로젝트품질을 보증하는 차원에서 전사적 품질경영체계를 확립하고, 각각의 프로젝트와 연계하여 품질을 관리하는 전략적 접근방식이 필요하다. 프로젝트의 품질통제를 위해서는 [그림 6-13]과 같이 대상선정, 표본추출, 관측 및 측정, 데이터 분석, 문제분석, 해결조치의 6가지 순환적 **품질통제사이클** 운영이 중요하다.

품질통제는 프로젝트의 품질을 보증하기 위한 효율적 · 효과적 방법이 적용되어야 한다. 품질통제의 결과 품질의 균일적 개선, 결함감소, 수율향상, 재작업 손실 방지, 클레임 근절, 품질비용(Q-Cost) 절감 등의 긍정적 효과로 나타나야 한다.

6.1.2 품질통제 기법 및 도구

효과적인 품질통제를 위해 과학적인 통계적 품질관리기법과 도구의 적용이 요구된다. 프로젝트 품질통제와 관련하여 주요기법과 도구를 설명하면 다음과 같다.

1) 통계적 품질관리(Statistical Quality Control: SQC)

통계적 품질관리(SQC)란 통계적 수법을 사용하여 프로젝트의 품질을 보증하는 것이다. SQC에서는 프로젝트에서 발생하는 사실(Fact)을 근거로 관련 데이터를 분석하는 것이 기본이다. 프로젝트 결과물의 세부 특성을 모집단으로 구성하고, 결과물의 품질보증을 위한 표본(Sample)을 선발하여 품질수준을 통계적으로 검토하는 것이다.

프로젝트에서 통계적 품질관리를 적용하기 위해서는 프로젝트 검사대상의 특성에 따라, 일반적으로 전수검사 또는 샘플링검사를 실시한다. 전수검사는 품질보증 대상 전체를 모두 검사하는 방식이다. 그러나 검사의 효율성을 위해 핵심적인 품질보증 대상을 선정하여 부분적으로 검사를 수행하고, 전체를 판정하는 방식을 샘플링검사라고 한다. 검사대상 및 항목이 많을 경우에는 샘플을 선정하여 집중적인 검사를 수행하면 효율적으로 정확한 검사를 수행할 수 있게 된다.

SQC에서는 객관적으로 품질을 측정하기 위해 프로젝트품질 측정치를 계량값(길이, 중량, 강도, 온도, 속도 등) 또는 계수값(결점수, 불량수, 지연일수 등)으로 분류하여 분석한다. 그리고 품질문제의 원인을 계량적으로 분석하기 위해서는 품질특성을 평균값, 중앙값, 분산, 범위 등의 통계량을 산출하여 품질규격과 비교한다. 또한 프로젝트 결과물의 품질통제를 위해 품질문제의 원인이 해결 가능한 '이상적 원인'인지, 해결이 어려운 '우연적인 원인'인지를 분류하여 효율적 품질보증을 수행한다.

2) 품질통제에 유효한 7가지 도구

프로젝트의 품질통제를 위해 유용하게 쓰일 수 있는 품질관리 도구로는 **파레토도표**(Pareto Diagram), **특성요인도**(Cause & Effect Diagram), **체크시트**(Check Sheet), **히스토그램**(Histogram), **산점도**(Scatter Diagram), **층별**(Stratification), **그래프**(Graph)가 있다. 각각의 내용은 <표 6-11>과 같다.

〈표 6-11〉 품질통제에 유용한 7가지 도구

<table>
<tr><th>No.</th><th>도 구 명</th><th>설 명</th><th>그래프 형태</th></tr>
<tr><td>1</td><td>파레토도표
(Pareto Diagram)</td><td>• 파레토의 원리를 착안한 문제 분석 (20 : 80 법칙)
• 문제를 발생시키는 원인이 많더라도 대부분의 문제는 소수의 원인
• ABC분석 활용
－A그룹: 중요한 소수(vital few), 70% 전후
－B그룹: 보통 다수, 20% 전후
－C그룹: 사소한 다수(trivial many), 10% 전후</td><td>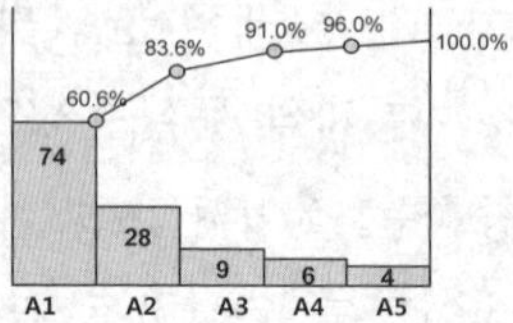
</td></tr>
<tr><td>2</td><td>특성요인도
(Cause & Effect Diagram)</td><td>• 결과에 영향을 미치는 근본원인 도출
• 일명 물고기뼈 그림(Fishbone Diagram)
• 문제되고 있는 특성(결과)에 영향을 끼친다고 생각되는 원인(요인)과의 관계를 계통적으로 이해할 수 있도록 도형화</td><td>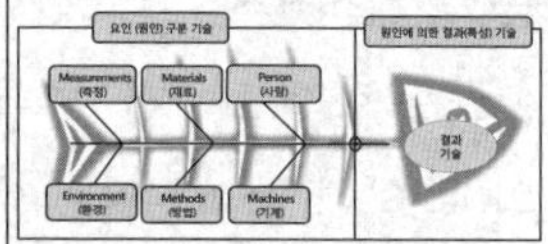
</td></tr>
<tr><td>3</td><td>체크시트
(Check Sheet)</td><td>• 데이터를 분류하여 항목별로 보기 쉽게 나타낸 것
• 데이터가 분류항목 어디에 집중 또는 분산되어 있는지 한눈에 판단 가능</td><td><table>
<tr><th>분류/일정</th><th>2/10</th><th>2/12</th><th>2/14</th><th></th><th>2/16</th><th>합 계</th></tr>
<tr><td>결함-A</td><td>////</td><td>//</td><td></td><td></td><td></td><td>19</td></tr>
<tr><td>결함-B</td><td>///</td><td>/</td><td></td><td></td><td></td><td>15</td></tr>
<tr><td>...</td><td>////</td><td>卌 ///</td><td></td><td></td><td></td><td>36</td></tr>
<tr><td>...</td><td>/</td><td></td><td></td><td></td><td></td><td>10</td></tr>
<tr><td>...</td><td>///</td><td>///</td><td></td><td></td><td></td><td>...</td></tr>
<tr><td>기타</td><td>卌 卌</td><td>卌 /</td><td>卌 //</td><td></td><td>卌 //</td><td>50</td></tr>
<tr><td>합 계</td><td>25</td><td>24</td><td>20</td><td></td><td>21</td><td>250</td></tr>
</table></td></tr>
<tr><td>4</td><td>히스토그램
(Histogram)</td><td>• 데이터가 존재하는 범위를 몇 개 구간으로 나누어, 각 구간에 들어가는 데이터 발생 빈도수를 체크한 막대그래프
• 산포, 중심 등 데이터의 전체적인 모습과 분포형태를 파악</td><td>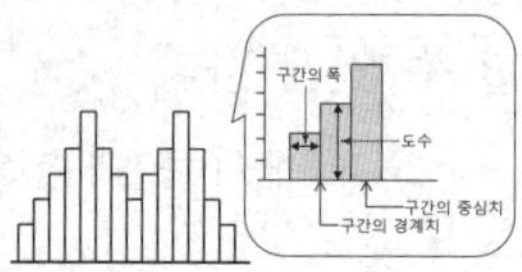
</td></tr>
<tr><td>5</td><td>산점도
(Scatter Diagram)</td><td>• 직교 좌표계를 이용해, 두 개 변수 간의 관계를 나타내는 방법
• 서로 대응되는 데이터(예: 온도와 습도 등)의 상호 관계분석</td><td>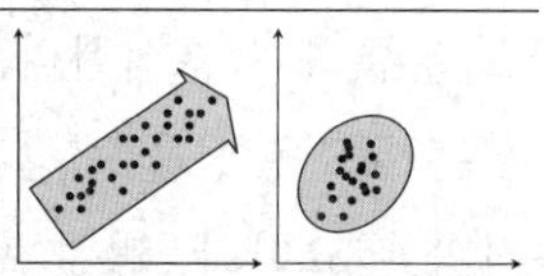</td></tr>
<tr><td>6</td><td>층 별
(Stratification)</td><td>• 집단을 구성하고 있는 많은 것을 어떤 특징에 따라 몇 개 소그룹으로 재분류
• 결함이 발생되었을 때, 사람, 재료 또는 시간별 등으로 구분하여 원인파악 및 대책수립시 활용</td><td>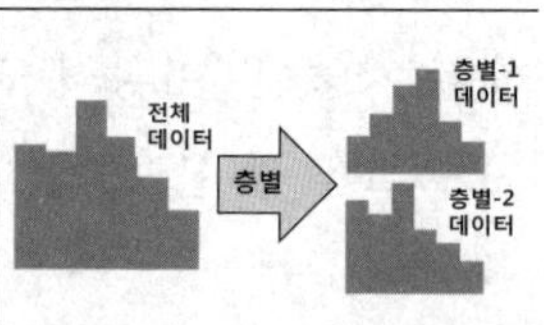
</td></tr>
<tr><td>7</td><td>그 래 프
(Graph)</td><td>• 수치를 도형으로 나타내어 크기를 비교하거나, 과거, 현재, 미래의 상태를 알기 쉽게 표현
• 막대, 그림, 꺾은선, 원 그래프 및 레이터 차트 등 활용</td><td>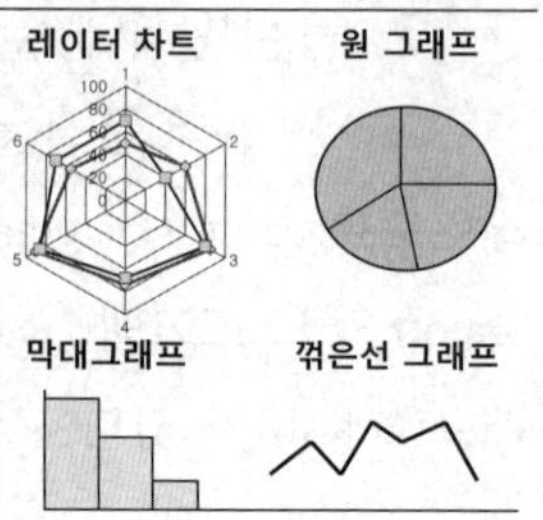
</td></tr>
</table>

앞에서 설명한 7가지 도구는 대체로 정량적 데이터를 분석하여 품질문제를 해결하는 방법을 사용한다. 그러나 프로젝트에 따라 정량적 데이터 분석으로는 한계가 있을 수 있으며, 이러할 경우 정성적 데이터의 분석에 적용할 수 있는 추가적 도구로는 연관도(Relation Diagram), 친화도(Affinity Diagram), 계통도(Tree Diagram), 매트릭스도(Matrix Diagram), 매트릭스 데이터 분석(Matrix Data Analysis), PDPC(Process Decision Program Chart), 화살표 다이어그램(Arrow Diagram)이 있다.

3) 관 리 도

관리도란 프로젝트의 성과를 나타내는 계량화된 지표를 일정시간 간격으로 기록하여 꺾은선그래프의 형태로 표현하는 것으로 시간의 진행에 따라 성과의 품질적 특성을 추적하기 위해 사용되는 통계적 기법이다. 프로젝트의 성과를 지속적으로 모니터링해 문제를 추적하고, 해결방법을 찾기 위해 사용될 수 있는 품질도구가 된다. 관리도에서는 시간축을 X축으로 하고 Y축에는 품질특성에 대한 상한선(Upper Control Limit: UCL), 하한선(Lower Control Limit: LCL), 중심선(Center Line: CL)을 표시한다. 상한선(UCL), 하한선(LCL), 중심선(CL)의 의미와 관리도의 형태는 다음과 같다.

- CL(Center Line): 중심선으로 관리상태에서 품질특성의 평균을 나타낸다.
- UCL(Upper Control Limit): 품질특성의 관리상한선으로, 품질특성의 표준편차에 일정배율을 곱하고(2배수, 3배수 등), 품질특성의 평균값과 더한 값이다.
- LCL(Lower Control Limit): 품질특성의 관리하한선으로, 품질특성의 표준편차에 일정배율을 곱하고(2배수, 3배수 등), 품질특성의 평균값에서 뺀 값이다.

CASE STUDY

관리도 이상원인 발견

- 관리도는 측정값이 관리도의 상한선을 상회하거나 하한선을 하회하는 이상원인에 대해, 품질 규격 범위에서 벗어나는 원인을 감지하고 개선대책을 수립하는 데 효과적으로 쓰일 수 있는 프로젝트의 품질통제 기법이다.
- 관리도에 의해 관리(Control)를 수행할 경우는 다음 그림에 해당하는 이상원인이 발생하면 반드시 원인을 밝히고 시정조치해야 한다.

그림 6-14 관리도의 일반 형태

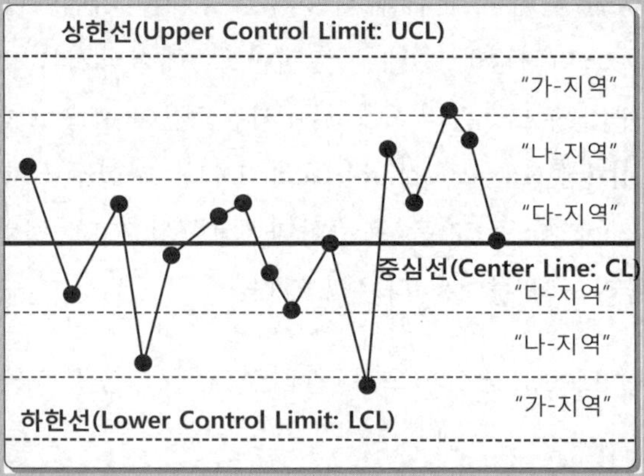

① 한 점이 관리상한선, 하한선의 한계선을 벗어난다.
② 연속해서 여섯 점이 증가하거나 감소한다.
③ 세 점 중 두 점이 관리도 그림의 "가–지역"에 나타난다.
④ 15점들이 연속적으로 "다–지역"에 있다.
⑤ 중심선을 기준으로 어느 한 쪽에만 연속적으로 아홉 개의 점이 나타난다.
⑥ 연속해서 14점이 위 아래로 한 번씩 나타난다.
⑦ 다섯 점 중 네 점이 "나–지역" 또는 그 바깥에 위치한다.
⑧ 연속해서 여덟 점이 "다–지역" 바깥에 있다.

6.2 감리의 통제

감리수행 프로세스의 제4단계 과정은 감리통제이다. 통제단계의 감리통제에서는 감리유형 및 종류에 따라, 감리수행 결과보고서를 기준으로 프로젝트수행자가 감리 지적사항에 대한 조치계획을 수립하고 시정조치를 수행한다. 감리인은 프로젝트수행자가 의뢰한 시정조치를 확인하고 시정조치 결과보고서를 작성한다. 확정된 시정조치 확인보고서는 발주자 및 사업자에게 공문서로 작성하여 제출하며, 모든 단계의 시정조치 확인보고서가 제출되면 감리사업은 종결된다.

감리통제는 [그림 6-15]와 같이 조치계획 수립 및 시정조치, 조치확인, 조치결과 보고, 감리종결의 4개 업무활동으로 구성된다.

1) 조치계획 수립 및 시정조치

감리수행 결과보고서의 지적사항에 대해 프로젝트수행자는 조치방안을

그림 6-15 프로젝트 통제단계의 감리통제 업무 프로세스

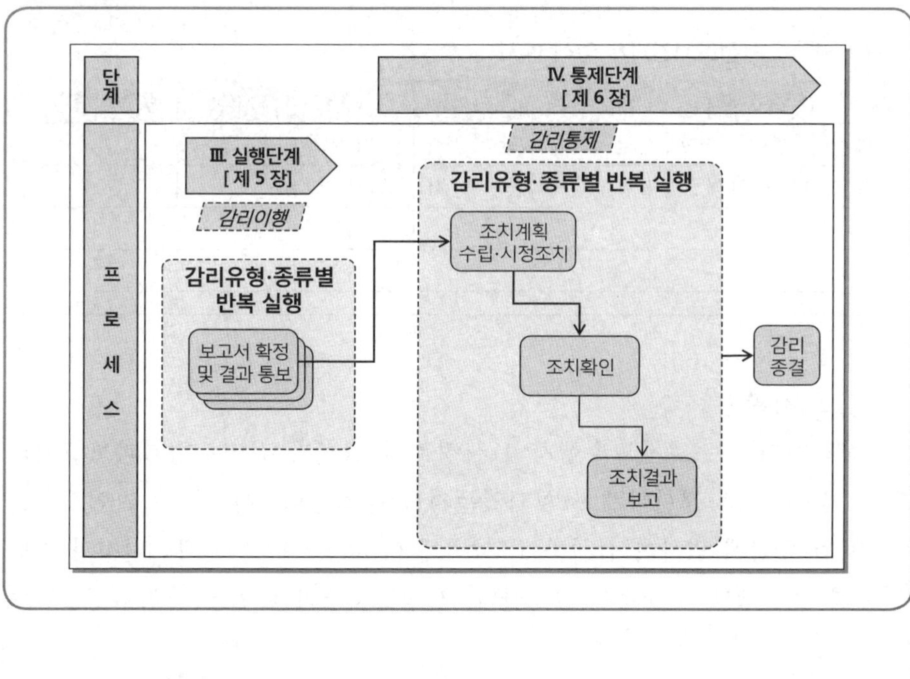

마련하고 시정조치 계획을 수립하여, 조치방법과 일정에 따라 시정조치를 실행한다. 발주자는 시정조치 이행을 관리 및 확인하고, 프로젝트수행자는 시정조치 결과를 감리법인에 의뢰하여 시정조치 확인을 받는다. **시정조치** 의뢰시에 프로젝트수행자는 다음과 같은 내용의 **시정조치결과서**를 작성하여 감리법인에게 제출한다.

시정조치결과서의 조치현황 표시 내용

- **조치완료**: 해당 개선권고사항에 대해 조치가 완료된 경우에 표시한다.
- **조치 중**: 해당 개선권고사항에 대해 계획을 수립하고 조치 중인 경우에 표시한다. 단, "조치 중" 항목에 대해서는 예상 완료일자와 조치방법을 기록해야 한다.
- **반영불가**: 해당 개선권고사항에 대해 예산부족, 보안, 발주자의 이견 등의 사유로 발주자와 사업자의 협의 및 의사결정에 따라 조치하지 않기로 결정한 경우에 표시한다. 단, "반영불가" 항목에 대해서는 발주자의 확인 근거문서가 첨부되어야 한다.

〈표 6-12〉 시정조치결과서 양식 예시

개선 권고사항	개선유형	개선시점	조치현황	조치내역	관련 산출물
(1) … 개선이 필요함.	필 수	단 기	조치완료		
(2) 개선사항 제목…	필 수	단 기	조치 중		

2) 조치확인

감리법인은 프로젝트수행자의 시정조치 결과가 감리수행결과보고서의 지적사항에 따라 적합하게 조치되었는지를 점검한다. 시정조치 확인작업은 사업자의 요청에 의하여 실시하며, 사전에 협의한 시정조치 확인일정과 방법에 따라 프로젝트 현장에서 진행한다. 시정조치결과 확인은 감리수행결과보고서에 지적된 문제점이나 미결사항을 조치하였는지 확인하는 것이며, 현장 감리 이후에 진척된 성과물은 시정조치 결과 확인대상에서 제외하는 것을 원칙으로 하되, 시정조치 확인기간 중에 점검이 가능한 범위 내에서는 추가 점검이 가능하다.

시정조치결과는 감리수행결과보고서 작성 담당감리원이 맡아서 수행하는 것을 원칙으로 하며, 시정조치 결과 확인과정에서 발견한 사항에 대해서는 프로젝트수행자에게 조치결과, 미조치 내용, 잘못 조치한 내용 등을 설명하고 소명의 기회도 부여한다. 그리고 시정조치결과 점검 및 프로젝트수행자, 발주자와의 면담을 통하여 확인한 내용에 대해 조치된 내용과 함께 미조치 또는 잘못 조치된 사항에 대한 검토의견도 제시한다. 시정조치결과는 다음과 같은 확인기준으로 시정조치결과 확인표를 작성한다.

시정조치결과 확인 기준

- **조치현황**: 시정조치결과서의 조치완료, 조치 중, 반영불가를 기재한다.
- **검토결과**: 적정, 미흡, 해당 없음으로 기재한다. 단, "미흡"은 해당 개선권고사항에 대해 특별한 사유 없이 조치가 완료되지 않았거나 미흡하게 조치된 경우이며, "해당 없음"은 반영불가 사항 또는 권고사항으로 조치내역 확인의 대상에서 제외된 경우가 해당된다.

〈표 6-13〉 시정조치결과 확인표

개선권고사항	개선유형	개선시점	시정조치결과서		조치결과 확인서	
			조치현황	조치내역	검토의견	검토결과
(1) 개선사항 제목－1	필 수	단 기	조치완료			적 정
(1) 개선사항 제목－1	필 수	단 기	조치 중			미 흡
			반영불가			해당 없음

3) 조치결과 보고

감리인은 시정조치결과를 확인하고, 발견된 미조치 또는 오조치 내용을 사업자와 발주자의 사실확인을 거쳐 확정하고, 시정조치결과보고서 초안을 작성한다. 시정조치 확인보고서는 다음 항목이 포함된다.

시정조치 확인보고서의 포함내용

Ⅰ. 시정조치 확인계획: 관련근거, 조치내역 확인 대상 사업명 및 범위, 시정조치 확인 일정, 참여감리인을 기술한 시정조치결과서의 내용을 그대로 작성한다.

Ⅱ. 시정조치 확인결과: 전제조건, 종합의견, 시정조치 확인결과 요약, 감리영역별 시정조치 확인결과 요약을 기술한다.

- 전제조건: 제외사항 또는 환경적 장애요인 등을 기술한다.
- 종합의견: 감리수행결과보고서의 개선사항에 대해, 사업자가 조치한 내용과 진척현황을 정리하고, 시정조치결과를 요약 설명한다.
- 시정조치 확인결과 요약: 종료단계의 시정조치 확인보고서에만 포함되는 사항으로, 시정조치 확인결과 요약표를 작성한다.

〈표 6-14〉 시정조치 확인결과 요약표 예시

단위시스템(또는 과업)	단위시스템(또는 과업)			시정조치 확인(건수)			비 고
	적 합	부적합	점검불가	적 합	부적합	점검불가	

- 감리영역별 시정조치 확인결과 요약: 다음의 감리영역별 조치현황 및 검토의견 현황표를 작성한다.

〈표 6-15〉 감리영역별 조치현황 및 검토의견 현황표 예시

감리영역	조치현황(건수)			검토의견(건수)			비 고
	조치완료	조치 중	반영불가	적 정	미 흡	해당 없음	
사업관리 및 품질보증							
응용시스템							
데이터베이스							
구조 및 보안							

Ⅲ. 시정조치 확인결과: 점검현황, 점검결과, 세부 점검내역을 작성한다. 단, 시정조치 확인결과는 종료단계의 시정조치 확인보고서에만 포함한다.

- 점검현황: 종료단계 감리에서 부적합 판정을 받은 요구사항에 대하여 테스트한 방법과 종료단계 감리 이후 테스트 환경의 변화 등을 기술한다.
- 점검결과: 종료단계의 부적합 요구사항에 대하여, 사업자가 시정조치한 결과를 재점검하여 적합·부적합 판정한 결과를 기술한다.
- 세부점검 내역: 요구사항별 세부점검 내역표를 작성한다. 조치현황은 완료, 조치 중으로, 적부판정은 적합, 부적합, 점검불가로 기술한다. 점검불가는 테스트 환경, 선행기능 결함으로 점검을 하지 못한 경우에 해당한다.

〈표 6-16〉 세부점검 내역표 예시

요구 ID	요구사항명	FP 기능명	시정조치 결과서		시정조치 확인	
			조치현황	조치내역	적부판정	관련증빙
SM-S-005			완 료		적 합	

Ⅳ. 감리영역별 시정조치확인 결과: 시정조치결과, 상세 시정조치결과를 작성한다.

- 점검항목별 시정조치결과: 점검항목별 시정조치결과표를 작성한다.

  [시정조치결과 확인 기준]

  - 조치현황: 조치완료, 조치 중, 반영불가를 표시한다. 단, 반영불가는 특수한 사정으로 해당 개선권고사항에 대해 조치하지 않는 경우이다.
  - 검토결과: 적정, 미흡, 해당 없음을 표시한다. 단, "미흡"은 해당 개선권고사항에 대해 조치가 미완료이거나 미흡한 경우이며, "해당 없음"은 반영불가 또는 권고사항으로 대상에서 제외된 경우이다.
- 상세 시정조치결과: 감리수행결과보고서의 개선권고사항 제목별로 다음 내용을 순차적으로 작성한다.

〈표 6-17〉 점검항목별 시정조치결과표 예시

개선 권고사항	개선 유형	개선 시점	시정조치결과서		조치결과 확인	
			조치 현황	조치내역	검토의견	검토결과
(1) 개선사항 제목－1			조치완료		나.(1) 참조	적 정
(2) 개선사항 제목－2			조치 중			미 흡
			반영불가			해당 없음

CASE STUDY

▮ 상세 시정조치결과 작성 예시

(1) 개선권고사항 제목(예: …에 대한 개선이 필요함.)

〈개선 방향〉
(가) 감리수행 결과보고서의 개선방향을 그대로 기술한다.
…

〈시정조치 확인대상〉
(나) 시정조치를 확인한 대상(산출물, 문서 등)을 기술한다.
…

〈시정조치결과〉
(다) 시정조치결과를 기술한다.
…

〈검토 의견〉
(라) 시정조치 수행에 대한 적정성 여부를 작성한다.
…

4) 감리종결

시정조치 확인보고서 초안에 대하여 발주자, 사업자의 확인을 거쳐 보고서를 확정한다. 확정된 시정조치 확인보고서는 감리계획서 또는 감리용역 사업수행계획서에 제시된 제출 부수에 맞추어 보고서를 인쇄하고, 발주자 및 사업자에게 공문서를 작성하여 제출한다. 모든 단계의 시정조치 확인보고서가 제출되면 감리사업은 종결된다.

7 인적자원 통제

프로젝트 통제단계의 인적자원관리(Human Resource Management) 지식영역에서 이루어지는 업무는 인적자원 통제이다. 인적자원의 통제는 프로젝트에 투입한 인력에 대한 변경관리와 변경인력이 적정하게 담당업무를 수행하는지 관리하는 통제업무이다. 본 절에서는 프로젝트 라이프사이클 4단계인 'Ⅳ. 통제'에서의 여섯째 업무로, 인적자원관리 지식영역에 포함되는 "인적자원의 통제"에 대해 설명한다.

그림 6-16 통제단계의 인적자원 통제 업무활동 내역

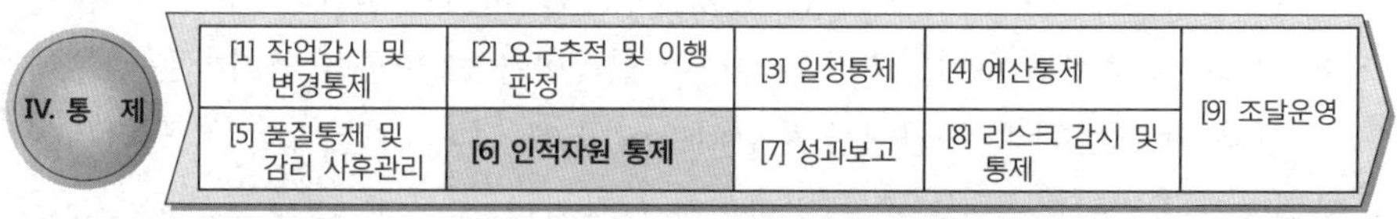

업 무	활 동	설 명
[6] 인적자원 통제	인적자원의 통제	프로젝트에 투입한 인력에 대한 변경관리와 변경인력이 적정하게 담당업무를 수행하는지 통제한다.

7.1 인적자원의 통제

인적자원의 통제는 프로젝트에 투입한 인력에 대한 변경관리와 변경인력이 적정하게 담당업무를 수행하는지 관리하는 통제업무가 포함된다. 프로젝트 현장에서는 개인적 사정이나, 프로젝트 요구에 따라 참여인력의 변경이 발생하게 된다. 이에 따라 프로젝트에 투입된 인적자원에 대해, 변경, 부분교체, 투입기간 조정 등의 통제적 관리가 필요하다. 또한 외부에 의뢰하여 진행하는

프로젝트 경우에는 투입된 인력에 대한 적정성 확인, 비용정산을 위한 참여인력의 투입공수 정산이 필요하다. 인적자원 통제에서는 프로젝트에 투입된 인력의 변경, 교체, 기간조정, 투입공수에 대한 점검과 확인을 수행하는 프로세스이다.

인적자원 통제활동

- **인력변경**: 인적자원 관리계획서의 인력이 프로젝트 수행과정에서 변경되면, 프로젝트관리자는 고객과의 협의 및 승인을 거쳐 다른 인력으로 변경한다.
- **교체**: 프로젝트 진행과정에서 개인적 사정이나 프로젝트 요구를 만족하지 못하는 경우에 프로젝트 계약조건에 따라 적정인력으로 교체한다.
- **기간조정**: 프로젝트 일정의 지연이 발생하면, 프로젝트관리자는 주관기관 및 고객과의 협의를 거쳐 참여기간을 연장 또는 축소하여야 한다.
- **투입공수**: 프로젝트 투입인력과 관련하여 인건비가 큰 비중을 차지하는 경우에는 인력 및 비용관리 차원에서 투입되는 인력에 대해 시간, 일, 주, 월단위의 투입공수를 정확히 점검하고 확인하여야 한다.

8 성과보고

프로젝트 통제단계의 의사소통관리(Communication Management) 지식영역에서 이루어지는 업무는 성과보고이다. 성과보고(Report performance)는 프로젝트 진행현황, 성과, 향후예상에 대한 정보를 수집 및 분석하여 배포하는 활동이다. 본 절에서는 프로젝트 라이프사이클 4단계인 'Ⅳ. 통제'에서의 일곱째 업무로, 의사소통관리 지식영역에 포함되는 "성과의 보고"에

그림 6-17 통제단계의 성과보고 업무활동 내역

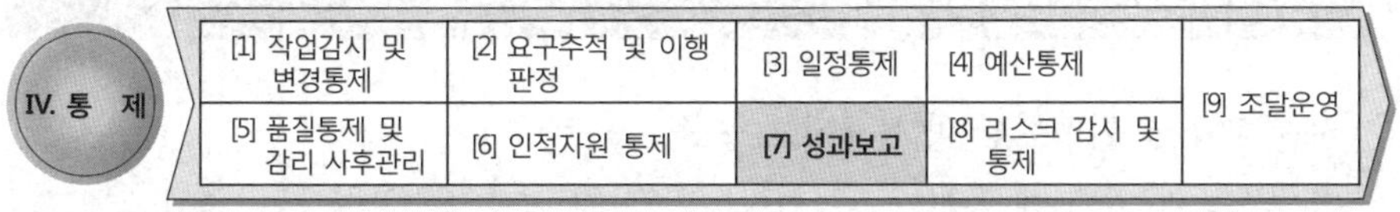

업 무	활 동	설 명
[7] 성과보고	성과의 보고	프로젝트 진행현황, 성과, 향후 예상에 대한 정보를 수집 및 분석하여 배포한다.

대해 설명한다.

8.1 성과의 보고

성과보고(Report performance)는 프로젝트 진행현황, 성과, 향후예상에 대한 정보를 수집 및 분석하여 배포하는 프로세스이다. 성과보고서를 작성하여 보고하고 배포대상자에는 적정한 수준으로 정보를 가공하여 제공해야 한다. 다양한 프로젝트 이해관계자는 프로젝트를 이해하는 지식수준과 경험이 다르므로 동일한 수준의 정보로는 이해할 수 없는 경우가 많다. 따라서 상대방에 따라 간단한 현황 보고서부터 상세한 분석자료까지 다양하게 작성하는 것이 좋다.

프로젝트 의사소통관리를 위한 **성과보고서**에는 성과측정 기준선(Performance measurement baseline)에 따른 작업의 성과정보(Work performance information)를 포함하며 일반적으로 다음과 같은 내용이 작성된다.

성과보고서 작성내용

- 세부 과업별 이행현황 및 목표달성 수준
- 프로젝트 영역별 계획대비 실적현황: 일정, 원가, 품질, 인적자원, 조달
- 과거 또는 유사 프로젝트 대비 성과 비교분석
- 위험, 이슈, 문제 및 해결현황
- 향후 진행계획 및 성과예측
- 프로젝트 목표달성에 영향을 미치는 요인
- 이해관계자 검토 및 승인이 필요한 사항

프로젝트의 향후 성과예측을 위해서는 적절한 예측방법이 동원되어야 한다. 프로젝트 성과예측 방법에는 **시계열 기법, 인과/계량 경제기법, 판단기법,** 시뮬레이션 등의 방법을 사용한다.

프로젝트 성과예측 방법

① **시계열 기법(Time series method)**: 과거의 선례 정보를 활용하여 향후성과를 예측한다. 획득가치, 이동평균, 외삽법, 선형예측, 추세예측 등이 있다.

② **인과/계량 경제기법(Causal/Econometric method)**: 날씨 변화, 환율 변동 등의 가정(Assumption)을 토대로 향후성과를 예측한다. 회귀분석, 자기회귀이동평균(Autoregressive Moving Average: ARMA), 계량경제학 등이 있다.

③ **판단기법(Judgmental methods)**: 직관적 판단, 전문가적 견해, 확률에 기반하여 향후성과를 예측한다. 설문, 델파이기법, 전문가법, 시나리오구축, 기술예측 등의 방법이 있다.

④ **기타 기법**: 시뮬레이션, 확률적 예측, 앙상블 기법(Ensemble technique) 등이 있다.

프로젝트 성과보고를 수행하는 절차에는 **성과지표** 정의, 성과관리계획

수립, 성과측정, 성과분석, 성과보고, 시정조치, 성과등록 및 평가활동이 포함된다. 성과보고 수행절차에 대한 관련 활동을 계획, 이행, 종결단계로 구분하여 활동별 내용을 정리하면 [그림 6-18] 및 〈표 6-18〉과 같다.

그림 6-18 성과보고 수행절차

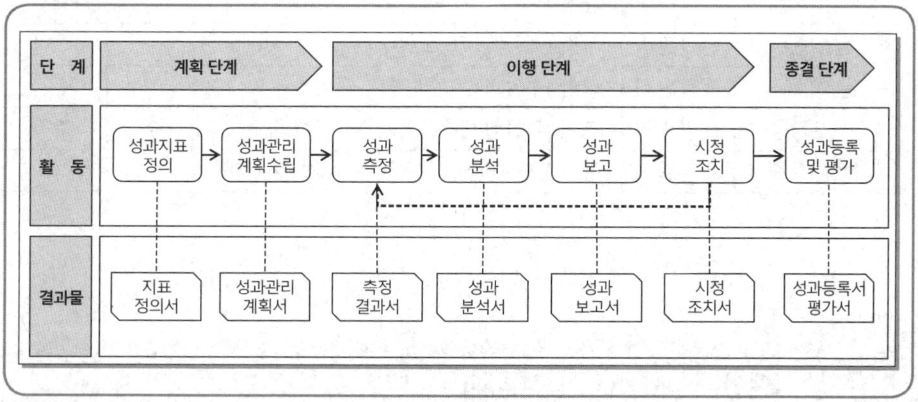

〈표 6-18〉 성과보고 수행 활동 내역

절차	활 동	활동 내용	입력물	결과물
계획 단계	성과지표 정의	• 프로젝트 성과에 대한 프로젝트 내/외부의 요구사항을 분석한다. • 성과목표 및 성과지표를 정의한다.	제안서, 계약서 표준 · 절차 매뉴얼(SPM)	지표정의서
	성과관리 계획수립	• 프로젝트의 성과관리 계획을 작성한다.	지표정의서	성과관리 계획서
이행 단계	성과측정	• 성과관리계획에 정의된 측정주기별 데이터를 측정한다.	성과관리계획서 지표정의서	측정결과서
	성과분석	• 성과측정 데이터를 취합한다. • 프로젝트의 성과를 분석한다.	측정결과	성과분석서
	성과보고	• 성과보고서를 작성하여 정기/비정기 보고를 한다.	분석서	성과보고서
	시정조치	• 성과미흡 항목에 대해 시정조치를 계획하고 이행한다. • 이행단계의 성과측정활동으로 순환된다.	성과보고서	시정조치서
종결 단계	성과등록 및 평가	• 규정에 따라 개인별 · 팀별 성과를 등록, 평가, 보상한다.	성과보고서 시정조치서	성과등록서 (평가서)

〈표 6-19〉 주요 성과지표 정의(예시)

지 표 명	관리영역	측정방법	측정주기
요구사항이행률	범위관리	(이행완료요구사항수 ÷ 전체요구사항수) ×100%	월간
요구사항변경률	범위관리	(변경 요구사항개수 ÷ 분석단계 요구사항개수)× 100%	주간
공정준수율	일정관리	(공정진척률 ÷ 공정목표율)×100%	주간
투입공수준수율	인력관리	(실적투입공수 ÷ 계획투입공수)×100%	주간
결 함 률	품질관리	(결함 케이스수 ÷ 테스트 케이스수)×100%	주간
시정조치율	품질관리	(조치된 결함개수 ÷ 발견된 결함개수) ×100%	주간
성능준수율	품질관리	(목표응답시간 ÷ 측정응답시간)×100%	단계 말

9 리스크 감시 및 통제

프로젝트 통제단계의 리스크관리(Risk Management) 지식영역에서 이루어지는 업무는 리스크 감시 및 통제이다. 리스크의 감시 및 통제는 프로젝트의 리스크 발생을 방지하기 위해, 지속적인 모니터링과 더불어, 상황에 따라 새로운 리스크로 발생되는 것을 방지하기 위해 감시와 통제활동을 수행한다.

본 절에서는 프로젝트 라이프사이클 4단계인 'Ⅳ. 통제'에서의 여덟째 업무로, 리스크관리 지식영역에 포함되는 "리스크의 감시 및 통제"에 대해 설명한다.

그림 6-19 통제단계의 리스크 감시 및 통제 업무활동 내역

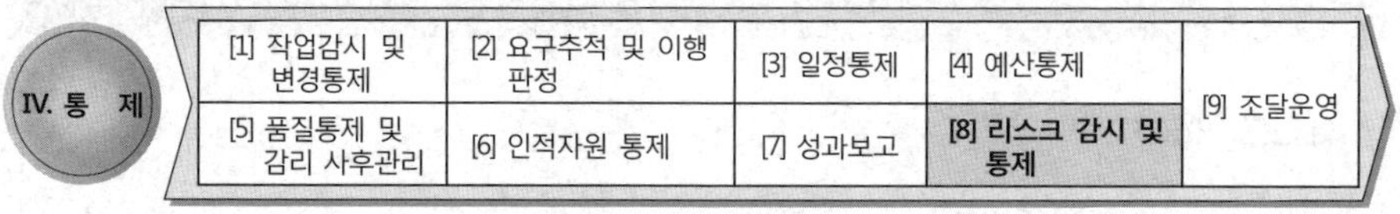

업 무	활 동	설 명
[8] 리스크 감시 및 통제	리스크의 감시 및 통제	프로젝트의 리스크 발생을 방지하기 위해 지속적인 모니터링과 더불어, 상황에 따라 새로운 리스크로 발생되는 것을 방지하기 위해 감시와 통제활동을 수행한다.

9.1 리스크의 감시 및 통제

프로젝트 진행과정을 통해 리스크는 잠재하여 있고 변화하기도 한다. 프로젝트에서 리스크가 변화되는 이유는 프로젝트의 외부적 · 내부적 요인이 존재하기 때문이다. 내부적 요인은 프로젝트 진행과정에서 인력변화, 설계변경, 신기술 적용 등에 따라 리스크가 변화되는 것을 말하며, 외부적 요인은 고객의 요구나 정책변경에 따라 리스크가 없어지거나 변화되는 것을 말한다. 따라서 리스크관리 책임자는 리스크 조치계획의 적절성 판단, 비상계획의 가동, 조치계획의 이행, 리스크 종결에 대한 지속적인 리스크 감시와 통제가 필요하다.

리스크는 프로젝트 진행과정에서 발생이 예견되는 사건으로, 실제 발생이 되면 프로젝트 목표달성에 장애가 된다. 이러한 상황에서 프로젝트를 위험요인으로부터 보호하기 위해 리스크는 지속적으로 감시되어야 한다. 리스크 대응 책임자는 대응계획에 따라 발생 가능성이 높은 리스크를 지속적으로 감시하고, 상황변화에 대해 프로젝트관리자에게 신속히 보고하여, 리스크 발생을 억제하는 데 효과적으로 대응할 수 있도록 해야 한다.

이를 위해 프로젝트에서는 **리스크 관리대장**을 만들어서 기록해야 한다. 리스크 관리대장을 성실히 작성하면 다른 프로젝트에도 활용할 수 있다. 잠재된 리스크를 쉽게 찾아낼 수도 있고, 리스크에 어떻게 대처하는 것이 문제를

CASE STUDY

리스크 관리대장

• 다음 표는 프로젝트 현장에서 사용하는 리스크 관리대장을 예시로 작성한 것이다.

〈표 6-20〉 리스크 관리대장

ID	리스크 분류	리스크 요소	발생 가능성	영향도	리스크 등급	상태	최초 평가일	재평가 예정일	담당자	리스크 내용

쉽게 해결할 수 있는지에 대한 도움을 받을 수 있다.

리스크 자체는 유기체와 같아서 프로젝트를 진행하는 동안 지속적으로 내용이 변경될 수 있다. 따라서 리스크수준에 대해서 지속적으로 감시하는 것은 리스크를 통제하기 위한 전제조건이다. 리스크 감시 및 통제 프로세스에서는 식별된 리스크에 대한 대응계획을 실제 이행하고 경과를 추적하며, 새로이 발생하는 리스크에 대하여도 식별하여 대응할 수 있도록 한다. 리스크를 주기적으로 재평가하고 우선순위를 재정렬하여, 리스크 대처계획을 갱신하는 것은 새로운 리스크를 인지하기 위한 지속적인 리스크 감시활동이다.

리스크 통제활동에는 예견된 리스크가 발생하거나, 상황에 따라 변형되어 새로운 리스크로 발생되는 것을 방지하기 위해, 리스크에 대한 추세분석, 리스크 대응회의, 프로젝트 성과측정을 지속적으로 수행한다. 리스크의 통제를 체계적으로 관리하기 위해 프로젝트에서 **리스크관리시스템**(Risk Management System: RMS)을 사용하는 것이 필요하다. RMS는 기업이 불확실한 경영환경에서 닥칠 수 있는 여러 가지 경영리스크를 사전에 분석하고, 대응체계를 구축함으로써 가치 극대화를 추구하기 위한 기반시스템으로 활용된다.

RMS는 프로젝트의 리스크요인을 예측하고, 체계적으로 관리하기 위해, 각종 리스크요인에 대해 분석 및 대응방안을 수립하고, 모의실험을 통해 위험상황을 대처해 나가는 시스템이다. RMS를 리스크 정보의 효율적 관리 및 통제를 위한 프로젝트 관리수단으로 활용하면 잠재적 리스크가 많은 프로젝트에서는 매우 유용하게 활용할 수 있다.

또한 프로젝트 리스크관리 및 통제를 효과적으로 수행하기 위해, 프로젝트의 핵심 리스크 관리지표를 선정하고, 이해관계자 전원이 눈으로 보고 대응할 수 있도록 관리지표를 대시보드(Dashboard)의 그래픽으로 표현하여 활용하면, 이해관계자 전원이 리스크관리에 참여할 수 있는 분위기를 조성하는 이점을 가지게 된다. [그림 6-20]은 리스크관리시스템(RMS) 구성도를 작성한 예시도이다.

그림 6-20 리스크관리시스템(RMS) 구성도 예시

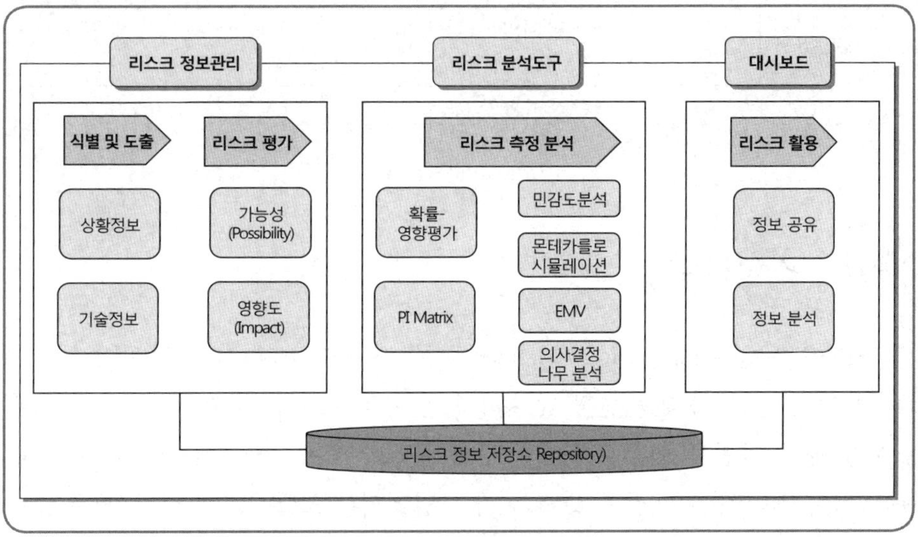

10 조달운영

프로젝트 통제단계의 조달관리(Procurement Management) 지식영역에서 이루어지는 업무는 조달운영이다. 조달의 운영(Administer Procurements)은 계약조건에 따라 조달 이행사항을 관리하고 필요한 사항을 변경 및 수정하는 활동이다.

본 절에서는 프로젝트 라이프사이클 4단계인 'Ⅳ. 통제'에서의 아홉째 업무로 조달관리 지식영역에 포함되는 "조달의 운영"에 대해 설명한다.

그림 6-21 통제단계의 조달운영 업무활동 내역

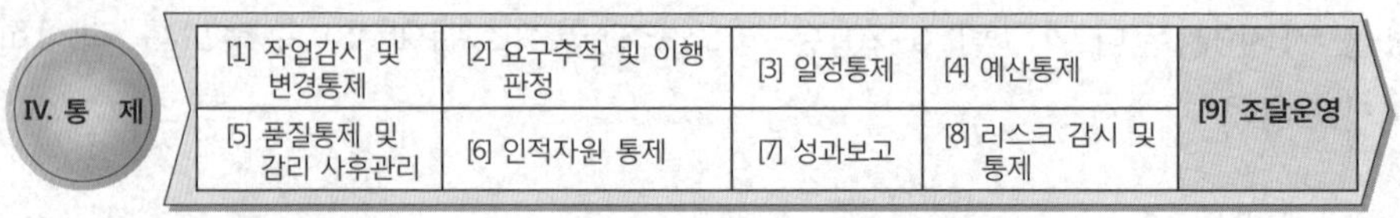

업 무	활 동	설 명
[9] 조달운영	조달의 운영	조달계약 조건에 따라 이행사항을 관리하고, 필요한 사항을 변경 및 수정하는 활동이다.

10.1 조달의 운영

조달의 운영(Administer Procurements)은 계약조건에 따라 조달 이행사항을 관리하고 필요한 사항을 변경 및 수정하는 프로세스이다. 조달은 프로젝트에 필요한 제반 자원을 외부로부터 적시에 공급받아 프로젝트에 투입하여 목표를 달성하고자 하는 과정으로, 프로젝트 팀에서는 조달운영 관리가 매우 중요한 활동이다. 특히, 여러 공급자가 참여하는 대규모 프로젝트에서는 다양한 공급자 간 통합과 조화를 관리하는 것이 계약관리의 중요한 측면이 된다.

프로젝트 팀에서는 조달을 관리할 때, 계약관계를 가지는 법률적 성격 때문에 조달과 관련한 법적 의미를 이해해야 한다. 또한 조달운영 업무에는 조달품의 품질규격 미달, 납기지연, 요구변화 등과 같은 경우가 발생함에 따른 계약 조기종결 상황에도 대비하고 처리하여야 한다. 이러한 과정에는 계약조항의 변경에 따라 구매자와 공급자 상호합의에 의해 언제든 계약서를 수정할 수 있게 되며, 이로 인한 쌍방의 이해득실 관계가 형성되기도 한다.

조달운영은 조달 프로세스에서 '조달수행' 다음 단계로 수행하는 업무이며, 조달관리를 위한 주요 업무 프로세스에는 [그림 6-22]와 같이 적용, 검사 및 관리가 있다.

10.1.1 적 용

조달 프로세스의 조달운영 단계에서 '**적용**'이란 업무는 상품 또는 서비스 조달품을 프로젝트 수행 방법론에 맞추어, 필요과정의 입력물로 투입하여 품질 준수조건을 만족하는지를 확인하고, 프로젝트의 결과물 창출에 기여하도록 하는 활동을 말한다. 적용업무에 포함되는 업무활동으로는 설치/활용, 재고관리가 있다.

그림 6-22 조달 프로세스의 '조달운영' 단계 업무

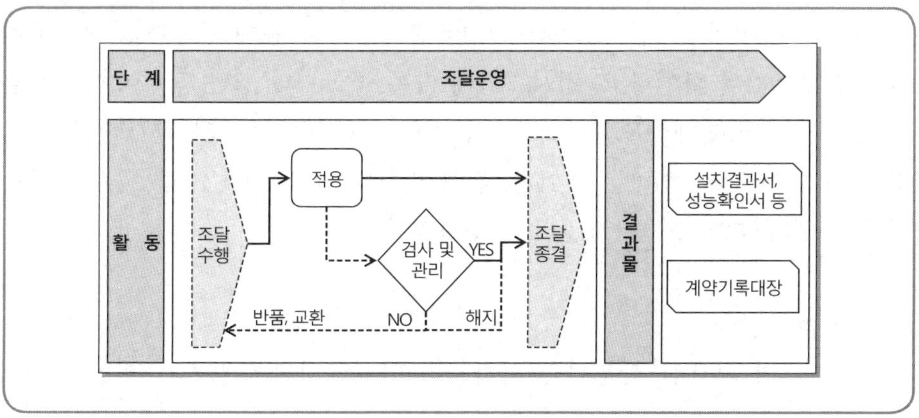

1) 설치/활용

설치/활용은 조달품의 특성에 따라 입고한 조달품을 설치하거나 또는 투입물로 활용하는 것을 말한다. 공급자로부터 입고된 프로젝트 조달품은 제품이나 서비스 특성에 맞추어 프로젝트에 적용된다. 원료 및 자재 성격은 프로젝트 투입물로 활용이 될 것이며 장비, 설비에 해당하는 조달품은 설치 과정을 거쳐, 품질적 이상유무를 확인한 후 완전한 것이 프로젝트에 적용된다. 또한 사업의 일부로 제공되는 중간 산출물 형태의 조달품은 프로젝트의 일부로 활용되기도 한다. 프로젝트 적용 결과 조달품에 하자가 없는 경우에는 조달종결 단계로 넘어간다.

조달품 특성에 따라 설치 및 활용에 특별한 기술적 지식이 필요할 경우, 향후 사용자 및 유지보수 관점에서 설명서 또는 매뉴얼의 작성이 필요하다.

2) 재고관리

입고된 상품이나 서비스의 잔여수량이 발생하거나, 설치 및 활용에 시간적으로 여유가 있을 경우에는 보관창고를 활용한 적절한 재고관리가 필요하다. 조달품은 프로젝트의 비용적 관점에서 관리해야 할 재무적 고려항목으로, 적정 재고관리를 통해 재고를 최소화하거나 차기 프로젝트에 활용하는 방법을 모색해야 한다.

10.1.2 검사 및 관리

검사 및 관리업무는 조달품에 대한 품질검사를 통해 구매자의 요구조건과 부합하는지를 확인하고, 검사결과에 따른 공급자의 조달 적정이행 여부를 관리한다. 그리고 계약조건에 부합하는지를 관리하여 조달과 관련한 변화 사항의 변경관리를 수행하는 것이다. 검사 및 관리에 포함되는 업무활동으로는 검사관리, 계약관리, 공급자관리, 변경관리가 있다.

1) 검사관리

공급자가 납품한 상품이나 서비스는 입고단계에서 품질을 확인하지만,

조달품의 특성에 따라 프로젝트에 적용해야 품질을 확인할 수 있는 경우도 많다. 검사관리는 조달품을 프로젝트에 투입하여 구매자가 요구하는 세부 조건을 만족하는지를 확인하는 것이다. 즉 공정검사를 통해 조달품의 성능성, 신뢰성, 사용성, 효율성, 유지보수성, 이식성 차원에서 품질적 요구조건이 만족되는지를 확인한다. 그리고 조달품이 요구조건과 불일치하거나 적용이 불가한 사항이 발생할 경우에 반품, 교환, 클레임 처리를 진행한다. 공급자의 조달품에 대한 품질검사를 위해 성능확인서, 설치결과서, 라이선스 등의 자료가 필요할 수 있다.

2) 계약관리

구매자와 공급자는 상호 조달이행을 위해 계약조건을 준수해야 하며, 구매자는 제시한 요구사항이 충족되는지를 확인하고 공급에 따른 적합한 대가를 공급자에게 지불해야 한다. 계약관리 업무에는 조달계약서에 정의된 조건에 따라 공급자가 적합한 자원을 적시에 공급하였는지 확인하고, 공급자는 계약서 지급조건에 따라 적정금액을 지불하였는지 확인하는 일이 포함된다.

계약관리업무에서는 조달품 입고단계의 수입검사 또는 공정검사를 통해 발견된 클레임 사항을 계약서에 준하여 처리하는 일이 포함된다. **클레임**은 조달과 관련하여 쌍방의 불만족 및 손해 발생에 따른 이의가 제기되었으나, 합의에 이르지 못하였을 경우에 발생한다. 클레임은 배상청구에 해당하는 사항으로 조달업무 시작부터 종료에 이르기까지 전반적으로 발생할 수 있다. 프로젝트 팀에서는 발생한 클레임의 처리를 위해 문서화, 과정관리, 모니터링을 수행하여야 한다. 계약 당사자들이 클레임을 해결하지 못할 경우에는 계약서에 명시된 조항에 따라 처리하거나 법적 해결조치를 취해야 한다.

3) 공급자관리

프로젝트 생애주기를 통해 외부로부터 필요자원을 공급받아야 하는 경우에는 공급자에 대한 관리가 매우 중요하다. 공급자관리를 위해서는 공급자에 대한 이행평가관리와 관계(Relationship)관리가 중요하다. 공급자 이행평가관리는 조달계약에 따라 공급자의 이행여부를 평가하는 것이고, 공급자 관계관리는 전략적 조달관점에서 구매자의 목표달성과 가치창출에 기여하고, 구매자-공급자 간의 'Win-Win' 관계를 형성하는 데 주안점을 둔다.

① 공급자 이행평가관리

프로젝트에 안정되고 품질보증된 조달품이 공급되고, 향후 유사 프로젝트에서도 지속적으로 유지공급되기 위해서는 선정된 공급자를 정기적으로 평가할 수 있는 절차와 방법이 필요하다. **공급자 이행평가**는 다음과 같은 내용을 중심으로 수행한다.

공급자 이행평가 주요항목

- **경영평가**: 경영상태(재무적 관점), 품질보증방침, 품질조직, 기타
- **품질평가**: 품질표준 준수, 제품관리, 공정관리, 시험장비 및 설비관리, 포장관리, 납기관리, 가격관리, 유지보수, 기타 품질관련 항목

공급자 이행평가보고서는 조달에 대한 이행내역을 분석한 문서로, 경영 일반사항, 종업원의 변동 유무, 발주 및 납품 명세, 가격추이, 납기준수, 불합격 판정 추세, 클레임 분석, 공급능력, 잠재공급자 비교분석 등이 포함된다. 공급자 평가보고서는 공급품의 안정적 조달기반을 확보하기 위해 중요한 문서이다.

② 공급자 관계관리

프로젝트에서 조달의 비중이 클 경우에 구매자-공급자는 조달을 통해, 쌍방의 가치를 높일 수 있는 계기가 마련되어야 한다. 구매자 입장에서 공급자와 호혜적 관계를 유지하여 안정적인 거래관계를 형성하고, 목표달성과 성과창출에도 기여하기 위한 목적이 있다. SRM(Supplier Relationship Management, 공급자 관계관리)은 공급자와 관계를 개선하고 프로젝트 성과를 높여 조달 최적화를 지향하기 위한 방법이며 기술이다. SRM을 통해 조달 프로세스 전반에 걸쳐서 공급자를 관리·평가할 뿐만 아니라, 납품시기, 공급현황, 수요예측,

재고관리, 품질, 비용정보, 협상 등 상호 협업을 활성화하는 많은 정보를 다루게 되며, 최적의 공급망을 유지할 수 있게 된다.

일반적으로 구매자와 공급자 간의 관계관리는 다음과 같이 **거래적 관계**(Transactional relationship), **협업적 관계**(Collaborative relationship), **전략적 관계**(Strategic relationship)의 발전적 단계를 통해 전략적 조달을 수행한다.

(i) **거래적 관계**(Transactional relationship): 가격이 거래의 주된 관점이고, 상대방의 입장을 고려하지 않는 'Win-Lose'관계가 형성된다. 공급자는 구매자가 요구하는 최소한의 품질수준과 서비스를 제공한다.

(ii) **협업적 관계**(Collaborative relationship): 구매자, 공급자는 상호 적극적 협력관계를 유지하고 장기계약을 통해 거래관계를 유지한다. 비표준품목의 조달을 위해 구매자와 공급자는 장기간의 협력적 관계를 유지하여 리스크와 비용을 절감하고자 한다.

(iii) **전략적 관계**(Strategic relationship): 구매자와 공급자는 상호 비전 및 전략을 공유하고 조달을 통해 'Win-Win' 관계를 형성한다. 협력적 관계를 넘어 신뢰규축, 총비용 절감, 시간단축, 기술역량 향상 등의 종합적 가치향상이 목적이다.

4) 변경관리

프로젝트가 진행됨에 따라 당초 계약내용과 다른 요구사항이 발생하여, 공급품에 대한 규격이나 조건을 변경해야 할 경우가 발생한다. 변경이 구매자와 계약자 상호간에 수용할 수 있는 수준에서 발생하면 변경관리가 불필요하다. 그러나 변경에 따른 범위, 시간, 일정, 비용 등의 추가자원이 필요할 경우 공식적으로 변경관리를 거쳐야 한다. 조달계약에 대한 변경관리는 구매자 및 발주자의 책임자가 공식적인 과정을 통해 변경토록 해야 하며, 변경된 조항은 잔여 조달기간에 적용되므로 변경과 관련해 영향분석을 수행할 필요가 있다.

제7장

프로젝트 종결

1 개　요

모든 프로젝트는 새로운 과제를 해결하기 위해 시작하지만, 반드시 종결단계를 거쳐야 하는 생명주기(Life cycle) 과정을 가진다. 종결단계의 핵심업무는 프로젝트의 종료보고와 함께 그동안 만들어진 프로젝트 최종 결과물로서 문서, 제품이나 서비스를 발주자 또는 고객에게 인도하는 프로젝트의 마무리이다. 그리고 성공적인 프로젝트의 종료를 위해 프로젝트 조달과 관련한 모든 업무를 종결하고, 프로젝트 종료 이후 고객이나 발주자에게 인도되는 제품이나 서비스의 운영 및 유지보수 관련 사항을 계약문서로 남겨야 한다. 또한 정책에 따라 프로젝트 성과에 대한 평가 및 보상을 실시하고, 프로젝트를 통해 축적한 지식을 정보화하여 차기 또는 유사 프로젝트에 활용토록 해야 한다.

본서의 프로젝트 종결은 프로젝트 라이프사이클에서 '단계 – Ⅴ. 종결'에 해당하는 과정이다. 종결단계의 프로젝트 활동에는 먼저, 조달 및 계약의 종결, 운영 및 유지보수 전략수립과 계약, 운영 및 유지보수에 대한 체계적 이

그림 7-1 프로젝트 라이프사이클 종결단계의 업무내역

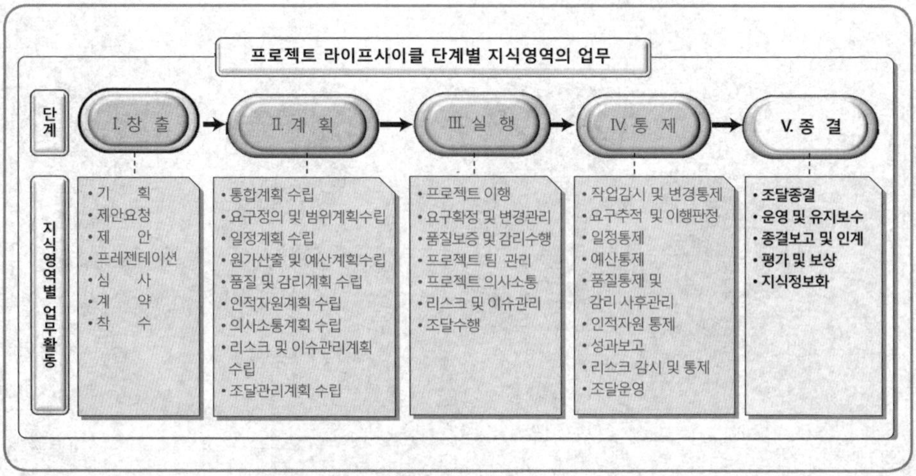

행이 있다. 다음으로 고객 인수시험을 거쳐 종료보고를 실시하고, 프로젝트 인도물을 고객에게 인수인계하며, 발주자에게 최종 검수요청을 수행하는 과정이 포함된다. 끝으로 프로젝트에 대한 성과의 평가와 보상을 적용하고, 프로젝트를 통해 얻어진 지식을 정보화하는 활동이 추가된다. 프로젝트 라이프사이클 단계 'V. 종결'에서의 프로젝트 업무 및 활동내역을 요약 설명하면 [그림 7-1] 및 〈표 7-1〉과 같다.

〈표 7-1〉 프로젝트 종결단계의 업무활동

업무 구분	프로젝트 활동	설 명
[1] 조달종결	조달 및 계약 종결	조달계약에 포함된 모든 항목이 계약기간 내에 정상적으로 이행되었을 경우에, 구매자와 공급자 간의 계약을 종료시키는 것이다.
[2] 운영 및 유지보수	운영 및 유지보수 전략수립과 계약	프로젝트 종료 이후 결과물에 대한 운영 및 유지보수 전략을 수립하고, 유지보수 계약을 체결한다.
	운영 및 유지보수 체계적 이행	운영 및 유지보수를 위한 범위를 구체적으로 결정하고, 장애나 결함 등 관련 요구사항이 발생했을 때, 신속하고 정확한 처리를 위한 공식적 이행체계를 구축한다.
[3] 종결보고 및 인계	고객 인수시험	프로젝트 결과물이 고객의 인수조건 및 요구사항을 만족하는지를 검증하기 위해, 실제 환경에서 시험하는 것이다.
	종료보고	프로젝트의 공식적인 종료를 위해, 고객 또는 프로젝트 결정권자에게 프로젝트 종료에 대한 공식적인 보고를 수행한다.
	인수인계 및 검수요청	프로젝트 완료 결과물에 대한 고객 인계를 문서로 공식화하고, 비용정산을 위해 고객에게 검수를 요청한다.
[4] 평가 및 보상	프로젝트 성과평가	프로젝트 목표달성과 더불어 고객의 만족도를 높이기 위해, 성과 지표를 설정하고 그 결과를 측정하여, 프로젝트에 기여한 성과수준을 평가한다.
	프로젝트 성과보상	성과평가 결과에 따라, 프로젝트 팀 전체 또는 개인별로 유·무형의 가치를 제공하는 것을 의미한다.
[5] 지식정보화	프로젝트 지식의 정보화	프로젝트 수행과정에서 인적자원들이 축적하고 있는 개별적인 지식과 노하우를 효율적으로 관리하고, 이를 상호 공유하거나 차기 또는 유사 프로젝트에도 재활용할 수 있도록 한다.

2 조달종결

프로젝트 종결단계의 조달관리(Procurement management) 지식영역에서 이루어지는 프로젝트 업무에는 "조달종결"이 있다. 프로젝트에 필요한 제반 자원을 내외부로부터 조달하고 조달계약을 최종 마무리하는 활동이다. 본 절에서는 프로젝트 라이프사이클 5단계인 'V. 종결'에서의 첫 번째 업무로, 조달관리 지식영역에 포함되는 "조달종결"에 대해 설명한다.

그림 7-2 종결단계의 조달종결 업무내역

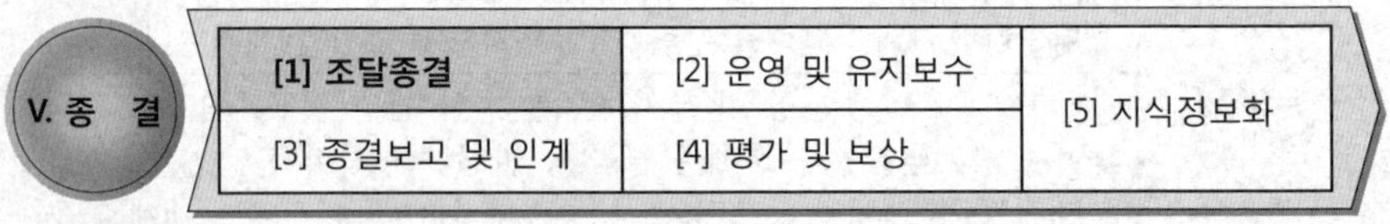

업 무	활 동	설 명
[1] 조달종결	조달 및 계약 종결	조달계약에 포함된 모든 항목이 계약기간 내에 정상적으로 이행되었을 경우에 구매자와 공급자 간의 계약을 종료시키는 것이다.

2.1 조달 및 계약종결

프로젝트의 조달 프로세스의 최종단계는 조달과 관련한 모든 업무를 완전하게 종결 처리하는 것이다. 조달의 종결은 조달계약에 준하여 모든 공급품이 구매자의 요구사항에 맞추어 정상적으로 입고되어 사용되었는지를 확인하고, 접수된 자원에 대해 대금을 지불하면 완료된다.

조달종결은 조달 프로세스에서 '조달운영' 다음 단계로 수행하는 업무이며, 조달종결을 위한 주요 업무프로세스에는 [그림 7-3]과 같이 '계약종결'

그림 7-3 조달 프로세스의 '조달종결' 단계 업무

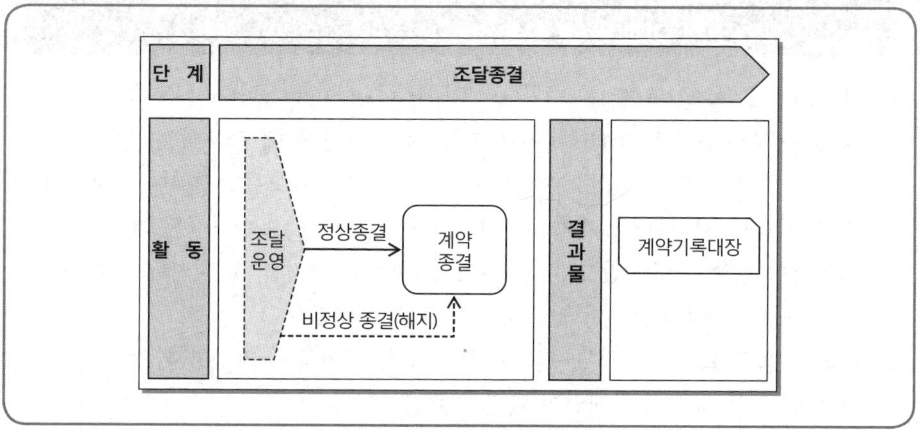

업무가 있다.

계약종결은 조달계약에 포함된 모든 항목이 계약기간 내에 정상적으로 이행되었을 경우에 구매자와 공급자 간의 계약을 종료시키는 것이다. 계약종결을 위해서는 계약조건의 이행확인, 유지보수 조건 명확화가 필요하다. 그러나 계약종결은 조달계약 조건 이행에 따른 정상종결뿐 아니라, 계약 불이행에 따른 비정상 종결도 포함된다. 계약의 비정상 종결은 계약당사자 가운데 일방이 상대방에 대하여, 일방적으로 계약 실효의 의사표시를 하여, 계약을 해제(解除) 또는 해지(解止)시키는 것을 말한다.

조달종결 단계의 '계약종결'에 포함되는 업무활동으로는 계약조건 이행확인, 계약해제 및 해지, 계약종료가 있다.

1) 계약조건 이행확인

계약종결을 위해서는 조달계약에 포함된 계약조건이 올바로 이행되었는지를 확인하는 과정이 필요하다. 계약조건의 이행확인을 위해 필요한 업무는 다음과 같다.

계약조건 이행확인 필요업무

① **계약기록 검토**: 기록관리시스템(Records management system)은 계약서 , 조달문서, 조달 히스토리(History)를 기록·관리하기 위해 사용하는 것이다. 계약문서를 포함하여 다양한 유형의 기록을 관리하고, 보유기간이나 처분과 관련한 지침도 관리한다. 계약종결에 대비하여 프로젝트관리자는 계약기록을 검토하여 발주, 입고, 검사, 유지보수, 클레임, 대금지불 및 정산에 관한 모든 조달 프로세스에서 문제가 없는지를 확인해야 한다.

② **클레임 종결 확인**: 품질 부적격 사항의 조치, 교환품 처리사항 확인, 반품 결과 확인을 통해 모든 클레임이 완결되었는지 확인한다.

③ **유지보수 요건 확인**: 조달제품이나 서비스에서 사후문제가 발생되거나, 업그레이드가 필요한 경우에 유상 또는 무상 유지보수 정의가 계약을 통해 명문화되었는지 확인한다.

④ **조달관련 문서 확보**: 향후 문제 발생에 대비하여 조달과 관련한 근거물이 기록관리시스템에 모두 확보되어 있는지를 확인한다.

⑤ **대금 정산**: 조달품에 대해 정상적으로 대가를 지불하였는지 확인하고, 교환, 클레임, 해지 등의 발생사항에 대해, 대금이 상황에 맞게 정산되었는지 확인한다. 대금정산에는 납기지연에 따른 지체상금 처리도 포함된다.

CASE STUDY

연체료 부과

- 국가를 당사자로 하는 계약에 관한 법률에는 정당한 이유 없이 계약의 이행을 지체한 계약상대자로 하여금 다음과 같이 **연체료** 부과기준을 규정하고 있다.
  - 납입기한이 지난 날부터 10일 이내에 납입하는 경우: 연체금액의 1천분의 1에 해당하는 금액
  - 납입기한이 지난 날부터 10일을 초과하고 30일 이내에 납입하는 경우: 연체금액의 1천분의 5에 해당하는 금액
  - 납입기한이 지난 날부터 30일을 초과하여 납입하는 경우: 연체금액의 1천분의 10에 해당하는 금액

2) 계약 해제 및 해지

계약이행 과정에서 계약당사자 가운데 일방이 상대방에 대하여 일방적으로 계약 실효의 의사표시를 하여, 더 이상 계약을 유지할 수 없을 경우에는 계약을 **해제**(解除) 또는 **해지**(解止)시키는 경우가 발생한다.

구매자와 공급자는 계약 이행과정에서 발생하는 문제로 인해, 중도에 쌍방의 합의하에 계약조항을 변경시킬 수도 있다. 그러나 합의에 의한 계약조항 변경이 불가할 경우에는, 계약당사자 가운데 일방이 상대방에 대하여 일방적으로 계약 실효의 의사표시를 하고, 더 이상 계약을 유지하지 않을 목적으로 계약을 해제 또는 해지할 수 있다.

계약의 해제와 해지

① 계약 해제(解除)

- 계약을 처음부터 없었던 것처럼 되돌려 놓는 것으로, 계약 효력을 체결시점부터 소멸시키는 것을 말한다.
- 기존 계약의 당사자가 그 계약을 체결하지 않은 것과 같은 효과를 가지게 하는 것을 내용으로 반대계약이라고도 하며, 해제를 하면 원상회복이 필요하여 준 것이 있으면 받고 받은 것이 있으면 돌려주어야 한다.
- 해제로 인해 원상회복이 안 되는 경우에는 손해배상 문제가 발생한다. 예로서, 조달품의 규격 미달로 사용이 불가할 경우에 환불을 받는 경우가 해당된다.

② 계약 해지(解止)

- 계약 해지로 인해 현재까지 법률적 효과는 그대로 인정하고, 장래에 대해서만 효력이 없도록 하는 것으로 소급효과가 인정되지 않는 경우에 해당된다.
- 계약이 해지되면 그 계약은 그때부터 그 효력을 잃으며, 해지효과가 발생하기 전에 이미 이행된 계약의 내용은 그대로 유효하다.
- 쌍방의 잘못이 없이 계약을 상호 합의하에 종료시키는 경우에 해당되나, 계약 해지에 따른 손해배상 문제가 발생되면 청구할 수도 있다.

3) 계약종료

계약 이행조건에 따라 구매자와 발주자 간의 모든 요건이 충족되면, 계약은 정상적으로 종료된다. 그러나 일방 또는 쌍방의 계약 불이행에 따른 계약 해제 및 해지도 계약종료가 된다.

3 운영 및 유지보수

프로젝트 종결단계의 품질관리(Quality management) 지식영역에서 이루어지는 프로젝트 업무에는 운영 및 유지보수 관련 업무활동이 있다. 프로젝트 종료 이후 인도물에 대한 운영 및 유지보수 전략을 수립하고, 유지보수 계약을 체결하며, 운영 및 유지보수를 위한 범위를 구체적으로 결정한다. 그리고 장애나 결함 등 관련 요구사항이 발생했을 때, 신속하고 정확한 처리를 위한 공식적 이해 체계를 구축하는 활동이 필요하다.

그림 7-4 종결단계의 운영 및 유지보수 업무내역

V. 종 결			
	[1] 조달종결	**[2] 운영 및 유지보수**	[5] 지식정보화
	[3] 종결보고 및 인계	[4] 평가 및 보상	

업 무	활 동	설 명
[2] 운영 및 유지보수	운영 및 유지보수 전략 수립과 계약	프로젝트 종료 이후 결과물에 대한 운영 및 유지보수 전략을 수립하고, 유지보수 계약을 체결한다.
	운영 및 유지보수 체계적 이행	운영 및 유지보수를 위한 범위를 구체적으로 결정하고, 장애나 결함 등 관련 요구사항이 발생했을 때, 신속하고 정확한 처리를 위한 공식적 이해 체계를 구축한다.

본 절에서는 프로젝트 라이프사이클 5단계인 'V. 종결'에서의 둘째 업무로, 품질관리 지식영역에 포함되는 운영 및 유지보수 업무를 "운영 및 유지보수 전략수립," "운영 및 유지보수의 체계적 이행"으로 구분하여 설명한다.

3.1 운영 및 유지보수 전략수립과 계약

운영이란 프로젝트가 종료된 후 고객에게 인도한 결과물이 사용자의 환경에서도 모든 기능과 성능이 문제 없이 운용될 수 있도록 지원하는 서비스 업무를 말한다, 그리고 **유지보수**는 프로젝트 결과물을 고객에게 납품한 후에 발생하는 제품이나 서비스의 개선, 프로젝트 종료 이후의 환경변화에 대응하기 위한 적응 활동, 그리고 오류나 결함의 정정(訂正, Correction) 활동을 말한다. **운영 및 유지보수**는 모두 프로젝트의 사후활동으로, 고객에게 인도한 프로젝트 결과물이 문제 없이 운용될 수 있도록 일상적 관리를 수행해야 한다. 그리고 장애나 개선 등과 관련한 유지보수 문제가 발생하였을 때, 즉각 대응하여 처리하는 포괄적 프로젝트 결과물의 사후관리 활동이 필요하다.

프로젝트에 따라 운영 및 유지보수와 관련된 사후활동이 필요하지 않은 경우도 있으나, 대부분의 프로젝트에서는 제품이나 서비스의 결과물을 고객에게 인도하므로, 프로젝트 종결단계에서 결과물에 대한 **운영 및 유지보수 전략**을 명확히 결정해야 한다. 발주자 또는 고객과 협의하여 향후 수행할 운영, 유지보수 사항에 대한 대처 방법이나 비용 관련 사항을 구체화하여 계약을 체결해야 한다. 그리고 계약조항에 따라 운영 및 유지보수를 이행함으로써, 모든 프로젝트 결과물이 실사용 환경에서도 문제 없이 운용되고, 발생하는 문제를 지원받을 수 있도록 해야 한다.

프로젝트 결과물의 안정적 운영 및 효율적 관리를 위해, 프로젝트 수행자는 프로젝트 종료 이전에 프로젝트 사후관리 활동으로, 운영 및 유지보수 전략을 만들어 고객에게 제시해야 한다. 고객은 프로젝트 수행자의 운영 및 유지보수 전략을 검토하여, 향후 프로젝트 종결 이후의 사후관리에 대한 이행 전략을 확정하고, 프로젝트수행자 또는 운영 및 유지보수 전문가와 계약을 체결해야 한다.

CASE STUDY

■ 운영 및 유지보수 전략 예

• 다음은 IT 프로젝트에서 수립한 운영 및 유지보수 전략의 예시 그림이다.

그림 7-5 운영 및 유지보수 전략 예시

3.2 운영 및 유지보수 체계적 이행

프로젝트가 완료된 후에 프로젝트 결과물의 운영과정에서 활용성, 안전성, 가용성을 최상의 상태로 유지하기 위해 운영 및 유지보수 활동은 필요하다. 그리고 운영 및 유지보수 대상으로는 실제 사용환경에서 프로젝트 결과물에 대한 운영 상태의 상시 모니터링 및 감시, 그리고 고객 인도물에 대한 오

CASE STUDY

운영 및 유지보수의 범위

- 다음은 프로젝트 결과물에 대한 사용자 활용 과정에서 운영 및 유지보수 전략에 따라 구체적 정의가 필요한 운영 및 유지보수의 범위를 표로 정리한 것이다.

〈표 7-2〉 운영 및 유지보수의 범위 예시

범 위	내 용	대처방안
모니터링 및 감시	• 운영 제품이나 서비스의 상시 모니터링 • 리스크 식별 • 사용자 만족도 조사 • 프로젝트 결과물 운영 정기 감사	• 현황판을 통한 상시 모니터링 • 리스크 예방 및 대응 • 운영 만족도 향상 관리 • 감사 보고서
오류수정	• 기능, 제품 자체의 문제점으로 인한 수정 및 보완 • 일반적인 하자보증 • 성능측면의 품질목표 미달 사항	• 인도물의 수정 및 보완 • 결함 제거 또는 보완 • 성능향상 관리
기능 및 성능 보완	• 사용자 또는 내외부 환경변화에 따른 기능의 변경, 추가, 삭제	• 승인된 사항의 기능 및 성능 개선 • 승인된 사항의 추가 및 삭제 • SLA(Service Level Agreement) 계약
기술 업그레이드 (Upgrade)	• 기술발전으로 인한 수정사항 적용 검토	• 버전 업그레이드 적용 • 유무상 업그레이드 정책 보완

류수정, 기능수정 및 기술발전에 따른 업그레이드(Upgrade)가 해당된다.

프로젝트의 운영 및 유지보수 사후활동 과정에서 장애나 결함 등 유지보수와 관련한 요구사항이 발생했을 때, 유형별로 담당자를 지정하여 신속하고 정확한 처리를 해야 한다. 그리고 향후에도 발생할 수 있는 여러 경우에 대비하여 예방을 위한 장애 유형별 이력자료 수집, 분석, 그리고 대책 자료를 축적해야 할 필요가 있다. 이를 위해 프로젝트 결과물의 실제 운영과정에서는 운영 및 유지보수에 적합한 처리절차를 체계화하여 만들고 시스템적으로 구축해야 한다.

프로젝트 종결단계에서 운영 및 유지보수 관점에서 점검해야 할 사항에는 다음과 같은 내용이 포함된다.

CASE STUDY

유지보수 및 장애처리 절차

- 다음은 소프트웨어 프로젝트에서 사용할 수 있는 유지보수처리 절차, 그리고 장애처리 절차를 각각 그림으로 나타낸 것이다.

그림 7-6 유지보수처리 절차도 예시

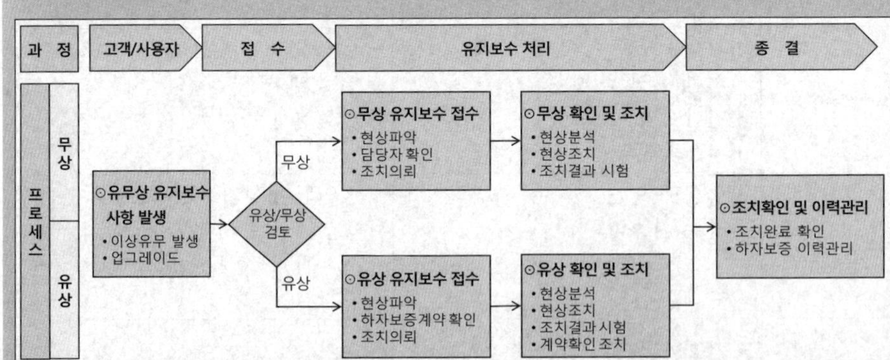

그림 7-7 장애처리 절차도 예시

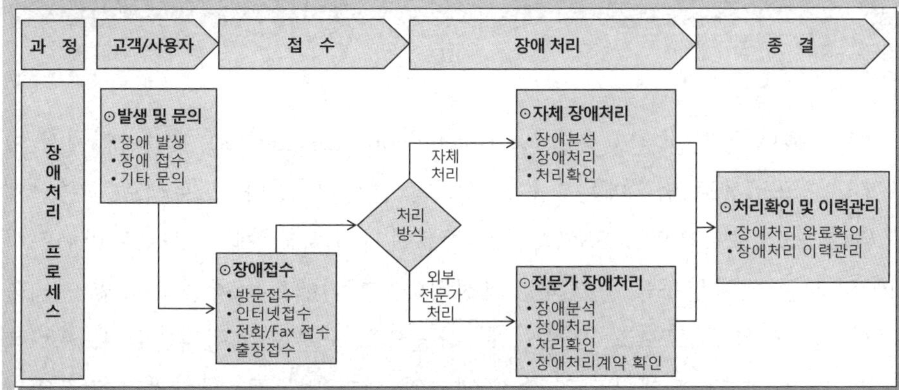

운영 및 유지보수 관점의 점검사항

- 운영 및 유지보수 전략을 프로젝트 종료 이전에 수립하였는지 확인한다.
- 운영 및 유지보수 절차와 세부지침을 구체화하였는지 확인한다.
- 운영 및 유지보수와 관련한 고객의 요구사항이 포함되었는지 확인한다.
- 형상관리, 변경관리, 버전관리 사항이 포함되었는지 확인한다.
- 유상, 무상의 운영 및 유지보수 조건이 세분화하여 구체적으로 정의하였는지 확인한다.

4 종결보고 및 인계

프로젝트 종결단계의 통합관리(Integration management) 지식영역에서 이루어지는 프로젝트 업무에는 "종결보고 및 인계"가 있다. 프로젝트 최종단계를 완료하고, 프로젝트를 공식적으로 종료하기 위해 전체 프로젝트 라이프사이클의 모든 업무활동을 종결하는 과정이다. 본 절에서는 종결보고 및 인계를 "고객 인수시험, 종료보고, 인수인계" 활동으로 구분하여 정리하였다. 프로젝트 라이프사이클 5단계인 'V. 종결'에서의 셋째 업무로, 통합관리 지식영역에 포함되는 "종결보고 및 인계"에 대해 설명한다.

그림 7-8 종결단계의 종결보고 및 인계 업무내역

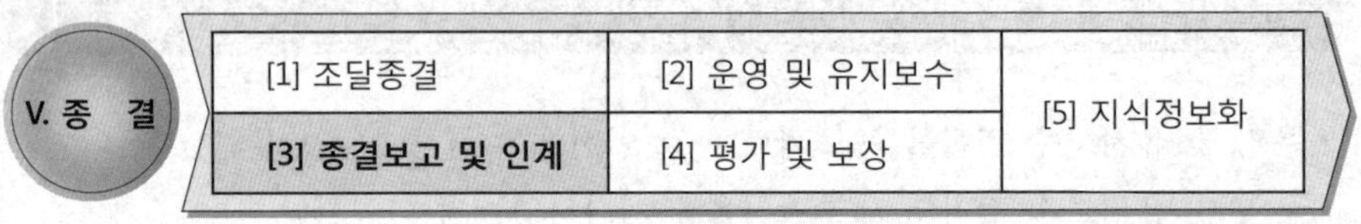

업 무	활 동	설 명
[3] 종결보고 및 인계	고객 인수시험	프로젝트 결과물이 고객의 인수조건 및 요구사항을 만족하는지를 검증하기 위해, 실제 환경에서 시험하는 것이다.
	종료보고	프로젝트의 공식적인 종료를 위해 고객 또는 프로젝트 결정권자에게 프로젝트 종료에 대한 공식적인 보고를 수행한다.
	인수인계 및 검수요청	프로젝트 완료 결과물에 대한 고객인계를 문서로 공식화하고, 비용정산을 위해 고객에게 검수를 요청한다.

4.1 고객 인수시험

인수시험(Acceptance test)이란 프로젝트 결과물이 고객의 인수조건 및 요구사항을 만족하는지를 검증하기 위해 실제 환경에서 시험하는 것을 말한다. 프로젝트가 정상적으로 종료되기 위해서는 프로젝트 발주자의 최종 승인을 득하여야 하며, 인수시험을 통해 고객의 승인을 득하는 것은 매우 중요한 과정이다. 인수시험을 통해 확인해야 할 주요 항목은 다음과 같다.

인수시험 확인사항

- 인수시험을 통한 사용자 기능 확인
- 운용 인력, 사용자 등의 최종 검증으로 프로젝트 결과물의 완성도 제고
- 데이터의 검증을 통한 정보 운용성 확인
- 프로젝트 최종 시스템의 안정적 운영 확인

인수시험은 프로젝트 결과물에 대한 기능, 성능, 디자인 등 품질적 목표치를 측정하는 것으로, 공정한 인수시험을 진행하기 위해 사전에 인수시험 시나리오를 만들어 체계적인 확인이 필요하다. 그리고 인수시험은 프로젝트 결과물이 향후 실제운영 또는 사용환경에서도 문제 없이 잘 작동될 수 있도록 확인을 하는 것이다. 따라서 인수시험의 환경을 실제운용 또는 사용환경과 유사하도록 구성하여 시험을 수행해야 시험결과를 신뢰할 수 있게 된다.

인수시험에 활용하는 인수시험 기준은 고객과 프로젝트 팀이 합의하여 결정한다, 그러나 인수기준에 대한 불만족 사항이 발견되면, 고객과 프로젝트 팀은 불만족한 부분에 대해 해결방안을 모색하고 문서화로 증적을 남겨야 한다.

인수시험 불만족 처리방안

- 계획대비 차이가 발생하는 인수기준에 대해 고객의 협의와 승인을 득한다.
- 인수시험에 포함할 수 없는 검사항목에 대하여는 구체적 사유를 설명한다.
- 인수기준에 부족 또는 미달되는 항목에 대해 해결방안을 협의한다.
- 미해결 인수기준 미흡 부분에 대해 보상 또는 조건부 승인 방안을 수립한다.
- 불만족 인수기준이 달성될 때까지 프로젝트 기간을 연장한다.

인수시험은 고객이 주관하여 프로젝트수행자의 결과물을 점검하는 것이 기본이나 프로젝트 상황에 따라 고객이 참여하고 프로젝트수행자가 주관하여 진행할 수 있다. 종결단계에서 인수시험을 통해 확인할 수 있는 일반적 판정기준은 다음과 같은 내용이 포함된다.

종결단계의 인수시험 활용 판정기준

① **요구사항 이행 완료율에 의한 판정**: 최종 확정된 요구사항정의서의 전체 요구사항을 기준으로, 프로젝트에 적정하게 반영된 요구사항의 이행 완료율을 계산하여 이행 적정성을 판정하는 방식이다.

요구사항 이행 완료율(%) = (요구사항 이행 완료 수/전체 요구사항 수) * 100

- 프로젝트 상황에 따라 요구사항 이행 완료율의 합격 수준은 고객과의 합의에 따라 100% 또는 미만일 수도 있다.
- 요구사항 이행 완료율 적용시에 고려할 사항이 있다. 요구사항 중에서 프로젝트 중간 과정의 산출물에 반영되고, 다시 최종 결과물에 적용되는 부분적 요구사항이나 성능, 품질, 장애, 운영 및 유지보수, 제약조건, 고려사항 등 비기능 요구사항 중에서 이행여부 판정이 불가한 요구사항은 제외할 수 있다.

• 고객과 합의한 특수 요구사항도 전체 요구사항에서 제외할 수 있다.
• 요구사항의 100% 이행이 프로젝트 목표달성을 의미하지 않는 프로젝트에서는 고객과 사전에 합의하여, 결정한 요구사항 이행률 합격 범위를 이행 판정의 기준선으로 활용한다.

② **단위과업 이행도 판정:** 프로젝트에 부과된 고객의 과업을 WBS형태의 나무(Tree) 구조 형태로 분류하고, 세분화된 단위과업의 완료 여부를 판정하여, 인수시험 판정의 기준으로 활용한다. 프로젝트에서 결정한 WBS의 워크패키지에 대한 완료 여부를 판정하는 것도 같은 개념이다.

③ **고객 인도물 기준 완료 판정:** 계약서에서 정의한 프로젝트 중간 또는 최종 산출물로 문서, 제품, 서비스 형태의 고객 인도물을 인수시험의 합격 판정 기준으로 활용한다.

④ **품질목표 지수 달성률 판정:** 프로젝트 관리계획서, 사업수행 계획서, 품질보증계획서에 명시된 품질목표 지수가 정해진 목표를 달성하였는지를 인수시험의 합격판정 기준으로 활용한다.

⑤ **사용자 시험 결과로 판정:** 완료된 프로젝트 결과물에 대해, 고객 또는 사용자가 기능 및 성능시험을 수행하여, 인수시험의 합격판정 기준으로 활용한다. ISO 25000에서는 고객 관점의 소프트웨어 제품의 품질 주특성으로 기능성(Functionality), 신뢰성(Reliability), 사용성(Usability), 효율성(Efficiency), 유지보수성(Maintainability), 이식성(Portability)을 확인하도록 권고하고 있다.

인수시험의 결과 당초에 수립한 요구사항 수용률, 결함률 등 품질지표의 목표수준이 인수시험 결과치에 부합하는지를 확인하고 합격 또는 기각을 결정한다. 목표수준에 미달한 차이부분에 대하여는 보완과정을 거쳐 최종 합격을 결정한다. 인수시험 결과에 대한 **결함관리**는 다음과 같이 결함의 식별, 결함의 처리 과정으로 구분하여 진행한다.

인수시험 결함관리

1) 결함의 식별

- 프로젝트관리자는 인수시험 과정에서 발견된 결함요인들을 수집한다.
- 수집한 결함요인들을 담당자를 선정하고 분석하도록 한다.
- 결함분석 결과에 따라 최종 확인된 결함항목을 결함관리대장에 기록한다.

2) 결함의 처리

- 결함처리 담당자는 결함처리 계획을 작성한다.
- 식별된 결함은 인수시험 기간 내에 모두 조치될 수 있도록 한다.
- 결함처리 완료 후 결함처리 결과서에 기록하고 결함관리 대장에서 제거한다.
- 결함처리 계획 및 실적을 고객 및 이해관계자와 공유한다.
- 프로젝트관리자는 고객에게 결함의 최종 조치 완료를 보고한다.
- 고객과 협의하여 재시험을 수행하도록 협의한다.

인수시험 과정에서 목표에 미달하는 부분이 많이 발생하거나 주요 품질 지표에 대한 목표가 미달할 경우에는 프로젝트의 연기 사유가 발생하는 것이며, 이로 인해 일정이 지연되면 지체상금 등 계약위반에 따른 법적 제재가 가해질 수 있다.

4.2 종료보고

프로젝트의 공식적인 종료를 위해서는 고객 또는 프로젝트 결정권자에게 종료에 대한 공식적 보고가 필요하다. **종료보고**는 서면보고 또는 공식적 보고회를 통해 진행된다. 프로젝트 관리자는 종료보고를 위해 프로젝트 관리계획서 또는 사업수행 계획서를 기준으로 프로젝트 지식영역별 모든 활동이 정상적으로 완료되었는지를 사전에 검토한다. 이전 단계까지 완료된 제반 정보를 검토하고, 모든 프로젝트 작업이 완료되어 프로젝트 목표를 달성했는지를 확인하는 것이다.

프로젝트 종료를 위한 사전 점검사항은 고객, 프로젝트 팀, 행정처리 관점에서 진행된다. 다음은 프로젝트 종료를 위해 필요한 점검항목을 나열한 것이다.

프로젝트 종료 점검 리스트

- 모든 과업이 완료되었는지 리스트를 작성하여 확인한다.
- 프로젝트 요구사항별로 이행여부를 확인한다.
- 모든 이슈가 종결처리되었는지 확인한다.
- 프로젝트 목표 지표의 달성도를 확인한다.
- 고객 인도물(문서, 중간 및 최종 결과물) 완료여부를 점검한다.
- 사용자에 대한 교육 및 기술전수를 완료한다.
- 운영자에 대한 교육 및 기술전수를 완료한다.
- 프로젝트 성공 및 실패요인을 정리한다.
- 프로젝트 교훈 및 우수사례를 수집한다.
- 프로젝트 비용을 결산한다.
- 차기 프로젝트를 계획하고 승인받는다.
- 프로젝트 결과에 대한 운영 및 유지보수 방안을 확인한다.
- 프로젝트 공식 종결을 위한 보고 방법 및 참여 대상 인력을 확인한다.

프로젝트 종료를 위한 보고서는 프로젝트 계약에 따라 핵심 내용을 정리하여 고객에게 보고하고 승인을 받는 절차이다. 따라서 **종료보고서**에는 고객 또는 프로젝트 결정권자의 관심사항이 포함되어야 하며, 이를 위해 보고서 초안 또는 핵심내용을 정리하여 사전에 구두 또는 간접 보고 활동이 필요하다.

CASE STUDY

▌종료보고서 예시

• 다음은 프로젝트의 종료보고서에 포함된 내용을 정리한 표이다.

〈표 7-3〉 종료보고서 포함 내용(예시)

구 분	내 용	세부항목
프로젝트 개요	사업개요	사업명, 발주자/수행자 개요, 사업예산, 사업범위
	배경 및 목적	사업배경, 사업목적, 기대효과
	추진체계	사업추진 조직도, 조직별 역할, 참여인력, 역할분담
	추진경과	주요 추진일정 및 마일스톤(착수보고회, 워크숍, 중간보고, 시스템 오픈 현황 보고)
	적용방법론	방법론 개요, 단계, 과정별 산출물
프로젝트 결과	프로젝트 계획 대비 실적	범위, 일정, 비용, 인력
	중간 또는 최종 결과물	공구, 장치, 장비, 설비를 포함한 최종 제품이나 서비스
	고객 인도물	프로젝트 관리 문서, 설계 및 개발 산출 문서
프로젝트 주요 진행 내역	요구정의	프로젝트 요구사항 정의, 세부 과업 정의
	설계 및 구축	시스템 마스터 플랜, HW 및 SW아키텍처 구성, 기능 구성도, 인터페이스, 데이터베이스
	표준화 내역	업무표준, 시스템 표준
	시험 및 평가	단위 및 통합 테스트, 품질목표 및 평가, 성능 평가
기술이전 및 교육	기술이전	기술이전 대상, 이전방법, 사후지원 방안
	교육	교육훈련 대상 및 절차, 일정, 종류별 내용 사용자 교육, 운영자 교육, 지적소유권
	프로젝트 교훈	프로젝트 교훈, 우수 및 모범사례
운영 및 발전방향	운영방안	유지보수 전략, 유무상 유지보수 이행방안, 유지보수계약, 운영지원 및 문제점 해결 방안, 업그레이드 지원 방안
	향후 발전방향	향후 로드맵(Roadmap), 차기 추진과제, 예산계획, 제언사항

4.3 인수인계 및 검수요청

프로젝트 인수시험을 통해 모든 기준항목이 만족되고, 고객에게 전달될 문서나 작업결과물에 대한 인수물이 완료되면, 인수인계서를 작성하고 고객의 승인을 받아 프로젝트를 종료할 최종 과정에 이르게 된다. 인수인계서에 프로젝트 이해관계자 및 고객책임자의 승인이 완료되면, 프로젝트의 완료 조건이 갖추어진다. 인수인계서에는 발주자와 공급자를 대표하는 책임자가 서명한 문서로서, 인수인계 대상 문서나 작업물을 정리하고, 현재 진행 중이거나 차후에 지원할 내용이 있으면 포함하여 작성토록 한다.

인수인계서는 프로젝트 완료 결과물에 대한 고객인계를 공식화하는 문서로서, 인수인계가 완료되면 비용정산 과정을 거친다. 검수요청서는 프로젝트 수행조직에서 공식적 문서를 통해 프로젝트 발주기관에 제출하는 서류로 최종보고서, 인수인계 산출물 또는 결과물을 첨부하여 고객에게 제출한다.

5 평가 및 보상

프로젝트 종결단계의 인적자원관리(Human resource management) 지식영역에서 이루어지는 업무에는 프로젝트 성과에 대한 평가 및 보상 업무활동이 있다. 성과평가는 프로젝트 목표달성과 더불어 고객의 만족도를 높이기 위해 성과지표를 설정하고, 그 결과를 측정하여 프로젝트에 기여한 성과수준을 평가하는 업무이다. 그리고 성과보상은 평가결과에 따라 프로젝트 팀 전체 또는 개인별로 유·무형의 가치를 제공하는 것을 의미한다.

본 절에서는 프로젝트 라이프사이클 5단계인 'Ⅴ. 종결'에서의 넷째 업무로, 인적자원관리 지식영역에 포함되는 "평가 및 보상"에 대해 설명한다.

그림 7-9 종결단계의 평가 및 보상 업무내역

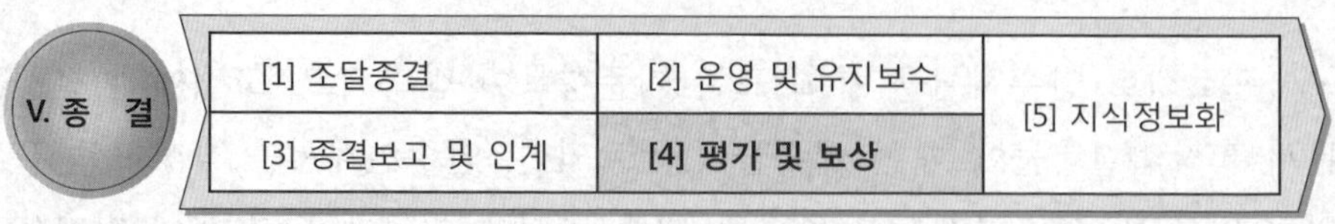

업 무	활 동	설 명
[4] 평가 및 보상	프로젝트 성과평가	프로젝트 목표달성과 더불어 고객의 만족도를 높이기 위해, 성과지표를 설정하고 그 결과를 측정하여 프로젝트에 기여한 성과수준을 평가한다.
	프로젝트 성과보상	성과평가 결과에 따라 프로젝트 팀 전체 또는 개인별로 유·무형의 가치를 제공하는 것을 의미한다.

5.1 프로젝트 성과평가

프로젝트의 목표달성과 효율적 진행을 위해 회사 또는 전사 PMO조직에서는 프로젝트의 성과를 측정하고 측정 결과에 따라 적정한 인센티브 제도를 적용하는 것이 필요하다. 프로젝트의 **평가 및 보상**은 프로젝트 목표달성과 더불어 고객의 만족도를 높이기 위해 측정하고자 하는 프로젝트 팀 또는 팀원 개인을 대상으로 성과지표를 설정하여 그 결과를 측정하고 프로젝트에 기여한 성과수준을 평가하여 성과에 상응하는 인센티브를 적용하는 활동이다.

회사의 정책 또는 고객이나 발주자의 요구에 따라, 프로젝트 착수부터 성과평가 제도를 적용해야 하는 경우에는 프로젝트 계획단계부터 명확히 성과평가 계획을 수립하여 프로젝트 참여자 전원에게 제도를 숙지토록 하고, 각자의 담당업무와 관련한 성과지표 및 달성수준을 정의한 후 프로젝트에 임하도록 해야 한다. 그리고 성과평가에 관한 사항을 인적자원관리 지식영역에 포함하여, 프로젝트 라이프사이클 진행과정에서 관련 정보의 측정, 수집, 분석 활동을 전개해야 한다.

프로젝트의 성과평가 프로세스는 프로젝트 착수단계에서 결정된 조직의 성과평가 정책을 기반으로 시작된다. 계획단계에서 성과평과의 대상을 결정하여 개인, 하위 프로젝트 조직 또는 프로젝트 팀 전체를 평가할 성과지표를 정의하고, 지표별 달성 수준을 결정하여 성과관계 계획을 수립한다. 다음으로 프로젝트의 실행 및 통제단계에서는 개인, 하위 프로젝트 조직, 프로젝트 팀 전체의 성과지표를 측정, 취합, 분석, 피드백하는 성과관리사이클을 운영한다. 성과관리사이클을 통해 성과지표별 목표수준이 정상적으로 이행되고 있는지 모니터링하고, 차질이 발생하는 지표에 대한 원인분석과 피드백을 실시한다. 더불어 성과목표가 차질 없이 달성될 수 있도록 교육, 지도, 지원 활동을 지속적으로 수행한다.

끝으로 프로젝트 종결단계에서는 개인별, 프로젝트 하위 조직별, 또는 프로젝트 전체에 대한 평가 정책에 따라, 창출/계획단계에서 결정한 성과지표의 달성수준을 평가한다. 프로젝트 평가는 회사의 정책에 따라 전사 PMO조직에서 수행하거나 프로젝트 자체적으로 평가할 수 있다. 프로젝트에 대한 객관적이고 공정한 평가가 시행되었음을 확인시키고, 차기 프로젝트에서도 분발을 유도하기 위해 평가결과는 프로젝트 팀 및 주요 이해관계자와 공유한다.

프로젝트 평가결과에 따라 고객과의 계약 또는 회사의 규정에 맞추어, 프로젝트 팀 전체 또는 개인별로 적정 보상을 위한 인센티브를 적용한다. 평가결과에 따른 인센티브 적용은 프로젝트참여자의 격려와 차기 프로젝트를 대비한 사기진작을 유도한다. 프로젝트 창출단계부터 종료 및 사후관리 단계까지의 평가 및 보상 프로세스를 정리하면 [그림 7-10]과 같다.

그림 7-10 프로젝트 평가 및 보상 프로세스

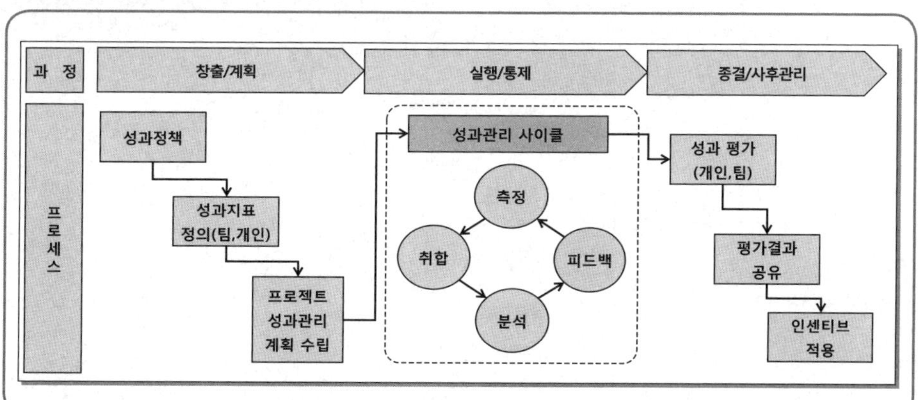

프로젝트 목표달성과 참여자의 동기부여를 위해 수행하는 성과평가 프로세스의 핵심은 프로젝트에 적합한 합리적인 성과지표를 선정하는 것이다. 평가대상 및 주안점에 따라 성과지표를 프로젝트마다 차별화하여 정의할 수 있으며 성과평가의 주기도 다르게 측정할 수 있다. 일정이나 품질관리가 중요한 프로젝트라면 일정 및 품질과 관련한 성과평가 지표를 일 단위 또는 주 단위 간격으로 지속적 점검을 수행한다. 그러나 월 단위 수준의 성과평가를 수행해도 지장이 없는 지표일 경우에는 관련 성과지표에 대하여는 측정 주기를 월간으로 하도록 한다.

이렇게 성과지표 성격에 따라 일 단위, 주 단위, 월 단위로 평가한 결과는 성과관리사이클의 측정, 취합, 분석, 피드백 과정을 거치면서, 차질 지표에 대한 원인규명과 보완대책이 이행된다. 그리고 프로젝트 종결단계에서는 모든 지표를 종합한 개인별 또는 프로젝트 팀 전체의 최종성과를 평가하게 된다.

프로젝트 성과지표는 프로젝트참여자 모두가 공감하는 객관적이고 공정한 지표가 되어야 한다. 따라서 프로젝트참여자 모두가 이해할 수 있도록, 평가지표의 내용을 구체적으로 정의할 필요가 있다.

CASE STUDY

■ 프로젝트 성과지표

• 다음은 프로젝트에서 적용할 수 있는 성과지표를 작성한 예시 도표이다.

〈표 7-4〉 프로젝트 성과지표 작성 예시

지식영역	성과지표	평가방법	단위	측정주기(예시)
범위관리	단위과업 이행률	(적합이행 과업 수÷단위과업 총수)×100%	%	사용자 시험
	요구사항 완료율	(완료 요구사항 개수÷승인 요구사항 개수)×100%	%	사용자 시험
	요구사항 부적합률	(부적합 요구사항 개수÷승인 요구사항 개수)×100%	%	사용자 시험 또는 종료단계감리
	요구사항 변경률	(변경 요구사항 개수÷분석단계 요구사항 개수)×100%	%	월간
일정관리	공정준수율	(공정 진척률÷공정 목표율)×100%	%	주간
	일정지연일수	완료일정－목표일정	일수	주간
인력관리	투입공수 준수율	(실적투입공수÷계획투입공수)×100%	%	월간
품질관리	시험 결함률	(시험발견 결함 수÷대상 수)×100%	%	통합시험
	성능지표	(실측성능÷목표성능)×100%	%	시스템 시험
	사용자 불만족도	(불만족 사용자 수 또는 건수÷사용자 시험 참여인력 수 또는 건수)×100	%	사용자 시험
원가관리	예산준수율	(목표예산÷사용예산)×100	%	월간
	예산절감률	(절감액÷목표예산)×100	% or 금액	월간
조달관리	납기지연일 수	(목표납기일－납품일)	일수	납기별

CASE STUDY

프로젝트 성과지표 정의서

• 다음은 일정관리 지식영역의 공정준수율에 대한 평가지표를 구체적으로 정의한 프로젝트 성과지표 정의서의 예시 도표이다.

〈표 7-5〉 프로젝트 성과지표 정의서(공정준수율) 작성 예시

<table>
<tr><th colspan="4">성과지표 정의서(공정준수율)</th></tr>
<tr><td>프로젝트명</td><td></td><td>단위과제</td><td></td></tr>
<tr><td>성과지표</td><td>공정준수율</td><td>지식영역</td><td>일정관리</td></tr>
<tr><td>관리조직</td><td>○○○팀</td><td>책임자</td><td>○○○</td></tr>
<tr><td>지표정의</td><td colspan="3">승인된 계획일정표를 기준으로 단위 과제의 공정 목표일자 대비 실제 진척 일정에 대한 일정 준수율을 나타낸다.</td></tr>
<tr><td>측정목적</td><td colspan="3">일정준수를 독려하고 잔여일정을 예상하여 리스크에 대응한다.</td></tr>
<tr><td>측정식</td><td colspan="3">공정준수율＝(공정진척률÷공정목표율)×100%</td></tr>
<tr><td>측정방법</td><td colspan="3">• 공정목표율
(측정시점까지 수행할 작업의 계획공수÷전체 작업의 계획공수)×100%
• 공정진척률
(측정시점까지 수행된 작업의 계획공수÷전체 작업의 계획공수)×100%</td></tr>
<tr><td>측정단위</td><td>%</td><td>측정주기</td><td>주 단위</td></tr>
<tr><td>일정 기준선
(Baseline)</td><td colspan="3">• 주단위로 측정한 공정 준수율은 90% 이상, 월 단위로 집계한 공정 준수율은 95% 이상을 유지해야 한다.
• 종료 1개월 전에는 100% 공정 준수율을 유지해야 한다.
• 일정 기준선을 넘기면 즉시 보고하고, 만회대책을 수립한다.</td></tr>
<tr><td>분석도구</td><td colspan="3">관리도</td></tr>
<tr><td>보고주기</td><td>매주 측정, 라인별로 보고</td><td>최종 보고선</td><td>프로젝트관리자, 고객</td></tr>
<tr><td>관련지표</td><td colspan="3">• 요구사항변경률, 예산준수율, 투입공수 준수율</td></tr>
<tr><td>관리시스템</td><td colspan="3">PMIS</td></tr>
<tr><td>고려사항</td><td colspan="3">객관적 진척관리를 위해 결과물을 기준으로 준수율을 관리한다.</td></tr>
</table>

5.2 프로젝트 성과보상

프로젝트의 성과평가 및 보상제도는 프로젝트 상황 및 요구에 따라 적용할 수도 있고 적용하지 않을 수도 있다. 그러나 많은 프로젝트에서는 프로젝트 착수 이전부터 회사나 조직의 전략에 따라 사전에 정해진 규정대로 성과를 평가하고, 평가결과에 부응하는 적절할 보상제도를 적용한다. 이러한 보상제도는 프로젝트팀과 참여자의 목표달성 의식을 고취시키고 동기를 부여할 수 있기 때문이다.

프로젝트의 **성과보상**은 성과평가 결과에 따라 프로젝트 팀 전체 또는 개인별로 유·무형의 가치를 제공하는 것을 의미한다. 보상에 대한 **인센티브**(Incentive)로는 주로 금전적 보상이 많으나, 회사 및 프로젝트 상황에 따라 표창을 통한 격려, 인사 가점, 교육 및 연수기회의 제공 등 차별화된 제도를 운영할 수 있다. 그리고 사전에 설정한 보상정책에 따라 다음과 같이 조직단위 또는 개인별 인센티브를 적용할 수 있다.

CASE STUDY

▮ 프로젝트 인센티브 적용 방안

① 조직단위 인센티브
- 프로젝트 팀 전체의 성과를 일괄적으로 평가하여 적용하는 인센티브이다.
- 금전적 보상으로는 우수조직 보너스 지급 또는 등급별 상여금 지급, 연수기회 제공 등이 있다.
- 비금전적 보상으로는 인사고과 가점, 표창 등이 있다.

② 개인단위 인센티브
- 프로젝트참여자 개인의 성과지표를 통한 성과평가, 그리고 프로젝트관리자의 정성적 평가 등을 고려하여 종합적인 개인성과를 평가한다.
- 개인 인센티브로는 차기연도 연봉, 개인 성과 상여금, 교육 및 연수기회 제공 등 금전적·비금전적 인센티브를 제공한다.
- 인사평가 반영을 통한 승진·보직 등의 기회를 제공한다.

6 지식정보화

프로젝트 종결단계의 의사소통관리(Communication management) 지식영역에서 이루어지는 프로젝트 업무에는 프로젝트 **지식정보화** 활동이 있다. 지식정보화는 프로젝트 수행 과정에서 인적자원들이 축적하고 있는 개별적인 지식과 노하우를 효율적으로 관리하고, 이를 상호 공유하거나 차기 또는 유사 프로젝트에도 재활용할 수 있도록 하는 것이다.

본 절에서는 프로젝트 라이프사이클 5단계인 'V. 종결'에서의 다섯째 업무로, 인적자원관리 지식영역에 포함되는 "프로젝트 지식의 정보화"에 대해 설명한다.

6.1 프로젝트 지식의 정보화

산업사회에서 지식사회로 이동함에 따라, 프로젝트에서 지식의 중요성이 급격이 커지게 되었다. 프로젝트의 **지식정보화**란 프로젝트 수행과정에서 인

그림 7-11 종결단계의 지식정보화 업무내역

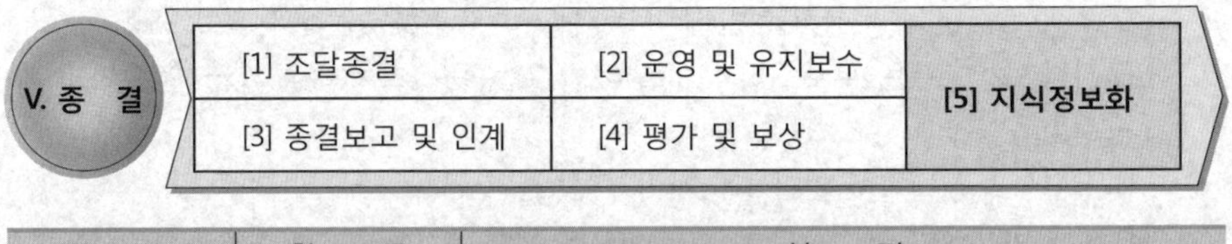

업 무	활 동	설 명
[5] 지식정보화	프로젝트 지식의 정보화	프로젝트 수행 과정에서 인적자원들이 축적하고 있는 개별적인 지식과 노하우를 효율적으로 관리하고, 이를 상호 공유하거나 차기 또는 유사 프로젝트에도 재활용할 수 있도록 한다.

적자원들이 축적하고 있는 개별적인 지식과 노하우를 효율적으로 관리하고, 이를 상호 공유하거나 차기 또는 유사 프로젝트에도 재활용할 수 있도록 체계화함으로써, 기업의 프로젝트 경쟁력을 향상시키기 위한 업무활동으로 정리할 수 있다.

많은 프로젝트에서는 일정과 자원의 제약으로 인해, 프로젝트의 정형화된 정보만을 시스템적으로 관리하는 경우가 많다. 그리고 프로젝트 추진 과정에서 발생하는 다양한 상황에 대하여는 인적자원이 판단을 하고 의사결정을 수행하였다. 그러나 프로젝트가 종료되고 의사결정의 주체인 인적자원이 떠나면, 프로젝트에서 축적되었던 지식자원도 함께 떠나가 귀중한 지적자원이 소실되어 버린다.

프로젝트의 지식정보화는 프로젝트의 정형화된 공식 데이터나 정보뿐만 아니라, 참여자 개인이 개별적으로 보유하고 있는 비정형 형태의 지식도 소중한 프로젝트 자산으로 정보화하여, 차기 또는 유사 프로젝트에도 재활용할 수 있도록 하는 데 있다. 따라서 프로젝트의 지식공유화는 다음과 같은 프로세스로 진행한다.

프로젝트 지식정보화 프로세스

① **지식정의 및 분류**: 프로젝트에서 축적해야 할 중요한 지식이 어떤 것이 있는지를 정의하고, 지식지도(Map)를 작성하여 지식을 체계적으로 분류하도록 한다.

② **지식의 축적**: 프로젝트참여자가 획득한 지식을 지식저장소에 저장하고 관리한다.

③ **지식의 정제**: 지식저장소에 등록된 지식을 평가, 분류, 구조화하여 차기 또는 유사 프로젝트에 재활용할 수 있도록 유용한 지식으로 정제한다.

④ **지식의 활용**: 지식저장소의 정제된 지식에 대한 변경관리, 그리고 검색 활용을 지원한다.

지식지도(Map)란 조직 또는 프로젝트에서 사전에 정의한 지식분류 체계를 통해, 프로젝트참여자가 쉽게 원하는 지식을 등록 또는 접근할 수 있도록 지원하는 지식체계를 의미한다. 지식지도는 프로젝트의 모든 지식을 조직, 업무, 지식 유형 등에 따라 한눈에 쉽게 파악, 활용할 수 있도록 만든 분류 체계로서, 일반적으로 업무지도, 유형지도, 조직지도, 관련지도의 4개로 분류하여 작성할 수 있다. 그러나 프로젝트에서는 프로젝트 업무를 중심으로 분류하는 **업무지도**와 프로젝트 지식영역별로 분류하는 **유형지도**로 분류하여 작성토록 하는 것이 바람직하다.

프로젝트 지식지도 분류

① 프로젝트 업무지도

- 프로젝트의 업무 또는 작업을 중심으로 분류한다.
- 업무지도는 프로젝트 유형에 따라, 사용자 또는 고객 조직의 업무 분류에 따라 정의한다.
- 예로서, 경영혁신 프로젝트에서 업무지도는 인사, 회계, 영업, 기술 등 업무별로 1~3레벨로 분류할 수 있다.

② 프로젝트 유형지도

- 프로젝트 지식의 형식적 유형에 따라 분류한다.
- 프로젝트 지식영역별로 유형지도를 작성할 수도 있고, 프로젝트에 특화하여 차별화된 유형지도를 작성할 수도 있으나, 전사 PMO 차원에서 효율적으로 관리하기 위해서는 사전에 전사적으로 표준화된 유형지도를 정의하는 것이 필요하다.
- 우수사례(Best Practice: BP), 실패사례, 교훈(Lesson Learned), 노하우(Know-How), 통계자료 등도 유형지도의 한 레벨로 분류하여 지식을 축적할 수 있다.

프로젝트 지식정보화는 PMIS(Project Management Information System)와 연계한 프로젝트 지식경영시스템(Project Knowledge Management System:

PKMS)을 활용하는 것이 바람직하다. 그리고 프로젝트 지식정보화 활동의 활성화를 위해서는 전사 PMO조직이 중심이 되어, PKMS를 회사에 정착시키고, 프로젝트에서 활용할 수 있도록 기반 시스템을 조성해야 한다. 또한 프로젝트에 적합한 인센티브 제도를 적용하고, 프로젝트 성과평가와 연계하는 것이 필요하다.

참고문헌

- Bercovitch, Jacob, Social Conflicts and Third Parties: Strategies of Conflict Resolution. Boulder: Westview Press, 1984
- Berrie, Michele, Project Manager Responsibilities, PM Hut, 2009.
- Boehm, "The COCOMO 2.0 Software Cost Estimation Model," International Society of Parametric Analysis, 1995
- Boehm, Software Engineering Economics, Prentice-Hall, 1981
- David A. Garvin, " What Does Product Quality Really Mean?," 1984
- Department of the Army, Cost Analysis Manual, U.S. Army Cost and Economic Analysis Center, 2002
- Frame, J. Davidson, The Project Office, Crisp Learning, Newnan, GA, 1998
- Gerard M. Hill, EVOLVING THE PROJECT MANAGEMENT OFFICE, A COMPETENCY CONTINUUM, 2004
- Herbst, "Project Engineering: Interdisciplinary Coordination and Overall Quality Control," Am. Soc. for Eng., 2011
- ISO/IEC 14598, Information Technology-Software Product Evaluation, 2005
- ISO/IEC TR 9126, Software engineering-Product quality, 2005
- Jack R. Meredith, Samuel J. Manetl, Jr., Project Management: a management approach, Wiley, NY, 2008
- Kloppenborg, "Forty years of Project Management Research: Trends, interpretation, and predictions," Project management journal. 2002
- L Lee-Kelley, Turner's five-functions of project-based management and situational leadership in IT services projects, International Journal of Project Management, 2003
- McConnell, Software Estimation: Demystifying the Black Art, Microsoft Press, 2006
- McConnell, Software Project Survival Guide, Microsoft Press, 1997
- Naomi Brookes, Robin Clark, "Using Maturity Models to Improve Project Management Practice," POMS 20th Annual Conference, Orlando, Florida, 2009
- Naomi Brookes, Robin Clark, Using Maturity Models to Improve Project Management Practice, POMS 20th Annual Conference, 2009
- Office of the Federal Register, Administration Federal Acquisition Regulations

System, 2010
- Paular K. Martin, A Step by Step Approach to Risk Assessment, Martin Training Association, LLC, 2001
- PM Hut, "Deliverable-based Project Schedules: Part 1," 2008
- PMI, PMBOK Guide Fourth Edition, 2008
- Project Management A Managerial Approach 6th edition, Wiley, 2006
- Karl E. Wiegers, 김도균 역, 실용적인 소프트웨어 요구사항, 정보문화사, 2006
- NIA, 정보화사업 감리 수행 가이드, 2011
- NIA, 제안요청서의 요구사항 작성 가이드(발주자 자체 작성용), 2011
- NIA, 제안요청서의 요구사항 작성 가이드(ISP사업자 작성용), 2011
- Ron Weber, 김태성 옮김, 정보시스템 통제 및 감사, 청문각, 2003
- 강창욱 외, 프로젝트 관리학, 북파일, 2010
- 김형준, 김혜정, 전략경영론, 형설출판사, 2008
- 노승담, 박대우, "국방 인사정보 S/W체계의 정량적 품질평가 연구," 한국 컴퓨터정보학회, 제13권 제4호, 2008
- 로버스 S 캐플란 외, Alignment 정렬, 21세기 북스, 2007
- 송병선, 이재성, 류성열, 이남용, "ISO/IEC 국제표준에 기반한 국가연구개발사업 품질측정모델에 관한 연구," 한국IT서비스학회지, 제7권 제3호, 2008
- 심기보, "프로젝트를 성공으로 이끄는 사령탑 PMO," 컴퓨터월드, 2011
- 이병태, 양해술, "산업용 소프트웨어의 평가기준 및 모듈의 구축," 한국산학기술학회, 제9권 제2호, 2008
- 이상복, 표형종, 6시그마 이론과 실무, 이레테크, 2009
- 이창우 외, 원가관리회계, 박영사, 2006
- 임창의, 조직행동, 학현사, 1999
- 정영수, 이영환, EVMS 개념의 이해화 활용방안, 한국건설산업연구원, 1999
- 제임스 하긴스, 박수규 옮김, 창의력 노트, 비즈니스 북스, 2009
- 지식경제부, 정보통신산업진흥원, 소프트웨어사업 요구사항 분석 · 적용 가이드, 2012.12
- 짐콜린스, 임정재 옮김, 짐콜린스의 경영전략, 위즈덤 하우스, 2004
- 천대윤, 갈등관리와 협상전략론, 선학사, 2005
- 한국정보사회진흥원, 정보시스템감리점검해설서(안) V3.0, 2008

국문색인

Index

ㄱ

가격소급 재조정부 고정 최고가격 367
가빈(Garvin) 241
가치분석법 359
갈등관리 313
갈등유형 316
감리 270
감리계획 276
감리계획서 281
감리기획 276, 278
감리수행 프로세스 275
감리유형 271
감리이행 276
감리통제 277
감리효과 274
감시 455
개찰 363
거래적 관계 511
견적 363
결함관리 529
경쟁계약 365
경쟁입찰 118
경제성평가 143
경제적 가격 조정부 고정가격 367
경제적 주문량 359
경착륙 63
경청 309
계약 148, 151
계약서 151
계약종결 517
계통도 253
계획가치 477
계획수립 160
고정가격 인센티브 372
고정가 계약 367
고정비용 가산 원가계약 369
공급자 이행평가 510
공모 108
공유 433
공정성 이론 288
과업지시서 155
관리격자 이론 292
관리계획서 163
관리계획 수립 163
관리도 489
관리 예비비 237
관리형 PMO 54
구매 357
구매조사법 359
권력 및 관심도 321
금도금 59
금전적 기대값 338
기능 요구사항 175

기능점수 302
기능조직 22
기본 PMO 43
기술성평가 143
기술적용결과표 117
기술적용계획표 117
기준선 460

■ ㄴ

낙찰 149
낙찰방식 149

■ ㄷ

단계(Phase) 77
대안입찰 119
더미(dummy) 206
WBS 사전 191
동기부여 284
동기-위생 이론 285
동기유발자(Motivator) 286

■ ㄹ

라이프사이클 75
래포 310
로젠탈 효과 61
리더십 292
리더역량 292
리스크 328, 351
리스크 관리대장 503
리스크관리시스템 505
리스크 관리지표 430
리스크 관리체계 342
리스크 관리프로세스 341
리스크 다이어그램 337
리스크 대응 433
리스크 분석 330
리스크 식별 421
리스크 점수 427
리스크 통제 504
리허설 137

■ ㅁ

마일스톤(Milestone) 198, 213
매슬로 284
매트릭스 조직 23
매핑 리스트 126
맥그리거 286
멀래리 39
멘토링 411
모수산정법 203
모의분석 215
모의적 표본 추출법 336
목표설정 이론 287
몬테카를로 시뮬레이션 336
물량할당계약 365
민감도분석 334

■ ㅂ

방법론(Methodology) 80, 388
방법론 이행 387
100% 규칙 184
버전관리 458
범위(Scope) 179
범위관리 167
범위기술서 180
범위정의 180

범위추가 59
변경관리 458
보상비용 가산 원가계약 369
보상비용부 고정가격 372
부대입찰 119
부특성 244
분산구매 360
분산형 조직 27
분할(Decomposition) 188
불확실성의 원추 9
브레인스토밍 252
비교 · 차이 분석 394
비기능 요구사항 175
비상계획 329, 434

ㅅ

사업수행계획서 164
사전심사 129
사전입찰심사 119
사전평가표 127
3단계 감리 404
3대 제약요인 13
3점산정법 204
3P 분석 134
상황 리더십 이론 294
생애주기 75
선도(Lead) 201
선진 PMO 43
선후행 관계 201
선후행관계도법(PDM) 209
설득 133
성공요인 66
성과급 가산 고정가 367
성과보고 499
성과보고서 392, 499
성과보상 539
성과지표 500, 536
소요자원(Resource) 197
손익분기점 분석 221
송장 364
수의계약 364, 365
수입절차 448
수주가치평가회의 130
수주심사회의제도 129
순수원가 228
스캠퍼 253
스태핑비율법 301
스태핑프로파일법 301
승승협상 318
시간-재료 계약 372, 373
시정조치 492
시정조치결과서 492
시정조치 확인보고서 494
신용장 364
실수방지시스템 254
실패비용 398
실패요인 69
실행지시 및 관리 389
실행형 PMO 53
심사 141, 146

ㅇ

아이디어 관리시스템 108
아이스브레이킹 318
양방향분석 335
업무분류체계 182

업무지도 542
ABC 분석 359
에러방지시스템 254
X-Y이론 286
연동계획 수립 167
연착륙 62
연체료 518
영향도(Impact) 427
SMCR 의사소통 모델 307
예방비용 398
예비비 237
예산 232
예산통제 483
온라인 구매 362
완료시점 산정치 478
완료시점 예산 477
완충(Buffer) 215
완화 433
외부적 의존성 201
외주 373
요구사항 114, 168
요구사항명세서 178
요구사항범위표 172
요구사항 상세화 113
요구사항 이행 프로세스 171
요구사항정의서 175
요구사항 정제 395
요구사항추적표 465
요구사항 품질특성 169
욕구단계 이론 284
우발사태계획 329
우발사태 예비비 237
우선협상 대상자 150
운영 521
운영 및 유지보수 521
원가 3요소 218
원가분담 계약 369
원가성과 기준선 233
원가정산 계약 368
원가정산 인센티브 372
원가차이 479
위생요인(Hygienic factor) 286
유일성 2
유형지도 542
육하원칙 97
의무적 의존성 200
의사결정 290
의사결정 나무분석 339
의사소통 경로수 26
의사소통 계획수립 322
의사소통 방법 323
의사소통 통로 322
의존성(Dependency) 200
EVM 용어표 477
이슈 351
이슈관리 437
이슈관리 체계 438
20% 프로젝트 108
이해관계자 56, 320
이행판정 467
인력산출 300
인센티브 539
인센티브 계약 370
인센티브 비용 가산 원가계약 369
인수시험 527
인적자원 283

인적자원 계획서 304
인적자원 통제 497
7가지 도구 487
일방향분석 335
일정차이 479
임의적 의존성 200
입찰 118, 363
입찰요청서 363
입찰초청서 363

ㅈ

자기충족적 예언 61
자문형 PMO 54
자성적 예언 61
자원분류체계 197
자원 소요량 229
자원평준화 216
작업기술서 192
작업패키지 187
장래가격 재결정부 고정가격 367
전가 433
전략구매 361
전략적 관계 511
점진적 구체화(Progressive elaboration) 204
정량적 리스크분석 330, 432
정보요청서 363
정보제공 요청서 110
정성적 리스크분석 330, 426
제3자 협상 319
제안서 121
제안요청서 109
제약성 2
조달 357
조달관리 358
조달관리 계획서 381
조달방식 377
조달수행 440
조달운영 506
조달 작업기술서 382
조달종결 516
조달 프로세스 374
조직분류체계 184
조직행동론 283
조치확인 492
종료보고 530
종료보고서 531
주공정(Critical path) 199
주공정법 215
주공정연쇄법 215
주특성 244
준수사항 32
중앙집중형 조직 27
증대 433
지식분야 16
지식정보화 540
지식지도 541
지연(Lag) 201
진척률 472
질문관리 312

ㅊ

창의성 99
창의적 기획요건 99
창의적 사고 249
창출 94

청렴계약제 153
초월적 품질 241
총원가 228
최우수 센터 44
7S 298

ㅋ

클레임 509

ㅌ

토네이도 다이어그램 335
통계적 품질관리 487
통제(Control) 업무 456
통합관리 162
통합구매 360
트리즈 258
특명입찰 118
팀 개발 411
팀 관리 415

ㅍ

80% 프로젝트 108
평가 142
평가 및 보상 534
평가비용 398
포트폴리오 20
포트폴리오 관리 주안점 50
표준 PMO 43
표준화 · 단순화법 359
품질계획서 268
품질목표 262
품질보증 266
품질보증 체크리스트 399
품질비용 398
품질지표 262
품질통제 266, 485
품질통제사이클 486
프레젠테이션 132
프로그램 19
프로세스(Process) 77
프로세스 그룹 16
프로젝트 19
프로젝트 공학 17
프로젝트 관리 오피스 36
프로젝트 관리자 29
프로젝트 관리 프로세스 16
프로젝트 교훈 72
프로젝트 구루(Guru) 32
프로젝트 기획 96
프로젝트 원가 223
프로젝트 정의 5
프로젝트 제안 120
프로젝트 조직별 장단점 26
프로젝트 조직별 특성 25
프로젝트 통제 452
프로젝트 특성 11
프로젝트 필요성 7
프로젝트화 조직 23
PI 매트릭스 428
PMO 발전단계 45
PMO 운영 성숙도 43
PMO 유형 42
PMO 정의 37
PMO 제도 271
피그말리온 효과 61

ㅎ

하도급계약 366
하청 374
해약 153
해제 519
해지 519
핵심역량 29
핵심인재 410
허즈버그 285
헌장 154
협상 317
협상계약 365
협업적 관계 511
형상관리 458
형상통제위원회 459
혼합형 조직 27
화살도형법 206
확률-영향 매트릭스 332
확률-영향평가 331
확정 고정가격 367
확정 고정가격 노력 367
활동(Activity) 195
활동 의존성 200
활용 433
회피 433
획득 357
획득가치 475, 477
획득가치관리 475
효용성 4

영문색인

Index

A

ADM 206
AOA 206
AON 209
Avoidance 433

B

BAC 477
Baseline 460
BATNA 318

C

CCB 459
CCM 215
CCR 251
CDC 137
CDS 137
CMMI 246
COE 44
CoP 256
CPAF 369
CPFF 369
CPIF 369
CPM 215
CPO 375
CPR 251
CS 369
CSF 101
CTQ 251
CV 479

D

Deliverable 182

E

EAC 478
EMV 338
Enhance 433
EPMO 38
EV 475, 477
EVM 475
Exploit 433

F

FCP-RPR 367
FF 201
FFP 367
FFP-LE 367
FP-EPA 367
FP-IF 367
FP-PPR 367
FS 201

G

Gold plating 59

I

IDC 137
ISO 9126 244
ISO 25000 245

K

Knowledge Areas 16
KPI 101

L

life cycle 75

M

Mapping & Gap 395
Mapping list 126
MECE 193
Mitigation 433
Monitoring 455

O

OBS 184

P

PI 260
PI Matrix 332
PMI 15, 254
PMMM 48
PMO 31, 36
PMR 29, 31
PQ 119
PRB 130
Process Groups 16
Project management process 16
P-SOW 382
PTA 370
PV 477
Pygmalion effect 61

R

RACI 303
RARC 304
RBS 197
RFI 110
RFP 109
RL 216
Rolling wave planning 167
R&R 304

S

SCAPMER 253
Scope creep 59
SF 201
Share 433
SMART 156
SOW 192
SQC 487
SS 201
Stakeholders 56
SV 479

T

T&M 372
Transfer 433

TRIZ 258

V

VOC 251

VOP 251

VRB 130

W

WBS 182

[저자 소개]

이동길(李東吉)

고려대학교 산업공학과 학사
고려대학교 산업공학과 석사/박사
정보시스템 감리사
공장관리 기술사

[기업 경력]
삼성전자, KIST/시스템공학연구소, 한국오라클, ㈜가온소프트, 동부CNI
㈜CAS, DG경영연구소

[강의 경력]
한양대학교 겸임교수, 인덕대학교 겸임교수, 고려대학교 외 강사

[저 서]
ERP 전략과 실천, 차별화 경영, e-비즈니스와 확장형 ERP, 윤리경영과 지원시스템

Contact Point : leedongkil@hanmail.net

PMO 프로젝트 라이프사이클 관리

2013년 3월 20일 초판인쇄
2013년 3월 25일 초판1쇄발행

저 자 이 동 길
발행인 이 구 만
발행처 유원북스 도서출판
121-130 서울특별시 마포구 토정로 198, 204호
전화 (02)593-1800 Fax (02)593-1801
등록 2011. 9. 6. 제25100-2012-3호
www.uwonbooks.com uwbooks@daum.net

정가 28,000원 ISBN 978-89-97926-11-4

이 도서의 국립중앙도서관 출판시도서목록(CiP)은 e-CIP홈페이지(http://www.nl.go.kr.ecip)와 국가자료공동목록시스템(http://www.nl.go.kr/kolisnet)에서 이용하실 수 있습니다.(CIP제어번호: CIP2013001359)